# Louisiane, Mississippi et Tennessee

**Tom Downs
Kate Hoffman
Virginie Boone
Dani Valent**

### LONELY PLANET PUBLICATIONS
Melbourne • Oakland • London • Paris

**Louisiane, Mississippi et Tennessee**
**1re édition française – Avril 2001**
Traduite de l'ouvrage *Louisiana & The Deep South* (1st edition)

**Publié par**
**Lonely Planet Publications** 1, rue du Dahomey, 75011 Paris

**Autres bureaux Lonely Planet**
**Australie** Locked Bag 1, Footscray, Victoria 3011
**États-Unis** 150 Linden St, Oakland, CA 94607
**Grande-Bretagne** 10a Spring Place, London NW5 3BH

**Photographies de**
De nombreuses photos publiées dans ce guide sont disponibles auprès de notre agence photographique Lonely Planet Images
(e-mail : lpi@lonelyplanet.com.au).

**Photo de couverture**
Enseigne lumineuse à Memphis, Tennessee, Greg Elms, Lonely Planet Images

**Traduction**
Anne Caron et Hélène Lefebvre

**Dépôt légal**
Avril 2001

ISBN 2-84070-201-0
ISSN 1242-9244

Texte et cartes © Lonely Planet 2001
Photos © photographes comme indiqués 2001

Imprimé par Hérissey (France)

Tous droits de traduction ou d'adaptation, même partiels, réservés pour tous pays. Aucune partie de ce livre, à l'exception de brefs extraits utilisés dans le cadre d'une étude, ne peut être reproduite, enregistrée dans un système de recherches documentaires ou de base de données, transmise sous quelque forme que ce soit, par des moyens audiovisuels, électroniques ou mécaniques, ou photocopiée sans l'autorisation écrite de l'éditeur et du propriétaire du copyright.

LONELY PLANET et le logo de Lonely Planet sont des marques de Lonely Planet Publications Pty Ltd

**Bien que les auteurs et l'éditeur aient essayé de donner des informations aussi exactes que possible, ils ne sont en aucun cas responsables des pertes, des problèmes ou des accidents que pourraient subir les personnes utilisant cet ouvrage.**

## TENNESSEE — 341

| | | |
|---|---|---|
| Memphis ........................ 342 | Knoxville ......................... 378 | Chattanooga ................. 382 |
| Nashville ........................ 361 | Environs de Knoxville ....... 380 | Environs |
| Shelbyville ..................... 378 | Great Smoky Mountains .. 380 | de Chattanooga ........... 385 |

## GLOSSAIRE — 386

## LANGUE — 390

## INDEX — 396

Texte ............... 396   Encadrés ................. 399

## LÉGENDES DES CARTES — Dernière page

## TABLEAU DE CONVERSION — Troisième de couverture

# Table des matières – cartes

## INTRODUCTION

Louisiane, Mississippi
et Tennessee ....................... 11

## PRÉSENTATION DE LA LOUISIANE ET DU VIEUX SUD

Louisiane ................ 24     Les parcs d'États ............... 30     **Le Vieux Sud en musique .. 43**

## LA NOUVELLE-ORLÉANS

Agglomération de La
Nouvelle-Orléans, carte 1 ... 115
Vieux Carré, Tremé District
et Faubourg Marigny,
carte 2 ..................... 116-117
CBD et Warehouse
District, carte 3 ......... 118-119

Lower Garden et Garden
District, carte 4 .......... 120-121
Uptown et Riverbend,
carte 5 ..................... 122-123
Mid-City, Esplanade Ridge et
Bayou St John,
carte 6 ..................... 124-125

Environs de
La Nouvelle-Orléans ........ 176

## RÉGION DES PLANTATIONS

Région des plantations ... 186
River Road ....................... 188

Bateau Rouge ................ 197
Centre de Baton Rouge ... 200

## PAYS CAJUN

Pays cajun ..................... 213
Houma et ses environs ... 220

De New Iberia à
Breaux Bridge ................ 232

Lafayette ....................... 237
Centre de Lafayette ........ 239

## CENTRE DE LA LOUISIANE

Centre de la Louisiane .... 264     Natchitoches .................. 267

## NORD DE LA LOUISIANE

Nord de la Louisiane ....... 285     Monroe ........................ 287     Shreveport...................... 297

## MISSISSIPPI

Mississippi ............... 304-305
Clarksdale ...................... 308

Jackson............................ 317
Natchez........................... 327

Oxford ............................ 335

## TENNESSEE

Tennessee ............... 342-343
Memphis................... 346-347

Nashville......................... 363
Chattanooga .................. 384

# Les auteurs

### Tom Downs
En provenance de Californie, ce vagabond motorisé traversa pour la première fois le Mississippi *via* le Memphis-Arkansas Bridge, au milieu des années 80. Il pila sur le côté de la route, se gara le long du fleuve, déchargea son équipement de cuisine, et entreprit la délicate tâche de griller une boîte de viande de porc et de haricots au barbecue. Le lendemain, il filait vers le sud avec La Nouvelle-Orléans pour but. Il ne s'arrêta même pas à Graceland, mais se dit qu'il y reviendrait. Aujourd'hui, après plusieurs visites dans le Sud, il pense connaître suffisamment le bas de la vallée du Mississippi pour pouvoir aider les lecteurs du Lonely Planet à se promener dans la région. Tom vit avec sa femme, Fawn, et leurs enfants, Mai et Lana, à San Fransisco.

### Kate Hoffman
Née à Pontiac, Michigan, et élevée au cœur de Detroit, Kate a grandi au son des cornes de brume tout en rêvant de devenir docker ou, du moins, de partir avec le train qui passait près de son école. Après un aperçu de la vie monastico-scolaire à l'Université de Chicago, elle s'enfuit du Middle West pour Oakland, Californie. Depuis, elle se sent comme une réfugiée frappée de la nostalgie des Grands Lacs. Parmi ses lieux de résidence, Kate compte Londres et la Navajo Reservation de Rough Rock, Arizona. Elle a commencé sa collaboration avec Lonely Planet en 1994 quand elle est devenue secrétaire d'édition. Kate s'est depuis découvert une véritable passion pour le zydeco, la musique et la danse cajun.

### Virginie Boone
Enfant du nord de la Californie, Virginie dédia ses années studieuses au journalisme et aux relations internationales, avec de brèves pauses pour visionner des films noirs ou se détendre devant la TV tard le soir. Ses études terminées, elle se lance dans la nouvelle économie de l'Internet, travaillant pour diverses sociétés implantées dans la région de San Francisco Bay, avant de se consacrer au service en ligne de Lonely Planet. Deux années et quelques fabuleux produits numériques plus tard, Virginie quitta ce nid douillet pour pénétrer l'univers des start-up. Entre la rédaction de lettres d'amour destinées à Bruce Springsteen, le projet de réaliser un documentaire sur Lauren Bacall, l'entraînement de quasiment toutes les équipes de la NFL depuis son canapé, Virginie a trouvé le temps de travailler pour le présent guide.

### Dani Valent
Si Dani vit en Australie, elle ne manque pas une occasion de partir pour les États-Unis. Grande fan des *meat-and-three*, Dani ne maîtrise toutefois pas l'accent du Sud, bien qu'elle soit parvenue à visiter la région sans incident. Dani écrit pour Lonely Planet depuis 1995, et a participé, entre autres, aux guides *New York City*, *Sydney*, *Turquie* et *Eastern Caribbean*. Le panorama qu'elle préfère, c'est une route qui s'ouvre sur l'infini.

## UN MOT DES AUTEURS

**Tom Downs.** Je voudrais dédier ma partie à Fawn pour son soutien et sa compréhension.

Je remercie tous mes amis du Sud qui m'ont fourni des informations essentielles et ont fait de mon travail dans la région un réel plaisir : Bob Girault, Robert Florence, Helene Florence (pour le pain perdu), Matt Goldstein du Jazz Fest et Bev Gianna du NOTCB. Un grand merci également à Kate Hoffman, Dani Valent, Gary Bridgman et Virginie Boone – ce fut très agréable de travailler avec vous tous. Pour finir, je remercie les secrétaires d'édition China Williams et Rebecca Northen qui rendent nos écrits présentables.

**Kate Hoffman.** Tout d'abord, je tiens à remercier particulièrement mon collaborateur Tim Kingston qui m'a permis de garder toute ma tête durant ce projet en me signalant gentiment que mon humour pouvait être déplacé. Merci aussi à Mariah Bear, Brigitte Barta, et aux éditeurs de Lonely Planet qui m'ont couvert alors que j'étais perdue dans les petites routes de la Louisiane. Entraîneur hors pair, Tom Downs fut un réel ami tout au long du périple. China Williams et Rebecca Northen effectuèrent un excellent travail pour mettre en forme mon texte et mes cartes que le cartographe Guphy a considérablement améliorées. Toute ma reconnaissance va à John et Mike ainsi qu'aux amis de Lafayette qui m'expliquèrent tout sur la musique et la cuisine devant une bonne bière, mais aussi aux rencontres du Jurban, à Baton Rouge, qui me lancèrent dans les restaurants de la ville.

**Virginie Boone.** Merci à Lawrence West et à l'équipe du Jim's Westside Bar-b-q d'Alexandria, à Betty Metoyer, descendante Metoyer de la Melrose Plantation, à Kent Gresham, chef propriétaire de The Landing à Natchitoches, ainsi qu'au Winn Ranger Office.

**Dani Valent.** Je remercie les CVB du Mississippi et du Tennessee ainsi que tout le personnel touristique, Tad Pierson pour le parapluie rose, le groupe Hopson et Nan de Clarksdale, Tommy Polk pour avoir fêté son anniversaire alors que j'étais à Nashville, Gary Bridgman pour son hospitalité et ses voitures de location bon marché, tout comme Josh Haynes pour les repas de dernière minute et le trajet à Memphis. Merci également à Matt Pirrie, Braden King, Brigitte Barta, John T Edge et Tom Downs.

# A propos de l'ouvrage

La première version de cet ouvrage a été rédigée par Olivier Cirendini, Kap Tann, Diane Marshall et John T Edge. La présente édition a été réalisée à partir du guide anglais *Louisiana & the Deep South*. Tom Downs a coordonné le projet et rédigé les chapitres introductifs et celui sur La Nouvelle-Orléans ; Kate Hoffman a fait les recherches sur la région des plantations et le pays cajun ; Virginie Boone a couvert le Centre et le Nord de la Louisiane ; tandis que Dani Valent a parcouru le Mississippi et le Tennessee.

## Un mot de l'éditeur

Régis Couturier, vaillamment assisté de Cécile Bertolissio, a assuré la coordination éditoriale de ce livre. Raymond Rodriguez et Philippe Maitre ont créé la maquette, avec le soutien de Valérie Police et de Sophie Rivoire.

Les cartes sont le fruit du travail de Dominik Raboin, supervisé par Caroline Sahanouk. La couverture est l'œuvre de Sophie Rivoire. Valérie Police a brillamment illustré le cahier sur la cuisine du Vieux Sud.

Nous remercions vivement Olivier Cirendini pour sa contribution, notamment sur les chapitres de présentation et le cahier sur la cuisine du Vieux Sud, et Lucie Fontaine pour son travail sur le texte. Merci à Fiona Miers et Wendy Owen pour la préparation du manuscrit, à Didier Buroc pour le courrier des lecteurs et à Bénédicte Houdré et Corinne Holst pour leur contribution in extremis et salutaire. Bravo à Yann Champion, indexeur émérite et fin connaisseur des dessous du Mardi gras.

Toute notre gratitude va au bureau américain de Lonely Planet, ainsi qu'à Helen Papadimitriou, Graham Imeson et toute l'équipe de la LPI pour leur collaboration constante avec le bureau français.

## Remerciements

Nous exprimons toute notre gratitude aux voyageurs qui nous ont fait part de leurs expériences et anecdotes :

Balufin Mireille, Bled Nicky, Bonardi Jacques, Bonnier Hubert, Chabrol Alain, Henry Ginette, Imbert Bruno, Lavergne Didier et Sylvie, Lesage Cécile et Kempf Johann, Mazaud Ursula et François, Picard J.-F., Ronchaud Gilbert, Rondia Jean, Vial Robert.

# Avant-propos

## LES GUIDES LONELY PLANET

Tout commence par un long voyage : en 1972, Tony et Maureen Wheeler rallient l'Australie après avoir traversé l'Europe et l'Asie. A cette époque, on ne disposait d'aucune information pratique pour mener à bien ce type d'aventure. Pour répondre à une demande croissante, ils rédigent le premier guide Lonely Planet, un fascicule écrit sur le coin d'une table.

Depuis, Lonely Planet est devenu le plus grand éditeur indépendant de guides de voyage dans le monde, et dispose de bureaux à Melbourne (Australie), Oakland (États-Unis), Londres (Royaume-Uni) et Paris (France).

La collection couvre désormais le monde entier, et ne cesse de s'étoffer. L'information est aujourd'hui présentée sur différents supports, mais notre objectif reste constant : donner des clés au voyageur pour qu'il comprenne mieux les pays qu'il visite.

L'équipe de Lonely Planet est convaincue que les voyageurs peuvent avoir un impact positif sur les pays qu'ils visitent, pour peu qu'ils fassent preuve d'une attitude responsable. Depuis 1986, nous reversons un pourcentage de nos bénéfices à des actions humanitaires.

**Remises à jour.** Lonely Planet remet régulièrement à jour ses guides, dans leur totalité. Il s'écoule généralement deux ans entre deux éditions, parfois plus pour certaines destinations moins sujettes au changement. Pour connaître l'année de publication, reportez-vous à la page qui suit la carte couleur, au début du livre.

Entre deux éditions, consultez notre journal gratuit d'informations trimestrielles *Le Journal de Lonely Planet*. Sur notre site Internet www.lonelyplanet.fr, vous aurez accès à des fiches pays régulièrement remises à jour. D'autres informations (en anglais) sont disponibles sur notre site anglais www.lonelyplanet.com.

**Courrier des lecteurs.** La réalisation d'un livre commence avec le courrier que nous recevons de nos lecteurs. Nous traitons chaque semaine des centaines de lettres, de cartes postales et d'e-mails, qui sont ajoutés à notre base de données, publiés dans notre journal d'information ou intégrés à notre site Internet. Aucune information n'est publiée dans un guide sans avoir été scrupuleusement vérifiée sur place par nos auteurs.

**Recherches sur le terrain.** Nos auteurs recueillent des informations pratiques et donnent des éclairages historiques et culturels pour mieux appréhender le contexte culturel ou écologique d'un pays.

Les auteurs ne séjournent pas dans chaque hôtel mentionné. Il leur faudrait en effet passer plusieurs mois dans chacune des

---

**Lonely Planet s'adresse en priorité aux voyageurs indépendants qui font la démarche de partir à la découverte d'un pays. Nous disposons de multiples outils pour aider tous ceux qui adhèrent à cet esprit : guides de voyage, guides de conversation, guides thématiques, cartes, littérature de voyage, journaux d'information, banque d'images, séries télévisées et site Internet.**

villes ; ils ne déjeunent pas non plus dans tous les restaurants. En revanche, ils inspectent systématiquement ces établissements pour s'assurer de la qualité de leurs prestations et de leurs tarifs. Nous lisons également avec grand intérêt les commentaires des lecteurs.

La plupart de nos auteurs travaillent sous le sceau du secret, bien que certains déclinent leur identité. Tous s'engagent formellement à ne percevoir aucune gratification, sous quelque forme que ce soit, en échange de leurs commentaires. Par ailleurs, aucun de nos ouvrages ne contient de publicité, pour préserver notre indépendance.

**Production.** Les auteurs soumettent leur texte et leurs cartes à l'un de nos bureaux en Australie, aux États-Unis, au Royaume-Uni ou en France. Les secrétaires d'édition et les cartographes, eux-mêmes voyageurs expérimentés, traitent alors le manuscrit. Trois à six mois plus tard, celui-ci est envoyé à l'imprimeur. Lorsque le livre sort en librairie, certaines informations sont déjà caduques et le processus se remet en marche...

---

**ATTENTION !**

Un guide de voyage ressemble un peu à un instantané. A peine a-t-on imprimé le livre que la situation a déjà évolué. Les prix augmentent, les horaires changent, les bonnes adresses se déprécient et les mauvaises font faillite. Gardez toujours à l'esprit que cet ouvrage n'a d'autre ambition que celle d'être un guide, pas un bréviaire. Il a pour but de vous faciliter la tâche le plus souvent possible au cours de votre voyage.

N'hésitez pas à prendre la plume pour nous faire part de vos expériences.

Toutes les personnes qui nous écrivent sont gratuitement abonnées à notre revue d'information trimestrielle le *Journal de Lonely Planet*. Des extraits de votre courrier pourront y être publiés. Les auteurs de ces lettres sélectionnées recevront un guide Lonely Planet de leur choix. Si vous ne souhaitez pas que votre courrier soit repris dans le *Journal* ou que votre nom apparaisse, merci de nous le préciser.

Envoyez vos courriers à Lonely Planet, 1 rue du Dahomey, Paris 75011

ou vos e-mails à : bip@lonelyplanet.fr

**Informations de dernière minute : www.lonelyplanet.fr et www.lonelyplanet.com**

## COMMENT UTILISER VOTRE GUIDE LONELY PLANET

Les guides de voyage Lonely Planet n'ont pour seule ambition que d'être des guides, pas des bibles synonymes d'infaillibilité. Nos ouvrages visent à donner des clés au voyageur afin qu'il s'épargne d'inutiles contraintes et qu'il tire le meilleur parti de son périple.

**Contenu des ouvrages.** La conception des guides Lonely Planet est identique, quelle que soit la destination. Le chapitre *Présentation* met en lumière les diverses facettes de la culture du pays, qu'il s'agisse de l'histoire, du climat ou des institutions politiques. Le chapitre *Renseignements pratiques* comporte des informations plus spécifiques pour préparer son voyage, telles que les formalités d'obtention des visas ou les précautions sanitaires. Le chapitre *Comment s'y rendre* détaille toutes les possibilités pour se rendre dans le pays. Le chapitre *Comment circuler* porte sur les moyens de transport sur place.

Le découpage du reste du guide est organisé selon les caractéristiques géographiques de la destination. Vous retrouverez toutefois systématiquement la même trame, à savoir : centres d'intérêt, possibilités d'hébergement et de restauration, où sortir, comment s'y rendre, comment circuler.

**Présentation des rubriques.** Une rigoureuse structure hiérarchique régit la présentation de l'information. Chaque chapitre est respectivement découpé en sections, rubriques et paragraphes.

**Accès à l'information.** Pour faciliter vos recherches, consultez le sommaire en début d'ouvrage et l'index détaillé à la fin de celui-ci. Une liste des cartes et un index des cartes constituent également des clés pour se repérer plus facilement dans l'ouvrage.

Généralement, le guide s'ouvre avec une carte en couleurs, sur laquelle nous faisons ressortir les centres d'intérêt incontournables. Ceux-ci sont décrits plus en détails dans le chapitre *Renseignements pratiques*, où nous indiquons les meilleures périodes pour les visiter et où nous suggérons des itinéraires. Les chapitres régionaux ouvrent sur une carte de situation, accompagnée d'une liste de sites ou d'activités à ne pas manquer. Consultez ensuite l'index, qui vous renverra aux pages *ad hoc*.

**Cartes.** Les cartes sont une mine d'informations. La légende des symboles employés figure en fin d'ouvrage. Nous avons le souci constant d'assurer la cohérence entre le texte et les cartes, en mentionnant sur la carte chaque donnée importante présente dans le texte. Les numéros désignant un établissement ou un site se lisent de haut en bas et de gauche à droite. Les guides consacrés à une ville comprennent une série de cartes en couleurs numérotées en fin d'ouvrage.

---

**Remerciements**
Nous exprimons toute notre gratitude aux lecteurs qui nous ont fait part de leurs remarques, expériences et anecdotes. Leurs noms apparaissent à la fin de l'ouvrage.

# Introduction

Héritier d'une riche tradition musicale, le Vieux Sud fait entendre les notes onctueuses des cornets des *jazzmen*, les accords âpres des guitares de blues et les gais échos des accordéons cajuns. La partition serait parfaite si elle n'avait résonné par le passé des sonorités plus lugubres de la guerre de Sécession, de l'esclavage et de la lutte pour les droits civiques. Entre nonchalance subtropicale et stigmates du passé, le Vieux Sud chante ainsi une mélodie à deux voix…

Si elle partage avec ses voisins de larges pans d'histoire – telles la pratique esclavagiste et la ségrégation – la Louisiane n'en revendique pas moins, et à juste titre, une personnalité originale. Baptisée en l'honneur du roi de France puis vendue aux États-Unis, elle garde des traces vivantes du passage des Espagnols et de la naissance du jazz. Elle est par ailleurs influencée au quotidien par la vivante communauté de Cajuns francophones qui peuple ses bayous et marécages. Si la culture américaine est venue s'ajouter à cette toile de fond comme un calque, elle reste ainsi un État américain à part.

Trop souvent présentée sous les reflets chatoyants d'un romantisme qui appartient résolument au passé, elle est également un État moderne dont l'activité s'est recentrée sur l'industrie.

Musique, bonne chère et boissons se savourent à toute heure du jour et de la nuit dans le Vieux Carré de La Nouvelle-Orléans. Cette ville aux vapeurs subtropicales offre un mélange décapant de plaisirs

allant des beignets saupoudrés de sucre aux "Hurricanes", puissantes concoctions à base de jus d'ananas, de grenadine et de rhum. Outre la saison du carnaval, qui culmine avec le Mardi gras, le New Orleans Jazz & Heritage Festival est l'un des multiples festivals de la "Crescent City".

Remonter le Mississippi vous mènera à la région des plantations, où les demeures *antebellum* (antérieures à la guerre de Sécession) témoignent des splendeurs et misères de l'ère du "King Cotton".

La devise officieuse de la Louisiane, "laisser les bons temps rouler", trouve pour sa part son origine au pays cajun. Sur fond de zydeco, de "swamp pop" et de musique cajun, ses bayous et marécages sont un havre pour les oiseaux, les alligators et... les voyageurs. Vous y apprendrez vite à déguster les traditionnelles écrevisses et à danser le "pas de deux".

S'ils ne présentent pas un patrimoine historique et culturel aussi riche, les États du Mississippi et du Tennessee réservent cependant quelques surprises. Avec ses champs de coton, ses demeures antebellum et ses cabanes de chasseurs, le premier semble s'ingénier à ressembler à l'image traditionnelle du Vieux Sud. Le littoral du golfe du Mexique révèle pourtant des paysages plus inattendus, tandis que les nombreux casinos qui ont fait leur apparition aux frontières de l'État témoignent de sa modernité.

Le Tennessee s'enorgueillit quant à lui de deux noms fétiches (sans oublier celui d'un certain Elvis) : ceux de Memphis et de Nashville, "capitales" respectives du blues et de la country.

# Présentation de la Louisiane et du Vieux Sud

Plus marqué qu'aucune autre région de l'Union par l'esclavage, la guerre de Sécession et les apports culturels européens, le Vieux Sud constitue un étrange paradoxe : cette terre qui a vu s'écrire certaines des pages les plus tragiques de l'histoire américaine reste synonyme de douceur de vivre et de langueur subtropicale… L'intérêt et le charme des États du Vieux Sud résident pour une large part dans cette ambivalence.

## HISTOIRE
### Les premiers habitants
Vraisemblablement originaires du nord de l'Asie, ceux que Christophe Colomb baptisa "Indiens" prirent pied sur le continent américain il y a plusieurs dizaines de milliers d'années. La thèse la plus fréquemment avancée (partiellement contestée par de récents travaux) est qu'ils auraient emprunté un passage ouvert par la glaciation. Suite à la baisse des eaux, une voie terrestre serait en effet apparue entre la Sibérie et l'Alaska. Avançant vers le sud, les premiers Américains auraient atteint les rives du Mississippi voici 3 000 ou 5 000 ans. Le site de Poverty Point, au nord-est de la Louisiane – si vaste qu'il ne put être connu dans son intégralité avant la généralisation de la photographie aérienne –, constitue le plus riche témoignage archéologique concernant la culture amérindienne dite "mississippienne". Considérée comme l'une des plus abouties d'Amérique du Nord, elle connut son apogée vers 1200.

Les Amérindiens de Louisiane se divisent en trois groupes linguistiques : les Tunica (au nord-est de l'actuelle Louisiane et le long de ses côtes), les Caddo (nord-ouest), et enfin les Muskhogie, parmi lesquels les Choctaw, installés au nord du lac Pontchartrain. Semi-sédentaires pour la plupart – à l'exception des Caddo qui chassaient le bison et se déplaçaient donc en suivant la progression des troupeaux –, ils étaient installés sur les rives des lacs et cours d'eau et vivaient de l'agriculture, de la pêche et de la chasse.

Dans le Vieux Sud comme partout ailleurs sur le continent américain, l'arrivée de l'homme blanc porta un coup fatal à ces sociétés organisées. Non seulement elles furent décimées par les épidémies importées par les premiers colons, mais la question du partage des terres se révéla une éternelle pomme de discorde. Les premiers habitants des rives du Mississippi durent en effet se rendre rapidement à l'évidence : les nouveaux venus convoitaient les terres mais considéraient leurs occupants comme indésirables. Divers moyens furent utilisés par les Européens pour parvenir à leurs fins. Si certains groupes furent contraints de céder leurs terres par la force – comme les Natchez du bas Mississippi, vaincus par les Français en 1729 –, d'autres se retrouvèrent confrontés à une forme particulière de pression économique. Elle consistait à établir des postes commerciaux en territoire indien afin de pousser les Amérindiens à s'endetter. L'exemple des Choctaw – nation importante dont le site de Nanih Waiya, au Mississippi, est le berceau – est édifiant : en 1805, ils cédèrent près de 2 millions d'hectares de terres pour annuler une dette de 48 000 dollars.

Les chiffres témoignant du déclin des nations indiennes suite à l'arrivée des Européens sont tout aussi éloquents : des 13 000 Amérindiens environ, répartis sur l'actuel État de Louisiane en 1700, il n'en restait plus que 2 000 un siècle et demi plus tard.

"Peut-être sommes-nous frères", s'interrogeait le chef Seattle dans un discours devenu célèbre. L'histoire écrivit la réponse en lettres de sang.

### L'arrivée des explorateurs
C'est à la recherche de trésors comparables à ceux qu'il a découverts chez les Incas du Pérou qu'Hernando de Soto, navigateur espagnol et gouverneur de Cuba, débarque

## Chronologie historique

Vers 2 000 ans av. J.-C. Les Amérindiens atteignent les rives du Mississippi.
- 1541 : Le navigateur espagnol Hernando de Soto découvre le Mississippi.
- 1673 : Les Français Marquette et Joliet explorent le Mississippi.
- 1682 : Cavelier de La Salle baptise la Louisiane en l'honneur de Louis XIV.
- 1698 : Les frères Le Moyne fondent le premier campement permanent français en Louisiane.
- 1704 : Le *Pélican* débarque un premier contingent d'orphelines pour le peuplement de la Louisiane.
- 1716 : La France établit un fort à Natchez (Mississippi).
- 1718 : Création de La Nouvelle-Orléans.
- 1719 : La Louisiane passe sous le giron de la Compagnie des Indes. Law fait venir 250 Allemands dans la colonie et crée un scandale financier en spéculant sur cette terre ingrate. Arrivée des premiers navires négriers.
- 1720 : La Louisiane est peuplée d'environ 6 000 personnes, dont 600 esclaves.
- 1721 : Arrivée en Louisiane des "filles à la cassette".
- 1760 : Arrivée des premiers Acadiens.
- 1762 : Découragé par ses modestes résultats, Louis XV offre la Louisiane à Charles III d'Espagne.
- 1768 : Les Espagnols prennent possession de la Louisiane.
- 1775 : Guerre d'Indépendance américaine. Après leur victoire en 1782, les Américains souhaitent exploiter leur territoire.
- 1791 : Arrivée des esclaves révoltés de Saint-Domingue.
- 1796 : Instauration de l'État du Tennessee.
- 1800 : La Louisiane, qui a connu un essor important sous la présence espagnole, est rétrocédée à Napoléon.
- 1803 : Napoléon vend la Louisiane au président américain Jefferson pour 15 millions de dollars. On dénombre plus de 75 sucreries le long du Mississippi.
- 1809 : Des insurgés de Saint-Domingue affluent à La Nouvelle-Orléans.
- 1812 : Instauration de l'État de Louisiane (les États-Unis ont divisé cet immense territoire en plusieurs États).

en 1539 dans la baie de Tampa. Deux ans plus tard, il atteint les rives du Mississippi. Sa mort en 1542 sur les berges du "Père des eaux" refroidit l'ardeur de ses compagnons : harcelés par les Indiens et les fièvres, ils réalisent que le delta du Mississippi ne recèle pas les trésors attendus et repartent bientôt.

C'est un siècle plus tard que de nouveaux explorateurs européens – français cette fois-ci – s'intéressent au Mississippi. Alors que leurs prédécesseurs espagnols sont arrivés par le golfe du Mexique, les Français descendent de leur colonie de Nouvelle-France (l'actuel Canada) et atteignent l'actuelle Louisiane. Les premiers sont le père Marquette et le marchand Joliet, qui suivent le cours du Wisconsin et du Mississippi en 1673. S'ils rebroussent chemin avant le delta, ils n'en reviennent pas moins avec la certitude que les rives du "Père des eaux" valent bien une conquête…

### En l'honneur de Louis

Leur rêve se réalise en 1682 grâce à René Robert Cavelier, sieur de La Salle (voir l'encadré). Établi depuis 20 ans en Nouvelle-France, ce Normand descend le Mississippi avec 23 Français et 18 Amérindiens merce-

## Chronologie historique

| | |
|---|---|
| 1815 | Un conflit avec les Anglais, concernant notamment la circulation sur le Mississippi, est remporté par les Américains lors de la Bataille de La Nouvelle-Orléans, à Chalmette. |
| 1817 | Instauration de l'État du Mississippi. |
| 1830 | Débuts de l'ère du "Roi coton", qui se poursuivra jusqu'à la guerre de Sécession. La production massive s'accompagne d'un esclavage à grande échelle. Les États du Vieux Sud prospèrent. |
| 1860 | L'antiesclavagiste militant Abraham Lincoln est élu président. |
| 1861-1865 | La guerre de Sécession mène à l'abolition de l'esclavage (aboli au Tennessee avant la fin de la guerre). |
| 1868 | Les États du Vieux Sud vivent une "reconstruction" troublée. Les conflits ethniques se font violents suite à la création d'organisations comme le Ku Klux Klan. |
| 1879 | La réalisation des premières digues du Mississippi permet le développement du port de La Nouvelle-Orléans. |
| 1901 | Découverte des premiers champs de pétrole en Louisiane. |
| 1914-1918 | Plus de 50 000 Louisianais combattent en France, dont la moitié de Noirs. |
| 1915 | Le terme de "jazz" est utilisé pour la première fois. |
| 1928 | Huey P. Long devient gouverneur de Louisiane. |
| 1933 | Les travaux d'aménagement du Tennessee, effectués dans le cadre du New Deal, font de la production d'électricité l'une des principales activités du Tennessee. |
| 1939-1945 | Plus de 250 000 Louisianais participent à la Seconde Guerre mondiale. C'est aux chantiers navals de La Nouvelle-Orléans que sont construites les barges utilisées lors du débarquement de Normandie. |
| 1958 | Fin de la ségrégation dans les bus de La Nouvelle-Orléans. |
| 1968 | Reconnaissance du droit coutumier choctaw au Mississippi. |
| 1980 | L'effondrement des cours du pétrole secoue durement l'économie louisianaise. |
| 1999 | La Louisiane fête le tricentenaire de l'établissement de la première colonie permanente de Français sur son sol. |

naires jusqu'au golfe du Mexique. Le 9 avril 1682, il prend possession pour la couronne de France des terres s'étendant au nord du delta. Cet énorme territoire, qui va de la source du Missouri jusqu'au delta du Mississippi, Cavelier de La Salle le nomme Louisiane, en l'honneur de Louis XIV. Deux ans plus tard, il se voit confier quatre navires pour pousser plus avant ses explorations et refait voile vers la Louisiane, bien décidé à l'aborder par voie de mer en contournant l'actuelle Floride. Cette seconde expédition lui coûtera la vie : Cavelier de La Salle rate en effet l'embouchure du Mississippi et erre trois années dans l'actuel Texas, où il trouve la mort en 1687.

Préoccupés par l'implantation de places fortes anglaises et espagnoles dans le Nouveau Monde, les Français se décident à dépêcher une nouvelle expédition en Louisiane en 1698. C'est ainsi qu'entrent en scène les frères québécois Pierre Le Moyne, sieur d'Iberville, et Jean-Baptiste Le Moyne, sieur de Bienville. Considérés comme les véritables fondateurs de la Louisiane, ils reçoivent la mission d'établir un campement permanent dans la colonie. Embarqués avec des soldats et 200 colons

## Cavelier de La Salle

L'homme qui nomme la Louisiane le 9 avril 1682 est né à Rouen en 1643. Fils de négociants aisés, René Robert Cavelier, sieur de La Salle, est à peine âgé de plus de 20 ans lorsqu'il émigre en Nouvelle-France, délaissant la carrière ecclésiastique. Ce grand bourgeois grandiloquent a en effet choisi l'Amérique pour se forger un destin. Après avoir appris les langues indiennes, il se consacre quelque temps au commerce des fourrures avant de s'intéresser à l'exploration. C'est en 1675 qu'il s'embarque sur des canots d'écorce avec une quarantaine d'hommes et descend le Mississippi sur les traces de Marquette et Joliet. Il atteint ainsi le golfe du Mexique et la Louisiane, qu'il baptise en l'honneur de son roi.

Ce geste est visiblement apprécié à la cour : Cavelier de La Salle, nommé vice-roi du sud de l'Amérique septentrionale, obtient quatre navires et 400 hommes et repart en 1684. Son objectif, cette fois, est d'atteindre le Mississippi par la mer en contournant l'actuelle Floride. L'histoire en décidera autrement : Cavelier de La Salle ne reconnaît pas le delta et s'aventure au large du Texas. Il errera dans cet État plusieurs années, s'acharnant à chercher un Mississippi qui coule ses eaux boueuses nettement plus à l'est. Ses hommes n'auront pas sa patience : excédés par cette quête sans fin, harcelés par les Indiens et décimés par les maladies, ils assassineront Cavelier de La Salle le 19 mars 1687.

---

accompagnés de leurs épouses, ils établissent les premiers forts et quelques timides relations commerciales avec les Amérindiens. En 1716, le drapeau français flotte sur un fort bâti à Natchez, dans le Mississippi. Deux ans plus tard, Jean-Baptiste Le Moyne fonde La Nouvelle-Orléans, qui devient en 1722 la capitale de la colonie de Louisiane.

Humide, insalubre et livré aux moustiques, le Vieux Sud d'alors n'est pas un jardin d'éden. Renforcée par l'arrivée des premiers contingents d'esclaves et de prisonniers extraits pour l'occasion des geôles de France, la Louisiane commence cependant à se développer. L'enjeu est important : dans la lointaine France, John Law, patron de la Compagnie française des Indes et grand ordonnateur du commerce international de la couronne de France, attend en effet des bénéfices rapides. Tandis que la colonie se débat entre épidémies de fièvre jaune et inondations dans un bourbier subtropical, il donne de la Louisiane l'image d'un paradis pour Européens entreprenants. Law parviendra ainsi à faire venir environ 250 colons allemands dans la colonie avant que sa spéculation sur cette terre ingrate débouche sur un scandale financier retentissant.

## Changement de propriétaire

L'essor colonial français sur le continent américain est brutalement stoppé au milieu du XVIII$^e$ siècle. En 1756, l'Angleterre, qui s'intéresse de près aux possessions françaises de l'actuel Canada, déclare la guerre à la France. Après sept années de guerre, elle devient en 1763, avec le traité de Paris, la plus influente puissance coloniale d'Amérique du Nord, tant au Canada qu'à l'est du Mississippi. Ruinée par la guerre de Succession d'Espagne, la France cesse dès lors de s'intéresser à sa colonie peu productrice de Louisiane. En 1762, Louis XV la cède à son cousin Charles III d'Espagne.

Visiblement peu motivés par cette terre à la réputation douteuse, les Espagnols ne viennent prendre possession de leur nouvelle colonie qu'en 1768. L'accueil qui leur est réservé confirme leur appréhension : les Louisianais – qui ont pu apprécier cinq années de relative autonomie – voient d'un mauvais œil ces nouveaux maîtres et se révoltent. Qu'importe : l'année suivante, les Espagnols reviennent avec un corps expéditionnaire, fusillent les meneurs et assoient leur pouvoir. L'opposition franco-espagnole se calmera dès que les Français réaliseront que les Espagnols ne souhaitent guère changer la culture de la Louisiane. Non seulement le gouverneur Luis de Unzaga préservera l'identité française, mais son successeur épousera une Française. Assagie, la colonie peut enfin prospérer : tandis que La Nouvelle-Orléans s'embellit de réalisations architecturales d'inspiration espagnole, sa population passe de 20 000 à 50 000 habitants.

## Et les Acadiens devinrent cajuns
*"On a trouvé not' paradis,
dedans le sud de la Louisiane..."*
**Chanson cajun**

C'est au cours de la présence espagnole qu'une page décisive de l'histoire de la Louisiane se tourne. Depuis quelques années, la rivalité entre Français et Anglais en Nouvelle-France bat en effet son plein. Préfigurant le traité de Paris – par lequel la France cède l'intégralité de sa colonie à l'Angleterre victorieuse en 1763 – les traités d'Utrecht ont concédé aux Anglais, en 1713, les provinces canadiennes de Terre-Neuve, de la baie d'Hudson, et surtout d'Acadie, province maritime située au nord-est de Montréal. Les suites de ce traité sont catastrophiques en Acadie : trente ans après sa signature, les Britanniques prennent prétexte du refus des Acadiens de prêter allégeance à la couronne britannique et à la religion anglicane pour déporter massivement ces francophones. Cet épisode, connu sous le nom de "Grand Dérangement", verra les Acadiens se disperser dans tous les États d'Amérique, à Cuba, en Angleterre et en France. A partir de 1760, ils commencent à affluer en Louisiane.

Si les Espagnols réservent un relatif bon accueil à ces catholiques, les Créoles raffinés de La Nouvelle-Orléans affichent moins d'enthousiasme à leur égard. Bon an mal an, les nouveaux venus se voient donc poussés vers les régions marécageuses du delta du Mississippi. Ces rescapés devront ainsi s'adapter à des terres radicalement différentes de celles qu'ils ont quittées. Résistant aux crues et aux cyclones qui déferlent sur leur "terre promise", soudés par leur dramatique histoire, ils parviendront néanmoins à devenir une composante essentielle de la mosaïque louisianaise. En 1790, ils sont 4 000 en Louisiane, sous le climat de laquelle leur nom a évolué pour devenir Cadiens, puis Cajuns ou Cadjins.

## Cœur français, terre américaine
La Louisiane n'en est cependant pas à son dernier bouleversement. Libérés de l'emprise britannique par la guerre d'Indépendance qu'ils viennent de remporter, les Américains entendent en effet, dès 1782, tirer profit de leur territoire. Une première brèche est faite dans le pouvoir espagnol lorsqu'un traité les autorise à naviguer sur le Mississippi. La chute définitive de la Louisiane espagnole viendra, cependant, d'une France encore exaltée par sa Révolution. Dix ans après celle-ci, Bonaparte s'intéresse en effet à cette terre qui porte le nom de ses ennemis d'hier. Suite à un obscur ballet diplomatique, il en obtient la rétrocession en 1800 en échange d'un royaume offert au duc de Parme.

C'est donc avec le statut officiel de colonie, récemment créé, que la Louisiane aborde le XIX$^e$ siècle. Dépêché sur place, le préfet Pierre-Clément de Laussat se félicite d'y trouver des "cœurs tout français". Son passage sera bref : trois ans plus tard, Napoléon – trop occupé par ses affaires européennes et le conflit qui l'oppose à l'Angleterre – abandonne pour un temps la colonisation du Nouveau Monde et vend la Louisiane 60 millions de louis (15 millions de dollars) au président Jefferson. Les États-Unis gagnent ainsi plus de 2 millions de km$^2$, ce qui double leur territoire. Quant aux Louisianais, heureux d'être redevenus français (et rassurés dès que Bonaparte rétablit l'esclavage, en 1802, dans les colonies), ils apprennent avec plusieurs mois de retard qu'ils sont devenus citoyens américains et que la mère patrie, une fois de plus, n'a pas fait grand cas d'eux...

## Esclavage, coton et crinolines
L'économie du Vieux Sud, dès le XVIII$^e$ siècle, repose sur le coton. Résolument agricole, elle s'appuie sur de grandes familles de planteurs politiquement influents

## Des femmes pour la Louisiane !

"Le gouverneur, les ayant longtemps examinées, fit appeler divers
jeunes gens de la ville qui languissaient dans l'attente d'une épouse.
Il donna les plus jolies aux principaux et le reste fut tiré au sort."

**Prévost, *Histoire du chevalier Des Grieux et de Manon Lescaut***

La faiblesse démographique n'est pas le moindre des maux de la Louisiane au début du XVIII$^e$ siècle. Les volontaires pour cette terre réputée inhospitalière sont si rares que l'on doit même vider les prisons de France pour la peupler. Cette solution, de plus, ne règle que partiellement le problème démographique de la colonie, car les familles manquent.

Un premier groupe d'orphelines fut ainsi embarqué, en 1704, à bord du *Pélican*. Guère préparées à la dure vie de la Louisiane d'alors, ces jouvencelles trompées par les histoires exotiques du Sud déchantèrent en constatant que leur rôle sur place était bien défini. "On en a donné plusieurs à des matelots qui en ont demandé avec insistance", rapporte Bienville. "C'étaient celles que l'on aurait eu bien de la peine à marier ! On ne les a accordées à ces matelots qu'à la condition expresse de se fixer dans la colonie, ce à quoi ils ont acquiescé."

Les plus célèbres femmes envoyées en Louisiane furent sans doute celles qui arrivèrent accompagnées de religieuses et d'une sage-femme (on avait tout prévu) à bord de la *Baleine* en 1721. Dotées par le roi d'un trousseau comportant "deux paires d'habit, deux jupes, deux jupons, six corsets, six chemises, six garnitures de tête", elles sont restées dans l'histoire sous le nom de "filles à la cassette". Sur les 88 débarquées en Louisiane, une trentaine étaient mariées et une dizaine avaient péri quatre mois seulement après leur arrivée.

Ces efforts s'avérant insuffisants, ce fut ensuite au tour des prostituées et prisonnières d'être expédiées dans la colonie. La plus célèbre d'entre elles est un personnage de roman : Manon Lescaut, fille de joie au cœur tendre et amoureuse ardente, héroïne de l'*Histoire du chevalier Des Grieux et de Manon Lescaut* (1731), de l'abbé Prévost. Religieux lorsqu'il n'est pas libertin, l'abbé Antoine François Prévost d'Exiles n'a jamais vu la Louisiane. En revanche, il aurait vu passer les convois de filles destinées à la colonie dans sa ville de Pacy-sur-Eure, et en aurait confessé à Paris avant leur embarquement pour la Louisiane. Il se serait inspiré de l'une d'elles pour écrire son roman, plus habile à décrire les émois du cœur que la vérité historique.

---

et notoirement conservateurs. Clé du système, l'esclavage leur fournit la main-d'œuvre gratuite nécessaire à la culture et à la récolte du coton.

Dès 1719, les navires négriers ont commencé leur sordide commerce avec les ports du Nouveau Monde et les colons français de Louisiane et du Vieux Sud. Arrachés aux rivages d'Afrique et des Antilles, entassés et enchaînés sur des bateaux où ils meurent par centaines, les esclaves atteignent l'Amérique pour y être palpés, scrutés, vendus par lots entiers, marqués au fer et, en Louisiane, soumis au Code noir (voir l'encadré). La pratique esclavagiste dans les colonies françaises sera par ailleurs à l'origine d'un afflux de population inattendu : suite à la révolte d'esclaves menée par Toussaint-Louverture à Saint-Domingue (actuelle île d'Haïti), de nombreux esclaves libérés arrivèrent en Louisiane en 1791.

A l'origine, de nombreux négriers se contentent d'acheter leurs prisonniers aux chefs locaux. Par la suite, l'augmentation de la demande les pousse à diriger eux-mêmes leurs campagnes de capture d'hommes, de femmes et d'enfants. En 1802, la moitié des 50 000 Louisianais est constituée d'esclaves.

L'ère du "King Coton" ("le Roi coton"), à partir de 1830, vient encore renforcer la traite. Renonçant à la culture du tabac et de l'indigo, les planteurs misent alors toute leur production sur le coton, dont la récolte nécessite une importante main-d'œuvre. La capsule de coton, qui doit être cueillie dans un délai très court après son ouverture pour que les fibres gardent leur souplesse, impose en effet un harassant travail. Fortes de cette nouvelle politique, les plantations de Louisiane figurent bientôt parmi les plus rentables des États-Unis : de 46 000 balles de 300 livres exportées par la Louisiane en 1815, la production passe à 186 000 balles dix ans plus tard. Dans le même temps, l'État produit la moitié du sucre consommé dans le pays.

Les plantations de grande taille restent minoritaires. La majorité des planteurs disposent en effet de petites exploitations et d'un nombre limité d'esclaves, et les conditions de vie de ces derniers diffèrent selon leur maître. Au cours des XVIII$^e$ et XIX$^e$ siècles, certains se voient accorder ou peuvent acheter leur liberté après des années de loyaux services. La population francophone de La Nouvelle-Orléans comprend ainsi avant la guerre civile la plus importante communauté de Noirs affranchis (les "hommes de couleur libres") du Sud. Pour l'écrasante majorité des Noirs du Vieux Sud, l'esclavage est cependant synonyme de brutalité, d'humiliation et d'exploitation au quotidien.

A côté de ces milliers d'esclaves vivant dans un monde concentrationnaire, exploités dans leur travail et privés de leurs droits les plus élémentaires, l'aristocratie du sucre et les gros planteurs créoles et anglo-saxons mènent grand train. Sous les colonnades immaculées des plantations, la mode est aux robes à crinolines, aux mascarades et aux galanteries susurrées sur fond de piano…

## La sécession

Les idées de la Révolution, cependant, font leur chemin. L'Angleterre, tout d'abord, se pose en champion de l'abolitionnisme en interdisant en 1807 la traite sur ses navires. La France suit tardivement, en 1827. La traite bloquée, reste à stopper l'esclavage. Sur le territoire américain, le combat sera rude. Deux modes de pensée et deux cultures s'affrontent. D'une part, un Nord urbain et industriel, sensibilisé à l'horreur de l'esclavagisme mais également convaincu que l'utilisation de la main-d'œuvre servile par les États du Sud constitue une concurrence déloyale à leur encontre. De l'autre, un Sud exclusivement agricole, marqué par une culture de colons planteurs souvent plus proche des Antilles que du Nord des États-Unis, et où les premiers contingents d'esclaves ont débarqué plus d'un siècle plus tôt.

L'élection en 1860 à la présidence des États-Unis de l'antiesclavagiste Abraham Lincoln sera à l'origine d'une brusque accélération de l'Histoire. Pour répondre à cette menace sur la bonne marche de leurs affaires, sept États du Sud – dont la Louisiane et le Mississippi –, bientôt suivis par quatre autres (parmi lesquels le Tennessee), font sécession l'année suivante.

Dans les faits, les motivations des sécessionnistes varient d'un état et d'un individu à l'autre. Le port de La Nouvelle-Orléans, commercialement lié au Nord, a par exemple beaucoup à perdre avec la sécession. Les fermiers de l'est du Tennessee, qui possèdent rarement des esclaves, font pour leur part peu de cas d'un départ de l'Union. La Confédération, en bref, montre çà et là des signes de désunion.

L'exemple du Tennessee est à cet égard éloquent. Un sentiment abolitionniste se diffusa en effet dans la partie est de l'État, partisane de l'Union, et déboucha sur sa division : 180 000 habitants se rangèrent du côté de la Confédération, alors que 50 000 optèrent pour l'Union.

Sur le terrain militaire, le contrôle du fleuve Mississippi – qui coupe en deux les États sécessionnistes – est un objectif clé des nordistes. Au printemps 1862, ils prennent la ville de Nashville et entament leur invasion du Vieux Sud. Poursuivant leur avancée, les troupes nordistes rencontrent l'armée confédérée à Shiloh (Tennessee) le 6 avril 1862. Deux jours de combats leur sont nécessaires pour vaincre la résistance confédérée. Cette bataille, qui fit près de 24 000 morts, sera l'une des plus meurtrières du conflit. Memphis, Baton Rouge, La Nouvelle-Orléans et Natchez tomberont au cours de l'année 1862. Les dernières positions sudistes sur le Mississippi seront prises l'année suivante.

## Le Code noir

Précédemment adopté dans la colonie française de Saint-Domingue (Haïti), le Code noir subit quelques modifications avant d'être promulgué en Louisiane, en 1724. Rédigé en 1685, il réglementait les droits et devoirs des maîtres envers leurs esclaves dans les colonies françaises. Selon certains historiens, l'une des vertus de ce texte était de protéger les esclaves contre les abus de leurs maîtres. Dans les faits, le Code noir mettait un cadre réglementaire à l'odieux trafic. Selon cet édit du roi, le maître avait en effet droit de vie et de mort sur ses esclaves. En contrepartie, il devait les loger, les vêtir et les nourrir décemment. Toujours selon ce texte, un esclave qui s'évadait plus d'un mois avait les oreilles coupées et était marqué de la fleur de lys. A sa seconde évasion, il avait le jarret coupé. A la troisième, il était exécuté…

Seul le mariage des esclaves était un tant soit peu protégé par ce texte. Si l'union devait obtenir le consentement du maître, elle ne pouvait en effet être imposée à l'esclave. De même, les membres d'une même famille ne pouvaient être vendus séparément. Il n'en demeure pas moins que l'esclave, selon ce même Code noir, restait considéré comme un bien meuble…

Particulièrement meurtrière, la guerre de Sécession prend fin en 1865 avec la défaite du Sud. L'esclavage sera aboli la même année. Il est intéressant de noter que le Tennessee est l'unique État à avoir aboli l'esclavage indépendamment, par vote populaire, en 1865.

## Tristes débuts pour le "Nouveau" Sud

Réintégré dans l'Union, le Vieux Sud n'en a cependant pas fini avec ses vieux démons. Ses structures sociales, en premier lieu, ne changent guère. Non seulement le racisme demeure, mâtiné de nostalgie pour la période *antebellum*, mais la promesse de donner à chaque ancien esclave "40 acres et une mule" n'est guère tenue. Outre la liberté, l'Amérique ne leur concède en effet que la nationalité américaine (14e amendement) et un droit de vote (15e amendement) que le sinistre Ku Klux Klan les dissuade de mettre en pratique.

Organisée dès les lendemains de la défaite confédérée sous les noms de KKK (fondé en 1868 dans le Tennessee par d'anciens soldats confédérés), de White League ou de Chevaliers du Camélia Blanc, la résistance "blanche" démontre en effet rapidement sa ferme volonté de freiner l'émancipation des anciens esclaves et de leur fermer la porte des droits civiques. Les nombreux affrontements raciaux – dont le plus célèbre est la bataille de Canal Street, à La Nouvelle-Orléans – qui émaillent les années 1870 montrent clairement que les antagonismes demeurent.

Dans les faits, le Vieux Sud reste régi par un rigide système de castes. Faisant la part belle à la ségrégation, il s'apparente à un véritable régime d'apartheid, dans les bus, les restaurants, les écoles et autres lieux publics. L'apparition du nom de "Jim Crow" – nom générique désignant les Noirs de façon péjorative, mais aussi les moyens mis en œuvre pour freiner leur émancipation – symbolise cet état de fait.

La situation économique n'est pas meilleure. La politique de reconstruction – qui consiste à rendre aux États leur statut d'avant-guerre, l'esclavage en moins, sans dédommagement pour les propriétaires d'esclaves – ne tarde pas à montrer ses limites. Supprimant la base du système de production du Vieux Sud, l'abolition a en effet porté un coup fatal à son économie au moment même où l'avènement du chemin de fer concurrence durement le transport maritime sur le Mississippi. Enfin, l'arrivée en masse des "carpetbaggers", aventuriers venus du Nord dans l'espoir de faire fortune sur les ruines du Vieux Sud, ajoute encore à la confusion.

## Musique et droits civiques

C'est pourtant dans ce climat que survient l'une des plus grandes révolutions artis-

## La guerre de Sécession

La création de l'American Anti-Slavery Society, en 1833, préfigure déjà la future guerre de Sécession. Si tous les habitants du Nord des États-Unis ne sont pas abolitionnistes, les États septentrionaux de l'Union connaissent en effet dès les premières années du XIXe siècle une forte hausse du sentiment religieux. Dès 1688, la secte protestante des Quakers a déclaré l'esclavage contraire à l'esprit du christianisme.

Montré du doigt, le Sud esclavagiste est vite cerné par la désapprobation nordiste – qui n'est pas seulement humanitaire : beaucoup mettent en avant le fait que l'utilisation de main-d'œuvre servile constitue une concurrence économique déloyale – et la révolte qui gronde. Celle que mène Nat Turner en Virginie en 1831 fait grand bruit. L'"Underground Railroad", série de refuges qui permettent à des esclaves de fuir vers le Nord, permet également à la contestation de s'étendre.

L'élection d'Abraham Lincoln, antiesclavagiste déclaré, mettra le feu aux poudres. La réaction ne se fait pas attendre : trois mois plus tard, le Mississippi, la Floride, l'Alabama, la Géorgie, la Louisiane et le Texas emboîtent le pas à la Caroline du Sud qui vient de faire sécession avec l'Union. Ils sont bientôt rejoints par la Virginie, le Tennessee, l'Arkansas et la Caroline du Nord.

La guerre oppose 11 États sudistes (confédérés), sous la bannière de Jefferson Davis, à 23 États nordistes (fédérés). La lutte est inégale – 9 millions d'habitants au Sud, 23 millions au Nord –, mais la résistance sudiste est acharnée.

Les premiers coups de canon seront tirés le 12 avril 1861 en Caroline du Sud. Suivront quatre années de combats rendus particulièrement meurtriers par l'utilisation de matériel moderne. Fusils à répétition, mortiers et mitrailleuses feront un total de 600 000 morts jusqu'à ce que le général sudiste Lee se rende à Grant, à Appomattox, en 1865.

Lincoln, pour sa part, sera assassiné par un fanatique sudiste au lendemain de la guerre.

---

tiques de l'histoire des États-Unis. Les Noirs, en effet, peuvent maintenant faire entendre leur voix. Tandis que le Vieux Sud agricole se meurt sans bruit, c'est dans les quartiers populaires de La Nouvelle-Orléans qu'ils soufflent les premières notes d'une musique qui devient bientôt une révolution : le jazz. Plus connue jusqu'alors pour la prostitution de son "quartier réservé", La Nouvelle-Orléans commence ainsi à faire parler d'elle grâce aux noms de Buddy Bolden, de Louis Armstrong et de bien d'autres.

La cause noire est pourtant loin d'être gagnée dans un Vieux Sud en pleine lutte pour les droits civiques (voir l'encadré *La longue marche vers l'égalité*). Le Mississippi, notamment, s'illustre tristement dans la répression des droits de la population afro-américaine. Dans les années 60, Martin Luther King le qualifia d'"État désertique écrasé sous le poids de l'injustice et de l'oppression"…

Poussés par les difficultés grandissantes de l'économie du coton, le racisme ambiant et la crise des années 30, de nombreux Noirs choisissent ainsi d'émigrer en masse vers les industries de Détroit ou de Chicago. Cet afflux vers le Nord, resté dans l'histoire sous le nom de "Grande Migration", continuera jusqu'aux années 50. Difficile et chaotique, la mutation du Vieux Sud s'accélérera avec la découverte de nouveaux horizons économiques.

### Le nouveau visage du Vieux Sud

La découverte d'un premier champ de pétrole, le 21 septembre 1901, à Jennings marque le début de l'industrialisation de la Louisiane. Cinq ans plus tard, un second gisement est mis au jour près de Shreveport. En 1916, la ville de Monroe s'ajoute à la liste avec un gisement de gaz. Les raffineries commencent ainsi à remplacer les champs de coton dans la campagne louisianaise.

Au lendemain de la Seconde Guerre mondiale, à laquelle plus de 250 000 Louisianais participent, l'État connaît ainsi un véritable boom industriel. Ses fantastiques ressources attirent de plus en plus de grandes compagnies, génératrices d'emplois, et de petites villes rurales deviennent des centres industriels florissants. Revenue sur le devant de la scène, la Louisiane passe ainsi d'une population de 1,1 million en 1890 à 3,2 millions en 1960.

Cette nouvelle prospérité ne gomme cependant pas tous les problèmes de cet État qui fait à plusieurs reprises la une des journaux. Outre la saga des frères Long, politiciens populistes et démagogues, un homme d'affaire louisianais est impliqué dans l'assassinat de John F. Kennedy en 1967. La Louisiane détient par ailleurs de tristes records en matière de criminalité et a découvert sur le tard les revers de l'industrialisation. L'effondrement des cours du pétrole, dans les années 80, s'est par exemple répercuté de façon catastrophique sur son économie, engendrant des licenciements massifs. L'environnement souffre par ailleurs de l'implantation d'usines chimiques, au point que la partie du Mississippi qui s'étend entre Baton Rouge et La Nouvelle-Orléans s'est vue baptisée "Cancer Alley" (avenue du Cancer). L'un des premiers producteurs de pétrole américain, la Louisiane, cela dit, a réussi a faire évoluer vers l'industrie une économie précédemment centrée sur une mono-activité agricole.

De l'autre côté du fleuve, c'est l'électricité qui est à l'origine de l'essor économique du Tennessee. En 1933, la Tennessee Valley Authority (TVA) est créée dans le cadre du New Deal afin d'assurer le contrôle des débits du fleuve et de développer la production hydroélectrique. La TVA devient ainsi le symbole et le moteur de l'essor industriel du Tennessee, qui passe d'une société profondément rurale à une société plus urbaine et moderne.

Le Mississippi a eu moins de chance dans son renouveau économique que ses voisins. Hormis les casinos, qui ont connu un essor important, l'agriculture est toujours sa principale ressource.

Reste la question raciale. Depuis la fin du racisme institutionnalisé dans le Vieux Sud, les relations entre les communautés noire et blanche sont le plus souvent correctes, quoique superficielles. Comme dans la majeure partie des États-Unis, ce sont souvent des éléments raciaux qui conditionnent, de manière flagrante, le logement, l'enseignement supérieur et la vie sociale. Des signes de réconciliation encourageants n'en existent pas moins, comme l'élection d'un président étudiant noir à l'université du Mississippi en 2000, ou, dans ce même État, la réouverture d'instructions judiciaires concernant des crimes à caractère raciste commis dans les années 60. Certains criminels blancs ont déjà été traduits devant cette justice tardive.

## Le renouveau cajun

La Louisiane s'est également découvert une nouvelle source de revenus avec le tourisme. Il se concentre sur La Nouvelle-Orléans, qui accueille un nombre particulièrement élevé de congrès, et le pays cajun. Longtemps restée à l'écart de la prospérité industrielle, la communauté cajun est en effet revenue récemment sur le devant de la scène. La réalisation du pont de l'Interstate 10 – qui enjambe le bassin de l'Atchafalaya sur 29 km – a notamment permis de désenclaver le sud de la Louisiane. Depuis, des changements radicaux sont intervenus dans les communautés cajuns, qui vivaient, depuis des siècles, relativement isolées. En 1971, le terme d'Acadiana, désignant 22 paroisses "francophones" de Louisiane, est pour la première fois utilisé. Par la suite, le folklore, la cuisine et la musique cajuns seront reconnus comme l'une des plus grandes contributions de la Louisiane à la culture américaine moderne.

Couronnement du renouveau de cette communauté longtemps dédaignée, voire méprisée, la FrancoFête a célébré en 1999 le tricentenaire de l'établissement de la première colonie permanente de Français en Louisiane.

## GÉOGRAPHIE

En forme de botte, la Louisiane est bordée au nord par l'Arkansas, à l'est par le Mis-

## La longue marche vers l'égalité

La proclamation d'émancipation d'Abraham Lincoln, le 1$^{er}$ janvier 1863, ne marque que le début de la très longue lutte des Noirs pour l'égalité sur le sol américain. La chronologie ci-après en retrace les grandes dates.

1865    Le 13$^e$ amendement à la Constitution des États-Unis abolit l'esclavage.
1866    Le 14$^e$ amendement donne les droits civiques à tous les citoyens nés ou naturalisés aux États-Unis.
1869    Le 15$^e$ amendement garantit le droit de vote à tout citoyen, quelles que soient sa race et sa couleur.
         Ces deux derniers textes, cependant, ne sont guère appliqués. La ségrégation demeure en effet – sous le nom de Jim Crow Laws – dans les transports, autour des fontaines publiques, etc.
1896    Le Noir louisianais Homer Plessy s'installe dans le train entre La Nouvelle-Orléans et Covington à une place réservée aux Blancs. Arrêté, il porte plainte pour violation du 14$^e$ amendement. La Cour suprême lui donne tort, instaurant ainsi la doctrine du "séparés mais égaux", qui restera de mise jusqu'en 1954.
1934    La National Association for the Advancement of Coloured People (NAACP) commence à organiser la résistance à la ségrégation.
1953    La population noire boycotte les bus de Baton Rouge (Louisiane).
1955    Rosa Parks, femme noire de 42 ans, refuse de donner sa place dans un bus en Alabama. Elle est arrêtée pour non-respect des lois sur la ségrégation. Un boycott des bus s'organise sous la direction de Martin Luther King.
1954    Une décision de la Cour suprême, dans l'affaire Brown, condamne la ségrégation à l'école.
1958    Fin de la ségrégation dans les bus de La Nouvelle-Orléans.
1961    Les "Freedom Rides" sont organisées dans le sud : des bus partent de Washington DC pour La Nouvelle-Orléans afin de sensibiliser la population sur le thème de la ségrégation. L'opération déclenche une vague de violence de la part des "White Citizens Councils" et autres émanations du Ku Klux Klan.
1963    Medgar Evers, responsable de la NAACP, est assassiné dans le Mississippi.
1964    Presqu'un siècle après le 15$^e$ amendement, le Civil Rights Act protège le droit de vote des Noirs.
1965    La marche de Selma à Montgomery pour lutter contre les entraves au droit de vote des Noirs se transforme en "Bloody Sunday" : 3 morts et 87 blessés.
         La même année, le Voting Right Act supprime les tests obligatoires qui servaient à réduire le vote noir. En Louisiane, le nombre de votants noirs passe ainsi de 32 % à 47 %.
1968    Assassinat de Martin Luther King. Le Ku Klux Klan est à son apogée.
1977    Ernest N. Morial est élu premier maire noir de La Nouvelle-Orléans.
1995    Le Parlement de l'État du Mississippi ratifie le 13$^e$ amendement abolissant l'esclavage.
1996    Rosa Parks reçoit la Medal of Freedom, décoration civile américaine la plus élevée.
2000    Élection d'un président étudiant noir à l'université du Mississippi.

---

sissippi, à l'ouest par le Texas et au sud par le golfe du Mexique. Elle couvre 125 675 km$^2$ (soit moins du quart de la France), dont plus de 10 000 km$^2$ sont recouverts par les eaux.

L'État ne présente pas de relief majeur. La Louisiane culmine en effet à 1 200 m seulement près de sa frontière avec l'Arkansas et descend à 0,6 m au-dessous du niveau de la mer à La Nouvelle-Orléans. Le

## 24 Présentation de la Louisiane et du Vieux Sud – Géographie

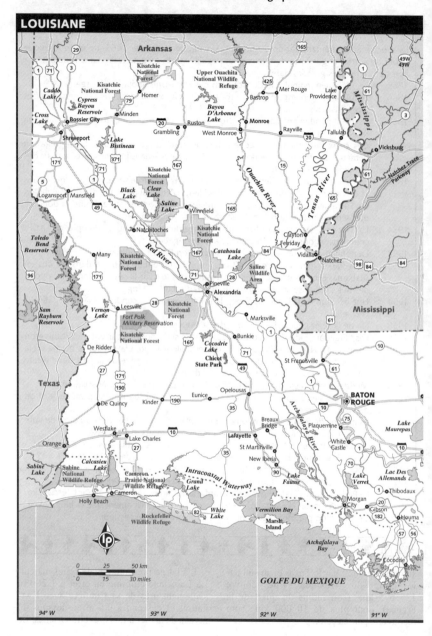

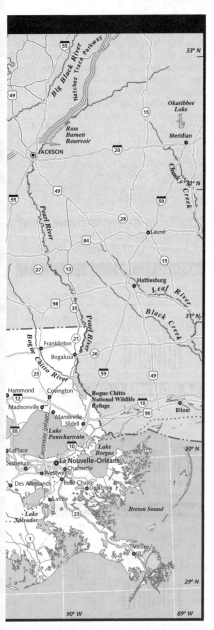

Mississippi et son affluent l'Atchafalaya dominent la géographie du sud de la Louisiane (ainsi que son histoire, sa culture, son économie...). De multiples digues, bassins, barrages et canaux ont été construits par l'homme pour maîtriser l'impétuosité du fleuve. La Nouvelle-Orléans et Baton Rouge, capitale moderne de l'État, se trouvent toutes deux sur les rives du Mississippi. Parmi les autres cours d'eau d'importance figurent la Sabine, à la frontière du Texas, la Pearl, qui marque la frontière sud-est avec l'État du Mississippi et la Red River, qui traverse en diagonale le centre de la Louisiane.

Les forêts et collines du centre et du nord forment un contraste saisissant avec les marécages et les prairies des basses terres.

Avec 123 584 km$^2$ l'État du Mississippi occupe une superficie comparable à celle de la Louisiane. Au nord-ouest, le delta du Mississippi forme une plaine alluviale en forme de feuille qui s'étend sur 136 km dans sa plus grande largeur et sur 320 km de long. Le littoral s'étire sur 70 km, entre la rivière Pearl, qui forme la frontière avec la Louisiane, et l'Alabama. Il compte 43 km de plages de sable blanc.

Les terres fertiles de la Black Prairie et les plateaux longeant les rivières Tombigbee et Tennessee caractérisent le nord-est du Mississippi. Dominé par sa capitale, Jackson, le centre de l'État descend des plateaux du nord à travers une plaine sablonneuse jusqu'à la région dénudée des Piney Woods, au sud. Le sud-ouest est constitué de sols alluviaux bordés par des collines de limon formant un étroit couloir le long du fleuve. A l'est, une région agricole vallonnée s'étend jusqu'aux Piney Woods.

Le Tennessee (109 152 km$^2$) est bordé par les Appalaches et la Caroline du Nord à l'est, par le Kentucky et la Virginie au nord, par le fleuve Mississippi, le Missouri et l'Arkansas à l'ouest, et enfin, par le Mississippi, l'Alabama et la Géorgie au sud.

A l'est, le relief dégringole des hauteurs des Appalaches jusqu'aux arrêtes et déclivités de la Great Valley. Vers l'ouest, le sol remonte pour former le plateau rocheux du Cumberland, strié de rivières, avant de s'aplanir dans le petit bassin central. Celui-ci débouche vers l'ouest sur la Tennessee River Valley, qui laisse à son tour place aux marécages boueux et aux collines ondoyantes qui forment l'ouest de l'État. Les habitants du Tennessee divisent leur État strictement entre l'Est, le Centre et l'Ouest, bien que ces distinctions découlent plus des mentalités que de la topographie.

## CLIMAT

Le Vieux Sud bénéficie d'un climat subtropical. La moyenne annuelle des températures est de 20°C. Le mois de janvier est le plus froid, avec une moyenne de 10°C, tandis que le cœur de l'été frise les 30°C de moyenne.

En Louisiane, la basse plaine côtière est humide toute l'année. L'atmosphère peut y être particulièrement étouffante quand vient s'ajouter la chaleur. Le climat est généralement plus frais et plus sec dans les hauteurs de la partie nord. La Nouvelle-Orléans et la plaine côtière connaissent des étés particulièrement humides. Les températures peuvent atteindre 38°C à l'ombre lors des canicules de juillet et d'août.

Dans le delta du Mississippi, le climat subtropical est encore plus suffocant en raison de l'absence de vent et d'arbres dans toute la plaine. C'est un facteur à prendre en compte si vous vous rendez dans la région de juin à septembre. Le reste de l'année, les températures sont douces, et un bon sweat shirt ou une veste légère feront l'affaire pendant les mois les plus frais.

## ÉCOLOGIE ET ENVIRONNEMENT

L'industrialisation et la nécessité de canaliser les eaux du Mississippi ont profondé-

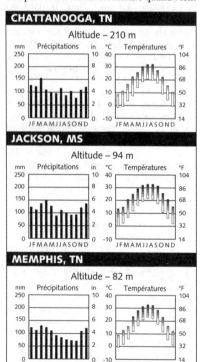
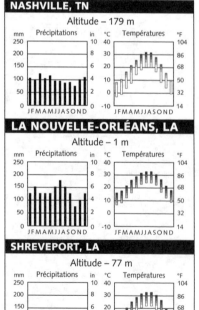

ment modifié l'environnement régional. A l'est du pays cajun, les ingénieurs ont notamment enfermé la plaine inondable de l'Atchafalaya dans un bassin de 32 km de large et de 129 km de long en édifiant des digues de terre le long de la rivière. Par un système des plus complexes, ce bassin draine les eaux de 38 États américains et constitue le plus grand marais d'eau douce du pays. En son centre, passe la rivière Atchafalaya, un affluent régulé du Mississippi qui prend sa source près du sud-ouest de l'État du Mississippi et rejoint le golfe du Mexique.

L'intérêt porté aux gisements de pétrole souterrains du bassin remonte à 1901. Aujourd'hui, le bassin est parsemé de plates-formes pétrolières et l'industrie du pétrole constitue le pilier de l'économie locale. Les forages et les dragages nécessaires à l'établissement de canaux ont amplement accéléré l'érosion naturelle et accru le déséquilibre écologique de la région. Plus de 3 200 km de canaux ont été tracés dans la seule plaine de Chenier.

Par ailleurs, de vastes étendues côtières, mal gérées et soumises à une forte pression des éléments naturels, sont peu à peu rognées par le golfe. L'organisme chargé de la restauration du littoral estime à 65 km$^2$ la superficie perdue chaque année. A ce rythme, la côte devrait atteindre Houma et La Nouvelle-Orléans dans une cinquantaine d'années. En 1989, l'État a décidé d'utiliser les revenus des taxes pétrolières pour tenter d'inverser cette tendance, et des fonds fédéraux sont également affectés à cette tâche. Vous trouverez une information complète sur le sujet, ainsi que des cartes, sur le site de la Louisiana Coastal Restoration : www.lacoast.gov.

Un inconvénient lié à la construction de nombreuses digues artificielles apparut également au début du XX$^e$ siècle. Certaines entravaient en effet le flux régulateur des rivières et envoyaient les limons boucher les bras du delta aux abords de la côte. Des zones marécageuses furent ainsi drainées ou comblées pour les besoins de l'agriculture.

A la même époque, des sociétés d'exploitation forestière détruisirent une grande partie des forêts et exposèrent plus encore le sol à l'érosion.

A l'heure actuelle, les rejets toxiques de l'industrie viennent aggraver la situation. Selon l'Institute for Southern Studies Green Index, les États du Sud sont ceux où les habitants sont le plus exposés aux produits toxiques. Ils dépensent cependant moins que les autres pour la gestion des déchets industriels. Cela dit, les compagnies d'exploitation des gisements de pétrole et de gaz

## La saison des ouragans

Lorsqu'elle traverse La Nouvelle-Orléans, la I-10 est flanquée de panneaux informant les conducteurs que la route sert de voie d'évacuation en cas d'ouragan (nom donné aux cyclones dans l'Atlantique Nord et la mer des Caraïbes). La ville étant située à environ 60 cm au-dessous du niveau de la mer, elle est particulièrement vulnérable aux inondations. D'après les autorités locales, l'évacuation totale de la ville prendrait trois jours. Les conducteurs coincés dans les embouteillages des heures de pointe seraient, pour leur part, plutôt enclins à croire l'opération impossible, d'autant plus que toutes les routes d'évacuation traversent des zones marécageuses et des bayous.

Dans le golfe du Mexique, la saison des ouragans s'étend de début juin à la fin de novembre. Elle est cependant plus intense à la fin de l'été et au début de l'automne. Il est possible de repérer à l'avance la formation d'un ouragan et de déclencher les deux niveaux d'alerte. Les services météorologiques diffusent un avis de vigilance cyclonique lorsqu'un ouragan risque de frapper une terre habitée dans les 36 à 48 heures. Si le risque se confirme, l'alerte est diffusée. Mieux vaut alors se mettre à l'abri ou quitter les lieux. De manière générale, les hôtels suivent les ordres d'évacuation et demandent à leur clientèle de partir. Renseignez-vous auprès de la réception pour obtenir davantage d'informations sur la logistique d'évacuation.

## Le tout-puissant Mississippi

Long de 3 780 km, "le Père des eaux" prend sa source au Minnesota, c'est-à-dire au niveau des Grands Lacs. Il traverse ainsi les États-Unis du nord au sud pour aller se jeter dans le golfe du Mexique en un large delta. Le débit de ce fleuve puissant est d'environ 18 000 m$^3$ par seconde, ce qui est proche du débit du Gange.

Les géologues savent que le cours du Mississippi changera un jour, comme il l'a déjà fait plusieurs fois durant ce millénaire. La description de John PcPhee, dans son ouvrage *The Control of Nature* (1989), est éloquente :

"La Louisiane doit sa configuration actuelle aux caprices du Mississippi. Ce fleuve est capable de rebondir dans un rayon de plus de trois cents kilomètres – à la manière d'un pianiste qui jouerait d'une seule main –, changeant régulièrement son cours de façon radicale, et débordant par l'une ou l'autre de ses rives pour poursuivre son chemin dans une tout autre direction. Pour atteindre la mer, il cherche continuellement les chemins les plus directs et les pentes les plus fortes."

Les infrastructures les plus menacées d'une éventuelle rupture sont celles de l'Old River Control Auxiliary Structure, une écluse établie à quelque 320 km en amont de La Nouvelle-Orléans et gérée par l'US Army Corps of Engineers. Elle permet de rejoindre directement le golfe, en empruntant le lit de la rivière Atchafalaya, vers laquelle une partie des eaux du fleuve est alors détournée. En 1973, la puissance de la rivière en crue a partiellement détruit l'élément sur lequel repose tout l'ouvrage. Reconstruit et renforcé, ce dernier a pu retenir les crues de 1983 et 1993. Chacun sait néanmoins qu'aucune de ces catastrophes n'a atteint l'intensité de celle de 1927, baptisée "crue du siècle". Les observateurs s'accordent en effet sur l'incapacité du dispositif à affronter un nouveau cataclysme de cette ampleur.

---

ont jusqu'à présent respecté les seuils imposés pour la protection de l'environnement.

Les cyclones, enfin, ont toujours provoqué des dégâts considérables sur le littoral. Le dernier cataclysme grave remonte à septembre 1965, quand Betsy s'est abattu sur les côtes du Mississippi et de la Louisiane, coûtant la vie à 74 personnes.

## FAUNE ET FLORE
### Flore

Les milieux naturels et l'exubérante flore de la Louisiane et des États environnants ne sont pas les moindres des attraits du Vieux Sud. En tête de liste, les bayous et marécages du pays cajun sont l'occasion d'observer une flore aquatique aussi luxuriante qu'originale. L'image la plus représentative est sans doute celle de la mousse espagnole, ou "barbe de vieillard", qui s'effiloche autour des chênes et des cyprès. Ainsi nommée du fait de sa ressemblance avec la barbe des colons espagnols, elle n'a rien d'une mousse. Cette plante épiphyte (elle vit sur un autre végétal mais ne le parasite pas) est en effet apparentée à l'ananas. Entre 1900 et 1940, les habitants de la Louisiane et des États voisins recueillaient les graines de mousse espagnole pour bourrer leurs matelas ou réparer les filets de pêcheurs.

Maintenant protégés, les cyprès chauves (l'arbre officiel de la Louisiane) surgissent des souches rescapées de l'abattage massif pratiqué dans la première moitié du XX$^e$ siècle. Les nombreux saules noirs peuplant les marais ont été importés, de même que la jacinthe d'eau. Certes jolies avec leurs fleurs bleu lavande, ces jacinthes, importées du Japon, représentent un véritable fléau. Elles obstruent les bayous et autres voies d'eau et coûtent des sommes colossales à l'État chaque année. La flore compte également des nénuphars blancs et de nombreuses autres plantes aquatiques.

Autre fléau très répandu, la vigne kudzu a été importée du Japon au début du XIX$^e$ siècle pour freiner l'érosion. Elle s'est développée dans tout le Sud des États-Unis, enserrant toute forme de végétation. Aujourd'hui, rien ne semble arrêter sa progression. Certaines forêts bordant les routes secondaires en sont envahies.

Le nord de la Louisiane, pour sa part, est principalement constitué d'immenses forêts de pins.

On dénombre des centaines d'espèces de fleurs dans le Sud, dont la plus célèbre est le camélia. Cette large fleur aux pétales d'un blanc crémeux est l'un des symboles de la Louisiane.

## Faune

Star de la faune du Vieux Sud, l'alligator américain (ou "gator") peuple les eaux des bayous, les ruisseaux et des basses terres marécageuses de Louisiane. Après avoir considérablement diminué, le nombre de ces reptiles autrefois chassés pour leur précieuse peau remonte depuis que l'espèce est protégée.

Le "cocodril", comme l'appellent parfois les Cajuns, n'est cependant pas l'unique occupant des bayous et des marais. Dans leurs eaux évoluent en effet des castors, des grenouilles, des tortues et des serpents, ainsi qu'un étrange rongeur originaire d'Amérique du Sud, la loutre, ou *nutria*. Ces gros rongeurs, appelés localement *coypu*, ont été importés aux États-Unis pour alimenter les élevages des fourreurs. En 1940, quelques loutres qui vivaient en captivité sur Avery Island se sont échappées à la faveur d'un cyclone et se sont rapidement reproduites, déplaçant le rat musqué et dynamisant l'industrie locale de la fourrure. Chevreuils, ratons laveurs, lapins et écureuils font également partie de l'écosystème louisianais.

Typiquement louisianais, le chien léopard à poil ras du Catahoula est issu du croisement entre un chien domestique indien des environs du lac de Catahoula et un chien de combat espagnol introduit dans la région au début du XVI$^e$ siècle.

Lors de son séjour à La Nouvelle-Orléans et dans les environs de St Francisville, entre 1921 et 1922, le naturaliste John James Audubon (1785-1851) a représenté plus de 80 espèces d'oiseaux sur les superbes feuillets peints qui illustrent son œuvre gigantesque, *Birds of America*.

L'Amérique du Nord compte quatre routes migratoires, dont la "Mississippi Flyway" que les oiseaux empruntent pour rejoindre les régions marécageuses, survolant le bassin du Mississippi dans les deux sens. La plupart des marécages constituent des réserves nationales où viennent hiverner de nombreuses espèces aquatiques, principalement des canards. A partir d'avril-mai s'y établissent plus de 70 espèces de grives, de fauvettes, de bruants, de viréons, de gros-becs et de tangaras venus d'Amérique

### John James Audubon

Cuvier décrivait les travaux de John James Audubon comme "le plus magnifique monument que l'art ait encore élevé à la science". La coexistence des mots "art" et "science" dans cet hommage au grand zoologiste ne relève pas du hasard. D'origine française, l'ornithologue, le naturaliste, mais aussi – et peut-être surtout – l'artiste peintre John James Audubon est né à Saint-Domingue en 1785. Ancien élève de David, il s'établit aux États-Unis à partir de 1807 et passe quelques années en Louisiane. Poussé par une nature aventureuse, cet infatigable voyageur s'adonne à différentes occupations avant de choisir la peinture et l'histoire naturelle. Il réalise ainsi des centaines de planches d'aquarelles représentant les oiseaux d'Amérique, dont certaines sont exécutées sur les terres d'Oakley Plantation, où il séjourne en 1821.

Mort en 1851, John James Audubon laisse en héritage aux États-Unis deux séries de planches exceptionnelles tant pour leur beauté que pour leur rigueur et leur réalisme : *Birds of America* (1827-1828) et *Quadrupeds of America* (1845-1848).

du Sud. La plupart ont couvert près de 1 300 km en une seule nuit.

Parmi les centaines de variétés d'oiseaux qui nichent dans les marais, on aperçoit fréquemment des hérons (aux pattes jaunes), des aigrettes (aux pattes noires), des ibis, des hiboux, des anhingas et des pélicans bruns (oiseau officiel de la Louisiane). Outre des élevages d'écrevisses (celles de Louisiane sont les plus appréciées pour la finesse de leur chair), les eaux du marais contiennent des poissons-chats géants. Un spécimen de 58 kg aurait été pêché en 1986…

Daims, écureuils, opossums, ratons laveurs et dindes sauvages sont présents dans le centre et le nord de la Louisiane. Les eaux du centre de l'État regorgent par ailleurs de gaspergous, d'orphies, de crapets, de poissons-chats et d'écrevisses.

Les serpents venimeux sont rares (dans le doute, méfiez-vous des serpents qui présentent une tête triangulaire comme la vipère). Les plaines côtières renferment des mocassins d'eau, reconnaissables à la ligne blanche qui se dessine lorsqu'ils ouvrent la gueule. Ils sont certainement moins nombreux qu'on ne le dit, car on les confond fréquemment avec le serpent d'eau commun, qui présente la même caractéristique.

L'abondante végétation florale attire d'innombrables variétés de papillons immenses aux couleurs superbes. Certains jardins sont

spécialement conçus dans ce but. Les libellules abondent dans les zones marécageuses où, la nuit, s'élève le chant des sauterelles d'Amérique et des grillons.

L'animal le plus redoutable de la région reste néanmoins le moustique, ou "vampire des marais". Autre fléau, les énormes cafards bruns peuvent atteindre près de 8 cm de long. Dotés d'ailes, ils circulent partout, à l'intérieur comme à l'extérieur des habitations.

Parmi les espèces protégées, il reste une centaine d'ours noirs en Louisiane.

## PARCS D'ÉTATS (STATE PARKS)

**Louisiane.** La Louisiane compte 17 parcs d'État. Totalisant près de 16 000 ha, ils attirent environ 1,5 million de visiteurs chaque année. Très bien entretenus, ils sont l'occasion de découvrir la faune et la flore louisianaises dans des environnements préservés, calmes et accueillants.

Outre de nombreuses activités (randonnée, canoë, pêche, etc.), les parcs d'État proposent de bonnes possibilités d'hébergement (à la seule exception de Cypremort Point State Park), soit dans des campings pour tentes et camping-cars, équipés de sanitaires, soit en *cabins*. Pouvant accueillir entre 4 et 8 personnes, ces bungalows, en général très confortables et agréables, sont loués à un tarif intéressant. Ceux du Lake Fausse Pointe State Park, par exemple, sont dotés d'une cuisine équipée, du chauffage et de la clim., et comportent de grandes chambres et une véranda donnant sur le bayou. Les cabins du Bayou Segnette State Park, à quelques kilomètres au sud de La Nouvelle-Orléans, sont également très accueillants.

Situés à des emplacements privilégiés pour l'observation de la nature, les parcs d'État disposent d'aires de jeux pour enfants, d'emplacements de pique-nique et de téléphones publics. Leurs installations sont accessibles aux handicapés.

Leurs coordonnées sont les suivantes :

Bayou Segnette State Park : 7777 Westbank Expressway, Westwego, LA 70094 (☎ 504 736 7140, 888 677 2296). Location de cabins, piscine et pêche à quelques kilomètres de La Nouvelle-Orléans.

Caney Kreek Lake State Park : State Rd 1209, Chatham, LA 71226 (☎ 318 249 2595, 888 677 2263). Un paradis pour pêcheurs au nord de la Louisiane.

Chemin-A-Haut State Park : 14656 State Park Rd, Bastrop, LA 71226-7078 (☎ 318 283 0812, 888 677 2436). Location de cabins, piscine et itinéraires de randonnée en bordure du bayou Bartholomew.

Chicot State Park : 3469 Chicot Park Road, Ville Platte, LA 70586 (☎ 337 363 2403, 888 677 2442). Baignade, pêche, itinéraires de randonnée et location de cabins dans un superbe environnement de marais de la prairie cajun.

Cypremort Point State Park : 306 Beach Lane, Franklin, LA 70538 (☎ 318 867 4510, 888 867 4510). Voile, pêche, baignade et ski nautique en bordure du golfe du Mexique. Le seul où il est impossible de passer la nuit.

Fairview-Riverside State Park : PO Box 856, Madisonville, LA 70447 (☎ 504 845 3318, 888 677 3247). Un environnement de marais en bordure du lac Pontchartrain.

Fontainebleau State Park : PO Box 8925, Mandeville, LA 70470-8925 (☎ 504 624 4443, 888 677 3668). Randonnée et piscine en bordure du lac Pontchartrain.

Grand Isle State Park : PO Box 741, Grand Isle, LA 70358 (☎ 504 787 2559, 888 787 2559). Baignade et pêche dans les eaux du golfe du Mexique.

Lake Bistineau State Park : 103 State Park Road, Doyville, LA 71023 (☎ 318 745 3503, 888 677 2478). Location de cabins, randonnée et piscine en bordure du lac Bistineau, au nord-ouest de la Louisiane.

Lake Bruin State Park : Rt 1, Box 183, St Joseph, LA 71366 (☎ 318 766 3530, 888 677 2784). Baignade, pêche et détente dans un beau décor de cyprès, au nord-est de l'État.

Lake Claiborne State Park : PO Box 246, Homer, LA 71040 (☎ 318 927 2976, 888 677 2524). Un lieu idéal pour se baigner, pêcher et se détendre au nord de la Louisiane.

Lake d'Arbonne State Park : PO Box 236, Farmerville, LA 71241 (☎ 318 368 2086, 888 677 5200). Entre forêt et lac, au nord-est de l'État.

Lake Fausse Pointe State Park : 5400 Levee Rd, St Martinville, LA 70582 (☎ 337 229 4764, 888 677 7200). Au cœur du pays cajun, ce superbe parc est l'occasion de découvrir la faune et la flore des bayous. Location de cabins et de canoës, itinéraires de randonnée.

North Toledo Bend State Park : PO Pox 56, Zwolle, LA 71486 (☎ 318 645 4715, 888 677 6400). Location de cabins, circuits de randonnée, piscine et pêche au nord-ouest de la Louisiane.

St Bernard State Park : 501 St Bernard Parkway, Braithewaite, LA 70040 (☎ 504 682 2101, 888 677 7823). Piscine et itinéraires de randonnée à une trentaine de kilomètres au sud-est de La Nouvelle-Orléans.

Sam Houston Jones State Park : 107 Sutherland Rd, Lake Charles, LA 70611 (☎ 337 855 2665, 888 677 7264). Location de cabins, circuits de randonnée et découverte de la faune et de la flore de l'ouest de la Louisiane.

Tickfaw State Park : 27225 Patterson Road, Springfield, LA 70462 (☎ 225 294 5020, 888 981 2020). Une grande variété d'écosystèmes en bordure de la rivière Tickfaw, à une cinquantaine de kilomètres à l'est de Baton Rouge. Nombreuses possibilités d'hébergement.

Il est en général préférable de réserver si vous souhaitez louer un cabin dans ces parcs, notamment aux environs de La Nouvelle-Orléans. Le droit d'entrée pour la journée est de 2 $ par véhicule jusqu'à 4 personnes (50 ¢ par personne supplémentaire ou par piéton/cycliste). Certains facturent l'accès aux piscines et aux aires de pêche. Les emplacements de camping (tentes et camping-cars) reviennent entre 10 et 12 $ selon qu'ils disposent ou non d'une alimentation en eau et en électricité. Vous devrez enfin payer entre 45 et 65 $ la nuit pour un cabin équipé pouvant accueillir entre 4 et 8 personnes.

Pour de plus amples informations, contactez le Louisiana Office of State Park (☎ 225 342 8111, 888 677 1400), PO Box 44426, Baton Rouge, LA 70804. Pour les réservations, appelez le ☎ 877 226 7652. L'organisme dispose par ailleurs d'un site web : www.crt.state.la.us.

**Mississippi.** Le Mississippi compte 7 forêts nationales (plus de 4 000 km$^2$), 29 parcs d'État et 7 parcs nationaux. Le Department of Wildlife, Fisheries and Parks (☎ 601 364 2163, 800 467 2757), PO Box 451, Jackson, MS 39205-0451, fournit tout renseignement concernant la réglementation en matière de pêche et de chasse et pourra vous renseigner sur les parcs d'État. Pour les forêts nationales, adressez-vous au Forest Service, 100 W Capitol St, Suite 1141, Jackson, MS 39269. Pour les réservations, appelez le ☎ 601 965 4391, ou le numéro gratuit ☎ 800 280 2267. Certains parcs et forêts sont détaillés dans les pages régionales de ce livre.

**Tennessee.** Le bureau central des Tennessee State Parks (☎ 615 532 0001, 888 867 2757) occupe le 401 Church St, 7$^e$ étage, Nashville, TN 37243-0446. La Tennessee Wildlife Resources Agency (☎ 615 781 6500), PO Box 40747, Nashville, TN 37204, vous expliquera la réglementation en matière de pêche. Reportez-vous aux pages régionales pour plus de précisions.

## INSTITUTIONS POLITIQUES

Chaque État américain constitue une entité politique. Dirigés par un gouverneur, ils sont représentés au Congrès de Washington DC par des députés et des sénateurs élus pour quatre ans. Les États du Sud tirent largement parti de l'indépendance que leur confère cette structure, tout en exerçant sur les libertés individuelles un contrôle strict.

Traditionnellement, le Sud a toujours été conservateur. Nombre de ses hommes politiques sont favorables à la prière dans les écoles et à la peine de mort, et combattent l'avortement. Il existe cependant des exceptions : La Nouvelle-Orléans forme une sorte d'enclave libérale dans cette zone éminemment conservatrice surnommée "Bible Belt". Traditionnellement partisans du Parti républicain pour la reconstruction, les Afro-Américains du Sud ont rejoint en masse le Parti démocrate après les efforts réalisés par l'administration Kennedy en matière de droits civiques.

Du point de vue de son organisation politique, comme dans bien d'autres domaines, la Louisiane constitue une anomalie dans le système américain. Elle se réfère par exemple toujours à une variante du code Napoléon, contrairement aux autres États, qui suivent la "Common Law" britannique (qui met l'accent sur la jurisprudence). En outre, tandis que ces derniers se subdivisent en "comtés", la Louisiane a conservé la dénomination catholique de "paroisses".

Haute en couleurs, la vie politique louisianaise mérite quelques lignes. L'acteur qui fit le plus parler de lui sur la scène politique fut sans conteste Huey Long (1893-1935). Très charismatique, il fut d'abord élu gouverneur en 1928. Démagogue et populiste, Long n'hésita pas à prendre certaines libertés avec les règles démocratiques pour atteindre ses buts, qui incluaient une série de grands travaux. Corruption et intimidation devinrent vite les maîtres mots de son administration. Il allait se porter candidat à la présidence des États-Unis lorsqu'il tomba sous les balles d'un assassin.

En 1943, l'élection au poste de gouverneur du chanteur Jimmie Davis, baptiste de Louisiane du Nord, modifia pour quelque temps le style politique très particulier de l'État. Il reste le seul gouverneur à avoir été membre du Country Music Hall of Fame, du Nashville Songwriters Hall of Fame et du Gospel Music Hall of Fame. Sa chanson la plus connue, *You are my sunshine*, est devenue l'hymne de la Louisiane.

La "dynastie" des Long revint sur le devant de la scène avec l'élection d'Earl Long, frère de Huey, en 1959. Si Earl n'alla jamais jusqu'à imposer à l'État le style désastreux de son frère, il n'en imita pas moins ses méthodes et se trouva impliqué dans une série de scandales.

La singularité politique de l'État se manifesta de façon encore plus malsaine en 1988, lorsque les électeurs de Metairie, une banlieue de La Nouvelle-Orléans, choisirent David Duke (ancien leader du Ku Klux Klan) pour les représenter dans la capitale de la Louisiane.

Trois ans plus tard, Duke présentait sa candidature au poste de gouverneur, plaçant les électeurs devant une alternative peu enviable : voter pour lui ou pour son adversaire, l'ex-gouverneur Edwin Edwards, dont la réputation de politicien corrompu n'était plus à faire. Edwards remporta l'élection de justesse avec 34% des voix (contre 32% à Duke). Après avoir été réélu quatre fois au poste de gouverneur, Edwards fut inculpé pour extorsion de fonds début 2000.

L'actuel gouverneur de Louisiane, Mike Foster, ne présente ni le penchant pour la bouteille d'un Long, ni le bagou d'un Edwards, mais il ne déçoit en rien les amateurs de cynisme politique. Il se distingua notamment en proclamant que, "comme tout bon chrétien", il soutiendrait la candidature de David Duke au Sénat si celui-ci devait affronter un démocrate au second tour…

La vie politique de l'État du Mississippi n'est pas moins animée. On pourrait en résumer le paradoxe en juxtaposant deux faits : d'une part, le Parlement de l'État a attendu 1995 pour ratifier le 13$^e$ amendement de la Constitution des États-Unis, abolissant l'esclavage ; d'autre part, le Mississippi compte la plus grande proportion d'élus afro-américains de tout le pays.

L'actuel gouverneur de l'État, le démocrate Ronnie Musgrove, a été élu de justesse au début de l'an 2000. Il disposait d'une légère avance sur son adversaire, mais non de la majorité absolue. La Chambre des représentants dut ainsi élire un gouverneur pour la première fois dans l'histoire du Mississippi.

Parmi les dossiers brûlants de l'actualité figurent la question de l'amélioration du niveau scolaire ainsi que celle du changement éventuel du drapeau de l'État (l'actuel rappelant celui des confédérés). Autre problème récurrent, celui du difficile équilibre entre la protection du fleuve et son exploitation à des fins commerciales.

La carrière d'Andrew Jackson (président des États-Unis de 1829 à 1837) semble avoir donné aux habitants du Tennessee le goût de la politique à l'échelle nationale : outre James K. Polk, président des États-Unis de 1845 à 1849, des politiciens originaires de l'État ont occupé de hauts postes ministériels et administratifs au cours de l'histoire, dans le camp des démocrates comme dans celui des républicains. Le dernier en date est Al Gore, candidat malheureux à l'élection présidentielle en 2000.

L'actuel gouverneur de l'État du Tennessee est le républicain Don Sundquist, réélu haut la main en 1998 grâce à une campagne axée sur la lutte contre le crime. Il a, depuis son élection, réinstauré la peine de mort.

## ÉCONOMIE

L'économie louisianaise repose principalement sur l'industrie. Elle contribue au produit national brut américain à hauteur d'environ 4 milliards de dollars par an (soit 0,06%). Les industries chimique et pétrolière côtoient des manufactures plus modestes, comme la société Tabasco, productrice de la célèbre sauce piquante. De grandes compagnies comme Exxon, Shell, General Motors ou encore Burger King Corporation comptent parmi les 20 premières sociétés privées de Louisiane.

Même si elle fut durement secouée par l'effondrement des cours dans les années 80, l'industrie pétrolière se taille toujours une large part de l'économie de la Louisiane. L'État occupe en effet la troisième position pour le raffinage aux États-Unis. Son sous-sol contient 10% des réserves de pétrole du pays, mais aussi d'importantes ressources de sel, de soufre, de chaux et de silicium. La Louisiane se place également parmi les principaux producteurs américains de produits dérivés du papier et du bois, d'habillement, de navires et d'équipement de forage en mer. Les ports de La Nouvelle-Orléans et de Baton Rouge comptent par ailleurs parmi les cinq ports les plus actifs des États-Unis.

Les productions agricoles – soja, riz et canne à sucre en tête – représentent près du tiers de la richesse produite par l'État. Pas moins de 70% du sucre de canne et 60% du riz produits aux États-Unis sont originaires de Louisiane, qui est également le deuxième État d'Amérique pour le tonnage annuel de fruits de mer.

La dernière période de prospérité de l'État du Mississippi date d'avant la guerre de Sécession. Aujourd'hui, les indicateurs économiques placent le Mississippi en queue de peloton des États américains : le taux de chômage est élevé et l'on estime que 21% de la population (dont le tiers des enfants) vit dans la pauvreté. La situation s'est toutefois améliorée dans les années 90 avec la baisse du taux de pauvreté et l'augmentation de 4 000 $ du revenu moyen, qui est passé à 29 120 $ (75% de la moyenne nationale).

La région du Delta bénéficie d'aides du gouvernement fédéral destinées aux régions les plus pauvres du pays, qui visent à développer la formation professionnelle et à améliorer les infrastructures.

Le secteur primaire domine encore l'activité économique. Le Mississippi est le troisième producteur national de coton, et le soja fournit des revenus non négligeables. La région du Delta est la première du pays pour l'élevage de poissons-chats (Belzoni est reconnue comme la capitale mondiale de cette production).

Les revenus des casinos sont importants, mais la plupart de leurs bénéfices vont à des propriétaires qui ne résident pas dans le Mississippi.

Le Tennessee forme une sorte de transition entre la pauvreté parfois dramatique du Vieux Sud et la situation confortable du centre du pays. Malgré un taux de chômage légèrement plus faible que la moyenne des États-Unis, les revenus individuels sont inférieurs d'environ 3 000 $ à la moyenne nationale, et 13% de la population vit sous le seuil de pauvreté (soit quelques points de plus que la moyenne nationale).

Les industries les plus importantes du Tennessee sont l'électricité (la TVA fournit sept États en énergie) et le charbon. Le tourisme rapporte chaque année 2 milliards de dollars. Dans le Centre et l'Ouest, il repose pour une large part sur la musique country. La production agricole concerne principalement le maïs, le soja, le tabac, le coton et le sorgho.

## POPULATION ET ETHNIES

La population du Vieux Sud (4,3 millions d'habitants environ en Louisiane, 2,7 millions dans le Mississippi et 5,4 millions dans le Tennessee) reflète la mosaïque ethnique des XVIIIe et XIXe siècles. Au fil des ans, cette terre a en effet accueilli des Français, des Espagnols, des Allemands, des Africains, des Antillais, des Canariens, des Acadiens, des Haïtiens et des Anglo-Saxons.

La classification en groupes ethniques des habitants actuels de l'État de Louisiane doit être nuancée en tenant compte de son formidable brassage culturel. Plus de la moitié des Louisianais se considèrent comme Blancs d'origine européenne, plus d'un tiers se définissant comme Noirs. Un peu moins d'un quart sont d'origine hispanique, tandis que les Asiatiques constituent une très faible proportion de la population. Les Blancs se divisent équitablement entre citadins et ruraux. Les autres groupes ethniques habitent surtout les villes.

**Les Blancs.** La communauté blanche reste majoritaire en Louisiane (à l'exception de La Nouvelle-Orléans, majoritairement peuplée d'Afro-Américains) et est la première par le nombre sur la côte de l'État du Mississippi. En dépit de son apparente homogénéité par rapport aux autres communauté, elle comprend des membres issus de cultures radicalement différentes. Il existe un fossé culturel considérable entre les colons européens – catholiques français et espagnols établis très tôt à La Nouvelle-Orléans et sur la côte – et les Blancs de l'intérieur. Majoritairement protestants anglo-saxons, ces derniers sont venus des États de la côte atlantique, et plus particulièrement de Virginie, près d'un siècle plus tard.

**Les Afro-Américains.** Descendants des esclaves que l'on fit venir pour travailler dans les plantations, les Noirs américains vivent encore majoritairement dans le Vieux Sud. En 1900, soit 35 ans après la guerre de Sécession, plus de 90% des Afro-Américains se concentraient dans les États de l'ancienne Confédération. Par la suite, ils émigrèrent par millions vers le nord pour fuir la misère et le racisme profondément ancré dans les mœurs. Malgré cet exode, la Louisiane compte 30% d'Afro-Américains et le Mississippi, avec plus du tiers de sa population d'origine afro-américaine, est le premier État afro-amérocain des États-Unis. La région du Delta, traditionnellement productrice de coton, compte 80% d'Afro-Américains.

**Les Créoles.** Peu de termes décrivant une ethnie posent autant de problèmes de définition que celui de "créole". Dérivé de l'espagnol *criollo* (qui signifie natif d'une région), il est apparu au début du XVIII$^e$ siècle et désignait les descendants des immigrants français et espagnols établis en Louisiane.

Le terme a évolué par la suite pour désigner l'ensemble des Louisianais de culture non anglo-saxonne. On en est ainsi venu à parler de "Créoles noirs", ou encore de "Créoles de couleur", pour désigner les "hommes de couleur libres". Ce terme désignait une petite population de Métis acceptés dans la bonne société créole.

La définition du terme se complique encore dès lors que l'on prend en compte sa connotation sociale. Les Créoles "historiques", descendants des premiers colons français et espagnols, formaient en effet une communauté urbaine et fortunée. Les Cajuns, pour leur part, étaient majoritairement ruraux et pauvres à leur arrivée en Louisiane. Fiers de leur origine française, qu'ils partageaient avec les Créoles historiques, ces derniers ont ainsi parfois revendiqué le terme de Créole afin d'éviter la dénomination de Cajun, longtemps péjorative.

Autant dire qu'il est bien difficile de définir avec précision qui est créole et qui ne l'est pas dans la Louisiane contemporaine. Aujourd'hui, on qualifie de créole une population en majorité noire dont les racines se trouvent à la fois en Europe, chez les Indiens d'Amérique et dans les Caraïbes. Dans les faits, le terme désigne avant tout une culture dont la musique zydeco est la manifestation la plus évidente, et dont La Nouvelle-Orléans est le bastion.

**Les Cajuns.** Descendants de colons français venus d'Acadie au XVII$^e$ siècle, les Cajuns ont été déportés en grand nombre par les Britanniques à partir de 1755, date à laquelle ces derniers prirent le contrôle des territoires français du Canada. Après une dizaine d'années d'exil, la majeure partie de ces Acadiens (dont dérive le terme "cajun") se regroupa dans le sud de la Louisiane, recréant leur communauté francophone dans les prairies et les marécages qui s'étendent à l'ouest de La Nouvelle-Orléans. Dénommée "Acadiana" depuis les années 70, la Louisiane francophone comprend 22 paroisses.

## Traditions cajuns

Jusqu'à récemment, les Cajuns, géographiquement isolés, tiraient leur subsistance des ressources fournies par le milieu naturel. Les marais leur fournissaient en abondance poissons, écrevisses, grenouilles-taureaux et tortues. En revanche, ils ne consommaient guère d'alligator avant les années 70. Au printemps, les familles cajuns pêchaient les écrevisses et vivaient du produit de la vente de leur pêche. La fabrication artisanale des filets revêtait également une grande importance. A la saison sèche, les Cajuns chassaient différents mammifères, dont ils vendaient la peau, et récoltaient la mousse espagnole, utilisée pour bourrer les matelas.

La *pirogue*, une embarcation peu profonde qui se manœuvre à la rame, debout, fut longtemps indispensable pour se déplacer sur les bayous. En dépit des steamers et du chemin de fer, de nombreux villages cajuns restèrent en effet isolés pendant une longue partie du XX$^e$ siècle. Creusées à l'origine dans des troncs de cyprès, arbre maintenant protégé, les pirogues sont aujourd'hui fabriquées en contreplaqué ou en fibre de verre.

Le pays cajun se distinguait également par son architecture. A côté des classiques maisons flottantes et cabanes de pionniers bâties sur les îles des marais, il existait en effet une architecture citadine d'inspiration européenne dont quelques traces subsistent. Les habitations traditionnelles comportaient toujours une véranda, et les poutres apparentes dénotaient l'influence française. La cuisine était située dans un bâtiment à part, derrière la maison, et les murs et les cheminées étaient isolés à l'aide de *bousillage*, mélange de mousse espagnole et d'argile. Parmi les caractéristiques originales de certaines maisons, la *garçonnière*, à laquelle on accédait directement de la véranda, était une pièce sous les combles réservée au jeune homme de la maison. En ville, les habitations étaient disposées pour offrir un accès direct au bayou.

Fondement de la culture cajun, la famille entretient des liens étroits et se réunit à de nombreuses occasions. Pour les mariages, on organise la *Money Dance*, durant laquelle les participants épinglent des billets sur le voile de la mariée. De façon générale, la vie communautaire joue un grand rôle. Ainsi, en hiver, on se réunit (ou se réunissait) pour tuer le cochon lors de la *boucherie*. Catholiques, les Cajuns plaçaient l'Église et la communauté au centre de leur vie spirituelle. Certaines familles isolées pratiquaient cependant la *messe blanche*, dite par un laïque à un autel élevé dans la maison. La région compte de nombreuses chapelles élevées à la gloire des saints, notamment à Marie, sainte patronne des Cajuns.

Le Jean Lafitte National Historical Park and Preserve, géré par le National Park Service (NPS), rassemble en pays cajun trois sites consacrés à la culture acadienne : l'Acadian Cultural Center, à Lafayette (le plus complet) ; le Cajun Wetlands Center, à Thibodaux ; et le Cajun Prairie center, à Eunice. Tous trois présentent intelligemment une excellente introduction à l'histoire et à la culture régionales.

---

Dans un bar de Henderson, vous pourrez lire la définition suivante du Cajun, qui après tout en vaut bien d'autres : "Une personne née et élevée le long des bayous du sud de la Louisiane, vouée au gombo, au boudin, à la sauce piquante, à l'écrevisse et au jambalaya, et se consacrant au *fais-do-do*, à la musique acadienne française, au dur labeur et au *laisser les bons temps rouler*."

Reportez-vous à l'encadré *Traditions cajuns* et aux chapitres *Pays cajun* et *Langue* pour de plus amples informations.

Environ 900 000 Louisianais descendent des Acadiens, des Français et des Canadiens francophones.

**Les Amérindiens.** La culture des Amérindiens de la vallée du Mississippi, entre 700 et 1200 de notre ère, est considérée comme l'une des plus importantes d'Amérique du Nord. Les tribus indiennes ont cependant été décimées. Plusieurs communautés subsistent dans des réserves fédérales ou d'État. Leur proportion ainsi que les territoires qu'elles occupent restent très inférieurs à ceux d'autres régions.

Une réserve fédérale chitimacha est établie en plein cœur du pays cajun. Des communautés choctaw, tunica, coushatta et houma sans territoire propre vivent également dans le Vieux Sud.

Suite au formidable brassage ethnique qu'a connu le Sud, nombre de Métis revendiquent une origine indienne.

**Les Isleños.** Les ancêtres de cette minuscule communauté débarquèrent en Louisiane en 1776, lorsque les Espagnols incitèrent des familles à émigrer des Canaries, leur pays d'origine. Débarqués vers 1780 à Delacroix, les Isleños s'installèrent au sud de La Nouvelle-Orléans où ils reprirent leur activité de pêche, de chasse et de récolte de mousse.

La langue espagnole ne représente plus guère un signe identitaire majeur pour eux. Leur architecture est en revanche caractéristique.

Pour plus de détails, reportez-vous au chapitre *La Nouvelle-Orléans*.

## SYSTÈME ÉDUCATIF

L'histoire du système éducatif dans les États du Sud, a été marquée par des années de controverses sur la mixité ethnique. Dans les années 60, nombre de familles blanches inscrivaient leurs enfants dans des instituts privés. Ainsi, les écoles publiques, notamment dans les villes, accueillaient surtout des enfants noirs. Depuis une dizaine d'années, les familles blanches, découragées par les tarifs exorbitants du secteur privé, envoient plus volontiers leurs enfants à l'école publique.

Globalement, le système éducatif de l'ensemble des États du Sud souffre aujourd'hui de négligence et d'inertie. La Louisiane se range parmi les 7 derniers États américains pour les dépenses consacrées à l'éducation (par habitant) et pour le pourcentage d'étudiants qui achèvent un cursus universitaire.

Certaines réalités échappent cependant aux statistiques. Le Vieux Sud comprend en effet quelques excellentes institutions, tant publiques que privées. Les universités de Tulane et de Loyola, toutes deux implantées à La Nouvelle-Orléans, attirent notamment des étudiants de tout le pays.

Fer de lance de la culture du Vieux Sud, l'université du Mississippi – généralement appelée "Ole Miss" – est située à Oxford. L'université d'Alcorn fut pour sa part le premier établissement d'enseignement supérieur destiné aux Afro-Américains du pays, en 1875.

## RELIGION

Les convictions religieuses ont toujours joué un rôle fondamental dans la culture du Sud, parfois appelé "Bible Belt" (le bastion de la Bible), en référence au conservatisme et au fondamentalisme de ses habitants. La Louisiane, qui compte plus de 4 300 lieux de culte divisés en une cinquantaine de confessions, ne fait pas exception à la règle.

Dans le passé, les divergences religieuses ont divisé la région autant que les questions ethniques. Les protestants évitaient de s'associer aux catholiques et aux juifs. Les unions interconfessionnelles – et même celles entre protestants n'appartenant pas à la même Église – faisaient scandale. Juifs et catholiques étaient persécutés par le Ku Klux Klan au même titre que les Noirs. Aujourd'hui encore, Noirs et Blancs fréquentent souvent des églises distinctes.

Vous serez bien accueilli dans ces églises si vous savez vous comporter avec respect. Préparez-vous à de longs services : la messe du dimanche commence généralement à 11h pour s'achever à 13h ou 14h. Comme toute la population est censée y assister – du moins dans les zones rurales –, la plupart des commerces ferment et les rues sont pratiquement vides.

Choisissez une tenue semi-habillée discrète. Même dans les communautés les plus humbles, les hommes portent la veste et la cravate et les femmes revêtent une robe. On vous pardonnera de faire exception si vous avez fait un effort vestimentaire. Selon la tradition, les visiteurs sont annoncés – il se peut que le prêtre vous demande de vous lever à cette occasion – et salués par les doyens et les membres de la congrégation. Enfin, dans certaines églises, un sermon est dispensé aux enfants que l'on rassemble aux premiers rangs.

Très attachés à leurs convictions religieuses, les habitants vous interrogeront peut-être à propos des vôtres. Une formule de type : "Admettez-vous le Christ dans votre vie ?" constitue parfois une simple entrée en matière. Ne la prenez pas pour une question indiscrète.

Dans les églises catholiques, seules les personnes baptisées et pratiquantes sont invitées à la communion rituelle du pain et du vin. Les protestants se montrent plus ouverts dans ce domaine.

De nombreux visiteurs se rendent à l'office du révérend Al Green, au Full Gospel Tabernacle de Memphis (Tennessee). Ancien chanteur de rythm'n blues, Al Green a commencé à prêcher au faîte de sa carrière. Accompagnés à la basse, guitare, batterie et claviers, ses sermons sont également appuyés d'un chœur de gospel. Reportez-vous à l'encadré consacré au révérend Green dans le chapitre *Tennessee*.

**Catholicisme romain.** Majoritairement catholiques romains, le pays cajun et La Nouvelle-Orléans peuvent paraître anachroniques dans la "Bible Belt" dominée par le protestantisme. Introduit par les Espagnols et les Français, le catholicisme s'est répandu en s'enrichissant d'apports plus tardifs, irlandais notamment. En 1724, le Code noir – plus ou moins appliqué – imposa le baptême des esclaves et leur instruction dans la foi catholique. Un grand nombre de Noirs appartiennent ainsi à cette confession.

Mardi gras, qui attire de nombreux touristes à La Nouvelle-Orléans, trouve son origine dans une fête religieuse catholique. Cette fête clôt en effet le carnaval qui débute la "douzième nuit" à compter de Noël, soit le 6 janvier. Les catholiques rendent ainsi hommage à Jésus avant le mercredi des Cendres, début du Carême qui s'étend jusqu'à Pâques. Ces fêtes religieuses sont aussi célébrées à Lafayette, en pays cajun et dans les villes côtières du Mississippi comme Mobile ou Biloxi.

**Protestantisme.** Sermons enflammés, baptêmes dans les rivières, enseignement biblique pendant les vacances et règles de vie du plus strict puritanisme sont les caractéristiques du protestantisme de la "Bible Belt" d'aujourd'hui.

L'Église baptiste du Sud est née d'un schisme survenu avant la guerre de Sécession. Dans les années 1840, l'interprétation de la Constitution sur la question de l'esclavage suscita en effet de vifs débats au sein de l'Église baptiste. Ils débouchèrent sur la création en 1845 de la Southern Baptist Convention, esclavagiste. De nombreuses autres communautés protestantes, dont certaines plus "souples", sont implantées dans la région, notamment des méthodistes, des luthériens, des presbytériens et des épiscopaliens.

**Christianisme afro-américain.** Au temps de l'esclavage, les traditions religieuses africaines et haïtiennes, strictement interdites et réprimées, ne purent se maintenir que dans la clandestinité. Les esclaves étaient autorisés – ou contraints, pour la plupart – à assister au service du dimanche dans l'église de leur maître. Dès cette époque, des communautés noires créèrent leurs propres églises.

A l'abolition de l'esclavage, des missionnaires venus du nord fondèrent des congrégations parmi les communautés noires. L'African Methodist Congregation a ainsi participé à l'implantation de nombreuses églises, dites AME dans tout le Sud des États-Unis.

Au début des années 1900, le poète noir James Weldon Johnson faisait justement remarquer combien l'ardeur avec laquelle les esclaves avaient embrassé le christianisme pouvait surprendre, au vu du "vaste océan qui séparait la religion qu'on leur prêchait et celle effectivement pratiquée". Selon lui, les chroniques des juifs de l'Ancien Testament apportent à ce paradoxe un élément d'explication. "Ces chroniques ont enflammé l'imagination des officiants noirs qui, par leurs chants, ont transmis à leur public avide de liberté cette foi en Dieu, cette conviction qu'il les libérerait, eux aussi, comme il avait sauvé Daniel du lion et Israël du joug de l'Égypte."

L'Église a toujours contribué à souder les communautés afro-américaines. Les premiers leaders des luttes pour les droits civiques, dont le Dr Martin Luther King Jr, étaient pasteurs. Les églises noires ont été la cible de nombreuses attaques inspirées par la haine raciale dans le passé. Récemment encore, en 1995, elles ont été victimes d'une série d'incendies criminels dans tout le Vieux Sud, qui a donné lieu à une enquête fédérale.

**Judaïsme.** Une communauté juive relativement importante est établie de longue date dans certaines villes qui jalonnent le fleuve. La présence à Utica (Mississippi) du Museum of the Southern Jewish Experience (musée de l'Expérience juive du Sud) en témoigne.

**Vaudou.** Introduites par les esclaves africains qui transitaient en Haïti – plaque tournante de l'esclavagisme dans le Nouveau Monde –, des traditions vaudoues mêlant des influences africaines et haïtiennes se sont répandues dans la vallée du Mississippi. Le vaudou évoque surtout dans les esprits des cérémonies pleines de mystère pendant lesquelles les participants entrent en transe. Adoptant la religion de leurs oppresseurs, les Noirs se mirent à adorer des saints catholiques à côté des idoles païennes importées d'Afrique, et à mêler les croyances chrétiennes aux pratiques vaudoues. Aujourd'hui, les adeptes disposent d'un lieu de culte à La Nouvelle-Orléans, le Voodoo Spiritual Temple. Certains portent un talisman autour du cou, souvent constitué de racines enveloppées d'étoffe rouge.

## ARTS
### Littérature

**Mark Twain et William Faulkner.** Pour Hemingway, toute la littérature américaine était issue de *Huckleberry Finn*, de Mark Twain (1835-1910). Ce jugement, s'il peut paraître excessif, est néanmoins révélateur de la place de premier plan qu'occupent les œuvres de cet écrivain natif du Missouri dans le panthéon littéraire américain.

A lire ou à relire : *Les Aventures de Tom Sawyer*, *Les Aventures de Huckleberry Finn*, ou encore *La Vie sur le Mississippi*. Ces romans, qui firent l'essentiel de la réputation internationale de l'auteur, s'appuient sur l'expérience de ce dernier qui, entre autres métiers, exerça celui de pilote sur le Mississippi. La vie le long du fleuve y est reconstituée avec une verve picaresque et satirique, dans une langue qui, pour la première fois, affirme sans complexe sa spécificité américaine.

William Faulkner (1897-1962) est une autre figure tutélaire de la littérature américaine en général et de la fiction du Sud en particulier. Le comté sudiste imaginaire de Yoknapatawpha sert de décor à une œuvre majeure de la littérature mondiale. Citons entre autres : *Sartoris*, *Le Bruit et la Fureur*, *Sanctuaire*, *Lumière d'août* et *Absalon ! Absalon !*

L'influence de Faulkner est telle que la littérature de cette région s'organise en un *avant Faulkner* – relativement pauvre – et un *après Faulkner* – où chacun construit son œuvre en référence à celle de l'illustre prédécesseur.

**L'avant Faulkner.** La scène littéraire louisianaise avant les années 30 – C'est en 1929 qu'est publié *Le Bruit et la Fureur* – est plutôt assoupie. On retient généralement deux noms : ceux de Kate Chopin (1851-1904) et de George Washington Cable (1844-1925), représentants d'un style qui fait la part belle à la couleur locale. La première, originaire du Missouri, est associée à la Louisiane pour en avoir fait le décor de l'essentiel de son œuvre. En 1894, un recueil intitulé *Bayou Folk* (*Les Gens des bayous*) lui avait valu une certaine notoriété.

La publication en 1899 de *L'Éveil* fit scandale. Ce roman qui relate l'histoire d'une femme qui se découvre à travers l'adultère devint par la suite un classique de la littérature féministe. L'œuvre de George Washington Cable demeure avant tout un témoignage historique – et même sociologique – sur la société créole de la Louisiane au XIX$^e$ siècle. On retiendra essentiellement *Old Creole Days* (*En Louisiane à l'époque des Créoles*, 1879) et *Les Grandissimes* (1880).

**L'après Faulkner.** Parmi les auteurs ayant, dans la seconde moitié du XXᵉ siècle, pris la Louisiane pour cadre de leur œuvre, plusieurs noms se détachent.

Robert Penn Warren (1905-1989) obtint le prix Pulitzer pour son roman *All the King's Men* (*Les Fous du roi*, 1946), inspiré de la vie du politicien populiste louisianais Huey Long.

Natif du Missouri, le célèbre dramaturge Tennessee Williams (1911-1983) passa une grande partie de sa vie à La Nouvelle-Orléans. Le Vieux Carré sert d'ailleurs de décor à la pièce *Un tramway nommé Désir* (1947) où s'affrontent, en un poignant mélange d'attirance et de répulsion, Blanche Du Bois, aristocrate sudiste déchue s'accrochant à un passé haussé au rang de mythe, et son beau-frère, Stanly Kowalski, immigrant polonais aussi beau que brutal.

Né en Alabama, Walker Percy (1916-1990) s'installe en 1950 dans une banlieue de La Nouvelle-Orléans. Ses romans sont construits autour de la difficulté de vivre "ici et maintenant" dans un Sud dont le glorieux passé est définitivement révolu. Citons, entre autres, *Le Cinéphile* (1961), *Le Dernier Gentleman* (1968) et *L'Amour parmi les ruines* (1971).

Grande voix de la littérature noire, Ernest J. Gaines (1933) évoque dans son œuvre la Louisiane rurale cajun et noire, où il a grandi. Les tensions sociales et raciales du monde des plantations y sont évoquées avec puissance. Son livre majeur, *L'Autobiographie de miss Jane Pittman* (1971), se présente comme la transcription du récit autobiographique d'un centenaire qui, esclave à la fin de la guerre de Sécession, luttera dans les années 60 pour les droits civiques.

Publié plus de dix ans après le suicide de son auteur, John Kennedy Toole, *La Conjuration des imbéciles* (1980) est un roman héroï-comique, loufoque et grave, dans lequel un obèse doté d'une solide culture classique vitupère l'époque qui l'a vu naître, et dresse un tableau sarcastique et truculent de La Nouvelle-Orléans.

**Tennesse Williams**

Vous trouverez les références des traductions françaises des livres cités ci-dessus dans l'encadré *Le Vieux Sud en toutes lettres* du chapitre *Renseignements pratiques*.

## Arts plastiques

Les amateurs de beaux-arts peuvent se rendre dans les musées de La Nouvelle-Orléans, qui renferment d'excellentes collections permanentes d'œuvres classiques et contemporaines. Il s'agit principalement de peinture américaine, bien qu'on puisse voir des impressionnistes européens. La production artistique locale, très caractéristique, mérite l'attention. Les arts populaires reflètent en effet l'"esprit du Sud", notamment en reproduisant des scènes rurales sur des supports originaux, souvent recyclés.

La réputation de l'artisanat local n'est plus à faire, notamment dans les domaines de la poterie et du travail du bois. Diverses traditions se sont maintenues, dont celle de la fabrication d'accordéons au pays cajun.

## Danse

La Louisiane perpétue la tradition du bal, notamment au pays cajun où la valse et le two-steps ont toujours la faveur du public.

Jackson (Mississippi) est considérée comme la capitale régionale du ballet. La ville accueille tous les quatre ans une rencontre internationale de cette discipline.

## Cinéma

Bien que le cinéma indépendant reste peu développé dans le Vieux Sud, nombre de producteurs indépendants ou de Hollywood viennent tourner dans la région pour mieux en évoquer le mystère, l'atmosphère et les paysages. Une liste de films est proposée dans l'encadré *Le Vieux Sud au cinéma* du chapitre *Renseignements pratiques*.

## RÈGLES DE CONDUITE

Si le Vieux Sud reste éminemment conservateur, il convient d'apporter quelques nuances. Fidèles à leur réputation d'hospitalité, ses habitants se montrent pour la plupart amicaux, disponibles et courtois, bien que parfois quelque peu xénophobes, sans doute à cause du stéréotype globalement négatif que les médias véhiculent d'eux.

Hormis à La Nouvelle-Orléans, les cultures afro-américaine et blanche traditionnelle se sont généralement développées côte à côte sans se mêler. Les discussions tournant autour du racisme peuvent susciter de violentes réactions. Ne lancez donc pas ce sujet à la légère. En respectant les règles de la courtoisie, vous éviterez que votre curiosité soit prise pour une insulte.

En règle générale, une grande importance est accordée à la tenue vestimentaire. Les visiteurs à l'apparence négligée (jeans troués, etc.) risquent de s'attirer des regards désapprobateurs.

Lors des conversations, les règles imposent l'emploi de formules de politesse – comme "no sir" ou "yes ma'am" – auxquelles les étrangers peuvent éventuellement déroger, en veillant cependant à observer un minimum de courtoisie. Formules de politesse et propos modérés faciliteront considérablement les échanges.

Habituez-vous, enfin, au rythme particulier du Sud. Prenez le temps d'écouter les longues histoires que vous entendrez çà et là. En adoptant le rythme de vie local, vous vous préserverez de toute frustration et profiterez pleinement de votre voyage.

# LE VIEUX SUD EN MUSIQUE

**Jazz.** Si les musicologues ne sont plus unanimes pour désigner La Nouvelle-Orléans comme le lieu de naissance du jazz (il a été démenti que cette musique ait fait son apparition dans la ville), il ne fait toutefois aucun doute que le jazz y a passé son enfance. La Crescent City (Cité du Croissant) reste donc considérée comme le "berceau du jazz". C'est nourris de son atmosphère particulière que Jelly Roll Morton, King Oliver, Louis Armstrong, Sidney Bechet, et bien d'autres soufflaient dans leur cornet.

La Nouvelle Orléans est par ailleurs souvent considérée – à juste titre – comme la ville la plus musicale des États-Unis. Longtemps avant l'arrivée du jazz, les Français et leurs descendants créoles appréciaient les danses de salon et l'opéra. La Nouvelle-Orléans pouvait ainsi se vanter de posséder deux compagnies d'opéra avant que toute autre ville américaine n'en compte ne serait-ce qu'une seule. Plus tard, les esclaves et les Noirs affranchis firent connaître la musique et les danses africaines sur les marchés de plein air comme Congo Square.

Les Créoles noirs francophones, éclectiques en matière de genres musicaux et de formation, interprétaient des musiques de salon pour les Blancs et des morceaux empreints de rythmes africains pour le public noir. L'atmosphère était donc mûre pour conduire à des styles hybrides et sophistiqués.

La prolifération des cuivres après la guerre civile provoqua un engouement profond pour les orchestres de cuivres, qui se répandirent à travers le Sud et le Middle West. De nombreux musiciens de l'époque apprirent ainsi à jouer sans même savoir déchiffrer une partition. Ils reprenaient les morceaux en se fiant à leur oreille et à leur mémoire, tout en déviant souvent de la mélodie écrite. L'improvisation devint ainsi rapidement un moyen permettant d'insuffler une nouvelle vie aux arrangements musicaux. Une nouvelle ère musicale se profilait – au carrefour des rythmiques d'origine africaine et de l'approche mélodique occidentale ; en grande partie non écrite ; composée d'un thème musical entrecoupé d'improvisations successives…

Dès sa jeunesse, la scène du jazz de La Nouvelle-Orléans rassemblait des talents exceptionnels. Ces musiciens quittèrent généralement la

---

### Le jazz selon Gershwin

"Je considère le jazz comme partie intégrante du folklore américain. Il n'en constitue pas l'intégralité, mais sa puissance est telle qu'il coule certainement dans les veines et influe les sentiments des Américains plus que tout autre style musical."

**George Gershwin**

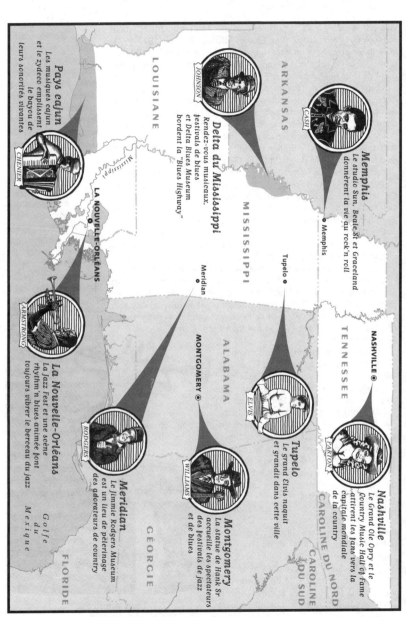

ville par la suite, mais ils portaient en eux son empreinte. Certains musicologues reconnaissent en Charles "Buddy" Bolden (1877-1931) le véritable précurseur du jazz. Figure mystérieuse de l'histoire de cette musique, sa vie reste mal connue et il ne demeure aucun enregistrement de celui qui fut surnommé "le Roi du jazz". Entre 1895 et 1906, il occupa le devant de la scène dans cette ville habitée par quantité de musiciens talentueux. Malheureusement, au sommet de sa gloire, Bolden perdit la raison. Interné pendant 25 ans, il ne se rendit même pas compte que le jazz dépassait les frontières et empruntait le chemin du swing. Oublié depuis longtemps au moment de sa mort, il fut enterré dans une tombe sans inscription du Holt Cemetary. Le livre *Le Blues de Buddy Bolden*, de Michael Ondaatje (Seuil, 1991), retrace sa vie.

Après Bolden, La Nouvelle-Orléans vibra au son des virtuoses du cornet, parmi lesquels Freddie Keppard, Bunk Johnson et King Oliver. Ce dernier est célèbre pour avoir "exporté" le jazz de La Nouvelle-Orléans à Chicago, donnant à ce style une audience nationale, et pour avoir révélé Louis Armstrong au monde, en 1922.

C'est dans les années 20, lorsqu'il commença à faire évoluer le "son Nouvelle-Orléans", que Louis Armstrong (1901- 1971) apporta sa plus grande contribution au jazz. Jusque-là, le style mettait l'accent sur les ensembles. Soucieux de mettre en avant son propre talent pour l'improvisation, Armstrong forma le Hot Five (qui comprenait Kid Ory au trombone et Johnny Dodds à la clarinette) et créa des arrangements spécialement étudiés pour souligner ses improvisations solo. Avec le cornet qui se détachait de l'ensemble, des morceaux comme *Muskrat Ramble* et *Yes ! I'm in the Barrel* atteignirent une intensité sans précédent.

Personnage controversé, mais compositeur et arrangeur de grand talent, le pianiste Jelly Roll Morton revendiquait l'"invention du jazz", qui serait né de ses performances dans une maison close de Storyville, en 1902. Kid Ory, originaire de Laplace en Louisiane, joua également un rôle important dans le développement du jazz. Son accompagnement saisissant au trombone enthousiasma plusieurs des premières stars du jazz, parmi lesquels Louis Armstrong. En 1919, Ory déplaça sa formation à Los Angeles, initiant ainsi la côte ouest au jazz. Premier musicien à s'imposer avec un saxophone soprano, Sidney Bechet tirait de cet instrument des vibratos comme des sons profonds exprimant les sentiments les plus variés. L'Américain d'origine italienne Louis Prima, roi de la trompette et auteur de standards du jazz comme *Sing Sing Sing* et *Just a Gigolo* était, lui aussi, originaire de La Nouvelle-Orléans.

Plus récemment, la Cité du Croissant a vu naître d'autres jeunes talents. Lorsque Wynton Marsalis sortit son premier album

**Louis Armstrong**

en 1982, il n'avait que 19 ans. Cela n'empêcha pas les critiques de le qualifier d'emblée de génie. Depuis Louis Armstrong, aucun musicien n'avait été aussi bien accueilli sur la scène américaine. Peu après, le frère aîné de Wynton, Branford Marsalis, faisait parler de lui, tandis que de jeunes musiciens – élèves du père de Wynton et Branford, Ellis Marsalis – formaient au New Orleans Center for the Creative Arts le noyau d'un renouveau du jazz "Nouvelle-Orléans". Parmi ceux-ci, citons Harry Connick Jr et le trompettiste Roy Hargrove. Il ne s'agissait toutefois pas d'une renaissance du jazz "traditionnel". En effet, ces jeunes musiciens des années 80 revendiquaient clairement l'influence des "pères" Miles Davis ou John Coltrane. Depuis leurs débuts à La Nouvelle-Orléans, ils ont tous déménagé vers d'autres endroits des États-Unis, où médiatisation et argent sont plus facilement accessibles.

La Nouvelle-Orléans, cela dit, abrite toujours un certain nombre de talentueux musiciens. Citons notamment Henry Butler, pianiste aveugle aux mains d'une mobilité incroyable, ou le trompettiste Nicholas Payton, qui débuta sa carrière en enregistrant des standards de musique néo-orléanaise modernisés.

Par essence, le jazz est une musique exploratoire pouvant se prêter à toutes les improvisations et innovations. Il n'est donc pas étonnant que cette musique vivante se soit enrichie au cours du temps de multiples inspirations. Le jazz traditionnel s'est ainsi progressivement développé en différents courants : swing, be-bop, progressive, hard-bop, mainstream, fusion et free jazz… Le terme dixieland, pour sa part, se réfère à une forme de jazz répandue avant les années 30. S'inspirant de ragtime et de blues, le dixieland était principalement joué par des musiciens blancs.

Le jazz contemporain est donc multiforme. Au-delà des modes, le jazz doit en effet sa pérennité à sa fantastique ouverture. Dans des styles très différents (souvent très éloignés du jazz original maintenant appelé "jazz Nouvelle-Orléans"), de nombreux musiciens dans le monde se revendiquent en effet comme "jazziciens". Enfermer le jazz contemporain dans un univers musical restreint serait donc une erreur.

## Musique cajun et zydeco.
Les valses, quadrilles et pas de deux des bals européens sont à l'origine de la musique traditionnelle des Cajuns et des Créoles noirs du sud de la Louisiane. Le XX$^e$ siècle a établi une séparation distincte entre deux styles musicaux : la musique cajun et le zydeco.

Nommés fais-do-do – en référence aux jeunes mères qui trépignaient d'impatience au bord de la piste en attendant que leurs enfants s'endorment –, les bals traditionnels cajuns se déroulent en famille. A l'origine, les formations musicales qui se produisaient lors de ces manifestations comprenaient généralement un violon, un accordéon, une guitare et un triangle. Une basse et des instruments amplifiés sont venus par la suite s'y ajouter.

Historiquement, c'est l'accordéon diatonique qui mène la danse dans la musique cajun. Le premier enregistrement de ce type de

## Savoureuses chansons cajuns

On a flotté sur la grande mer
On a marché dedans le sable
On a passé dans les montagnes
Dans les cailloux d'la Virginie...
On a trouvé des cocodries
Les cocodries de la Louisiane
On donnerait pas not' cocodries
Pour tout le reste du pays

Ici dans l'sud de la Louisiane
Les pouessons flottent
dans l'Bayou Têche
Les canards volent dedans les mêches
Les ouaouarons dans les platins
Les écrivisses dans les clos d'riz
Les écureuils dans les grands bois
On a trouvé not' paradis
Dedans le sud de la Louisiane

Les p'tites Cadjines de la Louisiane
Est l'meilleure cuiseuse du pays :
Des sauces piquantes, des écrivisses,
Des patates douces dans leur cheminée.
Ça chante les chansons d'la Louisiane
Ça bat l'linge dans l'bayou Têche
On a trouvé les p'tites Cadjines
Dedans le sud de la Louisiane

Les vieux Cadjins de la Louisiane
Est l'meilleur citoyen du monde
Ça brûle du bois dans leur cheminée
Ça boit du *moonshine* tout l'hiver
Ça danse les polkas du vieux temps
Les mazurkas, les valses z'aussi
On a trouvé not' paradis
Dedans le sud de la Louisiane.

**Chanson cajun citée par Patrick Griollet,**
***Cadjins et Créoles en Louisiane,***
**Payot, 1986**

musique fut ainsi effectué dans les années 20 par l'accordéoniste Joseph Falcon, accompagné de sa femme, Cleoma Breaux, à la guitare. Son titre *Allons à Lafayette* en fit une célébrité locale et lui permit de quitter son métier d'agriculteur. L'accordéon perdit la vedette dans les années 30 et 40, la country et la western exerçant alors une influence grandissante sur les Acadiens. Les ensembles populaires de cette période, dont les Hackberry Ramblers (encore existants bien qu'ils prennent de l'âge), privilégiaient le violon et la guitare. Les Ramblers devinrent le premier groupe cajun à bénéficier d'une audience dépassant la Louisiane du Sud et assurèrent le succès du Texan Bob Wills et de la chanteuse de blues Bessie Smith.

La musique cajun se mit à influencer d'autres styles vers la même époque. Ainsi, le titre phare de Hank Williams *Jambalaya* était inspiré de la chanson cajun *Big Texas* de Papa Cairo, qui ne se consola jamais de s'être fait "voler" son morceau.

Durant cette période, des Créoles noirs comme Amadé Ardoin, qui enregistra à la fin des années 20, juste après Joe Falcon, et Adam Fontenot perpétuaient le style traditionnel, avec l'accordéon en instrument de tête, sur de simples valses et des mélodies country. La musique créole obsédante et plaintive d'Ardoin fut tout d'abord appelée "la la". C'est toutefois une chanson créole intitulée *Les haricots sont pas salés* qui donna son nom définitif à cette nouvelle forme musicale : en dialecte local "les haricots" étaient prononcés (et bientôt orthographiés) "zodeco" ou "zydeco". Si la musique cajun subit l'influence de la country et de la western, c'est vers les Caraïbes que se tourna le zydeco pour innover. Rapidement, celui-ci se distingua radicalement de sa consœur : l'accordéon à clavier, émettant un son plus intense et plus souple, remplaça son frère de taille inférieure, et le violon disparut presque complètement. Des rythmes syncopés vinrent caractériser cette musique, tout comme l'utilisation du *frottoir* (instrument de métal ressemblant à un battoir à lessive sur lequel on bat la mesure avec des cuillères) qui, malgré la diffusion des batteries, ne fut jamais abandonné.

Le zydeco entama son essor dans les années 50, lors de la sortie de *Bon Ton Roula* (ou *Bon Ton Roulé*), un morceau de Clarence Garlow qui devint un ambassadeur de la Louisiane. Ce tube fut suivi de *Paper in My Shoe*, de Boozoo Chavris, et de l'arrivée sur la scène musicale du "Roi du zydeco", Clifton Chenier. Ce dernier imprima une touche fortement rythm'n blues au style, et dans les années 60 il parvint à faire connaître le zydeco au-delà des frontières de la Louisiane.

A cette époque, les jeunes Louisianais étaient plus occupés à écouter du rock'n roll et du rythm'n blues. Il en résulta un nouveau style régional appelé "swamp pop". Les titres *See You Later Alligator* et *Sea of Love* permirent à Bobby Charles et à Phil Phillips de jouir d'une audience nationale à une époque où la radio et la TV transformaient les vedettes en stars. Au même moment, la musique cajun faisait son retour avec les Balfa Brothers et Marc Savoy, qui la dépouillèrent pour ne lui garder que ses éléments essentiels, révélant sa beauté. Beausoleil, qui joue encore régulièrement dans le monde entier, remporta certainement le plus grand succès en matière de musique cajun. Par la suite, des artistes comme Wayne Toups modifièrent à nouveau ce style en recherchant un public plus large et plus jeune. Quant aux vedettes du zydeco, Queen Ida, Rockin' Dopsie, Buckwheat Zydeco et Rosie Ledet, elles permettent toujours aux jeunes et moins jeunes de garder le pied léger.

## Blues.

Né de la souffrance endurée par des générations de ramasseurs de coton du Mississippi, le blues apparut dans le monde dur et tumultueux des clubs mal famés du delta. Magnifique musique expressive, il constitue un des styles les plus importants du XX$^e$ siècle. On dit que c'est W. C. Handy, directeur de l'Alabama Orchestra et compositeur très connu, qui "découvrit" le blues en 1903 alors qu'il traversait Tutwiler, au cœur du delta du Mississippi. Robert Palmer rapporte dans son ouvrage *Deep Blues* que Handy jugea cette musique "primitive" et qu'il n'avait "jamais entendu de musique aussi étrange". Il fut toutefois intrigué et se mit à incorporer le blues dans des musiques de dancing populaires.

Ce que Handy avait entendu était un exemple du Mississippi Delta Blues : un guitariste soliste jouait à la fois des mélodies complexes et une ligne de basse mélancolique, le tout fortement rythmé. L'inconnu avait glissé par ailleurs un objet métallique le long des cordes afin de faire "chanter" l'instrument. Outre la musique, s'élevait un chant plaintif, créant une interaction entre la voix et la guitare qui semblaient "dialoguer". L'événement eut lieu plus de vingt ans avant que quiconque enregistra ce type de musique.

Fortement influencé par les traditions africaines, le blues se caractérisait dès son origine par des répons semblables à ceux qui rythmaient les chants religieux et les mélodies des champs du temps de l'esclavage. La guitare se répandit lorsque Sears & Boebuck commercialisèrent le modèle bon marché appelé Stella. Quant à la *slide guitar*, elle trouve son origine dans un instrument traditionnel africain appelé *diddley bow* qui était souvent attaché aux porches des maisons du delta. On en jouait en faisant glisser un goulot de bouteille le long des cordes (cette technique reste utilisée de nos jours, mais les guitaristes utilisent maintenant un cylindre de métal appelé *bottle neck*). Encore plus abordable – et transportable –, l'harmonica (appelé *harp* dans le jargon blues) devint à son tour très populaire parmi les bluesmen.

Les premiers bluesmen travaillaient dans les champs pendant la journée et organisaient des concerts improvisés la nuit. Ils jouaient également dans les villes, aux coins des rues et près des gares ferroviaires, où la communauté noire se plaisait à se retrouver les dimanches après-midi. Avec le succès croissant de cette musique, de nombreux musiciens se mirent à voyager dans la région, alternant auto-stop et train pour relier les villes et les champs où il était possible de travailler

**Le roi du blues fait pleurer Lucille**

## Le Vieux Sud en musique

Robert Johnson

les fêtes ou dans les bars. Charlie Patton fut premier artiste à jouir d'un succès étendu. et interprète était originaire de Will Dockery Plantation, non loin de Tutwiler. Patton régna en roi du Delta Blues pendant toutes les années 20, mais il n'enregistra pas avant 1929. A cette époque, une nouvelle génération de musiciens, parmi lesquels Skip James et Son House, commençaient eux aussi à enregistrer des disques.

Le blues atteignit certainement son sommet grâce à Robert Johnson. Celui-ci alliait la précision et la violence de son jeu de guitare à l'intensité et à l'expressivité profonde du chant. Il resta dans l'histoire du ues aussi bien pour les intrigues de sa vie vementée que pour son talent artistique. Reportez-vous à l'encadré *Robert Johnson* dans le chapitre *Mississippi* pour de plus amples détails.

Le premier programme radio dédié au blues, le fameux "King Biscuit Time" fit son apparition au début des années 40. Mené par Sonnyboy Williamson (Rice Miller), originaire de Tutwiler, et émis depuis Helena (Arkansas), ce programme remporta un franc succès, ce qui lui valut d'être rapidement imité par d'autres radios. Ce phénomène ouvrit la porte du succès aux musiciens de blues qui, soudainement, eurent la possibilité de toucher un large public.

Afin de mettre toutes les chances de leur côté, les bluesmen qui suivirent les traces de Johnson s'installèrent à Memphis ou à Chicago. Là, ils optèrent pour des amplificateurs et contribuèrent au succès national du blues. On compte parmi ces musiciens Muddy Waters (McKinley Morganfield), originaire de la région de Clarksdale, et Howlin' Wolf (Chester Burnett) qui travailla quelques années à Will Dockery Plantation, où Charlie Patton lui enseigna certaines techniques avant qu'il ne parte pour Memphis et Chicago. Ce fut Waters qui offrit au son électrique du Chicago blues sa popularité en formant son groupe légendaire, avec Little Walter Jacobs (originaire de Louisiane) à l'harmonica. Son plus grand rival à Chicago, Wolf, enregistra son premier disque au Sun Studio de Sam Phillips à Memphis, plus connu pour avoir présenté Elvis Presley au monde (son propriétaire avoue cependant que l'artiste le plus talentueux qu'il lui ait été donné d'enregistrer fut Howlin' Wolf). B. B. King suivit un chemin proche de celui de Wolf : né à Indianola, Mississippi, il partit pour Memphis où il anima une émission de radio et fit son premier enregistrement au Sun Studio.

**Gospel.** Omniprésent sur les radios et dans les "sings" (concerts où figurent plusieurs interprètes), ce chant sacré ne sonne nulle part ailleurs comme dans les églises du Vieux Sud. Pour écouter le gospel, le plus facile est de se rendre à la Gospel Tent du New Orleans Jazz and Heritage Festival – une expérience inoubliable.

Nombre de negro spirituals, inspirés par la condition d'esclave et les thèmes bibliques de la libération et du retour vers la Terre promise, constituaient de véritables hymnes à l'émancipation. Dans les années 60, ils furent repris par les manifestants qui luttaient pour les droits civiques. On compte parmi les plus grands succès Mahalia Jackson de La Nouvelle-Orléans, et les Five Blind Boys d'Alabama.

Si les communautés blanches perpétuent elles aussi la tradition du gospel dans les églises du Sud, leur rayonnement est aujourd'hui éclipsé par la vogue de la "christian music", présente jusque dans le plus petit des villages.

## Country et bluegrass.

Nashville est incontestablement la capitale mondiale de la musique country. Pendant plus de soixante ans, le Grand Ole Opry de Nashville et les studios d'enregistrement ont œuvré pour rendre populaire cette musique baptisée "soul du Blanc".

Si la country trouve ses racines dans les musiques folkloriques anglaise, écossaise et irlandaise de l'époque élisabéthaine, les pionniers américains se sont appropriés le style. La preuve en est que certaines traditions musicales historiques étaient encore pratiquées dans le sud des Appalaches bien après leur disparition des îles Britanniques. Aujourd'hui encore, les ballades de l'époque sont très répandues dans le Vieux Sud (en particulier dans les hautes terres), parfois accompagnées d'un tympanon (instrument à cordes frappées). Le bluegrass, toujours très présent dans les collines, perpétue cette tradition par une musique incorporant violons (appelés *fiddles*), guitares, mandolines, banjos à cinq cordes, basses et guitares dobro.

La country fut tout d'abord appréciée pour le jeu rapide du violon. Elle voyagea dans l'arrière-pays grâce aux artistes ambulants et aux charlatans qui vendaient des remèdes (l'histoire est véridique !).

Le violon gagna tout le sud-est rural, mais avec le temps, la guitare prit sa place en tant que symbole de la country. Jimmie Rodgers (1897-1933), le "chef de train chantant", fait partie des principaux interprètes classiques de cette musique. Dans les années 20, il se mit à iodler sur le country blues, ce qui lui valut d'être la première vedette de country à vendre ses disques à l'échelle nationale. Il existe un musée en son honneur à Meridian (Mississippi), sa ville natale.

Après Rodgers, le Sud produisit une longue série de stars country et western. Dans les années 30, Roy Acuff sortit plusieurs succès dont *Wabash Cannonball*. Cela ne l'empêcha cependant pas d'essuyer un échec en se présentant au poste de gouverneur du Tennessee. Autre politicien chantant, de Louisiane cette fois, Jimmie Davis parvint à remporter la place de gouverneur grâce à la chanson. Il est particulièrement connu pour un morceau populaire *You Are My Sunshine* que tout enfant américain apprend un jour ou l'autre.

La fin des années 40 et le début des années 50 marquent le règne de Hank Williams, originaire de Montgomery, en Alabama. Ce musicien de bastringue éleva la composition country et western à des sommets imprévisibles grâce à des textes tantôt humoristiques tantôt profonds. Il écrivit un nombre incroyable de chansons à succès avant de mourir à 29 ans. *Your Cheatin' Heart*, *Kaw-liga*, *So Lonesome I Could Cry* et *Hey Good Lookin* font partie de ses nombreuses compositions.

Jusqu'à récemment, la country constituait la chasse gardée des musiciens du Sud. Elle est aujourd'hui jouée aux quatre coins du continent. Actuellement, la country constitue la principale spécialisation des radios, avec 2 600 radios, soit 1 400 de plus que tout autre genre.

## Le retour des cuivres

Certains spécialistes s'accordent pour dire que la musique néo-orléanaise moderne débuta avec les fanfares de cuivres. Au XIX$^e$ siècle, ces formations qui accompagnaient dans les ruelles de la ville les enterrements et les parades "second line" organisées par des associations de charité préfiguraient la révolution à venir du jazz – Buddy Bolden, Freddie Keppard et même Louis Armstrong étaient, durant leur enfance, pleins d'admiration pour ces musiciens qui se donnaient fréquemment en spectacle dans les rues où ces futurs génies du jazz vivaient. Si les formations de cuivres du début du XX$^e$ siècle telles qu'Excelsior, Onward et Olympia n'atteignirent pas une reconnaissance nationale, leur style demeura. Aujourd'hui, de nombreux ensembles du même type, parmi lesquels les "brass bands" Onward, Olympia et Tremé, jouent encore une musique néo-orléanaise très traditionnelle, bien qu'elle soit certainement plus jazzy que celle des orchestres de la fin du siècle dernier.

A la fin des années 70, les ensembles de cuivres bénéficièrent d'un nouveau souffle avec l'arrivée du Dirty Dozen Brass Band. Celui-ci se démarquait totalement du style habituel, en mélangeant des musiques aussi variées que le jazz traditionnel, le funk, le rythm'n blues et le jazz moderne, à l'image du bassiste de jazz et compositeur Charles Mingus qui pratiquait un cocktail similaire depuis les années 50. Abandonnant les parades, le Dirty Dozen Brass Band joua dans des clubs de la ville et partait régulièrement en tournée. Il balisa le chemin pour le funky Rebirth Brass Band qui se forma en 1983 et joua exclusivement dans des salles. Parmi les membres d'origine, certains, dont le trompettiste Kermit Ruffins, ont quitté la formation. Une nouvelle équipe, plus jeune, a su cependant prendre la relève. Aujourd'hui, le groupe reste l'un des plus appréciés de La Nouvelle-Orléans, où il se produit régulièrement dans les clubs. La musique des formations de cuivres a continué son évolution plus récemment, incorporant parfois du reggae et même du hip-hop. Ainsi, le rappeur trompettiste Coolbone est à l'origine d'un style qu'il désigne lui-même sous le nom de "brasshop".

## 52 Le Vieux Sud en musique

## Rythm'n blues.
Si La Nouvelle-Orléans est surtout reconnue comme ville du jazz, elle abrite tout autant du rythm'n blues et de la soul. Depuis les années 50 et 60, la ville a produit des chanteurs, des batteurs et des pianistes en grand nombre. La Nouvelle-Orléans est notamment réputée pour ces derniers, Henry Roeland Byrd – plus connu sous son nom de scène, Professor Longhair – en tête. Son style rythmé, mêlant rumba et boogie-woogie le propulsa au succès avec *Tipitina* (qui donna son nom à un club devenu célèbre) et *Go to the Mardi Gras*.

Le pays entier vibra au son de morceaux inoubliables issus de la Cité du Croissant. Grâce à sa collaboration avec Dave Bartholomew, Fats Domino devint un des musiciens les plus appréciés de la ville, enregistrant une série de tubes parmi lesquels *I'm Walkin'*, *Blueberry Hill*, *My Blue Heaven* et *Ain't that a Shame*. Toujours dans les années 50, Johnny Adams cajola la ville avec ses douces ballades.

Producteur, compositeur et musicien de talent, Allan Toussaint influença fortement les années 60. Parmi ces collaborateurs il comptera Ernie K-Doe, qui toucha le gros lot avec *Mother-in-Law*, numéro un des vente en 1961, et Irma Thomas, ex-serveuse de bar découverte dans un programme consacré aux jeunes talents. Elle enregistra rapidement des titres à succès, dont son *Wish Someone Would Care*, une touchante autobiographie. Certaines ballades sorties de la plume de Toussaint, telles que *It's Raining* et *Ruler of My Heart*, définirent sa carrière.

Ce sera toutefois avec les Neville Brothers, famille qui ont régné sur la vie musicale de La Nouvelle-Orléans pendant 40 ans, que Toussaint travaillera le plus longtemps. Aaron Neville, dont le fausset très doux et les inflexions caractérisent une des voix les plus reconnaissables de la pop, commença à collaborer avec Toussaint en 1960. Art Neville, pianiste, forma le groupe Art Neville and the New Orleans Sound avec le guitariste Leo Nocentelli, le bassiste George Porter et le batteur Zigaboo Modeliste. La formation changea vite de nom pour devenir les Meters et constitua un des piliers de la funk des années 70. Les Meters et les Neville Brothers finirent par se regrouper et rejoindre George Landry qui, sous le nom de Big Chief Jolly, dirigeait les Wild Tchoupitoulas Mardi Gras Indian. Précisons également que Landry n'était autre que l'oncle des Neville. Les quatre frères Neville jouèrent pour la première fois ensemble dans le milieu des années 70 lors des représentations des Wild Tchoupitoulas. Le groupe, complété de Charles et de Cyrille, assaisonnait les chants indiens à la sauce funky et reggae (*Meet de Boys on de Battlefront*). Les Meters se séparèrent et Landry mourut, mais les frères continuent encore à jouer à ce jour, tout comme la formation Cyrille Neville and the Uptown Allstars.

Les Meters et Allan Toussaint contribuèrent également au succès de Dr Jones (Mac Rebennack) qui, en 1973, enregistra son album le plus vendu *Right Place Wrong Time* grâce à leur soutien.

## Rockabilly.
Indéniablement, Elvis Presley joua un rôle majeur dans l'évolution des sons hybrides qui forment le rock'n roll. Alors qu'ils enregistraient *Sun Sessions* en 1954 au studio de Sam Phillips,

Elvis et son groupe (comprenant Scotty Moore à la guitare et Bill Black à la basse) attribuèrent un rythme rock au standard country *Blue Moon of Kentucky* et mêlèrent de la country au morceau de blues *That's Alright Mama*. Leurs expériences touchèrent d'autres styles : ils frappaient et faisaient claquer les cordes de la basse ou donnaient une tournure jazz à la guitare. Ils obtinrent finalement un genre totalement nouveau, indéniablement dansant et, d'après les critères de l'époque, "dangereux". La formule fonctionnera pendant des années, bien après que "le King" ne s'adonne à des morceaux plus convenablement pop et ne se mette à jouer dans des films comme *Clambake*.

Reportez-vous à l'encadré *Le roi Elvis* dans le chapitre *Tennessee* pour de plus amples détails.

Le studio Sun se remplit rapidement d'artistes talentueux adeptes de ce genre de musique. Parmi ceux-ci, citons, Jonny Cash (qui osa introduire ce rythme dans le Grand Ole Opry avec *I Walk the Line*), Carl Perkins (auteur de *Blue Suede Shoes*), Jerry Lee Lewis (*Great Balls of Fire*), Sonny Burgess, Roy Orbison ainsi que Conway Twitty.

Vu d'aujourd'hui, le rock semble subir un renouveau perpétuel. Il y a des chances pour qu'un groupe de rockabilly joue dans un bar de Nashville ou de Memphis pendant votre séjour.

# Renseignements pratiques

**A NE PAS MANQUER**
Cette liste est hautement subjective !

**Les petites routes de campagne** – En quittant les grands axes, vous découvrirez le caractère sauvage, hors norme, de la région, très proche de l'Amérique des photos de Walker Evans dans les années 30. Munissez-vous de bonnes cassettes pour votre autoradio.

**Le jazz à La Nouvelle-Orléans** – Pendant le Jazz Fest, écumez les salles, les bars et les nightclubs.

**La gastronomie à La Nouvelle-Orléans** – Dégustez une truite "muddy waters", avalez une demi-douzaine d'huîtres au comptoir d'Uglesich, ou rêvassez dans le Vieux Carré en dégustant un café au lait avec des beignets.

**Les droits civiques** – Les combats du Civil Rights Movement (Mouvement en faveur des droits civiques) ont laissé des traces un peu partout dans la région.

**Les parades du Mardi gras** – Une expérience incroyable, que vous assistiez à une procession à cheval traditionnelle dans le pays cajun ou à une somptueuse "super krewe" de La Nouvelle-Orléans.

**Les écrevisses dans le sud de la Louisiane** – Comme on dit là-bas : "Pinch da tail, suck da head" (pressez la queue, aspirez la tête) – et n'oubliez pas de vous rincer les doigts après.

**Le français cajun** – En pays cajun, même si vous n'êtes pas perdu, demandez votre chemin pour goûter l'accent savoureux.

**La musique cajun le week-end** – Pour vous rassasier de musique cajun, allez au Fred's Lounge à Mamou le samedi matin.

**Les *juke joints* dans le delta du Mississippi** – Vous pensiez que le blues était mort ? Faites un retour aux sources.

**La Natchez Trace Parkway** – Le Vieux Sud est toujours vivant. Sur cette route magnifique, vous ne trouverez même pas une station-service pour vous enlever cette idée de la tête.

**Le Barbecue Pork à Memphis** – Si vous savez de quoi nous parlons, vous devez déjà être en train de vous lécher les babines.

**Graceland** – Ne manquez pas l'occasion de visiter le domaine d'Elvis.

**La tournée des clubs de Beale St** – Désormais touristique, l'ex-grand-rue du blues urbain s'anime toujours le soir, même si l'authenticité n'est plus vraiment de mise.

**La musique country à Nashville** – Même si vous ne vous intéressez pas à Garth Brooks, même si vous n'êtes pas fana du *line dancing*, vous devrez reconnaître que l'on s'amuse beaucoup à Nashville.

**Les Smoky Mountains** – L'un des parcs nationaux les plus célèbres du pays, elles vous transformeront en véritable "hillbilly".

**Les alligators** – Vous aurez l'impression de revenir à l'âge des dinosaures lorsque vous verrez de près ces reptiles aux dents longues.

**La bière glacée** – Quand vous aurez conduit des heures durant derrière un pare-brise maculé d'insectes, arrêtez-vous en bordure de route devant un bar minable qui fait aussi office de magasin d'articles de pêche. Là, vous découvrirez que la Bud glacée n'est pas si mauvaise que ça.

**SUGGESTIONS D'ITINÉRAIRES**
Quel que soit l'itinéraire choisi, il comprendra certainement Memphis ou La Nouvelle-Orléans, villes dotées de grands aéroports. On peut cependant aussi arriver en avion à Atlanta (qui ne se trouve pas dans la région couverte par ce guide) et, de là, explorer l'est du Tennessee.

Si vous n'avez que 3 jours – vous le regretterez ! –, nous vous conseillons de rester à La Nouvelle-Orléans ou à Memphis, ou dans les environs, pour ne pas perdre de temps en déplacement. Les possibilités d'escapade ne manquent pas, à partir de l'une ou l'autre ville. Clarksdale, dans le delta du Mississippi, se trouve à une heure de route de Memphis, la ville d'Elvis et de nombreuses autres grandes figures de la musique américaine, tout comme la ville universitaire d'Oxford, où vécut William Faulkner. On peut aussi arriver en avion à Memphis et visiter quelques sites sur place, puis se rendre à Nashville, la capitale de la musique country.

A partir de La Nouvelle-Orléans, on peut en une journée faire une incursion dans la région des plantations et découvrir de somptueuses demeures *antebellum* parfaitement entretenues, ou dans le pays cajun, à seulement une grosse heure de route.

Pendant le carnaval, il est tout à fait possible d'assister à une parade cajun dans la journée et de rentrer le soir à La Nouvelle-Orléans pour en voir une autre complètement différente. Le dernier week-end d'avril, de nombreux visiteurs combinent une journée au Jazz & Heritage Festival de La Nouvelle-Orléans et une autre au plus traditionnel Festival international de Louisiane de Lafayette. En partant 2 jours, vous pourrez dormir dans un cottage créole du Vieux Carré le premier soir, passer la seconde nuit dans une cabane de trappeur cajun près de Houma et revenir à La Nouvelle-Orléans le lendemain.

En 3 jours, vous pouvez aussi atterrir à Atlanta, louer une voiture et explorer les Smoky Mountains, l'un des parcs nationaux les plus connus des États-Unis.

Les passionnés de blues peuvent très bien consacrer plusieurs jours à écumer en voiture les routes du delta du Mississippi. Pour assister à des concerts dans les "juke joints", déplacez-vous le week-end.

Dans l'idéal, vous disposerez d'un temps suffisant pour découvrir la région en fonction de vos intérêts spécifiques, et vous pourrez allonger à votre guise les itinéraires proposés ci-dessous. Avec 5 ou 10 jours devant vous, vous pouvez effectuer un voyage thématique en passant par les trois États couverts par ce guide. Et si vos centres d'intérêt sont multiples et que vous voulez combiner plusieurs des itinéraires proposés ci-après, prévoyez plus de temps.

## Voyage musical

La partie du fleuve Mississippi qui s'étend de La Nouvelle-Orléans à Memphis, et au-delà jusqu'à Chicago, forme la véritable épine dorsale de la musique américaine, en particulier afro-américaine.

Dans le delta du Mississippi, les différentes routes qui relient ces deux villes, notamment la Hwy 61 (la "Blues Highway"), sont très fréquentées par les musiciens et les passionnés de musique. Théoriquement, entre 3 et 5 jours suffisent pour effectuer cet itinéraire, mais mieux vaut y consacrer 10 jours et avoir ainsi le temps de fréquenter les clubs de jazz de La Nouvelle-Orléans, de passer dans les juke joints du delta du Mississippi, de découvrir les clubs de Beale St et de visiter le Sun Studio et Graceland à Memphis. Si vous devez retourner à La Nouvelle-Orléans, vous rejoindrez Memphis en 7 heures par la I-55.

Avec quelques jours supplémentaires, vous pourriez ajouter Nashville, la Mecque de la musique country.

Un voyage musical pourra inclure aussi Mamou (capitale de la musique cajun), Opelousas (haut lieu du zydeco) et Shreveport (d'où venait Leadbelly, et où se déroulait la Lousiana Hayride). Dans tous ces endroits, l'idéal est de passer une soirée pendant le week-end afin de pouvoir écouter de la musique "live".

## Les droits civiques

Cet itinéraire, qui relie Memphis à La Nouvelle-Orléans sur les traces de ceux qui ont donné leur vie pour la cause des droits civiques, est chargé d'émotions et vous donnera tour à tour du baume au cœur et des frissons.

A Memphis, un émouvant musée des droits civiques est aménagé dans le motel où Martin Luther King fut assassiné. Rejoignez ensuite Philadelphia, dans le Mississippi, avec son mémorial aux trois militants assassinés, James Earl Chaney, Andrew Goodman et Michael Schwerner. De là, dirigez-vous vers Jackson, où fut tué Medgar Evers, puis vers La Nouvelle-Orléans, où repose Homer Plessy.

## Voyage nature

C'est évidemment un voyage qui prend du temps. Les deux sites remarquables de la région, les marais cajuns et les Smoky Mountains, méritent chacun plusieurs jours, auxquels il faut ajouter le chemin à parcourir entre les deux, qui peut être l'occasion d'une incursion en Alabama : le Moundville Archeological Park est doté de sentiers de randonnée qui serpentent entre les tertres culturels indiens. Un conseil : ne caressez pas les alligators.

## Les demeures *antebellum*

Architecture et mobilier ancien constituent les principaux ingrédients de ce voyage (pour le reste, potassez votre histoire). La River Road, qui traverse la région des plantations en Louisiane, et la Natchez Trace Parkway, qui relie Natchez (Mississippi) à Nashville (Tennessee) satisferont pleinement les amateurs de somptueuses demeures *antebellum*. Quatre ou cinq jours permettent d'effectuer l'itinéraire à un rythme agréable et de passer une ou plusieurs nuits dans ces maisons. Vous pouvez aisément inclure des étapes de l'itinéraire suivant dans ce voyage.

## La guerre de Sécession

Les trois États étudiés dans ce guide appartenaient à la Confédération pendant la guerre de Sécession (1861-1865) et ont grandement souffert du conflit. A La Nouvelle-Orléans, occupée par les forces de l'Union durant la majeure partie de la guerre, visitez l'agréable Museum of the Confederacy. A quelques heures de route, le National Military Park and Cemetery de Vicksburg constitue une étape avant la Natchez Trace Parkway qui vous emmènera à Shiloh, dans l'ouest du Tennessee, théâtre de la plus sanglante bataille de la guerre. Comptez 3 ou 4 jours, un peu plus si vous incluez quelques visites de demeures *antebellum*.

## Les routes panoramiques

Plus que de simples bandes de goudron entre deux points de la carte, de nombreuses routes constituent des destinations en elles-mêmes. Si toutes ne sont pas "panoramiques" au sens classique du terme, ces vieilles routes empruntent généralement des itinéraires permettant de découvrir bien des curiosités, à un rythme plus mesuré que celui des autoroutes directes. Dans les itinéraires évoqués ci-dessus, nous vous avons déjà recommandé la Hwy 61 et la Natchez Trace Parkway, qui traversent le Mississippi. En Louisiane, la seule façon d'atteindre une petite ville comme Mamou est d'emprunter la deux voies qui passe entre les champs de riz et de canne à sucre et traverse de modestes bourgs. Le sud de l'État est desservi par un réseau de petites routes.

## Voyage gastronomique

Quel que soit votre itinéraire, ne manquez pas la délicieuse cuisine créole, les *po-boys* et le *red beans and rice* à La Nouvelle-Orléans, les écrevisses, les crevettes frites et les spécialités épicées dans le pays cajun, et les barbecues dont vous n'auriez jamais osé rêver dans le delta du Mississippi et à Memphis.

## PRÉPARATION AU VOYAGE
### Quand partir

La meilleure époque pour visiter le Vieux Sud est le printemps ou l'automne, pendant lesquels le climat est relativement tempéré. La plupart des festivals sont organisés pendant ces saisons. Au printemps, la campagne se couvre de fleurs de couleurs vives et le niveau des rivières s'élève. En automne, les sous-bois des hautes terres sont jonchés d'un tapis de feuilles multicolores.

En juillet et en août, la chaleur et l'humidité peuvent atteindre des niveaux insupportables dans la journée. Les visiteurs peu accoutumés au climat tropical seront parfois tentés de chercher refuge dans des lieux climatisés en attendant le coucher du soleil. En revanche, les noctambules apprécieront le charme de ces nuits chaudes où l'on sirote nonchalamment des bières locales au son d'un air de blues. Malgré tout, l'été reste la haute saison touristique.

Un voyage en hiver présente aussi des avantages. Les tarifs des hébergements sont revus à la baisse et les températures, si elles peuvent sembler fraîches pour la région, demeurent très douces par rapport au reste des États-Unis.

Il est indispensable de réserver si vous envisagez de partir à l'occasion d'une manifestation particulière : Mardi gras ou Jazz Fest de La Nouvelle-Orléans, par exemple. Les meilleures chambres sont parfois retenues plus d'un an à l'avance. Soyez également prévoyant pour les festivals régionaux : certains attirent de nombreux visiteurs, et la capacité d'accueil des petites villes est souvent limitée.

### Quel voyage ?

Une voiture s'avère très utile, voire indispensable, pour visiter certaines zones

## A consulter avant de partir

Des journaux et des sites Internet vous aideront à préparer votre voyage, à commencer par *Le Journal de Lonely Planet* et notre site www.lonelyplanet.fr (rubrique *Ressources*).

**www.dfae.diplomatie.fr**
Site informatif, régulièrement mis à jour, du ministère des Affaires étrangères français

**www.expatries.org**
Site de la Maison des Français de l'étranger, dépendant du ministère des Affaires étrangères : conseils aux voyageurs et informations par pays

**Globe-Trotters / www.abm.fr**
Magazine et site Internet de l'association Aventure du bout du monde (ABM, ☎ 01 45 45 29 29 ; 11 rue de Coulmiers, 75014 Paris)

**Job Trotter**
Magazine répertoriant des stages et des offres d'emploi en France et à l'étranger, publié par Dakota Éditions (☎ 01 55 28 37 00, fax 01 55 28 37 07, www.dakotaeditions.com ; 45 rue Saint-Sébastien, 75011 Paris)

**www.courrier-international.com**
Site du magazine *Courrier International*, donnant accès, entre autres, à un annuaire de la presse internationale

**En Belgique :**
**Farang**
Lettre d'information sur le voyage (☎ 019 69 98 23, La Rue 12, 4261 Braives)

**Reiskrand**
Magazine en flamand de l'association Wegwyzer (☎ 50-332 178, Beenhouwersstraat 9, B-8000 Bruges)

**En Suisse :**
**Globetrotter Magazin**
(☎ 213 80 80 ; Rennweg 35, PO Box, CH-8023 Zurich)

**Newland magazine**
(☎ 324 50 42, fax 324 50 41, www.newland.ch ; CB communication, CP 223, CH-1000 Lausanne 17)

Des librairies et des sites Web concernant la Louisiane figurent aux rubriques *Librairies de voyage* et *Internet*, plus loin dans ce chapitre.

---

rurales (notamment le pays cajun et la région des plantations). Les voyageurs qui circulent en train devront se contenter des grandes villes. Certaines petites bourgades sont toutefois accessibles en bus.

Si vous envisagez de camper ou de sillonner la région à pied ou à bicyclette, préférez les saisons tempérées. Vous n'échapperez cependant pas aux averses, généralement moins nombreuses en automne.

### Cartes

Des cartes des États du Vieux Sud et de leurs villes sont disponibles à La Nouvelle-Orléans et dans les grandes villes, ainsi que dans les stations-service. Certains motels disposent également de distributeurs automatiques de cartes bon marché. En revanche, il n'est pas toujours aisé de dénicher une carte détaillée des différentes paroisses et de leurs routes secondaires. Celles que diffusent les chambres de commerce des petites localités sont souvent de piètre qualité. Vous vous procurerez de bonnes cartes forestières dans les magasins d'articles de plein air.

Les cartes les plus complètes et les plus fiables sont celles des routes nationales dont celles de l'American Automobile Association (AAA ; reportez-vous à la rubrique *Organismes à connaître*, plus loin dans ce chapitre). Gratuites pour les membres du club, elles sont aussi disponibles à la vente. L'AAA propose également un vaste choix de cartes régionales et d'État, ainsi que des plans très détaillés des villes (même moyennes) et des paroisses.

L'organisme fédéral US Geological Survey (USGS) publie des cartes topographiques très détaillées à différentes échelles, jusqu'au 1/250 000. Celles au 1/62 500 sont idéales pour les voyageurs qui souhaitent effectuer de grandes randonnées à l'intérieur des terres.

Des librairies spécialisées et des magasins d'articles de plein air vendent aussi des cartes topographiques.

Les cartes générales commercialisées en Europe, qui couvrent souvent plusieurs États du Sud, ne vous seront guère utiles, faute de précision. Préférez celles que vous trouverez sur place.

## Que prendre avec soi

Outre des vêtements décontractés et adaptés à la moiteur ambiante, il peut être utile de prévoir une tenue plus habillée pour vous rendre à une invitation, à l'église ou dans certains restaurants de La Nouvelle-Orléans. Crème solaire, produit contre les insectes et chapeau trouveront également toute leur place dans votre bagage.

De légères chaussures de randonnée suffisent pour les activités de plein air. Une vieille paire de tennis sera idéale pour explorer les rivières et les bayous. En hiver, vous apprécierez un manteau léger et une paire de gants.

Si vous aimez lire, prévoyez une provision de livres : les librairies sont rares en dehors des grandes villes, et celles qui proposent des ouvrages en français quasiment inexistantes.

## OFFICES DU TOURISME

Les services d'information touristique suivants distribuent gratuitement des brochures, des cartes, l'agenda des manifestations régionales et parfois des listes de bed & breakfast.

Certains peuvent effectuer vos réservations ou offrent des bons de réduction dans les motels de la région (si vous vous rendez du Mississippi à La Nouvelle-Orléans, par exemple, vous pourrez réduire vos frais d'hôtel en retirant des coupons de réduction à l'office de tourisme de Louisiane). Ils sont ouverts 7j/7 (sauf les jours fériés). Leur personnel ne parle souvent que l'anglais, à quelques exceptions près en pays cajun.

**Louisiana Office of Tourism**, PO Box 94291, Baton Rouge, LA 70804 (☎ 504 342 8119, 800 414 8626)

**Mississippi Division of Tourist Development**, PO Box 1705, Ocean Springs, MS 39566-1705 (☎ 800 927 6378)

**Tennessee Department of Tourist Development**, 320 6th Ave N, Nashville, TN 37243 (☎ 615 741 8299, 800 836 6200, TDD/TTY 615 741 0691)

Le Louisiana Department of Culture, Recreation & Tourism (☎ 504 342 8119, 800 633 6970, www.louisianatravel.com), PO Box 94291, Baton Rouge, LA 70804-9291, supervise la protection des sites historiques et les offices du tourisme, musées et parcs d'État.

## A l'étranger

Le réseau d'offices du tourisme américains à l'étranger reste très limité. Pour vous documenter sur la Louisiane, écrivez au Louisiana Office of Tourism (☎ 504 342 8119, 800 414 8626), PO Box 94291, Baton Rouge, LA 70804.

En France, contactez l'association France Louisiane (☎ 01 45 88 02 10, fax 01 45 88 03 22), 17 av. Reille, 75014 Paris.

Vous pouvez aussi vous procurer les brochures de l'US Travel & Tourism Administration (USTTA) auprès de la représentation diplomatique des États-Unis dans votre pays.

Divers sites fournissant des informations touristiques sont listés dans l'encadré *La Louisiane sur Internet*.

## VISAS ET FORMALITÉS COMPLÉMENTAIRES

Outre votre passeport, obligatoire, un permis de conduire inernational et une assurance de voyage peuvent s'avérer utiles. Vous devrez produire une pièce d'identité munie d'une photo pour acheter de l'alcool ou entrer dans les bars et les night-clubs (l'âge minimal est fixé à 21 ans).

### Passeports et visas

A l'exception des ressortissants canadiens, qui n'ont en principe qu'à prouver leur nationalité canadienne, tous les visiteurs étrangers doivent posséder un passeport en cours de validité.

Depuis quelques années, un programme pilote de dérogation de visa permet aux ressortissants de certains pays de séjourner aux États-Unis 90 jours maximum sans visa. La Belgique, la France (Monaco et Andorre compris), le Luxembourg et la Suisse font partie des pays concernés.

Vous devrez néanmoins disposer d'un billet aller-retour non remboursable aux États-Unis (qui ne vous sera pas nécessairement demandé lors des formalités de

## Renseignements pratiques – Visas et formalités complémentaires

douane) et ne pourrez travailler ou étudier. Vous ne pourrez en aucun cas dépasser le délai de 90 jours, ni changer le statut de votre visa aux États-Unis.

Votre passeport doit par ailleurs être valide au moins 6 mois après les dates de votre séjour.

**Formalités d'entrée aux États-Unis.** Tout ressortissant étranger doit remplir le formulaire d'entrée/sortie n°I-94 (Arrival/Departure Record) avant de se présenter aux services d'immigration.

Généralement distribué dans l'avion avec le formulaire de déclaration douanière, ce document est particulièrement mal conçu. Certaines compagnies aériennes conseillent de commencer par la dernière question puis de remonter la liste afin de ne pas mélanger les réponses. Écrivez les renseignements demandés sous les questions. A la question 12, "Address While in the United States" (Adresse aux États-Unis), indiquez l'endroit où vous passerez la première nuit ou le nom d'un hôtel. Remplissez également le formulaire de sortie (au bas du même document), en apportant les mêmes réponses aux questions 14 et 17 qu'aux questions 1 et 4.

Les fonctionnaires de l'Immigration & Naturalization Service peuvent se montrer très désagréables. Soucieux de rejeter toute personne susceptible de travailler clandestinement ou de dépasser la durée de son séjour, ils peuvent vous demander des détails sur vos projets, et même s'assurer que vous avez assez d'argent pour subvenir à vos besoins.

### Protection des documents

Avant de partir, nous vous conseillons de photocopier tous vos documents importants (pages d'introduction de votre passeport, cartes de crédit, numéros de chèques de voyage, police d'assurance, billets de train/d'avion/de bus, permis de conduire,

---

### Le VIH et l'entrée aux États-Unis

Tout étranger qui entre aux États-Unis relève de l'autorité de l'Immigration & Naturalization Service (INS), même s'il possède les documents requis en matière d'immigration. L'INS a le pouvoir de refuser à quiconque de séjourner et même d'entrer dans le pays, par une procédure d'exclusion ou d'expulsion. Cette administration pointilleuse en use en particulier envers les voyageurs porteurs du VIH. Si la séropositivité n'est pas une raison suffisante pour expulser quelqu'un, elle peut en revanche constituer un motif d'exclusion que l'INS invoque parfois pour justifier un refus d'admission.

L'INS ne demande pas de certificat de séronégativité, mais peut refuser le visa aux personnes qui répondent par l'affirmative à la question "Have you ever been afflicted with a communicable disease of public health significance ?" (Avez-vous déjà contracté une maladie transmissible dangereuse pour la santé publique ?) sur leur formulaire de demande de visa ou d'immigration. Par ailleurs, l'officier de l'INS peut arrêter toute personne qui lui semble malade ou qui transporte des médicaments contre le sida ou le VIH, ou simplement s'il pense qu'elle est homosexuelle (bien que le critère sexuel ne constitue en aucun cas un motif d'exclusion).

Dans tous les cas, vous devez impérativement connaître vos droits et les faire valoir. Pour obtenir des renseignements sur la législation relative à l'immigration et les coordonnées d'avocats spécialisés, contactez le National Immigration Project of the National Lawyers Guild (☎ 617 227 9727), 14 Beacon St, Suite 506, Boston, MA 02108, ou l'Immigrant HIV Assistance Project, Bar Association of San Francisco (☎ 415 267 0795), 685 Market St, Suite 700, San Francisco, CA 94105.

Les coordonnées du centre d'appel destiné aux malades du sida à La Nouvelle-Orléans sont les suivantes : ☎ 504 944 2437, 800 992 4379.

etc.). Emportez un jeu de ces copies, que vous conserverez à part des originaux. Vous remplacerez ainsi plus aisément ces documents en cas de perte ou de vol.

Si l'anglais n'est pas un obstacle, vous pouvez également utiliser le service en ligne gratuit de Lonely Planet, Travel Vault (la "chambre forte des voyageurs"), qui vous permet de mettre en mémoire les références de vos documents.

Si vous ne voulez pas vous encombrer de photocopies ou si vous les égarez, vous pouvez ainsi accéder à tout moment à cette précieuse banque de données, protégée par un mot de passe. Pour plus d'informations, visitez www.ekno.lonelyplanet.com.

---

### Que peut faire votre consulat ?

En règle générale, votre consulat pourra vous venir en aide dans les cas suivants :

- **Perte ou vol de documents.** Sur présentation d'une déclaration de la police, il vous procurera des attestations, vous délivrera un laissez-passer pour sortir du territoire ou, éventuellement, un nouveau passeport.
- **Problèmes financiers.** Il pourra vous indiquer les moyens les plus efficaces pour recevoir rapidement de l'argent de vos proches.
- **Maladie.** Il pourra vous indiquer des médecins, les frais restant à votre charge.
- **Accident.** Il peut prévenir votre famille, faciliter votre hospitalisation ou votre rapatriement. Une assurance rapatriement reste le plus efficace.
- **Problèmes divers.** Il pourra vous conseiller sur la marche à suivre.

Sauf cas de force majeur, le consulat ne vous rapatriera pas à ses frais, ne vous avancera pas d'argent sans garantie, n'interviendra pas dans le cours de la justice du pays d'accueil si vous êtes impliqué dans une affaire judiciaire ou accusé d'un délit.

---

## AMBASSADES ET CONSULATS
### Ambassades des États-Unis

**Belgique**
Blvd du Régent 27, B-1000, Bruxelles
(☎ 2-508 21 11, fax 2-511 27 25)

**Canada**
490 Sussex Dr, Ottawa, Ontario K1N 1G8
(☎ 613 238 5335)
1095 W Pender St, Vancouver, BC V6E 2M6
(☎ 604 685 4311)
1155, rue St-Alexandre, Montréal, Québec H2Z 1Z2 (☎ 514 398 9695)

**France**
2, rue Saint Florentin, 75001 Paris
(☎ 01 43 12 22 22, 08 36 70 14 88, fax 01 43 12 46 08, www.amb-usa.fr)

**Suisse**
Jubiläumsstrasse 95, 3005 Bern
(☎ 31-357 70 11)

### Consulats étrangers en Louisiane

Rares sont les pays qui ont des représentations en Louisiane. Les ressortissants des autres pays doivent s'adresser à Washington DC. Ils obtiendront les coordonnées de leur consulat auprès des renseignements téléphoniques de cette ville (☎ 202 555 1212).

**Belgique**
Consulat de Belgique, 110 Veterans Memorial Boulevard, Metairie, LA 700005

**France**
Consulat général de France, 1340 Poydras Street, suite 1710, La Nouvelle-Orléans, LA 70112
(☎ 504 523 5772, fax 504 523 5725, www.consulfrance-nouvelleorleans.org)

**Suisse**
Consulat de Suisse, 1620 8th Street, La Nouvelle-Orléans, LA 70115
(☎ 504 897 6510)

Le Canada ne dispose pas de consulat à La Nouvelle-Orléans. Le plus proche est établi à Miami, en Floride.

## DOUANE

Les douanes américaines autorisent toute personne de plus de 21 ans à importer 1 litre d'alcool et 200 cigarettes en détaxe. Les ressortissants étrangers peuvent rapporter l'équivalent de 100 $ de produits hors taxes.

## QUESTIONS D'ARGENT
### Monnaie nationale

Le dollar américain se divise en 100 cents (¢), qui circulent sous forme de pièces de 1 ¢ (penny), 5 ¢ (nickel), 10 ¢ (dime), 25 ¢ (quarter). Les pièces de 50 ¢ et de 1 $ sont plus rares. Faites provision de quarters pour les distributeurs et les parcmètres. Les billets se présentent en coupures de 1, 2, 5, 10, 20, 50 et 100 $. Ceux de 2 $ sont peu répandus, tout comme la pièce de 1 $, que la Banque fédérale a vainement tenté de mettre en circulation.

On obtient parfois ces pièces dans les distributeurs de timbres et de tickets. Ne les confondez pas avec celles de 25 ¢ !

La législation américaine vous autorise à entrer ou à sortir du pays avec l'équivalent de 10 000 $ (en dollars ou en devises), sous forme d'espèces, de chèques de voyage ou de lettre de crédit, sans la moindre formalité. Toute somme supérieure doit être déclarée en douane.

### Taux de change

A l'heure où nous mettons sous presse, les taux de change sont les suivants :

| France | 1 FF | = | 0,142 $ |
|---|---|---|---|
| Belgique | 100 FB | = | 2,312 $ |
| Suisse | 1 FS | = | 0,607 $ |
| Euro | 1 € | = | 0,933 $ |
| Canada | 1 $C | = | 0,662 $ |
| | | | |
| France | 1 $ | = | 7,027 FF |
| Belgique | 1 $ | = | 43,22 FB |
| Suisse | 1 $ | = | 1,646 FS |
| Euro | 1 $ | = | 1,071 € |
| Canada | 1 $ | = | 1,508 $C |

### Change

Vous pourrez facilement changer de l'argent ou des chèques de voyage dans les grandes villes. Dans les petites villes et dans les régions isolées, les banques sont souvent peu familiarisées avec cette opération. Une carte bancaire est donc préférable pour obtenir des dollars.

Vous pouvez aussi vous adresser pour vos opérations de change à une agence Thomas Cook ou American Express, ou à l'un des guichets de change des aéroports.

### Dixie

Avant la guerre de Sécession, la Citizen's Bank de La Nouvelle-Orléans émettait des billets de 10 $ portant la mention en français "dix". Les gens du Sud, qui utilisaient ces billets, les affublèrent du surnom de "dixies". Par ailleurs, *Dixie* est le nom d'une chanson populaire que les soldats confédérés sifflaient (en anglais "to whistle") lorsqu'ils partaient au combat. C'est ainsi que l'expression "whistling Dixie" a pris son sens actuel de combat pour une cause perdue, et que l'on en est venu à appeler "Dixie" ou "Dixieland" le Sud des États-Unis.

**Espèces et chèques de voyage.** Vous aurez besoin de peu d'espèces si vous possédez une carte de crédit. Dans ce cas, elles vous serviront surtout pour les pourboires ou pour régler votre note dans les zones un peu reculées et certains B&B.

Les chèques de voyage offrent une plus grande sécurité en cas de perte ou de vol et évitent les commissions de change. Les chèques American Express et Thomas Cook, en particulier, se remplacent aisément. Par ailleurs, la plupart des établissements les acceptent au même titre que les espèces.

**Distributeurs automatiques.** Vous trouverez aisément des distributeurs automatiques, qui acceptent tous les principales cartes de crédit et permettent de retirer de l'argent facilement d'un compte étranger. Sachez toutefois que la plupart des banques facturent entre 1 et 4 $ pour les retraits effectués avec une carte délivrée par un autre établissement.

De plus, certaines boutiques et restaurants, notamment à La Nouvelle-Orléans, sont équipés de petits distributeurs automatiques acceptant les principales cartes de crédit. Ils sont signalés par les lettres ATM généralement inscrites en devanture.

Certaines cartes bancaires permettent par ailleurs d'effectuer des retraits au guichet

(2 $ minimum), moyennant une commission de 2% en sus de celle qui est appliquée au titre du retrait interbancaire. Renseignez-vous auprès de votre banque ou de l'organisme émetteur de votre carte de crédit.

**Cartes de crédit.** Même les conducteurs de calèche de La Nouvelle-Orléans ne refusent pas les cartes de crédit ! Les plus courantes (Visa et MasterCard) sont acceptées dans tous les hôtels, restaurants, stations-service, boutiques et agences de location de voiture. Elles sont généralement indispensables pour louer une voiture ou acheter des billets pour un spectacle et peuvent être utilisées pour régler des sommes n'excédant pas quelques dollars. Seuls quelques B&B et petits restaurants n'acceptent pas ce mode de paiement.

Contactez immédiatement l'établissement émetteur de votre carte en cas de perte ou de vol. Aux États-Unis, les numéros d'appel gratuit des principaux organismes de cartes de crédit sont les suivants :

| | |
|---|---|
| Visa | ☎ 800 336 8472 |
| MasterCard | ☎ 800 826 2181 |
| American Express | ☎ 800 528 4800 |
| Discover | ☎ 800 347 2683 |
| Diners Club | ☎ 800 234 6377 |

Il est certainement plus simple d'appeler le centre spécialisé de votre pays d'origine.

**Virements internationaux.** Il est possible – mais long – de vous faire expédier de l'argent en Louisiane de votre banque. Précisez la ville, l'établissement bancaire et l'agence dans laquelle vous souhaitez recevoir le virement, ou demandez à votre banquier de choisir l'établissement qui lui semble le plus compétent. Il est parfois préférable de donner procuration à un parent ou à un ami qui se chargera des opérations.

Comptez environ 1 semaine de délai pour un virement télégraphique et 2 semaines minimum par correspondance. L'argent vous est généralement remis en monnaie locale, soit en espèces, soit sous forme de chèques de voyage.

Vous pouvez également vous adresser à une agence American Express ou Thomas Cook.

## Sécurité

La Nouvelle-Orléans oblige à quelques précautions. Ne prenez sur vous que l'argent nécessaire pour la journée et conservez-le réparti dans plusieurs endroits, dans vos vêtements (dans une ceinture adaptée, vos chaussettes ou votre soutien-gorge), plutôt que dans un sac ou une poche extérieure. La plupart des hôtels et des auberges de jeunesse mettent à la disposition de leur clientèle des coffres où vous pourrez déposer le reste de votre argent ainsi que vos objets de valeur. Évitez de porter trop de bijoux.

## Coût de la vie

Le coût de l'hébergement varie grandement en fonction de la saison, de la ville, des manifestations ponctuelles et du type de logement choisi. Dans beaucoup d'endroits proches de la côte, notamment à La Nouvelle-Orléans, les tarifs des chambres baissent de manière significative pendant l'été et augmentent au printemps et à l'automne. En règle générale, c'est dans les villes que les prix sont les plus élevés, notamment à La Nouvelle-Orléans. Les hôtels du sud de la Louisiane sont globalement plus chers que des établissements similaires ailleurs.

Le calendrier de La Nouvelle-Orléans regorge de festivals et de manifestations spéciales qui grèvent d'autant le prix des hébergements. Les tarifs doublent, voire triplent, pendant le Jazz Fest et Mardi gras : une chambre abordable à 40 $ peut grimper à 120 $. Dans le Mississippi, les motels les moins chers demanderont entre 30 et 40 $. En Louisiane et dans le Tennessee, vous aurez du mal à trouver à moins de 40 ou 50 $. En B&B, cabin individuel et hôtel de luxe, comptez entre 80 et 120 $, voire plus. Le camping reste très abordable, surtout dans les endroits rudimentaires (8 $ environ). Il faudra payer un peu plus cher pour disposer d'une douche ou d'autres équipements.

La restauration, en revanche, est très abordable (d'autant plus que les plats sont généralement copieux). Vous pourrez certes vous offrir une folie dans un restaurant de luxe (entre 25 et 50 $ par personne selon les cas), mais, dans de nombreux établissements, un bon repas ne coûte qu'une dizaine de dollars, voire moitié moins si vous optez pour le plat du jour au déjeuner. Vous réaliserez aussi des économies en allant faire votre marché.

Les Américains sont les rois de la promotion. Des bons de réduction sont par exemple disponibles dans les journaux du dimanche, les supermarchés, les offices du tourisme, les chambres de commerce et les centres d'accueil touristique. Vous pourrez également essayer d'obtenir des réductions en faisant jouer la concurrence.

Les transports publics en ville sont relativement bon marché. Comptez entre 80 ¢ et 1,50 $, selon le moyen de transport (bus ou tramway) et la distance parcourue. La voiture est cependant le meilleur moyen de locomotion, voire le seul dans certaines régions. Notez que l'essence est bien moins onéreuse qu'en Europe : environ 1,1 $ le gallon (3,8 litres). Des offres promotionnelles figurent dans les pages "voyages" des journaux du dimanche, d'autres ne sont accessibles que sur les sites Internet des agences de location. Pour plus de renseignements sur la location d'un véhicule et la conduite, reportez-vous au chapitre *Comment circuler*.

Gardez enfin à l'esprit que tous les tarifs indiqués dans ce guide, sauf information contraire, sont exprimés hors taxes. Reportez-vous à la rubrique *Taxes et remboursements*, plus loin, pour plus de détails.

## Pourboire

Le pourboire est de rigueur dans les restaurants et les grands hôtels. Comptez 15% de votre note (sauf, bien sûr, si le service vous a paru exécrable). Ne laissez en revanche jamais de pourboire dans les fast-foods et les boutiques de vente à emporter. Laissez 1 ou 2 $ dans les cafétérias et les restaurants proposant des buffets.

Les chauffeurs de taxi s'attendent à recevoir 10% du prix de la course, les porteurs de l'aéroport et des hôtels 1 $ pour le premier sac et 50 ¢ par bagage supplémentaire.

Certains tickets de règlement par carte bancaire utilisés aux États-Unis comportent une ligne réservée au pourboire. Ils vous permettent ainsi d'ajouter celui-ci au débit de votre carte en écrivant le montant à la main sur le ticket. Si vous préférez régler le pourboire en espèces – solution la plus répandue –, barrez d'un trait la ligne correspondante (*tip*) sur le ticket afin d'éviter toute contestation.

## Taxes et remboursements

Toutes les dépenses ou presque sont soumises à une taxe aux États-Unis. Elle est souvent incluse dans le prix affiché – billets

### Détaxe

La Louisiane est le seul État américain où les visiteurs étrangers peuvent se faire rembourser partiellement les taxes à l'achat payées dans plus d'un millier de boutiques LTFS (Lousiana Tax Free Shopping). Celles-ci sont repérables à la pancarte "Tax Free" placée en vitrine. Pour être remboursé, présentez votre passeport en cours de validité lors de l'achat (pour les Canadiens, un extrait de naissance ou un permis de conduire peut suffire). On vous remettra alors un ticket de remboursement, à présenter au guichet spécialisé de l'aéroport international de La Nouvelle-Orléans, accompagné des tickets de caisse, de votre passeport et de votre billet de retour à destination d'un pays étranger témoignant d'un séjour dans le pays inférieur à 90 jours. Jusqu'à 500 $, les remboursements s'effectuent en liquide. Au-delà, un chèque vous sera envoyé à votre domicile. Quelques dollars de commission seront déduits du montant de taxe que vous aurez acquitté. Cette mesure s'applique aux produits achetés, mais en aucun cas aux hôtels, restaurants et frais de vie sur place.

Vous trouverez la liste complète des magasins LTFS dans le *New Orleans Visitor Guide*, distribué gratuitement au bureau du tourisme (☎ 504 566 5003). On y trouve en outre une précieuse description de chaque magasin, accompagnée de l'adresse, des horaires, du numéro de téléphone, des cartes de crédit acceptées et des langues parlées.

d'avion, essence, consommations dans les bars, tickets de musée et de théâtre notamment. En revanche, les tarifs indiqués sur les menus des restaurants, dans les hôtels et la plupart des boutiques excluent les taxes.

En Louisiane, la taxe à l'achat s'élève à 4%, auxquels viennent s'ajouter des prélèvements locaux. Chaque ville ou paroisse taxe en effet les biens et services dans des proportions qui diffèrent. A La Nouvelle-Orléans, par exemple, la taxe à l'achat atteint 9%. La ville prélève en outre 5% supplémentaires sur l'alimentation et les boissons, 5% sur les distractions et 11% sur l'hébergement, auxquels il faut ajouter 1 $ par personne.

En moyenne, vous devrez ajouter entre 7 et 12 % aux tarifs indiqués. Dans les hôtels et les motels, la taxe peut dépasser 10%. Sauf mention contraire, les prix mentionnés dans ce guide n'incluent pas les taxes.

Les voyageurs étrangers peuvent bénéficier de la détaxe de certains de leurs achats en Louisiane. Reportez-vous à l'encadré *Détaxe* pour en connaître les modalités.

## POSTE ET COMMUNICATIONS
### Tarifs postaux

Un timbre pour les autres États américains (en urgent) coûte 33 ¢ pour une lettre de 28 g (23 ¢ par tranche de 28 g supplémentaire) et 20 ¢ pour une carte postale.

Pour tous les pays étrangers, à l'exception du Mexique et du Canada, le tarif s'élève à 55 ¢ pour les cartes postales et à 60 ¢ pour les lettres jusqu'à 14 g (40 ¢ par tranche de 14 g supplémentaire). Un timbre pour le Canada revient à 45 ¢ pour une carte postale, à 48 ¢ pour une lettre de 14 g et à 60 ¢ pour 28 g.

L'envoi d'un colis à l'intérieur des États-Unis, quelle que soit la destination, revient à 3,20 $ jusqu'à 900 g (1 $ par tranche de 450 g supplémentaire).

Au-delà de 2,250 kg (6,50 $), le tarif varie en fonction de la distance.

### Envoyer du courrier

Si votre lettre est affranchie, vous pouvez la déposer dans n'importe quelle boîte aux lettres bleue. Les paquets de 450 g et plus doivent obligatoirement être déposés dans un bureau de poste, où vous pouvez également acheter des timbres et peser votre courrier. Nous indiquons l'adresse du bureau principal de chaque ville. Il existe par ailleurs des bureaux secondaires dans les grandes villes, ainsi que dans certains supermarchés et drugstores. Consultez l'annuaire pour connaître l'adresse du bureau le plus proche.

Les bureaux de poste ouvrent généralement de 8h à 17h en semaine et de 8h à 15h le samedi. Certains appliquent cependant d'autres horaires.

### Recevoir du courrier

Il est possible de recevoir du courrier en poste restante (General Delivery) dans n'importe quel bureau de poste doté d'un code postal (*zip*). Le courrier est généralement conservé 10 jours avant d'être retourné à l'expéditeur. Vous pouvez cependant demander à vos correspondants d'inscrire la mention "hold for arrival" (conserver jusqu'au retrait). Le courrier doit être adressé comme suit :

Nom
c/o General Delivery
New Orleans, LA 70112
USA

Si vous restez plus d'un mois au même endroit, vous pouvez louer une boîte postale (*post office box*) dans un bureau de poste ou dans une société spécialisée, comme Mail Boxes Etc. American Express et Thomas Cook proposent un service de réception de courrier à leur clientèle.

### Téléphone

Les numéros de téléphone se composent de 7 chiffres précédés d'un indicatif de zone de 3 chiffres. Ce dernier doit être omis lors des communications locales. Si vous appelez depuis l'étranger, l'indicatif des États-Unis est le ☎ 1.

Depuis la France, vous devrez composer le 1 + l'indicatif à 3 chiffres de la zone concernée + les 7 chiffres du numéro de votre correspondant.

Vous obtiendrez les renseignements locaux en composant le ☎ 411. Pour les autres zones, composez le ☎ 1 + l'indicatif à 3 chiffres de la zone concernée + 555 1212. Par exemple, le numéro des renseignements pour La Nouvelle-Orléans est le ☎ 1 504 555 1212.

L'annuaire comporte une liste des indicatifs de zones et d'États. Depuis peu, certaines grandes villes sont découpées en plusieurs zones. L'annuaire n'ayant pas encore été mis à jour, renseignez-vous auprès d'un opérateur.

Les indicatifs 800, 877 et 888 signalent les numéros d'appel gratuits à l'intérieur des États-Unis, et parfois même du Canada. Pour les renseignements les concernant, adressez-vous au ☎ 800 555 1212.

Une communication locale coûte généralement 35 ¢ d'une cabine. Pour les appels vers d'autres zones, les tarifs varient selon la destination et l'opérateur (le système téléphonique américain étant soumis à la concurrence, vous avez le choix entre plusieurs opérateurs ; AT&T est le plus utilisé). Renseignez-vous pour les tarifs auprès d'un opérateur, mais ne lui demandez pas de composer le numéro : les communications directes reviennent en effet beaucoup moins cher. Vous bénéficierez d'un tarif réduit en appelant la nuit (entre 23h et 8h), le samedi toute la journée et le dimanche de 8h à 17h. Du lundi au vendredi entre 8h et 17h, vous payerez plein tarif dans l'ensemble du pays.

Nombre d'hôtels, surtout les plus onéreux, majorent de 50 ¢ à 1 $ le prix de toute communication locale passée de votre chambre.

Si vous souhaitez utiliser votre téléphone portable, vérifiez auprès de votre opérateur si les États-Unis font partie de la couverture du réseau.

**Communications internationales.** Pour appeler directement l'étranger, composez le ☎ 011, l'indicatif du pays, l'indicatif de zone, puis le numéro. La sonnerie peut se faire attendre jusqu'à 45 secondes. Le standard de nombreux hôtels étant géré par un opérateur, ne vous étonnez pas si une voix vous demande votre numéro de chambre.

Les tarifs varient selon la destination et l'heure de l'appel. Renseignez-vous auprès d'un opérateur (☎ 0). La première minute coûte toujours plus que les suivantes. AT&T facture environ 1$ la minute vers l'Europe de 18h à 7h et environ 1,5 $ aux autres heures.

De nombreux hôtels prélèvent une très forte commission sur les appels longue distance (la connexion, que votre correspondant décroche ou non, peut parfois atteindre jusqu'à 8 $ !). Il est donc toujours préférable de téléphoner d'une cabine. La plupart des halls d'hôtel en sont équipés. Elles acceptent les pièces de monnaie, les cartes téléphoniques et certaines cartes de crédit. Pour effectuer un appel en PCV, composez le 00 pour obtenir un opérateur et demandez un *collect call*.

**Cartes téléphoniques.** Des cartes téléphoniques sont maintenant disponibles dans les aéroports, les bureaux de poste et certains hôtels. Destinées aux appels longue distance, elles existent sous différents montants. La carte AT&T à 10 $ offre environ 5 minutes de communication vers l'Europe dans la journée.

Lisez attentivement le mode d'emploi imprimé sur la carte. Celles-ci imposent en effet l'utilisation d'un numéro d'appel particulier et la composition sur le clavier du téléphone du numéro de la carte, dissimulé sous une partie que vous devrez gratter.

### Fax

Vous trouverez des fax dans toutes les sociétés de services de courrier (Mail Boxes Etc) ou de photocopie, et dans les centres d'affaires des hôtels. Attendez-vous à des tarifs élevés (plus de 1 $ la page).

### E-mail et accès Internet

Avant votre départ, vous pouvez vous créer une adresse gratuite auprès d'un portail. Il vous suffira de vous connecter sur ce site, depuis un cybercafé par exemple, pour envoyer ou recevoir vos e-mails.

Il est désormais très facile de se connecter. Les bibliothèques publiques ou universitaires, les centres d'affaires des hôtels et certains cafés des grandes villes proposent souvent des accès Internet.

## La Louisiane sur Internet

Vous trouverez sur Internet un certain nombre de sites consacrés à la Louisiane ou utiles aux voyageurs :

**www.crt.state.la.us** – site du Louisiana Department of Culture, Recreation and Tourism. Renseignements sur le tourisme, les parcs d'État, la culture, les arts, l'archéologie, etc.

**www.louisianatravel.com** – informations générales et régionales sur la Louisiane, calendrier des manifestations, activités, Mardi gras, météo...

**www.nps.gov** - site du National Park Service (parcs nationaux).

**www.francelink.com** – ce site permet d'accéder au contenu d'un grand nombre de quotidiens français (*Libération*, *Le Monde*, *Nice Matin*…) et francophones, mais aussi aux dépêches de l'AFP et aux programmes radiophoniques de RFI et autres stations.

**www2.cajun.net/~abgeorge** – site géré par une association de B&B francophones. Renseignements et possibilités de réservation.

**www.gnofn.org** – site du Greater New Orleans Free-Net. Renseignements touristiques sur la ville de La Nouvelle-Orléans.

**www.neworleansla.com** – site de la New Orleans Connection. Renseignements touristiques sur la ville de La Nouvelle-Orléans.

**www.nolalive.com** ; **www.loveneworleans.com** – sites d'information sur La Nouvelle-Orléans en collaboration avec le journal *Times-Picayune*.

**www.nawlins.com** – site du New Orleans Metropolitan Convention & Visitors Bureau. Informations touristiques sur La Nouvelle-Orléans pour les visiteurs et voyageurs d'affaires.

**www.gnofn.org/~nolp** – site de la bibliothèque publique de La Nouvelle-Orléans.

**www.hotmail.com** ; **www.techweb.com** ; **www.rocketmail.com** – sites permettant d'obtenir une adresse e-mail aux États-Unis.

**www.lauraplantation.com** – informations sur Laura Plantation.

**www.saint-francisville.la.us** – site d'informations touristiques de la ville de St Francisville.

**www.stjamesla.com** – site du service d'informations touristiques de la paroisse de St James.

**www.naacp.org** – site de la National Association for the Advancement of Colored People.

**www.nlada.org** – site de la National Aid and Defender Association. Assistance juridique.

**www.access-able.com** – informations destinées aux voyageurs handicapés.

Si vous avez votre propre ordinateur portable équipé d'un modem, vous devrez commencer par le paramétrer afin qu'il interroge votre pourvoyeur d'accès dans votre pays d'origine (comme pour un appel international). Il suffit en général d'ajouter le 00 + le code pays + l'éventuel préfixe de numérotation permettant de "sortir" de votre hôtel avant le numéro d'appel de votre serveur habituel. Les problèmes qui se posent ensuite sont liés à la facturation. Dans de nombreux hôtels, les appels internationaux transitent en effet par un opérateur (qui vous demande votre numéro de chambre) auquel l'ordinateur est bien incapable de répondre. La majorité des cartes téléphoniques est de plus incompatible avec les transmissions de données. L'une des solutions est d'avoir recours à certains motels et hôtels équipés de prises téléphone/modem autorisant les appels internationaux et les échanges de courrier électronique directs (ils sont signalés dans les rubriques correspondantes). Compte tenu des tarifs téléphoniques très élevés pratiqués par les hôtels, les quelques minutes de connexion nécessaire à l'envoi ou à la réception du courrier électronique vous reviendront cependant très cher.

Une autre solution consiste à vous faire ouvrir une adresse électronique sur le sol américain le temps de votre séjour. Votre connexion se fera ainsi *via* un appel local. Différents sites proposent ce service gratuit sur Internet, notamment Hotmail (www.hot mail.com), Techweb (www.techweb.com) ou encore Rocketmail (www.rocket mail.com).

La petite prise "gigogne" transparente largement répandue en Europe permet de se connecter directement aux prises téléphoniques américaines. Certains téléphones sont par ailleurs équipés d'une prise "data" spécialement conçue à cet effet. Il est parfois préférable d'utiliser directement la prise murale.

## INTERNET

Si vous souhaitez obtenir des informations de dernière minute, connectez-vous au site de Lonely Planet : www.lonelyplanet.fr. Des rubriques complètent utilement votre information : mises à jour de certains guides entre deux éditions papier, catalogue des guides, courrier des voyageurs, actualités en bref et fiches pays. Profitez aussi des forums pour poser des questions ou partager vos expériences avec d'autres voyageurs. Vous pouvez consulter également le site de Lonely Planet en anglais (www.lonelyplanet.com).

## LIBRAIRIES

Voici une liste de librairies francophones spécialisées dans le voyage. Elles possèdent, pour certaines, un fonds de cartes impressionnant.

*Ulysse*
26 rue Saint-Louis-en-l'île, 75004 Paris
(☎ 01 43 25 17 35),
www.ulysse.fr, ulysse@ulysse.fr (ouvert de 14h à 20h du mardi au samedi)

*L'Astrolabe*
46 rue de Provence, 75009 Paris
(☎ 01 42 85 42 95)

*Au Vieux Campeur*,
2 rue de Latrand, 75005 Paris
(☎ 01 53 10 48 27)

*Itinéraires*
60 rue Saint-Honoré, 75001 Paris
(☎ 01 42 36 12 63), 3615 Itinéraires, www.itineraires.com

*Planète Havas Librairie*
26 avenue de l'Opéra, 75002 Paris
(☎ 01 53 29 40 00)

*Voyageurs du monde*
55 rue Sainte-Anne, 75002 Paris
(☎ 01 42 86 17 38)

*Espace IGN*
107 rue de la Boétie, 75008 Paris
(☎ 01 43 98 85 00)

*Ariane*
20 rue du Capitaine A. Dreyfus,
35000 Rennes (☎ 02 99 79 68 47)

*Géorama*
22 rue du Fossé des Tanneurs,
67000 Strasbourg
(☎ 03 88 75 01 95)

*Géothèque*
6 rue Michelet, 37000 Tours
(☎ 02 47 05 23 56)

*Géothèque*
1 place du Pilori, 44000 Nantes
(☎ 02 40 47 40 68)

## Renseignements pratiques – Librairies

*Hémisphères*
15 rue des Croisiers, BP 99,
14000 Caen cedex
(☎ 02 31 86 67 26)

*L'Atlantide*
56 rue Saint-Dizier, 54000 Nancy
(☎ 03 83 37 52 36)

*Les cinq continents*
20 ru Jacques-Coeur, 34000 Montpellier
(☎ 04 67 66 46 70)

*Magellan*
3 rue d'Italie, 06000 Nice
(☎ 04 93 82 31 81)

*Ombres Blanches*
50 rue Gambetta, 31000 Toulouse
(☎ 05 34 45 53 33)

En Belgique :
*Peuples et continents*
rue Ravenstein 11, 1000 Bruxelles
(☎ 2-5112775)

*Anticyclone des Açores*
rue des fossés aux loups 34 B,
1000 Bruxelles (☎ 2-217546)

En Suisse :
*Artou*
rue de Rive, 1204 Genève
(☎ 22 818 02 40)

*Artou*
18 rue de la Madeleine,
1003 Lausanne
(☎ 21 323 65 56)

## Le Vieux Sud en toutes lettres

Vous trouverez ci-dessous les références des traductions françaises des ouvrages cités dans la rubrique *Littérature* du chapitre *Présentation*. Nous avons ajouté des titres qui nous semblent également mériter l'attention.

**Littérature**

Algren, Nelson
 *La Rue chaude* (Gallimard, 1991),
 la "faune" de la Nouvelle-Orléans.

Capote, Truman
 *Les Domaines hantés* (Gallimard, 1985)
 *La Harpe d'herbes* (Gallimard, 1978)

Chopin, Kate
 *L'Eveil* (L. Levi, 1990)

Faulkner, William
 *Absalon ! Absalon !* (Gallimard, 1978)
 *Sartoris* (Gallimard, 1977)
 *Lumière d'août* (Gallimard, 1974)
 *Sanctuaire* (Gallimard, 1972)
 *Le Bruit et la Fureur* (Gallimard, 1972)

Gaines, Ernest J.
 *Une longue journée de novembre, Le ciel est gris* (10-18, 1996), 2 nouvelles
 *Par la petite porte* (L. Levi, 1996), la Louisiane ségrégationniste
 *Autobiographie de miss Jane Pittman* (10-18, 1995)
 *D'amour et de poussière* (10-18, 1995), une plantation de Louisiane
 *Dites-leur que je suis un homme* (L. Levi, 1994), un jeune Noir accusé à tort du meurtre d'un Blanc
 *Colère en Louisiane* (10-18, 1994), entre negro spiritual et polar

Klier, Betje Black
 *Un Angevin en Louisiane et au Texas en 1830 : 4 contes de Théodore Pavie (1811-1896)* (Cheminements, 1999)

Percy, Walker
 *L'Amour parmi les ruines* (Rivages, 1993)
 *Le Cinéphile* (Rivages, 1990)
 *Le Dernier Gentleman* (Rivages, 1990)

Purdy, James
 *Chambres étroites* (Serpent à Plumes, 1996), des relations violentes et malsaines
 *Malcolm* (Gallimard, 1991), la pureté aux prises avec la corruption
 *Les Œuvres d'Eustache* (Gallimard, 1969)

Toole, John Kennedy
 *La Conjuration des imbéciles* (10-18, 1992)

Twain, Mark
 *Les Aventures de Tom Sawyer* (Flammarion, 1996)
 *Les Aventures de Huckleberry Finn* (LGF, 1994)
 *La Vie sur le Mississippi* (Payot, 1970)

Au Canada :
*Ulysse*
  4176 rue Saint-Denis, Montréal
  (☎ 514-843 9882)
*Ulysse*
  4 bd René Lévesque Est, Québec G1R2B1
  (☎ 418-418 654 9779)
*Tourisme Jeunesse*
  4008 rue Saint-Denis, Montréal
  (☎ 514-884 0287)
*Librairie Pantoute*
  100 rue Saint-Jean Est, Québec
  (☎ 418-694 9748 ; fax. 418-694 0209)

Quelques librairies, à Paris, sont spécialisées sur le monde américain ou anglosaxon :

*Village Voice Bookshop*
  6 rue Princesse, 75006 Paris
  (☎ 01 46 33 36 47)
*Brentano's*
  37 avenue de l'Opéra, 75002 Paris
  (☎ 01 42 61 52 50 ; fax 01 42 61 07 61)
  brentano's@brentano's.fr
*WH Smith*
  248 rue de Rivoli, 75001 Paris
  (☎ 01 44 77 88 99 ; fax 01 42 96 83 71)
  www.whsmithonline.co.uk

## JOURNAUX ET MAGAZINES

Vous aurez en général beaucoup de mal à trouver la presse étrangère. Différents journaux en anglais de La Nouvelle-Orléans,

### Le Vieux Sud en toutes lettres

Williams, Tennessee
  *Un tramway nommé désir* (10-18, 1994)

#### Cuisine

Denuzière Jacqueline et Brandt Charles Henri
  *Cuisine de Louisiane* (Denoël, 1989),
  ouvrage complet.
Wilson, Anne
  *Cuisine cajun* (Könemann, 1997), des
  recettes authentiques

#### Policiers

Burke, James Lee
  *Une tache sur l'éternité* (Rivages, 1998),
  Dave Robicheaux dans ses œuvres
  *Le Bagnard* (Rivages, 1997), nouvelles
  *Une saison pour la peur* (Rivages, 1996),
  une aventure de Dave Robicheaux
  *Black Cherry Blues* (Rivages, 1993),
  une aventure de Dave Robicheaux
  *Prisonniers du ciel* (Rivages, 1992),
  un petit bimoteur s'écrase dans les
  marais louisianais
Crais, Robert
  *Meurtre à la sauce cajun* (Seuil,1998),
  un polar épicé en pays cajun
Hannah, Barry
  *Geronimo rex* (Gallimard, Noire, 2000),
  récit d'une jeunesse tapageuse au Mississippi

Sallis, James
  *Le Faucheux* (Gallimard, Noire, 1998),
  l'enquête d'un privé noir à La Nouvelle-Orléans

#### Divers

Danchin, Sébastian
  *Musiques de Louisiane : musique cajun,
  zydeco et blues* (Éd. du Layeur, 1999),
  des musiques aux styles singuliers et
  attachants, riches d'influences variées
Denuzière, Jacqueline et Maurice
  *La Louisiane : du coton au pétrole*
  (Denoël, 1990), beau livre
Denuzière, Maurice
  *Je te nomme Louisiane* (Denoël, 1990)
  *Cadjins et créoles en Louisiane : histoire
  et survivance d'une francophonie* (Payot,
  1986), un angle historique
Lugan, Bernard
  *La Louisiane française : 1682-1804*
  (Perrin, 1994), un panorama historique
Pérol, Jean
  *La Nouvelle-Orléans* (Champ Vallon,
  1992), l'atmosphère de la ville
Vautrin, Jean
  *Un grand pas vers le Bon Dieu* (LGF,
  1991), le passionnant prix Goncourt 1989

Memphis, Nashville et Jackson couvrent les nouvelles locales et fournissent des informations sur l'ensemble de la région. Le mensuel *Oxford American* est un magazine littéraire qui couvre également des problèmes régionaux, et le bimensuel *Southern Exposure* perpétue la tradition de la presse à scandale. Le *Times-Picayune* est le premier quotidien de Louisiane. Outre l'actualité, il propose chaque jour un programme des spectacles et distractions, plus développé dans son guide *Lagniappe* de l'édition du vendredi.

Les journaux provenant d'autres États, tels le *New York Times* et le *Wall Street Journal*, sont parfois diffusés dans les grandes villes.

## RADIO ET TÉLÉVISION

Toutes les voitures de location sont équipées d'un autoradio, et les voyageurs peuvent choisir entre des centaines de stations, dont la plupart émettent dans un rayon d'environ 150 km. Aux abords des grandes villes, les ondes offrent de multiples programmes de musique et de divertissement. Dans toute la région, vous pourrez écouter de la bonne musique, notamment du jazz, du blues, de la country et du gospel, bien que l'on entende en majorité ce que l'on appelle ici le "rock du Sud" et les hits du Top 40.

Dans certains endroits, vous ne parviendrez à capter que la radio locale chrétienne, qui propose de la "musique chrétienne" et des émissions. Les radios du réseau PBS (Public Broadcasting System) diffusent généralement des informations nationales et d'autres émissions.

A l'inverse des B&B, presque toutes les chambres d'hôtel sont équipées de téléviseurs, la plupart câblés. Hormis dans les toutes petites villes, ceux-ci captent généralement les grandes chaînes de télévision américaines (ABC, CBS, NBC et FOX) ainsi que celles du réseau PBS. Avec le câble, vous recevrez de surcroît CNN et TBS, deux chaînes qui sont nées à Atlanta.

## PHOTO ET VIDÉO

Seules les boutiques des grandes villes proposent un bon choix de pellicules spécifiques (films noir et blanc ou très sensibles). Vérifiez la date de validité sur l'emballage. Si vous voyagez l'été, n'oubliez pas que les températures excessives peuvent endommager vos pellicules.

Vous trouverez sans peine un laboratoire pour développer vos photos rapidement et à bas prix. Si vous êtes plus regardant sur la qualité, mieux vaut attendre le retour et confier vos pellicules à un laboratoire auquel vous faites confiance.

Les systèmes de détection par rayons X des aéroports américains sont théoriquement conçus pour ne pas endommager les films dont la sensibilité n'excède pas 1 000 ASA. Vérifiez les indications portées sur la machine avant d'y faire passer votre matériel. Des boîtes spécialement conçues pour protéger vos films des rayons X sont vendues dans les magasins spécialisés.

Dans le doute, faites en sorte que vos pellicules soient vérifiées manuellement. Il peut arriver que les douaniers vous demandent de prendre une photo pour vérifier que votre boîtier est bel et bien un appareil photo.

Pour réussir vos photos et vos vidéos, suivez ces quelques conseils : évitez les prises de vues lorsque le soleil est trop haut – une trop forte luminosité intensifie les zones d'ombre ou écrase les couleurs (vous pouvez aussi y remédier en utilisant un filtre polarisant) ; préférez la lumière douce de l'aube ou de la fin du jour ; protégez vos objectifs d'un filtre antiultraviolets.

Ne photographiez pas les gens sans leur permission et attendez-vous à d'éventuels refus.

Si vous souhaitez rapporter des vidéos, sachez que les États-Unis utilisent la norme NTSC, incompatible avec le PAL/SECAM utilisé en Europe.

## HEURE LOCALE

La Louisiane, le Mississippi et le Tennessee vivent à l'heure du Central Standard Time, soit un décalage de + 6 heures par rapport à Greenwich. Quand il est 12h à La Nouvelle-Orléans, il est 18h à Paris. Tous les États du Vieux Sud observent une heure d'hiver et une heure d'été.

## ÉLECTRICITÉ

La tension distribuée aux États-Unis est de 110-120 V (courant alternatif de 60 Hz). Pour utiliser un appareil fonctionnant sur du 220-240 V à 50 Hz (comme c'est le cas en Europe ou en Asie), prévoyez un transformateur ainsi qu'un adaptateur de prise à broches plates.

## POIDS ET MESURES

Les États-Unis appliquent une version modifiée du système britannique. Les distances se calculent en *feet* (pieds), en yards et en miles. Pour un Anglo-Saxon, il ne fait aucun doute que 3 pieds équivalent à 1 yard et 1 mile à 1 760 yards. Les adeptes du système métrique préféreront savoir que 1 mile représente 1,6 km (à quelques pouces près…), que 1 yard mesure 0,914 m, que 1 pied équivaut à 30,48 cm et que la longueur de 1 pouce frise les 2,5 cm.

Les solides se mesurent en *ounces* ou once (oz ; un peu moins de 30 g), *pounds* ou livres (lb ; 0,45 kg) et tons (907 kg).

Les liquides suivent un autre système : 1 pinte américaine (*pint*) représente 0,47 l. Deux pintes constituent 1 quart, mesure communément employée pour les liquides tels que le lait, qui se vend également au demi-gallon (2 quarts, soit un peu moins de 2 l) et au gallon.

L'essence est facturée au gallon américain (US gallon), qui représente 3,8 l. Un tableau de conversion est fourni à la fin de ce guide.

## BLANCHISSAGE/NETTOYAGE

La plupart des hôtels et motels de catégorie supérieure proposent un service de nettoyage/blanchissage. Les motels mettent généralement à votre disposition des machines à laver et des sèche-linge à pièces. Des blanchisseries et des laveries automatiques (appelées *washaterias* ou *washerettes*) sont installées dans la plupart des villes. Elles comprennent habituellement un changeur de monnaie et un distributeur de lessive. Comptez environ 1 $ par lessive et autant pour le séchage. Pour obtenir l'adresse de blanchisseries et de pressings, consultez les pages jaunes de l'annuaire sous les rubriques "Laundry" et "Cleaners".

## TOILETTES

Vous trouverez aisément des toilettes (indiquées *restrooms*) propres dans les aéroports, les hôtels, les restaurants, les sites et les centres d'information touristique, ainsi que dans les bars et les night-clubs. Plus ou moins bien entretenues, celles des bars et des petits restaurants, des gares routières et ferroviaires et des aires d'autoroute restent généralement utilisables (même s'il manque régulièrement du papier et des serviettes). La propreté des toilettes publiques des parcs et des rues est très variable.

Les tables à langer n'existent que dans les toilettes pour dames de quelques rares établissements. En revanche, les distributeurs de protections périodiques sont fréquents. Certains bars et night-clubs sont dotés de distributeurs de préservatifs.

## SANTÉ

Aucune vaccination n'est requise pour les visiteurs étrangers, hormis ceux qui viennent de régions contaminées par le choléra ou la fièvre jaune. Un voyage en Louisiane ne présente aucun risque médical.

Les nombreux hôpitaux, centre médicaux, cliniques et autres services de santé implantés dans la région dispensent des soins d'excellente qualité. L'unique inconvénient est d'ordre financier.

En cas d'urgence, composez le ☎ 911 pour obtenir une ambulance. Ce service est très onéreux.

### Avant le départ

**Assurances.** Il est conseillé de souscrire à une police d'assurance qui vous couvrira en

> **Avertissement**
>
> La santé en voyage dépend du soin avec lequel on prépare le départ et, sur place, de l'observance d'un minimum de règles quotidiennes. Les risques sanitaires sont généralement faibles si une prévention minimale et les précautions élémentaires d'usage ont été envisagées avant le départ.

## Décalage horaire

Les malaises liés aux voyages en avion apparaissent généralement après la traversée de trois fuseaux horaires (chaque zone correspond à un décalage d'une heure). Plusieurs fonctions de notre organisme – dont la régulation thermique, les pulsations cardiaques, le travail de la vessie et des intestins – obéissent en effet à des cycles internes de 24 heures, qu'on appelle rythmes circadiens. Lorsque nous effectuons de longs parcours en avion, le corps met un certain temps à s'adapter à la "nouvelle" heure de notre lieu de destination – ce qui se traduit souvent par des sensations d'épuisement, de confusion, d'anxiété, accompagnées d'insomnie et de perte d'appétit. Ces symptômes disparaissent généralement au bout de quelques jours, mais on peut en atténuer les effets moyennant quelques précautions :

- Efforcez-vous de partir reposé. Autrement dit, organisez-vous : pas d'affolement de dernière minute, pas de courses échevelées pour récupérer passeport ou chèques de voyage. Évitez aussi les soirées prolongées avant d'entreprendre un long voyage aérien.
- A bord, évitez les repas trop copieux (ils gonflent l'estomac !) et l'alcool (qui déshydrate). Mais veillez à boire beaucoup – des boissons non gazeuses, non alcoolisées, comme de l'eau et des jus de fruits.
- Abstenez-vous de fumer pour ne pas appauvrir les réserves d'oxygène ; ce serait un facteur de fatigue supplémentaire.
- Portez des vêtements amples, dans lesquels vous vous sentez à l'aise ; un masque oculaire et des bouchons d'oreille vous aideront peut-être à dormir.

---

cas d'annulation de votre voyage, de vol, de perte de vos affaires, de maladie ou encore d'accident. Certains hôpitaux des États-Unis refusent en effet d'admettre les personnes non assurées. Les assurances internationales pour étudiants sont en général d'un bon rapport qualité/prix. Lisez avec la plus grande attention les clauses en petits caractères : c'est là que se cachent les restrictions.

Vérifiez notamment que les "sports à risques", comme la plongée, la moto ou même la randonnée ne sont pas exclus de votre contrat, ou encore que le rapatriement médical d'urgence, en ambulance ou en avion, est couvert. De même, le fait d'acquérir un véhicule dans un autre pays ne signifie pas nécessairement que vous serez protégé par votre propre assurance.

Vous pouvez contracter une assurance qui réglera directement les hôpitaux et les médecins, vous évitant ainsi d'avancer des sommes qui ne vous seront remboursées qu'à votre retour. Dans ce cas, conservez avec vous tous les documents nécessaires.

Attention ! avant de souscrire à une police d'assurance, vérifiez bien que vous ne bénéficiez pas déjà d'une assistance avec votre carte de crédit, votre mutuelle ou votre assurance automobile. C'est bien souvent le cas.

**Quelques conseils.** Assurez-vous que vous êtes en bonne santé avant de partir. Si vous partez pour un long voyage, faites contrôler l'état de vos dents.

Si vous suivez un traitement de façon régulière, n'oubliez pas votre ordonnance (avec le nom du principe actif plutôt que la marque du médicament, afin de pouvoir trouver un équivalent local, le cas échéant). De plus, l'ordonnance vous permettra de prouver que vos médicaments vous sont légalement prescrits, des médicaments en vente libre dans certains pays ne l'étant pas dans d'autres. Si vous portez des lunettes, emmenez votre ordonnance. Vous pourrez vous en faire faire une paire très rapidement pour moins de 100 $ (le prix varie selon les verres et la monture).

## Affections liées à l'environnement

**Coup de chaleur.** Cet état grave, parfois mortel, survient quand le mécanisme de régulation thermique du corps ne fonctionne plus : la température s'élève alors de façon dangereuse. De longues périodes d'exposition à des températures élevées peuvent vous rendre vulnérable au coup de chaleur. Évitez l'alcool et les activités fatigantes lorsque vous arrivez dans un pays à climat chaud.

Symptômes : malaise général, transpiration faible ou inexistante et forte fièvre (39 à 41°C). Là où la transpiration a cessé, la peau devient rouge. La personne qui souffre d'un coup de chaleur est atteinte d'une céphalée lancinante et éprouve des difficultés à coordonner ses mouvements ; elle peut aussi donner des signes de confusion mentale ou d'agressivité. Enfin, elle délire et est en proie à des convulsions. Il faut absolument hospitaliser le malade. En attendant les secours, installez-le à l'ombre, ôtez-lui ses vêtements, couvrez-le d'un drap ou d'une serviette mouillés et éventez-le continuellement.

**Mal des transports.** Pour réduire les risques d'avoir le mal des transports, mangez légèrement avant et pendant le voyage. Si vous êtes sujet à ces malaises, essayez de trouver un siège dans une partie du véhicule où les oscillations sont moindres : près de l'aile dans un avion, au centre sur un bateau et dans un bus. Évitez de lire et de fumer. Tout médicament doit être pris avant le départ ; une fois que vous vous sentez mal, il est trop tard.

**Mycoses.** Les infections fongiques dues à la chaleur apparaissent généralement sur le cuir chevelu, entre les doigts ou les orteils (pied d'athlète), sur l'aine ou sur tout le corps (teigne). On attrape la teigne (qui est un champignon et non un parasite animal) par le contact avec des animaux infectés ou en marchant dans des endroits humides, comme le sol des douches.

Pour éviter les mycoses, portez des vêtements amples et confortables, en fibres naturelles, lavez-les fréquemment et séchez-les bien. Conservez vos tongs dans les pièces d'eau. Si vous attrapez des champignons, nettoyez quotidiennement la partie infectée avec un désinfectant ou un savon traitant et séchez bien. Appliquez ensuite un fongicide et laissez autant que possible à l'air libre. Changez fréquemment de serviettes et de sous-vêtements et lavez-les soigneusement à l'eau chaude. Bannissez absolument les sous-vêtements qui ne sont pas en coton.

## Maladies infectieuses et parasitaires

**Diarrhée.** Le changement de nourriture, d'eau ou de climat suffit à la provoquer ; si elle est causée par des aliments ou de l'eau contaminés, le problème est plus grave. En dépit de toutes vos précautions, vous aurez peut-être la "turista", mais quelques visites aux toilettes sans aucun autre symptôme n'ont rien d'alarmant. La déshydratation est le danger principal que fait courir toute diarrhée, particulièrement chez les enfants. Ainsi le premier traitement consiste à boire beaucoup : idéalement, il faut mélanger huit cuillerées à café de sucre et une de sel dans un litre d'eau. Sinon du thé noir léger, avec peu de sucre, des boissons gazeuses qu'on laisse se dégazéifier et qu'on dilue à 50% avec de l'eau purifiée, sont à recommander. En cas de forte diarrhée, il faut prendre une solution réhydratante pour remplacer les sels minéraux. Quand vous irez mieux, continuez à manger légèrement. Les antibiotiques peuvent être utiles dans le traitement de diarrhées très fortes, en particulier si elles sont accompagnées de nausées, de vomissements, de crampes d'estomac ou d'une fièvre légère. Trois jours de traitement sont généralement suffisants, et on constate normalement une amélioration dans les 24 heures. Toutefois, lorsque la diarrhée persiste au-delà de 48 heures ou s'il y a présence de sang dans les selles, il est préférable de consulter un médecin.

Les risques de diarrhées plus graves occasionnées par de l'eau ou des aliments contaminés sont très limités aux États-Unis.

**Hépatites.** L'hépatite est un terme général qui désigne une inflammation du foie.

Elle est le plus souvent due à un virus. Dans les formes les plus discrètes, le patient n'a aucun symptôme. Les formes les plus habituelles se manifestent par une fièvre, une fatigue qui peut être intense, des douleurs abdominales, des nausées, des vomissements, associés à la présence d'urines très foncées et de selles décolorées presque blanches. La peau et le blanc des yeux prennent une teinte jaune (ictère). L'hépatite peut parfois se résumer à un simple épisode de fatigue sur quelques jours ou semaines.

**Tétanos.** Cette maladie parfois mortelle se rencontre partout, et surtout dans les pays tropicaux en voie de développement. Difficile à soigner, elle se prévient par vaccination. Le bacille du tétanos se développe dans les plaies. Il est donc indispensable de bien nettoyer coupures et morsures. Premiers symptômes : difficulté à avaler ou raideur de la mâchoire ou du cou. Puis suivent des convulsions douloureuses de la mâchoire et du corps tout entier.

**Maladies sexuellement transmissibles. VIH/sida.** L'infection à VIH (virus de l'immunodéficience humaine), agent causal du sida (syndrome d'immunodéficience acquise) est présente dans pratiquement tous les pays et épidémique dans nombre d'entre eux. La transmission de cette infection se fait : par rapport sexuel (hétérosexuel ou homosexuel – anal, vaginal ou oral), d'où l'impérieuse nécessité d'utiliser des préservatifs à titre préventif ; par le sang, les produits sanguins et les aiguilles contaminées. Il est impossible de détecter la présence du VIH chez un individu apparemment en parfaite santé sans procéder à un examen sanguin.

Il faut éviter tout échange d'aiguilles. S'ils ne sont pas stérilisés, tous les instruments de chirurgie, les aiguilles d'acupuncture et de tatouage, les instruments utilisés pour percer les oreilles ou le nez peuvent transmettre l'infection. Il est fortement conseillé d'acheter seringues et aiguilles avant de partir.

Toute demande de certificat attestant la séronégativité pour le VIH (certificat d'absence de sida) est contraire au Règlement sanitaire international (article 81).

---

## Trousse médicale de voyage

Veillez à emporter avec vous une petite trousse à pharmacie contenant quelques produits indispensables. Certains ne sont délivrés que sur ordonnance médicale.

- [ ] des **antibiotiques**, à utiliser uniquement aux doses et périodes prescrites, même si vous avez l'impression d'être guéri avant. Chaque antibiotique soigne une affection précise : ne les utilisez pas au hasard. Cessez immédiatement le traitement en cas de réactions graves
- [ ] un **antidiarrhéique** et un **réhydratant**, en cas de forte diarrhée, surtout si vous voyagez avec des enfants
- [ ] un **antihistaminique** en cas de rhumes, allergies, piqûres d'insectes, mal des transports – évitez de boire de l'alcool
- [ ] un **antiseptique** ou un désinfectant pour les coupures, les égratignures superficielles et les brûlures, ainsi que des **pansements gras** pour les brûlures
- [ ] de l'**aspirine** ou du paracétamol (douleurs, fièvre)
- [ ] une **bande Velpeau** et des **pansements** pour les petites blessures
- [ ] une **paire de lunettes de secours** (si vous portez des lunettes ou des lentilles de contact) et la copie de votre ordonnance
- [ ] un **produit contre les moustiques**, un **écran total**, une **pommade pour soigner les piqûres et les coupures** et des **comprimés pour stériliser l'eau**
- [ ] une **paire de ciseaux**, une **pince à épiler** et un **thermomètre à alcool**
- [ ] une petite **trousse de matériel stérile** comprenant une seringue, des aiguilles, du fil à suture, une lame de scalpel et des compresses

## Coupures, piqûres et morsures

**Coupures et égratignures.** Les blessures s'infectent très facilement dans les climats chauds et cicatrisent difficilement. Coupures et égratignures doivent être traitées avec un antiseptique et du mercurochrome. Évitez si possible bandages et pansements, qui empêchent la plaie de sécher.

**Piqûres.** Les piqûres de guêpe ou d'abeille sont généralement plus douloureuses que dangereuses. Une lotion apaisante ou des glaçons soulageront la douleur et empêcheront la piqûre de trop gonfler. Certaines araignées sont dangereuses mais il existe en général des antivenins. Les piqûres de scorpions sont très douloureuses et parfois mortelles. Inspectez vos vêtements ou chaussures avant de les enfiler.

**Tiques.** Vérifiez toujours que vous n'avez pas attrapé de tiques dans une région infestée : elles peuvent transmettre le typhus.

## VOYAGER SEULE

Les femmes, et notamment celles qui voyagent seules, doivent rester particulièrement attentives. Il suffit généralement d'observer quelques règles de bon sens pour éviter les ennuis : vous serez plus vulnérable si vous avez bu quelques verres et si la nuit est tombée. De même, restez à l'écart des quartiers urbains à forte criminalité.

Les grandes villes, La Nouvelle-Orléans en tête, nécessitent bien sûr plus de vigilance que les zones rurales. Ne traversez les quartiers "à risques" qu'en taxi ou en voiture. S'ils sont incomparablement plus dangereux la nuit, il peut y avoir de la violence en journée également. Si vous avez le moindre doute sur un quartier, demandez conseil à votre hôtel ou à l'office du tourisme.

Ne vous fiez pas toujours aux cartes destinées aux touristes : d'échelle souvent réduite, elles faussent les distances de marche réelles.

Vous pouvez relâcher votre vigilance dans les zones rurales. Dans la mesure du possible, évitez néanmoins de camper ou de faire de la randonnée seule.

En cas d'urgence, appelez la police (☎ 911). Dans les zones rurales où ce numéro est inopérant, composez le 0 et demandez la police à l'opérateur. Les grandes villes mettent à la disposition des femmes des centres d'urgence et d'accueil qui vous fourniront soutien et assistance en cas de besoin. L'annuaire ou la police vous procureront leurs coordonnées.

Quelles que soient vos intentions, certains membres de la gent masculine considèrent qu'une femme qui prend un verre d'alcool seule dans un bar cherche de la compagnie. Si tel n'est pas votre cas, un "no thank you" poli mais très ferme devrait suffire.

Si vous tombez en panne la nuit, ne quittez pas votre voiture pour aller chercher de l'aide. Allumez vos feux de détresse, ouvrez votre capot et attendez l'arrivée de la police. Si vous comptez effectuer un long périple seule en voiture, il peut être prudent de louer un téléphone portable (disponible dans les grandes agences de location de voiture).

Pour parer aux agressions, certaines femmes se munissent d'un sifflet ou d'une

### Santé au jour le jour

La température normale du corps est de 37°C ; deux degrés de plus représentent une forte fièvre. Le pouls normal d'un adulte est de 60 à 80 pulsations par minute (celui d'un enfant est de 80 à 100 pulsations ; celui d'un bébé de 100 à 140 pulsations). En général, le pouls augmente d'environ 20 pulsations à la minute avec chaque degré de fièvre.

La respiration est aussi un bon indicateur en cas de maladie. Comptez le nombre d'inspirations par minute : entre 12 et 20 chez un adulte, jusqu'à 30 pour un jeune enfant et jusqu'à 40 pour un bébé, elle est normale. Les personnes qui ont une forte fièvre ou qui sont atteintes d'une maladie respiratoire grave (pneumonie par exemple) respirent plus rapidement. Plus de 40 inspirations faibles par minute indiquent en général une pneumonie.

bombe lacrymogène. D'autres prennent des cours de karaté. Renseignez-vous sur la législation en vigueur concernant les bombes lacrymogènes. Elles sont interdites dans les avions en raison de leur nature combustible.

## COMMUNAUTÉ HOMOSEXUELLE

Les homosexuels des deux sexes se sentiront relativement à l'aise dans les grandes villes, où les gay américains s'affichent plus volontiers qu'ailleurs. A mesure que vous progresserez à l'intérieur du Vieux Sud, faites-vous plus discret. Mieux vaut en effet rester prudent dans les zones rurales, où le simple fait de se tenir la main peut susciter de violentes réactions.

La communauté gay de La Nouvelle-Orléans, relativement importante, se regroupe dans la partie inférieure du Vieux Carré (French Quarter). Les habitants de la proche région font généralement preuve d'un esprit assez ouvert.

En revanche, vous vous exposez dans certaines parties de la "Bible belt" protestante à des manifestations d'intolérance ou, dans le pire des cas, à une attitude franchement hostile. Toute généralisation est hasardeuse : le Vieux Sud est bourré de contradictions.

### Le racisme en Louisiane

Intégrée au Vieux Sud au même titre que le blues, le jazz, les plantations et le Mississippi, la culture afro-américaine attire de nombreux visiteurs dans la région.

Le cliché des lynchages de Noirs par des extrémistes Blancs (*rednecks*) appartient à une époque révolue. On ne peut cependant pas nier la persistance d'incidents raciaux. Ils procèdent toutefois plus d'actes isolés que d'un racisme généralisé. Les visiteurs noirs seront partout bien accueillis dans la région hormis dans quelques rares lieux isolés où tout étranger se sentira mal à l'aise.

Si Noirs et Blancs coexistent aujourd'hui sans heurts dans les États du Sud, les nombreuses communautés, églises et institutions qui forment le tissu socio-économique régional portent encore la trace de siècles de discrimination et de ségrégation : leurs membres appartiennent toujours très majoritairement à l'une ou l'autre ethnie. Si les universités sont maintenant ouvertes à tous, La Louisiane compte encore quelques très anciennes institutions réputées pour la qualité de leur enseignement et fréquentées uniquement par des Noirs, telles la Xavier University de la Nouvelle-Orléans et la Southern University de Baton Rouge. Il est recommandé à tous, toutes origines ethniques confondues, d'éviter soigneusement les bars aux parkings remplis de pick-up arborant des autocollants aux slogans nostalgiques, de style "The South Will Rise Again" (Le Sud se relèvera) ou "Keep the Confederate Flag Flying" (Que flotte le drapeau de la Confédération).

Si les visiteurs noirs seront généralement bien accueillis en Louisiane, il subsiste malgré tout quelques clubs privés qui n'admettent que des adhérents blancs.

Si vous vous sentez bafoué dans vos droits du fait de votre origine ethnique, appelez la police ou l'un des organismes suivants. Le plus important en matière de droits civiques, la National Association for the Advancement of Colored People (NAACP) [☎ 202 638 2269, www.naacp.org], est implanté dans tous les États-Unis. Son département juridique (☎ 410 358 8900) vous indiquera le bureau régional à contacter. Les cas graves de violation des droits civiques sont traités par le Southern Poverty Law Center (☎ 334 264 0286, www.splcenter.org), établi à Montgomery, Alabama. Si vous avez besoin d'un avocat, la National Legal Aid & Defender Association (☎ 202 452 0620, www.nlada.org) peut vous fournir une assistance juridique à moindre coût. Vous pouvez aussi obtenir les coordonnées d'avocats auprès des services de l'American Bar Association (☎ 504 561 8828).

Une attitude respectueuse et discrète – d'ailleurs recommandée à tous les touristes – vous évitera des ennuis, même si les risques demeurent de croiser un groupe de réactionnaires.

La plus ancienne librairie gay du Sud, le Faubourg Marigny Book Store (☎ 504 942 9875), est établie à La Nouvelle-Orléans, 600 Frenchman St. Distribué gratuitement, le bimensuel *Pink Pages of Greater New Orleans* indique des boutiques, des sorties, des hôtels et des pensions destinés à la communauté homosexuelle.

D'autres références sont fournies au chapitre *La Nouvelle-Orléans*.

## VOYAGEURS HANDICAPÉS

Les conditions de voyage s'améliorent aux États-Unis. La législation impose désormais que les bâtiments publics soient dotés d'un accès pour fauteuils roulants et de toilettes aménagées. Les moyens de transport doivent également être accessibles à tous. Les compagnies téléphoniques sont encouragées à proposer un service d'opérateurs pour malentendants. Les équipements les plus sophistiqués se trouvent dans les bâtiments de l'administration fédérale et les immeubles récents ou rénovés des grandes villes. Les chaînes de motels proposent les chambres les mieux aménagées, et de nombreuses banques comprennent des distributeurs automatiques qui fournissent les instructions en braille. Les grandes agences de location de voiture mettent à votre disposition, sans frais supplémentaires, des véhicules à conduite entièrement manuelle.

Toutes les grandes compagnies aériennes, ainsi que les bus Greyhound et les trains Amtrak, acceptent les chiens guides et proposent fréquemment un billet gratuit pour un accompagnateur. Les compagnies aériennes fournissent une assistance dans les aéroports pour les correspondances, l'embarquement et le débarquement. Théoriquement, elles sont tenues d'enregistrer votre fauteuil roulant et d'en mettre un à votre disposition dans l'avion (ce qui n'est pas toujours le cas à bord des petits appareils).

Les zones les plus urbanisées restent les mieux équipées. Sachant que le Vieux Sud compte peu de grandes villes, mieux vaut vous renseigner à l'avance par téléphone. Certains bâtiments transformés en musées ou en B&B ne disposent en revanche d'aucun accès pour fauteuils roulants ou n'ont équipé que quelques pièces.

En France, le CNRH (Comité national pour la réadaptation des handicapés, 236 bis, rue de Tolbiac, 75013 Paris, ☎ 01 53 80 66 66, cnrh@worldnet.net) peut vous fournir d'utiles informations sur les voyages accessibles.

L'APF (Association des paralysés de France, 17, bd Blanqui, 75013 Paris, ☎ 01 40 78 69 00, fax 01 45 89 40 56, www.apsasso.com) est également une bonne source d'information.

Par ailleurs, quelques organismes et touropérateurs américains sont spécialisés dans les voyages pour handicapés, parmi lesquels :

**Access-Able Travel Source.** Cette association dispose d'un excellent site Internet comportant des liens vers des sites dans le monde entier, des informations sur les voyages, des guides et des conseils concernant les destinations les plus touristiques des États-Unis. PO Box 1796, Wheat Ridge, CO 80034 (☎ 303 232 2979, fax 303 239 8486, www.access-able.com).

**Mobility International USA.** Cette organisation, qui gère un programme d'échange d'étudiants, fournit aussi des conseils aux voyageurs handicapés. PO Box 10767, Eugene, OR 97440 (☎ 541 343 1284, fax 541 343 6812, www.miusa.org).

**Moss Rehabilitation Hospital's Travel Information Service.** Ce centre de rééducation peut orienter des voyageurs handicapés vers des hôpitaux ou des médecins. 1200 W Tabor Rd, Philadelphia, PA 19141-3099 (☎ 215 456 9600, TTY 215 456 9602).

**SATH (Society for the Advancement of Travel for the Handicapped).** Cette organisation publie un magazine trimestriel et diffuse de l'information à l'intention des voyageurs handicapés. 347 Fifth Ave, No 610, New York, NY 10016 (☎ 212 447 7284).

## VOYAGEURS SENIORS

L'âge a toujours suscité le respect dans le Vieux Sud. Les voyageurs seniors s'y sentiront donc particulièrement bien accueillis. Vous bénéficierez de nombreuses réductions dans les hôtels, les campings, les restaurants, les parcs et les musées, pour ne citer que ces exemples. Elles s'appliquent aux personnes de plus de 65 ans (plus rarement à partir de 50 ans).

## VOYAGER AVEC DES ENFANTS

Le Vieux Sud est une destination idéale pour les familles, qui profiteront de quantité de réductions, de services, d'aménagements et de parcs de loisirs. Il y a souvent des chaises hautes dans les cafétérias. Les habitants de la région se montrent chaleureux envers les familles.

La Nouvelle-Orléans, plus connue comme centre de divertissements pour adultes, réserve aussi aux plus jeunes de nombreuses possibilités, comme le zoo et le musée pour enfants. Dans les B&B, il n'est pas rare que les enfants de moins de 12 ans ne soient pas acceptés. Essayez plutôt les motels – ou les cabins si vous vous trouvez dans les marais cajuns –, bien mieux adaptés aux familles.

Le guide Lonely Planet *Travel with Children*, de Maureen Wheeler, fournit des conseils utiles.

## ORGANISME A CONNAÎTRE
### American Automobile Association

Les membres de l'AAA (www.aaa.com) bénéficient d'un excellent service d'informations routières, de cartes et de guides gratuits, ainsi que de chèques de voyage American Express sans commission. La carte de membre donne droit à de nombreuses réductions dans les hôtels, les agences de location de voiture et certains sites. Si vous prévoyez de passer beaucoup de temps sur les routes, même avec une voiture de location, il sera certainement avantageux de prendre une carte (56 $ la première année, 39 $ les suivantes).

L'AAA offre également un service d'assistance utile en cas de panne ou d'accident. Pour contacter gratuitement leur service national d'assistance routière, composez le ☎ 800 222 4357 (ce qui correspond à "800 AAA HELP" sur le clavier). Des bureaux de l'AAA sont implantés dans la plupart des grandes et moyennes villes.

## DÉSAGRÉMENTS ET DANGERS

Bien que la criminalité constitue un problème grave dans les grandes agglomérations, notamment à La Nouvelle-Orléans, vous devriez faire un voyage paisible si vous respectez quelques précautions.

En ville comme à la campagne, fermez toujours votre voiture à clé et ne laissez aucun objet de valeur apparent, même si vous ne vous absentez que quelques instants. Assurez-vous que le coffre de votre véhicule de location ferme à clé. Si une voiture vous emboutit à l'arrière dans une zone isolée, filez au plus vite jusqu'à une station-service ou une zone éclairée.

Prêtez attention à ce qui se passe autour de vous et aux personnes qui vous observent. Évitez de vous promener la nuit dans des rues peu éclairées, surtout si vous êtes seul. Dans ce cas, adoptez un pas décidé. Ne sortez jamais votre argent inutilement et ne portez pas de bijoux de valeur. Choisissez les distributeurs automatiques implantés dans des quartiers fréquentés.

A l'hôtel, ne laissez aucun objet de valeur dans votre chambre. Placez-les dans les coffres mis à votre disposition ou rangez-les dans une valise fermée à clé.

Conservez une photocopie des pages d'introduction de votre passeport à part (voir aussi, plus haut, la rubrique *Protection des documents*). Vous le remplacerez ainsi plus aisément en cas de perte ou de vol. Le cas échéant, contactez votre ambassade immédiatement.

Ces précautions sont surtout valables pour La Nouvelle-Orléans, qui jouit d'une triste réputation en matière de criminalité. Comme dans la plupart des villes, ce sont les quartiers défavorisés qui sont le plus concernés.

Les États-Unis sont réputés dangereux du fait de la libre circulation d'un nombre impressionnant d'armes à feu. La réalité, bien qu'indéniable, est parfois amplifiée par les médias. Les armes à feu jouent un rôle important dans le Vieux Sud où la culture rurale accorde une large place à la chasse et à l'autodéfense. Nombreux sont ceux qui possèdent une arme.

Pendant la saison de la chasse, les gardes forestiers recommandent aux randonneurs qui traversent des bois de porter un gilet orange vif.

## EN CAS D'URGENCE

Composez le ☎ 911 pour les urgences de toutes sortes. L'appel est gratuit de n'importe quel poste téléphonique. Dans les zones rurales, où ce numéro ne fonctionne pas toujours, composez le ☎ 0 et demandez le service souhaité à l'opérateur.

## PROBLÈMES JURIDIQUES

Gardez à l'esprit en cas d'arrestation par la police pour quelque motif que ce soit qu'aucun système aux États-Unis ne permet de payer une amende sur place. Si vous êtes arrêté pour infraction au Code de la route, par exemple, l'officier vous indiquera les différentes procédures de paiement. Votre insistance pour régler votre amende sur place pourrait être interprétée comme une tentative de corruption.

En cas d'arrestation pour un délit plus grave, sachez que vous avez le droit de garder le silence. Aucune disposition légale ne vous oblige en effet à répondre à un officier de police. Ne tentez jamais, en revanche, de vous éloigner sans autorisation. Toute personne interpellée a droit à passer un appel téléphonique. Si vous ne connaissez pas d'avocat, appelez votre ambassade (la police vous fournira le numéro).

### Législation sur l'alcool

Légalement, l'alcool est réservé aux plus de 21 ans aux États-Unis. Cette loi n'est cependant guère respectée à La Nouvelle-Orléans. La vente d'alcool est autorisée dans cette ville 24h/24.

### Code de la route

La législation fixe à 16 ans l'âge minimal pour conduire. Elle impose le port de la ceinture de sécurité en voiture et du casque à moto et à bicyclette.

Sauf signalisation contraire, la vitesse maximale est fixée à 65 mph (105 km/h) sur les interstates et les *freeways* (autoroutes) et les nationales à 55 mph (85 km/h) sur certaines nationales. En ville, elle varie entre 25 et 45 mph (40 à 70 km/h). Restez vigilant près des écoles où la limitation peut descendre à 15 mph (25 km/h) en périodes scolaires. La législation américaine, très stricte sur les limitations de vitesse, sanctionne leur non-respect par de lourdes amendes.

### Jeux d'argent

Les jeux d'argent sont interdits aux moins de 21 ans.

## HEURES D'OUVERTURE

Les horaires d'ouverture peuvent varier en fonction des saisons ou des festivals à La Nouvelle-Orléans. Certains établissements ouvrent 24h/24. En règle générale, les bureaux ouvrent leurs portes de 9h à 17h, du lundi au vendredi. La plupart des boutiques vous accueillent du lundi au samedi, de 10h à 18h environ, voire plus tard dans les grandes villes et les centres commerciaux. Certaines épiceries et stations-service proche des autoroutes restent ouvertes 24h/24.

Les commerces ferment le dimanche. Également fermés le dimanche matin, la plupart des sites touristiques, boutiques de souvenirs et restaurants vous accueillent le reste du week-end mais ferment le lundi ou le mardi.

Les administrations, en particulier les banques et les bureaux fédéraux ou de l'État, sont fermées les jours fériés et peuvent prolonger la fermeture le lundi suivant, créant ainsi un week-end de trois jours.

## JOURS FÉRIÉS ET MANIFESTATIONS ANNUELLES

Les commerces ferment leurs portes pour les principaux jours fériés, qui s'accompagnent généralement de cérémonies, de défilés ou de célébrations diverses. Le Vieux Sud compte ses propres (et nombreuses) fêtes. Pour goûter un peu à la culture populaire de la région, allez dans les foires et ne manquez pas l'occasion d'assister à un rodéo de serpents à sonnettes, à un concours de cri de dinde, de barbecue, de lancer de mulet ou du plus gros mangeur de poisson-chat. Nous vous conseillons d'essayer d'inclure dans votre voyage le maximum de fêtes cajun.

Les fans d'Elvis remarqueront un regain d'activité dans les sanctuaires de Tupelo et de Memphis aux alentours des dates anni-

## Les dates du Mardi gras pour les années à venir

Mardi gras peut tomber n'importe quel mardi entre le 3 février et le 9 mars. La date est déterminée en fonction de Pâques.

| | |
|---|---|
| 2001 | 27 février |
| 2002 | 12 février |
| 2003 | 4 mars |
| 2004 | 24 février |
| 2005 | 8 février |

versaires de la naissance et de la mort du King, respectivement le 8 janvier et le 16 août.

On profite d'autant mieux des "pèlerinages" dans les belles demeures et les jardins – durant lesquels des guides en costume d'époque font visiter des maisons fermées au public en temps normal – au printemps, quand la végétation est en fleur, mais l'automne n'est pas désagréable non plus.

### Janvier

**Nouvel An** – Jour férié dans tout le pays.

**Anniversaire d'Elvis Presley** – Aux alentours du 8 janvier, on commémore la naissance du King à Graceland, notamment par une cérémonie théâtrale près de sa tombe.

**Martin Luther King Day** – Le troisième lundi de janvier est férié, en l'honneur du militant des droits civiques.

**Anniversaire de Robert E. Lee** – Le 19 janvier, les gens du Sud se souviennent du général sudiste.

### Février

**Mardi gras** – A La Nouvelle-Orléans, c'est l'événement majeur du calendrier des fêtes. Il se tient en février ou mars (47 jours avant Pâques) et est précédé d'un carnaval riche en bals, parades et autres animations. On célèbre Mardi Gras dans tout le sud de la Louisiane, en particulier dans le pays cajun, ainsi que sur le littoral du Mississippi (principalement à Biloxi). Church Point, Eunice, Iota, Lafayette et Mamou organisent des réjouissances particulièrement importantes.

**Presidents' Day** – Le troisième lundi de février est férié.

### Mars

**Tennessee Williams Literary Festival** – A La Nouvelle-Orléans, on célèbre l'œuvre du dramaturge le dernier week-end du mois. Tables rondes, représentations et circuits sur les pas de l'écrivain sont au programme.

**Pâques** – Le premier dimanche après la pleine lune de mars ou d'avril marque l'événement le plus important du calendrier chrétien.

**World Championship Crawfish Étouffée** – A la fin du mois, un concours d'écrevisses à l'étouffée se tient à Eunice.

### Avril

**World Catfish Festival** – Le premier samedi du mois, Belzoni, MS, mérite plus que jamais sa réputation de capitale mondiale du poisson-chat.

**Martin Luther King Memorial March** – Le 4 avril à Memphis, une marche commémore l'assassinat de Martin Luther King.

**French Quarter Festival** – Le deuxième week-end du mois, des groupes se produisent dans 12 salles de concert du Vieux Carré de La Nouvelle-Orléans.

**Tin Pan South** – A la mi-avril, cet hommage aux auteurs-compositeurs constitue l'un des événements musicaux majeurs de Nashville.

**Festival International de Louisiane** – A Lafayette, LA, les cultures francophones sont à l'honneur pendant 6 jours (musique, arts de la scène) à la fin du mois.

**New Orleans Jazz & Heritage Festival** – Second événement annuel de La Nouvelle-Orléans, le Jazz Fest se tient sur 2 week-ends, entre fin avril et début mai.

**Confederate Memorial Day** – Le 26 avril, on célèbre la mémoire des héros sudistes tombés au champ d'honneur.

### Mai

**Cajun Music Festival** – Le premier week-end du mois, il se tient à Opelousas.

**Memphis in May** – La ville met à l'honneur ses deux spécialités pour son principal festival de l'année : musique et barbecue sont au programme durant tout le mois.

**Crawfish Festival** – Musique cajun, concours du plus gros mangeur d'écrevisses et courses d'écrevisses animent Breaux Bridge, LA, le premier week-end du mois.

**Mississippi Crossroads Blues Festival** – Les amoureux du blues, musiciens ou non, se rencontrent à Rosedale, MS, le dernier samedi du mois.

**Siege of Vicksburg** – Des reconstitutions du siège de Vicksburg se déroulent à la fin du mois dans le Mississippi.

**Gospel Jubilee** – Le week-end du Memorial Day, des groupes de gospel enthousiasment Opryland, à Nashville.

**Memorial Day** – Le dernier lundi du mois, les États-Unis célèbrent leurs soldats morts.

## Juin

**International Country Music Fan Fair** – Festival de musique country dans la capitale de la musique country, Nashville, à la mi-juin.

**B. B. King's Homecoming** – Le premier week-end du mois, la légende du blues revient se produire dans sa ville natale, Indianola, MS.

## Juillet

**Choctaw Indian Fair** – Ce festival culturel indien, avec danses et costumes traditionnels, se déroule à Philadelphia, MS, à la fin du mois.

**Faulkner Conference** – Cette manifestation littéraire se tient à Oxford, MS, fin juillet-début août.

**Independence Day** – Fête nationale, le 4 juillet.

## Août

**Sunflower River Blues Festival** – Le premier week-end du mois, à Clarksdale, MS.

**Elvis Tribute** – L'anniversaire de la mort d'Elvis, le 16 août, donne lieu à de multiples manifestations pendant une semaine, notamment des veillées aux chandelles près de sa tombe à Graceland.

**Louisiana Shrimp & Petroleum Festival** – Vers la fin du mois, Morgan City, LA, célèbre différents carburants pour machines et voitures.

**Cajun French Music Association Festival** – il se tient à Lafayette le troisième week-end du mois.

## Septembre

**Labor Day** – La fête du travail est fixée au premier lundi de septembre.

**Gospel Jubilee** – Les groupes de gospel reviennent à Opryland (Nashville) le week-end du Labor Day.

**Southwest Louisiana Zydeco Festival** – Pour l'événement majeur de la musique zydeco, Plaisance, LA, accueille un concert de 13 heures durant le week-end du Labor Day.

**Festivals Acadiens** – A la mi-septembre, cette manifestation de premier plan célèbre la musique, la cuisine et l'artisanat cajuns à Lafayette, LA.

**Mississippi Delta Blues Festival** – Si vous avez manqué Clarksdale en août parce qu'il faisait trop chaud, le troisième week-end de septembre à Greenville, MS, vous conviendra peut-être mieux.

**Louisiana Sugarcane Festival** – New Iberia, LA, rend hommage à la canne à sucre le troisième week-end de septembre.

**Tennessee State Fair** – Cette grande fête foraine et foire aux bestiaux attire les foules à Nashville durant les deuxième et troisième semaines de septembre.

**Alligator Festival** – Sans aller tout de même jusqu'à des sacrifices humains, on célèbre les reptiles aux dents longues le troisième week-end du mois à Boutte, LA.

## Octobre

**Germanfest** – Fête accueillie par la petite ville de Roberts Cove la au début du mois.

**Louisiana Folklife Festival** – Les meilleurs musiciens de Louisiane se produisent à Monroe, LA, le deuxième week-end du mois.

**King Biscuit Blues Festival** – Le deuxième week-end du mois, les amateurs de blues traversent le Mississippi pour se rendre à Helena, Arkansas, non loin de Clarksdale, MS.

**Tennessee Williams Festival** – Clarksdale, MS, la ville natale du dramaturge, lui rend hommage à la mi-octobre. Lectures et représentations sont au programme.

**Rice Festival** – Vers le 15 du mois, Crowley, LA, célèbre cette autre culture majeure de la Louisiane.

**Columbus Day** – Le deuxième lundi du mois, on se souvient de celui qui découvrit l'Amérique.

**Mid-South Fair** – Fête foraine et atmosphère de carnaval investissent Memphis pendant 10 jours à la fin septembre.

**Halloween** – A La Nouvelle-Orléans, où les gens ont le goût des masques et des déguisements, la soirée du 31 octobre donne vraiment la chair de poule.

## Novembre

**Celebration of the Giant Omelet** – Au début du mois, on casse plus de 5 000 œufs dans une poêle géante à Abbeville, LA.

**Country Christmas** – Du 1$^{er}$ novembre à Noël, Opryland, à Nashville, sort ses décorations et organise des manifestations spéciales.

**Veterans' Day** – Le 11 novembre est férié dans tout le pays.

**Thanksgiving** – Le quatrième jeudi du mois, les Américains commémorent la première récolte des "Pères Pèlerins" en se gavant de dinde aux airelles et de purée de pomme de terre.

### Décembre

**Noël** – La fête dure presque tout le mois dans bien des endroits. En Louisiane, dans la région des plantations, des feux de joie s'allument sur les digues le long du Mississippi. A Biloxi, MS, se déroule une parade de bateaux. A Memphis, Graceland brille de tous ses feux.

## ACTIVITÉS SPORTIVES

Les activités de plein air les plus répandues dans le Vieux Sud sont la pêche, la chasse et le golf, puis le camping (surtout en camping-car) et le bateau. Le kayak de mer, la descente de rivières, le VTT et la grande randonnée font peu d'adeptes. Louez le matériel nécessaire à la pratique de ces sports dans les grandes villes : il est difficile d'en trouver ailleurs.

Les cyclistes et les piétons trouveront, à juste titre, que la région se prête surtout à la voiture. Ceci dit, la Natchez Trace Parkway constitue une merveilleuse exception. Ses quelque 700 km de parcours entre Natchez (Mississippi) et Nashville (Tennessee) ont conservé des portions de la piste originale, désormais accessibles à pied.

Les plus sportifs pourront participer à une randonnée ou à une excursion à bicyclette, en canoë ou en kayak organisées par Pack & Paddle (☎ 318 232 5854, 800 458 4560). Établie à Lafayette, cette société loue du matériel, vend des cartes et des guides et propose des cours de kayak, de rollers et d'orientation.

Des pistes cyclables indépendantes du réseau routier sont aménagées dans les forêts nationales de la région. Les routes forestières sont aussi praticables en vélo tout-terrain.

En pays cajun, le Chicot State Park a aménagé un circuit de randonnée aux abords d'un lac. La forêt nationale de Kisatchie couvre de vastes terres boisées de Louisiane qui se prêtent également à la marche. Dans le Mississippi, le Black Creek Trail suit le cours sauvage d'une rivière.

Les forêts nationales et les parcs d'État entretiennent d'excellentes pistes de randonnée qui traversent bayous, plages, terres boisées et canyons. Les réserves nationales fournissent un terrain privilégié pour observer la faune sauvage (particulièrement les oiseaux le long du Mississippi) dans différents milieux naturels. Celle de Sabine, au sud-ouest de la Louisiane, s'étend sur une zone de marais littoraux.

Le bateau se pratique beaucoup dans les marécages du sud-est. Une descente en canoë de la rivière Pearl, qui coule à proximité de Bogalusa, permet de sillonner une zone de marais où croissent des forêts de cyprès, de tupélos et de feuillus.

## TRAVAILLER EN LOUISIANE

En France, quelques organismes offrent des opportunités de travail bénévole sur des projets de développement ou d'environnement.

Comité de coordination pour le service volontaire international
Unesco, 1, rue Miollis, 75015 Paris
(☎ 01 45 68 49 36, fax 01 42 73 05 21, ccivs@unesco.org, www.unesco.org/ccivs)

Délégation catholique pour la coopération (DCC) 9, rue Guyton-de-Morveau, 75013 Paris (☎ 01 45 65 96 65, ladcc@worldnet.fr, www.cef.fr/dcc)

Aux États-Unis, l'US Forestry Service, qui gère les forêts nationales, recrute des volontaires pour travailler dans les forêts et les camps. Il existe un bureau de l'USFS dans chaque État. Renseignez-vous auprès du Southern USFS Information Center d'Atlanta (☎ 404 347 2384), 1720 Peachtree Rd NW, Atlanta, GA 30367.

Nombre de bars et de restaurants de La Nouvelle-Orléans embauchent du personnel saisonnier. Pendant le carnaval et le Jazz Fest en particulier, leur besoin de main-d'œuvre se fait souvent pressant. Toute l'année, vous pouvez vendre des hot dogs pour Lucky Dogs (☎ 504 523 9260), 517 Gravier, qui vous équipera d'un chariot ambulant.

Si vous ne possédez pas la nationalité américaine, vous devez obtenir un visa de travail auprès de l'ambassade des États-Unis de votre pays d'origine. Il existe différents visas, selon la durée de votre séjour et le type d'emploi prévu. Les plus courants sont le J-1 – surtout accordé aux étudiants pour un travail saisonnier – et le H-2B, plus difficile à obtenir, car il nécessite l'intervention d'un employeur aux États-Unis devant prouver que le poste ne peut être occupé ni par un Américain ni par un résident permanent.

Le Codofil (Conseil pour le développement du français en Louisiane ; reportez-vous à la ville de Lafayette) propose par ailleurs quelques bourses aux étudiants et enseignants de français de Belgique, de France, du Québec et des Provinces maritimes. Renseignez vous au consulat de France de La Nouvelle-Orléans ou au Codofil.

## HÉBERGEMENT

Le Vieux Sud offre une grande variété d'hébergements, malheureusement assez chers.

Les voyageurs à petit budget peuvent se loger confortablement dans les motels de nombreuses chaînes et dans quelques pensions et B&B. Les chambres simples sont quasi inexistantes (on vous donnera généralement une chambre double que vous paierez un peu moins cher). En fait, les tarifs dépendent davantage de la taille du lit : *queen bed* (lit double normal) ou *king bed* (lit double si vaste que vous pouvez dormir dans la longueur comme dans la largeur !).

Les hôtels des villes où sont installés des casinos augmentent parfois leurs tarifs le week-end, quand les joueurs arrivent en grand nombre.

Il est préférable de réserver longtemps à l'avance pour la haute saison ou les périodes de festival, pour éviter d'avoir à se loger hors de la ville. Dans le Mississippi, de nombreuses villes ne disposent tout simplement pas de la capacité hôtelière suffisante pour accueillir les milliers de personnes qui assistent à un festival de blues, et vous devrez probablement passer la nuit ailleurs si vous n'avez pas réservé plusieurs mois à l'avance. On vous demandera aussi fréquemment de verser des arrhes à la réservation.

Les tarifs fournis dans ce guide ne peuvent être qu'indicatifs. N'oubliez pas d'ajouter la taxe. Les enfants peuvent habituellement dormir gratuitement dans la chambre de leurs parents, mais cela n'est pas systématique. Beaucoup d'hôtels proposent un tarif avantageux, le "rack rate", aux voyageurs qui arrivent sans réservation. Les membres de l'American Automobile Association (AAA), les étudiants et les seniors obtiendront fréquemment une remise de 10% ou plus, et l'on peut souvent négocier une réduction dans un établissement peu rempli. A l'inverse, n'attendez aucun geste de la part d'un hôtel entièrement loué pour un congrès.

Par ailleurs, n'utilisez pas les numéros gratuits (commençant par 800) mis à disposition par les chaînes d'hôtel si vous voulez obtenir une remise (les offres promotionnelles sont proposées sur place). Ces centrales de réservations ne sont pas toujours au courant du nombre de chambres disponibles et ne permettent pas non plus de réserver une chambre précise (par exemple avec balcon, avec vue, ou rénovée).

## Campings

Le camping est le mode d'hébergement le plus abordable et parfois même le plus agréable. Vous pourrez faire votre choix parmi les centaines de campings publics et privés qui facturent aux alentours de 10 $ la nuit, voire moins.

Si vous recherchez l'aventure et la nature, vous apprécierez le camping sauvage dans les réserves nationales. Les forêts nationales abritent également des terrains de camping, assez rudimentaires, où vous pouvez passer la nuit pour environ 6 $ (14 nuits maximum). Le placement s'effectue par ordre d'arrivée. Sauf indication contraire, le camping sauvage est autorisé partout dans ces forêts.

Les campings des parcs d'État offrent un hébergement plus confortable et sont équipés de toilettes et de douches chaudes. Le placement s'effectue généralement par ordre d'arrivée. Ceux de Louisiane sont parmi les mieux aménagés des États du Sud.

Les parcs et zones de loisirs gérés par les paroisses comportent parfois des campings plus ou moins bien équipés. Ne vous attendez surtout pas à du luxe. Les campings privés sont très disparates. Dans leur majorité, ils sont assez haut de gamme et peuvent coûter jusqu'à 20 $.

Pour réserver dans un parc national, régional ou d'État, vous devez régler au moyen d'une carte Visa, MasterCard ou Discover. Si vous souhaitez camper dans un parc d'État ou une forêt nationale, réservez au ☎ 800 280 2267 ou contactez directement le parc d'État. Reportez-vous à la rubrique *Parcs d'État* du chapitre *Présentation de la Louisiane et du Vieux Sud*. Pour toute information ou pour réserver dans un parc national, téléphonez au ☎ 800 365 2267, ou écrivez au National Park Service Public Inquiry, Dept of Interior, PO Box 37127, Washington DC 20013-7127.

**Remarque à l'attention des campeurs.**
Si vous campez dans des contrées sauvages, choisissez un emplacement situé à au moins 200 m des cours d'eau et lavez-vous à cet endroit (avec un savon biodégradable) et non dans les ruisseaux environnants. Creusez une fosse d'une quinzaine de centimètres de profondeur à utiliser comme WC, que vous veillerez à combler en partant. Brûlez le papier toilettes, sauf si les feux sont interdits. Emportez toutes vos ordures avec vous. N'allumez aucun feu hors des cercles de pierre prévus à cet effet. Laissez l'endroit aussi propre que vous l'avez trouvé. Les zones aménagées sont généralement dotées de WC et d'eau potable. Il est néanmoins recommandé de prévoir des jerricanes d'eau.

### *Cabins*

Les familles du Sud louent volontiers un *cabin* pour y passer 1 ou 2 semaines de vacances. Ces bungalows restent difficiles à obtenir pour qui ne connaît pas la région. Plus accessibles, ceux qui sont proposés dans les parcs d'État peuvent accueillir de 4 à 6 (voire 8) personnes pour un prix très raisonnable. Reportez-vous à la rubrique *Parcs d'État* du chapitre *Présentation de la Louisiane et du Vieux Sud* pour plus de détails.

Certaines chambres de commerce locales disposent d'une liste de cabins privés disponibles en location pour de courtes durées.

### Auberges de jeunesse

Aux États-Unis, l'organisme officiel des auberges de jeunesse est le Hostelling International (HI), qui est membre de la Fédération internationale des auberges de jeunesse. La région couverte par ce guide compte, hélas ! très peu d'auberges de jeunesse, et encore sont-elles très éloignées les unes des autres. Vous en trouverez trois, dont deux indépendantes, à La Nouvelle-Orléans, et une indépendante, à Memphis. En général, les chambres, pour 4 à 8 personnes, sont équipées de lits corrects. La nuit vous coûtera entre 10 et 20 $. L'ambiance est souvent à la fête, ce qui favorise les rencontres, mais pas nécessairement le repos. La plupart des auberges louent quelques chambres individuelles entre 30 et 45 $ la nuit. Pour tous renseignements, consultez le site www.hostels.com.

### Motels

Situés en bordure de route, les motels disposent d'un parking et de chambres accessibles à partir de celui-ci. Ils proposent généralement des tarifs moins élevés que les hôtels, dans lesquels la sécurité est un peu plus grande (on doit passer par la réception pour se rendre dans sa chambre). On trouve dans le Sud des motels à 30 $, notamment dans les petites villes situées sur les grandes routes nationales et dans les regroupements à l'entrée des plus grandes agglomérations. A ce prix, ne vous étonnez pas si les matelas sont défoncés, le décor et les meubles défraîchis, le chauffage ou la climatisation déficients, l'odeur de désinfectant ou d'encens persistante. Les chambres sont cependant toutes équipées d'une s.d.b., ainsi que de draps et de serviettes propres. Plus l'on monte dans la gamme de prix, plus il y a de chance de trouver une chambre impeccable. Les tarifs varient généralement en fonction du nombre de lits de la chambre. Si vous voyagez avec des enfants, la meilleure solution est sans doute de prendre une chambre avec deux lits doubles.

Les hôtels et motels bon marché n'acceptent pas toujours les réservations. Vous pouvez cependant téléphoner avant d'arriver pour vous renseigner sur les places disponibles, la plupart des établissements vous garderont une chambre pendant 1 heure ou 2.

Certains motels proposent des chambres avec kitchenette, ce qui permet d'économiser sur les repas.

**Chaînes de motels.** Sans grand charme, ces motels présentent cependant l'avantage d'être propres et climatisés (avec pour corollaire l'impossibilité d'ouvrir les fenêtres). Motel 6 offre incontestablement les meilleurs prix (les simples démarrent à 40 $ dans les petites villes, à 50 $ dans les plus grandes agglomérations, plus 6 $ par personne supplémentaire). Super 8, Days Inn et Econo Lodge pratiquent des tarifs légèrement plus élevés pour des chambres classiques et propres avec TV, téléphone et s.d.b. De nombreux établissements disposent d'une piscine.

Vous aurez une chambre nettement plus agréable pour 45 à 80 $ (ce qui commence à faire cher…). Les établissements des chaînes Best Western, La Quinta, Comfort Inn et Sleep Inn, qui appartiennent à cette catégorie, peuvent renfermer un bar, un café ou un restaurant, une piscine couverte ou une salle de sports.

Vous devrez en général fournir le numéro de votre carte de crédit pour effectuer une réservation. Si vous changez d'avis sans annuler votre chambre, le montant de la première nuit sera débité de votre compte. Les modalités de réservations varient en fonction des établissements, renseignez-vous en téléphonant. Prévenez l'hôtel si vous devez arriver tard, car la plupart reloueront votre chambre s'ils sont sans nouvelles de vous à 18h.

Les centrales de réservations ne disposent pas toujours des offres promotionnelles de certains motels ni du nombre exact de chambres disponibles. Voici les coordonnées téléphoniques des chaînes les plus courantes :

| | |
|---|---|
| Best Western | ☎ 800 528 1234 |
| Comfort Inn, Sleep Inn | ☎ 800 221 2222 |
| Days Inn | ☎ 800 329 7466 |
| E-Z 8 Motels | ☎ 800 326 6835 |
| Econo Lodge, Rodeway Inn | ☎ 800 424 4777 |
| Howard Johnson | ☎ 800 446 4656 |
| Motel 6 | ☎ 800 466 8356 |
| Super 8 Motel | ☎ 800 800 8000 |
| Travelodge | ☎ 800 578 7878 |

### Hôtels

En ville, les hôtels sont généralement destinés à une clientèle d'hommes d'affaires, et les prix sont susceptibles de baisser le week-end. Les chaînes de type Sheraton et Marriott proposent des chambres à partir de 80 $ la nuit (souvent plus). Ils sont en général dotés de clubs de remise en forme, de restaurants et de pubs.

### Bed & breakfast (B&B) et pensions

Vous trouverez deux grandes catégories de B&B en Louisiane. D'une part, ceux qui occupent des demeures historiques ou simplement anciennes. Généralement meublées d'antiquités, ces adresses de charme sont souvent onéreuses mais agréables. D'autre part, certaines villes et localités de province, notamment en pays cajun (Lafayette, Houma, etc.), comptent des B&B bon marché, souvent francophones, où vous serez reçu dans une ambiance familiale. Vous aurez rarement dans ces derniers une chambre fermant à clé, mais vous apprendrez beaucoup sur la culture et la vie louisianaises. Souvent, aucun panneau ne les indique de l'extérieur.

Les conditions de séjour diffèrent d'un B&B à l'autre. Certains acceptent les enfants en bas âge, d'autres imposent un âge minimal. Quelques-uns interdisent de fumer dans les chambres, voire dans toutes les pièces. Vérifiez si l'établissement accepte les cartes bancaires et les chèques de voyage.

Les pensions sont souvent une version urbaine des B&B. Le confort des chambres varie considérablement de l'une à l'autre. Certaines sont dotées de nombreux éléments de confort (s.d.b., téléphone, TV, chauffage et clim.) tandis que d'autres préservent volontairement la rusticité des lieux (voire même une plomberie défectueuse et une installation électrique hésitante).

Les tarifs, extrêmement variables, s'échelonnent entre 35 $ la nuit dans un établissement modeste et 200 $ dans la demeure d'une plantation historique.

## ALIMENTATION

Outre la cuisine américaine traditionnelle, le Vieux Sud s'enorgueillit d'un grand nombre de spécialités. Excepté dans les restaurants chics de La Nouvelle-Orléans, on sert généralement des repas copieux et peu onéreux.

Au restaurant, prévoyez une addition d'un montant d'environ 25% supérieur aux prix indiqués sur la carte (8% de taxe à l'achat et 15% de pourboire). On ne verse pas de pourboire dans les fast-foods et les restaurants de produits à emporter.

Le style de service dans le Sud pourra vous sembler différent d'autres endroits des États-Unis. Vous trouverez souvent des buffets dans les cafétérias, et de nombreux restaurants proposent un service "familial" (on s'assied à une table commune et on partage les plats avec ses voisins). De nombreuses familles du Sud ne commencent jamais leur repas sans avoir dit une prière. Dans les restaurants, les clients peuvent se joindre à eux sans que cela constitue pour autant une obligation. Il est de bon ton d'observer le silence et d'attendre pour se servir. En revanche, si vous êtes invité chez des gens, joignez-vous à la prière.

Le service est généralement moins élevé (10% environ) dans les restaurants familiaux et dans ceux qui proposent des buffets. Dans les cafétérias, laissez un petit pourboire (1 ou 2 $) pour la personne qui nettoie les tables.

La plupart des restaurants disposent de zones fumeur et non-fumeur, mais certains interdisent totalement la cigarette. Très souvent, ils abusent de la climatisation : prévoyez un pull même si la température extérieure dépasse 35°C.

### Petit déjeuner

Les restaurants servent le petit déjeuner de 6h à 11h environ. Il peut être soit très simple ("continental" : pain, jus de fruit et thé ou café) soit très copieux : le "southern breakfast" (ou "full breakfast") comprend des œufs, de la viande (jambon, bacon ou éventuellement bœuf), des *grits* (maïs concassé servi chaud et assaisonné de beurre et de sel) et des biscuits arrosés de sauce, le tout accompagné de café et de jus de fruits. Pas forcément propices au démarrage d'une journée active, ces repas copieux seront sans doute bienvenus après une nuit blanche. Certaines chaînes de coffee shops

Autour d'un panier de crabes, Louisiane, 1938

servent des petits déjeuners 24h/24. Dans les coffee shops, le café est servi à volonté par un personnel attentif.

### Déjeuner
Il se prend entre 11h30 et 14/15h. La carte comporte habituellement des sandwiches, des salades, des hamburgers et autres en-cas (4 ou 5 $). Les restaurants plus chics proposent presque à moitié prix au déjeuner certains des plats offerts au dîner (un plat à 12 $ peut passer ainsi à 7 $).

### Dîner
Le repas le plus copieux de la journée est servi tôt, à partir de 18h (à La Nouvelle-Orléans, l'heure d'affluence se situe plutôt autour de 20h). Le "dîner" traditionnel du dimanche se prend encore plus tôt (parfois à midi !), et de nombreux restaurants ferment parfois ce jour-là à 14h, 15h ou 16h. Prenez garde à ne pas vous trouver démuni. Dans les grandes villes, certains hôtels et restaurants proposent des brunches raffinés le dimanche, à partir de midi généralement.

Les voyageurs à petit budget peuvent se procurer des produits frais sur les marchés. Les épiceries et les traiteurs préparent également des plats à emporter bon marché. Dans les restaurants, des réductions sont proposées aux seniors et aux enfants.

Il existe des chaînes régionales de restaurants qui préparent une cuisine saine et traditionnelle qui vous changera des fast-foods classiques. Essayez les cafétérias, qui sont en principe tout aussi rapides et bon marché (et vous pouvez voir ce que vous allez manger avant de commander), par exemple Morrison's Cafeterias ou Piccadilly Cafeterias, deux valeurs sûres installées généralement près des centres commerciaux ou des sorties d'autoroutes. Si vous souhaitez être servi à table, essayez Po' Folks, Cracker Barrel, ou, dans une gamme de prix plus élevée, le nouveau Black-eyed Pea.

## BOISSONS
### Boissons sans alcool
Vous pourrez consommer des espressos à La Nouvelle-Orléans et dans les grandes villes. Les Américains préfèrent quant à eux le café moins fort, et le parfument volontiers à la menthe, à l'anis, à la noisette ou à la cannelle. Le décaféiné est également très répandu.

La *root bier* est une boisson gazeuse sucrée à base de végétaux. Elle ne contient pas d'alcool. On consomme également de grandes quantités de thé glacé en Louisiane. Servi avec ou sans sucre, il est agrémenté d'une rondelle de citron. Si vous souhaitez un thé chaud, précisez-le.

Les sodas – Coca-Cola, Seven-Up, etc, et leurs déclinaisons "light" ou "diet" – sont très appréciés.

### Alcools
Certains établissement servent du vin au dîner. D'autres ne proposent que du thé glacé, de l'eau ou des sodas. La bière est quasiment omniprésente. Si vous êtes amateur, goûtez une Abita amber, brassée en Louisiane. On s'attendra souvent à ce que vous buviez votre bière au goulot.

Les Louisianais apprécient volontiers un verre d'alcool : rhum, gin, whisky ou bourbon. Les cocktails les plus répandus sont le *Mint Julep* (bourbon et menthe) et les *Hurricanes,* qui associent rhum brun, rhum à plus de 80°, jus d'orange, jus d'ananas et grenadine.

L'application de la législation sur l'alcool varie d'un endroit à l'autre dans le Vieux Sud. Elle est moins stricte en Louisiane, et notamment à La Nouvelle-Orléans, où il est toléré de boire dans la rue à condition que le récipient ne soit ni une bouteille ni une boîte (demandez une *go-cup*– verre en plastique à emporter – lorsque vous quittez un bar avec votre boisson). Il est en revanche totalement prohibé de conduire avec une bouteille d'alcool ouverte dans sa voiture. La conduite en état d'ivresse constitue un délit très grave.

Il faut être âgé de plus de 21 ans pour consommer de l'alcool. Dans le doute, les établissements demandent à voir une pièce d'identité pourvue d'une photo. Les mineurs (moins de 21 ans) ne sont pas admis dans les bars et les pubs, même s'ils commandent une boisson sans alcool. La plupart des discothèques leur sont également fermées. La Nouvelle-Orléans est souvent plus laxiste en ce domaine.

# CUISINES DU VIEUX SUD

## Cuisines créole et cajun

Mêlant modes de cuisson et ingrédients issus de diverses traditions géographiques et historiques, les cuisines créole et cajun de Louisiane figurent parmi les plus originales qui soient. Il n'est pas facile de les distinguer au premier abord, car toutes deux utilisent des savoir-faire et des ingrédients proches. La confusion est entretenue par les restaurants de La Nouvelle-Orléans et du pays cajun qui mêlent les deux traditions culinaires dans leurs menus. Sans parler de ceux, de plus en plus nombreux, qui proposent une cuisine "cajun-créole"…

Très schématiquement, la cuisine créole est urbaine (La Nouvelle-Orléans est la "capitale" de la culture créole aux États-Unis) et la cuisine cajun est rurale. Toutes deux ont pour lointaine origine la tradition culinaire française, à laquelle les Créoles et les Cajuns incorporèrent des ingrédients locaux et des savoir-faire traditionnels amérindiens et africains.

Venons-en maintenant aux différences identifiables. Les produits du marais (alligator, cuisses de grenouille, écrevisses) signent en principe l'origine cajun. Celle-ci utilise par ailleurs beaucoup de poivre de Cayenne et se distingue par ses saveurs plus épicées (n'est-ce pas en pays cajun que l'on fabrique le Tabasco, présent sur toutes les tables des États-Unis ?). Enfin, elle cultive son côté expérimental, par exemple dans des plats comme le jambalaya, qui reste ouvert à toutes les innovations (ou presque !).

Selon certains, la cuisine cajun est moins raffinée que son pendant créole. Contentons-nous de dire qu'elle est plus vivante que cette dernière, qui s'avère en revanche plus élaborée, plus douce, plus subtile et plus influencée par la tradition africaine.

Toutes deux doivent une part de leur originalité à la variété des épices employées : oignon, ail, piments frais ou sauce à base de piment. Surtout, elles s'appuient l'une comme l'autre sur trois "piliers" : la "sainte trinité", le filé et le roux.

**La "sainte trinité".** Cet emprunt culinaire à la religion catholique désigne la très fréquente association de l'oignon, du poivron vert et du céleri. Comparable au *mirepoix* (oignons, céleri et carottes) de la cuisine française, cette association de trois légumes émincés et passés à la poêle forme la base du *gumbo*, du *red beans*, du court-bouillon ou de la sauce piquante. On ajoute de l'ail dans bien des plats. Le poivron vert se consomme également seul, farci de viande et de pain.

**Le filé.** Les cuisiniers de l'époque coloniale ont adopté le procédé indien d'épaississement des sauces à l'aide de poudre de filé, et non de farine. Sur le continent nord-américain, les Amérindiens furent les premiers à épaissir et assaisonner leurs plats avec du filé, concocté à partir de feuilles de sassafras (*Sassafras altltidum*) broyées. Ils initièrent les colons à leur secret et la poudre de filé fait désormais partie intégrante de la cuisine locale, qui l'utilise pour donner de la consistance et de la saveur au gumbo et autres spécialités.

Les Amérindiens utilisaient également les racines de l'arbre pour fabriquer une tisane qu'ils buvaient pour ses vertus tonifiantes et ses propriétés bienfaisantes dans le traitement de l'hypertension. Cette tisane constitue la base de la *root beer*, boisson sans alcool largement consommée en Louisiane. Les racines de sassafras contiennent un agent actif, le safrole, qui confère au produit des propriétés hallucinogènes – et cancérigènes – lorsqu'il est consommé en grande quantité.

**Le roux.** On dit que toutes les recettes cajuns – et bien des soupes et des sauces créoles – commencent par la même phrase : "préparez d'abord un roux". Cette préparation à base de farine et d'huile donne en effet aux spécialités locales leur consistance et leur riche saveur, en même temps qu'un arrière-goût de noix. Le roux puise ses origines dans la cuisine française et sert à épaissir et à donner du goût aux gumbos, aux étouffées et à bien d'autres spécialités.

Simple en apparence, la préparation du roux relève dans les faits d'une subtile alchimie, qui doit beaucoup à la patience, au savoir-faire et à l'expérience. Le résultat se décline du blond au chocolat (plus on remue longtemps et plus la mixture fonce).

Les cuisiniers suivent souvent la règle selon laquelle moins la viande est blanche, plus le roux doit être léger. Ainsi le gumbo de poulet requiert un roux foncé, tandis que des viandes plus fortes, le gibier par exemple, nécessitent un roux plus clair.

## Quelques spécialités.

Emblématique de la région, le **gumbo** se retrouve dans les deux traditions culinaires. Aucun gumbo, de plus, ne ressemble à un autre. L'okra – plante potagère connue des savants sous le nom d'*Hibiscus esculentus* – fournit la base de cette soupe épaisse traditionnelle. Vraisemblablement importée d'Afrique par les esclaves, l'okra ou gumbo (nom dérivé du bantou *ngombo*), porte un légume mucilagineux, c'est-à-dire contenant une substance un peu visqueuse qui gonfle au contact de l'eau. Sur les marchés, elle se présente sous la forme d'une gousse verte allongée, d'environ 8 à 10 cm de longueur. A la cuisson, elle prend un aspect et un goût proche de celui des fèves ou des pois, parfois utilisés pour remplacer ou compléter l'okra dans les recettes.

En Louisiane, le mot okra sert à désigner le légume, tandis que le mot gumbo se réfère au plat, élaboré à partir d'un roux, d'ail, de piment, d'okra et de saucisse cajun ou de fruits de mer. Cette recette qui paraît simple relève en fait d'un fin équilibre entre les épices, le roux, le filé, la sauce piquante et les saveurs empruntées selon les cas à l'andouille, aux écrevisses ou encore aux crevettes.

Autre grand classique, le **jambalaya** (plat cajun) mêle riz, légumes, saucisses, fruits de mer et épices mijotés ensemble en un délicieux mélange cousin de la paëlla (voir encadré).

## Le jambalaya

Il existe une multitude de variantes possibles de cette recette. Celle qui suit n'est qu'un exemple que vous pourrez adapter selon vos goûts.

*Pour 4 personnes*
Dans une casserole, portez à ébullition les têtes, les queues et les carapaces de 600 g de grosses crevettes, 1 verre de vin blanc sec, 2/3 de litre d'eau, 1 oignon et 1 branche de céleri coupés fin.

Laissez mijoter environ 20 minutes puis filtrez le jus et gardez-le de côté. Pendant ce temps, faites revenir 150 g de saucisse fumée et 100 g de jambon fumé coupé en gros dés dans de l'huile chaude. Retirez-les après 5 à 10 minutes et remplacez-les dans la casserole par 1 oignon, 1 branche de céleri et 1 poivron. Faites cuire quelques minutes puis ajoutez 300 g de tomates pelées, quelques feuilles de laurier, quelques gousses d'ail, et enfin du piment selon votre convenance. Laissez mijoter 15 minutes puis ajoutez à la préparation les saucisses et le jambon, 2 verres de riz et le jus des crevettes.

Couvrez et faites cuire à feu doux le temps que le liquide absorbe et que le riz cuise. Remettez enfin les crevettes (sans les têtes et carapaces) et leurs légumes de cuisson et laissez sur le feu quelques minutes avant de servir.

D'origine créole, comme son nom l'indique, le **red beans and rice** est sobrement composé de haricots rouges et de riz. Ne vous laissez pas abuser par cette apparente simplicité : les haricots sont cuisinés avec épices et sauce piquante jusqu'à obtenir de délicates saveurs.

Ce sont les Européens qui ont introduit le porc dans la tradition culinaire louisianaise. Le **boudin** cajun se compose de viande et de foie de porc, d'échalote, de petits piments verts, d'épices et de riz, le tout intégré dans un boyau. On le consomme dans le sud de la Louisiane, comme en-cas entre les repas ou au petit déjeuner.

Proche d'une saucisse fumée, la savoureuse **andouille** cajun n'est pas composée de tripes, mais de viande de porc. Elle sert à relever le goût du gumbo, du jambalaya et d'autres plats à base de riz. En faisant cuire de la couenne de porc jusqu'à ce qu'elle devienne dorée et craquante, puis en la coupant en petits morceaux et en l'accommodant, on obtient des "**gratons**" ou "**cracklins**".

Grand classique de la cuisine cajun, les **écrevisses** sont servies "à l'étouffée" lorsqu'elles sont cuisinées dans une sauce tomate relevée d'oignons et d'épices. Pour les "**Crawfish Cook off**", on apporte sur la table un grand plateau d'écrevisses cuites que les convives dégustent nature, avec les doigts. La saison des écrevisses s'étend de début décembre à mi-juillet, mais c'est mi-février qu'elles sont les meilleures.

Au pays cajun, vous pourrez également déguster des préparations à base d'**orphie**, fin poisson proche de l'anguille, ou d'alligator.

Les "**crabes mous**" sont une autre spécialité locale : imitant la mue du serpent, les crabes du golfe du Mexique perdent en effet leur carapace au printemps. Les crabes pêchés durant le laps de temps où leur nouvelle carapace est encore molle – et donc appelés "crabes mous" – sont particulièrement appréciés. Crevettes et huîtres se trouvent toute l'année. Le vivaneau, la truite, le pompano et le flet figurent également parmi les espèces locales de poisson, sans oublier le poisson-chat.

Le "**maque choux**", un plat cajun réputé, se concocte à partir de grains de maïs frais, de piments verts (ou d'oignons) et de tomates. Le maïs est également l'ingrédient essentiel des "**grits**", une sorte de porridge d'une consistance similaire à la polenta servi au petit déjeuner dans le nord de la Louisiane. Le pain de tous les jours se prépare avec de la farine de maïs, (y compris dans la cuisine soul et dans la cuisine traditionnelle du Sud).

De nombreux légumes (haricot vert, poivron vert, tomate, okra…) et fruits (orange, fraise "ponchatoula", mûre sauvage, myrtille, airelles, pêche "ruston", pastèque…) sont cultivés et consommés dans la région.

Un repas louisianais se termine généralement par une note sucrée. Traditionnellement préparés pour le petit déjeuner, les **beignets** se dégustent en fait toute la journée. Dorés à point, moelleux, saupoudrés de sucre glace, ils sont servis brûlants.

La **Banana Foster** se compose de rondelles de bananes, de sucre brun, d'épices, de beurre et de plusieurs liqueurs, le tout passé à la poêle et flambé au rhum. Le **pudding au pain** et le **pudding au riz** sont des spécialités de La Nouvelle-Orléans et du pays cajun.

Servies accompagnées d'une tasse de café, les tartes constituent le dessert classique du Vieux Sud, **tarte à la noix de Pécan** en tête.

# Cuisine soul

Tout comme sa cousine germaine la "cuisine traditionnelle du Sud" (voir ci-après), la cuisine "soul" puise ses origines dans la tradition culinaire anglaise, adaptée par la population anglo-américaine du Vieux Sud vivant au nord de la Louisiane française.

Schématiquement, les deux écoles ont ajouté à la cuisine britannique des ingrédients trouvés sur place et des techniques utilisées par les esclaves africains et les cuisiniers afro-américains. La différence entre les deux réside dans la qualité des matières premières. D'une manière générale, la cuisine traditionnelle du Sud utilise les parties nobles d'un légume ou d'une viande. La cuisine soul, en revanche, consiste le plus souvent en ragoûts composés des morceaux restants.

Cette double tradition reflète bien l'héritage du double système des plantations et des fermes de subsistance, ainsi que la complexe histoire

## Le Tabasco

Véritable ambassadeur de la Louisiane, la célèbre sauce piquante Tabasco est produite à Avery Island, dans le sud de l'État. Quelques gouttes de ce puissant condiment suffisent à ressusciter le plat le plus fade...

L'histoire – relayée par la société Tabasco – rapporte que c'est un soldat de retour de la guerre du Mexique qui offrit des graines de piment (*Capsicum frutescens*) à Edward McIlhenny, lequel s'empressa de les planter dans son jardin d'Avery Island. Pendant la guerre de Sécession, l'île fut envahie par les soldats de l'Union. Avant leur départ, ils mirent à sac la maison et le jardin, lequel fut complètement détruit, à l'exception des plants de piment. McIlhenny se mit alors au travail dans sa cuisine et donna naissance au Tabasco. Il persuada quelques amis de le commercialiser et lança l'entreprise qui allait devenir un empire.

On raconte également que quelques années avant l'"invention" du Tabasco par McIlhenny, un habitant de La Nouvelle-Orléans, Maunsel White, vendait une sauce piquante de sa fabrication, la "Maunsel White's Tabasco Pepper Sauce". Il ne déposa pas de brevet, ce que McIlhenny, en revanche, n'omit pas de faire.

Des années après avoir déposé le procédé de fabrication, la famille McIlhenny souhaita déposer la marque Tabasco. Elle fut déboutée de sa demande par plusieurs tribunaux américains, au motif que Tabasco est le nom d'une province mexicaine et d'une variété de piment. Le tribunal de Louisiane accorda cependant aux McIlhenny l'exclusivité des appellations "fabriqué à partir de piments Tabasco" et "Sauce Tabasco". Les autres sauces élaborées à partir de piment Tabasco ne pouvant se réclamer de ces appellations, elles portent souvent l'inscription "sauce piquante" ou "sauce pimentée".

Vendu dans le monde entier, le Tabasco est commercialisé avec des étiquettes rédigées dans 15 langues différentes.

---

raciale et ethnique du Vieux Sud. Parmi les plats typiques, citons le poulet frit, les **okras mijotés avec des tomates**, la **roquette cuite avec du petit salé**, le **pain de maïs** et des biscuits moelleux. Le repas classique comprend un plat de viande et un accompagnement de trois légumes différents.

La cuisine soul figure à la carte des restaurants situés aussi bien dans la campagne qu'en ville. Contrairement aux spécialités cajuns et créoles, elle n'est pas spécifique de la Louisiane et se prépare dans tout le sud des États-Unis, où elle est très appréciée. Les spécialités soul que vous dégusterez en Louisiane comporteront plus de poivre, d'épices et d'ail.

## Cuisine traditionnelle du Sud

Dérivé de "poor boy", le **po-boy** est la version louisianaise du sandwich. Entre deux tranches de "pain français" chaud, il contient des huîtres ou des crevettes frites, ou encore de l'andouille. Il peut être "dressed", c'est-à-dire garni de salade et de tomates.

Autre sandwich typique de Louisiane (mais d'origine italienne), la **Muffuleta** est une tranche de pain italien garnie de jambon, de salami, de provolone (fromage italien) et d'olives, le tout assaisonné d'huile d'olive et de vinaigre.

Particulièrement apprécié dans tout le Vieux Sud, le barbecue consiste en viandes fumées ou marinées que l'on fait griller avant de les enrober d'une sauce épicée au goût particulier. Malgré la suprématie de la viande de porc, les **barbecues** de bœuf et de poulet sont également répandus. Les sauces se préparent à base de moutarde, de vinaigre ou de tomate. Les établissements proposant des barbecues se composent généralement d'une baraque sans prétention implantée le long d'une route et dotée, à l'arrière, d'une cheminée à fumer d'où s'échappe l'odeur du bois de hickory (un arbre cousin du noyer).

Le **poisson-chat** compte également parmi les ingrédients essentiels de la cuisine du Sud. Traditionnellement, il est passé dans la farine de maïs et frit.

Très bon marché, les assiettes de trois ou quatre **légumes** vous permettront de goûter les nombreuses productions originales de la région : okras frits, épis de maïs, choux verts et "black-eyed peas", une variété de pois. Les végétariens doivent préciser s'ils souhaitent un repas dépourvu de graisse animale (très employée dans la cuisine de Louisiane).

Entre autres succulents desserts, vous pourrez déguster des **tartes aux noix de pécan** et du **pudding au pain et aux bananes**. Viandes et légumes mêlent parfois le sucré au salé, à l'instar du **jambon rôti au miel** et du **soufflé de patates douces**.

La cuisine traditionnelle afro-américaine ajoute à ces plats quelques spécialités de viandes comme les **"chitlins"** (tripes frites) et le **pied de cochon**.

## DISTRACTIONS
### Musique et night-clubs

La musique, partout présente, adopte tous les styles et s'intègre dans des cadres très variés : des modestes cabarets de blues, de musique cajun et de zydeco au Jazz & Heritage Festival de La Nouvelle-Orléans. Par sa qualité et sa diversité, elle attire de nombreux visiteurs dans la région.

Vous aurez mille et une occasions d'écouter de la musique "live" à un prix abordable.

Les night-clubs et discothèques qui n'accueillent pas de groupes invitent fréquemment des disc-jockeys pour animer la soirée.

### Danse et théâtre

La plupart des représentations sont données à La Nouvelle-Orléans, qui accueille cependant peu de troupes internationales. Les arts folkloriques sont mieux représentés.

Les universités organisent parfois des spectacles ouverts au public.

### Casinos

Vous trouverez des casinos à La Nouvelle-Orléans, à Shreveport, sur le littoral du Mississippi ainsi qu'à Natchez, Vicksburg et Tunica County (au sud de Memphis). Ils sont ouverts 24h/24. Seules les personnes de plus de 21 ans y sont admises. Ils sont favorisés par les autorités locales, qui y voient

---

### La Louisiane au cinéma

*Angel Heart*, d'Alan Parker (couleur, 1986), avec Mickey Rourke et Robert De Niro : satanisme et vaudou de New York à La Nouvelle-Orléans.

*Blaze*, de Ron Shelton (couleur, 1989), avec Paul Newman et Lolita Davidovitch : les amours du gouverneur de Louisiane Earl Long et d'une strip-teaseuse.

*Cookie's Fortune*, de Robert Altman (couleur, 1999), avec Glenn Close : petits secrets et sauvegarde des apparences dans la ville de Holly Springs.

*La Corde raide*, de Richard Tuggle (couleur, 1984), avec Clint Eastwood : un inspecteur de La Nouvelle-Orléans poursuit un meurtrier dont il partage les fantasmes.

*Down By Law*, de Jim Jarmusch (noir et blanc, 1985), avec Tom Waits, John Lurie et Roberto Begnigni : l'évasion d'une prison louisianaise de trois personnage originaux et attachants.

*Les Nerfs à vif*, de Jack Lee Thompson (noir et blanc, 1961), avec Robert Mitchum et Gregory Peck : un homme libéré de prison persécute son avocat qu'il tient pour responsable de la lourdeur de sa peine.

*Les Nerfs à vif*, de Martin Scorsese (couleur, 1991), avec Robert De Niro et Nick Nolte : un remake du film de Jack Lee Thompson où Robert Mitchum et Gregory Peck apparaissent dans des rôles secondaires.

*O' brother, where art thou ?*, de Joel et Ethan Coen (couleur, 2000), avec George Clooney, John Turturro et Tim Blake Nelson : dans les années 30, trois bagnards en cavale dans le Vieux Sud

*Sans retour*, de Walter Hill (couleur, 1981), avec Keith Carradine et Powers Boothe : des manœuvres de la garde nationale dans les bayous de Louisiane qui tournent mal.

une source de revenus et d'emploi, ainsi qu'un facteur de développement régional.

## MANIFESTATIONS SPORTIVES

Le sport fait partie intégrante de la vie quotidienne des habitants du Sud, qui restent indéfectiblement attachés aux équipes locales, qu'elles jouent en division nationale ou régionale, ou encore au niveau universitaire.

### Football américain

Les Tennessee Titans, qui jouaient en Super Bowl en 2000, se produisent à l'Adelphia Coliseum de Nashville. Les matchs des tournois nationaux disputés par l'équipe professionnelle des New Orleans Saints se disputent au Superdome.

C'est à l'université noire de Grambling University qu'excerçait Eddie Robinson, le plus grand entraîneur d'équipe universitaire des États-Unis, qui a pris sa retraite en 1997. Il a été remplacé par Doug Williams, le premier quarterback noir à avoir mené son équipe (the Washington Redskins) jusqu'au Super Bowl. La Louisiana State University (LSU), la Southern Louisiana State University et la Tulane University entretiennent également des équipes de football.

### Base-ball

La région ne compte pas d'équipe de renommée nationale dans cette discipline. Les New Orleans Zephyrs et les Shreveport Captains figurent parmi les équipes régionales importantes. Vous obtiendrez le programmation des matchs et d'autres renseignements dans les chambres de commerce.

### Basket-ball

La région ne compte pas d'équipe professionnelle de basket-ball.

Les basketteuses des universités de Tulane et de la LSU se défendent en revanche très bien, tout comme l'équipe masculine de la LSU, dont le joueur professionnel Shaquille O'Neal est issu.

## ACHATS

Des produits d'artisanat traditionnel sont vendus dans toute la Louisiane. Les musées et les plantations, notamment, comprennent souvent une boutique d'artisanat. Présentées dans de jolis emballages, les spécialités culinaires régionales peuvent également constituer des souvenirs bon marché.

Les artistes afro-américains proposent pour leur part des objets d'inspiration africaine : masques, statuettes en bois, etc.

Toutes les villes comportent au moins un centre commercial où vous trouverez tout ce dont vous pourriez avoir envie.

Les boutiques d'antiquités et les marchés aux puces disséminés dans la région et à La Nouvelle-Orléans feront la joie des chineurs en quête de souvenirs originaux. On peut parfois marchander. Cela ne coûte rien d'essayer.

Les enregistrements musicaux peuvent également constituer d'excellents souvenirs. Lors des concerts, cassettes et CD sont généralement vendus moins chers que dans le commerce.

La Nouvelle-Orléans regorge d'objets aussi étranges que merveilleux : gris-gris, amulettes vaudoues, perles, masques de Mardi gras chargés de plumes, épices et livres de cuisines cajuns, artisanat de rue, accordéons faits main, crânes d'alligators...

# Comment s'y rendre

## VOIE AÉRIENNE

Il existe très peu de vols internationaux directs avec la Louisiane. La plupart des vols, et notamment ceux depuis/vers l'Europe, font escale dans une autre grande ville américaine avant d'atteindre l'aéroport de La Nouvelle-Orléans (☎ 504 464 3547).

Les principales compagnies aériennes proposant des vols sur les États-Unis sont les suivantes :

| | |
|---|---|
| Air Canada | (☎ 888 247 2262) |
| Air France | (☎ 800 237 2747) |
| American Airlines | (☎ 800 433 7300) |
| Canadian Airlines | (☎ 800 426 7000) |
| Continental Airlines | (☎ 800 231 0856) |
| Northwest Airlines | (☎ 800 447 4747) |
| TWA | (☎ 800 221 2000) |
| United Airlines | (☎ 800 538 2929) |
| US Airways | (☎ 800 428 4322) |
| Virgin Atlantic | (☎ 800 862 8621) |

### Attention !

En raison de l'évolution constante du marché et de la forte concurrence régissant l'industrie du tourisme, les renseignements présentés dans ce chapitre restent purement indicatifs. En particulier, les tarifs des vols internationaux et les horaires sont toujours susceptibles d'être modifiés.

De plus, l'administration et les compagnies aériennes semblent prendre un malin plaisir à concevoir des formules relativement complexes. Assurez-vous, auprès de la compagnie aérienne ou d'une agence de voyages, que vous avez bien compris les modalités de votre billet.

Avant de vous engager, nous vous recommandons de vous renseigner auprès de votre entourage et de faire le tour des compagnies et des agences, en comparant les tarifs et les conditions proposés par chacune.

**Forfaits Visit USA.** Quasiment toutes les compagnies de lignes intérieures proposent des forfaits "Visit USA" aux étrangers, qui consistent en un livret de coupons, chacun équivalant à un vol. Réservés aux non-résidents, ils s'obtiennent exclusivement à l'étranger, en complément d'un billet international.

Le forfait Visit USA de Continental Airlines peut être associé à un billet transatlantique ou transpacifique. L'itinéraire doit être prévu au moment de l'achat. Tout changement de destination sur place coûte un supplément de 50 $. Le tarif s'élève à 479 $ pour 3 coupons (minimum proposé), et à 769 $ pour 8 vols (maximum). Northwest Airlines propose un service identique.

Les forfaits American Airlines fonctionnent sur le même principe. Tous les vols doivent être réservés au moins 24h à l'avance.

Delta propose deux formules aux visiteurs provenant d'outre-Atlantique. Le forfait Visit USA n'est avantageux que si vous avez établi votre itinéraire à l'avance. La seconde formule, Discover America, permet aux voyageurs d'acheter des coupons pour des vols en stand-by, n'importe où sur le continent américain. Il faut acheter entre 3 et 10 coupons. Le prix dépend du lieu de départ, mais il faut compter en moyenne 125 $ par coupon (tarifs réduits pour les enfants).

Les voyageurs en stand-by peuvent effectuer une "stand-by reservation" un ou deux jours avant le vol. Elle vous donnera priorité sur les autres passagers qui se présenteront sur le même vol.

### Services particuliers

Avertissez la compagnie aérienne dès que possible pour qu'elle puisse prendre les dispositions nécessaires si vous voyagez dans des conditions particulières : jambe cassée, régime alimentaire spécial, fauteuil roulant, accompagné d'un bébé, etc. Téléphonez au moins 72 heures à l'avance, puis rappelez votre situation lors de l'enregistrement. Assurez-vous avant de prendre votre billet que la compagnie peut vous prendre en charge. Les chiens d'aveugles doivent voyager dans la soute pressurisée destinée aux animaux. Les plus petits pourront rester en cabine avec leur maître. Les chiens guides ne sont pas soumis à la quarantaine, dès lors que vous possédez un certificat de vaccination antirabique.

Les malentendants peuvent demander qu'on leur transcrive les annonces faites dans l'aéroport et en cabine.

Les enfants de moins de 2 ans voyagent à 10% du billet (ou gratuitement sur certaines compagnies), à condition de ne pas occuper de siège. Ils n'ont droit à aucun bagage. Des lits pour bébés (*skycots*) sont fournis, si la demande a été faite à l'avance. Ils supportent jusqu'à 10 kg. De 2 à 12 ans, la place coûte entre la moitié et les deux tiers du billet (avec bagages). Les poussettes sont habituellement acceptées comme bagages à main.

### Bagages et autres restrictions

Sur la plupart des vols intérieurs et internationaux, vous pouvez prendre 2 bagages (3 si vous n'avez pas de correspondance). Si vous en possédez davantage, ou s'ils dépassent les dimensions ou le poids admis par la compagnie, vous risquez de payer un supplément. Renseignez-vous auprès du transporteur.

Certaines compagnies vous accorderont une indemnité si vos bagages arrivent en retard, ce qui se produit rarement. Vous devrez impérativement faire une déclaration de perte. Non tenue de vous rembourser l'intégralité de la somme demandée, la compagnie procède à une évaluation des effets personnels déclarés perdus. Comptez entre 6 semaines et 3 mois de délai.

**Cigarettes.** Il est interdit de fumer sur l'ensemble des vols intérieurs et sur un nombre croissant de vols internationaux. La cigarette n'est généralement pas davantage admise dans les aéroports. La plupart disposent néanmoins d'une salle fumeur.

**Objets interdits.** Les bombes aérosol et lacrymogènes, les bouteilles de plongée pleines et les réchauds de camping ne sont pas admis à bord des appareils (ni en cabine ni en soute).

### Entrée aux États-Unis

Vous devez accomplir les formalités d'immigration et de douane dans l'aéroport d'entrée aux États-Unis, même si vous prenez immédiatement une correspondance vers une autre destination. Vos bagages seront débarqués pour les opérations de douane.

Reportez-vous à la rubrique *Visas et formalités complémentaires* du chapitre *Renseignements pratiques* pour les détails d'immigration.

### Taxe d'aéroport

Les taxes d'aéroport sont généralement incluses dans le prix des vols internationaux. Mieux vaut cependant vérifier lors de l'achat.

### Depuis l'intérieur des États-Unis

Au moment où nous imprimons, les tarifs aller-retour les plus intéressants de New York vers Memphis, La Nouvelle-Orléans ou Atlanta s'échelonnent de 195 à 250 $.

Pour ces 3 destinations, on trouve des billets entre 180 et 240 $ de Boston, entre 150 et 200 $ de Washington DC, entre 150 et 300 $ de Chicago.

Les tarifs au départ de San Francisco figurent dans une fourchette de 220 à 300 $, La Nouvelle-Orléans constituant généralement la destination la moins onéreuse et Atlanta la plus chère (avec des prix pouvant dépasser 300 $). Certains vols vers Memphis atteignent 400 $.

Du sud de la Californie, les tarifs les plus économiques peuvent être les vols en provenance du comté d'Orange ou de l'Ontario. Comptez entre 240 et 320 $.

### Depuis/vers le Canada

Pour rejoindre le Vieux Sud, il faut généralement prendre une correspondance aux États-Unis. Certaines compagnies aériennes américaines et canadiennes ont passé des accords de partenariat permettant de n'enregistrer son billet que dans l'aéroport de départ, même lorsque l'on change d'avion et de compagnie en cours de route. La première compagnie aérienne vous remet alors des cartes d'embarquement pour toutes vos correspondances, même pour les vols à bord d'avions d'autres compagnies.

En basse saison, un aller-retour pour une ville du Vieux Sud coûte environ 550 C$ de Vancouver, entre 275 et 340 C$ de Toronto et entre 380 et 430 C$ de Montréal.

Consultez les annonces du *Vancouver Sun* et du *Globe & Mail* de Toronto.

Travel Cuts possède des bureaux dans toutes les grandes villes et propose des billets pour de nombreuses destinations à des prix intéressants :

*Travel Cuts – Voyages Campus*
225, Président Kennedy PK-R206, Montréal, Québec H2X3Y8
☎ (514) 281 66 62, fax (514) 281 80 90
2085, avenue Union, suite L-8, Montréal, Québec H3 A 2C3
☎ (514) 284 1368 (boîte vocale)
187 College St, Toronto M5T 1P7
☎ (416) 979 2406

## Depuis/vers l'Europe francophone
**Vols secs.** Au départ de Paris, comptez entre 2 400 et 4 000 FF l'aller-retour Paris-La Nouvelle Orléans selon la saison (juillet et août étant les mois les plus chers), taxes d'aéroport non comprises. Les vols ne sont pas directs et vous transiterez probablement par une ville américaine, variable selon la plaque tournante de la compagnie.

De Bruxelles, un aller-retour à destination de La Nouvelle-Orléans, se négocie à des prix variant de 15 000 à 18 000 FB.

Un aller-retour Genève-La Nouvelle-Orléans devrait se situer entre 750 et 1 300 FS.

En règle générale, on obtient les prix les plus intéressants auprès des agences de voyages qui bénéficient de tarifs négociés avec différentes compagnies. Vous trouverez ci-dessous, à titre indicatif, une liste non exhaustive. Reportez-vous également au paragraphe *Voyages à la carte* ; les agences mentionnées vendent aussi des vols secs.

### France
Pour information, les agences de voyages en ligne suivantes proposent des billets d'avion à des prix très concurrentiels juste avant le départ : Dégriftour (3615 DT, www.degriftour.com/fr), Réductour (3615 RT, www.reductour.fr) et Travelprice (n° Indigo : 0 825 026 028, www.travelprice.fr).

Voici une liste non exhaustive d'agences et de compagnies aériennes susceptibles d'offrir des tarifs intéressants :

**Air France**
119, avenue des Champs-Élysées, 75008 Paris
☎ 0 802 802 802, 3615/16 AF, www.airfrance.fr
**Fuaj** (Fédération unie des auberges de jeunesse)
9, rue Brantôme, 75003 Paris
☎ 01 48 04 70 30, fax 01 44 89 87 10, 3615 Fuaj, www.fuaj.org
**OTU**
L'Organisation du tourisme universitaire propose des réductions pour les étudiants et les (jeunes) enseignants sur de nombreux vols. Se renseigner au :
39, avenue Georges-Bernanos, 75005 Paris
☎ 01 40 29 12 12, et dans les CROUS en France, www.otu.fr
**Usit Connect Voyages**
De nombreuses agences en France. Négocie des prix réduits sur diverses compagnies pour les étudiants.
14, rue Vivienne, 75002 Paris
☎ 01 42 44 14 00, n° Indigo : 0 825 08 25 25, fax 01 42 44 14 01, www.usitconnect.fr, www.usitworld.com
6, rue de Vaugirard, 75006 Paris
☎ 01 42 34 56 90, 01 42 44 14 00, fax 01 42 34 56 91
**Wasteels**
11, rue Dupuytren, 75006 Paris
☎ 08 03 88 70 04, fax 01 43 25 46 25, 3615 Wasteels, www.voyages-wasteels.fr

### Belgique
**Connections**
Le spécialiste belge du voyage pour les jeunes et les étudiants. Plusieurs agences en Belgique :
Rue du Midi, 19-21, 1000 Bruxelles
☎ 2 550 01 00, 2 512 94 47
Avenue Adolphe-Buyllaan, 78, 1050 Bruxelles
☎ 2 647 06 05
Nederkouter, 120, 9000 Gand
☎ 9 223 90 20
Rue Sœurs-de-Hasque, 7, 4000 Liège
☎ 4 223 03 75, 4 223 60 10
**Éole**
Chaussée de Haecht, 43, 1210 Bruxelles
☎ 2 227 57 80, fax 2 219 90 73

## Suisse
**Jerrycan**
11, rue Sauter, 1205 Genève
☎ 22 346 92 82, fax 22 789 43 63
**SSR**
Coopérative de voyages suisse. Propose des vols à prix négociés pour les étudiants jusqu'à 26 ans et des vols charters pour tous (tarifs un peu moins chers au départ de Zurich).
20, bd de Grancy, 1006 Lausanne
☎ 21 617 56 27
3, rue Vigner, 1205 Genève
☎ 22 329 97 33

**Voyages à la carte.** Les agences suivantes, dont la liste est purement indicative, propose des prestations spécialisées (vols secs, circuits, etc.) sur les États-Unis :

**Back Roads**
14, place Denfert-Rochereau, 75014 Paris
☎ 01 43 22 65 65, fax 01 43 20 04 88
**Comptoir des États-Unis et du Canada**
344, rue Saint-Jacques, 75005 Paris
☎ 01 53 10 21 70, fax 01 53 10 21 71, 3615 Comptoirs, www.comptoir.fr
**Maison des Amériques**
34, bd Sébastopol, 75004 Paris
☎ 01 42 77 50 50, fax 01 42 77 50 60, 3615 MDA, www.maisonameriques.com
**Voyageurs en Amérique du Nord**
55, rue Sainte-Anne, 75002 Paris
☎ 01 42 86 17 30
**Wingate Travel**
7, rue Roget-de-Lisle, 75001 Paris
☎ 01 44 77 30 30, fax 01 44 77 30 37

## BUS
### Greyhound
Seule la compagnie Greyhound (☎ 800 231 2222) couvre l'ensemble du pays, et notamment les villes du Vieux Sud. Équipés de l'air conditionné, la plupart des bus sont correctement entretenus.

Vous pouvez en revanche vous armer de patience pour joindre la compagnie par téléphone. Consultez plutôt son site sur internet : www.greyhound.com.

Pas nécessairement bon marché, les tarifs dépendent de la distance, du jour de la semaine où l'on voyage et de la date de réservation. Vous obtiendrez les prix les plus intéressants (de 50 à 110 $) en achetant votre billet 2 semaines avant la date du départ.

Certains des tarifs spéciaux de Greyhound ne se révèlent pas si avantageux, notamment quand on ne voyage pas seul. L'Ameripass, par exemple, coûte 209 $ pour un nombre illimité de voyages pendant 7 jours. À ce prix, vous pouvez louer une voiture, qui vous reviendra moins cher si vous partagez les frais avec un ou plusieurs compagnons de route. L'Ameripass offre néanmoins une occasion exceptionnelle de sillonner l'ensemble du territoire des États-Unis, en particulier lorsque l'on choisit le forfait de 60 jours.

### Green Tortoise
Si vous venez de la côte Ouest, vous pouvez également choisir Green Tortoise (☎ 415 956 7500, 800 867 8647, www.greentortoise.com), 494 Broadway, San Francisco, CA 94133. Comme dans les années 60 avec les Merry Pranksters de Ken Kesey, la compagnie organise un voyage entre San Francisco et La Nouvelle-Orléans pour Mardi gras (400 $, plus 130 $ pour les repas). En avril, mai, août et septembre, d'autre bus relient Boston à San Francisco *via* La Nouvelle-Orléans. Comptez 11 jours de voyage jusqu'à cette dernière et un minimum de 389 $, plus 121 $ pour les repas.

## TRAIN
Seule la compagnie Amtrak (☎ 800 872 7245, www.amtrak.com) offre des liaisons voyageurs à travers l'ensemble du territoire américain. Elle relie Los Angeles à la Floride *via* La Nouvelle-Orléans, et Chicago à La Nouvelle-Orléans *via* Memphis.

Empruntant les mêmes voies que le blues, en sens inverse, le *City of New Orleans* part de Chicago et passe par Memphis, le delta du Mississippi et Jackson avant d'arriver à La Nouvelle-Orléans.

Au départ de New York City, le *Crescent* s'arrête à Washington DC, Atlanta, Birmingham et Meridian (Mississippi), avant son terminus à La Nouvelle-Orléans.

De Los Angeles, il faut 45 heures au *Sunset Limited* pour atteindre La Nouvelle-Orléans *via* Houston. Au-delà, le train traverse le Mississippi et l'Alabama en longeant le golfe du Mexique jusqu'à Orlando en Floride.

Les voyages en train reviennent assez cher aux États-Unis, mais vous pouvez obtenir des tarifs avantageux en achetant votre billet à l'avance. Les prix varient selon que vous choisissez une place assise ou une couchette (plusieurs types existent). Les enfants paient moitié moins cher que les adultes s'ils voyagent avec quelqu'un ayant réglé le plein tarif. Les personnes de plus de 62 ans bénéficient d'une réduction de 15%. Les handicapés peuvent également prétendre à des tarifs spéciaux.

Le forfait Explore America est la formule la plus économique. Il permet d'effectuer 3 trajets en 45 jours. Vous ne paierez que 239/209 $ (haute saison/basse saison) pour une seule zone (Est, Centre ou Ouest), 339/279 $ pour 2 zones contiguës et 399/339 $ pour 3 zones. Vous devez prévoir votre itinéraire à l'avance et réserver à des dates et pour des destinations précises.

Réservé aux étrangers et vendu exclusivement dans les agences de voyages hors des États-Unis ou dans les bureaux Amtrak, sur présentation d'un passeport, le USA Rail Pass vous permet d'effectuer autant de voyages que vous le souhaitez. Les tarifs varient, entre la basse et la haute saison, de 200 à 435 $ (les fauteuils inclinables et les couchettes sont en sus). Il est recommandé de réserver.

La plupart des petites gares ne vendent pas de billets. Vous devez vous les procurer auprès d'une agence de voyages ou d'un bureau Amtrak. Certaines gares ne sont desservies que si un voyageur a acheté un billet à l'avance.

## VOITURE ET MOTO

Les visiteurs étrangers circulant en voiture ou à moto doivent être munis du certificat d'immatriculation du véhicule, de l'attestation d'assurance et d'un permis de conduire international, en plus du permis délivré dans leur pays. Les permis canadiens et mexicains sont acceptés.

Consultez le chapitre *Comment circuler* pour les détails sur la circulation et la location de voitures.

### Drive-away

Le principe du *drive-away* consiste à faire conduire par un tiers (vous, par exemple) son véhicule jusqu'à une destination donnée. Pour plus de détails, reportez-vous au chapitre *Comment circuler*.

# Comment circuler

## AVION

Peu de touristes circulent en avion entre les petits aéroports de la région, et les services proposés visent principalement les hommes d'affaires. Il est toutefois possible de voler entre les villes les plus importantes, comme La Nouvelle-Orléans, Memphis et Atlanta (voir le chapitre *Comment s'y rendre*) afin d'accéder plus rapidement d'un bout à l'autre de la région.

Vous obtiendrez tous les renseignements souhaités sur les vols intérieurs en contactant les compagnies suivantes :

AirTran Airlines ☎ 800 247 8726
American Eagle ☎ 800 433 7300
Continental Express ☎ 800 525 0280
TWExpress ☎ 800 221 2000
US Airways Express ☎ 800 428 4322

## BUS

Les bus Greyhound (☎ 800 231 2222 pour les réservations) relient les petites villes. Les quartiers d'implantation des gares routières et les infrastructures sont variables. La plupart disposent néanmoins d'installations bien entretenues et de personnel compétent. Reportez-vous aux chapitres consacrés aux régions pour plus de détails, et au site www.greyhound.com.

L'axe Memphis/Jackson/La Nouvelle-Orléans est particulièrement bien desservi. Le trajet entre Memphis et Jackson dure entre 4 et 5 heures et revient à 30 $ environ (réduction sur l'aller-retour). Entre Jackson et La Nouvelle-Orléans, comptez un peu plus de 4 heures (30 $).

Les services Birmingham-Atlanta (3 heures, 22 $ l'aller) et Mobile-La Nouvelle-Orléans (2 heures 30, 21 $) sont très fréquentés.

## Billets

Vous pouvez acheter vos billets par téléphone ou *via* Internet au moyen d'une carte de crédit (MasterCard, Visa ou Discover). Prévoyez dix jours pour les recevoir par courrier ou par mail, ou retirez-les à la gare routière sur présentation d'une pièce d'identité. Les espèces, les chèques de voyage et la carte American Express sont acceptés. Il est impossible de réserver sans acheter le billet. Tous les bus sont non-fumeur.

Greyhound applique parfois des réductions au kilométrage, particulièrement avantageuses sur les longues distances. Renseignez-vous : plein tarifs et promotions changent à tout moment.

**Ameripass.** Compte tenu de son tarif relativement élevé, ce forfait de Greyhound profitera surtout à ceux qui voyagent beaucoup. Disponible dans les gares Greyhound, il coûte 209 $ pour 7 jours, 319 $ pour 15 jours et 429 $ pour 30 jours, en toute saison. Il donne droit à un nombre illimité de trajets sur toutes les destinations couvertes par Greyhound. Les enfants de moins de 11 ans paient moitié prix.

**International Ameripass.** Réservé aux visiteurs, étudiants et lecteurs étrangers (et à leurs familles) séjournant moins d'un an aux États-Unis, ce forfait permet d'effectuer un nombre illimité de voyages sur une période de 7 jours (179 $), 15 jours (269 $) ou 30 jours (369 $). Il se vend généralement dans les agences de voyages à l'étranger, *via* Internet, ou au dépôt Greyhound International de New York City (☎ 212 971 0492), 625 8th Ave. Ouvert du lundi au vendredi, de 9h à 16h30.

Un service de renseignements de Greyhound International est disponible au ☎ 800 246 8572. Pour acheter un forfait International Ameripass, vous devez remplir une attestation et présenter votre passeport et votre visa (ou la dérogation). Il existe des forfaits qui fonctionnent également sur le Canada. Ils sont vendus à l'étranger et au bureau Greyhound de New York.

## TRAIN

Le train constitue une bonne solution sur les lignes très fréquentées, comme l'axe Memphis/Jackson/La Nouvelle-Orléans. Les possibilités offertes par Amtrak (☎ 800 872 7255) sont présentées au chapitre *Comment s'y rendre*.

Comme les gares routières, les gares ferroviaires sont implantées dans des quartiers plus ou moins agréables et disposent d'infrastructures d'inégale qualité.

## VOITURE ET MOTO

Hormis à La Nouvelle-Orléans, louer un véhicule est de loin le meilleur moyen de se déplacer dans la région. Non seulement les transports sont parfois rares, mais le tissu urbain très étendu complique souvent les déplacements à pied ou en transport en commun. De plus, la voiture et la moto offrent une indépendance totale à des prix raisonnables, à plus forte raison si vous voyagez à plusieurs.

### Location

Pour louer un véhicule, vous devez posséder un permis de conduire international en plus du permis en cours de validité délivré dans votre pays d'origine, être âgé de plus de 25 ans et présenter une carte de crédit courante (Visa ou MasterCard, par exemple) ou laisser une importante caution en espèces.

Les routes américaines ne posent pas de problèmes. La vitesse autorisée, relativement basse par rapport à l'Europe, facilite la tâche des conducteurs. Les *highways* (Hwy) correspondent à des routes nationales. Elles peuvent varier considérablement de taille, mais sont globalement assez tranquilles. Elles changent en général de nom lorsqu'elles traversent une ville. Les *interstates* équivalent à des autoroutes.

Les abréviations suivantes ont été utilisées dans ce livre :

| | | |
|---|---|---|
| I | = | Interstate |
| Hwy | = | Highway |
| Rd | = | Road |
| Dr | = | Drive |
| St | = | Street |

L'essence est très bon marché aux États-Unis par rapport à l'Europe (environ 1,1 $ le gallon, soit 3,8 litres environ).

Des agences internationales (Avis, Hertz, Budget, etc.) proposent des véhicules en kilométrage illimité. Les modèles "compact" (le plus petit) peuvent facilement accueillir quatre passagers. Tous les véhicules sont équipés d'une boîte automatique.

Reportez-vous aux rubriques *Comment circuler* des chapitres régionaux pour les coordonnées des agences de location de voiture. La Nouvelle-Orléans et son aéroport disposent du choix le plus vaste.

Certaines agences proposent à leurs clients ayant effectué une réservation de venir les chercher en ville (mais pas à l'aéroport). L'abandon interstates (possibilité de rendre le véhicule dans une autre agence de la compagnie) ne pose généralement pas de problème.

**Assurances.** Les véhicules de location sont assurés de telle manière que vous n'aurez rien à payer si vous heurtez un tiers ou endommagez le bien d'autrui. En revanche, les détériorations du véhicule de location lui-même ne sont pas couvertes. Pour pallier cette lacune, il faut souscrire au Collision Damage Waiver (CDW) ou au Loss Damage Waiver, ce qui ajoute entre 10 $ et 16 $ par jour à la location, un budget considérable. Il peut être très risqué de louer un véhicule sans aucune assurance, mais vous n'êtes toutefois pas obligé de choisir le CDW de la société, dont le prix est largement gonflé. Certaines cartes de crédit donnent droit à une réduction sur le prix de l'assurance, voire à son paiement complet. Là encore, renseignez-vous de manière précise.

Attachez une grande importance aux assurances proposées. De nombreux assureurs américains acceptent d'assurer les véhicules de location de leurs clients. C'est pourquoi ces assurances sont en général présentées comme facultatives. Les visiteurs doivent donc choisir toutes les assurances, notamment celle qui couvre la responsabilité civile (Liability Insurance) et une assurance tous risques (Liability Damage Waiver) couvrant les éventuels dommages causés au véhicule en cas d'accident. Quelques cartes de crédit, telle la MasterCard Gold Card, fournissent automatiquement cette assurance, si la location est réglée en totalité avec la carte (pour 15 jours maximum).

Certaines agences proposent également des assurances facultatives couvrant les passagers et les effets personnels à l'intérieur du véhicule. En général, le forfait incluant toutes ces assurances est financièrement avantageux. Le tarif des différentes couvertures est toujours indiqué à la journée.

Les personnes qui possèdent un véhicule immatriculé aux États-Unis peuvent voir l'assurance de leur propre voiture étendue aux locations ; renseignez-vous auprès de votre agent. Notez qu'en cas de dégradation, des sociétés de location exigent que vous payiez non seulement les frais de réparation, mais aussi les journées d'immobilisation du véhicule, au tarif de location. Faites en sorte que votre police d'assurance soit efficace en la matière.

Les coordonnées des principales agences de location de voitures sont les suivantes :

| | |
|---|---|
| Avis | ☎ 800 831 2847 |
| Budget | ☎ 800 527 0700 |
| Dollar | ☎ 800 800 4000 |
| Enterprise | ☎ 800 325 8007 |
| Hertz | ☎ 800 654 3131 |
| Thrifty | ☎ 800 367 2277 |

## Achat

Acheter une voiture est souvent plus avantageux qu'en louer une si vous restez plusieurs mois aux États-Unis. L'achat d'un véhicule ne doit cependant pas s'effectuer à la légère et implique des formalités parfois complexes.

Mieux vaut faire contrôler le véhicule par un mécanicien avant de l'acheter (75 $). Les membres de l'AAA (Association automobile américaine) peuvent s'adresser au club, qui dispose de centres de contrôle technique. Vérifiez la valeur officielle du véhicule dans le *Blue Book,* qui répertorie les prix du marché en fonction de la marque, du modèle et de l'année. Il est généralement disponible dans les bibliothèques publiques, de même que les anciens numéros du *Consumer Report,* un magazine annuel qui fournit des rapports chiffrés sur les réparations effectuées sur les marques les plus courantes.

Après avoir contacté l'AAA (☎ 800 477 1222) qui vous fournira des informations d'ordre général, adressez-vous au Department of Motor Vehicles, pour prendre connaissance des formalités d'immatriculation et d'assurance, très complexes et souvent coûteuses.

Lisez attentivement le contrat de vente avant de signer. Le nom du propriétaire doit être le même que celui de la pièce d'identité présentée par le vendeur. Les acheteurs étrangers doivent se procurer un document officiel les autorisant à conduire le véhicule : il faut parfois plusieurs semaines à l'administration pour effectuer le transfert d'immatriculation.

Vous devez par ailleurs souscrire une assurance (entre 300 et 1 200 $ pour un contrat d'un an, selon le lieu et l'État d'immatriculation du véhicule). Vous paierez moins cher en donnant une adresse dans une zone rurale ou en banlieue. Particulièrement onéreuse, l'assurance tous risques ne vaut la peine que pour les véhicules de réelle valeur. La durée minimale du contrat est généralement fixée à six mois. Certaines compagnies acceptent cependant d'interrompre le contrat avant ce terme et de vous rembourser la différence.

## Drive-away

Le principe du *drive-away* consiste à faire conduire par un tiers (vous, par exemple) son véhicule jusqu'à une destination donnée. Le propriétaire s'adresse à une agence spécialisée, qui se charge de trouver un conducteur et d'accomplir les formalités administratives et d'assurance. Pour vous porter candidat, vous devez simplement posséder un permis de conduire et ne pas avoir commis d'infractions. L'agence demande une faible caution qu'elle vous restituera à la remise du véhicule. Le carburant est généralement à votre charge. Vous devez livrer la voiture dans un délai déterminé (habituellement calculé sur la base de 8 heures de conduite par jour), sans dépasser un kilométrage donné, ce qui permet de réaliser certains écarts mais non de sillonner tout le pays. En dépit de ces restrictions, ce système constitue un moyen très économique pour circuler.

Les agences de drive-away passent régulièrement des annonces dans les journaux, sous la rubrique "Travel". Elles sont également répertoriées dans les pages jaunes de l'annuaire, sous le titre "Automobile Transporters & Drive-Away Companies". Si vous vous rendez dans une région fréquentée, vous devriez obtenir une voiture en moins de deux jours. Dans d'autres cas, il est possible d'attendre une semaine. L'offre la plus forte concerne les trajets reliant la côte est à la côte ouest.

### Sécurité
Pour réduire les risques de vol, ne laissez aucun objet apparent dans votre voiture, surtout la nuit.

Assurez-vous également que le coffre n'est pas accessible depuis le siège arrière. Le cas échéant, fermez votre coffre à clé.

## BICYCLETTE
Malgré les ouragans et les inondations, la région se prête assez bien au cyclotourisme. Elle est plutôt plate et les automobilistes se montrent généralement courtois. Le casque est obligatoire dans certaines villes. Très abondants à La Nouvelle-Orléans et dans le sud de la Louisiane, réparateurs et vendeurs de pièces détachées sont quasiment inexistants dans les zones les plus reculées. Vous éviterez bien des désagréments en sachant réparer vous-même les pannes les plus courantes.

Si vous souhaitez visiter le sud de la Louisiane à bicyclette, Pack & Paddle (☎ 337 232 5854, 800 458 4560), 601 E Pinhook Rd, Lafayette, vous conseillera et vous fournira l'équipement nécessaire. Consultez également la rubrique *Circuits organisés*, ci-après.

Les fortes chaleurs d'été peuvent être pénibles. Par ailleurs, préparez-vous à essuyer de fréquentes averses. En dehors des circuits organisés, il n'est pas toujours aisé de louer une bicyclette. Vous pouvez apporter la vôtre en avion. Il suffit de la démonter et de la placer dans un sac prévu à cet effet ou de l'enregistrer comme bagage. La compagnie aérienne vous demandera peut-être de retirer les pédales et la roue avant, pour qu'elle occupe moins de place en soute. Renseignez-vous avant de prendre votre billet.

## EN STOP
L'auto-stop comporte partout des risques. Il n'est en effet pas toujours aisé de repérer à qui l'on a à faire avant de monter en voiture. Si vous décidez malgré tout de voyager de cette façon, essayez de trouver de la compagnie. Allégez vos bagages, gardez-les à portée de main et asseyez-vous côté portière.

## BATEAU
Il est aujourd'hui encore possible de voyager en bateau, tant sur le fleuve que dans le golfe. Ce type de déplacement coûte toutefois cher. Les croisières font souvent partie de voyages organisés ou d'excursions, repas haut de gamme et logement inclus.

Avec son siège à La Nouvelle-Orléans, la Delta Queen Steamboat Compagny (☎ 800-543-1949, www.deltaqueen.com) gère quelques bateaux à cubes qui circulent entre différents ports du Mississippi, dont St Paul (14 nuits), St Louis (7 nuits) et Memphis (5 nuits). Certains bateaux desservent aussi les ports des affluents du Mississippi tels que Little Rock (10 nuits), Pittsburgh (12 nuits), Nashville (9 nuits) et Chattanooga (10 nuits). Les temps indiqués correspondent au trajet dans le sens du courant. Ajoutez au moins 1 nuit tous les 5 jours dans le sens inverse.

En outre, le *Delta Queen* navigue occasionnellement sur l'Intracoastal Waterway entre La Nouvelle-Orléans et Galveston (6 nuits).

Les tarifs commencent généralement à 495 $ par personne pour les 3 premières nuits en simple ou double et comprennent tous les repas, l'animation ainsi que les taxes portuaires et de départ.

Sur les trois bateaux de la compagnie, deux sont des engins modernes fonctionnant au diesel, mais le dernier, le *Delta Queen*, est un magnifique steamer de 1927, tracté à la vapeur.

## La grande époque de la vapeur

I'm waiting on the levee for the steamboat to come round
I think she's loaded heavy, I think she's loading down
I hear the steamboat whistle, blowing clear and free
I think she is the Natchez or the Robert E. Lee

*chanson traditionnelle*

Toutes sortes d'embarcations chargées de marchandises descendent le Mississippi depuis les premiers temps de l'époque coloniale. En 1811, le premier voyage réalisé en sens inverse par un steamer, le *New Orleans*, parti de la ville du même nom, allait bouleverser le trafic du fleuve. Celui-ci demeura la principale voie fluviale du Sud des États-Unis jusqu'à la fin du XIX$^e$ siècle.

Symboles de modernité aux yeux des fermiers et des habitants des villes fluviales, les steamers en tous genres – des palaces ornés de chandeliers et de hublots aux simples barges transportant le coton – attiraient des foules qui s'attroupaient sur le port, guettant leur sirène familière, le son des cloches et les volutes de fumées.

Parmi les luxueux bâtiments qui assuraient le transport de passagers, le plus célèbre reste le *Robert. E. Lee*, construit en 1866 pour la somme astronomique de 200 000 $. Doté d'un grand salon avec chandeliers en cristal, hublots parés de vitraux, meubles en bois de rose et colonnes de marbre importé d'Égypte, il offrait un superbe exemple de raffinement.

Steamer American at Landing, Vicksburg, Miss.

Extrêmement rapide pour l'époque, le *Lee* pouvait atteindre une vitesse de pointe de 32 km/h. Presque aussi rapide et luxueux, le *Natchez* figurait parmi ses concurrents. En 1870, les deux steamers disputèrent une course organisée entre La Nouvelle-Orléans et St Louis. Après avoir parcouru 1 960 km en 80 heures, le *Lee* arriva à St Louis avec six heures d'avance, remportant le titre du steamer le plus rapide du Mississippi.

En dépit de sa grande popularité, le steamer devait être détrôné, à partir des dernières années du XIX$^e$ siècle, par une nouvelle machine à vapeur : le chemin de fer. A mesure que la technique permettait d'en accroître la rentabilité, ce nouveau moyen fut adopté pour transporter voyageurs et marchandises. On commença ainsi à fermer des lignes de steamers et à réduire les routes des machines restant en circulation.

Aujourd'hui, les steamers connaissent une nouvelle vogue. Quelques somptueux bâtiments rénovés, tel le *Delta Queen*, assurent des croisières de luxe. Les plus nombreux ne fournissent plus, hélas ! qu'un cadre abritant machines à sous et autres salles de jeu, en vertu d'une nouvelle législation qui autorise les casinos flottants.

**John T. Edge**

## TRANSPORTS LOCAUX

Le réseau et le trafic des bus sont limités dans les villes et les zones urbaines. Historiquement, les transports publics dans le Grand Sud étaient destinés aux habitants des quartiers les plus pauvres et n'avaient d'autre vocation que de transporter ceux-ci sur leur lieu de travail. Généralement incompatibles avec les besoins des visiteurs, ces bus sont de véritables fournaises pendant les saisons chaudes.

La Nouvelle-Orléans compte pour sa part deux agréables lignes de tramway. Les casinos de la vallée du Mississippi financent des navettes depuis/vers les hôtels et les motels.

Les taxis abondent dans les rues du centre de La Nouvelle-Orléans et de Memphis et acceptent toutes les courses limitées à ce périmètre. En dehors du centre, vous devez faire appel à un service téléphonique.

### Navette

Coastline Transportation (☎ 601 432 2649, 800 647 3957) assure 9 navettes par jour (dans les deux sens) entre l'aéroport de La Nouvelle-Orléans et la côte. On vous déposera où vous le désirez, à votre hôtel ou devant une agence de location de voiture. Nous vous recommandons de réserver.

## CIRCUITS ORGANISÉS

De nombreux organismes du pays cajun proposent des itinéraires de découverte des bayous et des marécages. Reportez-vous, notamment, aux villes de Henderson et de Houma. Généralement, les opérateurs fournissent l'équipement, les provisions et le guide.

Les cyclistes pourront demander des informations sur des circuits à vélo auprès du siège de la Natchez Trace Parkway (☎ 601 842 1572), Rural Route 1, NT-143, Tupelo, MS 38801. A Nashville, Tally Ho (☎ 615 354 1037), 6501 Hardin Rd No B-26, organise des excursions à vélo.

Backroads (☎ 510 527 1555, 800 462 2848, www.backroads.com), 801 Cedar St, Berkeley, CA 94710, organise deux circuits à bicyclette à de nombreuses dates au printemps. Le Cajun & Plantation Country tour (tour du pays cajun et des plantations) dure 5 nuits et revient à 1 700 $. Quant au Natchez Trace tour, il compte 5 jours et coûte 1 800 $ (les prix comprennent les repas mais pas l'hébergement).

Reportez-vous à la rubrique *Bateau* plus haut, pour un moyen original de visiter la région.

# La Nouvelle-Orléans

Complexe et romantique, artiste et provocante, La Nouvelle-Orléans – on prononce ici "Niou-ORlins" ou parfois "Niou-OR-lieunes" – est une grande séductrice. A l'ombre d'un chêne de l'Uptown ou entre les murs en stuc d'une cour créole du centre-ville, elle ensorcelle le visiteur, verse des potions vaudoues dans des cocktails sucrés et lâche négligemment quelques anecdotes à propos de son passé. Elle conquiert les cœurs sans défense avec la même sensualité que celle qui fait s'affaisser les galeries de fer ouvragé et les balustrades rouillées du Vieux Carré. La Nouvelle-Orléans, qui plus est, ne rate jamais une occasion de rappeler ses origines tropicales : à la moindre rafale de vent moite, elle révèle toutes ses couleurs caribéennes tandis que d'énormes gouttes de pluies s'écrasent sur les feuilles des bananiers... Ajoutons à cela un improbable emplacement sur un méandre à la fois sensuel et inquiétant du Mississippi, une tradition culinaire aussi riche que vivante, une scène musicale qui n'a plus à faire ses preuves ainsi qu'une réputation sulfureuse, et on aura compris comment la Crescent City est devenue une destination presque mythique.

Autant d'attraits ne pouvaient laisser les voyageurs indifférents. La médaille a donc un revers : La Nouvelle-Orléans est une ville résolument touristique, et ceux qui y accourent dans l'espoir d'y retrouver l'ambiance des premières années du jazz risquent d'en revenir quelque peu déçus.

### A ne pas manquer

- Les bars, les night-clubs et les trottoirs de "Big Easy", qui vibrent au son du jazz, du rock et du rythm'n blues
- Les splendeurs architecturales du Vieux Carré et du Garden District
- Le Mardi gras et le Jazz Fest, événements phares d'un calendrier festif chargé
- La culture afro-américaine, qui contribue pour beaucoup à l'atmosphère mystérieuse de la ville
- Les étonnants cimetières où reposent les chers disparus de La Nouvelle-Orléans
- Les grandes (et petites) tables de la ville, qu'elles soient cajuns, créoles ou ouvertes à d'autres influences

## HISTOIRE

Fondée par les Français en 1718, La Nouvelle-Orléans commença par être peuplée d'immigrants venus de France, du Canada et d'Allemagne. Les Français amenèrent avec eux des milliers d'esclaves africains. En 1746, ces derniers étaient plus de 3 000 à La Nouvelle-Orléans, soit deux fois plus que les colonisateurs français.

Le commerce colonial fut un échec économique. La dure réalité de La Nouvelle-Orléans imposait de pénibles conditions de vie aux nouveaux immigrants, et la ville acquit rapidement une réputation d'illégalité et de pratiques douteuses. A l'arrivée des ursulines, en 1728, sœur Hachard notait dans son journal que "le diable, ici, possède un très vaste empire".

Devenue espagnole de 1764 à 1803, La Nouvelle-Orléans repassa sous contrôle français avant d'être presque aussitôt cédée aux

États-Unis, avec l'ensemble de la Louisiane. Créoles français et esclaves d'Afrique furent alors rejoints par des Anglo-Américains qui exploitèrent eux aussi les esclaves pour établir dans la région une puissante économie de plantations. C'est à cette même époque que des réfugiés acadiens, fuyant le Canada devenu britannique, arrivèrent à La Nouvelle-Orléans. Ils furent suivis par des milliers d'anciens esclaves en provenance de la colonie française de Saint-Domingue (l'actuelle Haïti), révoltés en 1791.

La Nouvelle-Orléans connut, le 21 mars 1788, un premier incendie qui ravagea la majorité des quartiers, à l'exception des bâtiments situés en bordure du Mississippi. Six ans plus tard, en décembre 1794, les flammes réduisaient en cendres plus de 200 édifices lors du second grand incendie qui s'abattait sur la ville.

La guerre maritime de 1812, qui opposa l'Amérique à une Grande-Bretagne qui n'avait pas définitivement tiré un trait sur le Nouveau Monde, éclata un mois à peine après l'admission de la Louisiane dans l'Union en tant que 18$^e$ État. Tandis que les Britanniques concentraient leurs forces en Jamaïque, le général Andrew Jackson forma à La Nouvelle-Orléans une armée hétéroclite composée de Noirs libres, d'Acadiens, de Choctaw et de pirates (dont Jean et Pierre Lafitte). En 1815, la bataille de La Nouvelle-Orléans, qui se déroula à Chalmette, en aval du fleuve, consacra l'éclatante victoire de Jackson.

Cosmopolite, La Nouvelle-Orléans d'alors était fortement marquée par la culture créole, c'est-à-dire celle de ses premiers habitants d'origine française et espagnole. Malgré des concessions d'ordre juridique visant à préserver la culture créole en faisant quelques emprunts aux législations espagnole et française, des antagonismes demeuraient entre ces derniers et la population anglo-saxonne. Dans les années 1830, un marchand nommé Samuel Jarvis Peters fit l'acquisition d'une plantation située en amont du Vieux Carré afin d'y créer une section résidentielle réservée aux Américains, à l'écart des Créoles. Canal St, qui séparait les deux communautés, fut considérée comme "terrain neutre". Par la suite, les urbanistes transformèrent quinze plantations situées en bordure de fleuve par des résidences à l'opulence ostentatoire réservées aux nouveaux venus américains. En dépit de ces antagonismes, La Nouvelle-Orléans devint en 1840 la quatrième ville du pays à dépasser les 100 000 habitants. Elle demeura la plus importante agglomération du Sud jusqu'au milieu du XX$^e$ siècle.

Les Américains finirent par prendre le contrôle de la municipalité en 1852. La ville était alors le plus grand centre de commerce d'esclaves des États-Unis, avec plus de 25 marchés spécialisés dans la vente d'êtres humains.

En 1861, la guerre de Sécession changea cette donnée. Bien que la Louisiane fût le sixième État à faire sécession, la ville de La Nouvelle-Orléans, craignant l'instabilité, vota le maintien au sein des États-Unis. Sa position stratégique sur le Mississippi en fit tout naturellement l'un des premiers objectifs des forces de l'Union. Après la chute de la ville, 24 000 Noirs de Louisiane rejoignirent les forces de l'Union.

Les partisans de la suprématie blanche de La Nouvelle-Orléans ne l'entendaient bien sûr pas de cette oreille. Ils fondèrent très vite la White League dans le but d'évincer le gouvernement porté au pouvoir par les électeurs noirs nouvellement affranchis. En 1874, ils s'opposèrent violemment aux forces de l'ordre sur Poydras Ave. La ségrégation refit ainsi son apparition quelques années seulement après la victoire du Nord. Elle s'installa pour 58 ans.

Le racisme latent du Vieux Sud ne réussit cependant pas à arrêter la révolution musicale qui allait engendrer le jazz. Depuis leur arrivée en Amérique, de nombreux Africains se réunissaient en effet chaque dimanche sur Congo Square pour danser et chanter au son des percussions. C'était le seul endroit du Sud où un tel rassemblement était toléré. Dans les années 30, violons et banjos vinrent se joindre au battement des percussions. Rapidement, le jazz prit forme autour de musiciens comme Jelly Roll Morton ou Buddy Bolden. Au tout début, les joueurs de jazz se produisaient surtout à

Storyville, quartier réputé pour sa prostitution. Les progrès de l'industrie du disque aidant, le jazz commença à franchir les limites de La Nouvelle-Orléans dès 1917. Aujourd'hui, Congo Square a été rebaptisé Louis Armstrong Park en l'honneur du célèbre enfant de la ville.

L'Exposition internationale de l'industrie et du coton qui se déroula à La Nouvelle-Orléans en 1884-1885 marqua le renouveau économique de la ville. L'activité reprit et la cité retrouva bientôt l'agitation des grands ports. Par la suite, la création d'emplois dans l'industrie durant la Seconde Guerre mondiale permit à La Nouvelle-Orléans de sortir de la Grande Dépression. La ville s'étendit géographiquement pendant la période de prospérité des années 50. La population d'origine noire s'accrut, jusqu'à atteindre 70% du total, et de nombreux Blancs de la classe moyenne choisirent de s'installer dans les banlieues.

L'inauguration du Superdome, au milieu des années 70, est une date importante de l'histoire récente de la ville. Outre les compétitions des Saints, qui jouent en ligue nationale de football américain, et certains matches des Super Bowls, ce gigantesque complexe accueille d'innombrables salons, congrès et séminaires, qui représentent une importante source de revenus pour la ville. Le tourisme en est une autre : si la grande époque du jazz appartient au passé, l'histoire musicale de la ville attire de nos jours de nombreux visiteurs vers le Vieux Carré.

L'année 1978 a marqué un tournant dans l'histoire politique locale, avec l'élection pour la première fois d'un maire noir, Ernest "Dutch" Morial. Au cours de ses deux mandats, ce démocrate nomma à la municipalité nombre de Noirs et de femmes. Le second mandat de Morial s'acheva en 1986. En 1994, son fils Marc fut élu maire. Il a été réélu en 1998.

## Storyville

La Nouvelle-Orléans a toujours eu tendance à succomber à tous les vices de l'humanité. Jusqu'en 1917, la ville regorgeait de maisons closes, où vivaient et travaillaient des centaines de filles venant de tous les coins du monde. La prostitution y était un commerce si florissant qu'elle commença à envahir les quartiers les plus chics de la ville dès la fin du XIX$^e$ siècle. Sans grand espoir de voir disparaître cette activité, les responsables politiques cherchèrent alors un moyen de la contenir et de la contrôler. Une zone où la prostitution était légale, sur le côté lac du Vieux Carré, fut ainsi délimitée. C'est un élu de la ville, Sidney Story, qui proposa sa création, en 1897. Bien que lui-même eût mené une vie irréprochable, le quartier prit son nom : Storyville. Ses habitants l'appelaient tout simplement le "District". Haut lieu de la prostitution, Storyville tient également une place à part dans l'histoire musicale de la ville : plusieurs grandes figures du jazz se firent en effet connaître dans la Gomorrhe du Nouveau Monde.

La Première Guerre mondiale sonna le glas de Storyville, dont la fermeture officielle fut ordonnée en 1917. Les officiers de la marine craignaient en effet que la prostitution légalisée ne contribue à la propagation des maladies vénériennes parmi les militaires basés au camp d'entraînement de La Nouvelle-Orléans. L'activité se poursuivit néanmoins de façon illégale jusqu'aux années 40, lorsque le quartier fut presque complètement rasé.

Nul ne sut mieux décrire l'ambiance de Storyville que le photographe Ernest James Bellocq, dont de trop rares images sont parvenues jusqu'à nous. Cet étrange personnage passa en effet de longues années à photographier les prostituées de "Big Easy". Retrouvées après sa mort, ses plaques de verre sur lesquelles les visages ont souvent été grattés posent un regard sans obscénité ni voyeurisme sur la face cachée de La Nouvelle-Orléans. Des reproductions de ses photographies sont parfois en vente dans le Vieux Carré.

## ORIENTATION

La Nouvelle-Orléans est bordée par le Mississippi au sud et le lac Pontchartrain au nord. On se repère donc soit côté lac, soit côté fleuve ; en amont ("upriver") ou en aval ("downriver") de ce dernier.

Canal St délimite la séparation entre les rues situées "uptown" et celles situées "downtown" (pour compliquer les choses, le quartier compris entre le Garden District et le Riverbend s'appelle lui aussi Uptown).

Les *avenues* sont généralement de larges artères à quatre voies, tandis que les *streets* n'ont qu'une ou deux voies. La numérotation des rues entre lac et fleuve part en principe du fleuve. Pour les artères parallèles à ce dernier, elle commence du côté de Canal St. En raison des méandres du fleuve, les rues "uptown" sont indiquées "South" et celles situées à l'est de Canal St "North".

Abritant des gens de conditions et d'origines ethniques diverses, les différents quartiers forment un véritable patchwork dans un espace restreint. Quelques dizaines de mètres seulement séparent parfois un ghetto de propriétés opulentes. Voici un survol de la ville, à suivre de préférence avec une carte en main.

Le Vieux Carré (French Quarter, ou Quarter) se composait à l'origine de 44 pâtés de maisons (il en compte 80 aujourd'hui) répartis autour de la place d'armes (l'actuelle Jackson Square), près de la digue du fleuve. L'Upper Quarter, bordé par Canal St, est un quartier touristique regroupant les grands hôtels internationaux. Canal St marque la limite entre le Lower Quarter et le Central Business District (CBD). En bordure du fleuve, le Lower Quarter s'étend jusqu'à Esplanade Ave, à la limite du Faubourg Marigny. Les deux quartiers sont réputés pour être fréquentés par la communauté homosexuelle. Au-delà du Faubourg Marigny, Bywater, en pleine évolution, est en train de devenir un quartier d'artistes.

Le quartier afro-américain de Tremé commence à N Rampart St, à la limite du Vieux Carré, côté lac. Esplanade Ave mène du Vieux Carré aux Fair Grounds (où se tient le Jazz Fest) et au City Park (devant le lac).

Jouxtant le CBD côté fleuve, le Warehouse District s'étend de Poydras Ave à Howard Ave et du fleuve à St Charles Ave. La municipalité encourage la transformation des anciens entrepôts en galeries chics. En bordure du fleuve, vous trouverez le Convention Center (palais des congrès) et le Riverwalk Mall (centre commercial). En aval, au-delà du ferry de Canal St, se trouvent le Woldenberg Park, l'Aquarium of the Americas et la Moonwalk (promenade sur les berges). L'ensemble de la zone, nommée Riverfront, est parcouru par la ligne de tramway Riverfront Streetcar Line, qui contourne ensuite le Vieux Carré.

De Canal St, St Charles Ave – sur laquelle circule un tramway – remonte en amont et traverse le Lower Garden District, le Garden District et l'Uptown, jusqu'à S Carrollton Ave, dans le Riverbend.

### Cartes

Vous trouverez en librairie des cartes de La Nouvelle-Orléans de bonne qualité. Plusieurs organismes, cela dit, distribuent gratuitement des plans qui suffisent à la plupart des visiteurs. Les offices de tourisme diffusent un plan très détaillé, le *New Orleans Street Map & Visitor Guide*, qui indique les itinéraires de bus de la Regional Transit Authority (RTA – réseau de bus et de tramways de la ville) et comporte un index des rues. D'autres plans sont disponibles dans les agences de location de voitures.

## RENSEIGNEMENTS
### Offices du tourisme

Faisant face à Jackson Square et situé dans le Lower Pontalba Building, au cœur du Vieux Carré, le New Orleans Welcome Center (carte 2 ; ☎ 504 566 5031), 529 St Ann St, fournit cartes, miniguides, programmes des fêtes, brochures et cartes du RTA à prix réduits. Le personnel, très accueillant, vous aidera dans la mesure du possible à trouver un hébergement, répondra à vos questions et vous donnera toutes sortes de conseils. Il pourra aussi vous envoyer de la documentation à domicile. Seule ombre au tableau : les informations disponibles pour les non-anglophones sont rares. Le bureau est ouvert tous les jours de 9h à 17h. Le Welcome Center dispose par ailleurs d'un certain nombre de kiosques d'information dans le Vieux Carré.

Le Jean Lafitte National Historical Park and Preserve, qui dispose de 6 bureaux dans le sud de la Louisiane, gère un visitor center (carte 2 ; ☎ 504 589 2636), 419 Decatur St, dans le Vieux Carré. Le bureau du National Park Service (NPS) s'intéresse à l'histoire du delta du Mississippi et de La Nouvelle-Orléans (le Vieux Carré et le Garden District ont chacun le statut de quartier historique national), et propose un certain nombre d'activités encadrées par des rangers. Le NPS vient également de lancer le New Orleans Jazz National Historic Park (☎ 504 589 4806), 365 Canal St, Suite 2400. Il organise des manifestations culturelles telles que des concerts et des parades et doit déménager prochainement dans le Louis Armstrong Park, Perseverance Hall n°4.

Le New Orleans Metropolitan Convention & Visitors Bureau (☎ 504 566 5011, www.neworleanscvb.com) et le Greater New Orleans Multicultural Tourism Network (☎ 504 523 5652) ouvrent du lundi au vendredi. Ils partagent des locaux au Superdome, 1520 Sugar Bowl Drive, New Orleans, LA 70112. Le Multicultural Tourism Network édite *The Soul of New Orleans*, un guide gratuit qui vise plus spécialement un public afro-américains. Vous pouvez consulter son site Internet : www.soulofneworleans.com.

En France, vous pouvez contacter Martine Espardet de l'association France Louisiane Franco Américanie (☎ 01 45 88 02 10, fax 01 45 88 03 22, flfa@free.fr), 17 avenue Reille, 75014 Paris. L'association dispose d'un site web : www.flfa.free.fr.

### Argent

Vous n'aurez aucune difficulté pour changer les devises et les chèques de voyage les plus courants à La Nouvelle-Orléans. Il existe également des bureaux de change indépendants en ville. A l'aéroport, Travelex (☎ 504 465 9647) effectue des opérations de change tous les jours de 6h à 19h (commission variable), tout comme la Whitney National Bank (☎ 504 838 6492), qui ferme généralement à 16h30 (commission forfaitaire de 5 $). Les deux bureaux étant à deux pas l'un de l'autre, consultez les cours avant de vous décider.

C'est auprès des banques du CBD que vous trouverez les meilleurs taux. Elles ouvrent généralement de 10h à 17h du lundi au jeudi, de 10h à 18h le vendredi et de 10h à 13h le samedi. Vous pouvez acheter, vendre des devises et retirer du liquide, si vous possédez une carte, chez American Express (carte 3 ; ☎ 504 586 8201), 201 St Charles Ave.

Vous trouverez de nombreux distributeurs automatiques dans le Vieux Carré et le CBD. L'emplacement des guichets automatiques et des agences de la Bank One figurent sur le plan gratuit *New Orleans Street Map*.

La ville prélève une taxe de 9% sur presque tous les produits, notamment les repas, l'alimentation et les locations de voiture. L'hébergement est soumis à une taxe de 11%, plus 1 $ par personne.

### Poste

La poste principale (carte 3 ; ☎ 800 275 8777) se trouve près de l'Union Passenger Terminal, 701 Loyola Ave. Vous pouvez recevoir du courrier en poste restante à l'adresse suivante : c/o General Delivery, New Orleans, LA 70112. D'autres bureaux sont implantés au terminal passager de l'aéroport ; au World Trade Center, 2 Canal St (carte 3) ; dans le Vieux Carré, 1022 Iberville St (carte 2) ; et dans le CBD, sur Lafayette Square, 610 S Maestri Place (carte 3). Ils sont généralement ouverts du lundi au vendredi de 8h30 à 16h30 et le samedi de 8h30 à 12h.

Plusieurs boutiques du Vieux Carré proposent des services d'acheminement du courrier et des paquets au même tarif que la poste. Parmi ces services postaux indépendants figurent le Royal Mail Service (carte 2 ; ☎ 504 522 8523), 828 Royal St, et le French Quarter Postal Emporium (carte 2 ; ☎ 504 525 6651), 1000 Bourbon St.

### Téléphone et fax

L'indicatif de La Nouvelle-Orléans est le ☎ 504. Vous trouverez sans difficulté des téléphones publics BellSouth (35 ¢ pour un appel local). Les autres opérateurs pratiquent des tarifs plus élevés. Les chambres des B&B et des pensions ne sont pas toujours équipées du téléphone. Renseignez-vous au moment de la réservation.

Dans le Vieux Carré, le French Quarter Postal Emporium (☎ 504 525 6651, fax 525 6652), 1000 Bourbon St, propose un service de fax. Dans le CBD, Kinko's (carte 3 ; ☎ 504 581 2541, fax 525 6272), 762 St Charles Ave, ouvre 24h/24.

### E-mail et accès Internet

Si vous voyagez avec votre ordinateur portable, renseignez-vous lorsque vous effectuez votre réservation pour savoir si votre chambre est équipée d'une ligne modem. Dans le cas contraire, vous pourrez peut-être utiliser la ligne téléphonique.

Vous disposerez d'un accès Internet gratuit et de la possibilité d'envoyer et de recevoir des e-mails à la bibliothèque publique (carte 3 ; ☎ 504 529 7323), 219 Loyola Ave, et chez NewOrleans.net (carte 3 ; ☎ 504 523 0990), 900 Camp St, un cybercafé situé dans le Contemporary Arts Center. Dans le Vieux Carré, Royal Access (carte 2 ; ☎ 504 525 0401), 621 Royal St, et le Bastille Computer Café (☎ 504 581 1150), 605 Toulouse St, proposent des accès payants.

### Internet

Voici quelques sites utiles. Beaucoup d'entre eux sont des portails qui contiennent d'innombrables liens intéressants :

#### Généralités
New Orleans Online
  www.neworleansonline.com
*Times-Picayune*
  www.neworleans.net

#### Sorties
*Offbeat Magazine*
  www.offbeat.com
WWOZ Radio (contient des liens intéressants)
  www.wwoz.org

#### Musique
Jazz Festival
  www.insideneworleans.com/entertainment/nojazzfest
Louisiana Music Factory
  www.louisianamusicfactory.com
Dr John (site officiel)
  www.drjohn.com
Neville Brothers (site officiel)
  www.nevilles.com

#### Mardi gras
Mardi Gras Links
  www.mardigrasneworleans.com
Mardi Gras Indians
  www.mardigrasindians.com

### Agences de voyages

Vous trouverez des offres de voyage à prix réduits dans l'édition dominicale du *Times-Picayune*. Les étudiants et les voyageurs à petit budget pourront se procurer des billets chez Council Travel (carte 5 ; ☎ 504 866 1767), 6363 St Charles Ave, au Loyola University Student Center.

L'AAA Travel Agency (☎ 504 838 7500, 800 452 7198), 3445 N Causeway Blvd, Metairie, propose de nombreux services. Les membres bénéficient en outre de cartes et d'une assistance gratuites. American Express (carte 3 ; ☎ 504 586 8201), 201 St Charles Ave, dispose d'une agence de voyage et d'un bureau de change.

### Librairies

La Faulkner House Books (carte 2 ; ☎ 504 524 2940), ainsi nommée car il s'agit de l'ancienne maison de Faulkner, transformée en librairie, dispose d'un très bon choix de nouveautés et de livres rares. Vous la trouverez dans le Vieux Carré, au 624 Pirate's Alley. William Faulkner occupe évidemment une place particulière dans ses rayonnages.

La Garden District Bookshop (carte 4 ; ☎ 504 895 2266), 2727 Prytania St, dans le centre commercial The Rink, vend surtout des ouvrages récents, mais également des éditions rares et des livres consacrés à la région.

La Community Book Center & Neighborhood Gallery (carte 6 ; ☎ 504 822 2665), 217 N Broad St, rassemble des livres d'auteurs afro-américains. Starling Books (carte 2 ; ☎ 504 595 6777), 1022 Royal St, se spécialise dans les ouvrages consacrés au vaudou et aux sciences occultes.

La ville ne manque pas de librairies proposant des ouvrages d'occasion. Allez fouiller dans le vaste fonds de la petite Arcadian Books & Art Prints (carte 2 ; ☎ 504 523 4138), 714 Orleans St, et dans les étages du Beckham's Book Store (☎ 504 522 9875), 228 Decatur St, ou de Crescent City Books (carte 2 ; ☎ 504 524 4997), 204 Chartres St. Kaboom Books (carte 2 ; ☎ 504 529 5780), 915 Barracks St, à la limite du Lower Quarter, est également une bonne adresse.

## Bibliothèques

La Louisiana Room (☎ 504 596 2610), au 3e étage du bâtiment principal de la New Orleans Public Library (carte 3 ; ☎ 504 529 7323, www.nutrias.org), 219 Loyola Ave, possède un excellent fonds de livres, de journaux et de cartes. La bibliothèque ferme le vendredi et le dimanche et ouvre le reste de la semaine de 10h à 18h.

## Campus universitaires

Tulane et Loyola, les universités privées les plus prestigieuses de La Nouvelle-Orléans, se côtoient sur St Charles Ave, dans l'Uptown, en face de l'Audubon Park. Fondée en 1834, l'université Tulane (carte 5 ; ☎ 504 865 5000), 6823 St Charles Ave, compte 12 000 étudiants répartis en 11 instituts et grandes écoles, dont une faculté de droit et une de médecine. Gérée par les jésuites depuis 1917, l'université Loyola (carte 5 ; ☎ 504 865 2011), 6363 St Charles Ave, est connue pour son conservatoire de musique, son école de commerce et son département de communication.

Dillard et Xavier sont des institutions privées d'enseignement supérieur, traditionnellement noires, réputées pour la qualité de leur enseignement. Créée en 1869, l'université Dillard (☎ 504 283 8822), 2601 Gentilly Blvd, rassembla nombre de responsables du Civil Rights Movement (Mouvement en faveur des droits civiques). Fondée en 1915, l'université Xavier (☎ 504 486 7411), 7325 Palmetto St, est la seule université catholique créée pour des Noirs aux États-Unis.

Établissement public, la Southern University at New Orleans (SUNO ; ☎ 504 286 5000), 6400 Press Drive, existe depuis 1959. Son Center for African and African-American Studies and Fine Arts rassemble une importante collection d'art africain. La SUNO est la première grande université des États-Unis à être présidée par une femme noire, Dolores Spikes.

Le plus vaste campus public de La Nouvelle-Orléans est celui de la University of New Orleans (carte 1 ; UNO ; ☎ 504 280 6000). Situé au bord du lac, il accueille 16 000 étudiants dans une ancienne station de garde-côtes. Son département d'histoire est réputé pour son approche pointue de l'histoire de la Louisiane.

## Centres culturels

L'Alliance française (☎ 504 568 07 70, fax 504 566 11 08, afno@bellsouth.net, 1519 Jackson Ave), propose des cours de français pour adultes, mais également quelques expositions, films et conférences. Vous pourrez également y voir les programmes de la chaîne en français par satellite TV5 et y consulter sa bibliothèque généraliste de 5 000 titres en français. Ouverte du lundi au vendredi de 9h à 18h, elle est fermée les samedis et dimanches. Pour vous y rendre, prenez le tramway (1 $) de St Charles Ave et descendez au coin de Jackson Ave (au niveau du n°2100 de St Charles). Le petit bâtiment de l'Alliance est à une centaine de mètres sur la gauche. Les visiteurs étrangers peuvent également contacter le Council for International Visitors (☎ 504 280 7266) de la University of New Orleans.

## Blanchissage/nettoyage

Hula Mae's Laundry (carte 2 ; ☎ 504 522 1336), 840 N Rampart St, occupe les locaux des anciens studios d'enregistrement J&M, haut lieu du rythm'n blues. C'est là, à l'endroit même où vous pliez vos affaires, que furent gravés des morceaux célèbres comme *Lawdy Miss Clawdy* de Lloyd Price.

Autre solution, les bars proposant des machines à laver le linge en self-service se multiplient. La plupart sont gérés par la chaîne Igor, qui possède des établissements dans l'Uptown, sur St Charles Ave et Magazine St, ainsi que sur Esplanade Ave. Voir *Où sortir* pour davantage de renseignements.

## Toilettes

Les toilettes publiques ne sont pas légion dans le Vieux Carré. Vous en trouverez dans le centre commercial Jackson Brewery sur Decatur St, et au French Market. Sinon, il vous en coûtera le prix d'une bière ou d'un café… ce qui revient à entamer un cycle sans fin.

## Consigne à bagages

Vous trouverez des casiers dans chaque hall de l'aéroport. Vous pouvez également laisser vos bagages à la gare ferroviaire (Union Passenger Terminal).

## Services médicaux et d'urgence

En cas d'urgence, appelez le ☎ 911. On vous enverra une ambulance ou quelqu'un pour vous accompagner au service des urgences d'un grand hôpital. Le Charity Hospital (carte 3 ; ☎ 504 568 2311), 1532 Tulane Ave, assure des soins gratuits aux plus défavorisés et fait payer les autres patients en fonction de leurs revenus.

Vous pourrez acheter 24h/24 des médicaments sans ordonnance et certains contraceptifs chez Walgreens (carte 6 ; ☎ 504 822 8073), 3311 Canal St, à l'angle de Jefferson Davis Parkway. Un autre Walgreens (carte 4 ; ☎ 504 568 9544), 900 Canal St, se trouve plus près du Vieux Carré, mais n'est pas ouvert en permanence. Dans le Vieux Carré, la Royal Pharmacy (carte 2 ; ☎ 504 523 5401), 1101 Royal St, ouvre de 9h à 17h tous les jours sauf le dimanche.

Le commissariat de police principal (☎ 911 pour les urgences, ☎ 504 821 2222 dans les autres cas) est installé 715 S Broad St. Le poste de police du Vieux Carré (carte 2 ; ☎ 504 565 7530) se trouve 334 Royal St.

## Désagréments et dangers

De nombreux secteurs de La Nouvelle-Orléans connaissent un taux de criminalité élevé, et la possibilité d'une agression constitue une menace réelle pour le visiteur, même dans des endroits qui peuvent paraître sûrs (par exemple le Garden District). L'écrasante majorité des touristes, cela dit, profite de la ville sans être importunée. Les mises en garde ci-après recensent les lieux, les horaires et les situations où votre vigilance doit redoubler.

Afin de réduire les risques, il est préférable de se déplacer en groupe et de ne pas circuler à pied la nuit. Si vous voyagez seul, évitez de pénétrer dans les lieux isolés tels que les cimetières et le Louis Armstrong Park. De nombreux circuits organisés permettent une visite du St Louis Cemetery n°1. Si vous ne souhaitez pas vous joindre aux groupes, vous pouvez les attendre afin de ne pas vous retrouver seul dans le cimetière. Le soir, évitez les zones résidentielles désertes du Vieux Carré et ne vous aventurez pas au-delà de N Rampart St (vers le lac).

Vous vous sentirez en revanche en sécurité dans le Vieux Carré, très fréquenté jour et nuit. Si vous logez ou êtes garé en bordure du quartier, prenez cependant un taxi pour rentrer le soir. Très animé dans la journée en semaine, le CBD est plutôt désert le soir et le week-end. La foule de touristes, de commerçants et de clients de passage qui se pressent sur Canal St lui garantit une certaine sécurité.

Dans la journée, vous vous sentirez relativement en sécurité à l'Audubon Park. Évitez-le à la nuit tombée, tout comme les campus avoisinants, le City Park et les abords du lac. Vous pouvez en principe vous rendre en toute quiétude dans les clubs situés dans le Riverbend, près de S Carrollton Ave. Soyez en revanche prudent dans le quartier proche des Fair Grounds.

Vous assisterez sans problème aux manifestations du Jazz Fest, mais ne vous éloignez pas des centres d'animation une fois la foule dispersée. Esplanade Ave passe dans des zones en cours de rénovation et de réhabilitation, dont certaines sont réputées dangereuses.

A moins d'être un familier de l'Uptown, restreignez vos déplacements dans ce quartier à l'espace compris entre St Charles Ave et Magazine St, qui inclut le Garden District. Des incidents, cela dit, surviennent parfois dans cette zone. Évitez de fréquenter la portion de St Charles Ave située en dessous de Louisiana Ave. La zone de l'Irish Channel comprise entre Magazine St et le fleuve est également peu recommandée.

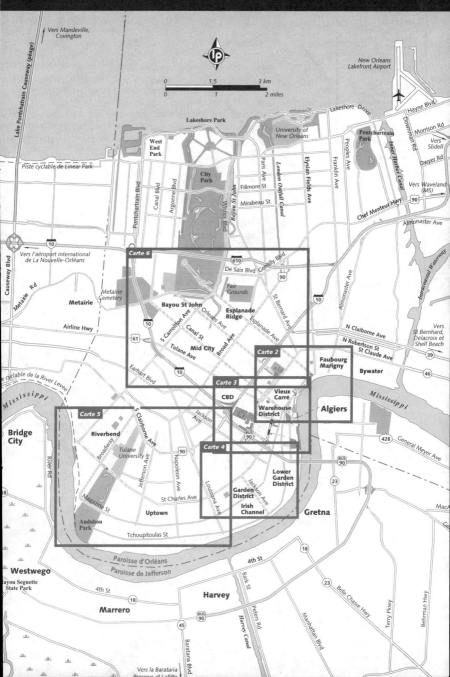

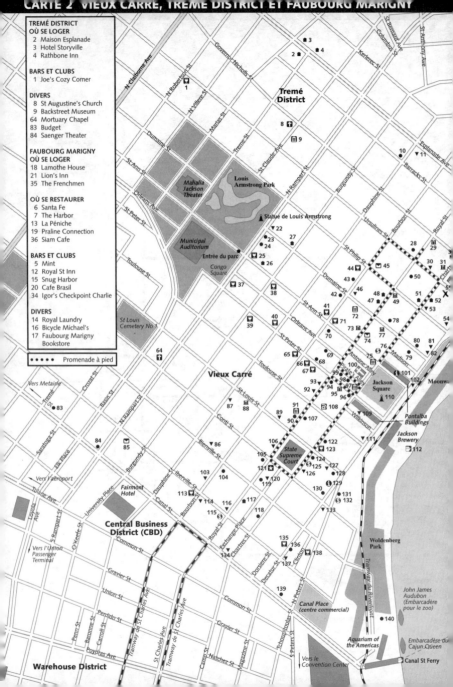

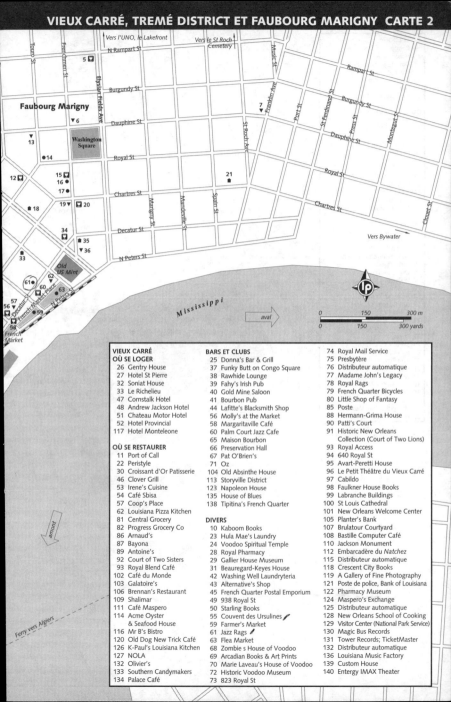

# CARTE 3 CBD ET WAREHOUSE DISTRICT

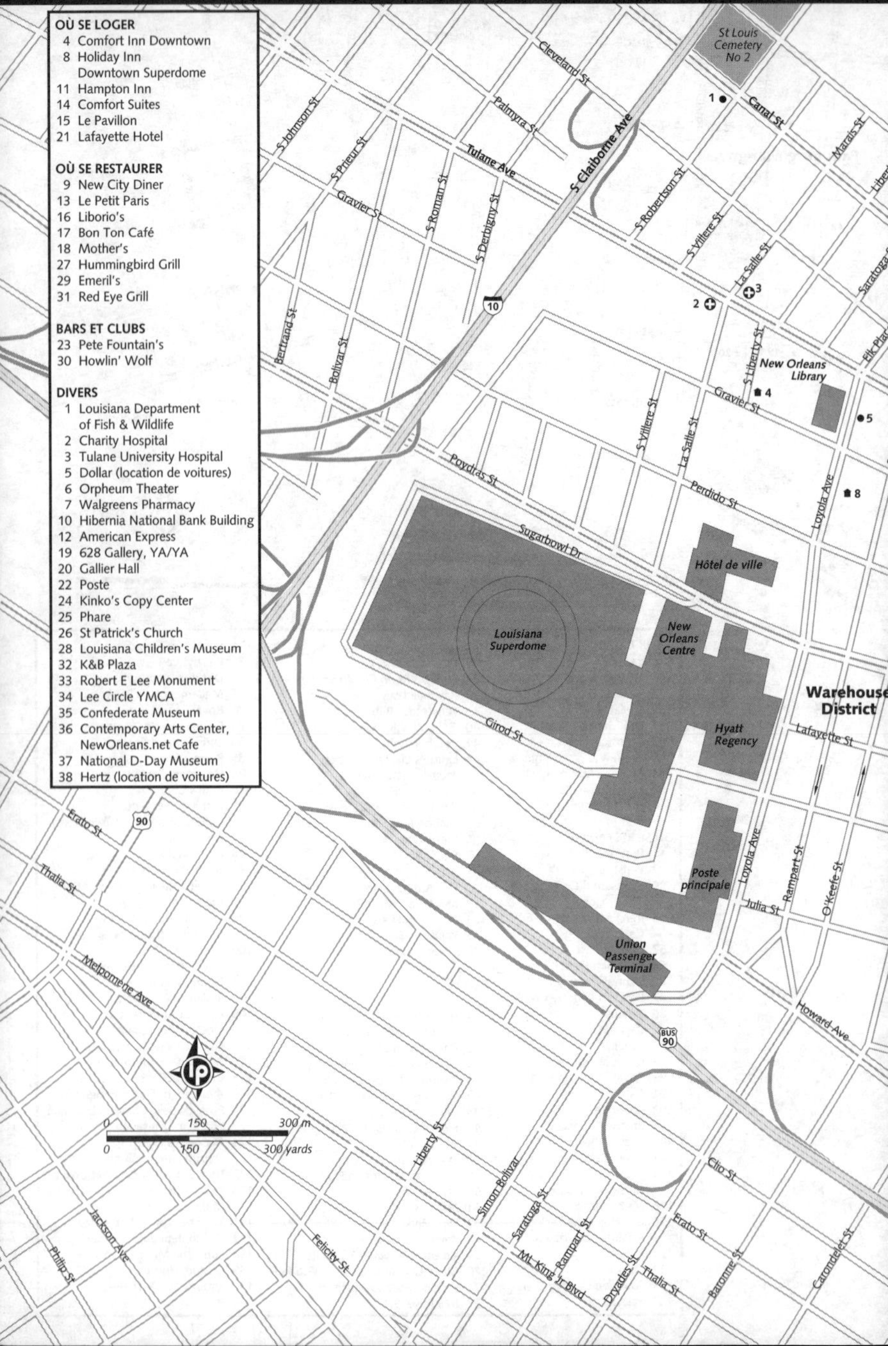

OÙ SE LOGER
4 Comfort Inn Downtown
8 Holiday Inn Downtown Superdome
11 Hampton Inn
14 Comfort Suites
15 Le Pavillon
21 Lafayette Hotel
OÙ SE RESTAURER
9 New City Diner
13 Le Petit Paris
16 Liborio's
17 Bon Ton Café
18 Mother's
27 Hummingbird Grill
29 Emeril's
31 Red Eye Grill
BARS ET CLUBS
23 Pete Fountain's
30 Howlin' Wolf
DIVERS
1 Louisiana Department of Fish & Wildlife
2 Charity Hospital
3 Tulane University Hospital
5 Dollar (location de voitures)
6 Orpheum Theater
7 Walgreens Pharmacy
10 Hibernia National Bank Building
12 American Express
19 628 Gallery, YA/YA
20 Gallier Hall
22 Poste
24 Kinko's Copy Center
25 Phare
26 St Patrick's Church
28 Louisiana Children's Museum
32 K&B Plaza
33 Robert E Lee Monument
34 Lee Circle YMCA
35 Confederate Museum
36 Contemporary Arts Center, NewOrleans.net Cafe
37 National D-Day Museum
38 Hertz (location de voitures)
St Louis Cemetery No 2
Cleveland St
Canal St
Marais St
Palmyra St
S Johnson St
S Prieur St
Tulane Ave
S Claiborne Ave
S Robertson St
Gravier St
S Roman St
S Derbigny St
S Villere St
La Salle St
Saratoga St
10
Bertrand St
Bolivar St
S Liberty St
New Orleans Library
Elk Place
Poydras St
Perdido St
Loyola Ave
Sugarbowl Dr
Hôtel de ville
Louisiana Superdome
New Orleans Centre
Warehouse District
Hyatt Regency
Girod St
Lafayette St
90
Erato St
Thalia St
Poste principale
Rampart St
O'Keefe St
Julia St
Union Passenger Terminal
Melpomene Ave
Howard Ave
BUS 90
0 150 300 m
0 150 300 yards
Liberty St
Clio St
Simon Bolivar
Saratoga St
Rampart St
Erato St
Jackson Ave
Felicity St
Mt. King Jr Blvd
Dryades St
Thalia St
Baronne St
Carondelet St
Philip St

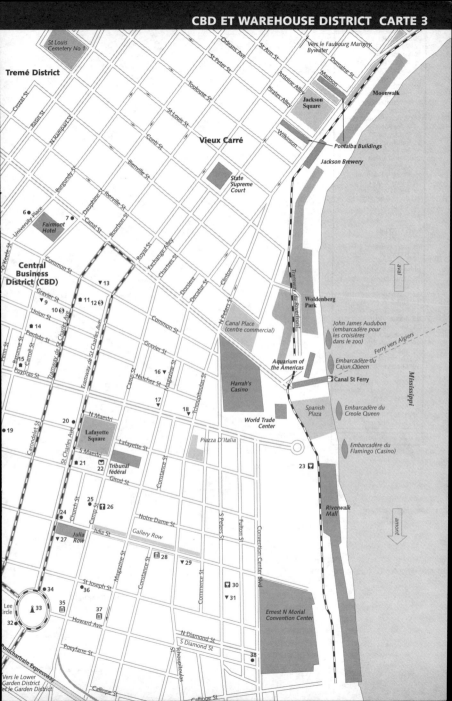

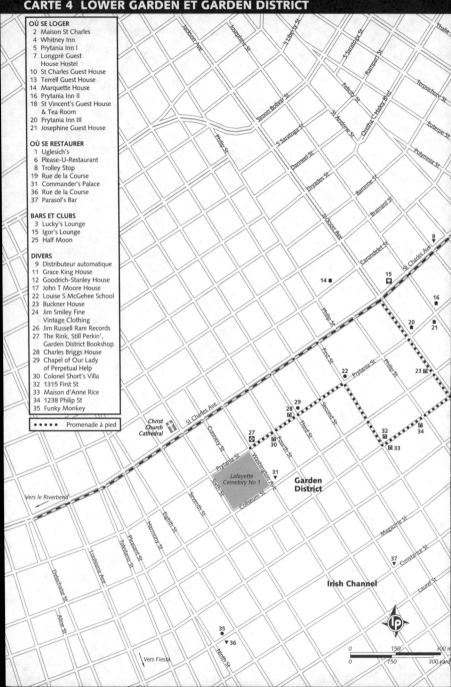

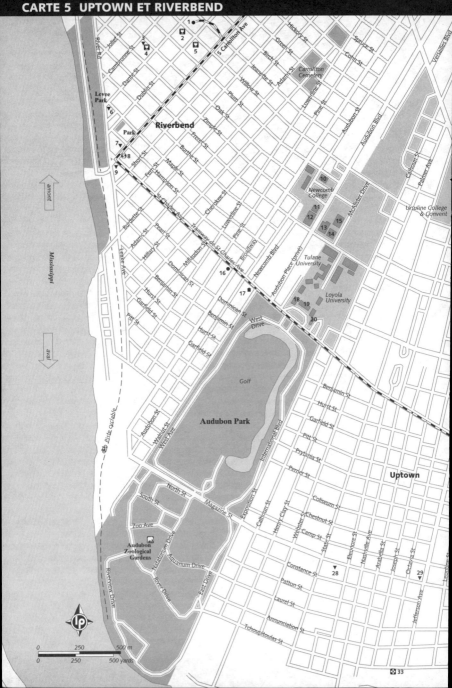

# UPTOWN ET RIVERBEND  CARTE 5

## OÙ SE LOGER
- 17 Park View Guest House
- 22 Lagniappe Bed & Breakfast
- 26 Columns Hotel

## OÙ SE RESTAURER
- 3 Jacques-Imo's Café
- 6 Brigtsen's Restaurant
- 7 Camellia Grill
- 9 Cooter Brown's Tavern & Oyster Bar
- 21 Dunbar's
- 27 Bluebird Café
- 28 Taqueria Corona
- 29 CC's Coffee House
- 31 Casamento's
- 32 Café Atchafala
- 34 Domilise's Po-Boys

## BARS ET CLUBS
- 2 Jimmy's
- 4 Maple Leaf Bar
- 5 Carrollton Station
- 26 Columns Hotel
- 30 Le Bon Temps Roulé
- 35 Tipitina's

## DIVERS
- 1 Dépôt de Tramway de Carrolton Station
- 8 Distributeur automatique
- 10 Newcomb Art Gallery
- 11 Dixon Hall, Lupin Theater
- 12 Tilton Library
- 13 Joseph Merrick Jones Hall, Hogan Jazz Archive
- 14 Avron B Fogelman Arena
- 15 University Student Center
- 16 Greenville Hall
- 18 Tilton Hall, Amistad Research Center
- 19 Gibson Hall
- 20 Holy Name of Jesus Church
- 24 Touro Synagogue
- 23 Milton H Latter Memorial Library
- 25 Rayne Memorial Methodist Church
- 33 Riverside Market (centre commercial)

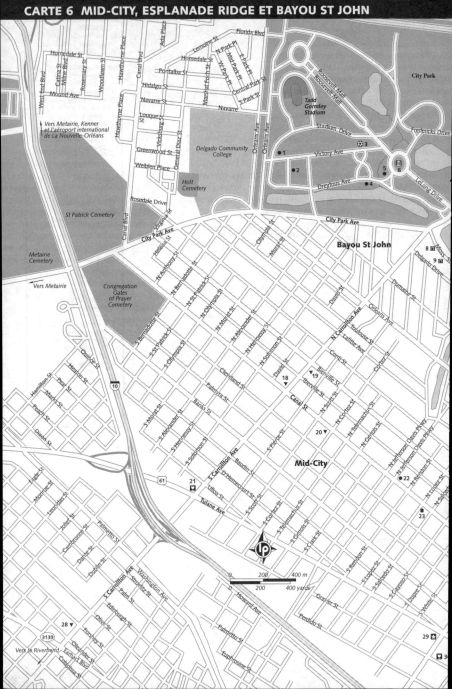

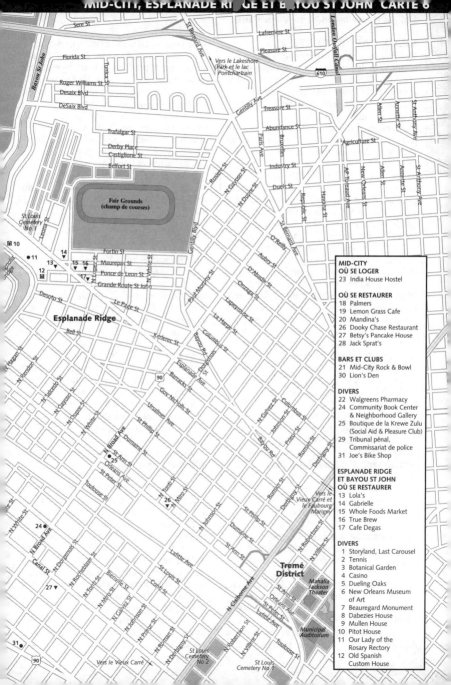

## VIEUX CARRÉ (CARTE 2)

Nombreux sont les visiteurs qui passent la majorité de leur temps dans le Vieux Carré (French Quarter). Le quartier le plus ancien et le plus pittoresque de la ville constitue également son centre géographique et culturel.

Au premier abord, il est surprenant de ne pas voir plus d'exemples d'architecture française dans ce quartier fondé par les Français. La raison en est simple : seul le couvent des Ursulines (1745, le plus vieux bâtiment de la ville) a survécu aux incendies qui l'ont ravagé à deux reprises. En 1788, plus de 800 édifices furent réduits en cendres, notamment tous les commerces, les belles demeures, le Cabildo et l'église. A l'issue du second incendie, en 1794, le Cabildo (le Conseil colonial espagnol) ordonna l'utilisation de matériaux résistants au feu dans la construction des bâtiments à étages. La brique et la technique de la "briquette entre poteaux" vinrent ainsi façonner l'architecture du Vieux Carré. Si certains bâtiments conservèrent un certain style français, c'est l'influence espagnole qui prédomina lors de la reconstruction de la ville. On remarque notamment les larges fenêtres surmontées d'élégants arcs de cercle et les belles impostes en forme d'éventail au-dessus des entrées.

Les efforts de conservation effectués depuis cinquante ans ont entraîné une profonde modification sociologique du quartier. Depuis que le Vieux Carré a été déclaré officiellement quartier historique en 1937, la population est passée de 12 000 personnes à quelque 5 000 aujourd'hui. La chute de la population noire et celle des enfants sont encore plus spectaculaires.

### Promenade à pied

Rien ne révèle mieux la beauté architecturale du Vieux Carré qu'une promenade à pied. L'itinéraire que nous vous proposons débute au Presbytère de Jackson Square. Descendez Chartres St jusqu'à Dumaine St, que vous prenez sur votre gauche. **Madame John's Legacy** se dresse au n°632. Cette demeure coloniale française est gérée par le Louisiana State Museum (l'entrée coûte 3/2 $ pour les adultes/enfants). Construite en 1788, elle servit de cadre à *Tite Poullette*, histoire écrite par George Washington Cable, un romancier de La Nouvelle-Orléans. Elle possède des fondations surélevées de briquettes entre poteaux qui la protégeaient des inondations. En face, une grille installée entre des murs de briques est ornée de **fourches du diable**, un motif courant dans le Vieux Carré qui visait à tenir éloignés les esprits malins et l'âme des trépassés.

Revenez vers Chartres St et prenez à gauche. A l'angle de Ursulines St, le **couvent des Ursulines**, 1114 Chartres St, est en partie caché par son mur d'enceinte. Construit entre 1745 et 1750, il s'agit du plus vieux bâtiment du Vieux Carré et de l'un des seuls exemples d'architecture coloniale française de La Nouvelle-Orléans. En face, la **maison Beauregard-Keyes**, 1113 Chartres St, fut construite en 1826 et mêle les influences créole et américaine.

Prenez Ursulines St jusqu'à Royal St et tournez à droite. Au n° 1118, une maison de ville de style Greek Revival, la **Gallier House**, fut construite en 1857 par l'architecte James Gallier Jr, qui y résida avec sa famille. Elle a été transformée en musée (voir le paragraphe correspondant). Traversez Royal St et revenez au coin de Ursulines St afin de jeter un œil à la **Royal Pharmacy**, 1101 Royal St. A l'intérieur, vous pourrez apercevoir la "soda fountain", où l'on vendait jadis sodas et eaux minérales. Admirablement conservée, elle ne fonctionne malheureusement plus.

Prenez à droite sur Ursulines St, puis à gauche dans Bourbon St. La petite maison délabrée au coin de St Philip St abrite une agréable petite taverne, la **Lafitte's Blacksmith Shop**, 941 Bourbon St. Bâtiment historique national, elle est remarquable par sa construction en briquettes entre poteaux, qui daterait de la fin du XVIII$^e$ siècle. Certains rapportent qu'elle aurait abrité l'atelier de maréchal-ferrant du pirate Jean Lafitte et de son frère. Redescendez ensuite St Philip St jusqu'à Royal St.

C'est dans Royal St, avec ses édifices ornés de galeries en fonte, que vous découvrirez quelques-unes des plus belles façades de la ville. En descendant la rue, admirez les plantes suspendues aux balcons des étages supérieurs.

Au coin de Royal St et de St Philip St, au **938 Royal St**, un charmant immeuble de briques qui n'a pas encore été restauré arbore ses galeries de fonte rouillées, ajoutées à l'édifice d'origine en 1858. Il y a cinquante ans, la plupart des bâtiments du Vieux Carré présentaient le même aspect un peu délabré. Un plus loin et sur le côté opposé de la rue se dresse le **Cornstalk Hotel**, 915 Royal St, célèbre pour sa grille de fonte ornée d'épis de maïs (voir *Où se loger*).

La maison du **823 Royal St** appartenait à Daniel Clark, marchand venu d'Irlande qui participa, aux côtés de Thomas Jefferson, aux négociations pour l'achat de la Louisiane. Poursuivez jusqu'à Orleans St et admirez les luxuriantes plantes tropicales du **St Anthony's Garden**, derrière la **cathédrale Saint-Louis** (dont on aperçoit le clocher d'Orleans St).

Faites un détour par **Pirate's Alley**, un agréable passage ombragé qui vit le jour en 1831. Remarquez les balcons en fer forgé des années 1840 qui ornent les façades des maisons Labranche, aux 622-624 Pirate's Alley. Ils ont survécu à l'engouement pour la fonte qui se propagea dans le Vieux Carré. En 1925, Faulkner résida au **624 Pirate's Alley** (qui s'appelait alors Orleans Alley). Une charmante petite librairie, la Faulkner House, a ouvert à cette adresse en 1990. Elle est rapidement devenue un lieu de rencontre des milieux littéraires de La Nouvelle-Orléans.

Continuez sur Pirate's Alley en contournant la cathédrale et le **Cabildo**, qui sont l'un comme l'autre traités en détail plus loin dans ce chapitre. Remontez St Peter St vers Royal St. Au 632 St Peter's St se trouve la **Avart-Peretti House**, où vécut Tennessee Williams en 1946 et 1947, lors de la rédaction d'*Un tramway nommé désir*. En face se dresse une autre partie des imposants **Labranche Buildings**, au 621-639 St Peter's St et au 700-712 Royal St.

Au **640 Royal St**, à l'angle de St Peter's St, le premier "gratte-ciel" de la ville mérite quelques instants d'attention. Commencé en 1795, le bâtiment comptait 3 étages en 1811 (un quatrième fut ajouté en 1876). Son propriétaire, le Dr Yves LeMonnier, fit porter ses initiales dans le balcon en fer forgé qui surplombe le coin de la rue. Pour modeste qu'elle soit, la hauteur de l'édifice constitue une exception : les constructions de La Nouvelle-Orléans furent en effet longtemps limitées à 2 étages, car on craignait que les sols marécageux ne supportent pas d'édifices plus élevés.

Poursuivez sur Royal St, où l'alignement des façades dissimule de vastes cours intérieures cachées derrière d'étroits couloirs. La tradition créole était en effet d'orienter les maisons vers l'arrière, et un grand soin était apporté aux espaces intérieurs où commerçants et familles passaient la majeure partie de leur temps. A l'inverse, les façades étaient plutôt modestes et neutres. On peut accéder à la **Patti's Court** pendant les heures d'ouverture de la Old Town Praline Shop, 627 Royal St. Certaines cours ont été aménagées en commerces, ce qui les rend faciles d'accès. Vous pouvez également boire un café ou prendre un repas dans une cour extérieure en vous rendant au Royal Blend Café ou au restaurant de la Court of Two Sisters.

Au coin de Toulouse St, la **Court of Two Lions**, 541 Royal St, fut construite par Jean-François Merieult en 1798. Côté Toulouse St, son entrée est surmontée de lions de marbre. C'est également à Merieult que l'on doit la maison voisine, qui occupe les n°527 à 533 de Royal St et date de 1792. Une des rares constructions à avoir survécu à l'incendie de 1794, elle abrite aujourd'hui la **Historic New Orleans Collection**. Des visites de la maison et des bâtiments adjacents sont organisées. La **Brulatour Courtyard**, 520 Royal St, est également ouverte à la visite. Elle fut édifiée par le Bordelais François Seignouret après qu'il eut participé à la bataille de La Nouvelle-Orléans. Il y exerça son métier d'importateur de vins et de fabricant de meubles de style. La cour doit son nom au négociant Pierre Brulatour, qui acquit la maison en 1870.

De nombreuses scènes du film *JFK* ont été tournées dans l'imposante **Cour suprême**, bâtiment de 1909 dont la façade de marbre blanc et de terre cuite tranche avec le reste des constructions du Vieux Carré. En face, le **Brennan's Restaurant** a depuis 1955 pignon sur rue dans l'ancienne Banque de Louisiane, premier établissement bancaire à avoir ouvert après l'achat de l'État. Vincent Rillieux, l'arrière-grand-père du peintre Edgar Degas, posséda la demeure, qu'il aurait fait construire en 1802. L'architecte Benjamin Henry Latrobe se chargea pour sa part de l'édification de la **Louisiana State Bank**. Elle sortit de terre en 1820 à l'angle de Royal St et de Conti St, peu de temps avant que Latrobe ne succombe à la fièvre jaune.

En face, la **Planters Bank**, 343 Royal St, est elle aussi une ancienne institution bancaire installée dans un bâtiment construit par Rillieux peu après le grand incendie de 1794. Ses balcons de fer forgé sculptés et ses entretoises en font un magnifique exemple d'architecture coloniale espagnole. Dans l'autre angle, jetez un œil à l'intérieur du bâtiment Greek Revival de la **Bank of Louisiana**, 332 Royal St, qui date de 1826. Il a vu se succéder de nombreux propriétaires depuis la liquidation de la banque en 1867 et abrite actuellement un poste de police et un visitor center.

Descendez Conti St et tournez à gauche dans Chartres St. C'est dans l'actuel restaurant **Maspero's Exchange** (La Bourse de Maspero), 440 Chartres St, que Pierre Maspero tenait son bar et son commerce d'esclaves (voir le paragraphe correspondant). Traversez Louis St et découvrez la **Napoleon House**, 500 Chartres St, installée dans un ancien bar dont les vieux murs en stuc auraient de bien curieuses histoires à raconter. L'une d'entre elles fait partie du folklore du Vieux Carré : au début du XIXe siècle, Nicholas Girod, propriétaire du bâtiment et ancien maire de la ville, mit sur pied une opération visant à délivrer Napoléon Bonaparte de sa prison de Sainte-Hélène et à l'héberger dans un appartement situé au-dessus du bar. L'empereur mourut, hélas ! avant que Girod ne mette son plan à exécution.

Un peu plus loin sur Chartres St, vous apercevrez l'enseigne de la pharmacie française, où exerça à partir de 1823 le premier pharmacien diplômé du pays. Le **Pharmacy Museum**, 514 Chartres St, est désormais installé dans les lieux (voir le paragraphe correspondant plus loin).

De là, revenez vers Jackson Square où vous pourrez vous asseoir sur un banc et profiter de l'animation.

## Bourbon St

Oubliés les *choruses* des jazzmen : la plus célèbre rue du Vieux Carré est résolument entrée dans la modernité, au point de décevoir ceux que la simple évocation de ce nom faisait rêver. De Canal St, Bourbon St commence par briller des néons racoleurs des clubs de strip-tease, qui précèdent une succession de bars et de clubs d'où s'échappent des flots de rock, de blues et de rythm'n blues. Autant dire que le Preservation Hall – dédié à la préservation du jazz – fait figure de musée vivant... Plus loin, quelques bars gay font résonner la rue au rythme de la disco. S'ils ont gardé leurs enseignes, les bars à absinthe ont depuis longtemps cessé de servir cette boisson jadis nommée "l'esprit de La Nouvelle-Orléans", et les boutiques de T-shirts et autres gadgets pour touristes sont légion.

Restent une incomparable animation tous les soirs et une occasion unique de changer d'univers musical mètre après mètre. Le mieux est de prendre un verre à emporter (*to go*) et d'arpenter la rue.

## Jackson Square

Son joli jardin bien entretenu et sa remarquable architecture font de Jackson Square un espace public des plus agréables. Les deux Pontalba Buildings qui flanquent la place et les bâtiments quasi identiques du Cabildo et du Presbytère, qui entourent la cathédrale Saint-Louis, créent par ailleurs une saisissante symétrie.

Point de rencontre des visiteurs du Vieux Carré, la place reste le lieu central qu'elle était lorsque les Français construisirent la ville, il y a bientôt trois cents ans. Musiciens amateurs (dont beaucoup sont excellents, et d'ailleurs reconnus), diseuses de bonne aventure, mimes et autres artistes de rue, qui convergent vers Jackson Square, en font une mini-scène culturelle toujours en mouvement.

La place d'armes – qui n'était à l'origine qu'un terrain de manœuvres boueux – fut transformée par Mme Micaëla Pontalba, qui ordonna également la construction des Pontalba Buildings. Son père, don Andrés Almonaster y Roxas, fit pour sa part édifier la cathédrale, le Cabildo et le Presbytère. C'est encore à Mme Pontalba que l'on doit le **Jackson Monument**. Sculpté par l'artiste Clark Mills, il comporte une statue équestre du général Andrew Jackson, héros de la bataille de La Nouvelle-Orléans et président des États-Unis de 1829 à 1837. Le général Benjamin Butler, commandant des forces d'occupation en 1862, fit ajouter, au grand déplaisir de la population locale, l'inscription *"The Union Must and Shall Be Preserved"* ("L'Union doit être maintenue et le sera.").

### Saint Louis Cathedral

La cathédrale Saint-Louis (du nom du roi de France) est l'un des lieux les plus fréquentés de la ville pendant la messe de minuit du soir de Noël. En 1722, un ouragan détruisit la première des trois églises construites à cet emplacement par la paroisse Saint-Louis. L'architecte Gilberto Guillemard inaugura officiellement la cathédrale actuelle la veille de Noël 1794, quelques semaines seulement après l'incendie dévastateur auquel l'édifice avait miraculeusement échappé.

L'architecte J. N. B. DePouilly, formé en France, lui apporta de profondes modifications entre 1849 et 1851. En 1850, elle fut choisie pour abriter le siège de l'archidiocèse de La Nouvelle-Orléans. En 1964, le pape Paul VI lui décerna le rang de basilique mineure.

Le bienfaiteur des lieux, don Andrés Almonaster y Roxas, est enterré dans la cathédrale. Arrivé à La Nouvelle-Orléans comme simple notaire, cet Espagnol fit fortune en louant des propriétés aux abords de la place. Il finança également le Cabildo et prit part à la construction du Presbytère.

Pour connaître les horaires des messes, contactez les oblates de Mary Immaculate (☎ 504 525 9585), 615 Père Antoine Alley. La cathédrale est ouverte aux visiteurs du lundi au samedi de 9h à 17h et le dimanche de 13h à 17h.

### Louisiana State Museum

Outre le Cabildo, le Presbytère et le Lower Pontalba Building, qui donnent tous les trois sur Jackson Square, le musée regroupe l'Old US Mint, Madame John's Legacy et quelques sites des abords de la ville.

Vous pouvez acheter des billets séparés dans chaque édifice ou vous procurer un ticket groupé vous permettant d'accéder à deux d'entre eux, ou plus. Les étudiants et les membres de l'AAA bénéficient d'une réduction de 1 $ sur le tarif adultes. L'entrée est gratuite pour les enfants de moins de 12 ans.

**Cabildo.** Le Cabildo d'origine fut détruit par l'incendie de 1788. Le nouvel édifice, construit par l'architecte Gilberto Guillemard et inauguré en 1799, a abrité le Conseil espagnol, le conseil municipal, la Cour suprême de Louisiane et, depuis 1911, est occupé par le Louisiana State Museum.

Plusieurs journées seraient nécessaires pour visiter le musée. La collection, répartie sur 3 étages, détaille en effet le rôle joué par La Nouvelle-Orléans sur le plan régional, national et même international. Si vous êtes pressé, passez rapidement le premier étage (prenez cependant le temps d'admirer quelques objets indiens de l'ère précolombienne et pièces de la période coloniale). Au deuxième, la Sala Capitular (salle du conseil) donne sur Jackson Square. C'est en ses murs que furent signés les accords historiques aux termes desquels Napoléon céda la Louisiane aux Américains. A ce même étage, une exposition propose de revivre les grandes étapes de la bataille de La Nouvelle-Orléans, et notamment de comprendre le rôle joué par les Noirs libres et les Indiens Choctaw dans l'armée du général Jackson, qui obtint une victoire décisive sur les troupes britanniques du général Packenham en 1814. Le niveau le plus passionnant est sans doute le dernier, qui présente de terribles descriptions des conditions de vie des esclaves, aux côtés de témoignages de soldats noirs enrôlés dans les troupes confédérées.

Le Cabildo (☎ 504 568 6968), 701 Chartres St, ouvre du mardi au dimanche de 9h à 17h. L'entrée coûte 5/4 $ pour les adultes/seniors et étudiants (gratuite pour les enfants de moins de 12 ans).

**Presbytère.** Conçu par l'architecte Gilberto Guillemard en 1791 et achevé en 1813, ce bâtiment n'a en fait jamais servi de presbytère. Les responsables de la cathédrale le louèrent, puis le vendirent en 1853 à la municipalité, qui en fit un tribunal. En 1911, il devint propriété du Louisiana State Museum. L'intéressante exposition "Mardi Gras : It's Carnival Time in Louisiana" s'arrête sur tous les thèmes du carnaval et présente de superbes masques, déguisements, chars, costumes d'"Indiens de Mardi gras" et photos anciennes. Des films documentaires et des explications détaillées permettent de saisir tout le sens des complexes traditions du carnaval.

Le Presbytère (☎ 504 568 6968), 751 Chartres St, vous accueille du mardi au dimanche de 9h à 17h. Les tarifs s'élèvent à 5/4 $ pour les adultes/seniors et étudiants (entrée gratuite pour les enfants de moins de 12 ans).

**1850 House.** Cette demeure de 1850 fait partie des appartements du Lower Pontalba Building. Mme Micaëla Pontalba, fille de don Almonaster y Roxas, y poursuivit les travaux d'embellissement qu'avait entrepris son père autour de Jackson Square, construisant les longues enfilades d'appartements de briques rouges qui flanquent les parties haute et basse de la place. Les plans initiaux des appartements furent dessinés par le célèbre architecte James Gallier Sr (voir plus loin *Gallier House Museum*). En 1927, le Lower Pontalba Building fut légué au Louisiana State Museum. La ville fit en 1930 l'acquisition de l'Upper Pontalba Building, où résidait autrefois Micaëla.

Des bénévoles compétents de l'association Les Amis du Cabildo proposent des visites guidées de l'appartement, de la cour intérieure et des bâtiments du personnel, qui contiennent des meubles d'époque.

La 1850 House (☎ 504 568 6968), 523 St Ann St, est ouverte au public du mardi au dimanche de 9h à 17h (visite libre ou guidée). L'entrée coûte 3/2 $ pour les adultes/seniors et étudiants (gratuite pour les enfants de moins de 12 ans).

## Couvent des Ursulines

Au terme de cinq mois de voyage, douze ursulines venues de Rouen, en France, arrivèrent à La Nouvelle-Orléans en 1827 pour prendre en charge le petit hôpital de fortune destiné à la garnison française et assurer l'éducation des jeunes filles. Elles furent les premières religieuses du Nouveau Monde, et l'armée coloniale française leur construisit un couvent et une école pour jeunes filles entre 1745 et 1752. Aujourd'hui, et grâce à d'importants travaux de restauration, le couvent des Ursulines reste l'un des rares exemples d'architecture coloniale française de La Nouvelle-Orléans. Sa visite guidée inclut également la Chapel of Archbishops (chapelle des Archevêques), construite en 1845. Certains de ses vitraux commémorent la bataille de La Nouvelle-Orléans (Andrew Jackson estimait qu'il devait sa victoire aux ferventes prières des Ursulines) ; d'autres sont dédiés aux Sœurs de la Sainte Famille (Sisters of the Holy Family), ordre de religieuses créoles fondé en 1842 par Henriette Delille.

Le couvent des Ursulines (☎ 504 529 3040) se trouve 1100 Chartres St. De visites organisées sont proposées du mardi au vendredi à 10h, 11h, 13h, 14h et 15h, ainsi que les samedi et dimanche à 11h15, 13h et 14h. L'entrée coûte 5/4/2 $ pour les adultes/enfants/seniors.

## Maison Beauregard-Keyes

Les édifices de style Greek Revival, tels cette demeure construite en 1826 et dotée de quartiers réservés aux esclaves et d'une cour, sont rares dans le Vieux Carré. Après la guerre, elle fut le domicile du général confédéré P. G. T. Beauregard, connu pour avoir ordonné en 1861 aux forces confédérées de faire feu sur le Fort Sumpter (en Caroline du Sud), déclenchant ainsi la guerre de Sécession. L'autre hôte célèbre de la demeure fut l'écrivain Frances Parkinson Keyes, qui s'y installa de 1944 à sa mort, en 1970. Elle écrivit 51 romans, dont de nombreux ont pour cadre la ville et sa région.

Les visites guidées de la demeure (☎ 504 523 7257), 1113 Charles St, se révèlent malheureusement moins intéressantes que ses illustres habitants. La maison est ouverte du lundi au samedi de 10h à 15h, et la visite guidée, qui débute toutes les heures (présentez-vous 5 minutes avant) coûte 5/4/2,50 $ pour les adultes/seniors/enfants.

## Gallier House Museum

L'architecture de La Nouvelle-Orléans doit beaucoup à James Gallier Sr et à son fils, James Gallier Jr, tous deux connus pour leurs bâtiments de style Greek Revival. C'est en 1857 que Gallier Jr commença à travailler sur les plans de cette impressionnante maison de ville, dans laquelle il introduisit de multiples innovations. La vue sur Royal St et les autres belles demeures que l'on découvre de la galerie en fonte compte également parmi les points forts de cette intéressante visite.

Le Gallier House Museum (☎ 504 525 5661), 1118 Royal St, ouvre du lundi au vendredi de 10h à 15h30. L'entrée revient à 6/5 $ pour les adultes/seniors et enfants. Un billet combiné avec la Hermann-Grima House est proposé au prix de 10/9 $.

## Maison Hermann-Grima

En 1831, le marchand Samuel Hermann fit entrer le très caractéristique style américain dans le Vieux Carré. En 1844, il vendit sa maison au juge Grima – un esclavagiste – après avoir, dit-on, perdu 2 millions de dollars dans le vent de panique qui s'empara des milieux financiers en 1837. Des cours de cuisine sont donnés dans l'authentique cuisine de l'édifice, les jeudis d'octobre à mai. Des visites guidées (☎ 504 525 5661), 820 St Louis St, sont proposées du lundi au samedi de 10h à 15h30. Le prix d'entrée s'élève à 6/5 $ pour les adultes/seniors et enfants. Vous pouvez également opter pour un billet combiné avec le Gallier House Museum (voir ci-dessus).

## Historic New Orleans Collection

Le Musée historique de La Nouvelle-Orléans (☎ 504 523 4662, www.hnoc.org), 533 Royal St, est réparti dans un ensemble de bâtiments historiques qui s'organisent autour de la Merieult House. Depuis 1970, les collections privées d'œuvres d'art et de documents historiques, bien que présentées de manière un peu académique, font le bonheur des visiteurs et des chercheurs.

**Williams Gallery.** Les expositions temporaires proposées dans cette galerie éclairent différents aspects de l'histoire locale. Dans le passé, une exposition a par exemple présenté des photographies anciennes, des vidéos et des documents audio relatifs aux changements apportés par la mécanisation dans les régions de culture de canne à sucre du sud de la Louisiane. La galerie ouvre du mardi au samedi de 10h à 16h30. Entrée libre.

**Merieult History Tour.** L'introduction à l'histoire de la Louisiane proposée lors de la visite de la Merieult House, construite en 1792, se révèle extrêmement documentée, quoiqu'un peu rapide. Parmi les pièces exposées figurent les documents originaux relatifs à la vente de la Louisiane en 1803. Vous pourrez compléter les commentaires du guide grâce aux tablettes récapitulant le contenu de chaque salle. L'un des rares à avoir survécu à l'incendie de 1794, le bâtiment a été amplement modifié en 1832 et reflète l'influence américaine qui prévalait à l'époque. Des morceaux du mur de briquettes entre poteaux ont été mis à nu dans l'une des pièces, tandis qu'une salle est recouverte de planches récupérées sur des péniches démontées après leur descente du Mississippi.

Le prix des visites, organisées du mardi au samedi à 10h, 11h, 14h et 15h, s'élève à 4 $.

**William Research Center.** En 1996, la Historic New Orleans Collection a installé son centre de recherche (☎ 504 523 4662) dans un ancien commissariat de police joliment restauré, au 410 Chartres St. Il ne présente pas d'intérêt particulier pour le visiteur de passage, mais constitue une mine pour ceux qui recherchent des informations précises sur tel ou tel bâtiment de La Nouvelle-Orléans. Les archives renferment plus de 300 000 reproductions ainsi qu'une étude exhaustive de chaque pâté de maisons du Vieux Carré. L'utilisation de stylos à encre est interdite à ceux qui souhaitent consulter les documents. Ouvert du mardi au samedi de 10h à 16h30.

## Maspero's Exchange

Le bâtiment situé 440 Chartres St a abrité l'une des nombreuses Bourses aux esclaves de La Nouvelle-Orléans. Son locataire, Pierre Maspero, tenait également un café dans ce bâtiment qui abrite maintenant le restaurant Maspero's Exchange (à ne pas confondre avec le Café Maspero sur Decatur St). Des marchés aux esclaves se tenaient régulièrement deux blocs plus loin, sur Exchange Alley (aujourd'hui Exchange Place), entre Conti St et Canal St, et sur le marché situé au-delà du mur d'enceinte du Vieux Carré (actuellement dans le Louis Armstrong Park, de l'autre côté de Rampart St). A la suite de l'incendie du Vendredi saint de 1788, don Juan Paillet édifia ce bâtiment en y introduisant un entresol. C'est dans cette pièce exiguë, à laquelle on n'accédait à l'époque que par une trappe située dans le plancher du rez-de-chaussée, que les esclaves africains auraient été emprisonnés.

## Pharmacy Museum

Le musée de la Pharmacie (☎ 504 565 8027), 514 Chartres St, est installé dans une boutique fondée en 1823 par le premier pharmacien diplômé de la jeune nation, Louis Dufilho Jr.

Dufilho fournissait des pilules dorées à l'or fin aux riches habitants de la région et de l'opium, de l'alcool et du cannabis à ceux qui en avaient réellement besoin pour lutter contre la douleur. L'entrée coûte 2 $. Le musée est ouvert du mardi au dimanche de 10h à 15h.

## Old US Mint (hôtel des monnaies)

Cet édifice quelconque de style Greek Revival détonne un peu au milieu des bâtiments créoles du Vieux Carré. De 1838 à 1861, puis de 1879 à 1910, il accueillit les presses qui frappaient les monnaies américaines, reconnaissables au symbole "O" qu'elles arboraient. Le bâtiment abrita par la suite une prison fédérale et un bureau des garde-côtes américains, avant de devenir la propriété du Louisiana State Museum, qui ouvrit ses portes au public dans les années 80.

L'Old Us Mint (☎ 504 568 6968), 400 Esplanade Ave, se visite du mardi au dimanche de 9h à 17h. L'entrée coûte 5/4 $ pour les adultes/seniors. Vous trouverez de bons disques de jazz et une série de pièces américaines et confédérées frappées à La Nouvelle-Orléans dans les deux boutiques.

Les lieux abritent par ailleurs une très intéressante exposition sur le jazz (**New Orleans Jazz Exhibit**) et l'art des Indiens Houma (**Houma Indian Arts Museum**).

## French Market

L'activité commerciale de La Nouvelle-Orléans s'organise depuis plus de 200 ans autour du terrain situé à côté de la digue. C'est là, déjà, que les Amérindiens proposaient des peaux aux Européens, avant que les Français y installent un marché en plein air. Les Espagnols édifièrent un bâtiment en 1791 pour y installer les bouchers et réglementer le commerce alimentaire, mais il fut détruit par l'action conjuguée d'une tempête et d'un incendie. L'architecte de la municipalité, Jacques Tanesse, construisit en 1813 la halle des boucheries (Butcher's Market) à son emplacement.

Dans les années 30, la ville procéda à la rénovation totale du French Market, situé sur French Market Place entre St Ann St et Barracks St. Des cafés occupent le Butcher's Market depuis 1860. Le plus ancien, le Café du Monde, vend comme des petits pains ses paquets de chicorée et ses boîtes de pâte à beignet (voir *Où se restaurer*). L'établissement est ouvert 24h/24.

## Voodoo Spiritual Temple

Une visite au temple spirituel vaudou de la grande prêtresse Miriam Williams vous convaincra que le vaudou reste bien vivant dans le Vieux Sud. La sagesse et l'intégrité de la grande prêtresse contredisent par ailleurs les accusations de tricherie et de malhonnêteté souvent lancées contre le vaudou.

Le temple fut installé en 1990 dans un magasin situé à proximité de la laverie Lula Mae, non loin de Congo Square où, dit-on, Marie Laveau se serait livrée à ses pratiques rituelles en public. Dans la pénombre du temple, on distingue des autels dédiés à de multiples divinités et recouverts d'offrandes. Dans une pièce à part, un serpent coule des jours paisibles dans son vivarium. La prêtresse Miriam profite des moments où il s'immobilise pour le saisir. Le serpent se met alors à bouger, exécutant apparemment les volontés de la maîtresse des lieux. Vous pourrez acheter à la boutique mitoyenne des livres, cartes postales, bougies votives et autres objets vaudous.

Le Voodoo Spiritual Temple (☎ 504 522 9627), 828 N Rampart St, ouvre généralement de 9h à 17h du lundi au vendredi, et parfois le samedi. Les dons sont les bienvenus.

## Historic Voodoo Museum

Bien qu'il lui manque la présence d'une personnalité marquante comme la prêtresse Miriam (voir ci-dessus), ce fascinant musée qui propose une collection d'objets vaudous savamment présentée mérite le détour. Les groupes peuvent téléphoner à l'avance et demander une visite guidée, qui permettra de mieux comprendre la signification de nombre de pièces exposées. Les visites guidées ne sont organisées que sur demande

Le musée (☎ 504 523 7685), 724 Dumaine St, vous accueille tous les jours de 10h à 20h. L'entrée coûte 7 $.

## Faulkner House

L'écrivain William Faulkner (1897 1962) loua un appartement dans cette maison de ville de Pirate's Alley au début de sa carrière. Il quitta le Mississippi et s'installa à La Nouvelle-Orléans en 1925, travailla comme journaliste au *Times-Picayune* et rencontra Sherwood Anderson qui l'aida à faire publier son premier roman, *Monnaie de singe*, en 1926. Il collabora également au *Double Dealer*, magazine littéraire local. Sa maison de La Nouvelle-Orléans appartient désormais à Joe DeSalvo, qui tient la librairie Faulkner House Books (☎ 504 524 2940), 624 Pirate's Alley, ouverte tous les jours de 10h à 18h.

## Custom House

Véritable forteresse, la Custom House occupe l'intégralité d'un pâté de maisons, au 423 Canal St. Le lieutenant P. G. T. Beauregard, qui devait plus tard commander les forces confédérées, en supervisa la construction commencée en 1849. Pendant la période de la Reconstruction, après la guerre de Sécession, elle servit de quartier général aux Afro-Américains du Parti républicain. A cette époque, les Noirs détenaient la majorité à l'Assemblée de Louisiane et deux d'entre eux, Oscar J. Dunn et Pickney Benton Stewart, occupèrent les fonctions de lieutenant-gouverneur. Les réunions se tenaient dans l'immense Marble Hall du second étage.

## St Louis Cemetery n°1

Le plus ancien cimetière de la ville (1789) est situé près du Vieux Carré. Si vous ne devez visiter qu'un cimetière, choisissez celui-ci, dont la beauté unique est magnifiée par les marques laissées par les années. Il vous faudra du temps et pas mal de bonne volonté pour explorer réellement les lieux, mais vous pouvez aussi choisir de flâner à votre guise en admirant la statuaire et les décorations de fer ouvragé.

La "reine" du vaudou **Marie Laveau** reposerait en ces lieux, mais un mystère entoure sa sépulture. Non loin de l'entrée, une tombe de famille porte les noms de Glapion, Laveau et Paris (des branches de la famille Laveau) gravés dans le marbre, et une plaque commémorative l'identifie comme le lieu "réputé" de la dernière demeure de Laveau. Un doute subsiste cependant quant à savoir *quelle* Marie Laveau (la mère ou la fille) est véritablement enterrée ici. Quoi qu'il en soit, c'est sur cette sépulture qu'est célébrée la mémoire de la prêtresse (voir l'encadré *Le vaudou* plus loin) et des visiteurs gravent en son honneur un $x$ dans la pierre tombale. Des membres de la famille Glapion estiment cependant que cette pratique constitue un acte de vandalisme (ces marques n'ont aucune signification spirituelle), et nous recommandons vivement aux visiteurs de ne pas profaner cette sépulture (ni aucune autre).

Ernest "Dutch" Morial, le premier maire noir de La Nouvelle-Orléans, repose juste à côté depuis 1989. Il exerça ses fonctions entre 1978 et 1986. Le militant des droits civiques **Homer Plessy** est également enterré dans ce cimetière, tout comme le spéculateur immobilier **Bernard de Marigny**, l'architecte **Henry Latrobe**.

Le plus haut monument du cimetière, la **tombe de l'Italian Mutual Benevolent Society,** peut accueillir les restes de plusieurs milliers de personnes. Comme de nombreuses communautés d'immigrants de La Nouvelle-Orléans, les Italiens créèrent une association afin de mettre en commun des fonds destinés à couvrir en partie les frais d'obsèques. En 1969, les familles des personnes enterrées dans le cimetière s'indignèrent à juste titre lors du tournage dans le cimetière d'une scène de viol pour le film *Easy Rider*. Sur le monument de la société italienne, remarquez la statue sans tête appelée *Charity*. La légende veut que l'acteur Dennis Hopper soit à l'origine de la décapitation.

Les portes du cimetière ouvrent de 8h à 15h et vous pouvez vous promener à votre guise. Sans visite guidée, vous aurez sans doute du mal à trouver tous les monuments intéressants (voir *Promenades à pied* dans la rubrique *Circuits organisés*). Si vous ne souhaitez pas de visite accompagnée, nous vous conseillons de prévoir votre venue en même temps qu'un groupe, afin d'éviter de vous retrouver seul dans l'enceinte du cimetière. Si les délinquants sont avant tout occupés à endommager les tombes et à voler les statues, les visiteurs doivent néanmoins prendre garde à leur sécurité.

## TREMÉ DISTRICT (CARTE 2)

Le premier faubourg de La Nouvelle-Orléans s'est construit au bord des murailles (aujourd'hui N Rampart St) qui bordaient le Vieux Carré côté lac, dans une zone traditionnellement habitée par les Créoles noirs. Le célèbre architecte J. N. B. DePouilly, qui devait plus tard reconstruire la cathédrale Saint-Louis, édifia en 1842 la **St Augustine Church** (☎ 504 525 5934), 1210 Governor Nicholls St, deuxième église afro-américaine la plus ancienne du pays. L'un de ses vitraux représente les Sœurs de la Sainte Famille, l'ordre de religieuses créoles noires fondé en 1842 par Henriette Delille. La petite congrégation s'occupe aujourd'hui d'aider les nécessiteux et entretient la tombe de l'Esclave inconnu.

### Louis Armstrong Park

Particulièrement calme, le parc qui rend hommage au cornettiste de légende fait partie des lieux où il est recommandé de ne pas se promener seul, en particulier le soir.

Au milieu du XIX$^e$ siècle, la zone se trouvait tout simplement hors de la ville Des esclaves et des hommes de couleur libres se rencontraient pour danser et jouer de la musique sur le marché de Congo Square à une époque où les Afro-américains devaient réprimer leur culture traditionnelle partout ailleurs aux États-Unis. Au début du XX$^e$ siècle, le jazz naissant s'exprima non loin de là, à **Storyville**, côté lac de Basin St. Ironie du sort, la plupart des bâtiments anciens de ce quartier furent rasés dans les années 50 pour permettre la création du parc et l'édification de logements sociaux.

L'**entrée**, à l'angle de Rampart St et de St Ann St, est surmontée d'une voûte agrémentée d'ampoules dessinant les mots "Louis Armstrong Park". Des musiciens jouent parfois à **Congo Square**, un coin tranquille du parc qui occupe à peu de chose près l'emplacement du marché aux esclaves du XIX$^e$ siècle. Outre une **statue de Louis Armstrong** et un **buste de Sidney Bechet**, érigé en hommage au clarinettiste de jazz, le parc abrite le Mahalia Jackson Theater, la salle de concerts municipale et les studios de la station de radio WWOZ.

Le **New Orleans Jazz National Historic Park** (☎ 504 589 4806) doit prochainement s'installer dans le Perseverance Hall du parc. Écoutez WWOZ et d'autres stations culturelles pour vous informer sur les concerts et parades organisés par le National Park Service.

### Backstreet Museum

Le terme *backstreet* fait référence aux traditions afro-américaines de La Nouvelle-

Orléans, qui se sont développées indépendamment de la culture blanche dominante depuis la naissance de la ville. Malgré la pauvreté et l'absence de reconnaissance officielle – et donc de financement –, nombre des traditions spécifiques de la ville, telles que les "obsèques jazz", les parades "second line" et les "Indiens de Mardi gras", sont nées dans des quartiers afro-américains comme le Tremé District, le 9th Ward et Back o' Town (ce dernier, un quartier noir qui se trouvait auparavant près de l'actuel hôtel de ville, a en fait offert à la ville sa plus grande personnalité musicale, Louis Armstrong). Les backstreets étaient les petites rues empruntées par les parades sans qu'il soit nécessaire d'obtenir l'autorisation préalable de la police.

Les pratiques ont évolué au fil des ans, et les forces de l'ordre escortent de nos jours la plupart des grandes parades, qui suivent un itinéraire déterminé à l'avance. Pour de nombreux spécialistes, les "obsèques jazz" ont perdu de leur cachet depuis que des trafiquants de drogue et des gangsters furent accompagnés dans leur dernière demeure au son du jazz et de coups de feu tirés en l'air. Dans le même temps, les fondations créées par le Jazz Fest et le récent Jazz National Historic Park ont permis de résoudre une partie des problèmes de financement.

L'ancienne entreprise de pompes funèbres Blandin's Funeral Home a été judicieusement transformée pour accueillir un charmant petit musée, dirigé par l'auteur de documentaires Sylvester Francis. Les salons funéraires renferment des objets typiques de la culture "backstreet" de La Nouvelle-Orléans. Photographe et réalisateur, Francis tourne des films sur les parades et autres manifestations depuis 1980. Il connaît parfaitement son sujet et travaille à "préserver la culture". N'hésitez pas à lui poser des questions lors de la visite guidée.

Le Backstreet Museum (☎ 504 525 1733), 1116 St Claude Ave, n'a pas d'horaires réguliers (il ouvre généralement entre 11h et 15h, mais il vaut mieux téléphoner auparavant). Cette association à but non lucratif ne recevant aucun soutien financier des organismes culturels, les dons sont les bienvenus.

## Mortuary Chapel

Craignant – à tort – l'extension d'une épidémie de fièvre jaune, les autorités ordonnèrent en 1826 la construction de cette chapelle mortuaire près du St Louis Cemetery n°1, 401 N Rampart St, afin d'y faire brûler les victimes de la maladie. Pendant les épidémies, la cloche carillonnait en permanence. Elle fut rebaptisée Our Lady of Guadeloupe en 1931. A l'intérieur, vous apercevrez une statue de saint Jude, patron des causes désespérées, et une de saint Expédit, saint qui n'a probablement jamais existé. On trouve la trace de ce dernier sur la lointaine île de la Réunion, dans l'océan Indien. L'histoire raconte qu'une caisse de reliques en provenance de Rome arriva un jour sur l'île, marquée de l'inscription italienne "espedito", signifiant "expédié". Les religieuses pensèrent qu'il s'agissait du nom d'un saint. Saint Expédit est depuis cette date très populaire sur l'île.

## FAUBOURG MARIGNY (CARTE 2)

En sortant du Vieux Carré vers l'aval, il suffit de traverser Esplanade Ave pour pénétrer dans le Faubourg Marigny, aménagé au milieu du XIX$^e$ siècle par un personnage haut en couleur, le planteur Bernard Xavier Philippe de Marigny de Mandeville. Créole à l'origine, ce faubourg est aujourd'hui l'un des quartiers gay de la ville. Il abrite également une communauté d'artistes particulièrement active. Frenchmen St rassemble plusieurs des clubs les plus chauds de la ville (voir *Où sortir*).

Vous passerez un après-midi agréable à déambuler dans ses rues en observant l'élégance rustique des bâtiments et à vous reposer de l'agitation touristique du Vieux Carré à l'ombre des arbres du parc de **Washington Square**, au cœur du quartier.

## St Roch Cemetery

Mieux vaut se rendre en voiture au St Roch Cemetery, situé à quelques pâtés de maisons du Faubourg Marigny. L'un des plus étonnants cimetières de La Nouvelle-Orléans tient son nom d'un saint français qui aurait protégé Rome de la peste noire. On raconte que les catholiques qui prièrent saint Roch lors des épidémies de fièvre jaune à La Nouvelle-Orléans furent épargnés. C'est donc en l'honneur de ce saint que fut érigée la petite chapelle du cimetière.

Une grille en fer forgé permet de pénétrer dans l'enceinte, où des allées pavées passent entre les sépultures des familles et des sociétés de bienfaisance.

Véritablement fascinant, l'intérieur de la chapelle présente sur la droite une petite pièce remplie d'ex-voto et de témoignages du pouvoir de guérison de saint Roch. On y trouve également une incroyable collection de portions de corps en céramique (chevilles, têtes, seins), de prothèses, d'appareils orthopédiques, de béquilles, et même de fausses dents.

Des plaques de marbre portent les inscriptions *thanks* et "merci".

Situé à l'angle de St Roch Ave et de N Roman St, le St Roch Cemetery ouvre tous les jours de 9h à 16h.

## CBD ET WAREHOUSE DISTRICT (CARTE 3)

Situés de l'autre côté de Canal St par rapport au Vieux Carré, le CBD (Central Business District) et le Warehouse District renferment le secteur commerçant américain créé après la cession de la Louisiane. En 1803, marchands, courtiers et industriels quittèrent en effet la Nouvelle-Angleterre pour s'installer à La Nouvelle-Orléans, qu'ils commencèrent à transformer en port animé. Bureaux, banques, entrepôts et bâtiments officiels s'implantèrent autour de Lafayette Square, et le secteur américain, alors appelé Faubourg St Mary, se développa.

Canal St démarquait alors nettement les parties américaine et française de la ville. Aujourd'hui, la rue sépare l'"uptown" du "downtown" en une ligne qui constitue une réelle frontière pour certains habitants. Le terre-plein central de Canal St, qui n'appartenait ni au secteur américain ni au secteur

### Les Indiens de Mardi gras

Les troupes de Noirs portant des costumes d'Indiens, appelées "Indiens de Mardi gras", sont un exemple éclatant d'art populaire. Les "Indiens" apparurent dans les parades de Mardi gras dans les années 1880, avec un groupe baptisé les Creole Wild West. Ses membres arboraient de superbes masques en plumes, comme les Amérindiens des Grandes Plaines. L'idée fut reprise par de nombreuses troupes – Wild Tchoupitoulas, Yellow Pocahontas, Wild Magnolias – dirigées par de "grands chefs" devenus célèbres, comme Big Chief Jolly, Tootie Montana ou Bo Dollis. Des confrontations, souvent violentes, se déclenchaient parfois lorsque les chemins de deux groupes se croisaient. A l'instar de bien d'autres traditions du Mardi gras, celle-ci ne représentait pas qu'un jeu.

Au fil des années, les costumes d'"Indiens noirs" sont devenus de plus en plus extravagants. Bien qu'ils viennent généralement des quartiers les plus pauvres, les "Indiens" consacrent énormément de temps et d'argent à leur création. Ils mettent également un point d'honneur à les coudre à la main, et le spectacle de jeunes durs écumant les allées des magasins à la recherche de matériel de couture, de paillettes et de plumes colorées ne manque pas de saveur. La fabrication d'un costume peut prendre la majeure partie de l'année, et de nombreux costumes ne sont pas prêts le jour du Mardi gras. Ils sont plus avancés quelques semaines plus tard, lorsque les "Indiens" défilent à nouveau, le soir de la Saint Joseph (vers la mi-carême). Ils arborent toute leur splendeur pour le Super Sunday (généralement en avril), date à laquelle les "Indiens" ressortent pour poser devant des foules d'admirateurs. Évitez de vous rendre dans les backstreets à ces occasions, à moins de vous sentir particulièrement à l'aise dans ces quartiers souvent violents. Il est plus simple d'admirer les "Indiens" au Jazz Fest ou dans les night-clubs.

français, a même été baptisé "terrain neutre" (avec le temps, tous les terre-pleins furent ainsi baptisés). Lee Circle marque la limite du quartier.

Les bâtiments municipaux du civic center, le **Louisiana Superdome** et des immeubles de bureaux sont installés vers le lac. Cette zone appartenait auparavant au quartier afro-américain de Back o' Town, prolongement de Storyville de l'autre côté de Canal St. Juan Tizol immortalisa Perdido St, une rue chaude à la clientèle presque exclusivement afro-américaine, dans un morceau repris par l'orchestre de Duke Ellington.

Le Warehouse District a perdu de son importance au fur et à mesure du déclin du port, mais l'Exposition universelle de Louisiane de 1984 l'a replacé sous les feux de la rampe. Des anciens entrepôts ont depuis été transformés en lofts et en galeries. L'installation de magasins, de restaurants et de clubs a par la suite accéléré le renouveau de ce quartier qui s'étend entre Poydras St, Magazine St, Howard Ave et le fleuve. Ces dernières années, un palais des congrès et un centre commercial ont ouvert sur les berges du fleuve.

La plupart des curiosités du CBD et du Warehouse District sont relativement éloignées du Vieux Carré, et le quartier est assez mal desservi par les transports en commun, à l'exception des lignes de tramway et du bus n°11 (sur Magazine St). Prévoyez de bonnes chaussures si vous voulez l'explorer à fond.

## Bâtiments historiques

L'impressionnant **Gallier Hall** se dresse en face de Lafayette Square, centre de l'activité de l'ancien secteur américain, au 545 St Charles Ave. De style Greek Revival, ce bâtiment a abrité l'hôtel de ville de 1853 à 1957. Au coin de Carondelet St et de Gravier St, les colonnades éclairées du **Hibernia National Bank Building** (1920) dominaient autrefois toute la ville. A côté, la **New Orleans Cotton Exchange** et la **United Fruit Company**, 321 St Charles ave, dont l'entrée est magnifiquement décorée de produits tropicaux, rappellent les fondements de la prospérité de La Nouvelle-Orléans. C'est au **Factors Row**, au coin de Perdido St et de Carondelet St, que Degas peignit en 1873 *Le Comptoir du coton à La Nouvelle-Orléans*, à l'occasion d'une visite au bureau de son oncle. Au sud de Lafayette Square, les 13 maisons de briques rouges identiques qui forment le **Julia Row**, entre Camp St et St Charles St, datent de 1832. Au-dessus des portes, les impostes en arc de cercle donnent un charme tout aristocratique à cette enfilade. Édifié en 1922 pour héberger l'association d'aide aux aveugles Lighthouse for the Blind (Un phare pour les aveugles), le **phare** du 743 Camp St est aujourd'hui un magasin de verrerie. En face, la **St Patrick's Church**, 724 Camp St, représentait une nouveauté au milieu des paroisses catholiques francophones de La Nouvelle-Orléans. Elle fut bâtie par des immigrants irlandais dans les années 1830.

## Ferry de Canal Street

Le court trajet du ferry qui part du début de Canal St est l'occasion de découvrir un autre point de vue sur la ville. Du pont inférieur, près de l'eau, vous aurez toutes les chances de voir des pélicans bruns, emblèmes de l'État. Le ferry, gratuit, fonctionne de 6h à 24h. Les départs de Canal St ont lieu à l'heure juste et à la demie. Les retours partent au quart et à moins le quart.

## Woldenberg Park

En amont de la Riverwalk, ce parc offre une agréable promenade au bord de l'eau et une belle pelouse sur laquelle sont parfois organisés des concerts et manifestations diverses. C'est un lieu confortable pour pique-niquer en regardant passer les bateaux. Il se prolonge jusqu'à l'aquarium et la Spanish Plaza.

## Aquarium of the Americas

Cet aquarium géré par l'Institut Audubon est l'occasion de se retrouver nez à nez avec des créatures tropicales géantes comme l'*Arapaima gigas* amazonienne, de rencontrer quelques habitants des massifs coralliens caribéens ou encore d'observer d'étonnantes espèces vivant dans le golfe du Mexique à travers des vitres de plus de 4 m de hauteur.

L'aquarium (☎ 504 581 4629) se trouve au tout début de Canal St, près du Woldenberg Park et du ferry de Canal St. Prenez le tramway de Riverfront si vous ne voulez pas venir à pied du Vieux Carré et demandez un programme pour connaître les horaires des événements spéciaux, comme le repas des pingouins et les démonstrations de plongée. La boutique de souvenirs est l'endroit idéal pour se documenter sur l'histoire naturelle de la Louisiane. L'aquarium ouvre tous les jours à 9h30. L'heure de fermeture varie entre 17 et 19h. L'entrée coûte 13/10/6,5 $ pour les adultes/seniors/enfants de 2 à 12 ans. Il existe par ailleurs des billets combinés pour le zoo et l'aquarium.

## Harrah's Casino

La chaîne américaine de casinos a finalement réussi à s'implanter à La Nouvelle-Orléans. Alors que l'on aurait pu croire que "Big Easy", toujours prompte à s'adonner au vice, l'accueillerait favorablement, le casino a connu des débuts difficiles. Un an après son ouverture, l'établissement se plaignait d'une trop lourde pression fiscale, et le taux de fréquentation n'atteignait pas le niveau escompté, malgré de louables efforts pour se fondre dans la couleur locale. Vous pouvez aller y tenter votre chance, mais aussi dîner (formule buffet) et bénéficier de réductions sur certains hôtels (le casino ne dispose pas d'hôtel propre, mais a passé des accords avec des établissements de la ville). Le parking est gratuit.

Harrah's (☎ 800 427 7247) se trouve au début de Canal St, à l'angle de St Peters St. Il ouvre 24h/24.

## Top of the Mart

A la fin de sa construction, en 1968, le World Trade Center (jadis appelé Trade Mart), 2 Canal St, fut brièvement l'édifice le plus haut de La Nouvelle-Orléans, avec 33 étages. Sa construction avait nécessité la mise en œuvre de techniques de pompage et de creusement de fondations spécifiques, afin que le gratte-ciel ne s'enfonce pas dans le sol marécageux. Au sommet, le Top of the Mart désigne l'une des 87 plates-formes d'observation tournantes qui surmontent des bâtiments en Amérique du Nord. Le salon Top of the Mart (☎ 504 522 9795) tourne très lentement sur lui-même, permettant au consommateur de jouir d'une vue extraordinaire tout en savourant un cocktail (environ 6 $).

Une autre possibilité, qui ne vous offrira pas une vue aussi spectaculaire, consiste à emprunter l'ascenseur de verre, qui fonctionne de 9h à 17h (2/1 $ pour les adultes/enfants).

## Contemporary Arts Center

Installé dans un entrepôt rénové, cet extraordinaire centre d'art contemporain présente chaque année de multiples expositions d'artistes locaux et internationaux, dans tous les domaines de l'art. Ses deux salles de spectacle accueillent par ailleurs théâtre, danse, concerts et projections de vidéos.

L'entrée au Contemporary Arts Center (☎ 504 528 3800), 900 Camp St, coûte 5/3 $ pour les adultes/seniors et étudiants (gratuite pour tous le jeudi et tous les jours pour les enfants). Il ouvre du mardi au samedi de 10h à 17h et le dimanche de 11h à 17h.

## Louisiana Children's Museum

L'équipe de ce musée à but non lucratif, composée en partie de bénévoles, a conçu des attractions passionnantes pour les enfants de tous âges grâce à de généreux sponsors industriels. Il ne manque ni les étagères bien approvisionnées ni les caisses enregistreuses à la sortie.

Le Louisiana Children's Museum (☎ 504 523 1357), 420 Julia St, est ouvert du mardi au samedi de 9h30 à 16h30 et le dimanche de 12h à 16h30, ainsi que le lundi durant l'été. Les enfants de moins de 16 ans doivent être accompagnés d'un adulte. L'entrée, payante à partir de l'âge de 1 an, coûte 5 $.

## National D-Day Museum

Ce gigantesque musée consacré au débarquement de juin 1944 a ouvert ses portes en grande pompe en juin 2000, en présence de son créateur, l'historien de la Seconde Guerre mondiale et auteur de livres à succès Stephen Ambrose, du réalisateur Stephen Spielberg, de l'acteur Tom Hanks et de la cohorte habituelle des journalistes. Ses promoteurs affirment que le musée est unique en son genre. Il présente sur 6 500 m$^2$ des bateaux, des avions, des armes et des uniformes utilisés par les Alliés pendant la Seconde Guerre mondiale. Une place particulière est réservée aux péniches Higgins, conçues et produites par l'entrepreneur de La Nouvelle-Orléans Andrew Higgins, utilisées lors du débarquement de Normandie. Selon Ambrose, le général Dwight Eisenhower aurait déclaré que Higgins "a gagné la guerre à notre place". Des explications et des commentaires détaillés relatifs au déroulement des opérations sur le terrain enrichissent l'exposition, tout comme les enregistrements radio d'époque et le film primé *D-Day Remembered* (diffusé tous les jours).

Le National D-Day Museum (☎ 504 527 6012, www.ddaymuseum.org), 923 Magazine St, ouvre tous les jours de 9h à 17h. Les tarifs s'élèvent à 7/6/5 $ pour les adultes/seniors/enfants.

## Lee Circle

L'ancienne place de Tivoli (elle fut rebaptisée en l'honneur du général confédéré Robert Lee après la guerre de Sécession) a perdu une part de son cachet depuis qu'un pont autoroutier est venu perturber la symétrie du trafic qui s'organisait jadis autour de sa forme circulaire. Au centre, le **monument dédié à Robert E. Lee**, érigé en 1884, continue à défier le Nord. Également sur la place, la tour de bureaux **K&B Plaza**, construite en 1963, dispose d'une galerie de sculptures intérieure et extérieure. À l'extérieur, les sculptures d'Isamu Noguchi, *The Mississippi*, sont visibles à tout moment. Les salles intérieures vous accueillent du lundi au vendredi de 8h30 à 16h30.

## Confederate Museum

Le plus ancien musée de l'État (il a ouvert en 1891), qui présente la vie en Louisiane pendant la guerre de Sécession, est installé dans le superbe Memorial Hall construit par Thomas Sully. L'intérieur du bâtiment – avec ses poutres de cyprès apparentes et ses belles vitrines – vaut largement le prix de l'entrée, mais n'attendez pas trop de l'exposition.

Le musée a choisi de s'intéresser aux détails et aux aspects humains du conflit plutôt que de présenter une étude historique au sens large. Ce parti pris n'est apparemment pas sous-tendu par des considérations politiques, mais vous trouverez çà et là quelques citations véhémentes, notamment de la part de responsables fédéraux de Washington, à propos du général Benjamin "Beast" Butler, le commandant honni des forces de l'Union pendant l'occupation de La Nouvelle-Orléans.

Le musée présente de nombreuses armes, dont beaucoup constituent de beaux témoignages de l'ère industrielle. Son intérêt majeur réside toutefois dans la vaste collection d'effets personnels ayant appartenu aux officiers et aux soldats, mais aussi à leurs familles.

Le Confederate Museum (☎ 504 523 4522), 929 Camp St, à un pâté de maisons de Lee Circle, est ouvert du lundi au samedi de 10h à 16h. L'entrée coûte 5/4/2 $ pour les adultes/seniors et enfants de 2 à 12 ans/enfants de moins de 2 ans.

## LOWER GARDEN DISTRICT (CARTE 4)

Le Lower Garden District pourrait être le grand frère débraillé du Garden District. Il fut pourtant l'un des quartiers les plus chics et les plus élégants du pays. Construit au XIX$^e$ siècle, il reflète le goût de l'époque pour l'architecture classique, lorsque les élites faisaient édifier des demeures flanquées de bassins et de galeries à colonnes donnant sur des jardins tandis que les rues environnantes étaient baptisées de noms de dieux grecs, de nymphes et de muses. L'engouement de La Nouvelle-Orléans pour la fonte n'épargna pas les habitants du Lower Garden District, qui multiplièrent les ornements de métal travaillé. Ils confèrent de nos jours un charme indéniable au quartier.

L'âge d'or ne dura cependant pas longtemps. Les familles riches ne tardèrent pas à s'installer plus loin, dans un quartier plus récent et plus dans l'air du temps, le Garden District. Nombre de maisons du Lower Garden District furent divisées en habitations plus petites destinées aux immigrants venus d'Allemagne et d'Italie qui travaillaient sur le port. La construction de logements sociaux et l'édification d'une passerelle d'accès au pont sur le Mississippi parachevala dégradation du quartier. La passerelle a depuis été démolie afin de réduire la circulation automobile. Dans le même temps, de nombreuses boutiques ont déménagé pour Magazine St. L'arrivée d'une population branchée, composée entre autres d'artistes et de professions libérales en quête de bonnes affaires immobilières et de loyers bon marché, a redonné vie au quartier. En cours de rénovation, les immeubles des abords de Coliseum Square retrouvent rapidement leur splendeur d'antan.

Les rues ombragées du quartier sont agréables, et certaines demeures méritent le coup d'œil. Parmi elles, la **Goodrich-Stanley House**, au 1729 Coliseum St. Construite en 1837 par le bijoutier William M. Goodrich, elle devint la propriété du négociant en coton d'origine britannique Henry Hope Stanley, dont le fils adoptif se rendit célèbre en retrouvant le Dr David Livingstone et en prononçant la question devenue célèbre : *"Dr Livingstone, I presume ?"*

Un peu plus loin, derrière une belle grille en fer forgé, on découvre une maison couleur de papaye, la **Grace King House**. Située 1749 Coliseum St, elle tient son nom de l'historienne et écrivain louisianaise, qui y vécut de 1905 à 1932. Érigée en 1847 par un banquier, Frederick Rodewald, elle s'appuie sur des colonnes ioniques au rez-de-chaussée et corinthiennes à l'étage.

Jusqu'en 1852, La Nouvelle-Orléans s'arrêtait à Felicity St, toujours remarquablement pavée. Entretenue avec beaucoup de goût, la **John T. Moore House**, 1309 Felicity St, mêle les styles victorien et italien et est remarquable pour ses balcons circulaires dotés de balustrades en fonte ouvragées. L'architecte James Freret la dessina en 1880 pour sa famille. Admirez en face, au 1328 Felicity St, la superbe porte d'entrée en verre biseauté. A l'approche de l'angle de Camp St, vous remarquerez sur les pavés les marques des rails des anciens tramways qui, jadis, déposaient les riches habitants devant leur porte.

Un panneau signalant l'orphelinat est toujours suspendu à l'élégante galerie de fonte qui orne la façade du **St Vincent's Infant Asylum**. Construit en 1864 avec l'aide des troupes de l'Union, l'orphelinat permit de soulager les autres institutions surpeuplées en offrant un toit à de jeunes enfants de toutes origines dont les parents étaient morts à la guerre ou de maladie. Depuis, il a été aménagé en B&B. Il est possible d'y prendre le thé l'après-midi (voir *Où se loger* et *Où se restaurer*).

## GARDEN DISTRICT (CARTE 4)

Suivant la progression du tramway, les Américains commencèrent à s'installer à Lafayette, à Jefferson et à Carrollton, laissant derrière eux le Lower Garden District. Édifiées sur le terrain de vaste plantations, ces localités étaient presque uniquement peuplées d'Américains. Elles témoignent de leur opulence et de leur goût pour le style Greek Revival. Leur plan aéré permit la construction de grandes et belles demeures dotées de jardins luxuriants. Elles furent rattachées l'une après l'autre à La Nouvelle-Orléans : Lafayette en 1852, Jefferson en 1870 et Carrollton en 1874.

### Promenade à pied

A l'image du Vieux Carré, le Garden District est considéré comme patrimoine historique national. La protection de l'architecture y est donc de rigueur. Le quartier occupe à peu près l'emplacement de l'ancienne Lafayette, entre St Charles Ave et Magazine St d'une part, Jackson Ave et Louisiana Ave d'autre part. La partie la plus intéressante sur le plan architectural se situe en dessous de Washington Ave, mais, ironie du sort, ces rues chics ne sont pas très sûres à la nuit tombée. Prévoyez plutôt de visiter le quartier dans la journée.

En partant de son intersection avec St Charles Ave, suivez Jackson Ave en direction du fleuve. Au coin de Coliseum St se dresse la **Buckner House**, 1410 Jackson St, construite en 1856 par l'architecte Lewis E. Reynolds pour le négociant en coton Henry S. Buckner. Comportant de larges galeries sur chacune de ses faces, cette imposante demeure – la plus vaste du Garden District – est gardée par un dalmatien parfaitement dressé. Continuez jusqu'à Chestnut St et prenez à droite.

La demeure de style Greek Revival située **1238 Philip St**, à l'angle de Chestnut St, date de 1853 et appartenait au négociant John Rodenberg. Sur le côté qui donne sur Chestnut St, vous remarquerez une aile ajoutée en 1869, qui comporte des bow-windows semi-octogonaux s'avançant au-dessus d'un mur en briques couvert de mandevilla tropicale.

Plus loin dans la rue, vous pourrez découvrir la brique mise à nu sous le plâtre effrité du garage de la propriété du **1315 First St**, une splendide maison d'inspiration italienne arborant des décorations de fonte finement travaillées. L'architecte Samuel Jamison la conçut pour le négociant en coton Joseph Carroll.

Revenez sur vos pas pour contempler, au 1239 First St, la charmante **maison d'Anne Rice**, romancière excentrique. La demeure, baptisée Rosegate en raison du motif de la grille de fonte, est également reconnaissable à l'énorme chien de porcelaine installé dans la galerie du deuxième étage, qui fixe les passants de façon saugrenue. Le couple Rice, qui possède plusieurs maisons dans l'Uptown, accueille gracieusement les visiteurs le lundi de 13h à 15h. Présentez-vous 1 heure à l'avance et faites la queue.

Prenez ensuite First St sur votre droite, en direction de Prytania St. Au 2343 Prytania St, la **Louise S. McGehee School** est installée dans l'une des maisons les plus impressionnantes du Garden District. Construite en 1872, elle mélange les styles classique et Second Empire. Certains éléments permettent de penser qu'elle fut conçue par l'architecte James Freret. Le bâtiment abrite depuis 1929 une école de filles privée.

Poursuivez sur Prytania St en direction de Washington Ave. Au-delà de Second St, la **Chapel of Our Lady of Perpetual Help**, au n°2521, fut construite en 1856 par Henry Howard. Elle appartenait à l'origine à Henry Lonsdale, un négociant qui devait sa fortune au café et aux sacs de jute. Vous remarquerez un pâté de maisons plus loin la charmante **Charles Briggs House**, au n°2605, absolument originale dans le quartier avec ses fenêtres en ogive de style gothique et ses cheminées élisabéthaines. James Gallier l'édifia en 1849. Un officier confédéré habitait la **Colonel Short's Villa**, 1448 Fourth St, à l'angle de Prytania St. Les autorités fédérales la saisirent pendant la guerre de Sécession, mais la restituèrent à son propriétaire à la fin du conflit. Short vécut jusqu'à sa mort, en 1890, dans cette imposante demeure conçue par Henry Howard. Notez la grille de fonte au motif en épi de maïs, plus jolie que celles que l'on peut voir dans le Vieux Carré.

Vous pouvez finir votre itinéraire en rejoignant Washington Ave.

## Lafayette Cemetery n°1

Créé en 1833 par la municipalité de Lafayette, ce cimetière s'organise autour de deux allées principales formant une croix. Le nombre impressionnant de noms allemands et irlandais figurant sur les tombes témoigne des ravages provoqués par les épidémies de fièvre jaune parmi les immigrants du XIXᵉ siècle.

De vastes caveaux communs accueillent les corps des membres d'associations ou de groupes particuliers (comme la compagnie de pompiers n°22 de Jefferson) et de leurs proches. Les familles les plus aisées s'offraient des tombes de marbre dont la construction sophistiquée imitait parfois les plus beaux modèles d'architecture du quartier. La plupart des monuments étaient toutefois fabriqués à base de briques bon marché, que l'on recouvrait de plâtre. Le cimetière se remplit en quelques décennies, avant que l'on entreprenne, non loin de là, la construction d'opulentes résidences. A partir de 1872, les goûts les plus extravagants purent s'exprimer au prestigieux Metairie Cemetery.

En juillet 1995, l'écrivain Anne Rice, qui habite le quartier, mit en scène dans le cimetière ses propres obsèques. Elle loua un corbillard, fit venir une fanfare et, vêtue d'une robe de mariée ancienne, s'allongea dans un cercueil. Elle voulait, expliqua-t-elle, vivre ses obsèques *avant* d'être morte (précisons que ce coup médiatique fut organisé au moment de la sortie de l'un de ses romans).

Le cimetière se trouve au coin de Prytania St et de Washington St. Il n'ouvre que jusqu'à 14h30. Ne vous laissez pas enfermer à l'intérieur !

## UPTOWN (CARTE 5)

Véritable musée vivant de l'architecture, l'Uptown contraste vivement avec le Vieux Carré, plus européen et plus agité. Ses splendides demeures témoignent de l'activité économique et commerciale intense qui fit de La Nouvelle-Orléans l'une des villes les plus riches du monde au milieu du XIX$^e$ siècle. Le quartier s'organise autour de St Charles Ave.

### Audubon Zoological Gardens

Jadis considéré comme l'un des zoos où les animaux étaient le plus mal traités du pays – ils étaient alors parqués dans une série de bâtiments de briques massifs à côté de l'actuelle entrée –, ce jardin zoologique figure désormais parmi les plus beaux des États-Unis. Il est l'élément majeur de l'Audubon Institute, dont dépendent également le Woldenberg Park et l'Aquarium of the Americas.

Le zoo se divise en plusieurs espaces. **Louisiana Swamp** présente la faune et la flore du pays cajun. Vous pourrez voir de la mousse espagnole ou encore un camp de pêcheurs de crevettes et d'ostréiculteurs. Les alligators n'ont bien sûr pas été oubliés, tout comme les lynx, les renards, un ours noir de Louisiane (espèce en voie de disparition) et une tortue-alligator, énorme animal pesant 90 kg qui remue sa langue rose pour attirer ses proies. L'exposition s'intéresse aussi à la place de l'homme dans les bayous et présente un canot *traänasee*, qui permettait naguère aux trappeurs de se déplacer dans des eaux peu profondes.

Mieux vaut choisir un jour de faible affluence pour visiter l'**Audubon Flight Exhibit**. Vous pourrez ainsi trouver une place assise dans son immense serre pour observer les oiseaux que John James Audubon a représentés dans son livre *Birds of America*.

Les visiteurs sont nombreux à frissonner en parcourant l'exposition **Reptile Encounter** ("Rencontre avec les reptiles"), qui réunit des représentants des plus grands serpents du monde. Ces espèces vont du cobra royal, dont la longueur dépasse 5 m, à l'anaconda vert, qui atteint parfois 11 m. De nombreuses espèces locales de serpents, plus modestes, sont également présentées. L'exposition **Butterflies in Flight**, qui mérite amplement ses 2 $ supplémentaires, regroupe des milliers de papillons exotiques, ainsi que des plantes et des oiseaux tropicaux, dans une serre particulièrement humide.

Le zoo (☎ 504 861 2537), sur le côté fleuve de Magazine St et de l'Audubon Park, est accessible du Vieux Carré par le bus n°11 de Magazine St ou par le tramway de St Charles Ave (dans ce dernier cas, il faudra traverser à pied l'Audubon Park, soit quelque 2,5 km de marche). Le zoo ouvre du lundi au vendredi de 10h à 17h, et le samedi et le dimanche de 10h à 18h. L'entrée coûte 8,75/4,75/4,50 $ pour les adultes/seniors/enfants. Certains magazines touristiques, comme *Where*, contiennent des bons de réduction.

**Zoo Cruise (croisière dans le zoo).** La "croisière" organisée par le zoo d'Audubon offre un moyen unique de découvrir le zoo et l'Aquarium of the Americas (voir la rubrique *CBD et Warehouse District* plus haut). Le billet combiné croisière-zoo-aquarium-cinéma IMAX s'élève à 35/19 $ pour les adultes/enfants. Celui qui regroupe la croisière, le zoo et l'aquarium vous reviendra à 28/14 $.

Le bateau part du zoo à 10h, 12h, 14h et 16h, et de l'embarcadère Audubon à 11h, 13h, 15h et 17h.

### Tulane University

L'université Tulane fut fondée en 1834 dans le but de porter remède aux épidémies successives de choléra et de fièvre jaune. En 1847, l'université de Louisiane vint s'intégrer à elle. En 1883, Paul Tulane fit à l'école une donation de 1 million de dollars qui permit une expansion significative et immortalisa le nom du généreux mécène.

Depuis, la célèbre faculté de médecine s'est installée dans le centre, sur Tulane Ave. La faculté de droit est également très réputée.

Le centre universitaire, face à Freret St sur Mc Alister Dr, comporte notamment un distributeur automatique de billets et un service de location et de sous-location d'appartements.

**Amistad Research Center.** Le centre de recherche sur l'histoire des Afro-Américains (☎ 504 865 5535) de l'université est l'un des plus importants du pays. Ses expositions tournantes offrent une perspective originale sur la culture afro-américaine.

L'histoire du centre ne manque pas d'intérêt en elle-même : en 1839, le navire *La Amistad* quitta le port de La Havane avec, à son bord, 53 prisonniers capturés en Afrique occidentale. Trois jours plus tard, les Africains se révoltaient et exigeaient que l'équipage cubain prenne la direction de l'Afrique. Les Cubains virèrent de bord à la nuit tombée, et durant deux mois, le navire fit route vers l'Afrique durant la journée, et vers les États-Unis durant la nuit. *La Amistad* finit par accoster à Long Island, où les Africains furent emprisonnés et accusés de piraterie et de meurtre. L'Amistad Committee, formé pour assurer leur défense, fut soutenu par Lewis Tappan et par l'ancien président John Quincy Adams. La Cour suprême, qui trancha en dernière instance, décida de libérer les mutins. L'Amistad Committee devint l'American Missionary Association, qui créa un département sur les relations interraciales à la Fisk University de Nashville (Tennessee). C'est de là que naquit l'Amistad Research Center, qui s'installa à La Nouvelle-Orléans en 1969.

Le centre présente une vidéo retraçant ces événements (entrée libre). Les archives (☎ 504 865 5535) sont entreposées au Tilton Hall, 6823 St Charles Ave (ouverture du lundi au vendredi de 8h30 à 17h).

**Hogan Jazz Archive.** Cette bibliothèque spécialisée mérite un détour si vous vous intéressez de près à l'histoire du jazz, même si une grande partie de la collection n'est pas exposée. La passionnante Storyville Room s'attarde sur Jerry Roll Morton, qui jouait du piano dans les maisons closes du quartier au début du XX$^e$ siècle. La collection renferme des piles de 78 tours, parmi lesquels des enregistrements de l'Original Dixieland Jazz Band de 1917 (vous pouvez demander à les écouter), ainsi que des témoignages oraux, des photos et d'anciennes affiches de concert.

Les archives (☎ 504 865 5688), 304 Joseph Merrick Jones Hall, 3$^e$ étage, Freret St, sont ouvertes en semaine de 8h30 à 17h.

**Newcomb Art Gallery.** Le H. Sophie Newcomb College (☎ 504 865 5565) fut fondé en 1886 grâce à un don de Joséphine Louise Newcomb, en mémoire de sa fille. Ce fut le premier établissement rattaché à une université masculine permettant aux femmes d'obtenir un diplôme d'enseignement supérieur aux États-Unis. Ses bâtiments de briques rouges sont installés sur un campus situé face à Broadway, à côté du grand campus de Tulane.

Ne manquez pas la Newcomb Art Gallery lorsque vous visiterez le campus de Tulane. Elle présente la collection du Newcomb College (notamment des œuvres en terre cuite) et une partie de la collection de l'université, des expositions temporaires importantes et des œuvres d'étudiants. La galerie est ouverte du lundi au vendredi, de 9h à 16h (entrée libre).

## ESPLANADE RIDGE ET BAYOU ST JOHN (CARTE 6)

Le tranquille Bayou St John, avec ses belles maisons de styles variés, est un lieu de promenade agréable. C'est dans ce quartier, le plus ancien de la ville, que s'établirent les Canadiens français avant la fondation de La Nouvelle-Orléans. Avant cela, les Amérindiens utilisaient le bayou pour atteindre un chemin de terre ferme correspondant à l'actuelle Esplanade Ave, qui constituait le plus court moyen de relier le lac Pontchartrain au Mississippi. Quand les explorateurs Iberville et Bienville apprirent l'existence de cette voie, ils décidèrent qu'elle était le lieu idéal pour s'installer. Plus tard, le gouverneur Carondelet construisit un canal qui permettait d'atteindre le Vieux Carré, reliant presque le lac au fleuve. Malgré l'utilisation commerciale de la voie navigable, le quartier resta longtemps à l'écart de la ville. Au XIXe siècle, de mystérieuses cérémonies vaudoues nocturnes s'y déroulaient. Le comblement du canal, en 1927, mit fin à la navigation.

Au milieu du XIXe siècle, Esplanade Ridge et le quartier du Bayou St John étaient

## Mardi gras

Événement phare de La Nouvelle-Orléans, le carnaval pointe sa tête tel un serpent le jour de l'Épiphanie, le 6 janvier, puis progresse en ondulant pendant des semaines avant de se déployer complètement.

On retrouve la trace du Mardi gras chez les Grecs et les Romains, qui célébraient l'approche du printemps par de véritables bacchanales. Dans la Venise baroque, il se transforma en mascarade théâtrale pour laquelle les habitants se métamorphosaient en personnages de la *commedia dell'arte*. Arrivé à La Nouvelle-Orléans avec les Français, il se transmit aux Créoles qui prirent l'habitude de porter pour l'occasion des costumes et des masques grotesques ou diaboliques.

Le Mardi gras parvint à son "âge d'or" au milieu du XIXe siècle, avec l'apparition des *krewes*, clubs de Mardi gras exclusivement masculins dont on est membre de père en fils. Le Mystick Krewe of Comus, né en 1857, organisa les premiers bals et parades, bientôt suivi par d'autre krewes qui mirent en scène d'élégants défilés de chars éclairés au flambeau et tirés par des chevaux. En 1885, les Afro-Américains donnèrent naissance aux "Indiens de Mardi gras" (voir l'encadré plus haut), une tradition maintenant reconnue. Le krewe Zulu, composé uniquement de Noirs, apparut en 1909. Les superkrewes, qui tiennent le haut du pavé du Mardi gras de nos jours, ont émergé à la fin des années 60.

Le carnaval est un crescendo. Les événements se multiplient durant ses cinq derniers jours, notamment le "Lundi gras" et le Mardi gras. Organisez-vous à l'avance, car il devient de plus en plus difficile de circuler en ville au fur et à mesure que l'on s'approche de la date fatidique (la meilleure solution est sans doute de louer une bicyclette).

**Parades.** Les parades commencent le deuxième vendredi avant le Mardi gras et durent douze jours. Les premières – généralement des défilés de quartier – ne sont qu'un avant-goût des grandes et somptueuses parades à venir jusqu'au spectacle fantastique des superkrewes, à partir du dernier week-end. Les parades suivent principalement deux itinéraires. Celui de l'Uptown passe par St Charles Ave pour rejoindre Canal St de Napoleon St (la parade Zulu rejoint ce chemin après avoir descendu Jackson Ave). Celui du Mid-City démarre près du City Park et suit Orleans Ave, Carrollton Ave et Canal St vers le Vieux Carré.

Les endroits ne manquent pas pour admirer les défilés, mais seules deux possibilités s'offrent à vous : soit vous éloigner de l'activité touristique du Vieux Carré, soit vous poster à proximité de l'angle de Canal St et de St Charles Ave, où la foule de touristes est dense et où règne une ambiance de fête bruyante. Des tribunes à accès payant sont installées sur St Charles Ave, entre Lee Circle et le Gallier Hall.

Le troisième samedi avant le Mardi gras, **Le Krewe du Vieux** organise sa célèbre parade, connue pour son côté paillard et satyrique. Vers la même date, le krewe **Oshun** (du nom d'une déesse africaine), dont la plupart des membres sont noirs, défile sur le parcours du Mid-City. Il arrive parfois que des parades soient organisées tous les soirs la dernière semaine. Ne manquez pas les krewes traditionnels **Knights of Babylon** et **Hermes**, et le plus anticonformiste **Le Krewe d'État**.

Le week-end précédant le Mardi gras voit l'entrée en scène des superkrewes et de leurs chars monstrueux, suivis d'interminables défilés. Le samedi soir a lieu la spectaculaire parade particulièrement prisés des riches familles créoles. L'Uptown avait, en revanche, les faveurs des Américains. Après avoir beaucoup souffert de la dégradation urbaine du milieu du XX$^e$ siècle, le quartier a retrouvé sa splendeur ces dernières années grâce aux rénovations entreprises par les habitants. Des restaurants et des magasins haut de gamme sont regroupés autour du carrefour entre Esplanade Ave et Ponce de Leon St.

## Mardi gras

du superkrewe **Endymion**, qui compte 1 900 participants sur près de 30 chars qui descendent Canal St. Le krewe a introduit en 1999 son char-bateau à vapeur de 73 m, de loin le plus grand char de l'histoire du Mardi gras. Des défilés se tiennent toute la journée du dimanche, qui atteint son apogée avec **Bacchus**.

Le lundi soir voit deux parades différentes entrer en scène : le krewe **Orpheus**, fondé par le pianiste et chanteur Harry Connick Jr, et le traditionnel **Proteus**.

Le matin du Mardi gras, la parade **Zulu** descend St Charles Ave, où l'atmosphère diffère totalement de l'ambiance des parcours traditionnels (les habitants sortent leur barbecues sur le trottoir). Le krewe **Rex** prend le relais, avec son défilé élégant.

Tout au long de la parade, les krewes lancent des objets aux spectateurs, qui apprécient plus les originales noix de coco peintes des Zulu que le classique collier de perles en plastique. Les médaillons portant l'emblème des krewes semblent grossir d'année en année pour répondre aux exigences de la foule. Vous pourrez aussi ramasser des doublons, des tasses en plastique ou des sachets de chips.

Un conseil d'ami : si l'un de ces objets tombe par terre, mettez le pied dessus pour signaler qu'il vous appartient, puis baissez-vous pour le ramasser. Si vous essayez de le prendre directement, quelqu'un va vous marcher sur les doigts et en revendiquer la propriété !

**Parades à pied.** Le matin du Mardi gras se déroulent de nombreuses parades "non officielles", à pied, qui ne manquent pas d'intérêt. Vous pouvez vous joindre à certaines d'entre elles.

Le **Half-Fast Walking Club** du jazzman Pete Fountain fait le tour des bars de l'Uptown en partant du Commander's Palace à 8h environ. Plus bohème, la **Society of St Anne** défile dans Bywater, le Faubourg Marigny et le Vieux Carré.

Le **Krewe of Cosmic Debris** donne rendez-vous sur Frenchmen St, dans le Faubourg Marigny, autour de midi. Chacun est invité à se joindre aux participants, pourvu qu'il soit masqué. Le parcours du défilé dépend largement des bars que l'on choisit de visiter dans le Vieux Carré.

**Concours de costumes.** Vous pourrez admirer masques et costumes en tous genres dans le Vieux Carré le jour du Mardi gra, Bar, à l'angle de Burgundy St et de St Anne St. Avec un public plus familial, le **Mardi Gras Maskathon** se tient devant l'hôtel Meridien, sur Canal St, à la fin de la parade du Rex.

**Bals.** Vous pouvez acheter un billet pour participer à quelques bals (la plupart sont réservés aux membres des krewes). Essayez Orpheus (☎ 504 822 7211), Tucks (☎ 504 288 2481), Bacchus et Endymion. Parmi les krewes gay, citons Petronius (☎ 504 525 4498) et les Lords of Leather (☎ 504 347 0659).

**Renseignements.** Source d'information indispensable, *Arthur Hardy's Mardi Gras Guide* fournit le planning et les parcours des parades. L'édition spéciale carnaval du *Gambit Weekly* propose également ces renseignements. Vous trouverez les deux partout en ville.

Peu fréquentée par les touristes la majeure partie de l'année, cette partie de la ville est envahie à la fin mai par les milliers d'amateurs de musique qui se précipitent au New Orleans Jazz & Heritage Festival, qui se déroule sur les Fair Grounds. Pour de plus amples renseignements, reportez-vous à l'encadré *Le New Orleans Jazz & Heritage Festival* plus loin dans ce chapitre.

Avec ses trottoirs ombragés, ses vieilles demeures majestueuses, son bayou et son cimetière (l'un des mieux entretenus de la ville), le quartier incite à la flânerie. Prenez le temps d'admirer la **Pitot House**, 1440 Moss St, maison coloniale française de 1799. James Pitot, premier maire de La Nouvelle-Orléans américaine, en fit l'acquisition en 1810. La Pitot House (☎ 504 482 0312) ouvre au public du mercredi au samedi de 10h à 15h. L'entrée coûte 3/2/1 $ pour les adultes/seniors/enfants.

Le long du bayou, le **Magnolia Bridge** est un pont de fer restauré construit au début du XX$^e$ siècle. Il est possible de le traverser à pied ou à bicyclette. Vous apercevrez peut-être des tortues au bord de l'eau et, au petit matin, vous croiserez sans doute de vieux pêcheurs de crabes.

Du même côté du bayou, à un pâté de maisons de la Pitot House, le **Our Lady of the Rosary Rectory**, 1342 Moss St, appartenait à l'origine à Evariste Blanc. Construit probablement en 1834, ce presbytère présente un mélange de styles caractéristique de la région. Son toit et sa galerie courant sur quatre côtés rappellent les maisons des Caraïbes, un style qui avait la faveur des premier colons franco-canadiens, mais des éléments classiques indiquent que l'édifice est postérieur à cette période. Au croisement de la Grand Route St John, la **Old Spanish Custom House**, 1300 Moss St, se dresse à l'endroit où s'étendait, entre 1736 et 1771, la plantation de Jean-François Huchet de Kernion. La demeure actuelle, de style colonial français, fut probablement construite après 1807 pour le capitaine Elie Beauregard.

Des charpentiers de marine seraient à l'origine des étonnants supports cintrés de la **Mullen House**, 1415 Moss St, de l'autre côté du bayou. Ils furent employés par Thomas Mullen, l'un des associés de Mullen & Kennedy Shipyard, chantiers navals situés près d'Esplanade Ave dans les années 1850. Au milieu des spacieux bungalows de style "arts and crafts" – tendance qui favorise l'utilisation d'éléments naturels dans la construction et la décoration –, vous remarquerez la **Dabezie House**, 1455 Moss St, dont les pavés recouvraient jadis Decatur St.

A l'Esplanade Bridge, vous verrez sur votre gauche l'entrée du City Park et le **Beauregard Monument**, érigé en l'honneur de ce général confédéré créole d'origine française. Un pâté de maisons plus loin, **St Louis Cemetery n°3** fut créé en 1854 sur le terrain de l'ancien Bayou Cemetery. Il mérite quelques minutes de visite. A l'intérieur, remarquez l'étonnant monument érigé par James Gallier Jr en mémoire de sa mère et de son frère, disparus en mer.

## CITY PARK (CARTE 6)

Avec ses 600 ha, le City Park est le cinquième parc urbain du pays par la superficie. Les espaces plantés n'occupent cela dit qu'une petite partie de sa surface. Il est célèbre pour ses grands chênes couverts de mousse espagnole et pour ses bayous qui bordent l'étroite bande de terre qui fait face à City Park Ave. Il est malheureusement traversé par la I-610, qui trouble provisoirement la tranquillité du lieu, et la partie bordant le lac est occupée par 4 terrains de golf et un haras. Les visiteurs se rabattent donc sur le tiers restant, du côté fleuve de la I-610, où l'on trouve des restaurants, des attractions pour les enfants, des courts de tennis et le grand New Orleans Museum of Arts. La nature a là aussi quelque peu disparu sous les multiples "aménagements". Pour toute information sur les activités de plein air dans le parc, reportez-vous à la rubrique *Activités sportives* ci-dessous.

Le City Park (☎ 504 482 4888) est aisément accessible du Vieux Carré par le bus n°48. L'entrée se trouve à l'extrémité d'Esplanade Ave.

### New Orleans Museum of Art

Créé en 1910 par le philanthrope Isaac Delgado, le musée d'art n'a de cesse de s'agrandir. Le troisième étage, où sont présentées des expositions permanentes sur l'art africain, précolombien et amérindien, est particulièrement intéressant.

Pour vous rendre au musée, prenez le bus n°48 d'Esplanade Ave. Si vous venez du Riverbend, prenez le bus n°90 de Carrollton. Le Courtyard Cafe sert des déjeuners et des en-cas de 10h30 à 16h30. L'entrée coûte 6 $ pour les adultes, 5 $ pour les seniors et 3 $ pour les enfants de 3 à 17 ans. Le musée ouvre du mardi au dimanche de 10h à 17h.

## Botanical Garden

Ce jardin de 3 ha construit par la municipalité renferme une remarquable fontaine Art déco. Des plantes rares issues d'environnements tropicaux ou semi-tropicaux enchantent la vue et l'odorat. L'entrée du Jardin botanique (☎ 504 482 4888) s'élève à 3/1 $ pour les adultes/enfants. Il est ouvert du mardi au dimanche de 10h à 16h30.

## Carousel Gardens et Storyland

Pour les enfants, le principal attrait du City Park sont les deux parcs d'attractions à l'ancienne situés sur Victory Ave. Le clou des jardins est un grand carrousel d'époque remis à neuf et installé dans un bâtiment de 1906. Dans les années 80, les habitants de La Nouvelle-Orléans ont réuni 1,2 million de dollars pour restaurer les animaux brisés, réparer le manège délabré et remplacer l'orgue de barbarie. L'aire de jeux comprend entre autres attractions, de petites montagnes russes et des autos tamponneuses. C'est également de là que part le petit train du City Park. L'entrée coûte 1 $ (gratuite pour les enfants de moins de 2 ans). Comptez ensuite 1 $ par manège, ou 8 $ pour un pass qui permet l'accès illimité à tous les manèges pendant une journée.

Il n'y a pas de manège à Storyland (☎ 504 483 9382), mais les immenses personnages du "pays des contes" raviront l'imagination des enfants, qui pourront grimper sur le Jabberwocky d'*Alice au pays des merveilles* ou pénétrer dans la bouche de la baleine de *Pinocchio*. Rien d'étonnant à ce que ces figurines ressemblent étrangement aux chars de Mardi gras : elles ont été créées par Blaine Kern, qui a conçu nombre d'entre eux. Storyland ouvre du mercredi au dimanche, généralement de 11h à 14h30 (plus tard le week-end). L'entrée coûte 2 $ (3 $ pendant la période de Noël, quand le parc est illuminé le soir).

## Dueling Oaks

Au cours du XIX$^e$ siècle, les Créoles venaient laver par les armes les offenses faites à leur honneur derrière la cathédrale Saint-Louis ou devant les deux "chênes de duel" d'Allard Plantation, près du Bayou St John. C'est là que s'affrontèrent le rédacteur en chef d'un journal de Baton Rouge et Alcée La Branche, lors d'un duel dont l'issue invalida l'idée répandue selon laquelle la plume est plus forte que l'épée. Après trois essais infructueux, le quatrième assaut fut fatal au journaliste. Il ne reste plus que l'un des deux chênes, près du Museum of Art.

## Lakeshore Park

Ce parc – idéal pour le roller, le vélo ou la simple promenade – s'étire sur une étroite bande de terre qui longe le lac Pontchartrain sur près de 18 km. Il débute au Southern Yacht Club, où s'élève le phare, et se prolonge jusqu'à l'Inner Harbor Navigation Canal. Ne manquez pas la délicieuse traversée du Pontchartrain Causeway qui conduit au lac. De nombreux restaurants accueillent les promeneurs.

## METAIRIE CEMETERY

Le faste architectural du Metairie Cemetery dépasse tout ce que vous aurez pu voir dans les autres cimetières de La Nouvelle-Orléans. Fondé en 1872 sur un ancien champ de courses, c'est le plus américain des cimetières de la ville. Parmi les nombreuses personnalités qui y reposent, citons William Charles Cole Claiborne, le premier gouverneur américain de Louisiane, et le général confédéré P. G. T. Beauregard. Jefferson y fut enterré avant d'être transporté deux ans plus tard à Richmond (Virginie).

*Suite du texte page 150*

# L'architecture en Louisiane

**La Nouvelle-Orléans.** Le Vieux Carré de La Nouvelle-Orléans tient une place à part dans l'architecture de la Louisiane et du Vieux Sud. Avant de s'enrichir d'apports anglo-saxons, celle-ci trouve ses racines dans les styles coloniaux français et espagnol.

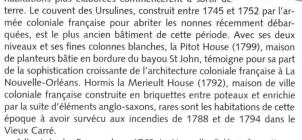

Les premières habitations des colons français ressemblaient certainement à la Lafitte's Blacksmith Shop, que l'on peut encore voir dans Bourbon St. Ces maisons basses et peu aérées, construites en utilisant la technique de la briquette entre poteaux (quand elles n'étaient pas simplement constituées d'un mélange de boue et de mousse espagnole coincé entre des madriers de bois) avaient un défaut majeur : relativement fermées, elles étaient peu adaptées au climat subtropical de la colonie. Avec l'essor de celle-ci, des habitations plus élaborées commencèrent à sortir de terre. Le couvent des Ursulines, construit entre 1745 et 1752 par l'armée coloniale française pour abriter les nonnes récemment débarquées, est le plus ancien bâtiment de cette période. Avec ses deux niveaux et ses fines colonnes blanches, la Pitot House (1799), maison de planteurs bâtie en bordure du bayou St John, témoigne pour sa part de la sophistication croissante de l'architecture coloniale française à La Nouvelle-Orléans. Hormis la Merieult House (1792), maison de ville coloniale française construite en briquettes entre poteaux et enrichie par la suite d'éléments anglo-saxons, rares sont les habitations de cette époque à avoir survécu aux incendies de 1788 et de 1794 dans le Vieux Carré.

A l'arrivée des Espagnols en 1768, La Nouvelle-Orléans formait une grille très ordonnée de 44 pâtés de maisons regroupés autour de l'actuel Jackson Square. Afin de limiter les risques d'incendie, les nouveaux maîtres de la colonie promulguèrent l'obligation de bâtir les maisons en briques, avec des toits de tuiles ou d'ardoises. Les constructions qui bordaient la digue devaient par ailleurs comporter un étage, une galerie à l'avant, et les pièces d'habitation devaient exclusivement être situées au premier.

Les premières demeures de style colonial espagnol firent ainsi leur apparition. Rompant avec le style épuré des bâtiments coloniaux français, elles étaient nettement plus élaborées, voire baroques. Favorisant l'aération des pièces et laissant la place à des cours intérieures ombragées, elles étaient également plus adaptées au climat. Parmi les éléments caractéristiques de ce style figurent les grandes fenêtres surmontées d'élégants arcs de cercle que l'on peut encore voir dans le Vieux Carré.

Comme la majorité des habitations *antebellum*, les demeures de style espagnol gardaient cependant une partie réservée aux esclaves et des cuisines isolées du reste de la maison, afin de limiter les risques liés au feu. Inspiré des arabesques de l'art espagnol, le *cast iron* se généralisa par la suite. Ces dentelles de fer forgé délicatement ouvragées contribuent pour une large part à la beauté actuelle des habitations du Vieux Carré de La Nouvelle-Orléans.

L'arrivée des architectes américains, quelques années plus tard, fut à l'origine de nouveaux rebondissements architecturaux. Outre Benjamin Henry Latrobe, qui édifia la tour de la cathédrale St Louis et la Louisiana State Bank, le plus déterminant fut certainement James Gallier Sr. Père de James Gallier Jr, également architecte, c'est à lui que l'on doit le développement du style *Greek Revival* (néoclassique grec). A La Nouvelle-Orléans, la Gallier House (1857) en est un exemple. Désireuse de se forger "son" architecture, l'Amérique du milieu du XIXe siècle choisit en effet la Grèce antique et ses hautes colonnes comme source d'inspiration.

## Les plantations.

Bâties au XIXe siècle, les nombreuses plantations anglo-saxonnes des rives du Mississippi ont largement bénéficié de l'engouement pour le style Greek Revival. Contrairement au Vieux Carré, elles illustrent une architecture anglo-saxonne mâtinée d'esthétisme grec. La richesse des planteurs de la vallée du Mississippi a de plus permis au style néoclassique grec de donner toute sa mesure. Avec ses quatorze colonnes, Houmas Plantation en est un excellent exemple. Érigée en 1787 dans le style colonial français, Destrehan Plantation a pour sa part été modifiée par la suite pour se rapprocher des canons du style Greek Revival. A l'image de nombreuses habitations louisianaises, elle est le fruit d'un mélange de styles, et son toit serait d'inspiration indienne. D'autres demeures ont ajouté des éléments espagnols ou italiens à une base française. Laura Plantation est un cas à part. Demeure créole, elle fait la part belle aux balustrades de bois tourné, et ses couleurs vives, qui rappellent les Caraïbes, s'opposent à la blancheur immaculée des plantations anglo-saxonnes.

*Suite de la page 147*
Le trompettiste Louis Prima repose dans une sépulture de famille sur laquelle est inscrit le refrain de sa chanson *Just a Gigolo* : "Quand viendra la fin les gens sauront/Que je n'étais qu'un gigolo/La vie continue sans moi."

L'intérêt principal du Metairie Cemetery réside cependant dans la remarquable architecture des tombes et des monuments, dont beaucoup utilisent à la fois la pierre, le bronze et le verre coloré. Une tristesse émouvante, voire sensuelle, se dégage de ces élégantes statues. Vous remarquerez la pyramide gardée par un sphinx du **mausolée Brunswig**, le **monument Estelle Theleman Hyams** et le **monument Moriarty**, considéré comme le "plus grand monument privé" des États-Unis.

La Lakelawn Funeral Home (☎ 504 486 6331), 5100 Pontchartrain Blvd, propose gratuitement plan, magnétophone et cassette enregistrée permettant de suivre un itinéraire thématique. Le cimetière, qui couvre 60 ha, peut se visiter en voiture. Il se trouve sur Pontchartrain Blvd, au croisement de Metairie Rd. Les visites audioguidées durent 1 heure, mais nous vous recommandons de prévoir plus de temps et de descendre de voiture pour voir les tombes de près.

## ACTIVITÉS SPORTIVES

Peu étendue et globalement plate, La Nouvelle-Orléans ravira les amateurs de **bicyclette**. Attention tout de même aux ornières, qui sonnent le glas de nombre de pneus minces. Pour une balade à vélo, optez pour le City Park et les environs du lac ou le tour de l'Audubon Park et continuez le long du fleuve par le Levee Park.

Reportez-vous à la rubrique *Comment circuler* pour les informations sur les circuits organisés et les locations.

Pour l'**équitation**, rendez-vous au haras du City Park (☎ 504 483 93 98), 1001 Filmore St. Comptez 20 $ l'heure pour une promenade accompagnée en groupe (on ne vous laissera pas partir seul. Les cavaliers doivent en outre être âgés de 6 ans minimum et équipés de bottes). Le haras est ouvert en semaine de 9h à 19h, jusqu'à 17h seulement les samedi et dimanche. Dans l'Audubon Park, Cascade Stables (☎ 504 891 22 46), 6500 Magazine St, propose des promenades à dos de poney pour les enfants.

Le City Park Tennis Center (carte 6 ; ☎ 504 483 9382) dispose de 36 courts de **tennis** éclairés, en dur et en terre battue. Le centre est ouvert du lundi au jeudi de 7h à 22h et du vendredi au dimanche de 7h à 19h.

Si vous aimez le **golf**, 4 terrains vous attendent au City Park : les greens de Bayou Oaks nord, sud, est et ouest. Le prix d'un parcours varie entre 7 $ (5 $ à partir de 14h) pour le green sud et 17 $ pour les terrains de compétition est et ouest. L'Audubon Park comporte également un parcours de 18 trous, aisément accessible par le tramway de St Charles Ave. Vous pourrez joindre le Bayou Oaks Clubhouse & Restaurant au ☎ 504 483 9396.

L'Audubon Park et le Levee Park sont parfaits pour pratiquer le **roller** et le **jogging**. Blade Action Sports (☎ 504 891 7055), 6108 Magazine St, loue du matériel près de la digue. Les longues allées goudronnées du Lakeshore Park se prêtent également au roller.

La Lee Circle YMCA (carte 3 ; ☎ 504 568 9622), 920 St Charles Ave, propose à un prix raisonnable des salles de **fitness** entièrement équipées, ainsi qu'une piscine (8 $ la journée).

## COURS DE CUISINE

A défaut de faire de vous un cordon bleu en quelques séances, les cours de cuisine proposés à La Nouvelle-Orléans pourront vous permettre d'ajouter quelques plats cajuns et créoles à votre cahier de recettes.

La **New Orleans School of Cooking** (carte 2 ; ☎ 504 525 2665, 800 237 4841), 524 St Louis St, propose deux séances par jour. Le cours du matin, de 10h à 13h (25 $) vous apprendra à réaliser du gumbo, du jambalaya, du pain perdu et des pralines. La séance de l'après-midi (20 $), de 14h à 16h, ne comprend pas de dégustation. Les 2 cours traitent de la cuisine cajun et créole et débutent par une présentation rapide de la géographie et de l'histoire de la région. Réservez par téléphone.

**Cookin' Cajun** (carte 3 ; ☎ 504 586 8832), à la Creole Delicacies Gourmet Shop du Riverwalk Mall, organise une démonstration de deux heures sur l'élaboration du gumbo ou du jambalaya. Les cours coûtent 18 $. Ceux du matin (10h) sont accessibles sur réservation, mais il en existe d'autres dans la journée. Appelez pour connaître les horaires et prévenir de votre arrivée.

Chaque samedi à 10h, des chefs réputés de La Nouvelle-Orléans effectuent à tour de rôle des démonstrations de cuisine au **Crescent City Farmer's Market** (carte 3 ; ☎ 504 861 5898, www.loyno.edu/ccfm), 700 Magazine St, à l'angle de Girod St, dans le CBD. Ils cuisinent des produits locaux selon des méthodes traditionnelles et vous feront déguster le résultat. L'accès est gratuit.

## CIRCUITS ORGANISÉS

Quoi qu'en pensent les voyageurs indépendants qui répugnent à circuler en troupeau, les circuits de groupes peuvent être de passionnants cours intensifs sur l'histoire ou l'architecture locales. Ils permettent également d'approcher des quartiers potentiellement dangereux.

### Promenades à pied

Le Jean Lafitte National Historical Park and Preserve (carte 2 ; ☎ 504 589 2636), 419 Decatur St, propose tous les jours un circuit de 90 minutes dans le Vieux Carré, par groupe de 30 personnes au maximum. La promenade commence à 10h30, mais il est recommandé de se présenter à l'ouverture du visitor center du NPS à 9h afin de retirer un billet. Un seul pass est délivré par personne (il est donc inutile d'envoyer un ami dévoué faire la queue pour deux).

Des bénévoles compétents de l'association à but non lucratif Friends of the Cabildo (☎ 504 523 3939) font également découvrir chaque jour le Vieux Carré. Les circuits pédestres qu'ils animent – au prix de 10/8 $ pour les adultes/seniors et enfants de plus de 13 ans – durent 2 heures et mettent l'accent sur l'histoire, l'architecture et le folklore. Les tarifs incluent l'entrée dans deux des musées du Louisiana State Museum (le Cabildo, le Presbytère, l'Old US Mint ou la 1850 House). Les visites débutent à 10h et 13h30 du mardi au dimanche et à 13h30 le lundi. Le point de rencontre est situé devant la boutique de la 1850 House, 523 St Ann St.

Historic New Orleans Walking Tours (☎ 504 947 2120), société fondée par l'écrivain Robert Florence, spécialiste local des cimetières, propose plusieurs circuits enrichissants.

Nous recommandons particulièrement le circuit de 2 heures consacré aux cimetières et au vaudou (15/13 $), qui comprend la visite du St Louis Cemetery n°1 et du Voodoo Spiritual Temple de Miriam Williams. Vous pouvez aussi effectuer un circuit dans le Garden District (14/12 $), avec le Lafayette Cemetery n°1, ou découvrir le Vieux Carré "mystique" (12/10 $).

Le circuit sur la culture gay de Robert Batson (☎ 504 945 6789) est réputé pour son parti pris historique et humoristique. La promenade de 2 heures 30 dans le Vieux Carré regorge d'anecdotes hautes en couleur sur des personnalités locales. Précisons que vous y serez le bienvenu quelle que soit votre orientation sexuelle. Les départs ont lieu de la boutique Alternatives (909 Bourbon St) le samedi à 14h (15 $).

### Promenades en calèche

Les guides qui proposent des promenades dans le Vieux Carré à bord de calèches tirées par des mules sont accrédités par la ville, ce qui signifie qu'ils possèdent un minimum de connaissances sur l'histoire du quartier. Gardez tout de même à l'esprit que la recommandation de Mark Twain – "Commencez par connaître les faits, vous pourrez ensuite les modeler à votre guise" – s'applique ici et que l'histoire subit souvent bien des distorsions lors de ces promenades. La calèche, cela dit, est un agréable moyen de prendre ses repères dans la ville.

Les attelages sont disponibles tous les jours jusqu'à minuit sur Jackson Square. La promenade de 30 minutes coûte 40 $ (jusqu'à 4 personnes).

### Itinéraires thématiques sur la culture afro-américaine

African-American Heritage Tours (☎ 504 288 3478) organise des circuits de 3 heures en minibus qui permettent de mieux connaître l'héritage afro-américain de La Nouvelle-Orléans. Il propose également une sortie dans un village cajun francophone, musique zydeco comprise, et des circuits dans les plantations.

Le minibus pourra vous prendre à votre hôtel. Comptez 30 $ pour le circuit en ville, 45 $ pour l'excursion en pays cajun et 50 $ pour le circuit dans les plantations (75 $ avec le déjeuner).

## Sorties sur le Mississippi

Vestiges de la grande époque des steamers, quelques bateaux proposent des croisières sur le Mississippi. Le *Creole Queen* rejoint par le fleuve le site de la bataille de La Nouvelle-Orléans, qui eut lieu en 1815 à Chalmette, dans l'actuel parc national Jean-Lafitte. Une courte promenade à pied sur le champ de bataille et à la maison Beauregard-Keyes est prévue dans les 2 heures 30 d'excursion. Le bateau appareille tous les jours à 10h30 et à 14h de la Spanish Plaza, au début de Canal St. Le circuit coûte 15 $ (8 $ pour les enfants de 3 à 12 ans). Ajoutez 6 $ pour le déjeuner.

Plus chic, le *Cajun Queen* propose 4 croisières de 1 heure au départ du quai de l'aquarium tous les jours à 11h30, 13h, 14h30 et 16h, au prix de 10/5 $.

Renseignements et réservations s'effectuent chez New Orleans Paddlewheels (☎ 504 529 4567, 524 0814). Vous pouvez acheter les billets à l'embarcadère de l'aquarium et à celui de la Spanish Plaza.

Vous pouvez également dîner et danser (45/22 $ pour les adultes/enfants) ou simplement danser (22/13 $) au son du jazz à bord du *Creole Queen* (☎ 504 524 0814, 800 445 4109) en remontant le Mississippi. Embarquez sur le quai de Canal St à 19h pour un départ à 20h.

Un jet de vapeur annonce l'embarquement à bord du *Natchez*, un bateau à aubes construit en 1975 qui effectue des croisières de 2 heures sur le fleuve. Le départ a lieu tous les jours du quai situé derrière la Jackson Brewery à 11h30 et 14h30. Il vous en coûtera 14,75 $ par adulte et 7,25 $ par enfant de 6 à 12 ans.

Les billets sont en vente à la New Orleans Steamboat Company (☎ 504 586 8777), sur le quai.

## MANIFESTATIONS ANNUELLES

### Janvier

**Sugar Bowl** – Depuis 1935, ce tournoi de football américain du NCAA oppose au Superdome les deux meilleures équipes universitaires du pays, le jour de l'an ou peu après. Renseignements au ☎ 504 525 8573.

**Anniversaire de la bataille de La Nouvelle-Orléans** – Le week-end le plus proche du 8 janvier, les habitants revivent cette victoire décisive dans le parc national historique de Chalmette (☎ 504 589 4430). Le dimanche à 12h, une commémoration sur Jackson Square met en vedette des militaires en costumes d'époque.

**Martin Luther King Jr Day** – La naissance de Martin Luther King est commémorée le troisième lundi de janvier. A midi, une parade regroupant plusieurs fanfares part de Bywater et rejoint le Tremé District par St Claude Ave.

### Février

**Parades de Mardi gras** – Cet étonnant spectacle gratuit débute trois semaines avant le Mardi gras, où il atteint son apogée avec plusieurs parades quotidiennes. Les itinéraires varient, mais les principaux krewes mettent en scène d'impressionnants défilés, avec des chars soigneusement élaborés et des fanfares, sur St Charles Ave et Canal St. Aucun ne pénètre dans le Vieux Carré.

**Mardi gras** – L'activité de la ville atteint son apogée le jour de Mardi gras, fin février ou début mars. La fête bat son plein dans le Vieux Carré jusqu'à minuit, heure du début du carême (voir l'encadré plus haut).

### Mars

**Black Heritage Festival** – Le festival de l'héritage noir a lieu le deuxième week-end de mars au zoo d'Audubon (☎ 504 861 2537). Il célèbre l'apport afro-américain en matière de cuisine, de musique et de beaux-arts.

**Saint-Patrick (17 mars)** – Le grand défilé des Irlandais traverse le Vieux Carré après une joyeuse parade à travers leur quartier de prédilection (à l'angle de Race St et d'Annunciation St, dans le Lower Garden District). Le week-end précédent (si le 17 tombe en semaine), une parade bariolée part de Molly's at the Market (☎ 504 525 5169), où des groupes de fêtards lancent des choux aux jeunes filles pour leur soutirer des baisers.

**Tennessee Williams Literary Festival** – La fin du mois de mars est placée sous le signe du grand dramaturge, avec 5 jours de représentations théâtrales (œuvres de Williams et d'autres auteurs), de conférences, de promenades littéraires ou thématiques, de tables rondes et de cocktails. Les manifestations se tiennent au Petit Théâtre et dans quelques autres lieux du Vieux Carré. Pour toute information, contactez le ☎ 504 486 7096.

**Isleños Arts & Crafts** – Les Canariens qui s'établirent dans la paroisse Saint-Bernard célèbrent leur culture traditionnelle pendant la dernière semaine de mars. Des manifestations et un concours du plus gros mangeur d'écrevisses sont organisés au Los Isleños Museum (☎ 504 682 0862), situé à 2 km environ à l'est de Poydras, sur la Hwy 46.

## Avril
**Fiesta du printemps** – Depuis 1935, les habitants de la région ressortent à cette occasion des costumes *antebellum* et vont visiter des bâtiments d'époque habituellement fermés au public. Ces visites sont organisées 5 jours durant, en avril ou en mai, à partir du vendredi suivant le lundi de Pâques. Renseignements à la Spring Festival Association, 826 St Ann St, New Orleans, LA 70116.

**Crescent City Classic** – Le premier samedi d'avril, des coureurs du monde entier viennent disputer cette course à pied de 10 km entre la Jackson Brewery et l'Audubon Park. Renseignements au *Times-Picayune* (☎ 504 861 8686).

**French Quarter Festival** – Le deuxième week-end d'avril, ce festival encore méconnu propose sur 12 scènes du Vieux Carré des concerts de jazz "Nouvelle-Orléans" et autres musiques.

**Jazz Fest** – Durant deux week-ends de la fin avril et de début mai, la fête du jazz – mais aussi de la gastronomie et de l'artisanat – a lieu sur le champ de courses des Fair Grounds, avant de gagner le reste de la ville à la tombée de la nuit. Reportez-vous à l'encadré qui lui est consacré plus loin.

## Mai
**Tomato Festival** – Le premier week-end du mois, à Chalmette, l'église Our Lady of Prompt Succor (☎ 504 271 3441), 2320 Paris Rd, organise la très sérieux festival de la tomate. Des concerts sont également au programme.

## Juin
**Fête des tomates du Marché français** – Le premier week-end du mois, venez vous régaler et faire la fête au Marché français.

**Grand Prix de La Nouvelle-Orléans** – Vous trouvez dangereux de traverser les rues de La Nouvelle-Orléans en temps normal ? Venez voir de quoi il retourne lorsque la ville se transforme en circuit automobile, le deuxième week-end de juin.

**Carnaval Latino** – Le dernier week-end de juin, les rives du fleuve s'éveillent au son et aux saveurs de l'Amérique latine. Renseignements à la New Orleans Hispanic Heritage Foundation (☎ 504 522 9927).

## Juillet
**Independence Day** – Depuis la guerre de Sécession, la population du Sud considère avec dédain la fête "yankee" du 4 juillet (fête nationale américaine). Les habitants de La Nouvelle-Orléans ne ratent cependant pas cette occasion de faire la fête.

**Essence Festival** – Le week-end de l'Independence Day, *Essence Magazine* fait venir des invités prestigieux pour des spectacles musicaux au Superdome. Renseignements au ☎ 504 941 5100.

**Wine & Food Experience** – Cette manifestation gastronomique de 4 jours vous permettra de choisir le vin idéal pour accompagner votre poisson-chat. Il arrive que l'événement ait lieu fin juin. Appelez le ☎ 504 529 9463 pour connaître les dates précises.

## Août
**Blessing of the Shrimp Fleet** – Parade de bateaux décorés et festivités constituent la tradition isleño pour cette fête de la crevette, au cours de laquelle les barques de pêche sont bénites. Le festival alterne chaque année entre les villages de pêcheurs de Delacroix et Yscloskey, dans la paroisse de Saint-Bernard. Renseignements au Los Isleños Museum (☎ 504 682 0862).

## Octobre
**Swamp Festival** – Quatre jours durant, début octobre, le festival des bayous organisé par l'Audubon Institute (☎ 504 861 2537) se déroule à l'Audubon Zoo et au Woldenberg Riverfront Park. Faune des bayous, artisanat, musique et spécialités cajuns sont au rendez-vous.

**Halloween** – Le 31 octobre est une date importante à La Nouvelle-Orléans, notamment dans le Vieux Carré, où a lieu une grande fête costumée. Le New Orleans Metropolitan Convention and Visitors Bureau (☎ 504 566 5055) organise une parade, une "fête des monstres" et la "fête des vampires" d'Anne Rice au palais des congrès.

## Novembre
**Mirliton Festival** – On l'appelle cholo au Brésil, chouchou à l'île de la Réunion, christophine ou chayote sous d'autres cieux… Dans le Vieux Sud, ce légume vert à la chair blanche, en forme de poire, a pour nom mirliton. Il est à l'honneur

le premier week-end du mois au Mickey Markey Playground, dans le quartier de Bywater. Renseignements au ☎ 504 948 7330.

**Celebration in the Oaks** – De la fin du mois de novembre à la première semaine de janvier, les chênes du City Park (☎ 504 482 4888) se parent de décorations lumineuses et colorées à la nuit tombée. Vous devrez profiter du spectacle de votre voiture, tous phares éteints, car les cyclistes et les piétons ne sont pas admis dans le parc. L'entrée coûte 7 $ par véhicule.

### Décembre

**Noël** – St Charles Ave brille de mille feux pendant tout le mois de décembre. La plupart des plus belles maisons de la ville sont en effet magnifiquement décorées et illuminées. Le 24 décembre, une foule énorme se masse dans la cathédrale Saint-Louis pour assister à la messe de minuit chantée. Contactez le French Quarter Festivals (☎ 504 522 5730), 100 Conti St, New Orleans, LA 70130, pour connaître le calendrier détaillé des manifestations.

**Saint Sylvestre** – Les fêtards se bousculent dans le Vieux Carré, notamment autour de la Jackson Brewery. Les amateurs de football américain universitaire présents pour le Sugar Bowl, qui se tient le 1$^{er}$ janvier, ajoutent à l'animation.

## OÙ SE LOGER

De nombreux visiteurs séjournent dans le Vieux Carré ou à proximité. L'Upper Quarter et Canal St concentrent une série de grands hôtels haut de gamme, tandis que le CBD regroupe des hôtels de standing, souvent sans grand charme. Vous trouverez des établissements de style créole dans le Lower Quarter et dans le Faubourg Marigny, où de nombreux petits hôtels et pensions ont été aménagés dans d'anciens cottages et maisons créoles. Beaucoup sont dotés de cours abritées où vous pourrez vous tenir à l'écart de la foule et éviter la chaleur.

Il est généralement très onéreux de séjourner dans le Vieux Carré ou à proximité, mais on trouve parfois de bonnes affaires. Si votre budget est limité, essayez les pensions du Lower Garden District ou de Bywater. Ces quartiers sont éloignés du Vieux Carré mais bien desservis par les transports en commun. Les taxis sont en outre relativement bon marché. Les tarifs varient selon l'époque : les périodes du Mardi gras et du Jazz Fest ainsi que dans une moindre mesure, les fêtes de fin d'année sont les plus chères. Réservez très longtemps à l'avance pour ces dates, que vous souhaitiez loger dans une auberge de jeunesse ou dans un hôtel chic, et attendez-vous à payer le double du prix normal. Les hôtels proposent des remises dès que les taux d'occupation baissent. Durant les mois d'été atrocement chauds et humides, les hôteliers n'hésitent pas à casser les prix, rendant très abordable une chambre avec clim.

Prévoyez une taxe supplémentaire de 11% sur le prix de la chambre, plus 1 $ par personne. Dans le Vieux Carré et le CBD, comptez en outre quelque 14 $ par jour pour le stationnement.

Si vous arrivez sans avoir réservé, procurez-vous le guide gratuit de l'hébergement du New Orleans Metropolitan Convention & Visitors Bureau (☎ 504 566 5011), sur Jackson Square, dans le Vieux Carré. Il comprend la liste des établissements membres, des tarifs indicatifs et un plan.

Si votre budget est serré, choisissez les auberges de jeunesse. La YMCA a, hélas ! fermé ses portes. Vous trouverez également des pensions et des hôtels confortables et sûrs qui louent des doubles entre 40 et 70 $. Les établissements de catégorie moyenne coûtent entre 70 et 150 $. La catégorie supérieure vous reviendra encore plus cher.

### Camping

Vous devrez sortir de La Nouvelle-Orléans pour trouver des campings agréables. Le plus pratique est le *St Bernard Parish State Park* (☎ 504 682 2101), à environ 25 km au sud-est de la ville. Ombragé, il borde le Mississippi et comporte de courts sentiers de randonnée et une piscine. Prenez la Hwy 46 le long de la rive est du fleuve jusqu'à Bayou Rd, puis la Hwy 39 à droite. L'entrée du parc se trouve à 1 mile (1,5 km) environ sur la gauche. Les emplacements sont attribués au fur et à mesure de l'arrivée des campeurs. L'eau et l'électricité sont comprises dans le tarif de 12 $. D'autres options convenables dans la région sont répertoriées à la rubrique *Environs de La Nouvelle-Orléans*.

Plus près de la ville, des terrains de camping et de caravaning bordent la Chef

Menteur Hwy (Hwy 90), à l'est de La Nouvelle-Orléans (à l'est de l'Inner Harbor Navigation Canal). C'est le cas du ***Mardi Gras Campground** (☎ 504 243 0085, 6050 Chef Menteur Hwy)*, que vous trouverez près de la sortie 240A de la I-10, derrière une station-service. Les lieux ne sont guère enthousiasmants mais bon marché : 18 $ (un peu plus pendant le Mardi gras et le Jazz Fest) l'emplacement pour tente.

En amont de la ville, non loin de l'aéroport, le ***New Orleans West KOA** (☎ 504 467 1792, 11129 Jefferson Hwy)*, à River Ridge, dispose d'emplacements pour tente à 22 $ (plus pendant les fêtes). De La Nouvelle-Orléans, prenez la sortie 223A de la I-10. Suivez Williams Blvd sur 3 miles (5 km), puis prenez à gauche sur Jefferson Hwy. Une navette relie le camping au Vieux Carré.

## Auberges de jeunesse

Trois auberges de jeunesse sont accessibles du Vieux Carré par les transports en commun. Deux se trouvent à un pâté de maisons du tramway de St Charles Ave, la troisième dans le Mid-City, près de Canal St. Elles acceptent plus volontiers les clients pour de courts séjours. Toutes sont équipées de consignes à bagages, de chauffage et de climatisation, d'une cuisine et de salles communes où l'on peut facilement lier connaissance avec d'autres touristes. Les visiteurs désireux de profiter pleinement de la vie de La Nouvelle-Orléans apprécieront l'absence d'heure limite pour rentrer le soir.

Hostelling International's gère l'auberge de jeunesse de 162 lits de la ***Marquette House** (carte 4 ; ☎ 504 523 3014, hineworleans@aol.com, 2253 Carondelet St)*, non loin du Garden District. La nuit en dortoir pour 4 personnes coûte 15/18 $ pour les membres/non membres, taxes comprises. Les chambres privées doubles sont facturées 43/66 $ et les quadruples 66 $. Ajoutez 2 $ pour la location des draps. L'établissement propose un accès Internet. Pour vous y rendre, prenez le tramway de St Charles Ave jusqu'à Jackson Ave, puis continuez à pied en direction du nord-ouest. Carondelet St est la première rue que vous croiserez.

Dans le Lower Garden District, la ***Longpré Guest House Hostel** (carte 4 ; ☎ 504 581 4540, 1726 Prytania St)* propose 24 lits en dortoir. Cette confortable maison de 1850, d'inspiration italienne, est dotée d'une véranda sur laquelle il fait bon prendre l'air, d'une grande cuisine, d'un patio où l'on peut prendre ses repas et d'une salle de TV. La nuit coûte 12 $, draps et taxes compris. Des chambres individuelles exiguës sont disponibles à 35 $. Ces tarifs augmentent durant les périodes où l'activité redouble, notamment pendant le Mardi gras (ils atteignent alors le double). Pour vous y rendre du centre-ville, prenez le tramway de St Charles Ave et descendez à Euterpe St, puis dirigez-vous à pied vers le fleuve. La première rue que vous croiserez est Prytania St.

L'ambiance est à la fête à l'***India House Hostel** (carte 6 ; ☎ 504 821 1904, indiahse@cwix.com, 124 S Lopez St)*, dans le Mid-City, à côté de Canal St. L'auberge de jeunesse s'agrémente d'une vaste piscine située derrière les trois vieilles maisons qui servent de dortoirs. La nuit revient à 14 $, draps et taxes compris. Vous pouvez également demander l'une des cabanes cajuns traditionnelles situées à l'arrière, avec leurs alligators apprivoisés (30 à 35 $). Machine à laver, sèche-linge et accès Internet sont disponibles. Le site web de l'auberge est consultable sur www.indiahousehostel.com. Pour vous y rendre du Vieux Carré, prenez n'importe quel bus sur Canal St qui se dirige vers le lac. Descendez à Lopez St et traversez Canal St.

## Bed and Breakfast

Plus romantiques que les chaînes d'hôtels en bordure de route, les Bed and Breakfast (B&B) proposent généralement quelques chambres meublées à l'ancienne. Un petit déjeuner copieux est en principe compris dans les tarifs qui varient entre 70 et 150 $, voire davantage.

Plusieurs organismes peuvent vous aider dans votre recherche et effectuer des réservations. La Louisiana B&B Association (☎ 504 346 1857), PO Box 4003, Baton Rouge, LA 70821 4003, distribue un guide illustré des B&B de Louisiane. Bed &

Breakfast Inc (☎ 504 488 4639), PO Box 52257, New Orleans, LA 70152 2257, assure des réservations gratuites auprès de B&B soigneusement sélectionnés pour convenir aux goûts de chacun.

La Nouvelle-Orléans dispose de 2 B&B pratiquant des tarifs raisonnables. Dans le Faubourg Marigny, le ***Lion's Inn B&B*** *(☎ 504 945 2339, 2517 Chartres St)* dispose de 4 chambres agréables dans une maison rénovée. L'une peut accueillir 4 personnes pour 100 $, les autres coûtent entre 45 et 85 $.

Fréquenté par la communauté lesbienne, le populaire ***Bywater B&B*** *(☎ 504 944 8438, 1026 Clouet St)* propose 3 chambres à environ 60 $ (s.d.b. commune) et abrite une collection d'art populaire.

### Vieux Carré (carte 2)
**Catégorie moyenne.** Dans une zone calme du Lower Quarter, le ***Chateau Motor Hotel*** *(☎ 504 524 9636, cmhnola@aol.com, 1001 Chartres St)* propose des simples entre 79 et 104 $ et des doubles entre 99 et 124 $, petit déjeuner continental et parking compris.

Plus haut de gamme, ***Le Richelieu*** *(☎ 504 529 2492, 800 535 9653, lericheliuhotel@inetmail.att.net, 1234 Chartres St)* loue des chambres joliment décorées de 85 à 170 $, parking compris.

Non loin des clubs de musique de Rampart St, la charmante et accueillante ***Gentry House*** *(☎ 504 525 4433, gentryhsez@aol.com, 1031 St Ann St)* est aménagée dans un confortable cottage créole. Sa cour ombragée offre un refuge au tumulte du Vieux Carré. La demeure dispose de 5 chambres (de 2 à 5 personnes) équipées d'une cafetière et d'un réfrigérateur. Les tarifs s'échelonnent entre 70 et 115 $.

Célèbre pour sa grille de 1859 aux motifs en épi de maïs (probablement l'une des plus photographiées du pays), le ***Cornstalk Hotel*** *(☎ 504 523 1515, fax 522 5558, 915 Royal St)* offre d'agréables chambres hautes de plafond, avec meubles anciens et s.d.b. Les tarifs s'élèvent entre 75 $ (hors saison) et 185 $.

L'***Hotel St Pierre*** *(☎ 504 524 4401, 800 225 4040, 911 Burgundy St)* est constitué de cottages créoles anciens meublés dans un style moderne. Comptez entre 110 et 170 $ pour une chambre, et davantage pour une suite, dans cet établissement qui dispose d'une cour intérieure. Plus central, l'***Andrew Jackson Hotel*** *(☎ 504 561 5881, 800 654 0224, 919 Royal St)* appartient aux mêmes propriétaires et pratique des tarifs similaires.

Installé dans des bâtiments joliment rénovés, l'***Hotel Provincial*** *(☎ 504 581 4995, 800 535 7922, info@hotelprovincial.com, 1024 Chartres St)* comporte une centaine de chambres et de suites qui donnent sur des cours intérieures. Les chambres standards sont facturées entre 79 et 225 $ (parking compris), les tarifs des suites démarrent à 139 $.

**Catégorie supérieure.** L'élégante ***Soniat House*** *(☎ 504 522 0570, 800 544 8808, 1133 Chartres St)*, dans le Lower Quarter, est une maison de ville de style créole construite en 1830 et soigneusement restaurée. Elle arbore des dentelles de fer forgé délicatement ouvragées, et le petit déjeuner (8,50 $) est servi dans une cour des plus romantiques. Les enfants de moins de 12 ans ne sont pas admis. Les chambres meublées de mobilier ancien coûtent de 195 à 285 $, les suites 325 $ et plus. Ajoutez à cela 16 $ pour le garage. Des formulaires de réservation sont disponibles sur www.soniathouse.com.

Ouvert en 1907, le vénérable ***Hotel Monteleone*** *(☎ 504 523 3341, 800 535 9595, 214 Royal St)* est depuis toujours le plus grand hôtel du Vieux Carré. L'étroitesse de la rue permet à peine de prendre un peu de recul pour admirer sa belle façade ocre pâle. Rénovées au début des années 90, les simples/doubles démarrent à 150/170 $, mais ce tarif chute à 95 $ en été (avec clim.). Même si vous ne séjournez pas dans l'hôtel, vous pouvez aller prendre un verre au Carousel Bar, à côté du grand hall, qui tourne lentement sur lui-même.

### Tremé District (carte 2)
Plusieurs établissements abordables sont installés sur Esplanade Ave, à proximité du Vieux Carré. Demeure historique dotée d'un escalier extérieur, la ***Maison Esplanade*** *(☎ 504 523 8080, 800 892 5529, 1244*

*Esplanade Ave)* comporte 9 chambres avec meubles anciens et s.d.b., à partir de 79 $ (50 $ environ en été). Autre maison des années 1850, la **Rathbone Inn** *(☎ 504 947 2100, 800 947 2101, 1227 Esplanade Ave)* pratique des tarifs compris entre 160 et 190 $ en basse saison, 255 et 300 $ en haute saison. Situé lui aussi dans une jolie maison ancienne, l'**Hotel Storyville** *(☎ 504 548 4800, 1261 Esplanade Ave)* propose plusieurs suites pouvant accueillir de 2 à 6 personnes. Les tarifs varient entre 80 et 300 $ en fonction de la taille de la suite et de la saison. Consultez le site www.hotelstoryville.com pour tous renseignements.

## Faubourg Marigny (carte 2) et Bywater

A proximité du Vieux Carré, la petite **Lamothe House** *(☎ 504 947 1161, 800 367 5858, 621 Esplanade Ave)* loue 11 chambres meublées à l'ancienne de 79 à 175 $, et des suites de 130 à 275 $. De plus amples informations sont disponibles sur www.neworleans.org. **The Frenchmen** *(☎ 504 948 2166, 800 831 1781, 417 Frenchmen St)* est une petite maison créole des années 1850 rénovée, dotée d'une belle cour intérieure et d'un jacuzzi. Les prix des doubles démarrent à 84 $. Ajoutez environ 50 $ pour une chambre avec balcon. N'hésitez pas à négocier en basse saison. Un réceptionniste renfrogné est présent jour et nuit.

Dans Bywater, au coin de Mazant St et de Burgundy St, l'agréable demeure de plantation **Mazant Guest House** *(☎ 504 944 2662, 906 Mazant St)* propose 11 chambres dotées de meubles de style et une cuisine. L'accueil est chaleureux, les prix extrêmement raisonnables, et le gérant, Bob Girault, un parfait connaisseur du monde musical local. La clientèle, surtout européenne, apprécie la cuisine, le petit salon et l'ambiance conviviale. La plupart des chambres (avec s.d.b. commune) sont facturées entre 30 et 40 $. Il existe aussi des chambres avec s.d.b. Les clients disposent d'un parking gratuit et peuvent emprunter des bicyclettes.

## CBD et Warehouse District (carte 3)

**Catégorie moyenne.** Près de l'hôtel de ville, la tour du **Comfort Inn Downtown** *(☎ 504 586 0100, 800 228 5150, 1315 Gravier St)* renferme des simples à partir de

---

### Le vaudou

Le vaudou compte pour beaucoup dans la réputation que s'est forgée La Nouvelle-Orléans de "ville la moins américaine d'Amérique". A mi chemin entre spectacle haut en couleur et surnaturel inquiétant, il rencontre un grand succès auprès du public. Les dizaines de boutiques commercialisant poupées, gris-gris et autres articles exotiques témoignent de cet engouement des touristes pour la mystique vaudoue. Au-dela du folklore, le vaudou reste cependant une forme vitale d'expression spirituelle pour des milliers de pratiquants.

C'est *via* Haïti, à bord des bateaux apportant les esclaves en provenance d'Afrique de l'Ouest, que le vaudou est arrivé dans le Nouveau Monde, où il s'est développé sous une forme américaine hybride. A La Nouvelle-Orléans, un curieux syncrétisme s'opéra, notamment suite à la rencontre des croyances vaudoues et catholiques : saints et divinités devinrent interchangeables pour les adeptes des deux religions. Avec l'augmentation de la popularité du vaudou, de plus en plus d'habitants de la ville et de la région eurent recours à ses praticiens pour obtenir un conseil, se faire prédire l'avenir, être soigné par les plantes, obtenir l'amour d'une personne ou se venger d'un ennemi… Ces prêtres, dont certains des plus populaires étaient fort riches et souvent controversés, acquirent une influence grandissante dans la communauté. On dispose de peu d'informations sur les célèbres prêtres du XIXe siècle, aux noms étonnants de Dr John, Dr Yah Yah ou Sanité Dédé. Les historiens restent pour leur part déconcertés par le personnage de Marie Laveau, la plus connue des "reines" du vaudou.

59 $ (en basse saison). Les chambres modernes du *Comfort Suites (☎ 504 524 1140, comfortno@aol.com, 346 Baronne St)* coûtent entre 89 et 189 $, selon la saison. Plus chic et à deux pâtés de maisons seulement du Vieux Carré, le *Hampton Inn (☎ 504 529 9990, 800 426 7866, 226 Carondelet St)* dispose également de chambres modernes dont les tarifs s'échelonnent entre 79 et 129 $ (59 $ en été), petit déjeuner continental et appels téléphoniques locaux compris. Pour de plus amples renseignements, consultez le site www.neworleans.com/hampton/.

Vous reconnaîtrez aisément le *Holiday Inn Downtown Superdome (☎ 504 581 1600, 800 535 7830, 330 Loyola Ave)* à la clarinette haute de 18 étages qui est peinte sur le côté du bâtiment. Les chambres classiques démarrent à 99 $ hors périodes d'affluence. Comptez 129 $ pour une chambre plus luxueuse.

**Catégorie supérieure.** Quelques hôtels du quartier surclassent les hôtels de congrès aux tarifs généralement surévalués. Ouvert depuis 1907, *Le Pavillon (☎ 504 581 3111, 800 535 9095, 833 Poydras Ave)*, grand hôtel élégant au beau hall de marbre, propose tous les services dignes d'un établissement de cette catégorie. Ses somptueuses chambres rénovées sont facturées entre 105 et 230 $ selon la saison. Plus petit, mais également très confortable, le *Lafayette Hotel (☎ 504 524 4441, 800 733 4754, 600 St Charles Ave)*, à l'angle de Girod St, loue des chambres avec lit *king-size* à partir de 165 $ et des suites à partir de 295 $.

Le *Fairmont Hotel (☎ 504 529 7111, 800 527 4727, 123 Baronne St)* était l'établissement le plus luxueux de la ville lorsqu'il ouvrit ses portes dans les années 20, sous le nom de Roosevelt Hotel. Il a connu de grandes transformations, et les chambres diffèrent amplement les unes des autres, tant par la taille que par le mobilier (demandez à voir la chambre avant de l'accepter). Les tarifs démarrent autour de 229 $ pour 1 ou 2 personnes, mais peuvent descendre à 119 $ en été. Des précisions sont disponibles sur le site www.fairmont.com. Le Fairmont est célèbre pour son bar huppé, que fréquentait l'ancien gouverneur de Louisiane Huey Long et où un gangster à la gâchette facile logea un jour une balle dans le mur (le barman vous indiquera l'endroit).

### Lower Garden District et Garden District (carte 4)

**Petits budgets.** Les chambres du *Prytania Inn I (☎ 504 566 1515, fax 566 1518, 1415 Prytania St)* sont certes défraîchies mais bon marché. Elles sont équipées d'une s.d.b. et parfois d'une cuisine. Demandez à les voir à l'avance car elles offrent un niveau de confort très variable. Les simples/doubles se louent entre 29/39 et 55/79 $, plus 5 $ pour le petit déjeuner complet servi dans l'agréable salon du rez-de-chaussée. La même direction gère 2 autres hôtels bon marché dans la même rue : le *Prytania Inn II (2041 Prytania St)*, situé dans un immeuble plus reluisant de l'extérieur que de l'intérieur, où les prestations et les tarifs sont similaires ; et le *Prytania Inn III (2127 Prytania St)*, à l'angle de Jackson St, à la limite du Garden District. Pour le même prix, ce dernier propose le cadre d'une villa Greek Revival de 1857, ce qui en fait l'un des meilleurs rapports qualité/prix de la ville. Hélas ! et en dépit des photographies figurant sur le site www.prytaniainns.com, aucun de ces établissements n'est réputé pour son ménage et sa propreté.

Installée dans un orphelinat construit pendant la guerre de Sécession, la grande *St Vincent's Guest House (☎ 504 523 3411, 1507 Magazine St)* dispose d'une piscine agréable les jours de grande chaleur. Les chambres, dénuées de charme mais bien entretenues, coûtent de 59 à 79 $.

Vous trouverez plus de confort dans les petites chambres joliment meublées de la *St Charles Guest House (☎ 504 523 6556, 1748 Prytania St)*. Le propriétaire, Dennis Hilton, les loue entre 65 et 95 $, petit déjeuner continental compris. Si vous avez un budget serré, demandez-lui s'il lui reste une petite chambre "backpacker" (avec s.d.b. commune), qu'il attribue sans réservation. Elle vous sera facturée entre 30 et 45 $. Le site www.stcharlesguesthouse.com vous fournira plus d'information.

**Catégorie moyenne.** Pension du XIX$^e$ siècle restaurée, la ***Whitney Inn*** (☎ *504 521 8000, 800 379 5322, whitney.inn@worldnet.att.net, 1509 St Charles Ave*) offre des chambres meublées à l'ancienne à des tarifs s'échelonnant entre 79 et 159 $, petit déjeuner continental compris. Pour une suite, comptez entre 149 et 179 $.

La ***Maison St Charles*** (☎ *504 522 0187, 800 831 1783, reservations@maisonstcharles.com, 1319 St Charles Ave*) dépend de la chaîne Quality Inn et dispose de chambres modernes proposées entre 69 et 119 $. Des navettes la relient au Vieux Carré.

Impeccablement restaurée, la ***Josephine Guest House*** (☎ *504 524 6361, 800 779 6361, 1450 Josephine St*), à l'angle de Prytania St, ne se trouve qu'à quelques rues du Garden District. Le prix des chambres (de 100 à 145 $) comprend le petit déjeuner, servi dans des tasses en porcelaine Wedgwood.

Superbement décorées de meubles anciens, les grandes chambres avec cheminée de marbre de la ***Terrell Guest House*** (☎ *504 524 9859, 1441 Magazine St*), au coin de Euterpe St, sont proposées à 150 $. Les chambres situées sous les combles, au 3$^e$ étage de cette demeure de style néo-géorgien, valent entre 100 et 125 $. Toutes disposent d'une s.d.b. Le tarif comprend le petit déjeuner complet et les boissons du bar.

### Uptown et Riverbend (carte 5)

Le ***Columns Hotel*** (☎ *504 899 9308, 3811 St Charles Ave*), à l'angle de General Taylor St, date de 1883. Son bar et son patio du rez-de-chaussée en font une adresse très appréciée. Ses 20 chambres de toutes tailles sont facturées de 100/135 $ pour une double exiguë à 175/210 $ pour la suite "Pretty Baby" (en hommage au film de Louis Malle qui y fut tourné dans les années 70) qui comporte 2 chambres. La chambre n°16 (170 $), dotée d'un balcon surplombant l'entrée principale et St Charles Ave, se révèle parfois bruyante la nuit.

A 3 pâtés de maisons du Columns, le ***Lagniappe Bed & Breakfast*** (☎ *800 317 2120, 1925 Peniston St*) propose de charmantes et confortables chambres décorées de meubles anciens entre 110 et 150 $ (avec s.d.b.). Ces prix comprennent le petit déjeuner, le parking, et d'appréciables petites attentions (bouquet de fleurs, corbeille de fruits, boissons). Vous pouvez visiter l'établissement en ligne sur www.bbonline.com/la/lagniappe.

Construite en 1884 pour impressionner les visiteurs de l'Exposition internationale du coton l'année suivante, la ***Parkview Guest House*** (☎ *504 861 7564, 888 533 0746, 7004 St Charles Ave*) se trouve près de l'Audubon Park. Le salon et les chambres sont décorés de meubles anciens. Comptez entre 85 et 130 $ pour une chambre (certaines avec s.d.b. commune). Pour de plus amples renseignements, consultez le site www.parkviewguesthouse.com.

## OÙ SE RESTAURER

Les plaisirs de la table ne sont pas en reste à La Nouvelle-Orléans, loin s'en faut. La ville combine en effet les traditions culinaires française, créole et cajun, auxquelles se sont ajoutées ces dernières années, créant de surprenants assemblages, des influences asiatique, mexicaine, indienne et européenne.

Pour plus de précisions, reportez-vous à la section spéciale *Cuisine du Vieux Sud*.

### Vieux Carré (carte 2)

Le Vieux Carré offre l'embarras du choix en matière de restauration, et certains de ses établissements sont extrêmement réputés. Revers de la médaille : c'est également le quartier le plus cher et vous risquez d'avoir des difficultés à trouver une table dans les endroits les plus fréquentés.

**Petits budgets.** Ouvert 24h/24, le ***Café du Monde*** (☎ *504 581 2914, 800 Decatur St*), au French Market, est une institution. Il est renommé pour son café au lait et ses beignets au sucre (2 $ seulement).

Vous pouvez déguster un café dans l'agréable jardin de ***Royal Blend*** (☎ *504 523 2716, 621 Royal St*) et découvrir ainsi à bon prix les cours cachées du Vieux Carré. Un cybercafé est installé à l'étage.

Autre bonne adresse, la ***Croissant d'Or Patisserie*** (☎ *504 524 4663, 617 Ursulines Ave*) sert de croustillantes quiches et de délicieux croissants fourrés pour 6 $ environ (avec une boisson et un café). La carte comporte également des sandwiches, des soupes et des pâtisseries. En pénétrant dans ce vénérable établissement, remarquez les carreaux de céramique sur le trottoir indiquant l'entrée séparée pour les femmes.

Ouvert 24h/24, le *Clover Grill* (☎ *504 598 1010, 900 Bourbon St*) ressemble à un café des années 50 et propose une restauration de bar. L'établissement est pourtant raisonnablement branché, et ses sémillants serveurs vous apportent les fameux burgers au son de la dance music. La clientèle est variée, mais, comme souvent dans cette partie du Vieux Carré, elle devient de plus en plus gay au fur et à mesure que l'on avance dans la soirée.

Très fréquenté par les touristes, le *Café Maspero* (☎ *504 523 6250, 601 Decatur St*) propose d'énormes sandwiches ou du *red beans and rice* (haricots rouges et riz, un plat typique du Sud) pour 5 $ environ, ainsi que de la bière Abita à la pression. La salle voûtée aux murs de briques du rez-de-chaussée prend vite des allures de cave enfumée.

Deux établissements situés pratiquement l'un à côté de l'autre sur Decatur St, entre Dumaine St et Philip St, proposent des *muffulettas*. C'est à la *Central Grocery* (☎ *504 523 1620, 923 Decatur St*) que naquit la muffuletta, en 1906. L'épicerie existe toujours et est fréquemment envahie le week-end. Pour 9 $, une muffuletta et une *root beer*, boisson gazeuse élaborée à partir d'extraits végétaux, rassasieront 2 personnes. A deux pas, la *Progress Grocery Co Inc* (☎ *504 525 6627, 915 Decatur St*) confectionne ses propres muffulettas, moins grasses que celles de sa voisine.

En face de l'Old US Mint, un établissement de la chaîne *Louisiana Pizza Kitchen* (☎ *504 522 9500, 95 French Market Place*) propose des pizzas cuites au feu de bois (de 6 à 9 $).

Les végétariens trouveront leur bonheur à l'*Old Dog New Trick Café* (☎ *504 522 4569, 307 Exchange Alley*). Choisissez par exemple une polenta farcie de haricots noirs et de feta (10 $) ou un tofu grillé à la sauce arachide-gingembre (9 $), deux spécialités servies avec des légumes grillés. Les soupes, excellentes, peuvent constituer un repas très bon marché.

A la fois bar de quartier et restaurant, *Coop's Place* (☎ *504 525 9053, 1109 Decatur St*) se distingue des établissements "attrape-touristes" qui l'entourent. Dans la salle peu éclairée, vous pourrez déguster du jambalaya, de l'alligator frit ou des burgers. Le red beans and rice coûte environ 5 $.

L'*Acme Oyster and Seafood House* (☎ *504 522 5973, 724 Iberville St*) est davantage fréquenté par la population locale que par les touristes. On retrouve dans ce restaurant ouvert en 1910 un peu de l'atmosphère du Vieux Carré d'autrefois. Sa réputation repose en grande partie sur ses excellentes huîtres et son red beans and rice. Il est souvent nécessaire d'attendre pour obtenir une table.

**Catégorie moyenne.** L'*Irene's Cuisine* (☎ *504 529 8811, 539 St Philip St*) sert dans de petites salles agréables et tranquilles une cuisine d'inspiration franco-italienne, notamment un poulet rôti au romarin aux saveurs délicates (15 $), un carré d'agneau poêlé et déglacé au porto (18 $) et un savoureux canard "St Philip" (18 $), servi avec des épinards frais, de la moutarde et des baies. Les réservations ne sont pas acceptées et l'attente peut être longue. Ouvert tous les jours de 18h à 22h.

Un peu à l'écart en haut de Decatur St, *Olivier's* (☎ *504 525 7734, 204 Decatur St*) passe souvent inaperçu, à tort, car il prépare une excellente et authentique cuisine créole à prix abordables. Débutez avec le gumbo (9 $), puis choisissez parmi les spécialités : crevettes créoles, lapin créole, terrine de crabe ou médaillons de porc. Les plats coûtent entre 13 et 18 $ au dîner, entre 7 et 11 $ au déjeuner. Gardez un peu d'appétit pour la tarte au noix de pécan aromatisée au bourbon.

Le *NOLA* (☎ *504 522 6652, 534 St Louis St*) permet de goûter, dans une ambiance certes un peu affairée, la cuisine d'Emeril Lagasse à meilleur prix que dans les autres restaurants de ce chef réputé. Les cuisiniers de Lagasse marient adroitement les traditions locale, asiatique et californienne pour créer des plats aux arômes naturels et sub-

## Le New Orleans Jazz & Heritage Festival

Pour sa première édition, en 1968, le Jazz Fest – comme on appelle communément le deuxième événement majeur de La Nouvelle-Orléans – mit en scène des musiciens de jazz comme Louis Armstrong, Dave Brubeck, Duke Ellington, Woody Herman, Ramsey Lewis et Pete Fountain. Peu fréquenté dans les premières années, il prit de l'ampleur à partir de 1972 en s'étalant sur deux semaines (fin avril-début mai) et alla s'installer aux Fair Grounds. D'autres styles musicaux vinrent alors s'ajouter à la programmation. Le Jazz Fest ne se cantonne donc plus au jazz (une seule scène lui est consacrée) et s'est ouvert au gospel, au zydeco et à la musique cajun (scène *fais-do-do*), à la musique afro-américaine (scène Congo Square), au blues et au rythm'n blues (The House of Blues) et à d'autres styles de musique, y compris la variété internationale. Vous trouverez également une scène pour les enfants, une consacrée aux Amérindiens et bien d'autres encore…

Le terme "heritage" fait pour sa part référence à la gastronomie, à l'art et à l'artisanat locaux. Sur Congo Square et dans l'Armstrong Park, ce sont la cuisine et l'artisanat africains que vous pourrez découvrir. Venez aux Fair Grounds le ventre creux : le choix en matière culinaire est immense, et les prix raisonnables. La festival, qui plus est, a lieu en pleine saison des écrevisses et du crabe mou.

Attendez-vous à une chaleur et à un soleil intenses. Munissez-vous d'un chapeau et de crème solaire, portez des vêtements clairs et buvez régulièrement. Quelques tentes seulement sont aérées, et la plupart des scènes sont installées en plein air. Vous resterez debout de longs moments, aussi apprécierez-vous d'avoir une couverture pour vous reposer par terre entre les concerts. Prévoyez aussi une cape de pluie.

Le programme est disponible dès janvier. Réservez tôt pour avoir le choix des dates et bénéficier des tarifs les plus avantageux. Les pass quotidiens coûtent 18 $ si vous les achetez à l'avance et 20 $ le jour même à l'entrée (les prix augmentent chaque année, ceux-ci sont donnés à titre indicatif). Les Fair Grounds ouvrent tous les jours de 11h à 19h. Les concerts du soir ont lieu dans d'autres sites de La Nouvelle-Orléans. Pour tous renseignements, téléphonez ou écrivez au New Orleans Jazz & Heritage Festival (☎ 504 522 4786, 2200 Royal St, New Orleans, LA 70117). Vous pouvez vous procurer des billets chez TicketMaster (☎ 504 522 5555) et consulter le site www.insidenoworleans.com/entertainment/nojazzfest.

**Comment s'y rendre**
Les places de parking (10 $ et plus) étant rares, ne venez pas en voiture. Le bus n°82 de la RTA (☎ 504 569 2700) relie les Fair Grounds au Vieux Carré. Des navettes spéciales payantes existent également. Des minibus climatisés assurent en outre la liaison avec les grands hôtels de Canal St. Vous trouverez sans problème un taxi le matin, mais il vous faudra être patient le soir.

tils. Comptez pour un plat entre 17 et 20 $ au déjeuner, entre 24 et 35 $ au dîner.

***Shalimar*** (☎ *504 523 0099, 535 Wilkenson Row*) sert des spécialités indiennes dans un décor splendide. Les tandooris traditionnels ou quelques spécialités plus originales du Sud de l'Inde vous coûteront entre 13 et 20 $ au dîner.

Des plats végétariens figurent également à la carte.

Les amateurs locaux de viande de bœuf vont souvent à ***Port of Call*** (☎ *504 523 0120, 838 Esplanade Ave*) pour manger un burger accompagné d'une pomme de terre au four (7 $). Ce bar classique sert aussi de bons steaks (20 $).

**Catégorie supérieure.** La Nouvelle-Orléans affiche quelques vénérables institutions remontant au XIX$^e$ siècle, dans lesquelles la tradition – notamment en matière vestimentaire – reste de mise. Certains établissements exigent le port de la veste pour les hommes, et leurs serveurs froncent les sourcils lorsque les clients se présentent en jeans, mais ce n'est pas le cas de tous.

Le plus ancien restaurant de la ville, *Antoine's* (☎ *504 581 4422, 713 St Louis St*), a ouvert ses portes en 1840. Le charme désuet des lieux (une salle non-fumeur brillamment éclairée et une salle fumeur aux lumières plus tamisées) convient parfaitement aux repas familiaux. La carte n'a pas changé depuis un siècle. La rumeur court dans La Nouvelle-Orléans que les habitués sont mieux servis que les nouveaux venus. Quoi qu'il en soit, les plats classiques de poulet ou d'agneau restent une valeur sûre. Comptez entre 30 et 50 $ au dîner, vin compris.

Autre haut lieu de la cuisine créole traditionnelle, *Arnaud's* (☎ *504 523 5433, 813 Bienville St*) occupe pratiquement une pâté de maisons entier. Les spécialités, indiquées en rouge sur la carte, comprennent les crevettes Arnaud, les huîtres Bienville et la truite meunière. Comptez entre 17 et 29 $ pour un plat à la carte. Ouvert midi et soir du lundi au vendredi, le samedi soir et le dimanche pour le brunch et le dîner.

La *Court of Two Sisters* (☎ *504 522 7261, 613 Royal St*) est l'occasion de dîner en plein air à l'ombre d'une glycine deux fois centenaire dans la cour d'une belle demeure ancienne. La cuisine ne vaut cependant pas le montant de l'addition (entre 30 et 50 $ par personne).

Il semblerait que les visiteurs de passage ne bénéficient pas toujours du régime royal octroyé aux habitués de *Galatoire's* (☎ *504 525 2021, 209 Bourbon St*). Les adeptes de cet élégant restaurant classique ne tarissent pas d'éloges sur son pompano (un poisson du golfe) grillé aux amandes (une "belle mort" dit-on ici). Nous recommandons également les huîtres Rockefeller, la salade d'asperges et le poulet Clemenceau (15 à 22 $). Le restaurant ouvre du mardi au dimanche de 11h30 à 21h. Attendez-vous à une longue attente.

Expérience gastronomique inoubliable, le petit déjeuner du *Brennan's Restaurant* (☎ *504 525 9711, 417 Royal St*) sort des sentiers battus. Imaginez une journée commençant par un Sazerac (cocktail à base de Pernod, de whisky, de bitter et de citron) suivi d'une soupe de tortue, d'œufs (20 spécialités à la carte) et d'un dessert (par exemple un "bananas Foster"). Il vous en coûtera environ 40 $. Le soir, vous pourrez y déguster des plats créoles traditionnels.

En perte de vitesse selon certains, la *K-Paul's Louisiana Kitchen* (☎ *504 596 2530, 416 Chartres St*) n'en reste pas moins très fréquentée. Le célèbre restaurant cajun de Paul Prudhomme propose toujours une cuisine élaborée, comme la spécialité de tendrons de bœuf saisis à la poêle (30 $) accompagnés d'un "debris", sauce à la viande raffinée mijotée deux jours durant. En entrée, essayez les saveurs agréables du gumbo (5 $ le bol) ou de la soupe de tortue (5,50 $). Il n'est pas indispensable de réserver, à moins d'être résolument allergique à l'attente. Si vous venez déjeuner en semaine, vous n'attendrez probablement pas.

Installé dans un charmant cottage créole, *Bayona* (☎ *504 525 4455, 430 Dauphine St*) est l'un des meilleurs restaurants de la ville. La chef Susan Spicer concocte des plats inventifs comme les crevettes grillées servies avec un gâteau de haricots noirs et une sauce à la coriandre, ou le fromage de chèvre en croûte accompagné de champignons sauce madère (entre 5 et 8 $ pour ces entrées raffinées). Citons également la côtelette de porc grillée à la sauge et sa semoule au lait et le saumon à la choucroute sauce Gewürztraminer.(de 9 à 13 $ au déjeuner, de 17 à 25 $ au dîner). Le Bayona ouvre midi et soir en semaine, et le samedi soir.

Le *Mr B's Bistro* (☎ *504 523 2078, 201 Royal St*) de Cindy Brennan combine les influences, mais la cuisine créole prédomine. Essayez l'excellent "gumbo Ya-Ya" au poulet et à l'andouille. Pour goûter les crevettes au barbecue – elles sont en fait sautées dans une délicieuse sauce au beurre –, on vous fournira une immense serviette en papier afin de protéger votre chemise. Les plats du déjeuner sont facturés entre 11 et 17 $ (à partir de 16 $ le soir). Ouvert tous les jours midi et soir ; brunch le dimanche.

Avec son superbe escalier en colimaçon et son sol pavé, le ***Palace Café*** *(☎ 504 523 1661, 605 Canal St)* est devenu le rendez-vous des hommes d'affaires, des congressistes et des employés de bureau qui apprécient la version moderne de la cuisine créole classique que l'on propose ici (comme le poisson-chat meunière aux noix de pécan – 18 $). La carte réserve quelques surprises, notamment les gnocchis aux herbes et aux champignons (6 $ en entrée). Le Palace est ouvert tous les soirs pour le dîner et du lundi au vendredi pour le déjeuner. Brunch le dimanche.

Institution du Vieux Carré depuis 1899, le ***Café Sbisa*** *(☎ 504 522 5565, 1011 Decatur St)* sert une cuisine créole revisitée dans l'une des salles les plus agréables de La Nouvelle-Orléans. Sébaste poêlé (19 $), poulet rôti à l'ail et au miel (15 $) et jambalaya aux pâtes (17 $) figurent à sa carte très complète. Le Café Sbisa ouvre tous les soirs, ainsi que le dimanche pour un brunch accompagné d'un concert de jazz.

A ***Peristyle*** *(☎ 504 593 9535, 1041 Dumaine St)*, à l'angle de Rampart St, Anne Kearney sert dans un cadre romantique des plats originaux à la fois simples et raffinés, traditionnels et élaborés, d'inspiration provençale, mais adaptés au goût américain. Ouvert le soir du mardi au samedi et le vendredi midi.

## Faubourg Marigny (carte 2) et Bywater

Généralement moins onéreux que leurs homologues du Vieux Carré, les restaurants du Faubourg Marigny n'en proposent pas moins une cuisine diversifiée, depuis les plats de viande et de pommes de terre économiques jusqu'aux spécialités thaïes épicées, en passant par la cuisine "soul" (afro-américaine) et les dîners raffinés.

**Petits budgets.** Bien qu'il soit situé à proximité du Vieux Carré, vous ne rencontrerez pas beaucoup de touristes à ***The Harbor*** *(☎ 504 947 1819, 2529 Dauphine St)*, une sorte d'annexe de bar qui prépare de la cuisine traditionnelle afro-américaine à des prix incroyablement bas. Poulet frit, côtelettes de porc, pousses de moutarde et pain blanc sont servis sans façon au comptoir, au déjeuner seulement. Vous ferez un repas royal pour 4 $.

Ouverte 24h/24, ***La Péniche*** *(☎ 504 943 1460, 1940 Dauphine St)*, à l'angle de Touro St, s'anime tard dans la soirée lorsque les fêtards du quartier s'installent aux tables jusqu'au petit matin. La cuisine (du red beans and rice à moins de 5 $, ou des spécialités de crevettes et d'huîtres à 13 $) ne vaut pas particulièrement le déplacement, mais le lieu est indéniablement original. Fermé le mardi soir et le mercredi.

Dans le quartier de Bywater, des panneaux peints à la main et cloués sur les poteaux téléphoniques de Chartres St vous dirigent vers ***Elizabeth's*** *(☎ 504 944 9272, 601 Gallier St)*, au coin de Chartres St. Vous pourrez y petit-déjeuner ou déjeuner pour environ 5 $. Le menu ne paie pas de mine, mais les plats copieux et excellents, typiques de la cuisine américaine et de La Nouvelle-Orléans, vous surprendront. Fermé le dimanche et le lundi.

**Catégorie moyenne.** Le ***Siam Café*** *(☎ 504 949 1750, 435 Esplanade Ave)* propose tous les classiques de la cuisine thaïe, notamment des nouilles sautées (8 $), ainsi que des spécialités plus originales comme un assortiment de viandes grillées et des curries (de 7 à 13 $).

Très fréquenté, ***Santa Fe*** *(☎ 504 944 6854, 801 Frenchmen St)* est l'un des rares établissements de la ville à offrir une cuisine du Sud-Ouest des États-Unis. Au dîner, les *chile rellenos* coûtent 10 $, et le thon grillé 15 $.

Poulet frit, gumbo créole, haricots et légumes verts (de 9 à 14 $) figurent parmi les authentiques spécialités traditionnelles afro-américaines servies à ***Praline Connection*** *(☎ 504 943 3934, 542 Frenchmen St)*, restaurant original mais un peu onéreux pour le quartier.

## CBD et Warehouse District (carte 3)

Avant tout réputés pour leurs restaurants onéreux appréciés de la clientèle d'affaires, le CBD et le Warehouse District comptent cependant quelques établissements de restauration rapide convenables ainsi que quelques tables sans prétention mais dignes d'intérêt.

**Petits budgets.** *Mother's (☎ 504 523 9656, 401 Poydras St)*, au niveau de Tchoupitoulas St, est réputé pour ses copieux petits déjeuners traditionnels composés de biscuits, de *grits*, de "debris" et de café (environ 7 $). Le service a lieu au comptoir et tous les plats sont préparés au fur et à mesure. Certains se plaignent, à juste titre, des prix un peu excessifs et de la trop longue attente du week-end.

Installé au rez-de-chaussée d'un hôtel de passage peu engageant, le *Hummingbird Grill (☎ 504 561 9229, 804 St Charles Ave)*, près de Julia St, sert de bons petits déjeuners, avec grits et biscuits frais. L'établissement est ouvert 24h/24.

De délicieuses odeurs vous accueillent au minuscule *Le Petit Paris (☎ 504 524 7660, 731 Common St)*, où vous pourrez déguster omelettes, soupes et plats chauds pour moins de 6 $. Ouvert pour le petit déjeuner et le déjeuner les jours de semaine.

**Catégories moyenne et supérieure.** Ne manquez pas les délicieux plats du jour cubains de *Liborio's (☎ 504 581 9680, 321 Magazine St)*. Essayez le rôti de porc du mercredi, ou le thon grillé aux bananes plantains à 9 $. Les prix sont un peu élevés, ce qui ne semble guère gêner la clientèle de ce quartier d'affaires.

*Emeril's (☎ 504 528 9393, 800 Tchoupitoulas St)* reste l'un des établissements de référence de la ville, bien qu'il y règne un bruit assourdissant, que les serveurs soient renfrognés et que le chef Emeril Lagasse n'officie que rarement aux fourneaux. Goûtez un plat du jour, ou l'un des classiques de la carte, comme le cheesecake de crevettes et d'andouille servie avec un coulis créole de tomates et de moutarde. Comptez environ 40 $ pour le dîner, vin non compris.

Le *Bon Ton Café (☎ 504 524 3386, 401 Magazine St)*, à l'angle de Poydras St, est un restaurant cajun à l'ancienne qui propose également quelques plats créoles. Les lieux ressemblent un peu à une arrière-salle de pizzeria, ce qui n'empêche pas la clientèle de se mettre sur son trente et un pour déguster des plats traditionnels discrètement épicés. Le fameux gumbo, le sébaste, les crevettes à l'étouffée et le pudding au pain aromatisé au rhum sont des valeurs sûres. Comptez entre 15 et 25 $ par personne.

## Lower Garden District et Garden Districts (carte 4)

Plusieurs établissements de St Charles Ave servent des petits déjeuners 24h/24 et des plats tard dans la nuit.

**Petits budgets.** Installez-vous tranquillement avec votre journal à *Rue de la Course (☎ 504 529 1455, 1500 Magazine St)*, au coin de Race St, un petit café confortable qui propose une bonne sélection de cafés et de pâtisseries. En face, la *St Vincent's Guesthouse & Tea Room (☎ 504 523 2318, 1507 Magazine St)* sert le thé, de midi à 16h tous les jours.

Au *Please-U-Restaurant (☎ 504 525 9131, 1751 St Charles Ave)*, vous pourrez vous restaurer rapidement, au comptoir ou dans l'un des boxes. La cuisine est correcte et bon marché, et vous ne dépenserez guère plus de 5 $ pour un steak et des œufs, un sandwich au crabe mou ou un po-boy. Ouvert jusqu'à 19h du lundi au vendredi, jusqu'à 14h le samedi.

Dans l'Irish Channel, le vénérable *Parasol's Bar (☎ 504 897 5413, 2533 Constance St)* fait autant fonction de restaurant que de bar et n'en reste pas moins réputé, à juste titre, pour ses po-boys (entre 5,50 et 7 $). L'établissement sert également un rôti de bœuf fameux. On accède à la salle de restaurant par une porte latérale.

Véritable institution de La Nouvelle-Orléans depuis 1924, *Uglesich's (☎ 504 523 8571, 1238 Baronne St)* attire une clientèle variée dans une salle qui ne paie pas de mine mais est toujours bondée. Les produits de la mer tiennent une bonne place sur la carte, et de nombreux plats sont assez surprenants – à vrai dire, les menus fixés aux murs ne laissent guère imaginer ce que l'on va vraiment manger, et certains plats ne figurent même pas sur la carte. N'hésitez pas à demander conseil aux serveurs ou au barman. Vous pouvez aussi déguster des huîtres au comptoir. Attendez-vous à faire la queue pendant une demi-heure environ. La plupart des plats coûtent moins de 10 $. Uglesich, ouvre le midi du lundi au vendredi et un samedi sur deux (renseignez-vous par téléphone).

**Catégorie supérieure.** Un service exceptionnel et une cuisine d'une qualité remarquable font du *Commander's Palace* (☎ *504 899 8221, 1403 Washington Ave)*, en plein cœur du Garden District, l'une des meilleures tables des États-Unis malgré ses salles un peu défraîchies. Tout le talent des cuisiniers s'exprime dans les plats principaux (entre 22 et 37 $ au dîner, entre 14 et 25 $ au déjeuner), par exemple dans le carré d'agneau rôti Colorado, servi dans une croûte de moutarde et une délicieuse sauce à la viande et au muscat. Réservation et cravate sont exigées.

## Uptown (carte 5)

Pour jouer des tours à sa réputation de quartier chic, l'Uptown abrite quelques adresses sans prétention qui gagnent à être connues.

Les habitants du quartier et les étudiants en médecine des hôpitaux proches se retrouvent au *Bluebird Café* (☎ *504 895 7166, 3625 Prytania St)*, près d'Antonine St, pour de solides et inventifs petits déjeuners. Vous pourrez également déguster des pancakes et des gaufres, ainsi que des sandwiches (au déjeuner). L'endroit est très fréquenté et vous devrez souvent attendre pour avoir une table.

A un pâté de maisons du fleuve, *Domilise's Po-Boys* (☎ *504 899 9126, 5240 Annunciation St)*, à l'angle de Bellecastle St, propose un large choix de petits sandwiches préparés à la demande. Commandez au personnel affairé un grand po-boy aux crevettes frites (7 $) et installez-vous au bar. L'établissement est ouvert de 10h à 19h tous les jours sauf le dimanche.

Les amateurs d'huîtres de l'Uptown se précipitent depuis 1949 chez *Casamento's* (☎ *504 895 9761, 4330 Magazine St)*, près de Napoleon St, pour en déguster une douzaine pour 7,50 $ seulement. Le gumbo aux saveurs italiennes (7 $) a également ses adeptes. Ouvert au déjeuner et au dîner tous les jours sauf le lundi. Fermé en été. Les cartes de crédit ne sont pas acceptées.

*Taqueria Corona* (☎ *504 897 3974, 5932 Magazine St)*, près d'Eleonore St, attire une clientèle d'habitués affamés appréciant la cuisine mexicaine bon marché. Les tacos à la viande ou au poisson coûtent environ 2 $ (vous en mangerez sans doute deux). Vous ferez un repas complet avec un burrito (6 $).

Savourez l'hospitalité du Sud au *Café Atchafalaya* (☎ *504 891 5271, 901 Louisiana Ave)*, très fréquenté par la population locale et les touristes qui apprécient, avec le pain de maïs servi automatiquement, les plats classiques du Vieux Sud tels les beignets de tomates vertes, les gâteaux de crabe, le poulet et le poisson frits, ainsi que quelques plats du jours originaux. Ouvert midi et soir du lundi au samedi.

Chez *Dunbar's* (☎ *504 899 0734, 4927 Freret St)*, au coin de Upperline St, vous serez rassasié avec un plat de poulet frit et de red beans and rice accompagné d'un morceau de pain de maïs, le tout pour 5 $. Comptez 6 $ pour une côte de porc et 9,50 $ pour des huîtres dans cet établissement spécialisé dans la cuisine afro-américaine simple. Mieux vaut prendre votre voiture ou un taxi pour vous rendre dans cette partie de la ville.

## Riverbend (carte 5)

Surtout connu pour ses night-clubs, le Riverbend abrite quelques restaurants de qualité.

**Petits budgets.** L'immense popularité dont jouit le *Camellia Grill* (☎ *504 866 9573, 626 S Carrollton Ave)* depuis son ouverture en 1946 tient sans doute à son refus de se mettre dans l'air du temps. Les serveurs les plus sympathiques et les mieux habillés de la ville proposent des plats rapides (burgers et omelettes en particulier), ainsi que des tartes et des gaufres aux noix de pécan célèbres dans toute La Nouvelle-Orléans. Le Camellia Grill est ouvert jusqu'à 3h du matin le vendredi et le samedi.

Le réputé **Cooter Brown's Tavern & Oyster Bar** (☎ *504 866 9104, 509 S Carrollton Ave*) propose des huîtres (6,50 $ la demi-douzaine, 9 $ la douzaine) et des sandwiches (dont celui au poisson-chat frit à 6,50 $) d'excellente qualité pour ce type d'établissement. Après 20h, le bar se remplit de bruyants étudiants.

**Catégorie moyenne.** Cela vaut le coup d'attendre une table au très populaire **Jacques-Imo's Café** (☎ *504 861 0886, 8324 Oak St*). Vous traverserez la cuisine où règne une agitation digne de la salle des machines d'un steamer avant de vous installer dans un agréable patio intérieur. Goûtez le légendaire poulet frit (10 $ avec un accompagnement) ou les plats du jour à 15 $ pleins de créativité, comme la truite frite préparée au piment *jalapeño*, aux noix de pécan et aux crevettes. Ouvert le soir seulement. Les réservations ne sont pas acceptées.

Encensé par la critique, le **Brigtsen's Restaurant** (☎ *504 861 7610, 723 Dante St*), meilleur restaurant cajun de la ville, reste simple et accueillant. Essayez le canard rôti servi avec du *dirty rice* (riz sauté préparé avec foies de volaille, oignons, céleri et diverses épices) et une sauce au jus de viande, au miel et aux noix de pécan. Comptez environ 25 $ sans le vin. Ouvert le soir du mardi au samedi.

## Mid-City (carte 6)

Vous trouverez dans cette zone des restaurants de quartier simples et plusieurs bons établissements à proximité du croisement de N Carrollton Ave et de Canal St.

**Petits budgets.** La **Betsy's Pancake House** (☎ *504 822 0213, 2542 Canal St*) est un endroit animé proposant des petits déjeuners à 2,50 $ environ et des formules de déjeuner à 5 $.

Très fréquenté par les clients de l'auberge de jeunesse proche, **Mandina's** (☎ *504 482 9179, 3800 Canal St*) sert le midi et le soir des spécialités cajuns et italiennes à moins de 12 $, dont un plateau de fruits de mer.

Les végétaliens apprécieront les spécialités parfumées servies chez **Jack Sprats** (☎ *504 486 2200, 3240 S Carrollton Ave*). Les plats coûtent de 5 à 8 $ et sont accompagnés d'une salade et de pain.

**Catégorie moyenne.** Minh Bui, le chef du **Lemon Grass Cafe** (☎ *504 488 8335, 216 N Carrollton Ave*), s'inspire librement des traditions culinaires française et vietnamienne pour concocter des plats savoureux (de 16 à 20 $). La carte change fréquemment, mais comprendra peut-être le poulet au gingembre servi avec une poêlée de légumes posée dans un nid d'hirondelle frit.

**Palmers** (☎ *504 482 3658, 135 N Carrollton Ave*), établissement sommaire qui prépare de la cuisine caribéenne, brille par son absence de décoration. Commencez par un bol de *pepperpot*, sorte de ragoût jamaïcain à 3 $, puis essayez le poisson séché piquant (11 $) ou le colombo de poulet accompagné de bananes plantains (8,50 $).

Les militants des droits civiques et les artistes de jazz en tournée se rassemblaient fréquemment au **Dooky Chase Restaurant** (☎ *504 821 0600, 2301 Orleans Ave*), à l'angle de Miro St et en face de la cité Lafitte. Si vous voulez vraiment vous mettre dans l'ambiance, demandez une table dans l'agréable Gold Room, inchangée depuis des lustres. Les plats sont facturés entre 10 et 25 $. On accède par une autre entrée au bar, qui propose également des spécialités à emporter, notamment du poulet frit et du gumbo à des prix particulièrement avantageux. Ouvert tous les jours pour le déjeuner et le dîner.

## Esplanade Ridge (carte 6)

Les restaurants situés à proximité des Fair Grounds attirent la foule pendant le Jazz Fest. Certains méritent cependant une visite quelle que soit la période de l'année.

Le petit café animé **Lola's** (☎ *504 488 6946, 3312 Esplanade Ave*) sert de la bonne cuisine espagnole à prix modestes. Commencez par un gaspacho frais (3 $) avant de passer aux spécialités raffinées comme les paellas et les *fideuas* (variante de la paella à base de cheveux d'ange), qui réjouissent autant l'œil que l'estomac. Il est possible de partager ces plats qui coûtent entre 10 et

14 $. Attendez-vous à faire la queue, car Lola's n'accepte pas les réservations. Ouvert au dîner seulement.

Dans une ambiance agréable et romantique, le personnel gentiment excentrique du petit *Cafe Degas* (☎ *504 945 5635, 3127 Esplanade Ave*) propose des plats comme le "Degas' forté" – une savoureuse préparation de viande –, du thon grillé accompagné de salade niçoise (8 $), ou encore du jarret d'agneau (18 $) cuit à la perfection et servi avec une sauce à la moutarde. Le tout est joliment présenté. L'établissement ouvre tous les jours pour le déjeuner et le dîner.

Dans le cadre modeste de *Gabrielle* (☎ *504 948 6233, 3201 Esplanade Ave*), Greg Sonnier concocte une cuisine inventive où se mêlent spécialités créoles et cajuns (15 à 25 $ pour le dîner).

## OÙ SORTIR

Les occasions et les lieux où sortir ne manquent pas – loin s'en faut ! – à La Nouvelle-Orléans. Le mensuel gratuit *Offbeat* et l'hebdomadaire *Gambit* seront vos meilleures sources d'information sur les concerts à venir. Branchez-vous sur la radio WWOZ (90.7 FM) ou appelez la hotline de la station (☎ 504 840 4040) pour avoir le programme quotidien des spectacles. Les magazines *Impact* et *Ambush* publient la liste des bars et des clubs gay et lesbiens de la ville, ainsi que le calendrier des manifestations. TicketMaster (carte 2 ; ☎ 504 522 5555) propose renseignements et billets pour tous les spectacles. Réservez par téléphone avec votre carte de crédit puis retirez vos places, soit le soir même sur le lieu du spectacle, soit chez Town Records, sur Decatur St.

### Clubs de musique "live"

Le Magic Bus (☎ 504 314 0710 dans la journée, 504 481 9551 le soir) fait le tour des clubs de musique "live" pour 10 $ par personne.

**Vieux Carré (carte 2).** L'arrivée de la *House of Blues* (☎ *504 529 2583, 255 Decatur St*) a entraîné le renouveau musical du Vieux Carré. Certains ici n'ont guère apprécié l'installation de Dan Akroyd (des Blues Brothers), aidé par des investisseurs étrangers à la région, mais la plupart s'y sont maintenant ralliés, séduits par le lieu agréable et la programmation riche en stars. Tard dans la nuit, le club devient une discothèque très courue. Le dimanche matin, la House of Blues propose un "Gospel Brunch", pour le bienfait de votre âme. Les billets des spectacles du soir coûtent entre 7 et 25 $, selon qui se produit. A l'étage, *The Parish*, qui dépend de la House of Blues, accueille des artistes locaux moins célèbres.

Le *Tipitina's French Quarter* (☎ *504 895 8477, 233 N Peters St*) ne se montre guère à la hauteur de la maison d'origine, le célèbre Tips de l'Uptown, et ceux qui lui reprochent d'avoir voulu marcher sur les traces de la House of Blues l'appellent désormais la "House of Tips". Quoi qu'on en dise, le Vieux Carré bénéficie désormais d'un autre club "live" (voir le paragraphe *Uptown* pour plus d'information sur le Tipitina's).

L'installation de Quint Davis et de son *Storyville District* (☎ *504 410 1000, 125 Bourbon St*) est la meilleure chose qui soit arrivée à Bourbon St depuis longtemps. Des artistes locaux de premier plan y sont programmés et Ralph Brennan lui-même sert les en-cas au bar. Les boissons sont assez chères, mais l'entrée au club est rarement facturée.

Pour changer des grands clubs qui ne sont pas nécessairement les meilleurs, essayez le petit *Funky Butt on Congo Square* (☎ *504 558 0872, 225 N Rampart St*) qui propose du jazz et autres musiques dans une ambiance qui rappelle les premières années du jazz. L'établissement tient son nom de la chanson torride de Buddy Bolden's, *Funky Butt*, et se dresse face à Congo Square.

Non loin de là, le *Donna's Bar & Grill* (☎ *504 596 6914, 800 N Rampart St*) accueille des orchestres de cuivres tous les soirs. En baisse selon certains, il reste cependant le plus célèbre dans cette spécialité. Comptez environ 5 $ l'entrée.

Le pittoresque *Preservation Hall* (☎ *504 522 2841, 726 St Peter St*) attire toujours les foules de touristes voulant d'écouter du jazz traditionnel. Cette institution de La Nouvelle-Orléans réussit à se maintenir dans un élégant délabrement et programme généralement de talentueux vétérans du jazz. L'entrée coûte 5 $. Présentez-vous avant 20h ou avant 22h.

Dénué du charme vieillot du Preservation Hall, mais plus vaste et disposant d'un bar, le *Palm Court Jazz Cafe (☎ 504 525 0200, 1204 Decatur St)* programme également du jazz traditionnel et accueille régulièrement des légendes locales. Le prix de l'entrée varie en fonction des musiciens invités.

Trompés par les mots "Dedicated to the Preservation of Jazz" qui ornent son fronton, de nombreux visiteurs confondent la *Maison Bourbon (☎ 504 522 8818, 641 Bourbon St)* avec le Preservation Hall. Vous trouverez assez facilement une place pour profiter ici d'un concert de Dixieland au prix d'une consommation.

En face du Farmer's Market, le *Margaritaville Café (☎ 504 592 2565, 1104 Decatur St)* présente jusqu'à trois artistes par soir. L'entrée est gratuite.

**Tremé District (carte 2).** *Joe's Cozy Corner (1030 N Robertson St)*, à l'angle de Ursulines Ave, s'anime le dimanche soir. Cette petite boîte de quartier se remplit alors d'une foule variée composée de vieux amateurs de jazz et d'étudiants de l'Uptown.

Un peu plus bas sur Claiborne Ave se dresse un remarquable monument en l'honneur d'Ernie K-Doe, la légende vivante (et bien vivante) de la soul, qui enregistra les succès les uns après les autres dans les années 60 (son *Mother In Law* est resté en tête de tous les hits parades pendant plusieurs semaines en 1961). Aujourd'hui, K-Doe s'occupe avec sa femme Antoinette d'un agréable petit bar, le *Ernie K-Doe's Mother-in-Law Lounge (☎ 504 947 1078, 1500 N Claiborne Ave)*, au niveau de Columbus St. Si vous comptez parmi les véritables admirateurs du chanteur, vous apprécierez certainement d'entendre de près celui qui se proclame "Empereur de l'Univers". Téléphonez avant de venir car K-Doe se produit également dans d'autres lieux. Prenez un taxi, cette portion de Clairbone St n'étant pas plus desservie par les transports en commun que recommandable aux personnes à pied.

**Faubourg Marigny (carte 2) et Bywater.** La meilleure salle de jazz de La Nouvelle-Orléans, *Snug Harbor (☎ 504 949 0696, 626 Frenchmen St)*, programme régulièrement des têtes d'affiche. Que vous vous installiez à l'étage ou en bas, vous serez bien placé et profiterez d'une acoustique incomparable. Le pianiste Ellis Marsalis et le chanteur de rythm'n blues Charmaine Neville s'y produisent régulièrement.

Club à la mode, le *Cafe Brasil (☎ 504 947 9386, 2100 Chartres St)*, à l'angle de Frenchmen St, propose dans une ambiance animée des Caraïbes les meilleurs artistes de jazz et de cuivres de la ville.

Vous pourrez entendre des groupes de rock et de rythm'n blues peu connus tout en jouant au billard pendant que votre lessive tourne chez *Igor's Checkpoint Charlie (☎ 504 947 0979, 501 Esplanade Ave)*. L'entrée est gratuite, mais vous pouvez laisser une contribution.

Ne manquez pas le concert du jeudi soir chez *Vaughan's (☎ 504 947 5562, 800 Lesseps St)*, au coin de Dauphine St, où se produisent régulièrement le trompettiste Kermit Ruffin et son orchestre, les Barbecue Swingers, et l'incroyable percussionniste Shannon Powell. L'endroit est ouvert à tous et il arrive que Wynton Marsalis y fasse un passage. La foule déborde sur le trottoir et, pendant les interruptions, Kermit ne manque pas de servir les plats cuits sur le barbecue installé à l'arrière de son pick-up. Le reste de la semaine, Vaughan's redevient un bar de quartier tranquille.

**CBD et Warehouse District (carte 3).** Club de choix, *Howlin' Wolf (☎ 504 522 9653, 828 S Peters St)* organise des concerts de blues, de rock et de musiques locales.

Les amateurs de clarinette peuvent pour leur part se rendre à *Pete Fountain's (☎ 504 523 4374, 2 Poydras St)* au Hilton Riverside Hotel.

Hors des sentiers battus, *Lion's Den (☎ 504 822 4693, 2655 Gravier St)* est un bar de quartier appartenant à Irma Thomas, la "reine de la soul music" de La Nouvelle-Orléans. Téléphonez pour savoir quand elle se produit. L'entendre chanter devant un public restreint sera certainement l'un de vos meilleurs souvenirs de la ville.

**Uptown (carte 5).** Le légendaire *Tipitina's* (☎ 504 895 8477, *programmes au 504 897 3943, 501 Napoleon Ave*), à l'angle de Tchoupitoulas St, se remet des changements provoqués par l'arrivée de la House of Blues dans le Vieux Carré. "Tips", comme on l'appelle ici, a réagi en ouvrant une salle dans le Vieux Carré, et certains pensent que l'établissement de l'Uptown a souffert d'une programmation tournée plutôt vers le nouveau site. Le Tips de l'Uptown n'en demeure pas moins le "véritable" Tips, et reste voué au culte du Pr Longhair, dont le tube de 1953 *Tipitina* a donné son nom au club. La foule se presse toujours pour écouter une musique de grande qualité jouée par des artistes locaux. Comptez 8 $ au minimum.

*Le Bon Temps Roulé* (☎ 504 895 8117, *4801 Magazine St*), au coin de Bordeaux St, est la plupart du temps un agréable bar de quartier accueillant une clientèle essentiellement composée d'étudiants qui profitent des deux tables de billard et du bon choix de bières. Le soir, l'arrière-salle vibre au son du blues, du zydeco ou du jazz.

**Riverbend (carte 5).** Avec ses caves exiguës et peu éclairées, le *Maple Leaf Bar* (☎ 504 866 9359, *8316 Oak St*) correspond sans doute à l'image que vous avez des clubs de jazz de La Nouvelle-Orléans. Il propose en outre une solide programmation musicale.

A moins d'une rue de la ligne de tramway de S Carrollton Ave, et en face de l'ancien dépôt qui porte son nom, *Carrollton Station* (☎ 504 865 9190, *8140 Willow St*) organise des concerts de rythm'n blues le week-end. Un peu plus loin dans la même rue, *Jimmy's* (☎ 504 861 8200, *8200 Willow St*) propose de la musique "live" presque tous les soirs.

**Mid-City (carte 6).** L'incroyable *Mid-City Rock & Bowl* (☎ 504 482 3133, *4133 S Carrollton Ave*) combine bowling et salle de concerts où se succèdent des célébrités locales (les pauses entre les chansons sont ainsi remplies par le fracas des quilles qui tombent). Une bonne adresse.

### Grandes salles de spectacle

Le *Louisiana Superdome* (☎ 504 587 3810, *1500 Poydras St*) accueille les grandes productions, tels les concerts des Rolling Stones, tandis que des artistes comme Bruce Springsteen chantent plutôt dans la salle plus intime du *Saenger Performing Arts Center Theatre* (☎ 504 522 5555, *143 N Rampart St*). Des artistes de renom ont chanté à la *Kiefer University of New Orleans Lakefront Arena* (☎ 504 286 7222, *6801 Franklin Ave*).

Le *Mahalia Jackson Theater of the Performing Arts* (☎ 504 565 7470), dans le Louis Armstrong Park, accueille de nombreux spectacles.

### Bars

Soyons clairs : la plupart des bars de La Nouvelle-Orléans sont des pièges à touristes… En voici quelques bons.

**Vieux Carré (carte 2).** L'ambiance de la *Lafitte's Blacksmith Shop* (☎ 504 523 0066, *941 Bourbon St*), bar éclairé à la bougie dissimulant un piano dans l'arrière-salle, est aussi reposante qu'intime. Pour le folklore, de multiples légendes circulent sur Jean et Pierre Lafitte, les célèbres pirates de La Nouvelle-Orléans : certains affirment en effet que cette échoppe de maréchal-ferrant servit de couverture à leur commerce illégal d'esclaves.

Autre bar ancien, la *Napoleon House* (☎ 504 524 9752, *500 Chartres St*) remonte à 1797 et présente un superbe délabrement. L'Histoire rapporte qu'un groupe de loyalistes de La Nouvelle-Orléans, parmi lesquels se trouvaient l'ancien maire Nicholas Girod et le pirate Jean Lafitte, auraient élaboré un complot visant à libérer Napoléon de Sainte-Hélène et à l'installer au 3e étage de ce bâtiment.

L'*Old Absinthe House* (☎ 504 523 3181, *240 Bourbon St*) est l'un des nombreux bars qui servaient le célèbre alcool avant son interdiction en 1914. La maison existe depuis 1806. L'absinthe n'a pas survécu aussi longtemps : elle a été remplacée par le Pernod.

*Molly's at the Market* (☎ 504 525 5169, 1107 Decatur St) est le centre culturel irlandais du Vieux Carré et attire une clientèle variée. Le patron, Jim Monaghan, est à l'origine de la folle parade qui part tous les ans de Molly's à l'occasion de la Saint-Patrick. Le *Fahy's Irish Pub* (☎ 504 586 9806, 540 Burgundy St) draine les gens du quartier avec son billard, ses fléchettes et sa Guinness.

Un "Hurricane" ou un *mint julep* (bourbon et menthe) dans la cour de *Pat O'Brien's* (☎ 504 525 4823, 800 597 4823, 718 St Peter St) terminera la tournée. Le Hurricane, marque déposée du bar, se compose de rhum, de jus d'orange, de jus d'ananas et de grenadine (5 $ plus 2 $ si vous voulez emporter le verre en souvenir).

Le *Rawhide Lounge* (☎ 504 525 8106, 740 Burgundy St) est un bar gay (tendance cuir…).

**Faubourg Marigny (carte 2) et Bywater.** Très fréquentée, la *Royal St Inn* (☎ 504 948 7499, 1431 Royal St) attire une clientèle homosexuelle et hétérosexuelle qui aime faire la fête.

Dans Bywater, le *Saturn Bar* (☎ 504 949 7532, 3067 St Claude Ave) ressemble plus à un vieux garage ou à une brocante qu'à un bar. Prenez garde à ne pas buter dans le réfrigérateur en entrant. A peine éclairée par deux faibles néons, la salle ne semble pas présenter un endroit confortable où s'asseoir. Du plafond pend une sorte de momie que l'on pourrait croire déterrée par des clients du bar. Bref : un bar merveilleux.

**Lower Garden District et Garden District (carte 4).** *Half Moon* (☎ 504 522 7313, 1125 St Mary St), sur Sophie Wright Place, fait partie des escales branchées de la clientèle qui passe de bar en bar. Les meilleures tables de billard de la région méritent également le détour. Le *Igor's Lounge* (☎ 504 522 2145, 2133 St Charles Ave) ne ferme jamais. Il sert des grillades assez grasses et des billards côtoient des machines à laver. Autre barlaverie, le *Lucky's Lounge* (☎ 504 523 6538, 1625 St Charles Ave) propose des bières pression à 1,25 $ pendant les *happy hours*, de 17 à 19h et de minuit à 4h.

**Uptown (carte 5).** En costume ou robe habillée, le gratin de l'Uptown s'amuse et se montre au *Columns Hotel* (☎ 504 899 9308, 3811 St Charles Ave). Les hommes se sentiront plus à l'aise en veste. Le bourdonnement de la foule s'élève au-dessus du tintement des verres de mint julep et de gin fizz, de plus en plus fort au fur et à mesure que la nuit avance.

### Pour danser

Les grands night-clubs gay du bas de Bourbon St ont donné un nouveau souffle aux soirées de La Nouvelle-Orléans. L'animation repose entièrement sur les talents des DJs. Les hauts lieux de ces rythmes nocturnes sont *Oz* (carte 2 ; ☎ 504 593 9491, 800 Bourbon St) et le *Bourbon Pub* (carte 2 ; ☎ 504 529 2107, 801 Bourbon St). Tous deux sont largement ouverts aux hétérosexuels prêts à danser jusqu'au bout de la nuit, à condition qu'ils ne s'offusquent pas de voir des hommes en string sur scène.

Une foule jeune majoritairement hétérosexuelle s'entasse sur la piste de danse du *Gold Mine Saloon* (carte 2 ; ☎ 504 586 0745, 705 Dauphine St). Tenez-vous au courant du programme des soirées à thème dans les hebdomadaires et les magazines gays.

Le bar gay *Mint* (☎ 504 944 4888, 940 Elysian Fields Blvd), dans le Faubourg Marigny, se transforme en night-club le samedi soir.

### Théâtres et cinémas

Les tournées des troupes les plus célèbres passent par le *Saenger Theatre* (☎ 504 522 5555, 143 N Rampart St) dans le Tremé District. Si vous ne comprenez pas l'anglais, vous pourrez toujours tromper votre ennui en admirant la merveilleuse décoration intérieure de ce théâtre de 1927.

Le *Contemporary Arts Center* (carte 2 ; ☎ 504 523 1216, 900 Camp St) accueille également des représentations théâtrales.

*Le Petit Théâtre du Vieux Carré* (carte 2 ; ☎ 504 522 2081, 616 St Peter St) héberge l'une des troupes les plus anciennes des

États-Unis. Les pièces proposées évoquent surtout le Sud, ou sont destinées aux enfants.

Créé en 1986, le ***Southern Repertory Theatre*** *(carte 3 ;* ☎ *504 861 8163, 333 Canal Place)* privilégie lui aussi les auteurs du Sud dans sa salle de 150 places.

L'***Entergy IMAX Theatre*** *(*☎ *504 581 4629)*, au début de Canal St, près de l'Aquarium of the Americas, projette ses films documentaires sur un écran géant.

Deux adresses s'offrent aux cinéphiles : ***Canal Place Cinemas*** *(*☎ *504 581 5400, 333 Canal Place)*, au 3$^e$ étage, et le ***Prytania Theatre*** *(*☎ *504 895 4518, 5339 Prytania St)*, dans l'Uptown.

### Musique classique

Les mélomanes de La Nouvelle-Orléans peuvent être fiers de leur orchestre philharmonique, le ***Louisiana Philharmonic Orchestra*** *(*☎ *504 523 6530)*, dirigé par Klaus Peter Seibel. Après la faillite du New Orleans Symphony, en 1990, les musiciens investirent en effet leurs propres deniers pour créer ce qui est aujourd'hui l'un des deux orchestres symphoniques autogérés du monde. De septembre à mai, il donne des concerts dans le magnifique ***Orpheum Theater*** *(carte 3 ;* ☎ *504 524 3285, 129 University Place)*. La place coûte de 11 à 36 $. Des concerts en plein air ont régulièrement lieu dans les plantations des environs, pour 7 $ seulement.

## MANIFESTATIONS SPORTIVES

Le Louisiana Superdome (carte 3 ; ☎ 504 733 0255), 1500 Poydras St, qui peut accueillir 60 000 spectateurs, est le stade des New Orleans Saints, membres de la National Football League. Entre août et décembre, les Saints jouent 8 matchs à domicile. Les billets vont de 22 à 50 $. Vous les obtiendrez auprès de TicketMaster (☎ 504 522 5555).

Ouvert en 1872, les Fair Grounds (carte 6 ; ☎ 504 944 5515), 1751 Gentilly Blvd, comptent parmi les plus vieux champs de course du pays. La saison des courses, qui se tiennent du mercredi au dimanche, s'étend de novembre à mars. Les paris doivent être pris avant 13h30.

Avec 72 matchs disputés sur son terrain d'avril à septembre, la petite équipe de baseball des New Orleans Zephyrs peut être vue à l'œuvre chaque semaine ou presque durant l'été. Le terrain du Zephyr Field (☎ 504 734 5155) est situé 6000 Airline Hwy.

## ACHATS

Un certain nombre d'objets sont en vente à La Nouvelle-Orléans et nulle part ailleurs...

### Musique

Spécialisée dans la musique régionale, la Louisiana Music Factory (carte 2 ; ☎ 504 523 1094), 210 Decatur St, vend des CD neufs et d'occasion. A l'étage, vous trouverez quelques vieux 33 tours et un beau choix de T-shirts.

Vous pouvez aussi aller fouiller dans les boîtes de CD d'occasion de Magic Bus (carte 2 ; ☎ 504 522 0530), 527 Conti St, non loin de là.

La meilleure boutique où trouver un vieux vinyle est Jim Russell Rare Records (carte 4 ; ☎ 504 522 2602, 1837 Magazine St). N'hésitez pas à demander ce que vous cherchez car il n'est pas facile de s'y retrouver.

### Œuvres d'art

Les magasins et galeries d'art sont regroupés le long de Royal St. Rien n'est bon marché, mais il est toujours intéressant de jeter un coup d'œil. Vous trouverez des photos anciennes à la Gallery of Fine Photography (carte 2 ; ☎ 504 568 1313, 313 Royal St).

Dans le Warehouse District, la 628 Gallery (carte 3 ; ☎ 504 529 3306), 628 Baronne St, abrite le programme Young Artists/Young Aspirations (YA/YA, littéralement "jeunes artistes/jeunes aspirations"), dont l'initiative revient à l'artiste peintre Jana Napoli. Destiné aux adolescents en difficulté, il rencontre un franc succès. La galerie est ouverte de 10h à 17h.

La littérature et l'art afro-américains sont à l'honneur au Community Book Center & Neighborhood Gallery (carte 6 ; ☎ 504 822 2665), 217 N Broad Ave, dans la Mid-City. La galerie expose des artistes locaux et accueille des spectacles divers.

> ### De l'origine du cocktail
>
> La Nouvelle-Orléans revendique l'invention du cocktail et cite à l'appui l'histoire suivante : tout commence au XVIII$^e$ siècle avec l'arrivée en ville d'un dénommé Peychaud, qui s'installa à La Nouvelle-Orléans après avoir fui les révoltes d'esclaves à Hispaniola (l'actuelle Haïti). Il ouvrit une pharmacie sur Royal St, où, dit-on, il prit l'habitude de boire du brandy dans un coquetier. L'idée plut aux habitants de La Nouvelle-Orléans, et Peychaud se mit à servir ainsi les boissons dans sa boutique (on se demande bien pourquoi les gens étaient si désireux de boire dans un coquetier, mais bon…).
>
> Le mot "coquetier" (n'oublions pas que La Nouvelle-Orléans était francophone à l'époque) évolua lentement, au fur et à mesure que le cajun naissait de l'acadien, pour se transformer en "cock-tay" puis en "cocktail". La mode évoluant, le traditionnel coquetier céda la place à un verre normal, et d'autres alcools remplacèrent le brandy, mais le nom resta.
>
> A propos d'alcool, voici une autre histoire : au milieu du XIX$^e$ siècle, un fabricant de cognac français, Sazerac-Du-Forge, laissa son nom à un cocktail à base de cognac. Le Sazerac fut ensuite confectionné avec de l'absinthe à laquelle on ajouta ensuite du whisky. De nos jours, le cocktail ne contient plus d'absinthe, qui a rendu fous beaucoup de ses adeptes au XIX$^e$ siècle et a été interdite dans de nombreux pays, dont les États-Unis. Vous pouvez toujours commander un Sazerac dans n'importe quel bar de La Nouvelle-Orléans, mais n'attendez pas des merveilles de cette boisson sirupeuse dans laquelle le Pernod a remplacé l'absinthe.
>
> Parmi les autres boissons en vogue à La Nouvelle-Orléans – l'une des rares villes américaines où le fait de boire dans la rue est toléré, sur Bourbon St et lors des festivals –, citons le Hurricane (cocktail à base de rhum blanc, de jus d'orange, de jus d'ananas et de grenadine) et le mint julep (bourbon et menthe).

## Antiquités et brocante

Magazine St compte plusieurs magasins d'antiquités et galeries d'art. Les boutiques d'occasion sont rassemblées entre St Andrew St et Jackson Ave et entre les 8th St et 9th St.

Dans le Vieux Carré, vous trouverez plusieurs brocantes dans le bas de Decatur St.

## Déguisements de Mardi gras

Vous trouverez des masques et des colliers bon marché au marché aux puces du French Market et dans la plupart des boutiques pour touristes du Vieux Carré. La Little Shop of Fantasy (carte 2 ; ☎ 504 529 4243), 523 Dumaine St, et Royal Rags (carte 2 ; ☎ 504 566 7247), 627 Dumaine, proposent masques et costumes, ainsi que des jouets originaux et d'autres articles peu communs. La boutique de cadeaux du Presbytère vend des masques et des accessoires bon marché ainsi que de gros médaillons à l'effigie des Zulu (reportez-vous à l'encadré *Mardi gras)*. Ceux-ci ont leur propre boutique, tenue par le Zulu Social Aid & Pleasure Club (carte 6 ; ☎ 504 822 1559), 7220 N Broad Ave, où vous pourrez acheter T-shirts et autres gadgets.

## Articles vaudous

Vous avez besoin du philtre d'amour n°9 ? Vous désirez un gris-gris pour vous sentir mieux ou pour pratiquer un peu de magie noire sur un voisin indélicat ? Rendez-vous à la boutique Zombie's House of Voodoo (☎ 504 486 6366, 723 St Peter St), où vous trouverez également un vaste choix de livres sur les sciences occultes.

Autres bonnes adresses, la Marie Laveau's House of Voodoo (☎ 504 581 3751), 739 Bourbon St, le Witch's Closet (☎ 504 593 9222), 521 St Philip St, et Starling Books (☎ 504 595 6777), 1022 Royal St. Cette dernière est avant tout une boutique New Age sérieuse où l'on vend des livres, des herbes et tout l'attirail vaudou. (Tous ces magasins figurent sur la carte 2.)

## French Market

Le Marché français regroupe un marché aux puces (Flea Market) animé où vous trouverez quantité d'articles à bon prix, depuis les CD jusqu'aux objets artisanaux, et un marché paysan (Farmer's Market) spécialisé dans les produits locaux et les produits culinaires (fruits, épices, livres de cuisine…)

Le marché aux puces attire les vendeurs de T-shirts et de lunettes de soleil, mais vous dénicherez également de l'art africain authentique, des bijoux en argent finement ciselés et des masques de Mardi gras bon marché, des CD et des têtes d'alligators naturalisées en quantité suffisante pour remplir un marais.

## Centres commerciaux

Réaménagé, le Jackson Brewery Mall (☎ 504 566 7245), 600 Decatur St, se présente désormais sous la forme d'une petite galerie commerciale. Le Riverwalk Mall (☎ 504 522 1555), en bordure du fleuve et en amont de l'aquarium, est investi par des chaînes de boutiques. Près du Superdome, à l'angle de LaSalle St et de Poydras Ave, le New Orleans Centre (☎ 504 568 0000) est climatisé et abrite les grands magasins Lord & Taylor et Macy's.

# COMMENT S'Y RENDRE
### Avion

Vous n'aurez aucun mal à vous repérer dans le modeste aéroport international de La Nouvelle-Orléans (☎ 504 464 0831), qui ne comporte que 1 terminal et 4 halls.

Le principal guichet d'information, situé dans le hall A et B (à côté de la livraison des bagages), est ouvert tous les jours de 8h à 20h. N'oubliez pas de prendre au passage le plan gratuit de la ville intitulé *New Orleans Street Map*. Le bureau de poste de l'aéroport se trouve près du hall C.

Une agence de la Whitney National Bank (☎ 504 838 6432) équipée d'un distributeur automatique de billets vous attend au terminal situé près du hall C. La Whitney prélève une commission de 5 $ sur toutes les opérations de change. Elle est ouverte de 8h30 à 15h du lundi au jeudi et de 8h30 à 17h le vendredi. Consultez aussi les taux chez Travelex (☎ 504 465 9647), qui prend une commission proportionnelle au montant de la transaction. L'agence reste ouverte jusqu'à 18h30.

Vous pouvez joindre gratuitement plusieurs services de l'aéroport en utilisant les téléphones blancs installés à divers endroits du terminal. Vous trouverez également de nombreux téléphones publics acceptant les cartes de crédit. Reportez-vous à la rubrique *Comment circuler* pour toute information sur les différentes possibilités de rejoindre votre logement de l'aéroport.

### Bus

Greyhound (☎ 800 231 2222) est la seule compagnie de bus réguliers longue distance à desservir La Nouvelle-Orléans. Les bus Greyhound (comme les trains) arrivent au New Orleans Union Passenger Terminal, ou Union Station, 1001 Loyola Ave, 7 blocs en amont de Canal St. Greyhound dispose d'un site internet : www.greyhound.com.

Il existe 9 liaisons par jour entre La Nouvelle-Orléans et Baton Rouge : 2 le matin, 3 l'après-midi et 4 le soir. Le trajet dure moins de 2 heures, et l'aller-retour coûte 18,50 $ (tarif indiqué au moment de la rédaction de ce guide sur le site Greyhound). Parmi les autres destinations desservies régulièrement figurent notamment (les tarifs précisés sont ceux d'un aller-retour) :

| | |
|---|---|
| Atlanta | 74 $ |
| Chicago | 125 $ |
| Houston | 72 $ |
| Jackson | 50 $ |
| Lafayette | 31 $ |
| Memphis | 71 $ |
| Mobile | 44 $ |
| Nashville | 48 $ |

Les bicyclettes doivent être mises en caisse (Greyhound n'en fournit pas), et leur transport coûte 10 $ supplémentaires par trajet.

### Train

Trois trains de la compagnie Amtrak (☎ 800 872 7245, www.amtrak.com) desservent La Nouvelle-Orléans. Arrivées et départs ont lieu à l'Union Passenger Terminal (carte 3 ; ☎ 504 528 1610), 1001 Loyola Ave.

Le *City of New Orleans* se rend à Jackson, Memphis (*via* plusieurs villes du delta du Mississippi) et Chicago. Le *Crescent Route* dessert Birmingham, Atlanta, Washington DC et New York. Le *Sunset Limited*, qui relie Los Angeles à Miami, s'arrête à La Nouvelle-Orléans.

### Voiture
Principal axe de circulation est-ouest longeant la frontière sud, la I-10 relie Jacksonville à Los Angeles *via* Mobile, La Nouvelle-Orléans et Houston. A l'ouest de la ville, Baton Rouge et Lafayette figurent également sur son trajet. Deux itinéraires nord-sud (la I-55, qui relie Chicago *via* Jackson et Memphis, et la I-59, qui rejoint Chattanooga) rejoignent la I-10, respectivement à l'ouest et à l'est de La Nouvelle-Orléans (de chaque côté du lac Pontchartrain).

Auto Driveaway Co (☎ 504 737 0266), 7809 Airline Hwy, à Kenner, propose du *drive-away* (ce système de convoyage de voiture sur de longues distance peut permettre de traverser le pays à bon prix).

### Bicyclette
Les cyclistes ne peuvent circuler sur les autoroutes et sur les ponts autoroutiers de la périphérie de La Nouvelle-Orléans. Ils peuvent en revanche utiliser la Hwy 90 ou la Hwy 61. Tous les ferries d'État gratuits de La Nouvelle-Orléans traversant le Mississippi acceptent les bicyclettes. A l'extérieur de la ville, le passage coûte 1 $.

## COMMENT CIRCULER
### Desserte de l'aéroport
L'aéroport international de La Nouvelle-Orléans se trouve à Kenner, à 18 km à l'ouest du centre-ville. La plupart des visiteurs choisissent d'emprunter les navettes (Airport Shuttle, ☎ 504 522 3500) qui relient l'aéroport aux hôtels du centre-ville. Les billets (aller-retour 20 $) sont en vente près de la zone de livraison des bagages, sous les portes d'arrivée. Pour le retour, téléphonez la veille de votre départ pour convenir de l'heure où la navette passera vous prendre.

Vous paierez moins cher en choisissant la Louisiana Transit Company (☎ 504 737 9611). La ligne E2 des Jefferson Transit Airport Express mène au centre-ville pour 1,50 $. Un arrêt est situé devant le terminal principal de l'aéroport, face à la porte n°5, au niveau supérieur. L'un de ses arrêts dans le centre est situé sur Tulane Ave au niveau d'Elks Place, en face de la bibliothèque publique. Après 18h30, le bus n'effectue qu'une partie de son parcours dans le centre. Renseignez-vous sur les correspondances auprès du chauffeur.

En voiture, la I-10 est le plus court chemin entre l'aéroport et le centre-ville.

Si vous préférez prendre un taxi, il vous en coûtera 24 $ pour 1 ou 2 personnes, 30 $ pour 3 personnes, 40 $ pour 4, 50 $ pour 5. La station de taxi se situe au niveau bas de l'aéroport, devant le hall de livraison de bagages.

### Desserte de la gare routière et ferroviaire
Si incroyable que cela puisse paraître, aucun bus direct ne dessert l'Union Passenger Terminal. Les voyageurs doivent se diriger vers l'abri de bus situé devant la gare, au-delà de Loyola Ave, sur Howard Ave. Le bus n°17 pour S Claiborne Ave passe en bordure du Vieux Carré, sur Canal St et Rampart St (le ticket coûte 1,25 $, plus 25¢ par correspondance). Pendant les semaines qui précèdent Mardi gras, l'arrêt de bus est déplacé un pâté de maisons plus bas, à l'angle de Loyola Ave et de Julia St.

### Bus
La Regional Transit Authority (RTA) gère le réseau de bus et de tramway (voir ci-dessous). Pour tous renseignements sur les itinéraires, appelez le ☎ 504 248 3900. Les billets sont vendus 1,25 $ l'unité, plus 25¢ par correspondance, sauf sur les bus express (1,50 $). Vous devez faire l'appoint.

Les bus desservent la plupart des destinations depuis le Vieux Carré. L'arrêt principal se situe à l'intersection de Basin St et de Canal St.

### Tramway
Le célèbre tramway de St Charles Ave remonte l'avenue sur toute sa longueur,

depuis le Vieux Carré jusqu'au Riverbend en passant par le Garden District. Le ticket coûte 1,25 $ (somme exacte exigée), et la correspondance vers un bus de la RTA 25¢. Les tramways circulent 24h/24. Ils ne sont pas accessibles aux personnes en fauteuil roulant.

De vieux tramways rouges circulent entre 6h et minuit sur la Riverfront Line, le long du quai du Mississippi, entre l'Old US Mint (dans la partie basse du Vieux Carré, près du Faubourg Marigny) et le palais des congrès, au delà de Canal St. Le billet coûte 1,25 $.

### Voiture

La durée de stationnement est limitée dans les rues de centre-ville. Les horodateurs réclament 25 ¢ pour 12 minutes, avec un maximum de 2 heures, entre 8h et 18h du lundi au vendredi. Les restrictions au stationnement étant nombreuses, lisez les panneaux afin d'éviter une amende ou la fourrière.

Le Vieux Carré et le CBD comptent plusieurs parkings. La plupart facturent 12 $ la journée, et 3 ou 4 $ la première heure. Des parcs de stationnement meilleur marché, en plein air et non gardés, se trouvent sur Rampart St.

### Taxi

En dehors des événements particuliers et des jours où les parades bloquent les rues, les taxis sont faciles à trouver en centre-ville. Vous aurez plus de difficultés dans les autres quartiers.

En général, les taxis contactés par téléphone arrivent vite. Aucune compagnie ne peut toutefois être recommandée pour sa fiabilité. Les taxis de White Fleet Cabs (☎ 504 948 6605) et de United Cabs (☎ 504 522 9771) peuvent venir vous chercher n'importe où à La Nouvelle-Orléans. En ville, comptez 2,10 $ pour la prise en charge, plus 1 $ par mile (1,6 km).

### Bicyclette

Le terrain est plat et la ville relativement ramassée sur elle-même, mais les nids-de-poule rendent pratiquement indispensable l'utilisation d'un VTT. Vous pourrez louer une bicyclette pour 15 à 20 $ par jour dans les magasins suivants :

French Quarter Bicycles (☎ 504 529 3136), 522 Dumaine St
Joe's Bike Shop (☎ 504 821 2350), 2501 Tulane Ave, Mid-City
Bicycle Michael's (☎ 504 945 9505), 622 Frenchmen St, Faubourg Marigny

## ENVIRONS DE LA NOUVELLE-ORLÉANS

En sortant de La Nouvelle-Orléans, vous vous retrouvez rapidement entouré de terres marécageuses. De nombreux endroits sont accessibles en une heure de route et méritent le détour.

### Sud de La Nouvelle-Orléans

Espaces naturels préservés et petites villes agréables vous attendent au sud de la ville.

**Barataria Preserve.** Implantée à l'emplacement d'une colonie isleños établie en 1779, la réserve de Barataria, qui fait partie du Jean Lafitte National Historical Park and Preserve, offre l'occasion de pratiquer la randonnée et le canoë et permet une bonne approche des bayous. La flore et la faune sauvage y abondent malgré la présence de l'homme. Une simple petite promenade sur les planches aménagées suffit pour apercevoir alligators et aigrettes.

Commencez par faire un tour au NPS Visitor Center (☎ 504 589 2330, poste 10), 6588 Barataria Blvd, à 1 mile (1,6 km) environ de la Hwy 45, où vous obtiendrez une carte des 13 km de sentiers de randonnée et des 15 km d'itinéraires pour canoës de la réserve (interdits aux embarcations à moteur). Vous pourrez également visionner un film de 25 minutes sur l'environnement du delta. Le centre ouvre tous les jours de 9h à 17h (fermé le 25 décembre).

Les sentiers sont accessibles 24h/24, mais les parkings ferment à la tombée de la nuit. Vérifiez l'heure exacte de fermeture sur les panneaux et ne laissez pas enfermer votre voiture. Renseignez-vous auprès du visitor center sur les randonnées guidées par les rangers autour du **Bayou Coquille**. Les ran-

# 176 Environs de La Nouvelle-Orléans

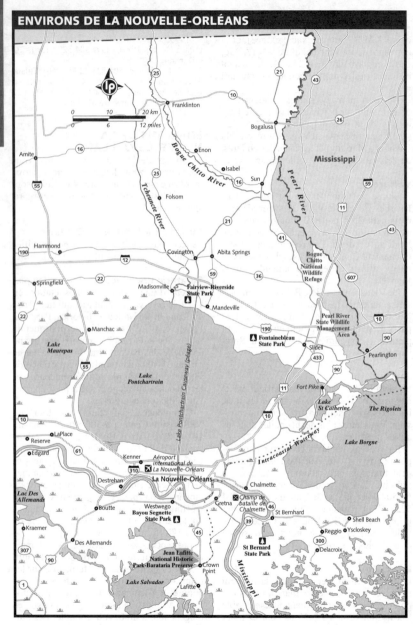

## Environs de La Nouvelle-Orléans

gers organisent d'autres activités, notamment une excursion en canoë et des circuits nocturnes à pied (réservation indispensable).

Non loin de là, la ***Jean Lafitte Inn*** *(☎ 504 689 3271, 800 339 8633)*, au croisement de la Hwy 45 et de Barataria Blvd, propose 9 cabins modernes et climatisés entre 60 et 75 $. Pour de plus amples renseignements, consultez le www.jeanlafitteinn.com. Le bar mitoyen (anciennement "Earl's" – l'enseigne subsiste peut-être) loue des canoës à 25 $ pour 3 personnes. On pourra vous déposer ou venir vous chercher à n'importe quel point de la réserve.

Vous pouvez également louer des canoës (12,50 $ par personne pour la journée) à l'extérieur du parc, chez ***Bayou Barn*** *(☎ 504 689 2663, 7145 Barataria Blvd)*, un agréable ensemble de bâtiments aux toits de tôle. Des orchestres de musique cajun ou zydeco s'y produisent devant une assistance animée pour le *fais-do-do* (5 $) du dimanche (de midi à 18h). Pour un total de 10 $, vous profiterez également du buffet cajun. Bayou Barn ferme le lundi.

Après une journée de marche ou de canoë, vous apprécierez l'atmosphère du ***Restaurant des Familles*** *(☎ 504 689 7834, 7163 Barataria Blvd)*, derrière le Bayou Barn, établissement plus raffiné dont la salle à manger surplombe le bayou. Prévoyez entre 7 et 20 $ pour un déjeuner ou un dîner de produits de la mer préparés à la cajun. Fermé le lundi.

**Lafitte.** En direction du sud, le pont de la Hwy 45 mène à l'agréable petite ville isolée de Jean Lafitte, qui n'a rien à voir avec le village de pêcheurs du même nom, une douzaine de kilomètre plus loin. La route se rétrécit et les marais font sentir leur présence dans cette zone inondable où même les mobile homes sont installés sur pilotis. Ancien repaire du pirate Jean Lafitte, cette région loin de tout est l'actuel domaine des pêcheurs. Près de 90% des habitants de la région gagnent en effet leur vie grâce au marais. Vous ne trouverez ici aucun site touristique à visiter, mais les bords du bayou méritent d'être découverts.

### Jean Lafitte, prince de Barataria

Aucun personnage de l'histoire louisianaise n'est aussi ambigu que Jean Lafitte. Admiré par les femmes pour ses manières chevaleresques, accusé de piraterie par d'autres, ce mystérieux personnage né à Bordeaux arrive en Louisiane vers 1780. Avec son frère Pierre, il s'installe dans les bayous du sud de La Nouvelle-Orléans avant de s'établir à Barataria. Quelques années lui suffisent pour transformer ce petit port du delta, difficile d'accès par voie de terre, en une véritable légende. Attirant de nombreux capitaines de vaisseaux et pirates, Barataria ne tarde pas en effet à devenir une solide – et douteuse – communauté commerciale. Selon de nombreux témoignages, le "royaume de Jean Lafitte" s'enrichit en effet par la contrebande et la piraterie, et prend éventuellement part au commerce d'esclaves. Si nul ne peut prouver que Lafitte lui-même – qui jouit d'une certaine considération dans la bonne société – participe à ces opérations, il ne fait aucun doute que certains "Baratariens" sont de fieffés forbans... Dénonçant ces "brigands qui infestent nos côtes" et inquiète de cette réussite commerciale, la colonie réagit à partir de 1810. Deux ans plus tard, une récompense de 500 $ est promise à qui capturera Jean Lafitte. Celui-ci parviendra à retrouver sa popularité en 1815. Opposant un démenti flagrant à ceux qui le voyaient s'associer aux Anglais, Lafitte prend part, du côté américain, à la bataille de La Nouvelle-Orléans. Il ne réussit pas pour autant à sauver Barataria. Amnistiés, de nombreux Baratariens profitent en effet de l'occasion pour aller tenter leur chance sous d'autres climats, et la communauté ne tarde pas à péricliter. Jean Lafitte s'établira par la suite sur l'île de Galveston, avant de proposer ses services aux indépendantistes mexicains. Il trouvera la mort vers 1825 au Yucatán.

A 45 minutes seulement du Vieux Carré, les logements originaux de Lafitte peuvent constituer une base pour la visite de La Nouvelle-Orléans, au nord, ou l'exploration des marais cajuns, à l'ouest.

*Cochiara's Marina (☎ 504 689 3701)*, à gauche en entrant dans la ville par le Goose Bayou Bridge, fait tout à la fois fonction de quincaillerie, de bar, d'agence de location de bateaux de pêche et de motel. Les chambres assez sommaires manquent de charme, mais elles sont agréablement situées en bordure du marais. Les tarifs démarrent à 55 $.

Plus au sud, une bifurcation mène à la **Victoria Inn** *(☎ 504 689 4757, 800 689 4797)*, qui fait fonction d'office du tourisme de Lafitte. Ses 14 chambres sont réparties dans deux demeures de plantation de style colonial français entourées de jardins. Certaines des chambres vous sembleront peut-être exiguës pour le prix (entre 89 et 139 $), mais le cadre est agréable et les gérants font preuve d'hospitalité et connaissent parfaitement la région. Vous pouvez consulter le site de l'établissement : www.victoriainn.com.

Le confortable **Boutte's Restaurant** *(☎ 504 689 3889)*, reconnaissable à son beau toit en terrasse donnant sur la voie navigable de l'Intracoastal Waterway, vous attend 1 ou 2 km plus loin. L'excellent po-boy aux crevettes et aux huîtres ne coûte que 5 $, la délicieuse soupe de tortue 3 $. Boutte's ouvre de 11h à 22h, tous les jours sauf le lundi.

Plus loin sur la Hwy 45, juste avant la fin de la route, guettez le panneau à peine lisible signalant **Voleo's Seafood** *(☎ 504 689 2482)*, modeste établissement entouré d'un petit jardin. Aubergine farcie aux fruits de mer et truite nappée de sauce à la crème et aux écrevisses figurent parmi les spécialités (environ 12 $). Si vous vous êtes essayé à la pêche, Voleo's pourra cuisiner vos poissons. Ouvert tous les jours midi et soir.

**Westwego.** Au croisement de la Hwy 90 et de Louisiana Ave se tient un immense marché en plein air de poissons et crustacés. Les produits sortent tout droit des bateaux et leurs prix défient toute concurrence. Le marché se tient tous les jours, de l'aube à la tombée de la nuit.

Tournez vers le sud sur Louisiana St, où le pavé cède la place à la poussière, et vous atteindrez le charmant bâtiment délabré de **Chacahoula Swamp Tours** (☎ 504 436 2640), 422 Louisiana St. Jerry Dupre gère cette affaire de famille qui vous permettra de découvrir le bayou de façon approfondie. Il vous fera découvrir simplement la flore et la faune, attirant à l'occasion un alligator sur le flanc du bateau. Les excursions durent en général 2 heures et coûtent 22 $ par personne.

Pour 16 $ de plus, on viendra vous chercher dans votre hôtel de La Nouvelle-Orléans. Les Dupre préparent parfois une grande marmite de gumbo à partager avec les clients au retour de l'excursion.

La région de Westwego abrite 2 remarquables restaurants dans des gammes de prix différentes. Chez *Mo's Pizza (☎ 504 341 9650, 1112 Ave H)*, à 1 km ou 2 à l'est de Louisiana St, en retrait de la Hwy 90, vous dégusterez les meilleures – ou presque – muffulettas (4 $) de toute l'agglomération, ainsi que d'excellentes pizzas et en-cas, le tout servi dans un cadre certes sans prétention mais à des prix ridiculement bas. Mo's est ouvert tous les jours sauf le dimanche de 10h à 22h.

A 5 km environ à l'ouest, à Waggman, *Mosca's (☎ 504 436 9942, 4137 Hwy 90)*, un ancien repaire de mafiosi, est désormais très fréquenté par les habitants aisés de La Nouvelle-Orléans et de sa banlieue, notamment pour ses huîtres à l'italienne (25 $) et sa salade de crabe (11 $). La maison sert d'énormes portions (un plat suffit amplement pour 2), et la carte des vins, sans grande originalité, affiche des tarifs raisonnables. Mosca's ouvre du mardi au samedi de 17h à 22h. Les cartes de crédit ne sont pas acceptées.

**Bayou Segnette State Park.** Installé au confluent de plusieurs canaux qui ont en partie drainé l'ancien marais, ce parc d'État (☎ 504 736 7140) occupe un environnement de terres alluviales et de feuillus. On accède facilement aux bayous, aux marais et à la côte. Très fréquentée, l'aire de départ des bateaux est ouverte 24h/24.

Il est possible de camper sur l'un des 100 emplacements disponibles (12 $ avec eau et électricité). Les très agréables cabins, d'une capacité de 8 personnes, coûtent 65 $, draps et ustensiles de cuisine compris.

**Comment s'y rendre.** De La Nouvelle-Orléans, les automobilistes qui veulent se rendre à la réserve de Barataria doivent prendre la Business Hwy 90 par le Greater New Orleans Bridge jusqu'à la Westbank Expressway, puis tourner en direction du sud sur Barataria Blvd (Hwy 45) jusqu'à la Hwy 3134, qui mène à l'entrée du parc. Comptez environ 30 minutes.

Pour rejoindre Lafitte, poursuivez vers le sud sur la Hwy 45 après la bifurcation vers le parc. Vous prendrez un virage en épingle à cheveux au niveau d'un pont, puis passerez par la ville de Jean Lafitte avant d'arriver à Lafitte. Le trajet prend environ 45 minutes.

A une demi-heure seulement de La Nouvelle-Orléans, Westwego se trouve en bordure de la Westbank Expressway, à l'ouest de Marrero.

Pour aller au Bayou Segnette State Park, traversez le Greater New Orleans Bridge et suivez la Business Hwy 90 vers l'amont pendant une quinzaine de kilomètres, jusqu'à l'entrée du bayou, située sur Drake Ave, sur votre gauche.

## Rive nord du lac Pontchartrain

La rive nord du lac Pontchartrain constituait encore récemment une destination de vacances pour les habitants de La Nouvelle-Orléans, qui venaient profiter de l'atmosphère paisible et des brises fraîches du lac. Aujourd'hui, les agglomérations sont davantage des cités-dortoirs de La Nouvelle-Orléans qu'autre chose.

La St Tammany Parish Tourist & Convention Commission (☎ 504 892 0520, 800 634 9443, poste 116), 68099 Hwy 59, Mandeville, LA 70471, se trouve en bordure de la I-12, au niveau de la sortie 65. Ce syndicat d'initiative fournit des informations sur Slidell, Mandeville, Madisonville, Covington, Abita Springs et Lacombe.

**Fontainebleau State Park.** Les 1 000 hectares de ce splendide parc s'étendent le long de la rive nord du lac Pontchartrain, autour de **Mandeville**. Il ne manque ni les sentiers naturels, ni le vieux moulin à sucre de la plantation, ni la plage de sable, ni la piscine (ouverte en été), ni le camping et les aires de pique-nique. Délimité par le lac, le Bayou Cane et le Bayou Castine, c'est un excellent site pour observer oiseaux et animaux sauvages. La Tammany Trace (voir ci-dessous) le traverse. L'accès au parc pendant la journée est facturé 5 $.

**Tammany Trace.** Cette ancienne voie de chemin de fer propose 15 miles (24 km) de piste pavée aux amateurs de bicyclette, de randonnée et de roller en ligne. La Tammany Trace va de Mandeville à Abita Springs et traverse en partie le Fontainebleau State Park.

**Abita Springs.** Au nord de Mandeville, sur la Hwy 59, le charmant petit bourg d'Abita Springs se rendit célèbre à la fin du XIXe siècle pour les vertus curatives de son eau. Elle coule toujours à la **fontaine** du centre du village, mais la véritable attraction est maintenant la brasserie **Abita Brewery** (☎ 504 893 3143), 21084 Hwy 36, à 1 ou 2 km de la ville. La plus ancienne microbrasserie du sud-est de la région produit certaines des bières les plus vendues de l'État, comme la Turbo Dog, la Purple Haze ou l'Amber. Les lieux manquent de charme, mais la visite guidée s'avère intéressante et originale (et démontre qu'il est possible de brasser de la bière sans être une multinationale). Elle commence et se termine dans la salle de repos des employés, où l'on peut choisir parmi toute une sélection de bières pression (la root beer, sans alcool, est également disponible). Les visites, gratuites, ont lieu le samedi à 13h et 15h et le dimanche à 15h. D'autres horaires peuvent être convenus sur rendez-vous.

**Covington.** Fondé en 1816, ce port situé sur la rivière Bogue Falaya grandit en importance et devint le siège de l'exécutif de la paroisse de St Tammany en 1819. La

## 180 Environs de La Nouvelle-Orléans

ville devint ensuite un centre d'échanges commerciaux pour les agglomérations de la rive nord, jusqu'à l'achèvement de la Lake Causeway Pontchartrain, en 1956. Depuis, elle s'est transformée en cité-dortoir de La Nouvelle-Orléans. Les entrepreneurs arrivés récemment ont apporté un regain d'activité, et la transformation du centre en une zone de galeries et de commerces, qui n'est pas sans rappeler Magazine St, sonne le renouveau de la ville. Columbia St et, dans une moindre mesure, Lee St et Boston St regorgent de boutiques.

**Où se loger.** De nombreux motels, dans toutes les catégories de prix, sont installés le long de la Hwy 190, qui part de la I-10 en direction du nord. Que vous logiez à Covington ou à Abita Springs, les sites indiqués dans ce guide sous la rubrique *Rive nord du lac Pontchartrain* se trouvent tous à 10 ou 15 minutes de voiture. Comptez 35 minutes pour rejoindre La Nouvelle-Orléans.

**Camping.** Le *Fairview-Riverside State Park* (☎ *504 845 3318*) gère un camping situé au bord de la rivière Tchefuncte sur le site d'un ancien camp de bûcherons. Les emplacements, attribués au fur et à mesure des arrivées, coûtent 12 $.

Avec ses vastes emplacements ombragés dotés de tables de pique-nique et de barbecues (et pour certains de sanitaires et de toilettes propres, ainsi que d'un téléphone), le *Fontainebleau State Park* (☎ *504 624 4443, 888 677 3668*) constitue une meilleure option. Les emplacements standards sont facturés 10 $, ceux qui sont équipés 12 $. Les groupes bénéficient d'une aire séparée ou d'un gîte qui peut accueillir entre 9 et 13 personnes (90 $).

**Abita Springs.** Vous trouverez 2 B&B en centre-ville, notamment le *Trail's End Bed & Breakfast* (☎ *504 867 9899, 71648 Maple St*), un charmant cottage victorien à proximité de la Tammany Trace et à distance raisonnable des restaurants et de la source. Les simples/doubles sont facturées 75/85 $, plus 20 $ le week-end, petit déjeuner à l'Abita Springs Café (voir *Où se restaurer*) compris.

**Covington.** Récemment rénové, l'élégant *Mt Vernon Motel* (☎ *504 892 1041, 1110 N Hwy 190*) propose 30 chambres à 40 $ (1 lit pour 1 ou 2 personnes) et 50 $ (2 lits). A 1 km ou 2 vers le nord par la Hwy 21, en bordure de la ville, le *Green Springs Motel* (☎ *504 892 4686, 72533 Hwy 21*), un motel en briques tout simple, est installé dans un quartier où sont construites de belles maisons. A 35/45 $ la nuit, vous pourrez profiter en prime d'une piscine (l'été).

Plus près de l'Interstate, vous pouvez choisir parmi plusieurs chaînes de motels. En haut de la catégorie, le *Best Western Northpark Inn* (☎ *504 892 2681, 625 N Hwy 190*), juste au nord de la I-12, compte parmi ses atouts un bon petit déjeuner continental, une piscine et un excellent restaurant, le Dakota (voir *Où se restaurer*). Comptez entre 60 et 80 $.

**Où se restaurer.** De nombreux restaurants situés en bordure de la Hwy 190 sont domiciliés à Mandeville, mais se trouvent en fait à côté de Covington.

**Mandeville.** Parfait pour le petit déjeuner, le *Mande's Restaurant* (☎ *504 626 9047, 340 N Causeway*) sert de généreuses portions de grits avec des œufs (4 $) et des plats du jour (6 $) sans originalité. L'établissement ouvre tous les jours pour le petit déjeuner et le déjeuner. A l'ouest de Mandeville, *Rag's Po-Boys* (☎ *504 845 3327, 4960 Hwy 22*) prépare tous les jours (midi et soir) sauf le dimanche les meilleurs po-boys de la ville.

Demandez que votre sandwich au rôti (4 $) soit *dressed* (accompagné de mayonnaise, de laitue, de tomates et d'une pointe de moutarde) et mangez-le rapidement avant que tout ne dégouline…

Véritable révélation, *Trey Yuen* (☎ *504 626 4476, 600 Causeway Blvd*), sur la voie d'accès, concocte une cuisine chinoise inventive dans un cadre aménagé avec goût. Parmi les grands classiques figurent les boulettes de viande, les crevettes aux champignons et un homard servi avec une sauce veloutée aux haricots noirs. Comptez au moins 10 $ pour le déjeuner et le double pour le dîner. Ouvert tous les soirs, ainsi que les midis du mercredi au dimanche.

**Abita Springs.** L'*Abita Brew Pub* (☎ *504 892 5837, 72011 Holly St*), est l'occasion de contempler à loisir des cuves de bière en savourant des fruits de mer, des salades, des sandwiches et des steaks. Ouvert tous les jours midi et soir.

L'*Abita Springs Café* (☎ *504 867 9950, 22132 Level St*), ouvert du mardi au dimanche de 8h à 14h, sert une cuisine encore meilleure, notamment une omelette aux fruits de mer (6 $), des po-boys (5 $) ou des soupes du jour (par exemple, aux écrevisses et au maïs – 3 $).

Pour un repas raffiné dans un cadre élégant, choisissez *Artesia* (☎ *504 892 1662, 21516 Hwy 36*), qui a récemment été classé parmi les meilleurs restaurants de l'agglomération de La Nouvelle-Orléans. Les habitants de la Crescent City et des alentours font le déplacement pour des plats tels que le médaillon de lotte à la truffe (24 $) ou la caille servie sur un lit de porcinis (variété de champignons) fumés et de purée de pommes de terre (18 $). Au déjeuner (du mercredi au vendredi seulement), comptez entre 10 et 15 $. Le restaurant, installé dans une demeure victorienne restaurée, est ouvert du mercredi au samedi.

**Covington.** A *Coffee Rani* (☎ *504 893 6158, 226 Lee Lane*), à l'angle de Boston St, vous pourrez déguster une pâtisserie ou un sandwich en regardant les œuvres d'artistes locaux. Ouvert tous les jours de 8h à 17h30.

Juste à côté de Columbia St, installez-vous dans la salle claire et ensoleillée de **Judice's** (☎ *504 892 0708, 421 E Gibson St*) pour déguster une salade de crevettes aux noix de pécan épicées (8 $), ou petit-déjeuner d'un énorme bol de grits baignant dans une riche sauce de "debris" de bœuf et de jus de viande (1,50 $). Un petit déjeuner complet ne vous reviendra qu'à 4 $. L'établissement ouvre tous les jours sauf le lundi pour le petit déjeuner et le déjeuner, et sert à dîner le vendredi et le samedi.

*Dakota* (☎ *504 892 3712, 628 N Hwy 190*), qui jouxte le Best Western Northpark Inn, est l'un des meilleurs restaurants de la rive nord du lac Pontchartrain. Au dîner, essayez en entrée les *nachos* à la patate douce servis avec de l'agneau haché dans un chutney de tomates et groseilles nappé de roquefort (7 $), puis passez au risotto de canard fumé à la vanille et à l'érable servi avec des asperges grillées (18 $). La carte des vins est particulièrement complète, et le personnel attentif. L'établissement sert à déjeuner du lundi au vendredi et à dîner du lundi au samedi. Le dimanche est réservé au brunch.

**Comment s'y rendre.** Vous aurez besoin d'une voiture pour explorer la rive nord. De La Nouvelle-Orléans, le chemin le plus direct passe par la Lake Pontchartrain Causeway. Si l'idée d'emprunter une bande de béton de quatre voies sur une quarantaine de kilomètres au milieu d'un lac vous donne des sueurs froides, prenez la I-10 vers l'ouest jusqu'à la I-55 que vous suivrez en direction du nord jusqu'à Hammond, ou bien la I-10 vers l'est et Slidell, puis la I-12. Dans le premier cas, vous mettrez environ 35 minutes de plus, dans le deuxième 25 minutes.

## Slidell et ses environs

Centre industriel et ville-dortoir de la rive est du lac Pontchartrain, Slidell n'offre guère d'intérêt en soi. Elle est cependant bordée de réserves naturelles propices à l'observation des oiseaux et de la faune. La Pearl, rivière sinueuse qui longe la frontière de la Louisiane parallèlement au Mississippi, ajoute un attrait supplémentaire aux environs de la ville.

Le bassin de la Pearl – plaine alluviale couverte de forêts qui s'étend sur près de 23 000 km$^2$ et dans laquelle se jette la rivière – comporte deux zones de loisirs destinées au public : la Pearl River State Wildlife Management Area (140 km$^2$) et le Bogue Chitto National Wildlife Refuge (160 km$^2$).

Toutes deux se prêtent au canoë, à la randonnée, à la pêche et au camping.

Des excursions sont organisées dans cette région au départ de La Nouvelle-Orléans.

**Orientation et renseignements.** Slidell se trouve à une quarantaine de kilomètres au nord-est de La Nouvelle-Orléans. La ville s'organise autour de Gause Blvd, accessible par la sortie 266 de la I-10. Il regroupe la plupart des hôtels, restaurants et commerces. Pour obtenir des renseignements et une carte du Bogue Chitto Natio-

## Les cimetières de La Nouvelle-Orléans

Le meilleur moyen de pénétrer dans l'intimité de la Crescent City est de visiter l'un de ses superbes cimetières. Rob Florence, un historien local, remarque dans son livre *New Orleans Cemeteries* que ces nécropoles témoignent du style de la ville et de toute sa diversité. Les riches côtoient les pauvres dans la mort comme dans la vie, chacun disposant de quelque espace pour exprimer son style, de manière plus ou moins sobre : des tombes de marbre travaillées s'élèvent telles des églises gothiques vers le ciel au milieu de rangées de "logements" modestes (il est d'ailleurs possible de louer). Florence et d'autres passionnés tentent de restaurer ces emblèmes d'une culture unique dans les sections laissées à l'abandon – des ghettos post-mortem en quelque sorte.

La grande majorité des tombes de La Nouvelle-Orléans se trouve au-dessus du sol. Cette pratique, qui a donné naissance à des monuments pompeux et extravagants, est cependant née d'une nécessité bien matérielle. Le terrain sur lequel est bâtie la ville étant particulièrement marécageux, creuser un trou de 6 pieds sous terre pour y descendre un cercueil était impossible. La perspective de voir remonter des cadavres à la surface à la première grosse pluie n'enthousiasmant personne, on prit l'habitude de construire les tombes au-dessus du sol, en briques et blanchies à la chaux.

Il existe plusieurs styles de tombes. Les caveaux proches des murs sont souvent comparés à des fours (*ovens*) parce que la température qui s'y dégage en été parvient à incinérer lentement les corps. Une fois le corps décomposé (après un an et un jour, veut la coutume), on peut rouvrir les caveaux et y installer un nouveau corps. Les tombes de famille, que l'on rencontre le plus fréquemment, sont propriété privée et accueillent généralement plusieurs générations. Les *stepped tombs*, élevées sur une plate-forme, manquent de fondations solides et ont tendance à s'affaisser dans le sol. Ce sont les seules à n'accueillir qu'un corps, et vous les verrez surtout au St Louis Cemetery n°1. Les plus grandes sépultures sont celles des associations créées pour assurer des obsèques décentes aux membres d'une communauté particulière : immigrants du XIX$^e$ siècle, corps de métier, congrégations religieuses, unités de l'armée… Les plus grandes peuvent contenir plus de 20 caveaux. Ceux-ci étant réutilisés au fil du temps, la population à l'intérieur peut atteindre des chiffres ahurissants.

Variées, expressives, originales et souvent étranges, les décorations et les statues qui ornent les monuments comptent pour beaucoup dans le caractère captivant des cimetières de La Nouvelle-Orléans. Anges aux ailes et aux épaules affaissées en prière, mères éplorées berçant tendrement des bébés endormis (ou morts), croix et grilles de fer forgé, vitraux…

De nombreuses statues ont, hélas ! subi des actes de malveillance, d'autres ont même été volées (certaines pièces très travaillées peuvent se vendre plusieurs milliers de dollars dans un marché clandestin). La police de La Nouvelle-Orléans a récemment démasqué un gang de pilleurs de tombes dans lequel étaient impliqués des antiquaires de Royal St.

La Nouvelle-Orléans compte plus de 40 cimetières. Quelques-uns seulement sont évoqués dans ce guide : St Louis Cemetery n°1, juste à côté du Vieux Carré, Lafayette Cemetery n°1, dans le Garden District, Metairie Cemetery, à l'ouest du City Park, et St Roch Cemetery, à quelques pâtés de maisons du Faubourg Marigny en direction du lac. Reportez-vous aux rubriques correspondantes pour plus de détails et à l'encadré *Circuits organisés* pour vous renseigner sur les visites guidées.

nal Wildlife Refuge, contactez le US Fish & Wildlife Service (☎ 504 646 7555), 1010 Gause Blvd, Building 936, Slidell, LA 70458.

**Pearl River State Wildlife Management Area.** Cette zone protégée de 140 km$^2$ couverte de tupelos et de cyprès des marais attire surtout les chasseurs et les amateurs de promenades en bateau ou en canoë. Elle comporte un court sentier de randonnée, un camping, un point d'arrimage pour les bateaux et une abondante faune sauvage. Un terrain de camping herbeux et rudimentaire est aménagé.

Cette zone protégée (☎ 504 646 6440, 225 765 2800) se trouve sur Holly Ridge Dr, à quelques kilomètres de Slidell. Quittez la I-10 à la sortie 266, suivez la Hwy 190 sur 3 km environ vers l'est jusqu'à Military Rd (Hwy 1090) que vous prendrez sur la gauche. Parcourez alors 1,5 km vers le nord et passez par-dessus la I-10, puis prenez la première route à droite, Crawford Landing Rd. Roulez ensuite sur 2 ou 3 km jusqu'à la fin de la route. L'entrée est gratuite.

Pour plus de renseignements, contactez le Louisiana Department of Wildlife & Fisheries (☎ 504 765 2800, 504 765 2360), Information Section, PO Box 98000, Baton Rouge, LA 70898.

**Honey Island Swamp.** Le circuit à travers les marais de Honey Island figure parmi les meilleures excursions organisées au départ de La Nouvelle-Orléans.

Chaleureux et personnalisés, les Mr Denny's Canoe Swamp Tours sont menés par Denny Holmburg (☎ 504 643 4839, http://home.communique.net/~mrdenny), ancien instituteur. Sept passagers maximum pagaient au milieu des cyprès et des tupelos du Honey Island Swamp tandis que M. Denny commente la faune et la flore. Le clou de l'excursion est l'Eagle Slough (marécage de l'aigle), non accessible en bateau à moteur. Au printemps, l'endroit abrite une colonie d'aigrettes, de hérons et autres oiseaux aquatiques, ainsi que des ragondins et des ratons laveurs. Le circuit coûte 20 $ pour les adultes, (12 $ pour les moins de 12 ans). D'autres formules sont proposées, soit en soirée, soit sur 2 jours avec une nuit en bivouac. Les cartes de crédits ne sont pas acceptées.

Le Dr Wagner, spécialiste de l'écologie des marais, mène lui-même la plupart des circuits de 2 heures intitulés Dr Wagner's Honey Island Swamp Tours. Pour réserver, contactez le ☎ 504 641 1769 (☎ 504 242 5877 de La Nouvelle-Orléans), ou écrivez au 106 Holly Ridge Drive, Slidell, LA 70461. Les prix s'élèvent à 20/10 $ pour les adultes/enfants (40/20 $ si l'organisme vient vous chercher à La Nouvelle-Orléans). Les cartes de crédit ne sont pas acceptées.

**White Kitchen Eagle Preserve.** Depuis des dizaines d'années, les passionnés d'ornithologie viennent ici observer le pyrargue à tête blanche, qui niche l'hiver dans cette partie de la Louisiane depuis plus de 50 ans. Pour leur offrir les meilleures conditions possibles, les autorités de la réserve se sont associées à la Chevron Corporation pour construire une passerelle de 10 m au-dessus des marais, près d'une aire de repos dotée de tables de pique-nique. Apportez jumelles et sandwichs.

La Nature Conservancy (☎ 225 338 1040) de Baton Rouge gère la White Kitchen Preserve. Celle-ci se trouve à l'intersection de la Hwy 190 et de la Hwy 90. Pour l'atteindre, prenez la sortie 226 de la I-10 et dirigez-vous vers l'est par la Hwy 190 jusqu'à Military Rd (Hwy 1090). Prenez cette dernière sur la droite jusqu'au cimetière où vous tournerez à gauche. Parcourez environ 5 miles (8 km) jusqu'à la Hwy 90. La réserve se trouve sur la gauche.

**Bogue Chitto River.** La rivière Bogue Chitto (BO-gai CHI-to) rejoint la Pearl à 40 km au nord de Slidell. Elle offre d'innombrables possibilités pour faire du canoë, randonner, pêcher et camper.

Le Bogue Chitto Canoeing and Tubing Center (☎ 504 735 1173), Hwy 16 à Isabel, est une entreprise familiale qui propose des locations de canoë pour 2 (30 $ par jour). Le prix comprend l'acheminement en amont de la rivière, d'où vous pagayerez pour redescendre. La promenade dure 3 à 4 heures, sauf si vous faites halte sur l'une des plages de sable pour pique-niquer et observer la faune et la flore.

Un emplacement dans le petit *camping* est facturé 15 $ par tente (eau et électricité comprises).

Toilettes et douches sont à la disposition des visiteurs et des campeurs, et un petit magasin propose articles de pêche, appâts, glace et boissons fraîches.

Pour vous y rendre, prenez la Hwy 41 vers le nord jusqu'à Sun, puis la Hwy 16 vers l'ouest sur 7 miles (11 km) jusqu'à Isabel. Tournez à gauche à la boutique et poursuivez sur deux blocs. Pour réserver, écrivez au 10237 River Rd, Bogalusa, LA 70427.

**Où se loger.** Reportez-vous ci-dessus pour les possibilités de camping qu'offre la Pearl River Wildlife Management Area et la Bogue Chitto River. Le *KOA (☎ 504 643 3850, 56009 Hwy 433)* situé à l'est de la I-10 (prenez la sortie 263) propose des emplacements pour tente (20 $) et des cabins.

*Econolodge (☎ 504 641 2153, 58512 Tyler Drive)*, à l'intersection de la I-10 et de la Hwy 190, compte 57 chambres avec TV câblée gratuite. Rudimentaires mais propres, elles sont facturées entre 50 et 120 $. Les restaurants sont proches, tout comme la route menant au départ des circuits dans les marais.

Facilement accessible de la I-10, de la I-12 et de la I-59, le *Days Inn Slidell (☎ 504 641 3450, 1645 Gause Blvd)* est situé sur la route principale qui traverse la ville. Il abrite un restaurant et une piscine. Les tarifs débutent à 55 $.

Si vous voyagez à plusieurs, vous avez tout intérêt à vous renseigner sur *The Garden Guest House B&B (☎ 504 641 0335, 34514 Bayou Liberty Rd/Hwy 433, www.gardenbb.com)*. Pour un minimum de 250 $, vous bénéficierez d'un joli cadre, d'une maison meublée à l'ancienne comprenant 3 chambres, 2 s.d.b. avec machine à laver, une cuisine, une véranda et une terrasse.

**Où se restaurer.** La spécialité de *Mike Schaeffer's (☎ 504 646 1728, 158 S Military Rd)* est le poisson-chat. Crevettes, écrevisses et autres plats de Louisiane ne sont cependant pas oubliés. Comptez de 6 à 9 $ pour le déjeuner (tous les jours) et de 6 à 12 $ pour le dîner (du mardi au samedi seulement).

L'*Indian Village Catfish Restaurant (☎ 504 649 5778, 115 Indian Village Rd)*, près de la Hwy 190, est un petit restaurant situé en bordure de la Pearl. Il ne paie pas de mine mais sert un excellent poisson-chat. Très fréquenté par les chasseurs et les pêcheurs du week-end, il ouvre du jeudi au dimanche de 11h à 20h.

**Comment s'y rendre.** La voiture est le mode de transport le plus simple. Empruntez la I-10 ou la belle Hwy 90 jusqu'à la Hwy 11 ou la Hwy 190. Si vous prenez la Hwy 90 puis la Hwy 190, vous traverserez Rigolets Harbor, un étroit chenal qui relie le lac Pontchartrain au lac Borgne et aux étendues d'eau situées près de la frontière entre le Mississippi et la Louisiane. Cet itinéraire permet également de passer par Fort Pike et vous rapproche des départs de circuits dans les bayous.

Greyhound (☎ 504 643 6545), 3735 Pontchartrain Drive à Slidell, assure 2 liaisons quotidiennes au départ de La Nouvelle-Orléans (8 $). Les trains de la compagnie Amtrak s'arrêtent à la petite gare de Slidell, 1827 Front St. Aucun bus local ne circule dans les environs. Vous pouvez obtenir un taxi auprès de Parish Cab (☎ 504 641 9479).

# Région des plantations

La colonisation de la Louisiane s'est effectuée le long du Mississippi, de La Nouvelle-Orléans vers l'amont ; les missionnaires traçaient de part et d'autre du fleuve les limites des paroisses, dont beaucoup ont survécu jusqu'à aujourd'hui. Petites ou grandes, les plantations ne pouvaient se passer du Mississippi pour le transport des personnes et des marchandises, ce qui explique qu'elles se soient organisées autour de longues et étroites parcelles de terrain donnant sur les rives.

Au XVIIIe siècle, les planteurs européens, les Créoles (descendants d'immigrants libres), et leurs esclaves cultivaient l'indigo, le coton, le riz, le tabac et la canne à sucre. La méthode de cristallisation mise au point par Étienne Boré à la fin du siècle permit le développement de l'industrie du sucre, qui devint rapidement le fondement de l'économie louisianaise. Lorsque l'État fut vendu aux États-Unis en 1803, il tenait le premier rang de la nation pour la production de sucre. A la veille de la guerre de Sécession, la Louisiane fournissait 95% de la production nationale.

Les plantations de sucre les plus importantes s'étendaient pour la plupart entre La Nouvelle-Orléans et Baton Rouge. Au nord de Baton Rouge, les sols, plus secs et plus élevés, étaient surtout consacrés à la production du coton. Ces deux cultures exigeant beaucoup de main-d'œuvre, le besoin d'esclaves s'accrut de façon spectaculaire.

En 1808, le Congrès américain interdit l'importation d'esclaves de l'étranger. La Louisiane se procura alors des hommes dans d'autres États américains esclavagistes ou par la contrebande (menée par des pirates comme Jean Lafitte). Les esclaves redoutaient particulièrement d'être vendus dans les plantations de sucre, connues pour l'extrême rudesse de leurs conditions de travail. En 1811, un soulèvement impliquant quelque 500 esclaves fut réprimé, et les meneurs de cette révolte, l'une des plus importantes dans l'histoire américaine, furent décapités. En 1840, l'État comptait 168 452 esclaves, soit environ la moitié de la population (331 000 personnes), contre 34 660 en 1810. La plupart de ces esclaves vivaient dans les paroisses des plantations.

Leurs propriétaires s'enrichirent prodigieusement. Quand la guerre de Sécession éclata, plus de la moitié des millionnaires du pays résidaient entre Natchez et La Nouvelle-Orléans. Pendant la guerre, le Mississippi constitua pour les forces confédérées une voie de communication essentielle avec le Texas, la côte est et l'étranger. L'Union mit alors au point le plan Anaconda afin de prendre le contrôle du fleuve pour "étrangler" l'approvisionnement. La mise en œuvre de ce plan s'accompagna du saccage et de la des-

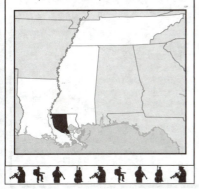

### A ne pas manquer

- Laura Plantation à Vacherie, demeure d'inspiration créole dont la visite permet de retracer la vie des plantations sans en oublier aucun des acteurs : Amérindiens, Afro-Américains, Américains d'origine européenne
- Le Rural Life Museum de Baton Rouge, qui présente la vie des ouvriers agricoles dans les plantations au XIXe siècle
- Les traversées du Mississippi en ferry
- Le quartier historique de Donaldsonville

## 186 Région des plantations

# RÉGION DES PLANTATIONS

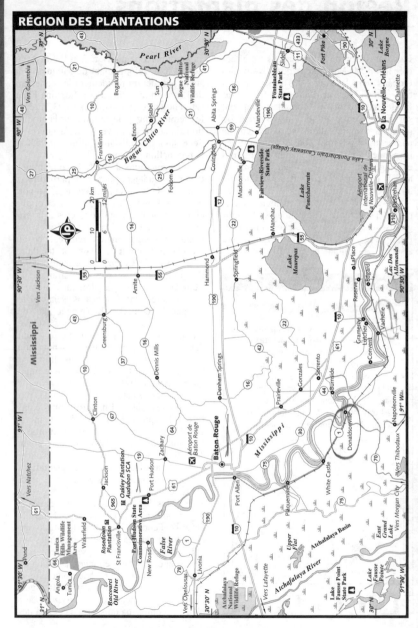

truction de presque toutes les plantations installées le long du fleuve. A la fin de la guerre, il ne restait que 180 des 1 200 plantations de sucre. Privés des esclaves qui leur fournissaient non seulement un travail gratuit, mais aussi une caution pour obtenir des prêts bancaires, de nombreux planteurs firent faillite. La Louisiane dut attendre le XX$^e$ siècle et la découverte d'importantes réserves de pétrole et de gaz naturel pour retrouver une économie prospère.

## RIVER ROAD

Afin de protéger les premiers villages et les plantations, puis, plus tard, les villes et les raffineries, des crues dévastatrices du Mississippi, les autorités locales et fédérales ont déployé des moyens considérables pour construire et entretenir un système complexe de levées, de vannes et de déversoirs. Une digue, sur laquelle passe une route de gravier à laquelle on peut accéder depuis une voie parallèle pavée, borde chacune des rives du fleuve. Ces deux routes pavées (rive est et rive ouest) s'appellent la River Road et relient La Nouvelle-Orléans à Baton Rouge. Des milliers de cargos venant du monde entier remontent le Mississippi jusqu'à Baton Rouge ; on peut les voir depuis les digues, les ferries ou les (énormes) ponts.

Il ne reste guère de véritable plantation le long des rives du Mississippi à cet endroit. De nos jours, des raffineries de pétrole gigantesques et des complexes pétrochimiques recouvrent la plus grande partie des riches sols alluviaux où poussait jadis le coton ; l'immeuble Chevron (sur la rive ouest, en aval du Veterans Memorial Bridge), édifice moderne dont l'architecture s'inspire des plantations, illustre de façon saisissante cette évolution. Écrasant les quelque 40 domaines qui subsistent, les forteresses industrielles fournissent la plupart des emplois et des richesses de la région, désormais surnommée "Cancer Alley" à cause de la quantité de toxines que rejettent ses usines. Entre les sites industriels et les élégantes plantations, de petites agglomérations rurales s'étendent de part et d'autre du fleuve, surtout jusqu'à la Hwy 61 (Airline Hwy) sur la rive est et jusqu'à la Hwy 1 sur la rive ouest. Malgré l'omniprésence du pétrole et de ses dérivés, les agriculteurs cultivent toujours de la canne à sucre, du soja et un peu de tabac. Plus à l'est, une route complètement dépourvue de charme, la I-10, permet de relier rapidement La Nouvelle-Orléans à Baton Rouge.

### Préparation au voyage

Il faut plusieurs jours pour véritablement apprécier cette région complexe et chargée d'histoire, mais l'on peut quand même avoir un aperçu satisfaisant des contrastes de la River Road en une journée. Vous pouvez effectuer une boucle à partir de La Nouvelle-Orléans, ou bien monter tranquillement jusqu'à Donaldsonville et passer en pays cajun, ou bien encore traverser toute la région jusqu'à Baton Rouge. Dans tous les cas, une voiture est indispensable.

River Road est la route la plus intéressante, mais elle est fréquentée à la fois par d'énormes camions, qui risquent de beaucoup ralentir votre allure, et par le personnel des usines qui, au contraire, vous empêche de rouler tranquillement et d'apprécier le paysage. Si vous n'avez pas beaucoup de temps, vous pouvez effectuer des crochets sur la River Road à partir des routes parallèles sur lesquelles on peut rouler plus vite. Si vous ne pouvez voir les deux côtés du fleuve, choisissez la rive est, qui présente une plus grande variété de sols et d'édifices, mais traversez tout de même le Mississippi pour visiter Laura Plantation et le quartier historique de Donaldsonville, où vous trouverez aussi de bons restaurants.

Ni Amtrak ni Greyhound ne desservent la River Road. La gare Greyhound la plus proche se trouve à Laplace (☎ 225 651 2570), 1514 W Airline Hwy (Hwy 61). De nombreux tour-opérateurs proposent des excursions d'une journée en bus dans les plantations, avec un déjeuner dans un restaurant en bord de route. Comptez entre 65 et 75 $ (voir ci-dessous *Circuits organisés*).

Si vous planifiez de rester quelque temps pour explorer la River Road, procurez-vous (si vous lisez l'anglais) *Along the River Road : Past and Present on Louisiana's*

## 188 Région des plantations – River Road

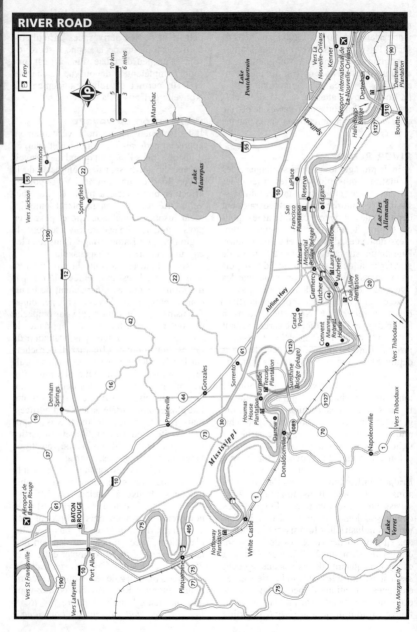

# Région des plantations – River Road

*Historic Byway*, de Mary Ann Sternberg, qui résume l'histoire de la région (colonisation, économie, architecture) et propose un parcours méticuleux de chaque rive du fleuve, révélant la face cachée de ce que le touriste peut voir.

La plupart des plantations disposent d'une boutique de cadeaux, et certaines proposent un restaurant et des chambres (chères). Elles se visitent tous les jours, sauf les jours fériés, de 9h ou 10h à 16h ou 17h (horaires réduits entre novembre et mars). Le prix de l'entrée (entre 2 et 10 $) comprend généralement une visite guidée de la demeure du maître et l'accès libre aux jardins. Si vous souhaitez juste jeter un œil sur les bâtiments, vous pouvez vous garer sur le parking sans acquitter de droit d'entrée. Les photographies ne sont autorisées qu'à l'extérieur.

Vous trouverez peu d'hébergements sur la River Road elle-même (à l'exception des B&B des plantations), et encore moins de stations-service. Les campings les plus proches sont situés à plusieurs kilomètres à l'est de Baton Rouge et à l'ouest de La Nouvelle-Orléans. Les petites villes au bord de la River Road offrent des possibilités pratiques de restauration et de ravitaillement en essence, et l'on trouve le long des routes parallèles quelques établissements où se loger. Une autre solution consiste à piquer au sud vers Thibodaux (voir le chapitre *Pays cajun*) de Vacherie (par la Hwy 20) ou de Donaldsonville (par la Hwy 1).

**Manifestations annuelles.** La ville de Gonzales accueille le Jambalaya Festival (☎ 225 622 1998) le week-end du Memorial Day (dernier lundi de mai). En décembre, toutes les plantations se parent de leurs plus beaux atours pour les fêtes. Des visiteurs du monde entier accourent à Lutcher le deuxième week-end de décembre pour admirer le spectacle des feux de joie qui illuminent les digues du Mississippi (☎ 225 869 4303, 800 367 7852). Le 24 décembre, ces *bonfires* couvrent près de 20 km de rive (voir l'encadré *Le Festival of the Bonfires*).

**Circuits organisés.** Conçu par Lucille et Chester Le'Obia, le circuit proposé par Le' Ob's Tours (☎ 225 288 3478, fax 225 288 8517), 4635 Touro St, La Nouvelle-Orléans, LA 70122, englobe les plantations de Laura, Houmas et Tezcuco, ainsi que l'African-American River Road Museum. Il coûte 75 $ et dure 6/7 heures, avec déjeuner au Cabin Restaurant, dans d'anciennes cases d'esclaves.

Les brochures diffusées dans les hôtels et les offices du tourisme de Baton Rouge et de La Nouvelle-Orléans vous suggéreront d'autres prestataires. Les circuits d'une journée (entre 60 et 75 $) comprennent la visite de deux ou trois plantations et le déjeuner ; ceux d'une demi-journée (environ 40 $) proposent généralement une seule plantation et éventuellement le repas. Entre deux arrêts, certains guides vous dépeignent, en plusieurs langues, une vie dans les plantations absolument idéalisée.

## Orientation

La River Road, route à double sens, longe chaque rive du Mississippi et traverse les communes de St John, St James, Ascension et Iberville. Elle change fréquemment de numéro, mais il suffit de suivre la digue pour rester dessus. Sur la rive est, la River Road est doublée par la Hwy 61 et la I-10 (que croisent régulièrement des routes plus petites), qui permettent de rallier Baton Rouge plus rapidement. A l'ouest, la Hwy 90 (entre La Nouvelle-Orléans et la Hwy 310), la Parish Rd 3127, la Parish Rd 3089 et la Hwy 1 constituent un itinéraire parallèle jusqu'à Port Allen, en face de Baton Rouge.

Vous pouvez vous procurer gratuitement auprès de certains offices du tourisme la brochure *Great River Road Plantation Parade*, qui comprend une assez bonne carte de la River Road, des plantations et d'autres sites historiques. Le Convention & Visitors Bureau de Baton Rouge (☎ 225 383 1825, 800 527 6843) distribue une carte descriptive, *Historic Plantation Country*, très bien faite.

**Franchissements du fleuve.** Des ponts (parfois à péage) et des ferries permettent de traverser le Mississippi. Les ponts sont ouverts tous les jours. Les ferries fonctionnent du lundi au vendredi et coûtent 1 $, dans un sens seulement (vers l'ouest). A une demi-heure de route de La Nouvelle-Orléans, tout près de Destrehan Plantation, la Hwy 310 franchit le fleuve par le Hale-Boggs Bridge, construit en 1983.

En amont, non loin de San Francisco Plantation, un ferry fait la navette entre Reserve et Edgard de 5h15 à 20h30. Plus loin, le Veterans Memorial Bridge (1995) relie Gramercy à la rive ouest. Toujours en remontant le fleuve, on trouve un ferry entre Lutcher et Vacherie, près des plantations Laura et Oak Alley, puis le Sunshine Bridge (péage 50 ¢), juste au sud de Burnside et de Donaldsonville, près de Tezcuco Plantation. Enfin, des ferries traversent le fleuve un peu en aval de White Castle et à Plaquemine.

## Renseignements

Les offices du tourisme énumérés ci-après fournissent brochures et renseignements sur les hébergements, les centres d'intérêt, les restaurants et l'histoire de la région.

A Laplace, le St John Parish Economic Development Department (☎ 225 652 9569), 1801 W Airline Hwy/Hwy 61 (rive est), vous accueille en semaine de 8h à 16h30.

A Lutcher, le St James Parish Tourist Center (☎ 225 869 9752, 800 367 7852, www.stjamesla.com/index.htm) situé dans le St James Historical Society Museum, 1988 Hwy 44/River Road (rive est), ouvre de 8h à 16h en semaine.

Pour les villes de Burnside, Darrow et Donaldsonville, adressez-vous à l'Ascension Parish Tourist Commission (☎ 225 675 6550, 800 967 2780), 6470-A Hwy 22, Sorrento, 70778, à la sortie de la Hwy 61 (rive est), ouverte tous les jours de 9h à 17h. Le bureau est installé dans un village touristique cajun composé de maisons restaurées.

L'Iberville Parish Tourist Commission (☎ 225 687 5190, 800 967 2478), Main St,

### Rêve et réalité

Les brochures touristiques sous-entendent que le seul intérêt de la River Road réside dans la visite de la dizaine de demeures de plantations ouvertes au public. La plupart de ces bâtiments impressionnants ont été restaurés, tout comme leurs jardins, et présentent des meubles anciens, parfois d'origine. Certaines plantations ont conservé leurs dépendances, notamment des maisons de contremaîtres, des granges, des étables et des cabanes d'esclaves.

Les touristes passionnés d'antiquités, d'intérieurs anciens et d'anecdotes familiales adoreront les visites guidées. Ceux qui ont vu dans les films ou à la télévision ces maisons somptueuses, ces chênes moussus et ces jardins impeccables seront ravis de pouvoir les admirer de leurs propres yeux, et les voyageurs les plus blasés apprécieront de jeter un œil sur les vies des maîtres et des maîtresses des plantations *antebellum*. Quoi qu'il en soit, la variété des styles architecturaux, d'inspiration espagnole, française, caribéenne et anglo-saxonne, ne peut manquer d'intéresser. Les visites menées par des guides en costume d'époque durent généralement entre trois quarts d'heure et une heure et laissent peu de place à l'interprétation historique. Elles ne s'organisent pas de manière chronologique, mais plutôt en fonction de l'agencement des pièces et de leur mobilier, qui servent de prétexte pour raconter des anecdotes familiales. De nombreuses plantations ont passé des contrats avec des tour-opérateurs ou avec des compagnies de croisière sur le Mississippi : ne vous attendez donc pas à effectuer la visite en solitaire.

Cas unique, Laura Plantation évoque le fonctionnement d'un domaine et l'organisation paternaliste qui a constitué le fondement de l'économie et de la société des plantations. A cette exception près (à laquelle on peut associer, dans une moindre mesure, Nottoway ; voir *Rive ouest*), les visites guidées passent complètement sous silence l'histoire des centaines de milliers d'esclaves qui ont fabriqué les briques, construit les maisons, surveillé les feux et cultivé les champs. Le rôle des Blancs pauvres ou laborieux n'est pas plus évoqué.

à l'intersection avec la Hwy 1 (rive ouest), PO Box 389, Plaquemine, 70765, couvre également White Castle. Il ouvre ses portes tous les jours de 8h à 16h30.

### Rive est

**Destrehan Plantation.** La plus ancienne plantation de la basse vallée du Mississippi fut conçue et bâtie en 1787 par l'homme de couleur libre Charles Pacquet. A l'origine d'inspiration coloniale française, elle subit une transformation de style Greek Revival entre 1830 et 1840. Le domaine, qui compta à son apogée près de 2 500 ha de canne à sucre, fut occupé par les troupes de l'Union pendant et après la guerre de Sécession et hébergea un centre de formation pour les esclaves affranchis où passèrent presque 800 hommes. La compagnie pétrolière Amoco a fait don de la propriété à une société historique en 1971. Certaines scènes du film *Entretien avec un vampire* furent tournées ici.

La visite guidée de 50 minutes débute par la projection d'un film et fournit des explications sur la construction du bâtiment et le mobilier d'origine, ainsi que des anecdotes familiales. La plantation (☎ 504 764 9315, 504 524 5522 de La Nouvelle-Orléans), 13034 Hwy 48/River Road, se trouve à Destrehan, à 15 minutes au sud-ouest de l'aéroport de La Nouvelle-Orléans. Prenez la I-10, puis la Hwy 310, sortez juste avant le pont et suivez le fleuve vers l'aval. Elle ouvre tous les jours à 9h30 et la dernière visite part à 16h. L'entrée coûte 8 $ pour les adultes et 2 $ pour les enfants.

**San Francisco Plantation.** C'est un Français, Edmond Bozonier Marmillion, qui construisit en 1856 cette superbe demeure de style créole, dont l'architecture rappelle assez curieusement celle des bateaux à aube. Mobilisant une centaine d'esclaves, son fils Valsin poursuivit les travaux (pour une somme de 100 000 $) et la transforma en une immense plantation de sucre. Au fil des ans, les changements de cours du Mississippi ont pratiquement amené la digue devant le porche de la maison. Entre 1974 et 1977, la compagnie Marathon Oil a financé à hauteur de 2 millions de dollars la restauration complète de la maison. Plafonds peints, tapisseries, tapis et rideaux lui ont rendu sa splendeur d'antan. On voit les cuves de pétrole installées juste à côté du domaine. La compagnie continue d'entretenir le domaine.

La plantation (☎ 225 535 2341, 888 322 1756), Hwy 44/River Road, est située à Reserve, à une trentaine de kilomètres en amont de la I-310. Elle ouvre tous les jours de 10h à 16h30 entre mars et octobre et de 10h à 16h entre novembre et février. L'entrée s'élève à 8 $ pour les adultes et 3 $ pour les enfants.

**St James Historical Society Museum.** Véritable petit bijou, ce musée (☎ 225 869 9752, 800 367 7852), 1988 Hwy 44/River Road, à Lutcher, retrace l'évolution de la région, des premières plantations aux scieries et aux manufactures de tabac en passant par les traditionnels feux de joie sur les digues (voir l'encadré *Le Festival of the Bonfires*). Le bâtiment principal expose divers objets de la vie quotidienne. A l'extérieur, on peut observer une de ces pyramides de bois que l'on enflamme durant le mois de décembre. La visite du musée, gratuite (mais une contribution est la bienvenue), s'effectue en semaine de 8h à 16h. Vous pouvez également consulter le St James Parish Tourist Center installé dans ces locaux.

**Convent.** Propriété des jésuites depuis 1931, la **Manresa Retreat House** accueille chaque année plus de 5 000 personnes en quête de calme et de méditation. On peut contempler le parc et l'impressionnant édifice de 1842, une ancienne université, depuis la River Road, mais ce n'est pas possible de les visiter. Juste en amont de Manresa, la **St Michael's Church**, de style Greek Revival, mérite un coup d'œil. Une fois à Convent, pensez à aller déjeuner chez Hymel's (voir *Où se restaurer*).

**Tezcuco Plantation.** Bâti en 1855, ce cottage de style Greek Revival est le cœur d'un ensemble qui comprend des jardins, une boutique de cadeaux, un musée, un restaurant, un magasin d'antiquités et d'autres cottages aménagés dans les bâtiments et les anciennes cases d'esclaves (trois sont d'origine).

Ne manquez pas le petit **River Road African-American Museum** (☎ 225 664 7955), créé par Kathe Hambrick, une Afro-Américaine qui, grâce à des dons et à des subventions, a réuni une collection de photos, de recettes, de documents, d'instruments de musique, de vêtements, de masques, d'outils et d'autres objets qui témoignent de la vie quotidienne dans la Louisiane rurale au temps de l'esclavage. L'ensemble de la collection ne peut pas être présenté dans le musée, qui est trop petit, et les objets exposés changent donc régulièrement. Il est d'ailleurs prévu d'ouvrir un autre musée à Donaldsonville. Le musée ouvre ses portes du mercredi au samedi de 9h à 17h, dimanche de 13h à 17h et sur rendez-vous. Une participation de 3 $ est demandée.

Il est possible de passer la nuit en B&B dans l'un des confortables cottages (la plupart avec cuisine, mais pas de téléphone). Les tarifs varient de 65 $ pour une chambre dans un cottage à 160 $ pour une suite dans la demeure principale comprenant deux chambres et deux s.d.b. Le petit déjeuner est servi dans la chambre. Le soir, vous pouvez vous prélasser dans les rocking-chairs de la véranda ou descendre jusqu'à la digue contempler les bateaux sur le fleuve. Vous pouvez également dîner dans l'un des nombreux (et excellents) restaurants de Donaldsonville.

La plantation (☎ 225 562 3929), située 3138 Hwy 44/River Road, à Burnside, à 1,5 km en amont du Sunshine Bridge, se visite tous les jours de 9h à 17h (8 $ pour les adultes, 3,25 $ pour les enfants). Le restaurant est ouvert de 11h à 15h.

**Houmas House Plantation.** Construite à la fin du XVIII$^e$ siècle, la maison d'origine, modeste, ne comportait que quatre pièces. Elle fut intégrée dans la demeure de style Greek Revival édifiée en 1840 par les nouveaux propriétaires, que l'on peut toujours admirer aujourd'hui. Pendant la guerre de Sécession, le domaine fut épargné par les troupes de l'Union : son maître, de nationalité irlandaise, réclama protection en tant que citoyen britannique. A son apogée, à la fin des années 1880, Houmas (du nom des Indiens qui vécurent sur les lieux) constituait la plus grande plantation de l'État, avec plus de 8 000 ha de terres produisant 9 000 tonnes de sucre par an. Elle est habitée depuis 1940 par la famille Crozat, qui l'a restaurée. Les jardins à la française et le parc comptent parmi les mieux agencés de la région.

La plantation (☎ 225 473 7841, 504 522 2262), 40136 Hwy 942/River Road, s'étend à la limite de Burnside et de Darrow. Dotée d'une boutique de souvenirs, elle propose chaque jour une visite guidée de 45 minutes, de 10h à 17h entre février et octobre et de

> ### Le Festival of the Bonfires
>
> D'après la légende, les feux qui sont allumés à Noël sur les digues du Mississippi ont pour but d'éclairer la route du Père Noël jusqu'aux maisons des enfants sages... Une autre tradition rapporte qu'ils guidaient les pas des paroissiens se rendant à la messe.
>
> Quelle qu'en soit l'origine, la coutume perdure depuis les années 1880. Juste après Thanksgiving, les habitants de la paroisse de St James, à quelque 40 km à l'ouest de La Nouvelle-Orléans, élèvent d'immenses structures de bois en forme de tipi, hautes de 6 m et espacées de 3, sur les digues.
>
> Durant tout le mois de décembre, les eaux du fleuve sont sillonnées de bateaux venus de La Nouvelle-Orléans pour faire admirer les berges illuminées. Le deuxième week-end du mois, Lutcher organise un festival dont les points forts, outre les feux de joie, sont les spectacles de musique et de danse, les concours de gumbo et les divertissements pour enfants. Quelques feux flambent chaque soir jusqu'à la veille de Noël, clou du festival. A 18h, le commissaire aux feux contrôle la direction du vent. A 19h, à son signal, la digue s'embrase sur près de 20 km, de Gramercy à Convent. Ce fabuleux spectacle attire une foule de 50 000 spectateurs.
>
>

10h à 16h de novembre à janvier. L'entrée s'élève à 8 $, 6 $ (de 12 à 17 ans) ou 3 $ (de 6 à 12 ans).

### Rive ouest

**Laura Plantation.** Si vous ne pouvez visiter qu'une plantation, choisissez celle-ci, qui a appartenu à deux familles créoles, l'une d'origine française et l'autre d'origine allemande, pendant presque deux siècles. C'est ici que, dans les années 1870, Alcée Fortier recueillit auprès de descendants d'esclaves sénégalais les histoires de Tar Baby et de Br'er Rabbit (il publia ces contes dix ans avant que Joel Chandler Harris n'édite sa version).

De nos jours, Laura arbore une façade colorée qui rappelle ses origines créoles (les murs blancs sont caractéristiques des demeures anglo-saxonnes). Le cottage de 1805 fait actuellement l'objet d'une rénovation prudente ; les papiers arrachés et les briques mises à nu témoignent des tentatives de Sand et Norman Marmillion, des historiens de la région, d'en percer les secrets. Leurs sources comprennent, entre autres, les Mémoires (à paraître) de Laura Locoul, l'arrière-petite-fille des propriétaires d'origine, qui a donné son nom à la plantation. S'y ajoutent 5 000 pages de documents conservés aux Archives nationales de Paris, notamment des registres fiscaux et des listes d'esclaves.

Les guides, compétents, nourrissent leurs commentaires de détails historiques. La visite, qui dure 1 heure, est la seule à évoquer le rôle des Amérindiens (qui ont vécu ici jusqu'en 1915) dans les plantations et à ne pas occulter celui des esclaves (Laura en a compté jusqu'à 200, et a conservé certaines cases d'origine). On découvre également la part importante jouée par les femmes de cette famille, qui dirigeaient le domaine lors des périodes fréquentes où les hommes étaient à La Nouvelle-Orléans, en Europe ou à la guerre.

Laura (☎ 225 265 7690, 504 488 8709 de La Nouvelle-Orléans, www.lauraplantation.com), 2247 Hwy 18/River Road, à Vacherie, ouvre ses portes tous les jours de 9h à 17h (départ de la dernière visite guidée à 16h). Chaque jour, de 10h30 à 10h45, vous bénéficiez également des services d'un guide dans le quartier des esclaves. Les visites en français se déroulent les lundi, mercredi et vendredi. Les tarifs sont de 8 $.

**Oak Alley Plantation.** De la River Road, une longue allée de 400 m bordée de 28 chênes verts formant une voûte majestueuse mène à cette demeure raffinée construite en 1839 dans le style Greek Revival. Plantés une centaine d'années auparavant, ces chênes ajoutent à la symétrie qui se dégage du bâtiment – avec ses 28 colonnes de près de 2,50 m de diamètre. A proximité, les champs de canne et les bois forment un contraste agréable avec les industries chimiques qui dénaturent souvent les autres plantations. Oak Alley n'en demeure pas moins la plantation la plus commerciale, avec son restaurant (petit déjeuner et déjeuner), son B&B, sa boutique de souvenirs, ses dîners-théâtre en saison et son parking pour camping-cars. Elle constitue une étape incontournable pour les circuits organisés.

Les cottages (non-fumeur) construits derrière la demeure, dont la véranda donne sur de charmants jardins, comportent un salon, une salle à manger, une cuisine entièrement équipée et une s.d.b. et sont facturés entre 95 et 125 $ (le petit déjeuner est compris, mais non la visite de la demeure).

Oak Alley (☎ 225 265 2151, 800 442 5539, oakalleyplantation@att.net), 3645 Hwy 18/River Road, se situe juste en amont de Laura, à Vacherie. Elle se visite tous les jours de 9h à 17h de novembre à février, de 9h à 17h30 de mars à octobre. Les tarifs s'élèvent à 8 $ pour les adultes, 5 $ pour les enfants. Les cartes de crédit ne sont pas acceptées.

**Donaldsonville.** Au confluent du bayou La Fourche et du Mississippi, Donaldsonville est la ville la plus intéressante entre La Nouvelle-Orléans et Baton Rouge. Rasée pendant la guerre de Sécession, elle fut le théâtre de la victoire de troupes de l'Union formées d'esclaves affranchis (cas unique dans l'histoire de la guerre). Son quartier historique renferme plus de 600 édifices construits entre la fin de la guerre et 1930. Certains sont restaurés, mais la plupart n'ont été que sommairement entretenus. Ce quartier, pauvre mais authentique, est l'antithèse de l'habituelle perfection sinistre de ce genre de lieu. Il est aujourd'hui habité par la communauté afro-américaine.

Le cimetière de St Patrick St comprend curieusement une section juive, qui renferme des tombes datant du milieu du XIX$^e$ siècle. Avec ses restaurants, la ville constitue une étape parfaite sur la route des plantations.

L'autre curiosité de la ville se trouve dans l'ancien magasin Ben Franklin situé 510 Railroad Ave. Là, **Rossie's Custom Framing** (☎ 225 473 8536) abrite l'atelier du peintre autodidacte natif de Donaldsonville Alvin Batiste (voir l'encadré *Le monde selon Alvin*). L'artiste puise son inspiration dans la vie des habitants de sa ville, dont il s'attache à exprimer le courage, le bon sens et les peines. Les murs sont couverts de centaines d'œuvres de toutes tailles à des prix très raisonnables. Batiste s'installe dans la boutique avec son chevalet quasiment tous les jours entre 10h et 15h. Le magasin, tenu par la respectable Sandra Imbraguglio et son fils David, ouvre de 8h à 17h en semaine, de 8h à 16h le samedi et de 10h à 15h le dimanche.

En descendant Railroad Ave, on trouve au coin de Mississippi St un imposant bâtiment de pierre blanche datant de 1873. Cet ancien grand magasin abrite aujourd'hui le **Historic Donaldsonville Museum** (☎ 225 746 0004), qui rend un vibrant hommage à la petite ville. On parle actuellement de le transformer en hôtel-restaurant avec le chef John Folse à sa tête (voir la description de *Laffitte's Landing* tenu par ce chef dans la rubrique *Où se restaurer*). Il se visite de 10h à 16h les mardi, jeudi et samedi.

**Nottoway Plantation.** Construite en 1859 par un riche planteur anglo-saxon de Virginie, la demeure compte 64 pièces et 4 900 m$^2$ de superficie. D'inspiration Greek Revival et italienne dans son architecture extérieure, elle présente curieusement à l'intérieur des décors sobres de style britannique.

Jadis, 220 esclaves (dont 200 aux champs) travaillaient dans cette florissante plantation de sucre de 2 800 ha qui appartient aujourd'hui à l'Australien Paul Ramsey. Les visites sont passionnantes : les guides, sans apparat ni mise en scène, s'appuient sur les archives de la propriété, les Mémoires de Cornelia Randolph, fille du premier propriétaire, et les lettres retrouvées depuis peu pour raconter la vie de la plantation. La maison, qui renferme des meubles d'origine, compte 200 fenêtres et 165 portes, soit autant d'ouvertures que de jours de l'année. Elle est habitée par le descendant des anciens propriétaires, âgé aujourd'hui de plus de 90 ans.

Le restaurant sert des plats cajuns assez chers (environ 12 $ au déjeuner et 20 $ au dîner) de 11h à 15h et de 18h à 21h. (Si vous voulez faire un bon repas, allez plutôt à Donaldsonville au Lafitte's Landing.)

Nottoway propose 13 chambres de luxe, toutes meublées à l'ancienne : 6 sont aménagées dans la demeure principale et 7 dans les dépendances. Comptez entre 95 et 190 $

---

### Le monde selon Alvin

Les murs de Rossie's Custom Framing semblent vibrer au rythme des danseurs, des chœurs de gospel, des travailleurs dans les champs de canne à sucre et des musiciens de jazz. Derrière une vitrine sans prétention, l'enfant de Donaldsonville Alvin Batiste peint à l'acrylique sur tout ce qui lui tombe sous la main – toiles, mais aussi fenêtres, bocaux, scies, emballages d'œufs –, poursuivant son objectif : donner corps à la vie qui passe derrière la vitre, aux histoires que sa mère lui racontait et aux visions qui meublent ses rêves. Totalement autodidacte, Alvin Batiste a commencé à peindre après l'âge de 30 ans et il suffit de regarder ses œuvres les plus récentes pour constater qu'il est devenu un artiste à part entière. Ombres, couleurs, touches font exister ses sujets, qui semblent vouloir vivre leur propre vie.

pour une simple, entre 135 et 200 $ pour une double, et de 225 à 250 $ pour une suite. Le tarif inclut la visite guidée, le petit déjeuner et l'accès à la piscine et aux jardins.

Nottaway (☎ 225 545 2730, fax 225 545 8632), Hwy 1/River Road, se trouve à 3 km au nord de White Castle. Les visites guidées (en français ou en cajun sur demande) se déroulent toute l'année de 9h à 18h, sauf à Noël. L'entrée coûte 10 $ pour les adultes et 3 $ pour les enfants. Pour tous renseignements, consultez le site www.nottoway.com.

## Où se loger

**Rive est.** La plantation Tezcuco propose des cottages en B&B à prix variés (voir ci-dessus).

Plusieurs hôtels sont installés à la sortie 177 de la I-10, à Gonzales. Le *Budget Inn* (☎ *225 644 2000)* dispose de simples/doubles à 36/46 $. Installé récemment, le *Quality Inn* (☎ *225 647 5700, 800 228 5151)* offre des chambres à 59 $. Vous pourrez vous distraire dans le salon du *Holiday Inn* (☎ *225 647 8000, fax 225 647 7741, 1500 Hwy 30)* et déguster des fruits de mer dans son restaurant. Les simples/doubles sont facturées 68/73 $.

**Rive ouest.** Vous pouvez passer une nuit aux plantations d'Oak Alley et de Nottoway (voir ci-dessus). Non loin de Vacherie ou de Donaldsonville, Thibodaux constitue une autre option (voir le chapitre *Pays cajun*).

A Vacherie, le *Bay Tree Plantation B&B* (☎ *225 265 2109, 800 895 2109, baytree@eatel.net, 3785 Hwy 18/River Road)* se trouve à portée de vue d'Oak Alley. Les six suites et chambres sont réparties dans deux bâtiments – un cottage créole de 1850 décoré de meubles anciens et une maison – entourés de jardins à l'anglaise. Un autre cottage récemment restauré est équipé d'une cuisine, d'une salle à manger et d'un jacuzzi. La nuit coûte entre 75 et 190 $, petit déjeuner traditionnel inclus. Les enfants sont les bienvenus.

A Donaldsonville, le *Magnolia Motel* (☎ *225 473 3146)*, établissement sans prétention situé sur la Hwy 1, loue des simples/doubles à 38/45 $. Vous trouverez également un *Best Western* à la sortie de la ville. En amont, d'autres motels sont implantés à Port Allen.

## Où se restaurer

**Rive est.** A Laplace, essayez le *Airline Motors Restaurant* (☎ *225 652 9181, 221 E Airline Hwy/Hwy 61)*, palais Art déco clinquant avec, à l'intérieur, une profusion de verre, de chrome et de néons qui vous donnera peut-être le vertige. Installez-vous au comptoir pour profiter du décor tout en dégustant un surprenant gumbo à l'andouille de poulet (5 $) ou un plat de poisson. L'établissement ne ferme que du dimanche à 22h au lundi à 6h.

Achetez de quoi pique-niquer chez *Don's Market* (☎ *225 536 2275, 318 Central Ave)*, à Reserve, à 1,5 km environ de la River Road. Essayez le fromage de tête maison ("hogshead cheese"), l'andouille ou la saucisse de dinde ou de poulet. Il est ouvert du lundi au samedi de 7h à 19h et le dimanche de 8h à midi.

Dans un cadre rustique, *The Stockpile* (☎ *225 869 9917, Hwy 3125 à Grand Point)*, sert tous les jours des steaks ou des fruits de mer grillés ou frits (de 8 à 16 $), ainsi que des sandwiches (de 2 à 8 $). Le bar d'à côté dispose de billards et de machines à sous. De la River Road, prenez la Hwy 642 en amont de Lutcher et suivez-la sur environ 3 km.

A 6 km en aval du Sunshine Bridge, *Hymel's Seafood* (☎ *225 562 7031, 8740 Hwy 44/River Road)* fait partie des haltes habituelle des groupes de touristes, mais n'en reste pas moins fréquentée par la clientèle locale. Cette ancienne station-service sert depuis plus de quarante ans des spécialités succulentes comme le "crabe mou" (8 $) et la tortue sauce piquante (7 $), et des formules le midi en semaine (5 $ environ). Des trophées de chasse sont accrochés au-dessus du bar, et semblent surveiller les buveurs de bière. L'établissement est ouvert tous les midis et du jeudi au samedi pour le dîner. Le service s'interrompt entre 14h30 et 17h.

A l'intersection de la Hwy 44 et de la Hwy 22, le *Cabin Restaurant* (☎ *225 473 3007)* est installé dans différents bâtiments récupérés de plantations détruites. Il propose des po-boys ainsi que des spécialités comme un "rice and beans" avec de la saucisse (5 $ environ) ou de l'omelette aux écrevisses (7 $). Les fruits de mer grillés ou frits coûtent autour de 9 $. La cuisine est vraiment bonne. L'établissement, qui attire les touristes en grand nombre, est ouvert tous les jours sauf le lundi soir. De la River Road, prenez la Hwy 44 sur 3 km vers le nord lorsque vous êtes à Burnside.

**Rive ouest.** A Vacherie, juste en aval de Laura Plantation, *B&C Seafood Market & Cajun Deli (☎ 225 265 8356, 2155 Hwy 18/River Road)* propose, sur place ou à emporter, des spécialités de fruits de mer bouillis ainsi que du gumbo, des po-boys, des burgers, de l'alligator et de la tortue (entre 5 et 8 $). Il ouvre du lundi au samedi.

Donaldsonville est de loin la meilleure halte sur la route des plantations, idéalement située au pied du Sunshine Bridge, et donc à proximité de la plupart des sites. En bordure de la voie ferrée, à un pâté de maisons à l'ouest de la Hwy 3089, le *First & Last Chance Café (☎ 225 473 8236, 812 Railroad Ave)* sert des burgers (3 $) et des steaks nappés de sauce à l'ail savoureux (15 $). Il ouvre de 9h à minuit tous les jours sauf le dimanche.

Le *Railroad Café (☎ 225 474 8513, 212 Railroad Ave)*, installé dans une ancienne épicerie de Donaldsonville, est l'endroit idéal pour déguster un po-boy aux huîtres. Comptez entre 5 et 7 $ pour un po-boy ou un plat. Le café ouvre de 10h à 14h du lundi au mercredi et de 10h à 19h30 du jeudi au samedi.

*Ruggiero's (☎ 225 473 8476, 206 Railroad Ave)* sert toute une variété de plats italiens, notamment des pâtes, des crevettes à l'ail (12 $) et des boulettes de viande avec des spaghettis. Ce vieux bar-restaurant est ouvert de 11h à 13h du mardi au vendredi et de 17h à 21h15 du mardi au samedi.

Au bord du bayou, le *Café La Fourche (☎ 225 473 7451)*, sur Bayou Rd, juste à l'est de la Hwy 1 à Donaldsonville, propose des plats de fruits de mer originaux (de 9 à 15 $), ainsi que des salades (de 6 à 8 $), des po-boys et des ragoûts tout aussi appétissants. L'établissement est fermé le samedi midi et le dimanche soir, et tous les jours entre 14h et 17h. A côté, *J's Diner* sert toute la journée des petits déjeuners bon marché, des po-boys et des plats.

Dans le quartier historique de Donaldsonville, sur Railroad Ave, *Lafitte's Landing at Bittersweet Plantation (☎ 225 473 1232)* prépare la meilleure "grande cuisine" entre Baton Rouge et La Nouvelle-Orléans, rivalisant même avec les établissements les plus réputés de cette dernière. Le chef John Folse s'est forgé une réputation justifiée grâce à sa cuisine créative d'inspiration cajun. Les amateurs n'hésitent pas à débourser 20 $ pour goûter ses entrées de fruits de mer, de veau ou d'agneau. Le restaurant sert à dîner du mardi au samedi, mais uniquement un brunch le dimanche.

Plus en amont, à Plaquemine, vous trouverez le *City Café (☎ 225 687 7831)* sur Main St, en face de l'écluse. Cet établissement familial sert depuis plus de quatre-vingt-dix ans d'excellents fruits de mer et des steaks savoureux. Comptez entre 9 et 20 $ pour un repas, entre 5 et 7 $ pour les burgers et les po-boys. Il ouvre midi et soir du lundi au samedi. Le jeudi soir, les motards se rencontrent au *Humphrey's Restaurant*, au coin de la rue, sur Eden St.

## BATON ROUGE
- **250 000 hab.**
- **agglomération 600 000 hab.**

D'après les historiens, la ville se nommerait ainsi car les Amérindiens qui peuplaient la région enduisaient de sang le tronc des cyprès pour marquer la limite de leur territoire de chasse.

Ville fluviale, Baton Rouge abrite les deux plus grandes universités de Louisiane – la Louisiana State University (LSU) et la Southern University – ainsi que le capitole le plus haut des États-Unis. Elle se classe au cinquième rang du pays par son port, et au deuxième par son industrie pétrochimique. Capitale de l'État depuis 1849, la ville ne manque pas d'attraits pour ceux qui s'intéressent à la vie politique singulière et agitée de la Louisiane. Elle propose aussi des curiosités pour les enfants.

Région des plantations – Baton Rouge 197

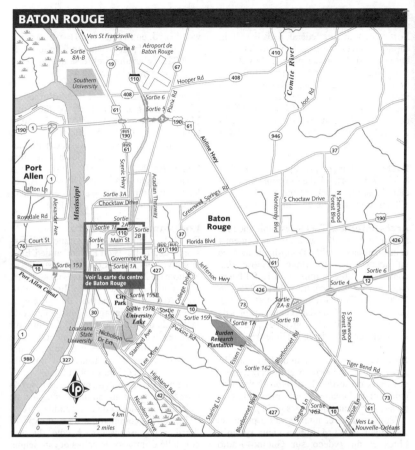

## Orientation
La I-10 franchit le fleuve pour rejoindre Port Allen (attention, il y a des embouteillages sur le pont aux heures de pointe). Au centre-ville, en retrait de la I-110 et au nord de la I-10, se dressent les bâtiments des capitoles, des casinos et du complexe de loisirs aménagé sur la berge. Traversant la ville d'est en ouest, North Blvd sert de repère : la N 22nd St se trouve au nord du boulevard, la S 22nd St au sud. Le campus de la Louisiana State University (LSU), implanté dans le quart sud-ouest, est traversé dans le sens centre-sud par Nicholson Dr (Hwy 30) et Highland Road. Les rues environnantes comptent nombre de parcs, de restaurants bon marché, de night-clubs, de cinémas et de boutiques.

Vous trouverez des plans de la ville au début des pages jaunes et auprès des offices du tourisme.

## Renseignements
**Offices du tourisme.** Le Baton Rouge Area Convention and Visitors Bureau (☎ 225 383 1825, 800 527 6843), 730 North Blvd, dans le centre-ville, est ouvert en semaine de 8h à 17h. Vous pouvez consul-

ter son site sur www.batonrougetour.com. Il dispose d'une petite antenne, tout comme l'office du tourisme fédéral, dans le hall du capitole (ouvert jusqu'à 16h30). Tous ces bureaux distribuent des plans de la ville.

Le West Baton Rouge Visitor Information Center (☎ 225 344 2920) est installé à Port Allen, sur Frontage Rd à côté du Motel 6 (juste à la sortie 151 de la I-10). Le bureau de l'AAA de Baton Rouge (☎ 225 293 1200, 800 926 4222) se trouve 5454 Bluebonnet Rd.

**Poste.** Le bureau principal (☎ 800 275 8777), 750 Florida Blvd (au coin de 7th St, dans le centre-ville), est ouvert de 8h30 à 17h en semaine et de 9h à midi le samedi.

**Accès Internet.** Toutes les bibliothèques publiques de la ville mettent gracieusement à la disposition du public des ordinateurs avec un accès Internet. Kinko propose une connexion à 20 ¢ la minute ou 12 $ l'heure dans son local du centre-ville (☎ 225 378 3000), 525 Florida (entre 5th St et 6th St), accessible 24h/24, ou dans celui situé près de la LSU, 159 W State St, ouvert de 7h à 3h du matin en semaine, de 7h à 23h le week-end.

**Médias.** Le principal quotidien est *The Advocate*. Deux journaux gratuits recensent des lieux où sortir : le *Gambit* (hebdomadaire) et le *Rhythm City* (bimensuel, spécialisé sur la musique et les clubs).

Vous pouvez écouter la radio publique locale sur 89.3 FM, ou des vieux rythm'n blues et du zydeco sur Gumbo Radio (104.5 FM).

**Librairies.** Bien approvisionné en ouvrages sur la région, le magasin Books-A-Million de Baton Rouge (☎ 225 343 9584), 3525 Perkins Rd, entre la I-10 et Acadian Thruway, vend également beaucoup de magazines ainsi que quelques titres en français. Il est ouvert tous les jours de 9h à 23h.

La discrète librairie gay Hibiscus Bookstore (☎ 225 387 4264), 635 Main St, dans le centre-ville entre 6th St et 7th St, constitue un bon relais d'information sur le milieu gay de la ville.

**Bibliothèque.** La bibliothèque principale de la ville (☎ 225 231 3750), 7711 Goodwood Blvd, entre Jefferson Hwy et Airline Hwy (Hwy 61), ouvre du lundi au jeudi de 8h à 22h, le vendredi et le samedi de 8h à 18h, et le dimanche de 14h à 22h.

**Services médicaux.** En cas d'urgence, adressez-vous au Our Lady of the Lake Medical Center (☎ 225 765 6565), 5000 Henessy Blvd (à l'intersection avec Essen Lane, près de la Burden Research Plantation), ou au Baton Rouge General Medical Center (☎ 225 387 7000), 3600 Florida Blvd, à l'angle de Acadian Thruway. Appelez même s'il ne s'agit pas d'une urgence : on vous orientera vers une clinique.

## Louisiana State Capitol

En 1931, au plus fort de la Grande Dépression et contre l'avis du Parlement de l'État, le gouverneur Huey Long fit construire ce capitole (☎ 225 342 7317) dans un style Art déco pour la somme de 5 millions de dollars. Aujourd'hui, la tour de 34 étages constitue le témoignage le plus éclatant de la législature du gouverneur, qui mourut dans les lieux mêmes. Le bâtiment, tout de marbre, est très surprenant et ne peut laisser indifférent. Il se trouve au nord du centre-ville, à côté du Capitol Lake.

Le hall est intégralement orné de frises de bronze, de panneaux de métal sculptés, de peintures murales et de décorations dorées.

Des objets commémoratifs sont exposés derrière les ascenseurs, à côté du mur constellé d'impacts de balles devant lequel Long fut assassiné en 1935. Au 27$^e$ étage, une **tour d'observation** offre une vue panoramique sur la ville, les usines implantées au nord et les péniches manœuvrant sur le fleuve.

Le bâtiment ouvre tous les jours de 8h à 16h30 (la tour jusqu'à 16h). On peut assister aux débats des sénateurs (photographies interdites).

Devant l'édifice, au-dessus de la tombe de Long, se dresse une imposante statue du gouverneur dont le bras repose sur une réplique en marbre du capitole, comme s'il s'agissait d'un sceptre.

## Old State Capitol

L'ancien capitole (☎ 225 342 0500, 800 488 2968), 100 North Blvd, se dresse à quelques pâtés de maisons du nouveau, sur une hauteur qui surplombe le Mississippi. Construit il y a cent cinquante ans, ce bâtiment massif de style gothique abrite de nos jours le Center for Political & Governmental History. L'exposition interactive, notamment l'important fonds vidéo à disposition du public et la petite collection de cartes historiques, permet d'appréhender l'histoire politique mouvementée de la Louisiane et par là même sa culture. Si cela ne vous passionne pas, jetez tout de même un œil à la grande rotonde remarquablement restaurée, à l'escalier de fer forgé et aux fenêtres aux verres colorés. Le bâtiment se visite du mardi au samedi de 10h à 16h et le dimanche de midi à 16h (4 $ pour les adultes, 2 $ pour les étudiants).

## Rural Life Museum et Windrush Gardens

Ce paisible musée d'histoire vivante (☎ 225 765 2437), 4600 Essen Lane (juste à côté de la I-10, au sud-est du centre) est installé dans l'ancienne Windrush Plantation, devenue la Burden Research Plantation (gérée par la LSU). Il présente une vie quotidienne des travailleurs agricoles au XIX$^e$ siècle en complet décalage par rapport à la vie somptueuse généralement présentée dans les plantations.

La plantation comprend plusieurs bâtiments restaurés et meublés d'objets d'origine, notamment des cases d'esclaves, une sucrerie comportant une série de cuves (pour la technique du "train jamaïcain") et une forge en activité. Une immense grange abrite des pièces d'artisanat africain ou fabriquées par des esclaves, dont les outils de charpentier et de tisserand, des objets liés à la guerre de Sécession, un corbillard, un attelage, etc. Admirez les personnages afro-américains de cire et de tissus fabriqués par Lucy Vargas et les amusantes figurines en terre cuite de Steele Burden, le fondateur du musée, qui témoignent de la vie quotidienne en Louisiane. Les 10 ha de jardin sont envahis de myrtes, d'azalées et de camélias. Le musée ouvre tous les jours de 8h30 à 17h (5 $ pour les adultes, 3 $ pour les enfants).

## Louisiana State University

Meilleure université publique de l'État, la LSU accueille 30 000 étudiants sur un campus de 260 ha étonnamment calme (sauf à l'automne pendant les matches de football américain).

La majorité des bâtiments est regroupée au sud-ouest de la ville. Le campus est bordé à l'ouest par le Mississippi et à l'est par le petit University Lake (où l'on peut se baigner, au niveau du parc municipal de Stanford Park).

Les visiteurs s'intéresseront surtout au Museum Complex, qui abrite le Museum of Art (☎ 225 388 4003) et le Museum of Natural Science (☎ 225 388 2855). Pour tous renseignements, téléphonez au ☎ 225 388 5030, ou au ☎ 225 388 8654 pour les manifestations spéciales.

Les amateurs de sports collectifs peuvent acheter des billets pour les matches disputés par les Tigers et les autres manifestations sportives organisées par la LSU au département des sports de l'université (☎ 225 388

---

### Pour bons et loyaux services

La plupart des personnes qui visitent le Rural Life Museum remarquent à peine la sculpture installée à l'entrée du parc, un Afro-Américain à l'air bienveillant portant un chapeau sur sa tête inclinée. La statue, que les gens d'ici appellent "Uncle Jack", fut érigée en 1927 à Natchitoches en hommage aux "bons et loyaux services des bons nègres de Louisiane". Lors du Civil Rights Movement (Mouvement en faveur des droits civiques), elle fut déboulonnée et jetée dans un terrain vague. En 1974, le Rural Life Museum de Baton Rouge l'acheta et elle accueille aujourd'hui les visiteurs, sans aucune explication, se dressant comme un rappel ironique du passé – pas si éloigné – où le paternalisme était de mise.

# 200 Région des plantations – Baton Rouge

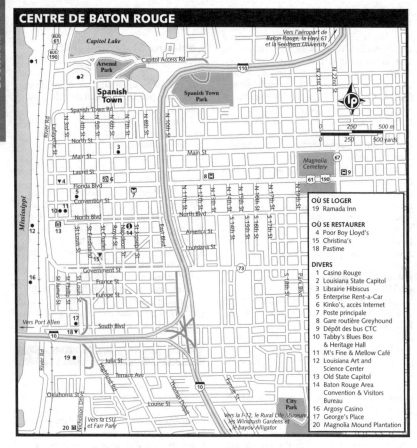

2184). Si vous vous trouvez hors de la ville, réservez vos billets au ☎ 225-761-8400.

## Southern University

Première université du Sud fréquentée par une majorité de Noirs, la Southern University, avec ses 9 000 étudiants, occupe la partie nord de Baton Rouge, à quelques kilomètres à l'ouest de l'aéroport. Le campus, sur les bords du Mississippi, comporte une petite Gallery of Fine Arts (☎ 225 771 2070) qui présente des expositions temporaires, ainsi qu'une collection relative à la culture noire au 3e étage de la bibliothèque (☎ 225 771 2843), contenant notamment de nombreux livres et objets afro-américains. Le département de musicologie (☎ 225 771 3440) est spécialisé dans le jazz. Téléphonez pour connaître le programme des concerts.

## Autres curiosités et activités

A l'est du capitole, bordé par N 5th St, North St, N 9th St et State Capitol Dr, le **Spanish Town Historical District** fut créé en 1805 pour héberger les familles espagnoles qui s'étaient réclamées de la Couronne espagnole lors de la cession de l'État aux États-Unis. Le bureau d'information touristique de la ville situé dans le capitole distribue des brochures décrivant un itinéraire à pied.

Beaucoup des expositions proposées par le **Louisiana Arts and Science Center** (☎ 225 344 5272), 100 S River Road (en face de l'ancien capitole), sont conçues pour les enfants. Le centre se visite du mardi au vendredi de 10h à 15h, le samedi de 10h à 16h et le dimanche de 13h à 16h. L'entrée coûte 4 $ pour les adultes et 2 $ pour les enfants. Profitez de l'espace aménagé sur les berges du Mississippi pour contempler les bateaux en grignotant quelque chose.

Difficile d'ignorer les deux casinos installés sur des bateaux. L'**Argosy Casino** (☎ 225 378 6000), nouvellement restauré, se trouve sur France St, près du pont de la I-10. Le **Casino Rouge** (☎ 225 709 7777) est amarré en face du capitole. Ouverts 24h/24, les deux proposent de copieux buffets.

**Magnolia Mound Plantation** (☎ 225 343 4955), 2161 Nicholson Dr/Hwy 30 (à quelques rues au sud de la I-10), abrite la plus ancienne demeure de plantation de la région de Baton Rouge (vers 1791), d'inspiration créole. Le domaine de 6 ha renferme également la maison d'un contremaître, une cuisine à foyer ouvert (démonstration le mardi et le jeudi), un hangar à chariots, un potager et une case d'esclaves, qui est le clou de "Beyond the Big House", visite guidée sur réservation uniquement. La plantation, qui dispose d'une boutique de souvenirs, est ouverte du mardi au samedi de 10h à 16h et le dimanche de 13h à 16h (5 $ pour les adultes, 1 $ pour les enfants).

Propriété de la ville, les 41 ha du **Bluebonnet Swamp Nature Center and Conservation Area** (☎ 225 757 8905) sont situés 10503 N Oak Hills Parkway, à deux pas de Bluebonnet Blvd. Vous y accéderez par une passerelle de bois longue d'environ 1,5 km et dotée de deux plates-formes d'observation, qui traverse une forêt de feuillus, puis descend vers un marais couvert de cyprès. Le centre présente le milieu écologique et des objets réalisés à partir de matériau naturel. Il ouvre du mardi au samedi de 9h à 17h et le dimanche de 12h à 17h. L'entrée coûte 3 $ pour les adultes, 2 $ pour les enfants.

La **Gilley's Gallery** (☎ 225 922 9225), 8750 Florida Blvd, près de Airline Hwy (Hwy 61), expose les œuvres de nombreux artistes autodidactes, notamment de Clementine Hunter.

Vous pouvez voir les œuvres sur le site Internet www.gilleysgallery.com

Le **Greater Baton Rouge Flea Market** (☎ 225 673 2682), au coin de la Hwy 73 et de la Hwy 61, au sud de la ville, à Prairieville, attire badauds et amateurs de bonnes affaires tous les week-ends de 9h à 17h. Ce marché aux puces rassemble quelque 400 stands.

## Activités en plein air

**Renseignements et équipement.** Le Backpacker (☎ 225 925 2667), 7656 Jefferson Hwy (Hwy 73), face au Bocage Mall, met à la disposition des amateurs de sports de plein air d'innombrables informations. Vous pourrez par ailleurs consulter gratuitement les guides et les cartes situés près de l'entrée de la bibliothèque spécialisée.

Les ouvrages mis à disposition comprennent le *Trail Guide to the Delta Country*, publié par la section de La Nouvelle-Orléans du Sierra Club (☎ 225 885 8518), qui traite de randonnée, de cyclotourisme et de canoë. La section de Baton Rouge organise également des sorties (appelez le ☎ 225 766 7784 pour connaître le calendrier).

Des guides du Backpacker vous orienteront vers leurs itinéraires préférés. Le matériel nécessaire (sacs à dos, sacs de couchage, tentes de deux ou de quatre personnes) est en location, et des cartes, des kayaks et tout l'équipement utile sont en vente. Si vous souhaitez explorer les bayous en canoë, demandez au personnel les coordonnées du Bayou Haystackers Paddling Club, qui organise des sorties. Le magasin est ouvert du lundi au vendredi de 10h à 19h et le samedi de 9h à 18h.

**Canoë.** Pour observer de près la faune des marais, louez un canoë chez Alligator Bayou Tours (voir ci-dessous ; 10 $ la première heure, 5 $ les suivantes, avec pagaie, gilets de sauvetage et carte). Le bayou Alligator fait partie du Spanish Lake Basin, qui compte 50 km² de marais sauvages, lesquels renferment quantité de bayous plus petits, d'îles et de lacs. Le canoë s'y pratique toute l'année. La boutique de location se trouve dans la banlieue sud de Baton Rouge et ouvre toute l'année du lundi au vendredi de 8h à 18h, le samedi et le dimanche de 7h à 18h.

**Circuits dans les marais.** Alligator Bayou Tours (☎ 225 642 8297, 888 379 2677, gatrtour@bellsouth.com), 35019 Alligator Bayou Rd, Prairieville (à 15 minutes du centre-ville ; ne vous découragez pas en traversant la banlieue, la route mène bien au bayou et à la nature), propose des circuits de 1 heure 30 dans ces bateaux couverts à fond plat d'une capacité de 50 personnes.

Des départs sont prévus à 18h30 du mercredi au vendredi, à 10h30, 16h et 18h30 le samedi, et à 16h et 18h30 le dimanche (pour d'autres horaires, téléphonez). Prévoyez d'arriver une demi-heure à l'avance. Le tarif s'élève à 15 $ pour les adultes et 10 $ pour les enfants.

Des groupes de musiciens cajuns se produisent de temps en temps le week-end dans un kiosque. Alligator Bayou Tours prévoit d'organiser des excursions à pied sur une piste recouverte de planches dans une réserve proche.

**Baignades.** Le **Blue Bayou Water Park** (☎ 225 753 3333), Perkins Rd, à une dizaine de kilomètres au sud de la ville (sortie 166 de la I-10) permettra aux enfants (et aux parents) fatigués des visites de plantation de se délasser

Il ouvre de 10h à 18h de fin mai à début septembre. L'entrée coûte 18 $ pour les personnes mesurant plus d'1,20 m, 15 $ pour les autres.

## Manifestations annuelles

Port Allen, sur l'autre rive du fleuve, accueille un festival de blues (☎ 225 357 8518) tous les ans à la mi-avril. De nombreuses manifestations équestres se déroulent toute l'année au Farr Park (☎ 225 769 7805, 225 766 8828), 6400 River Rd, au sud de la LSU.

## Où se loger

De nombreuses chaînes d'hôtels de catégorie moyenne à supérieure sont implantées en retrait de la I-10 aux abords de College Dr (sortie 158) et d'Acadian Thruway (sortie 157B). Les moins chères sont regroupées sur le côté nord de la I-12, près de Airline Airway (Hwy 61), à 1 ou 2 km de la I-10. Certains établissements majorent leurs tarifs de 20 à 30% les week-ends d'automne lorsqu'il y a un match de football. Vous trouverez plusieurs chaînes d'hôtels sur Lobdell Hwy (sortie 151) à Port Allen, de l'autre côté du fleuve (à seulement 5 minutes du centre-ville).

**Camping.** Géré par la municipalité, le ***Greenwood Park Campground*** *(☎ 225 775 3877, 13350 Hwy 19)*, Thomas Rd (au nord du centre-ville, à côté du zoo), dispose d'emplacements pour camping-car (7 $) et tente (2 $) et d'une infrastructure convenable : eau, électricité, sanitaires et tables de pique-nique. Des courts de tennis et un lac de 15 ha – destiné à la pêche – sont aménagés dans ce parc boisé situé à proximité du golf et de l'arboretum.

A une dizaine de kilomètres à l'est du centre-ville, en retrait de la I-12, à Denham Springs, le ***Baton Rouge KOA*** *(☎ 225 664 7281, 800 562 5673, 7628 Vincent Rd)* offre un cadre paisible et arboré. Les lieux sont équipés d'une piscine, d'un terrain de sport, d'une salle de jeux et d'une boutique. Les emplacements, ombragés, disposent chacun d'une table de pique-nique. Comptez 19 $ pour une tente, 26,50 $ pour un camping-car (avec branchement électrique). Vous pouvez aussi opter pour l'un des deux petits cabins en rondins, d'une capacité de 4 personnes (35 $, sans les draps).

Si les campings les plus proches affichent complet, ou si vous vous dirigez vers le nord (St Francisville) par les petites routes, faites halte au ***Tranquility Lakes Campground & 3-D Archery Range*** *(☎ 225 777 4393)*, sur la Hwy 16, à une trentaine de kilomètres au nord de la I-12, à Dennis Mills. Il s'agit d'un camping familial aux tarifs très raisonnables, sur les rives d'un lac de 14 ha. Une piscine, une laverie automatique et des douches sont à votre disposition. Les emplacements de tente coûtent entre 14 $ et 16 $, ceux pour camping-car 17 $ (branchement électrique compris). Les cabins (4 personnes ou plus) sont équipés de la clim., d'un réfrigérateur, d'une s.d.b. et d'un barbecue (45 $). Ajoutez 10 $ pour une gazinière.

**Motels et hôtels.** Vous réaliserez des économies en choisissant le *Motel 6* (☎ *225 343 5945)*, sur Frontage Rd, à la sortie 151 de la I-10, à Port Allen (à 5 minutes du centre de Baton Rouge), qui dispose de 121 simples/doubles à 36/42 $ et d'une piscine. A la même sortie, vous trouverez *Super 8* (☎ *225 381 9134)*, qui offre des chambres à 41 $, le *Holiday Inn Express* (☎ *225 343 4821)*, le *Best Western* (☎ *225 344 3638)* et le *Ramada Inn* (☎ *225 383 7188)*.

Si vous prévoyez beaucoup d'activités près de la LSU, essayez le *Pleasant Hall* (☎ *225 387 0297, fax 225 387 3317)*, sur le campus même. Les chambres standards coûtent 45 $, les suites 65 $.

Près du centre et de l'Argosy Casino, au sud du pont de la I-10, le *Ramada Inn* (☎ *225 387 1111, 1480 Nicholson Dr)*, récemment rénové, loue ses chambres 65 $.

Les chambres et les suites du *Shoney's Inn* (☎ *225 925 8399, 9919 Gwenadele Dr)*, commodément situé à l'intersection de la sortie 2B de la I-12 et d'Airline Airway (Hwy 61/190), sont petites mais agréables (49/57 $). Un autre *Motel 6* (☎ *225 924 2130)* est installé à cette sortie (simples/doubles à 40/46 $).

Le *Comfort Inn University Center* (☎ *225 927 5790, 2445 S Acadian Thruway)*, près de la sortie 175B de la I-10, est situé non loin de la LSU et des nombreux restaurants qui jalonnent College Dr et Perkins Rd. Il est facilement accessible de la I-12 et la I-110. Jouxtant un café ouvert 24h/24, l'établissement est équipé d'une piscine et de chambres spacieuses à 70/76 $.

Entre la I-10 et Perkins Rd, juste à l'est de College Dr, le *Hawthorn Suites* (☎ *225 923 3377, 800 945 7667, 3045 Valley Creek Dr)* propose 110 chambres dotées de réfrigérateurs à 55/60 $ en semaine/le week-end. A proximité, l'*Embassy Suites* (☎ *225 924 6566, 4914 Constitution Ave)* compte parmi les meilleures adresses de la ville avec des suites comprenant deux chambres et une kitchenette. Il est équipé d'une piscine couverte avec sauna et jacuzzi. Le tarif s'élève à 129 $ (réduction le week-end), petit déjeuner compris. Des navettes relient l'hôtel à l'aéroport.

## Où se restaurer

Vous éviterez sans difficulté les chaînes de restaurants, car Baton Rouge compte un nombre incalculable d'établissements excellents.

### Centre-ville

Commodément situé au coin de Lafayette St et Florida St, *Poor Boy Lloyd's* (☎ *225 387 2271, 205 Florida St)* est réputé pour son "chicken and dumplings" (poulet servi avec des sortes de boulettes, 5 $) et pour ses po-boys (goûtez celui aux huîtres). Il ouvre en semaine de 7h à 14h.

En semaine, la *cafétéria* (☎ *225 342 0371)* située au sous-sol du capitole sert d'excellents petits déjeuners et déjeuners. Vous pouvez aussi essayer les burgers de *Pastime* (☎ *225 343 5490, 252 South Blvd)*, à l'ombre du pont de la I-10.

Très fréquenté par les personnes qui travaillent en centre-ville, *Christina's* (☎ *225 336 9512)*, à l'angle de St Charles St et de Somerulos St (près de Government St), propose des petits déjeuners (5 $) et des déjeuners (salades, po-boys et plats entre 5 et 7 $) du lundi au samedi.

**A l'est du centre-ville.** Plusieurs établissements sont regroupés sur Government St. Au *Phil's Oyster Bar* (☎ *225 924 3045, 5162 Government St)*, un bar de quartier, les employés ouvrent des douzaines d'huîtres à la chaîne, sans interrompre leur conversation. Comptez entre 8 et 10 $ pour le déjeuner ou le dîner, au bar ou dans l'un des boxes de la salle. Le jeudi soir, des musiciens de jazz et de blues viennent faire un bœuf.

L'*Arzi's Café* (☎ *225 927 2111, 5219 Government St)* est l'un des seuls restaurants de la Louisiane (en dehors de La Nouvelle-Orléans) à préparer une cuisine végétarienne exceptionnelle : falafels, baba ganoush, spanakopita et dolmas. Nous vous conseillons l'assortiment pour plusieurs personnes (18 $). Vous pouvez aussi manger de l'agneau, du bœuf ou du poulet. Les tarifs démarrent à 10 $ (déjeuner ou dîner). Une autre enseigne se trouve au nord de la LSU, sur W Chimes St.

Le *Fleur-De-Lis Cocktail Lounge* (☎ 225-924-2904, 5655 Government St) ne manque pas d'allure, avec sa façade rose et son intérieur Art déco. Ouvert depuis 1940, l'établissement est toujours à la mode et est très couru des habitants de Baton Rouge, notamment pour sa pizza romaine. Ouvert du mardi au samedi de 10h à 22h.

**Près de la LSU.** Le quartier situé au nord du campus, près du célèbre Varsity Theatre, autour de Highland Rd, regorge de bons restaurants à prix abordables. *Silver Moon* (☎ 225 755 2553), qui vient de déménager sur W Chimes St, sert d'énormes portions d'une cuisine créole divine à des tarifs dérisoires (autour de 5 $). Allez-y le vendredi pour le jambalaya, mais pas trop tard car il part très vite. Ouvert le midi du lundi au samedi.

Un *Arzi's* est installé un peu plus loin (voir ci-dessus).

Depuis 1941, les étudiants et le personnel de l'université se pressent au *Louie's Café* (☎ 225 346 8221, 209 W State St), et selon certains il s'agit du meilleur endroit ouvert 24h/24. Dans un décor de bar des années 50, goûtez les "hash browns" (pommes de terre sautées) et la savoureuse omelette aux légumes. Comptez entre 5 et 10 $.

Tout près du Varsity Theatre, *Raising Cane's* sert des beignets de poulet avec des frites, de la salade de chou, des toasts et de la sauce pour 4,50 $ (déjeuner ou dîner). Vous trouverez d'autres établissements sous la même enseigne ailleurs en ville.

D'autres restaurants sont regroupés dans le quartier au sud de la LSU. Pour prendre une boisson chaude, un beignet ou un muffin, rendez-vous à *Coffee Call* (☎ 225 925 9493, 3010 College Dr), à côté de la sortie 158 de la I-10. Il ouvre tous les jours pour le petit déjeuner et le déjeuner, ainsi que le samedi soir. En semaine, le déjeuner se compose de po-boys, de soupes et de salades.

Le *Zeeland Street Market* (☎ 225 387 4546, 2031 Perkins Rd), entre Acadian Thruway et la I-10, fait rage avec son poboy "club" à 7 $ (le plus cher de la carte). De 7h30 à 10h30, vous dégusterez également de savoureuses omelettes. Le menu comprend aussi des salades – la Zeeland Zen se compose de tendres légumes verts, de noix, de choux de Bruxelles et de bleu – ainsi que des bons vins à des prix abordables. L'établissement est ouvert de 7h30 à 19h30 en semaine.

Pour déjeuner, les végétariens peuvent se diriger vers *Our Daily Bread* (☎ 225 924 1215, 9414 Florida Blvd), entre Monterrey Dr et Cora Dr, deux rues à l'est de Cortana Mall. Du lundi au samedi de 11h à 15h, vous pourrez déguster des sandwiches aux crudités et aux légumes, des po-boys aux légumes (entre 4 et 7 $), des salades et une copieuse formule à 4 $. Le pain complet est cuit chaque jour.

Situé dans un quartier commerçant, le *Juban's Restaurant* (☎ 225 346 8422, 3739 Perkins Rd), à l'angle de S Arcadian Thruway, est probablement le meilleur établissement de la ville, spécialisé dans la nouvelle cuisine créole. Au déjeuner, la formule du jour à 10 $ offre un excellent rapport qualité/prix. Le menu du dîner comprend des grillades, des fruits de mer, de l'agneau, du veau et des volailles, entre 12 et 28 $. Prenez en entrée un gumbo raffiné (4,50 $). Le restaurant sert le midi et le soir en semaine, le soir seulement le samedi.

**Autres quartiers.** Les pizzas à pâte fine (saumon fumé et caviar, fromage de chèvre et poulet, par exemple) de la *Louisiana Pizza Kitchen* (☎ 225 763 9100), à côté du Rural Life Museum, en retrait de Essen Lane, au sud de la I-10, sont cuites au feu de bois. Comptez 8 $ environ. Goûtez aussi la savoureuse salade de pâtes à la mozzarella (autour de 9 $). Le restaurant est ouvert tous les jours midi et soir.

La pâte des pizzas de *DeAngelo's* (☎ 225 761 4465, 7955 Bluebonnet Rd) est pétrie à la main et garnie de sauce tomate maison, de fromages importés et de produits frais (8 $). La carte compte aussi des focaccia et des bruschetta fraîches, des calzones fantastiques et des salades. L'établissement ouvre le lundi de 10h à 15h, du mardi au samedi de 11h à 22h, et le dimanche de 11h à 21h. L'agglomération compte trois autres DeAngelo's : un dans le centre commercial Hammond, 9634 Airline Hwy (☎ 225 927 2762), un autre 250 W Lee Dr (☎ 225 757 3877) et un troisième 2820 E Causeway Approach (☎ 225 624 8500).

En face de Denny's Car Wash, l'*India's Restaurant* (*☎ 225 769 0600, 5230 Essen Lane*) offre dans une salle élégante (qui contraste avec le quartier environnant) de copieuses portions de plats indiens classiques et succulents, ainsi que des recettes plus originales à base de crabe, de coquilles Saint-Jacques et de homard (entre 7 et 15 $). Vous pouvez aussi choisir un buffet au déjeuner. Il ouvre tous les jours le midi et le soir.

Les amateurs de cuisine mexicaine fréquentent ***El Rio*** (*☎ 225 926 1348, 8334 Airline Hwy*), qui sert, paraît-il, les meilleures margaritas de la ville.

## Où sortir

Du mercredi au samedi, des concerts de folk et de jazz, et parfois des soirées poésie, se tiennent au ***M's Fine & Mellow Café*** (*☎ 225 387 3663, 143 N 3rd St*), près de l'ancien capitole. Vous pouvez aussi y manger des soupes, des salades, des sandwiches et des pizzas. Non loin de là, en face du Capitol House Hotel, se trouve le ***Tabby's Blues Box and Heritage Hall*** (*☎ 225 387 9715, 244 Lafayette*), qui a récemment déménagé.

Si vous faites abstraction du quartier peu accueillant, ***Phil Brady's*** (*☎ 225 927 3786, 4848 Government St*) vous ravira par la qualité de ses concerts de blues. L'âge moyen de la clientèle avoisine la quarantaine.

Au nord de Baton Rouge, ***Flava's Entertainment*** (*☎ 225 357 1500, 6046 Airline Hwy*) programme chaque soir un style de musique différent, notamment du hip-hop, du reggae, du jazz et de la soul. Goûtez les cocktails exotiques et la bière glacée, et, si la piste de danse ne vous tente pas, essayez le billard.

Au point d'embarquement des excursions de l'Alligator Bayou Tours (voir *Circuits dans les marais* ci-dessus), le ***Gator Bar***, qui date des années 40, accueille des musiciens le week-end (le dimanche est le jour le plus animé).

**Communauté homosexuelle.** *Evolution* (*☎ 225 344 9291, 2183 Highland Rd*), immense discothèque installée entre le centre-ville et la LSU, au coin de Polk St et de Highland Road (vous verrez l'auvent couleur arc-en-ciel), attire homosexuels des deux sexes et inconditionnels de la danse. Vous pourrez vous désaltérer dans l'un des deux bars. Près de l'intersection entre Airline Hwy et Florida Blvd, ***Hide-A-Way*** (*☎ 225 923 3632, 7367 Exchange Place*), qui vient de s'agrandir, a une clientèle exclusivement féminine. ***George's Place*** (*☎ 225 387 9798, 860 St Louis St*) propose des spectacles de travestis, des concerts et des soirées karaoké. La clientèle gay accueille volontiers les hétérosexuels. L'établissement se trouve en face du restaurant Pastime, dans un petit bâtiment marron sans enseigne, juste au nord du pont de la I-10.

**Près de la LSU.** Au sud-ouest du campus, le *Reilly Theatre* accueille chaque saison plusieurs pièces de sa compagnie résidante, Swine Palace Productions. Renseignements et réservations au ☎ 225 388 3527.

Lieu de tournage du film culte *Sexe, mensonges et vidéo* et des premières scènes du groupe REM, *The Bayou* (*☎ 225 346 1765, 124 W Chimes*) reste une valeur sûre. Il accueille toujours des musiciens de rock et de jazz d'excellente qualité, et dispose également de plusieurs tables de billard. Rien ne vaut cependant le ***Varsity Theatre*** (*☎ 225 383 7018, 225 383 5267, 3353 Highland Rd*), qui présente toutes sortes de manifestations (pour tous renseignements, téléphonez après 14h).

En sortant du Varsity, vous pouvez goûter l'une des 150 variétés de bières (dont 30 bières pression) proposées par ***Chimes*** (*☎ 225 383 1754, 3357 Highland Rd*). La même foule de 20/30 ans se presse aussi à **Caterie** (☎ *225 383 4178, 3617 Perkins Rd*), situé dans un centre commercial au croisement d'Acadian Thruway, pour applaudir des groupes locaux ou déguster (jusqu'à minuit) des fruits de mer, des po-boys et des sandwiches.

## Comment s'y rendre

**Avion.** L'aéroport régional de Baton Rouge (☎ 225 355 0333), 9430 Jackie Cochran Dr, est implanté au nord de la ville, à proximité de la I-10. Presque toutes les grandes compagnies américaines le desservent, mais font systématiquement transiter leurs vols par la ville de leur siège. Un aller-retour par Baton Rouge d'une autre ville des États-Unis, quelle qu'elle soit, revient à plus de 100 $.

**Bus.** Greyhound (☎ 225 383 3811, 800 231 2222), 1253 Florida Blvd, à l'angle de N 12th St, assure des services quotidiens vers Biloxi (entre 4 et 5 heures, 34 $ environ), Lafayette (1 heure, 12 $), La Nouvelle-Orléans (entre 1 heure 30 et 2 heures, 12 $), Shreveport (de 5 à 6 heures, 32 $) et d'autres villes.

La gare routière est implantée sur une grande artère bien éclairée, à 1,5 km environ du centre. Des taxis vous attendent à l'arrivée.

L'Amtrak Thruway Bus Service (☎ 800 872 7245) propose 4 liaisons quotidiennes au départ de La Nouvelle-Orléans (14 $), mais pas dans l'autre sens. Les bus s'arrêtent à la gare Greyhound.

**Voiture.** Vous pouvez effectuer les 130 km (80 miles) qui mènent à La Nouvelle-Orléans par la I-10 ou par l'ancienne route, la Hwy 61 (Airline Hwy). Venant de Slidell, la I-12 traverse la ville d'est en ouest et rejoint la I-10 à l'est du centre. La I-10 franchit le Mississippi, passe par Port Allen et mène à Lafayette (90 km, 55 miles). La I-110 longe le fleuve à l'est du centre-ville, jusqu'à la jonction avec la Hwy 61, au nord de la Southern University (direction de St Francisville et de la frontière de l'État).

## Comment circuler

**Desserte de l'aéroport.** Les taxis de Yellow Cab (☎ 225 926 6400, 800 259 2227) et de Tiger Taxi (☎ 225-921-9199) vous attendent à l'aéroport. Comptez entre 15 et 20 $ jusqu'au centre-ville.

**Bus.** La Capitol Transportation City Bus (☎ 225 389 8920 pour les renseignements généraux, ☎ 225 336 0821 pour l'information usagers) facture 1,25 $, plus 25 ¢ par correspondance. Les bus et les arrêts sont signalés par les lettres CTC en bleu. Les chauffeurs s'arrêtent également lorsqu'on leur fait signe. Vous devez faire l'appoint pour acheter votre ticket. Les bus fonctionnent tous les jours, sauf le dimanche, de 6h à 18h.

Le réseau s'organise autour du dépôt central, 2222 Florida St, où l'on peut se procurer un plan. De là, la ligne North Blvd vous emmènera dans le centre, près des capitoles et des complexes en bordure du fleuve. D'autres bus passant par ce dépôt desservent la LSU (ligne University) et la Southern University (ligne Scotlandville). Une navette spéciale relie les deux universités en 30 minutes. Elle part de la Southern à l'heure juste et de la LSU à la demie.

**Voiture.** Les grandes agences de location de voiture disposent de comptoirs à l'aéroport. En ville, vous pouvez vous adresser à l'un des bureaux d'Enterprise. L'agence située en centre-ville (☎ 225 346 5487), 641 Convention St, est pratique pour les voyageurs arrivant par le bus ou par le train. On peut venir vous chercher et vous déposer à l'endroit de votre choix.

**Taxi.** Vous devrez passer par une centrale d'appels. Pour une course dans Baton Rouge, contactez Yellow Cab (☎ 225 926 3260). Il faut compter 1,95 $ de prise en charge et 1,40 $ par mile (1,6 km) parcouru.

## DE BATON ROUGE AU PAYS CAJUN

A l'ouest de Baton Rouge coule la rivière Atchafalaya, l'un des affluents majeurs du Mississippi. Elle est entourée du bassin de l'Atchafalaya, le plus grand marécage d'eau douce du pays, qui forme la limite est du pays cajun. La I-10 enjambe le marais depuis 1973, reliant ainsi Baton Rouge et La Nouvelle-Orléans à une région auparavant isolée sur le plan matériel et culturel.

La I-10 vous mènera à Lafayette en une heure environ. Si vous voulez contempler le marais de plus près, vous pouvez vous promener à pied sur la digue ou faire une excursion en bateau (voir le chapitre *Pays cajun*).

Si vous allez à Lafayette par la I-10 ou à Opelousas par la Hwy 190, ne manquez pas le ***Joe's Dreyfus Store Restaurant*** (☎ *225 637 2625*), sur la Hwy 77 au sud de Livonia, à une vingtaine de kilomètres au nord de la I-10. Ce magasin, qui a ouvert peu après la guerre de Sécession, abrite désormais un restaurant célèbre dans toute la Louisiane. Goûtez le gumbo à la dinde et à l'andouille (4,50 $), le poulet frit (6 $), les écrevisses à l'étouffée (13 $), les cailles farcies (7,50 $) ou les steaks (15 $). Déjeuners et dîners sont servis du mardi midi au dimanche midi.

Si vous ne souhaitez pas reprendre la route après le dîner, vous pouvez passer la nuit à la ***Dreyfus House*** (☎ *225 637 2094, 888 757 3120, 2741 Maringouin Rd West*) à Livonia. Cette maison victorienne de 1850 est équipée de 4 suites, toutes avec s.d.b. Comptez entre 65 et 85 $ en B&B. A Krotz Springs, à une vingtaine de kilomètres à l'ouest de Livonia, le long de la Hwy 190, la ***Country Store B&B Inn*** (☎ *337 566 3501, 888 900 6090, 204 Main St*) propose 4 chambres de 45 à 75 $, installées au-dessus d'un magasin.

## DE BATON ROUGE AU MISSISSIPPI

Les terres se font plus élevées au nord de Baton Rouge, et l'on commence à voir du bétail et des chevaux paître dans les prés. L'architecture et la culture changent également, plus proches désormais du Mississippi anglo-saxon que de la culture cajun et créole du sud. Exploitant les multiples ravins de la région, les confédérés parvinrent à conserver un certain temps le contrôle du fleuve pendant la guerre de Sécession. Les rives du Mississippi attirent une incroyable diversité d'oiseaux qui ont fasciné l'artiste John James Audubon lors de ses différents séjours.

## Port Hudson State Commemorative Area

Durant l'été 1863, les armées de l'Union et de la Confédération s'affrontèrent pendant 48 jours afin de s'assurer le contrôle du Mississippi. Les troupes de l'Union comptaient les Louisiana Native Guards, premier bataillon de soldats afro-américains à participer à une bataille. A l'issue de ce siège, le plus long de l'histoire américaine, Port Hudson tomba finalement aux mains de l'Union. Les confédérés dénombrèrent 6 800 victimes, les unionistes 30 000.

Le complexe comprend un musée, des expositions extérieures, des aires de pique-nique et une dizaine de kilomètres de sentiers qui relient à travers bois les endroits où furent installés les ouvrages de terre et les différentes pièces d'artillerie.

Ces chemins sont parfaits pour l'observation des oiseaux. Le parc (☎ 225 654 3775), 756 W Plains-Port Hudson Rd (à côté de la Hwy 61), se trouve à une vingtaine de kilomètres au sud-est de St Francisville, juste au nord de Port Hudson. Il se visite tous les jours de 9h à 17h (2 $ pour les adultes, gratuit pour les seniors et les enfants).

## ST FRANCISVILLE
• 1 700 habitants

La ville doit son nom à saint Francis, patron des moines capucins qui, au début du XVIII$^e$ siècle, choisirent de s'établir dans cette zone accidentée plutôt que de l'autre côté du fleuve, dans l'actuelle paroisse de Pointe Coupee. Suite à l'afflux des loyalistes britanniques qui fuyaient le Nord pendant la guerre d'Indépendance, de nombreuses plantations surgirent autour de la ville à la fin du XVIII$^e$ siècle.

La ville s'enorgueillit d'avoir accueilli John James Audubon, qui résida quelques mois à Oakley Plantation et revint très souvent dans la ville pour y dessiner ses oiseaux. Entreprise au début des années 70, la restauration de la ville se poursuit grâce aux efforts de la société historique locale, qui recueille des fonds en organisant tous

## Région des plantations – St Francisville

les ans l'Audubon Pilgrimage (voir *Manifestations annuelles* ci-dessous).

Avec ses boutiques d'antiquités et de cadeaux, ses restaurants et ses B&B cossus installés dans des demeures anciennes, cette petite ville charmante, toute proche des plantations de Rosedown et d'Oakley, peut faire l'objet d'une excursion d'une journée au départ de Baton Rouge ou constituer un lieu agréable pour passer la nuit. Le ferry fournit un accès pratique au pays cajun vers l'ouest.

**Orientation et renseignements.** St Francisville est implantée à une quarantaine de kilomètres au nord de Baton Rouge, sur la Hwy 61. Vous arrivez par le sud-est de la ville, après avoir dépassé la Hwy 965, qui rejoint Oakley Plantation (Audubon State Commemorative Area). La Hwy 61 traverse la ville en direction de la frontière de l'État. La Hwy 10 traverse le centre en diagonale, menant d'une part à Rosedown Plantation (nord-est), d'autre part au quartier historique de St Francisville et au ferry (sud-est).

Plusieurs B&B et restaurants sont répartis dans la ville, qui n'est pas desservie par les transports publics.

La West Feliciana Parish Tourist Commission (☎ 225 635 6330), 11757 Ferdinand St, St Francisville, LA 70775, ouvre du lundi au samedi de 9h à 17h, et le dimanche de 9h30 à 17h. Vous pouvez consulter son site sur www.n-sf.net. Elle abrite la West Feliciana Historical Society ainsi qu'un petit musée. Le West Feliciana Parish Hospital (☎ 225 635 3811) se trouve sur Commerce St à l'ouest de la Hwy 61. La bibliothèque Audubon Regional Library (☎ 225 635 3364), sur Ferdinand St, propose un accès Internet.

### Quartier historique

La plupart des demeures historiques se concentrent sur Ferdinand St (Hwy 10, qui descend vers les quais et le ferry) et Royal St, ainsi que sur les rues perpendiculaires, Johnson St, Prosperity St et Fidelity St. La société historique distribue une brochure sur laquelle figure un itinéraire de découverte à pied (les numéros sur la brochure correspondent à ceux indiqués sur les plaques des maisons).

### Oakley Plantation (Audubon State Commemorative Area)

En 1821, James Pirrie, propriétaire d'Oakley, fit venir John James Audubon pour enseigner la peinture à sa fille. S'il n'exerça sa fonction de précepteur que quatre mois, Audubon mit à profit son séjour dans la plantation pour peindre avec son assistant 32 espèces d'oiseaux qui peuplaient les 40 ha de bois environnants, et revint à de multiples reprises pour poursuivre son œuvre. Une visite guidée de la demeure de 1806 d'inspiration antillaise s'effectue toutes les demi-heures (la dernière part à 16h). Vous pouvez ensuite faire le tour du domaine, qui comprend un superbe jardin potager, deux cases d'esclaves, une cuisine en activité et une grange. Il est possible de pique-niquer ou de suivre à travers les bois le Cardinal Trail, qui vous permettra d'observer les oiseaux. Située sur la Hwy 965, Oakley Plantation (☎ 225 635 3739, 888 677 2838), reçoit les visiteurs tous les jours de 9h à 17h. L'entrée coûte 2 $ seulement (gratuite pour les seniors et les enfants).

**Autres curiosités et activités.** On accède à **Rosedown Plantation** (☎ 225 635 3332), 12501 Hwy 10, par une large allée couverte par la frondaison de grands chênes. La demeure de 1832 a conservé la plupart de son mobilier d'origine, acquis au milieu du XIX$^e$ siècle par les premiers propriétaires, les planteurs Martha et Daniel Turnbull. On ne peut voir ces meubles que derrière des vitrines de Plexiglas installées dans des pièces impeccablement restaurées, tout en écoutant un commentaire enregistré. La visite coûte néanmoins 10 $ et Rosedown constitue une halte incontournable sur les circuits organisés.

Accessible par la Hwy 965, très jolie route, la **Mary Ann Brown Nature Preserve** (☎ 225 338 1040), à quelques kilomètres à l'ouest d'Oakley Plantation, est dotée de plusieurs kilomètres de sentiers, d'un étang avec une plate-forme d'observation et d'aires de pique-nique.

La centaine d'hectares de terrain vallonné, le lac et les jardins contenant 2 000 azalées qui forment le domaine privé de **Hemingbough** (☎ 225 635 6617) se visitent gratuitement. Arlin Dease, le propriétaire, a créé l'ensemble pour favoriser la méditation, la contemplation de la nature et l'échange d'idées. A l'été 2001 ouvrira un musée de 1 800 m$^2$ dans lequel seront exposées les 437 peintures d'Audubon formant la série des *Birds of America*. Le domaine accueille également l'orchestre du Baton Rouge Symphony (☎ 225 927 2776) en mai et juin, et propose des chambres en B&B (voir ci-dessous *Où se loger*). Hemingbough se trouve sur la Hwy 965 à l'ouest de la Hwy 61, juste au sud de St Francisville.

La demeure de style gothique **Afton Villa** (sur la Hwy 61, à 6 km de la ville environ) a brûlé en 1963, mais l'on peut toujours se promener dans les ruines et les jardins de la propriété (☎ 225 635 6330) tous les jours à l'automne et au printemps (5 $).

**Activités de plein air.** Le printemps et l'automne sont les meilleures périodes pour l'**observation des oiseaux**, mais on peut en voir des centaines d'espèces (oiseaux chanteurs et oiseaux aquatiques) toute l'année. Procurez-vous à l'office du tourisme la liste éditée par le Department of Culture, Recreation and Tourism (☎ 225 342 8111), qui recense les espèces d'Oakley Plantation, de Port Hudson et de Tunica Hills. Le naturaliste et peintre Murrell Butler (☎ 225 635 6214) organise des sorties d'observation dans une forêt de 140 ha.

Les amateurs de **randonnée à bicyclette** apprécieront les collines et les routes paisibles et ombragées des environs de St Francisville, où s'est d'ailleurs déjà tenu le championnat de cyclisme de l'État.

Le Baton Rouge Bicycle Club propose un circuit, le Audubon Ramble, au départ de l'Audubon State Commemorative Area, et un autre qui traverse la paroisse de l'East Feliciana à partir de Jackson. Vous pouvez vous procurer les itinéraires chez Backpacker à Baton Rouge et parfois à l'office du tourisme de St Francisville, ou dans le *Trail Guide to the Delta Country* du Sierra Club. On ne peut pas louer de bicyclette à St Francisville.

Cross Creek Stables (☎ 225 655 4233, après 17h) organise des **randonnées à cheval**.

**Manifestations annuelles.** Des guides en costume d'époque font visiter plantations, maisons, églises et jardins historiques le troisième week-end de mars, à l'occasion de l'Audubon Pilgrimage (☎ 225 635 6330). Le billet coûte 20 $ (versés au bénéfice de la société historique). La prison Angola organise de célèbres rodéos tous les week-ends d'octobre (voir *Prison Angola* ci-dessous).

## Où se loger

Doté de l'eau et de l'électricité, le camping ***Green Acres Campground*** *(☎ 225 635 4903, 11907 Hwy 965)* dispose de quelques emplacements pour tente près de l'étang (13 $) et de 47 autres pour les camping-cars (15 $). Vous pourrez profiter d'une grande piscine et préparer vos repas au barbecue ou dans la cuisine. Les sanitaires sont propres, et vous trouverez une laverie automatique et une boutique.

Dans le centre, ***3V Tourist Court*** *(☎ 225 635 3120, 877 313 5540)*, à l'angle de Ferdinand St et de Commerce St, a abrité le premier club automobile du Vieux Sud. Construit dans les années 20, cet établissement chargé d'histoire est un peu délabré. Les petits cabins avec kitchenettes sont facturés entre 50 et 65 $ (75 $ pour 4 personnes et plus). Ils sont très différents les uns des autres, demandez à voir avant de payer.

Un peu en retrait du croisement entre la Hwy 61 et la Hwy 10, le ***Best Western St Francis Hotel on the Lake*** *(☎ 225 635 3821, 800 826 9931 de Louisiane, ☎ 800 528 1234 hors de Louisiane)*, fraîchement rénové, ne manque pas de charme. Dans un cadre boisé au bord d'un lac, il possède 96 chambres et une piscine. Les tarifs s'élèvent entre 65 et 75 $ en double.

St Francisville regorge de demeures historiques proposant des chambres. Les prix s'échelonnent entre 65 et 195 $. Pour réserver par correspondance, utilisez le code postal de St Francisville : LA 70775.

Installée dans une demeure victorienne des années 1880 située à côté d'un petit parc, la *St Francisville Inn (☎ 225 635 6502, 800 488 6502)*, PO Drawer 1369, à l'angle de Commerce St et de Ferdinand St, se trouve à proximité du quartier historique, des boutiques et des restaurants. Ses 10 chambres confortables, qui donnent sur une cour et une piscine, sont facturées entre 55 et 75 $ (petit déjeuner buffet compris).

Au sud de la ville sur la Hwy 965, *Hemingbough (☎ 225 635 6617, fax 225 635 3800)*, PO Box 1640, juste à côté de la Hwy 61, est un véritable havre de paix. Le B&B comprend 8 chambres (dont 2 suites) meublées d'antiquités et avec s.d.b. à 90/110 $, petit déjeuner continental compris. Le parc offre un calme reconstituant (voir ci-dessus *Autres curiosités et activités*).

Les 7 agréables cottages équipés de cuisine de *Butler Greenwood (☎ 225 635 6312, ButlerGree@aol.com, 8345 Hwy 61)* sont répartis autour d'un petit lac dans un domaine ombragé de chênes. Ils coûtent entre 100 et 110 $ (1 ou 2 personnes pour 1 chambre) et 160 $ (4 personnes pour 2 chambres). Le tarif comprend l'accès à la piscine, la visite de la demeure du propriétaire (qui appartient à la même famille depuis 1810) et le petit déjeuner continental.

A 6 ou 7 km au nord de St Francisville, la *Green Springs Inn (☎ 225 635 4232, 800 457 4978, 7463 Tunica Trace/Hwy 66)* occupe une belle maison dans un paisible domaine de 60 ha. Les chambres, spacieuses, sont dotées de grands lits. Les simples/doubles du premier étage coûtent entre 95 et 105 $, petit déjeuner traditionnel compris. Il existe également 6 cottages divisés en deux, tous équipés d'une kitchenette et d'une terrasse en bois donnant sur la forêt, pour 175 $.

### Où se restaurer

Si les restaurants sont nombreux à St Francisville, ils ne se distinguent pas particulièrement par leur qualité. La *St Francisville Inn* dresse un buffet pour le petit déjeuner de 7h à 9h. Très fréquenté, le *Magnolia Cafe (☎ 225 635 6528, 5687 E Commerce St)* prépare d'excellents plats – salades, pizzas, po-boys et spécialités mexicaines – pour 4 à 10 $ (ouvert le midi et le soir du mercredi au samedi, et le dimanche de 11h à 16h). Un peu plus loin, le *Sammy's Grill (☎ 225 635 9755)* propose des po-boys (6 $), des sandwiches variés (de 4 à 8 $) et des fruits de mer (8 $ au déjeuner, 12 $ au dîner), ainsi qu'un brunch le dimanche.

Juste au sud de la ville, sur la Hwy 61, le *Road Side Bar-B-Q (☎ 225 635 9696)* affiche une carte bon marché – barbecue, poisson-chat et steaks. L'établissement est ouvert le midi du lundi au mercredi, le midi et le soir le reste de la semaine (fermeture le dimanche à 17h).

Nouvellement installé, l'élégant *Keane's Carriagehouse*, à Myrtles Plantation *(☎ 225 635 6276, 7747 Hwy 61)*, prépare des plats raffinés comme un magret de canard braisé, un osso bucco et un filet mignon, et présente une carte des vins bien fournie. Comptez entre 18 et 21 $. Elle ouvre le soir du mercredi au samedi, et le dimanche pour le brunch.

## Tunica Hills Wildlife Management Area

Couvrant près de 14 km$^2$ de montagnes escarpées, de crêtes et d'épaisses forêts mêlant différentes essences de feuillus, la Tunica Hills Wildlife Management Area est le cadre idéal pour observer oiseaux et animaux sauvages ou pratiquer la randonnée (à condition d'être prêt à affronter des pentes raides). Vous pourrez admirer les cascades de la Clark Creek Natural Area. En février et en mars, vous bénéficierez de la fraîcheur et des premières fleurs. Comme dans la majorité des réserves naturelles, faites attention aux serpents. La chasse étant autorisée, nous vous conseillons de prévenir un responsable au préalable et de vous procurer une carte de la région.

Tunica Hills (☎ 225 765 2360) se situe derrière la Hwy 66, à Tunica. Empruntez la Hwy 61 au nord de St Francisville, roulez sur environ 5 km, puis bifurquez vers l'ouest sur la Hwy 66. Tournez à gauche peu après l'épicerie Exxon Country Grocery, 27 km (17 miles) plus loin. La route, goudronnée au départ, est ensuite recouverte de graviers.

La West Feliciana Parish Tourist Commission de St Francisville (voir *Orientation et renseignements* ci-dessus) distribue des cartes gratuites, de même que le Backpacker de Baton Rouge.

## Prison Angola

Depuis sa création à la fin du XIX$^e$ siècle, le pénitencier de Louisiane traîne une déplorable réputation. Mauvaises conditions de détention et brutalités ont conduit le gouvernement fédéral à le placer sous surveillance entre le début des années 70 et 1999. Bordé sur trois côtés par le Mississippi et sur le quatrième par les Tunica Hills, Angola, centre de haute sécurité très isolé, compte aujourd'hui 5 100 prisonniers, dont la plupart travaillent sur les quelque 7 000 ha de terre fertile environnante. Après avoir côtoyé des détenus du couloir de la mort d'Angola, la religieuse Helen Prejan a publié *La Dernière Marche*, et plusieurs scènes du film qui en a été tiré ont été tournées au pénitencier même. Des détenus journalistes publient le magazine *The Angolite*, qui a été récompensé. Le bluesman Leadbelly et le chanteur pop Freddy Fender figurent parmi les anciens prisonniers célèbres.

Juste devant l'entrée principale, le **Louisiana State Penitentiary Museum** (☎ 225 655 2592), qui vient de s'agrandir, retrace l'histoire de la prison plutôt du point de vue de l'administration pénitentiaire que de celui des détenus. Des photos et des articles évoquent les pénibles conditions de détention dans le passé, mais les années récentes (qui ont conduit à la mise sous surveillance de l'établissement) sont passées sous silence. Un mur est consacré à l'histoire de la peine de mort en Louisiane, et l'on peut voir dans la salle suivante une ancienne chaise électrique et des photos de prisonniers exécutés. Toute l'ingéniosité des personnes incarcérées apparaît dans les armes – confisquées – qu'ils ont fabriquées sur place, tandis qu'ailleurs des objets d'art créés par des détenus côtoient des photos de membres du personnel tués dans l'exercice de leurs fonctions. Un film vidéo revient sur quelques moments marquants du rodéo annuel. Le musée se visite du lundi au vendredi de 8h à 16h30, le samedi de 9h à 17h et le dimanche de 13h à 17h. Les contributions financières sont les bienvenues.

Un festival d'artisanat (☎ 225 655 2001) se tient dans la prison début mai. Depuis plus de 35 ans, un rodéo de prisonniers (☎ 225 655 4411) est organisé tous les dimanches d'octobre. Quelque 5 000 spectateurs viennent voir ces cow-boys amateurs concourir pour décrocher la boucle de ceinture remise au champion. Les recettes sont versées à un fonds de sécurité sociale pour les détenus.

# Pays cajun

Regroupant 22 paroisses du sud de la Louisiane, le pays cajun, ou "Acadiana" selon sa désignation officielle, forme un triangle s'étendant du delta du Mississippi et des marais du sud de La Nouvelle-Orléans aux plateaux situés au-dessus de Ville Platte et à la frontière texane, à l'ouest de Lake Charles. Il abrite la minorité francophone la plus importante des États-Unis et doit son nom aux colons français qui, rejetés d'Acadie (l'actuelle Nova Scotia, ou Nouvelle-Écosse) par les Britanniques en 1755, trouvèrent refuge dans cette région de bayous près de dix ans plus tard.

Le pays cajun se divise en trois grandes régions organisées autour de Lafayette, "capitale" de la Louisiane francophone. Au sud de celle-ci, un enchevêtrement de marais et de bayous forme un arc qui s'étend vers l'est au-dessous de La Nouvelle-Orléans. C'est là que s'établirent les premiers Cajuns. Au nord-ouest de Lafayette se déploie la prairie cajun, région de ranchs et de terres vouées à la riziculture et à l'astaciculture (élevage d'écrevisses), où s'implantèrent des Acadiens et des Créoles. C'est aujourd'hui le centre le plus actif dans le domaine de la création musicale cajun et zydeco. Le sud-ouest de Lafayette est occupé par la côte cajun, une zone rocailleuse et isolée en bordure du golfe du Mexique. Traversée par deux routes migratoires, la Mississippi Flyway et la Central Flyway, elle constitue un endroit privilégié pour l'observation des oiseaux.

L'attrait principal du pays cajun réside davantage dans son environnement et ses habitants que dans des sites particuliers. C'est en observant – en bateau si possible – les paysages luxuriants et la faune qui les habite, puis en goûtant à la joie de vivre que les Cajuns expriment dans la cuisine, la danse et la musique, que vous apprécierez le mieux la région. Vous retrouverez ces trois ingrédients dans les fêtes célébrées en pays cajun à la première occasion.

### A ne pas manquer

- Les bayous, les cheniers, les marais et les marécages
- Les spécialités cajuns et créoles, notamment les écrevisses et le poisson-chat, le boudin, l'andouille et le fromage de tête, le jambalaya et le *red beans and rice*...
- Les clubs, restaurants et salles de bal, qui sont autant de lieux où s'initier au rythme entraînant des musiques cajun et zydeco
- L'animation et le public des festivals, petits et grands

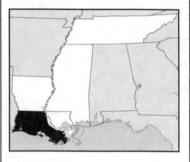

Après l'extraction et le raffinage du pétrole, le tourisme constitue la deuxième source de revenus de nombreuses villes. La région met donc un point d'honneur à bien accueillir ses visiteurs. De multiples festivals se déroulent chaque week-end (sauf en janvier et durant les mois chauds d'été), parmi lesquels certains méritent à eux seuls le déplacement.

A l'exception de Lafayette, peu de villes proposent un grand choix d'hébergements, en particulier dans la catégorie petits budgets. Il est donc sage de réserver si vous vous rendez dans une ville où se déroule un

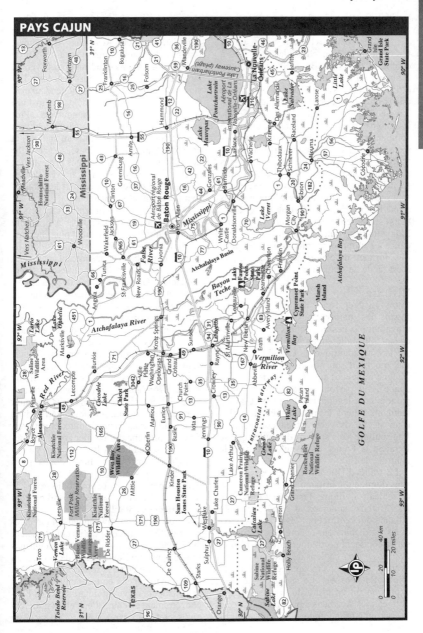

festival, ou tout simplement si vous prévoyez d'arriver tard.

Le plus court chemin pour rallier Lafayette de La Nouvelle-Orléans consiste à emprunter la I-10 *via* Baton Rouge (205 km, 2 heures 30 de route) ou la I-49/Hwy 90 (265 km, 3 heures). Cela dit, vous profiterez mieux du paysage en évitant les autoroutes. Les fleurs sauvages, les oiseaux aquatiques, les cabins cajuns et les bateaux de pêche compenseront largement le temps supplémentaire passé et les détours que vous ferez. Surtout, munissez-vous de toutes les cartes nécessaires : au sud et à l'ouest de Lafayette, les petites routes suivent le cours de l'eau et sont souvent mal signalisées. Même pourvus d'une bonne carte, les touristes (et les habitants) se perdent fréquemment. Au nord de Lafayette, les routes ont en revanche tendance à s'étirer tout droit à travers les prairies, formant un plan quadrillé dans lequel il est facile de se repérer.

## Histoire

Entre 1632 et 1654, des colons français fuyant les persécutions religieuses qui n'avaient pas cessées depuis le siècle précédant, s'installèrent en Acadie (La Cadie), sur la côte atlantique du Canada. La colonie, qui tirait son nom d'un mot micmac (langue indienne) signifiant "terre d'abondance", fut parfois associée à l'Arcadie, paradis grec légendaire. La plupart de ses habitants étaient des paysans. Pendant plus d'un siècle, ils vécurent paisiblement de l'agriculture sans souffrir des luttes que se livraient la France et l'Angleterre pour le contrôle de l'île.

Le traité d'Utrecht, qui fit passer l'île sous domination britannique en 1713, brisa ce tableau idyllique. Trente ans plus tard, les Anglais, soucieux d'empêcher toute alliance qui renforcerait les Français, auxquels ils disputaient encore des territoires sur le continent nord-américain, décidèrent de chasser les Acadiens de cette terre qu'ils avaient entre-temps rebaptisée Nova Scotia (Nouvelle-Écosse). Le prétexte à leur expulsion fut un ordre du gouverneur qui obligeait les Acadiens à prêter allégeance à la couronne britannique et à l'Église anglicane. Face à leur refus de se soumettre, leur déportation commença en 1755. Bannis de leur île, 10 000 Acadiens – hommes, femmes et enfants – furent entassés sur de frêles embarcations que l'on poussa vers le large. La moitié périrent sur les océans. Les survivants, dispersés, vécurent pendant près de trente ans ce qui est resté dans l'histoire sous le nom de "Grand Dérangement". Plusieurs milliers d'entre eux se dirigèrent vers les colonies implantées plus au sud, sur la côte atlantique. Guère préparées à accueillir des réfugiés, les communautés protestantes virent d'un mauvais œil l'arrivée de ces paysans catholiques. La plupart les chassèrent purement et simplement.

D'autres Acadiens mirent le cap vers la France, où ils ne tardèrent pas à se rendre compte qu'ils ne s'y sentaient plus chez eux (constatant les mauvais traitements dont ils avaient fait l'objet et s'insurgeant contre leur expulsion, les autorités françaises accusèrent toutefois la Grande-Bretagne de génocide).

Nombreux furent alors ceux qui tournèrent leurs espoirs vers la Louisiane, colonie française solidement établie. Entre 1765 et 1785, les communautés acadiennes dispersées dans les colonies américaines, en Nouvelle-Écosse, aux Antilles et même en France, commencèrent à s'établir en Louisiane.

Les Espagnols, maîtres de la colonie depuis 1768, leur réservèrent un relatif bon accueil. Les Créoles, riches et citadins pour la plupart, se réjouirent moins de l'arrivée de ces nouveaux venus, ruraux et pauvres. Selon le principe du "dernier arrivé, dernier servi", les Acadiens (devenus sous ce climat Cadiens ou Cajuns) furent donc dirigés vers les terres marécageuses du delta du Mississippi, sur le bayou Lafourche, le bayou Teche et le bayou Vermilion (qui passe maintenant à Lafayette).

Confrontés à un environnement radicalement différent de celui qu'ils connaissaient au Canada, les Acadiens n'en avaient pas moins conservé l'expérience de la création d'une colonie et de la transformation d'un milieu marécageux en terre cultivable. Les Indiens leurs servirent de guides dans l'enchevêtrement de cours d'eau et les initièrent aux secrets de l'écrevisse, produit sacré du bayou très présent dans la mythologie et la cuisine chitimacha. Les colons tirèrent profit de ces leçons mais, porteurs de la variole et d'autres maladies, ils contribuèrent à la destruction de la population indienne commencée auparavant par les explorateurs et les missionnaires. Des historiens évaluent à 15 000 le nombre d'Indiens en Louisiane au début du XVIII$^e$ siècle. Dans les années 50, un recensement fit état de 490 âmes...

Une génération suffit aux Cajuns pour reconstituer une solide communauté. Très rapidement, leur culture, dominante dans le sud de la Louisiane, assimila les autres groupes ethniques : Créoles français, Espagnols, Allemands, Anglo-Américains et Afro-Haïtiens adoptèrent les traditions et la langue acadiennes. Les noms acadiens sont révélateurs de cette diversité : à côté des patronymes français, on croise des Soirez, des Castille, des Farris, des Reed, des McCauley, des O'Connor ou des Israel.

L'assimilation des Cajuns n'était cependant pas encore totale, comme allait le prouver le regain de nationalisme qui accompagna la Première Guerre mondiale. En 1916, les autorités de l'État en matière d'éducation prohibèrent l'usage du français dans les établissements scolaires, sous peine de sanctions. Les quarante années qui suivirent devaient rester dans l'histoire sous le nom d'"Heure de la honte".

Il faudra attendre 1955, année du bicentenaire de l'expulsion des Acadiens, pour qu'une nouvelle politique voit le jour sous l'impulsion du politicien louisianais Dudley Le Blanc. Le Codofil fut créé quatre ans plus tard dans le but de favoriser le renouveau de la francophonie en Louisiane. Loin de se cantonner au domaine éducatif, cet organisme organisa également des festivals visant à faire connaître la musique cajun, notamment le Tribute to Cajun Music de 1974 à Lafayette. Dans le même temps, le zydeco, popularisé par Clifton Chenier dans les années 70, commença à franchir les frontières du pays cajun.

L'afflux de touristes et la croissance de l'industrie pétrolière accentuèrent les pressions sur la culture régionale. Après la découverte d'un gisement en 1901, on creusa en 1947 un premier puits pétrolier destiné à l'exploitation commerciale. Les compagnies pétrolières tracèrent des canaux à travers les marais et les marécages et construisirent des raffineries. Dans les années 70, la main-d'œuvre arrivée de tout le pays avec le boom pétrolier réimplanta une bonne quantité de culture purement américaine en pays cajun. L'environnement souffrait dans le même temps des infrastructures édifiées à la va-vite, et peu d'habitants tirèrent profit des bénéfices du pétrole.

Depuis la fin des années 80, la musique et la cuisine cajuns connaissent une vogue qui attire dans la région de nombreux visiteurs. Il viennent goûter les écrevisses, jadis dédaignées comme "langoustes du pauvre", entendre cette langue longtemps interdite et vibrer au son des accordéons que les jeunes, autrefois, avaient honte de voir entre les mains de leurs pères. Les porte-parole de cette culture populaire longtemps bafouée ont aujourd'hui gagné le respect et acquis une renommée internationale.

Le récent engouement pour la culture cajun comporte cependant un danger : la commercialisation à outrance de cette culture qui a lutté pendant des siècles pour sa préservation risque en effet, selon certains, de la rendre méconnaissable.

## Comment circuler

A moins de louer un bateau pendant plusieurs semaines, une voiture s'avère indispensable.

**Bus.** Greyhound (☎ 800 231 2222) dispose de bureaux à Lafayette et à Lake Charles. Le compagnie est également implantée à Eunice, Houma, Opelousas, Thibodaux, Ville Platte, New Iberia et Schriever (ces deux dernières sont également desservies par les trains Amtrak). Les bus Greyhound s'arrêtent enfin dans des bourgades telles que Crowley, Morgan City et Lawtell.

**Train.** Le *Sunset Limited* d'Amtrak, qui relie Los Angeles (Californie) à Jacksonville (Floride), effectue plusieurs arrêts en pays cajun de part et d'autre de La Nouvelle-Orléans. Le train suit à peu près la Hwy 90 et s'arrête à Lake Charles, à

Lafayette (centre-ville), à New Iberia (la gare, plutôt accueillante, se trouve dans un quartier urbain à une courte distance du centre en voiture, mais trop éloignée à pied si vous êtes chargé) et à Schriever (également desservie par Greyhound), bourgade isolée à 4 miles (6,5 km) au sud de Thibodaux. Les gares n'offrent généralement qu'une salle d'attente et une cabine téléphonique, mais des taxis vous attendent à l'arrivée. Les trains circulent un jour sur deux. Pour obtenir les horaires, composez le ☎ 800 872 7255.

**Voiture.** Malgré les courtes distances entre la plupart des villes, vous mettrez une demi-journée pour aller d'un bout à l'autre du pays cajun si vous empruntez les autoroutes, et au moins une journée si vous utilisez les petites routes. Souvent sans bas-côté, étroites et sinueuses, ces dernières peuvent être en mauvais état, bien que beaucoup d'entre elles aient été récemment goudronnées.

Votre sens de l'orientation sera mis à rude épreuve dans les zones marécageuses, lorsque vous suivrez une route qui tourne sans arrêt et traverse sans cesse les voies d'eau. Munissez-vous de bonnes cartes avant votre départ. Celles que fournissent les offices du tourisme des paroisses se révéleront particulièrement utiles.

La mauvaise signalisation vous contraindra à redoubler de prudence au volant. Les carrefours et les sorties sont souvent annoncés au dernier moment. Regardez bien autour de vous avant d'écraser la pédale de frein pour bifurquer ou franchir un croisement. De nombreuses villes sont dépourvues de panneaux signalant le nom de la rue sur laquelle vous circulez. Bien que les organismes et les commerces donnent leur adresse en anglais, les panneaux indiquent souvent le nom en français en gros caractères au-dessus du nom anglais en tout petit. Pour compliquer le tout, la plupart des *highways* possèdent un nom et un numéro spécifiques dans chaque zone (prenez les deux lorsque vous notez une adresse).

Les conducteurs de la région semblent toujours pressés et vous doubleront immanquablement (que le dépassement soit autorisé ou pas) si vous respectez la limitation de vitesse. Ils ont tendance aussi à "se coller" derrière vous, même lorsqu'ils n'ont pas l'intention de doubler, et ce, sans animosité aucune.

Enfin, durant les mois les plus chauds de la saison des écrevisses (à peu près d'avril à juin), celles-ci traversent souvent les routes à la recherche de conditions plus clémentes. Les automobilistes ne peuvent les éviter, et les routes deviennent vite glissantes lorsqu'elles sont recouvertes de carapaces de crustacés écrasées.

**Bicyclette.** Les cyclistes devront emporter leur propre matériel ou l'acheter sur place. Le terrain est généralement plat. Les bas-côtés sont par ailleurs souvent inexistants, ou très réduits. Il y a dans l'ensemble peu de circulation sur les petites routes. Les cyclistes se préoccuperont essentiellement de l'orientation et des conditions météo. En été, les tempêtes et la chaleur en décourageront plus d'un.

Cajun Cyclists, un club de cyclisme de Lafayette, propose de nombreuses sorties toutes les semaines, la plupart au départ de Lafayette. Le samedi, une excursion part en principe de chez Pack & Paddle à 8h, lorsque les conditions météorologiques le permettent. Vous pouvez obtenir des informations sur les possibilités de cyclotourisme dans la région en consultant le site du club : www.cajuncyclists.org.

French Louisiana Bike Tours (☎ 504 488 9844, 800 346 7989, info@flbt.com) organise au printemps et à l'automne des circuits dans le pays cajun sur le thème de la culture et de la cuisine, menés par des guides compétents. Une randonnée de 5 jours, centrée sur la cuisine et la musique, passe par Breaux Bridge, Washington, Mamou, Eunice, Chretien Point et Grant Couteau (995 $, hôtels et la plupart des repas compris). Réalisé en 7 jours, le circuit Cajun Experience ajoute à ces villes Lafayette, St Martinville et le Lake Fausse Pointe State Park (1 295 $). Comptez 109 $ supplémentaires pour la location de la bicyclette. Ces circuits sont prévus pour un rythme quotidien compris entre 50 et 80 km. Pour tous renseignements, consultez le site www.flbt.com.

# Bayous, marais et marécages

Le cœur des marais cajuns s'étend de Grand Isle (au sud de La Nouvelle-Orléans) au bassin de l'Atchafalaya (à l'ouest du Mississippi) et à la côte (au sud d'Abbeville). Les terres alluviales, couvertes d'une végétation luxuriante extrêmement dense, sont parcourues par un inextricable réseau de marais, de bayous et de lacs. Ralliant Los Angeles à St Augustine, les explorateurs et les missionnaires espagnols empruntèrent l'Old Spanish Trail qui traverse ces marécages. De nos jours, la I-49 (Hwy 90) suit à peu près ce parcours.

Les premiers Acadiens s'étant principalement établis le long des bayous Lafourche et Teche, la région est riche en sites historiques. Le bayou Lafourche part du Mississippi à Donaldsonville et se jette dans l'océan près de Grand Isle. La Hwy 1 suit son cours, passant par de minuscules bourgs et par Thibodaux. La rivière Atchafalaya descend entre le Mississippi et la I-49. Son bassin marécageux, où sont installées des exploitations de gaz et de pétrole, ne s'explore qu'en bateau. Au sud du bayou Teche, la I-49 (Hwy 90) permet de circuler rapidement d'un point à un autre. Bien plus jolie et moins encombrée, la Hwy 182 se trouve entre la I-49 et le bayou.

Bien qu'il soit tentant de suivre la I-49 (Hwy 90) vers des destinations plus touristiques, les visiteurs auraient tort de ne pas explorer les bayous situés au sud de Houma. Sur d'étroites bandes de terres, à quelques centimètres seulement au-dessus de l'eau, ils pourront notamment y observer des maisons construites sur pilotis.

## HOUMA
- **33 000 habitants**

Houma tient son nom des Indiens Houma qui vivaient dans la région avant qu'on ne les contraigne à aller s'installer dans les marais, plus au sud. Au début du XX$^e$ siècle, des ouvriers du pétrole rencontrèrent par hasard des petits groupes de Houma qui parlaient encore français. Baptisée la "Venise de l'Amérique", la ville est située à 90 km de La Nouvelle-Orléans et installée au confluent de trois bayous et de l'Intracoastal Waterway. L'enchevêtrement des rues est surprenant. La Hwy 90 passait jadis dans le centre, le long du bayou Terrebone, mais la I-49 (Hwy 90) contourne désormais la ville par le nord. Certains numéros de highway ont changé. Passez prendre une carte à l'office du tourisme (☎ 504 868 2732, 800 688 2732), situé à la sortie la plus à l'ouest de la I-49. Vous obtiendrez aussi des renseignements sur www.houmatourism.com.

La Hwy 24 traverse le centre-ville de chaque côté du bayou Terrebonne, sous le nom de Park Ave côté nord et de Main St côté sud.

Le nouveau **Bayou Terrebonne Waterlife Museum** (☎ 504 580 7200), 7910 Park Ave, propose une introduction à l'histoire, à l'écologie et à l'économie de la paroisse. Il renferme une belle peinture murale de Robert Dafford représentant les marais de façon détaillée. Le musée ouvre du lundi au samedi de 10h à 16h. L'entrée coûte 3 $.

Pour explorer le marais, vous pouvez essayer **A Cajun Man's Swamp Tour** (☎ 504 868 4625). Accompagné de son fidèle chien Gator Bait ("appât pour alligator"), "Black" Guidry vous fera découvrir le bayou Black en poussant la chansonnette. Les circuits de 1 heure 30 coûtent 15 $ pour les adultes et 10 $ pour les enfants. Le départ a lieu à 16 km à l'ouest de Houma, sur la Hwy 182 (anciennement Hwy 90). Réservez par téléphone.

La région est le paradis de la pêche en mer et en eau douce. L'office du tourisme vous fournira la liste des multiples possibilités qu'offrent Houma et les villes alentour pour les sorties en bateau. En été, vous pourrez assister ou participer à des concours de pêche.

Houma organise durant l'année plusieurs manifestations dignes d'intérêt. Son Mardi gras, notamment, est l'un des plus importants de Louisiane. En mars se tient le Calling of the Tribes Powwow, un festival indien, tandis qu'on fête la crevette en avril avec le Blessing of the Shrimp Fleet. Un festival de musique gospel et soul est organisé le week-end du 4 juillet. En septembre, la ville accueille le Grand Bois Inter-Tribal. Contactez l'office du tourisme pour tous renseignements.

### Où se loger

Houma compte quelques bed & breakfast cajuns accueillants.

Le *Audrey's Little Cajun Mansion* (☎ *504 879 3285, fax 504 851 5777, abgeorge@cajun.net, 815 Funderburk Ave)*, est une bonne adresse. L'active Audrey a créé une association regroupant 45 B&B francophones du pays cajun que vous pouvez joindre chez elle ou sur Internet (www2.cajun.net/~abgeorge). Elle-même propose des chambres confortables à 50/60 $ environ pour 1/2 personnes. Sa maison agréable comporte une petite piscine chauffée intérieure, et les beignets du petit déjeuner sont excellents. Pour vous rendre au Audrey's Little Cajun Mansion du centre, prenez Park Ave vers le nord-ouest (sur le côté du bayou opposé au quartier historique) et roulez jusqu'à dépasser Hollywood Rd puis Westside Blvd. Vous trouverez Funderburk Ave quelques rues à droite après ce dernier. Le B&B se trouve tout au bout de la rue, à gauche.

Sœur jumelle de la précédente, Maudrey tient *Chez Maudrey Cajun B&B* (☎ *504 868 9519/879 3285, 311 Pecan St)*. L'accueil est aussi chaleureux que chez sa sœur et les tarifs sont identiques. Vous pourrez dîner dans les deux adresses si vous en faites la demande à l'avance. Des lecteurs recommandent également le *Julia's Cajun*

## Découverte des bayous

Vous ne connaîtrez véritablement le pays cajun que lorsque vous aurez glissé sur les eaux des marais et des bayous. Parmi les nombreuses formules de circuits proposées, chacune présente des avantages et des inconvénients. Toutes vous permettront, quoi qu'il en soit, d'approcher ce milieu particulier. Les plus importantes compagnies opèrent au départ de Henderson. Quelques autres partent de Loreauville, un peu plus au sud, où quelques embarcadères donnent accès à une zone plus profonde du bassin de l'Atchafalaya. Les circuits dans les bayous et marécages plus petits sont disséminés autour de Houma, Gibson et Des Allemands.

Différents types d'embarcations vous emmènent explorer les marais. Les plus courantes, de grands bateaux à fond plat, ouverts sur les côtés, comprennent une quarantaine de places ou plus. Ces circuits, peu onéreux, sont disponibles partout et fonctionnent toute l'année, à des horaires réguliers. La taille des embarcations ne leur permet cependant pas d'emprunter les canaux étroits, aux eaux peu profondes, où la faune et la flore des marais peuvent être admirées à loisir. Certains guides disposent d'embarcations plus petites capables de s'enfoncer plus loin dans les marais. Ils ne proposent pas leurs services toute l'année, suivent des horaires moins réguliers et il faut réserver. Le tarif peut varier selon le nombre de personnes à bord. Vous ne paierez pas plus cher que pour un grand bateau si l'embarcation est pleine. En revanche, il en ira tout autrement si vous êtes seul.

L'un des éléments indispensables au bon déroulement d'un circuit réside dans la présence d'un guide local agréable connaissant bien l'endroit et capable de signaler et de commenter la flore et la faune (certains commentaires tiennent davantage du bavardage que du partage d'un savoir sur l'écologie, la nature et l'histoire). Il arrive même que les guides chantent. L'alligator constitue l'autre élément indispensable à la réussite de l'excursion. De nombreux visiteurs sont profondément déçus s'il n'apparaît pas, et les organisateurs de circuits se divisent désormais en deux catégories, reflétant deux philosophie : ceux qui attirent les alligators en les nourrissant et les autres. Certains apportent des morceaux de poulet ou de guimauve qui, flottant

*Country Bed & Breakfast (☎ 504 851 35 40, fax 504 851 2508)*, que vous trouverez 4021 Benton Dr à Bourg, à la sortie sud-est de Houma. Comptez 50/60 $ pour une simple/double.

Le plus vieux motel de la ville, le *Sugar Bowl* (☎ 504 872 4521), sur la Hwy 182 E, au niveau de Park Ave (de l'autre côté du bayou lorsque l'on se trouve dans le centre), constitue une option correcte dans la catégorie petits budgets, avec ses chambres à 38 $. Vous trouverez un restaurant ouvert 24h/24 juste à côté.

De l'autre côté de la ville, sur Bayou Black Dr (Hwy 182 W), le *Red Carpet Inn* (☎ 504 876 4160, 800 251-1962, n° 2115), près de St Charles St, propose des simples/doubles rudimentaires d'un bon rapport qualité/prix à 35/38 $, petit déjeuner compris. Il est équipé d'une piscine. De qualité supérieure, le *Plantation Inn* (☎ 504 868 6500, 800 373 0072, 1381 W Tunnel Blvd) loue des chambres confortables à 45/55 $. Il dispose d'un restaurant et d'une piscine extérieure couverte entourée d'une pelouse. Le Tunnel Blvd Rd se trouve au sud de la Hwy 24, qu'il suit parallèlement.

### Où se restaurer

Plusieurs restaurants sont installés dans le centre. Ouverte tous les jours, l'*Aromas Coffeehouse* (☎ 504 580 4044, 7832 Main St) convient très bien pour un petit déjeuner simple ou pour une tasse de thé le soir. Juste derrière, le restaurant *Café Milano* (☎ 504 879 2426, 314 Belanger St) propose de nombreuses et goûteuses spécialités italiennes dans un cadre agréable.

---

### Découverte des bayous

à la surface de l'eau, font la joie des photographes à l'affût d'un cliché de mâchoires grandes ouvertes. Il arrive que des guides capturent un jeune reptile pour le faire observer à ses clients avant de le rejeter à l'eau. D'autres refusent de s'adonner à de telles pratiques commerciales au nom d'une approche plus écologique. Certains circuits sont enfin organisés à bord d'*airboats* (petits aéroglisseurs à fond plat) qui déboulent à 65 km/h sur les tapis de nénuphars. Leurs moteurs font un bruit tel que l'on prête des casques aux passagers. Appréciées des amateurs de sensations fortes, ces embarcations peuvent accéder aux voies d'eau peu profondes (où certains assurent qu'elles font fuir toute la faune environnante).

Quelle que soit la formule choisie, un appareil photo, des jumelles, un produit contre les insectes, de la crème solaire, des lunettes de soleil, un chapeau et des boissons fraîches vous seront utiles. Si vous devez vous enfoncer dans les marais, prévoyez des vêtements qui couvrent les bras et les jambes, des chaussettes et des chaussures fermées. Organiser l'excursion tôt le matin permet d'éviter la chaleur et d'assister au spectacle de la faune en pleine activité. Cela dit, les alligators, qui aiment la chaleur, sont souvent plus visibles en milieu d'après-midi.

Vous pouvez également explorer les marais en solitaire. Plusieurs établissements louent des canoës et des kayaks (notamment dans les parcs d'État, tel Lake Fausse Pointe State Park). Vous manquerez cependant le commentaire d'un guide spécialisé. Vous pouvez vous adresser à Pack & Paddle (☎ 318 232 5854, 800 4598 4560), à Lafayette, le plus grand organisateur de circuits dans le bassin de l'Atchafalaya, les marais et les lacs. Débutant à 25 $, les tarifs comprennent le guide, le canoë et, si nécessaire, le transport et les repas (les tarifs augmentent dans ces derniers cas).

Si vous ne pouvez découvrir les bayous et marais en bateau, une promenade sur les rives du lac Martin (Cypress Island Preserve), entre Breaux Bridge et Lafayette, vous donnera un fantastique aperçu de cet écosystème singulier.

Au *Bayou Vue Café* (☎ 504 872 6292, 7913 Main St), vous pourrez déguster tous les jours un petit déjeuner ou un déjeuner créole ou cajun (5 $ environ) dans le patio qui donne sur le bayou. L'établissement sert aussi pour le dîner, du jeudi au samedi (entre 10 et 15 $). Il accueille des groupes de musique cajun le week-end.

Un peu plus bas, *Castalano's Deli* (☎ 504 853 1090, 7881 Main St) offre des plats du jour italiens le midi à des prix raisonnables, ainsi que des spécialités italiennes et quelques plats végétariens le soir. Fermé le dimanche.

Le minuscule *A-Bear's Cafe* (☎ 504 872 6306, 809 Bayou Black Dr) propose de copieuses formules spéciales le midi (10 $ environ, dessert compris). Vous pourrez également y dîner, le vendredi soir (poisson-chat uniquement) en écoutant de la musique cajun. A environ 12 km à l'ouest, toujours sur Bayou Black Dr (Hwy 182 W), le *Bayou Delight* (☎ 504 876 4879) prépare des beignets d'oignons (2 $) et du poisson-chat frit (9 $). L'établissement ouvre tous les jours midi et soir et organise des concerts de musique cajun ou country le vendredi et le samedi soir.

Au nord de la ville, le ***Dula & Edwin's Seafood Restaurant*** (☎ 504 876 0271, 2821 Bayou Blue Rd/Hwy 316 N) est réputé pour son crabe et ses écrevisses. Ouvert du mardi au vendredi pour le déjeuner et le dîner ainsi que le samedi pour le dîner. Un groupe cajun se produit tous les mardis.

Vous pourrez entendre de la musique cajun ou zydeco "live" à la *Jolly Inn* (☎ 504 872 6114, 1507 Barrow St) le jeudi et le vendredi soir et le dimanche de 16h à 20h.

## ENVIRONS DE HOUMA

L'eau prend résolument le pas sur la terre ferme au sud de Houma. La concentration d'oiseaux s'intensifie en même temps que le nombre de touristes chute. Beaucoup de grandes familles cajuns vivent dans ce réseau inextricable de canaux et de bayous depuis des générations. Leur existence est liée aux marées, aux conditions météorologiques, aux bancs de poissons et aux réserves de pétrole.

Les routes principales suivent les bayous, et vous verrez d'un côté des bateaux de toutes sortes aller et venir, tandis que de l'autre les maisons se dressent sur des poteaux leur permettant de résister aux ouragans. Plus au sud, des roseaux massues et d'autres plantes des marécages s'entremêlent dans des bouquets de cyprès morts. L'eau clapote de chaque côté des routes construites sur de petites buttes de gravier et de coquillages. Une atmosphère magique se dégage de ces marais, que vous ne retrouverez, hélas ! pas à Grand Isle, à l'est, qui cependant attire plus de touristes et offre plus de services.

Plusieurs itinéraires s'offrent à vous à partir de Houma si vous êtes en voiture : la Hwy 315, qui passe par le petit village de pêcheurs de Theriot ; la Hwy 57 *via* Dulac ; la Hwy 56, qui rejoint Cocodrie *via* Chauvin ; et enfin la Hwy 665. Une bonne solution consiste à prendre l'une des trois premières à l'aller et une autre au retour. La Hwy 315, qui longe le bayou du Large, vous permettra de contempler l'activité des pêcheurs, importante en fin d'après-midi lorsque les bateaux accostent pour décharger

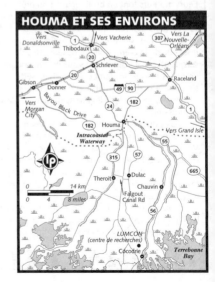

la pêche du jour. Une route tracée le long du Flagout Canal relie la Hwy 315 à la Hwy 57.

La Hwy 57 suit le bayou Grand Caillou en direction de Cocodrie et passe près d'une petite colonie d'Indiens Houma située à une quarantaine de kilomètres au sud de Houma. Le **Lumcon** (Louisiana Universities Marine Consortium) se dresse au bord de la route juste avant la fin de celle-ci. Ce centre de recherches ouvert au public tous les jours (entrée libre) dispose d'une plate-forme d'observation et d'un aquarium (☎ 504 851 2800). Le *CoCo Marina & Motel (☎ 504 594 6626, 800 648 2626)* est très fréquenté par les pêcheurs qui partent tôt le matin pour des sorties en bateau. Comptez 50 $ pour une chambre de 4 personnes, 125 $ pour un studio (4 couchages) et 150 $ pour un appartement (5 couchages). L'établissement dispose d'un restaurant. De mai à décembre, vous pouvez visiter la conserverie de crevettes de l'Indian Ridge Shrimp Co (sur rendez-vous uniquement ; ☎ 504 594 3361).

La Hwy 56 est très fréquentée par les voitures et les camions remorquant des bateaux. Vous trouverez plusieurs petits restaurants à Chauvin. Plus isolée, la superbe Hwy 665 mène elle aussi à une petite communauté houma.

## GRAND ISLE

Il est toujours tentant de s'aventurer au bout d'une route en caressant l'espoir d'y découvrir un lieu de rêve. Grand Isle est bien décevante à cet égard, et Cocodrie constitue certainement une meilleure destination (voir *Environs de Houma*). Les vacanciers longent le bayou Lafourche, très animé, pour rejoindre Grand Isle où l'on peut se baigner toute l'année et s'adonner à la pêche (on compte ici 280 espèces côtières). Entre mai et septembre, une douzaine de concours de pêche sont organisés. La plage de Grand Isle se compose d'une étroite bande de sable sombre et compact donnant sur des plates-formes pétrolières.

Le Lafourche Parish Tourist Information Center (☎ 504 537 5800), à la sortie Raceland de la I-49 (Hwy 90), distribue des cartes et des brochures sur toute la région.

Sur la rive nord du bayou, la Hwy 308 traverse une zone résidentielle. Côté sud, la Hwy 1 passe par plusieurs petits quartiers commerçants bordés de chaînes de restaurants, de stations-service et de quelques motels peu engageants qui hébergent les employés des plates-formes pétrolières et les voyageurs arrivés tard. Dès que vous franchissez le pont qui enjambe l'Intracoastal Waterway apparaissent les nombreux bateaux de toutes sortes et de toutes tailles qui empruntent le canal conduisant au golfe du Mexique. Aux abords de la côte, les eaux débordantes du bayou viennent grossir les étendues des marais. Après 1 heure 30 de route, vous atteindrez le village délabré de Grand Isle. Sur la route, essayez de capter KLEB 1600 AM, qui diffuse de la musique cajun de 6h à 10h.

Le principal intérêt des lieux réside dans le **Grand Isle State Park** (☎ 504 787 2559, 888 787 2559). A l'extrémité orientale de l'île, c'est l'unique plage d'État de la côte louisianaise. Des cabines de douche modernes sont mises à la disposition des baigneurs et des campeurs. Le parc comprend également une tour d'observation et une jetée de 120 m destinée aux pêcheurs à la ligne (2 $ par adulte) qui pourront, entre autres, attraper des truites tachetées, des rougets et des sciaenidés. L'entrée du parc coûte 2 $ par véhicule.

Le *camping* du parc est très rudimentaire. Pour 10 $ par nuit, vous pouvez vous installer au bord de l'eau (prenez garde à ne pas vous ensabler), ou derrière les dunes qui vous protégeront un peu du vent. La plupart des motels et cabins sur pilotis de Grand Isle sont incroyablement délabrés. Les prix démarrent à 60 $ la nuit (davantage pendant les week-ends fréquentés).

## THIBODAUX ET ENVIRONS
• 15 000 habitants

A la confluence des bayous Lafourche et Terrebonne, Thibodaux était la ville la plus importante entre La Nouvelle-Orléans et le bayou Teche à l'époque où toutes les marchandises circulaient par voie fluviale. Les premiers arrivants se sont établis le long du bayou, dans des milliers de parcelles étroites disposant d'un accès sur l'eau de quelques dizaines de mètres et parfois profondes de plusieurs kilomètres. Ces premiers colons, des fermiers français et allemands, vendaient leurs récoltes sur les marchés de La Nouvelle-Orléans. Vers 1780, des Isleños s'installèrent dans la partie supérieure du bayou Lafourche. Une vingtaine d'années plus tard, des Cajuns et des pionniers venus d'autres colonies américaines s'établirent plus au sud, jusqu'à Thibodaux. La ville est le siège de la paroisse de Lafourche depuis 1820.

La I-49 passe à environ 15 km au sud de la ville, où elle est coupée par la Hwy 24 qui devient la Hwy 20 alors qu'elle se dirige vers le nord et Thibodaux. La Hwy 20 traverse le centre-ville (dans laquelle elle s'appelle Canal Blvd) et le bayou Lafourche. Le parcours de la Hwy 1 suit la rive sud du bayou (à l'ouest de la Hwy 20, elle s'appelle St Mary St, à l'est 1st St), tandis que la Hwy 308 (Bayou Rd) longe la rive nord.

La chambre de commerce de Thibodaux (☎ 504 446 1187), 1058 E Canal St, près des voies des trains de marchandises, vous fournira des cartes (notamment du quartier historique) et des informations sur les manifestations locales, en particulier sur la Firemen's Fair qui se tient début mai. Cette foire annuelle, durant laquelle vous pourrez écouter des concerts de musique cajun et de blues, permet de recueillir des fonds pour les pompiers volontaires. Elle a vu le jour en 1866, lorsque fut organisée la première parade des pompiers. Pour son cinquantième anniversaire, la parade donna l'occasion aux nombreux groupes de dixie locaux de se faire connaître.

## Le centre de Thibodaux

Ramassé au bord du bayou, le centre-ville a subi quelques transformations ces dernières années. Vous y trouverez de petits restaurants, plusieurs bars animés et quelques magasins d'antiquités. Autour du centre-ville, le quartier historique abrite plus de 50 demeures bien conservées, en particulier l'étonnante **Dansereau House** (☎ 504 447 1002), 506 St Philip St. Cette maison de trois étages à la façade rose abrite aujourd'hui un restaurant onéreux et une pension. La **St Joseph Co-Cathedral**, 721 Canal Blvd, un imposant édifice de briques construit en 1923, mérite également le détour.

## Wetlands Acadian Cultural Center

Ce centre (☎ 504 448 1375), 314 St Mary St, à quelques rues à l'ouest du centre-ville, appartient au Jean Lafitte National Historical Park. Il se compose d'un remarquable musée, d'une galerie et d'une boutique de cadeaux proposant des livres et des CD. Les objets présentés s'accompagnent de commentaires instructifs qui évoquent la façon dont les Acadiens s'adaptèrent au milieu des marais.

Des vidéos sont projetées dans le petit auditorium et la galerie accueille des expositions d'artistes louisianais. Vous assisterez peut-être à la construction d'un bateau ou à la fabrication de filets, ou encore au spectacle d'un conteur acadien. Le centre présente fréquemment des musiciens cajuns, organise un "bœuf" tous les lundis de 17h30 à 19h et propose des concerts le dimanche en octobre et en mars.

Le centre ouvre à 9h. L'heure de fermeture varie selon les jours : 20h le lundi, 18h du mardi au jeudi, 17h du vendredi au dimanche. La bibliothèque du premier étage regroupe la majorité des ouvrages de référence sur le sud de la Louisiane, depuis d'anciens volumes acadiens jusqu'à des traités de botanique locale, en passant par les statistiques relatives aux cancers provoqués par les industries chimiques qui jalonnent le Mississippi.

## Laurel Valley Village

Ce village historique à but non lucratif (☎ 504 446 7456) établi dans la partie inférieure du bayou Lafourche, à 3 km environ à l'est de la ville, sur la Hwy 308, surplombe la plus grande plantation de canne à sucre qui reste dans la région. Elle contient les quartiers d'esclaves les mieux préservés de Louisiane.

La soixantaine de cases d'esclaves, visibles de Laurel Valley Rd, environ 800 m plus bas, ne se visitent qu'en compagnie d'un guide. Vous en trouverez à la

General Store, qui présente également une petite exposition. Elle est ouverte du mardi au vendredi de 10h à 15h et le week-end de midi à 15h (fermé le lundi). La boutique ferme également lorsque aucun volontaire n'est libre pour une visite. Vous pouvez réserver une visite en contactant le ☎ 504 447 2902 ou le 504 447 52 16. Les dons sont les bienvenus.

### Center for Traditional Louisiana Boat Building

Au sud du centre, le campus de 66 ha de la Nicholls State University abrite le Center for Traditional Louisiana Boat Building (visite sur rendez-vous ; ☎ 504 448 4626). Ce centre conserve des photos, des diapositives et des cassettes retraçant l'histoire de la construction navale dans le sud de la Louisiane. Les artisans de la région sont réputés pour leur habileté à créer des embarcations capables de naviguer dans les eaux peu profondes des marais, des bayous et des marécages et susceptibles d'être utilisées à des fins diverses (transport, chasse, pêche, récolte de la mousse espagnole...). Le centre possède plusieurs bateaux, notamment des pirogues et un lougre à voiles. Certains sont exposés dans la bibliothèque, mais la plupart sont conservés dans un hangar situé sur le campus.

### Où se loger

Les voyageurs à petit budget peuvent se diriger vers l'*Economy Inn* (☎ 504 446 3667, 1113 St Mary St), à six *blocs* à l'ouest de l'Acadian Cultural Center. Cet établissement récemment rénové propose des simples/doubles confortables à 35/45 $ taxes comprises. La plupart sont dotées d'un petit réfrigérateur et d'un four à micro-ondes.

Le moderne *Howard Johnson's* (☎ 504 447 9071, 800 952 2968, 201 N Canal Blvd), au nord du bayou, dispose d'une piscine et d'un salon. Les chambres coûtent 67/75 $. Vous trouverez également une piscine, ainsi qu'un restaurant, au *Holiday Inn* (☎ 504 446 0561, 400 E 1st St), qui facture ses chambres 65/73 $. Installée dans une petite rue à côté du Holiday Inn, la *Robichaux House* (☎ 504 447 4738, 322 E 2nd St, 70301) est une demeure de briques centenaire de facture classique, qui propose des chambres en B&B à 90 $, copieux petit déjeuner compris.

### Où se restaurer et sortir

Les restaurants de Thibodaux sont relativement quelconques. A proximité du centre, les habitants se pressent à *Politz's* (☎ 504 448 0944, 100 Landry St), à l'angle de St Mary St, pour déguster une copieuse assiette de fruits de mer servie avec du pain de maïs, ou du poisson-chat grillé (12 $ environ). Le restaurant ouvre midi et soir tous les jours sauf le lundi. Un peu plus loin dans la rue, le *Rinky Dink Café* sert des po-boys, des burgers et des plats du jour sans prétention, ainsi que des en-cas et des boissons. Vous pourrez prendre votre repas au bord du bayou. Sur l'autre rive, *Seafood Outlet* (☎ 504 448 1010, 100 St Patrick Hwy) sert de beaux plateaux de fruits de mer.

Le *Western Sizzlin* (☎ 504 447 1983), sur N Canal St, est spécialisé dans les steaks, mais propose aussi un bon buffet de salades (5 $). Non loin de là, la *Casa del Sol* (☎ 504 446 2576) prépare des spécialités mexicaines ainsi qu'une bonne margarita. Pour boire un daiquiri, arrêtez-vous au *Norm's,* dans N Canal St, un pâté de maisons au-dessus du bayou.

Au sud de Thibodaux, sur la Hwy 20 S au niveau de Schriever, le *Bourgeois Meat Market* (☎ 504 447 7128) est l'un des rares marchés disposant de son propre abattoir qui fonctionne encore. Il vend depuis 1891 ces "miracles sous forme de viande" que sont le boudin blanc, le boudin "rouge" (en fait, du boudin noir épicé), l'andouille et la spécialité de la maison, le "jerky" de bœuf. Faites vos provisions, n'oubliez pas le pain et la moutarde et cherchez un endroit à l'ombre pour déguster le tout.

### Comment s'y rendre

L'arrêt des bus Greyhound se trouve 213 West Park. Les bus relient La Nouvelle-Orléans à Thibodaux (2 heures, 14,50 $) *via* Schriever (même tarif), avant de poursuivre vers Lafayette (2 heures 30, 19,50 $).

Amtrak dépose les passagers du *Sunset Limited* à la gare de Schriever, à 4 miles (6 km) au sud de Thibodaux, à la jonction de la Hwy 20 et de la Hwy 24. De La Nouvelle-Orléans, le voyage dure 1 heure 30 et coûte 12 $. De Lafayette, vous mettrez 2 heures (16 $).

## DE THIBODAUX A NEW IBERIA

A l'ouest de Houma, sur la Hwy 20 et juste en retrait de la I-49 (Hwy 90), Gibson et Donner sont deux bourgades minuscules que l'on aperçoit à peine de la route. Gibson, bâtie en bordure du bayou Black, n'en demeure pas moins le point de départ de certaines des meilleures excursions dans les marais.

L'**Atchafalaya Basin Backwater Adventure Tours** (☎ 504 575 2371, rgs52@earthlink.net), 6302 N Bayou Black Dr, est installé à Gibson, à quelques rues du bayou en partant du pont de Caroll St. Premier guide de Louisiane à proposer des circuits dans les marais, Jon Faslun organise depuis près de 25 ans des excursions en bateau à moteur sur les eaux du Great Chacahoula Swamp. En une demi-heure, il vous fera revivre 10 000 ans d'évolution du marais avec de nombreuses explications sur la flore, la faune, les plantes médicinales et les moyens de survie dans ce milieu. Très respectueux de la nature, il considère que nourrir les alligators est pure aberration. Faslun propose plusieurs formules. La première, à 50 $ par personne pour 2 heures 30 (2 personnes minimum, 8 maximum) s'effectue en haute saison – du Mardi Gras à mai et de décembre à février – avec un départ à 11h. Les sorties n'ont lieu que si les conditions météorologiques le permettent et vous devez obligatoirement réserver. Faslun loue aussi des pirogues (20 $ par personne et par jour) et fournit une carte qui permet d'explorer les marais jusqu'à une ancienne scierie de cyprès. Pour toutes vos expéditions dans les marais, portez des chaussettes, des chaussures adaptées à la navigation et des vêtements qui couvrent les bras et les jambes.

Durant la nuit, les marais fourmillent de bêtes de toutes tailles. Faslun peut emmener les esprits plus aventureux dans son bateau à moteur et les déposer sur une île d'environ 18 m de diamètre afin qu'ils y passent la nuit. Les passagers disposant de leur propre matériel de camping paieront 20 $, les autres 50 $. Faslun peut rester sur l'île, mais facturera dans ce cas 100 $ par personne, et un peu plus s'il s'occupe de la nourriture. Le groupe peut comprendre jusqu'à 4 personnes. Vous pouvez consulter le site www.atchafalayabasinbackwater adventure.com.

Quelques kilomètres plus loin sur la même route, la propriétaire des ***Wildlife Gardens*** (☎ *504 575 3676, 5306 N Bayou Black Dr*), Betty Provost, organise des visites de la réserve privée de 12 ha qu'elle a créée avec son mari. Sur les chemins ombragés au bord des marais, vous pourrez admirer des autruches, des loutres et des alligators (en cage), ainsi que des paons qui se pavanent dans la propriété. Les 4 petits "cabins de trappeurs" proposés en B&B sont tout à fait étonnants. Ils sont tous équipés d'une véranda qui surplombe le marais et les alligators et, à la nuit tombée, vous pourrez passer des heures à écouter tous les bruits qui montent de l'eau. Rustiques, mais confortables, les cabins sont équipés de grands lits, d'un ventilateur, de la clim. et d'une cabine de douche. Le tarif s'élève à 80 $ pour deux, petit déjeuner, visite guidée et accès libre aux sentiers compris. La nuit "à la dure" que vous passerez ici restera sans doute parmi vos bons souvenirs et plaira certainement aux enfants.

Dans la ville de Donner, à quelques kilomètres à l'est de Gibson, la ***Chester's Cypress Inn*** (☎ *504 446 6821*) se repère facilement de la Hwy 20. On sert de la Dixie et des cuisses de grenouille dans la salle vieillotte de ce restaurant avant tout réputé pour son poulet (6 $) qui, selon certains, a le goût de cuisse de grenouille. L'établissement ouvre de 17h à 21h du jeudi au samedi et toute la journée du dimanche. Il draine une clientèle qui vient de loin et convient parfaitement à tous ceux qui ont un petit creux en rentrant d'une excursion dans les marais.

Située en bordure de la I-49 (Hwy 90), au confluent de la rivière Atchafalaya et de l'Intracoastal Waterway, **Morgan City** célèbre tous les ans le poisson et le pétrole, ses deux ressources majeures (bien que la première ait cédé le pas à la seconde), lors du Shrimp & Petroleum Festival qui se tient le premier week-end de septembre (☎ 800 256 2931). Le reste de l'année, l'International Petroleum Museum & Exposition (☎ 504 384 3744), 111 First St, sur les berges de la rivière, offre aux visiteurs la possibilité originale d'expérimenter la vie à bord de "Mr Charlie", une plate-forme pétrolière off-shore désaffectée sur laquelle travaillaient jadis plus de 50 personnes. Ouvert en semaine.

Au nord de la ville, sur le Lake Palourde, le *Lake End Park* (*☎ 504 380 4623, 2300 Hwy 70*) dispose de 118 emplacements de camping et d'une petite plage. Comptez 13,50 $ pour une tente et 16,75 $ pour un camping-car. Vous trouverez plusieurs chaînes de motels en ville. Morgan City est par ailleurs située à l'extrémité sud de la Henderson Levee Rd (voir *Henderson*).

A quelques kilomètres au nord de Franklin, un léger détour à partir de la I-40 (Hwy 90) ou de la Hwy 182 conduit à Charenton et à la **Chitimacha Indian Reservation**. Réputés pour leur talent de vanneurs, les Chitimacha sont les seuls Amérindiens de Louisiane à avoir conservé la souveraineté sur une partie du territoire de leurs ancêtres. Avec l'arrivée des Acadiens, les mariages interethniques amenèrent nombre d'Indiens à adopter la langue française et le catholicisme. On estime que leur groupe comptait 20 000 membres à l'époque coloniale, dont une grande part furent décimés par les maladies apportées par les Européens. Il subsiste aujourd'hui environ un millier de Chitimacha, dont 375 vivent sur les 500 ha de la réserve. La langue chitimacha, quasiment inusitée depuis un siècle, est désormais enseignée aux adultes et aux enfants des écoles primaires de la communauté.

Le **Chitimacha Museum** (☎ 337 923 4830), 3283 Chitimacha Trail, vient d'être réaménagé. Il expose des objets relatifs à la vie quotidienne, à l'éducation, à l'intégration, aux anciens et à l'administration de la communauté (entrée libre). Le principal établissement commercial de la tribu, le *Cypress Bayou Casino*, comprend, en plus des salles de jeu, deux restaurants et un bar à cocktails. Ouvert 24h/24, cet établissement animé couvre 10 700 m$^2$. Une partie des revenus sert à racheter les terres environnantes afin d'étendre la réserve.

Près de Jeanerette, vous remarquerez en bordure de la Hwy 182 un bâtiment jaune bien entretenu au toit en tôle ondulée. Le *Yellow Bowl Restaurant* (*☎ 337 276 5512*) sert de bons fruits de mer au déjeuner (environ 7 $) et au dîner (entre 10 et 14 $). Un buffet de fruits de mer est proposé le week-end. L'établissement ferme le lundi et le mardi.

Le **Cypremort Point State Park** (☎ 337 867 4510), qui s'étend sur 75 ha dans une

---

### Le Boudin : rouge et blanc

Devinette : "Qu'est-ce qu'un repas cajun de sept plats ?"
Réponse : "Six canettes de bière et un boudin."

Le boudin cajun est un aliment aussi pratique que simple. Roulez quelque temps sur les routes secondaires de Louisiane et vous remarquerez les innombrables petites pancartes qui ponctuent le paysage : "Hot boudin & Cold Beer" (boudin chaud et bière fraîche).

Il existe du boudin cajun rouge ou blanc. Ce dernier, de loin le plus populaire, s'obtient en faisant cuire du foie et du porc haché assaisonnés, entre autres, de poivre de Cayenne, auxquels on ajoute du riz. Cette farce est ensuite intégrée dans un boyau. La version rouge tire son nom et sa couleur du sang de porc que l'on ajoute à la préparation.

Le boudin cajun, bouilli ou cuit à la vapeur, est dégusté à la main. On en fait sortir une certaine quantité de l'extrémité du boyau, puis on pousse la farce à partir du bas. Il y a un coup de main à prendre, mais, à votre quatrième boudin, vous serez devenu un vrai pro !

zone de marais côtiers à 24 miles (38 km) au sud de Jeanerette, constitue l'unique endroit de cette partie de la côte facilement accessible en voiture (Cameron, près de la frontière texane, est le suivant). Pour les loisirs, sont aménagés une bande de plage artificielle de 800 m, un accès pour les voiliers et les planches à voile et une jetée de 30 m destinée aux pêcheurs. N'oubliez pas votre crème solaire, car l'ombre est rare. L'entrée coûte 2 $ par véhicule. Il n'est pas possible de passer la nuit dans le parc. De la I-49 (Hwy 90), près de Jeanerette, prenez la Hwy 83 en direction du sud puis bifurquez à droite sur la Hwy 319. De New Iberia, prenez la Hwy 83 en direction du sud et tournez à droite sur la Hwy 319.

## NEW IBERIA ET ENVIRONS

Fondée en 1779 par les Espagnols, en hommage à leur péninsule d'origine, la ville prospéra grâce aux plantations de canne à sucre environnantes. La paroisse d'Iberia se place de nos jours au premier rang des 18 paroisses de Louisiane productrices de canne. La ville compte parmi ses habitants l'auteur de romans policiers James Lee Burke, créateur du personnage du détective Dave Robicheaux, dont les aventures se déroulent souvent à New Iberia et dans les environs.

L'Iberia Parish Visitors Bureau (☎ 337 365 1540, www.iberiaparish.com) se trouve sur la Hwy 14 (Center St), juste à l'est de la I-49 (Hwy 90). Il ouvre tous les jours de 9h à 17h. La Greater Iberia Chamber of Commerce (☎ 337 364 1836), 111 W Main St, dans le centre, vous renseignera sur les manifestations en cours et vous fournira des cartes de la paroisse et des brochures.

La Hwy 14 (Center St) rejoint la Hwy 182 en bordure du bayou Teche dans le petit centre-ville. Celle-ci se dédouble alors et prend les noms de Main St (vers le nord) et de St Peter St (vers le sud).

Pour faire le tour du centre à pied, partez par exemple de **Shadows on the Teche** (☎ 337 365 5213), 317 E Main St, une demeure coloniale de plantation de style Greek Revival ouverte tous les jours de 9h à 16h30 (6/3 $ pour les adultes/enfants). Les visites guidées sont nourries des histoires glanées dans les documents de famille retrouvés dans une quarantaine de malles. Vous pouvez accéder gratuitement aux jardins. Poursuivez sur Main St et arrêtez-vous à la bibliothèque publique si vous avez besoin d'un accès Internet, ou bien allez fouiller parmi les titres de l'agréable petite librairie Books Along the Teche. Vous contemplerez également l'Evangeline Theatre, de style Art déco, et la place centrale située en face de la chambre de commerce. Au printemps 2000, un train transportant des produits chimiques toxiques a déraillé dans le centre, provoquant l'évacuation des quartiers environnants et la fermeture du centre-ville pendant plusieurs jours.

A 3 miles (5 km) au nord du centre, en bordure de la Hwy 182, le **Spanish Lake** (☎ 337 364 0103) est le paradis des pêcheurs de perche et des amoureux de la nature. Les visiteurs pourront observer de la route pavée et des 5 pontons 53 espèces d'oiseaux, des loutres, des castors et des alligators. L'accès au lac, qui comporte des tables de pique-nique, coûte 2 $.

Au printemps, la ville organise un *courir* de Mardi gras. En avril, elle accueille le Bunk Johnson Jazz, Arts & Heritage Festival, en hommage au trompettiste de jazz des années 20 Bunk Johnson, qui fut l'un des maîtres de Louis Armstrong et vécut à New Iberia. Toujours en avril, on célèbre ici la nouvelle année laotienne.

La première semaine de mai se tient la randonnée à bicyclette baptisée Cycle Main St. New Iberia rassemble alors des centaines de cyclistes venus de toute la région qui partent pour une boucle d'une semaine comprenant des étapes quotidiennes de 70 à 80 km. Ils s'arrêtent le soir dans 6 villes différentes, qui changent chaque année. Pour tous renseignements, contactez la responsable de la randonnée au ☎ 337 369 2330.

La canne à sucre est célébrée le dernier week-end de septembre lors du Louisiana Sugarcane Festival. A la mi-octobre se déroule un concours de gumbo, le World Championship Gumbo Cook-Off. Vous entendrez de la musique cajun le samedi et le dimanche de 7h30 à 10h30 sur KANE 1240 AM.

Vous pourrez vous loger à bon prix au *Teche Motel* (☎ *337 369 3756, 1830 Main St)*, à six blocs au sud de Jefferson Terrace, qui propose des chambres simples à 35 $.

La ville dispose de nombreux B&B. Citons notamment la confortable *Estorage-Norton House* (☎ *337 365 7603, estnortbb@bbhost.com, 446 E Main St)*. Cette demeure centenaire contient 4 chambres, toutes avec s.d.b., louées entre 65 et 90 $, petit déjeuner complet compris.

Un *Holiday Inn* et un *Best Western* sont implantés sur la Hwy 14, juste à côté de la I-49 (Hwy 90).

Très fréquenté, le *Lagniappe Too Café* (☎ *337 365 9419, 204 E Main St)* sert des petits déjeuners et des déjeuners en semaine, et des dîners le vendredi et le samedi. Les habitants de la ville se rendent à *Guiding Star* (☎ *337 365 9113)*, à quelques kilomètres au nord de la ville, pour déguster fruits de mer et écrevisses. Ce restaurant sans prétention se trouve en bordure de la I-49 (Hwy 90), côté est, près d'un parking à camions. Il ouvre tous les jours.

La gare Amtrak (☎ 337 364 9625), 402 W Washington St, à l'angle de Railroad Ave, à quelques rues au nord du centre, occupe un ancien dépôt construit en 1910. La gare routière Greyhound (☎ 337 364 8571) se situe au croisement d'E Main St et de Darcey, à 1,5 km environ au sud du quartier commerçant, non loin du Teche Motel.

Pour les taxis, contactez le Teche City Taxi au ☎ 337 367 1752.

## Avery Island

Au sud-ouest de New Iberia, la Hwy 329 traverse des champs de canne à sucre en bordure d'un petit bayou et mène jusqu'à l'île d'Avery, une réserve naturelle sur laquelle est implantée l'usine McIlhenny Tabasco. L'île est en fait un dôme de sel d'une douzaine de kilomètres de profondeur. Les eaux louisianaises regorgent de tels dômes, mais Avery Island est l'un des rares, avec Jefferson Island, à émerger. La célèbre sauce fabriquée ici comporte des piments verts qui poussent sur l'île, que l'on réduit en purée avant d'y ajouter du sel récolté sur place. Le mélange fermente dans des fûts de chêne avant que l'on y ajoute du vinaigre. Le tout est enfin filtré et mis en flacons.

La visite de l'**usine McIlhenny Tabasco** (☎ 337 365 8173) décevra plus d'un gourmet. Elle se limite désormais à une salle d'exposition où quelques produits sont présentés, ce qui laissera sur leur faim ceux qui comptaient faire le tour des unités de fabrication. Les visites ont lieu tous les jours de 9h à 16h. La boutique de cadeaux propose des souvenirs amusants.

Juste à côté, les 100 ha des **Jungle Gardens** (☎ 337 365 8173) vous plongeront dans l'univers de la forêt tropicale. Même les automobilistes s'abritant prudemment des moustiques à l'intérieur de leur voiture pourront admirer une quantité surprenante d'oiseaux aquatiques (en particulier des aigrettes neigeuses, qui nichent ici), de tortues et d'alligators. Au volant, prenez garde aux tortues et aux paons. L'entrée s'élève à 5,75 $ pour les adultes et à 4 $ pour les enfants. Ouverture tous les jours de 8h à 16h30.

## LOREAUVILLE

De New Iberia, le bayou Teche forme une grande boucle qui serpente jusqu'à St Martinville. A l'extrémité est de cette boucle, la paisible Loreauville s'étend parmi les champs de canne en bordure du bassin de l'Atchafalaya. La Hwy 86 suit le bayou à partir de la sortie est de New Iberia et prend le nom de Main St dans le centre de Loreauville. Au nord de la ville, elle croise la Hwy 347 et la Hwy 31, qui conduisent toutes deux à St Martinville.

La **tombe anonyme** du légendaire accordéoniste de zydeco Clifton Chenier (voir l'encadré dans la rubrique *Opelousas*) se trouve juste à l'extérieur de Loreauville. De la Hwy 86 (Main St), prenez la Hwy 3242 vers l'est en direction du Dauterive Lake sur 2,5 km environ, puis bifurquez à gauche dans Harold Landry Rd et poursuivez sur 2,5 km jusqu'au cimetière (sur votre droite). La tombe, souvent fleurie, se situe entre celles des familles Veret et Broussard.

Non loin de là, le *Clifton's Club* (☎ *337 229 6576)*, auparavant géré par la veuve de

Chenier, appartient toujours à la famille. La salle de bal, qui compte 700 places, est toujours comble. Elle ne fonctionne pas régulièrement, et vous devrez téléphoner à l'avance pour savoir si un groupe se produit. Pour trouver le club depuis le cimetière, suivez Landry Rd vers le nord sur 800 m, puis bifurquez à droite dans Crochet Lane. Il est situé 1,5 km plus loin sur la droite, au-delà de Braquet Rd.

Presque tous les **circuits de découverte du bayou** en bateau partent d'embarcadères situés à 4 km à l'est du centre-ville. Les petits aéroglisseurs à fond plat utilisés par Airboats Inc (☎ 337 229 4457) glissent à la surface de l'eau et peuvent se faufiler dans les voies d'eau peu profondes où viennent se réfugier les animaux sauvages qui fuient les zones fréquentées par les bateaux touristiques. L'inconvénient, cependant, tient au bruit : le guide vous fournira des casques et devra couper le moteur pour commenter ce que vous aurez vu. Comptez 15 $ par personne pour 1 heure si le bateau est plein (le minimum requis pour le départ est de 60 $). Renseignez-vous lors de la réservation sur la possibilité de commentaires en français. Les départs s'effectuent de l'embarcadère Marshfield Landing du mardi au samedi de 8h à 17h entre février et octobre. Il est possible de venir vous chercher au Lake Fausse Pointe State Park.

Après une journée dans les marais, vous apprécierez de passer la soirée au ***Patio Restaurant*** *(☎ 337 229 8281)*, Main St (Hwy 86), dans le centre-ville. Ce petit établissement sert des plats de poisson recherchés, comme le délice cajun de poisson-chat farci (14 $) et propose également un buffet de salades. Il est ouvert de 11h à 14h tous les jours sauf le lundi, ainsi que de 17h (17h30 en été) à 21h du mardi au samedi. Juste en face, la ***Danna's Bakery*** fabrique de délicieux cookies.

## ERATH ET ABBEVILLE

La petite ville d'Erath se trouve sur la Hwy 14 (qui contourne désormais le minuscule centre-ville) au sud-ouest de New Iberia. Une trentaine de kilomètres seulement la séparent de Lafayette (Hwy 339). Les habitants de cette dernière n'hésitent d'ailleurs pas à parcourir la distance pour se rendre au ***Big John's Seafood Patio*** *(☎ 337 937 8355)*. Dans un cadre des plus simples, vous y dégusterez de janvier à juin des écrevisses cuites au court-bouillon et servies avec des condiments sur un plateau d'aluminium rempli à ras bord. De Lafayette, prenez Verot School Rd (Hwy 339) et roulez en direction du sud (vous ferez en chemin un décrochement vers l'est) jusqu'à Brodview Rd, que vous empruntez sur votre droite. De la Hwy 14, prenez la Hwy 339 en direction du nord et tournez à gauche dans Broadview Rd.

Dans le centre d'Erath, le ***Perate's Seafood Patio*** *(☎ 337 937 5037)*, Hwy 14, sert des écrevisses et des crevettes, mais aussi de la bisque d'écrevisse et des po-boys. Il propose également un buffet de fruits de mer les vendredis et samedis soir et accueille des groupes de musique cajun le vendredi soir. Le restaurant ouvre pour le dîner du mardi au samedi et ferme le lundi.

Salle de bal cajun traditionnelle, ***Smiley's*** *(☎ 337 937 4591)* est établi sur la Hwy 14 à l'est du centre-ville, en direction de Delcambre. Vous pourrez y écouter des groupes et danser presque tous les vendredis et samedis soir, ainsi que le dimanche en fin d'après-midi.

A 7 miles (11 km) à l'ouest d'Erath par la Hwy 14 et à 24 miles (40 km) au sud de Lafayette par la Hwy 167, **Abbeville** constitue le point de départ des itinéraires qui s'enfoncent dans l'Acadiana occidentale. La Hwy 167 et la Hwy 14 conduisent aux deux places historiques du petit centre-ville, longeant le bayou Vermilion. C'est là que vous trouverez les légendaires bars à huîtres qui font la réputation de la ville (repérez-vous grâce à la flèche de la St Mary Magdalen Church, construite en 1910). Non loin de là, la fabrique Steen's Syrup Mill laisse échapper à l'automne des arômes de sucre chaud. La plupart des festivals organisés par la ville se déroulent sur St Magdalen Square, tout comme les représentations théâtrales de la troupe locale des Abbey Players. La radio KROF 960 AM diffuse de la musique cajun tous les jours de 6h à midi.

Siège de la paroisse de Vermilion, productrice de bétail, Abbeville organise le Louisiana Cattle Festival (☎ 337 893 6328) le premier week-end d'octobre. Le premier week-end de novembre est marqué par le Giant Omelet Festival (☎ 337 893 6517), au cours duquel une omelette de 5 000 œufs est préparée et dégustée. Le festival trouve son origine dans l'anecdote selon laquelle Napoléon, enchanté par une omelette savoureuse préparée par un aubergiste de Bessière, en France, aurait ordonné que l'on rassemblât tous les œufs du village pour confectionner une omelette géante. Il est aujourd'hui l'occasion pour les Louisianais de célébrer leurs origines françaises.

Le **Sunbelt Lodge** *(☎ 337 898 1453, fax 337 898 1463)*, 1903 Veterans Memorial Dr (bretelle de contournement de la Hwy 14), loue des simples/doubles correctes à 42/45 $. Il se trouve juste derrière le centre d'accueil touristique (☎ 337 898 4264).

***Dupuy's*** *(☎ 337 893 2336, 108 S Main St)*, fondé en 1869, et ***Black's*** *(☎ 337 893 4266, 319 Pere Megret St)*, ouvert depuis plus de 30 ans, servent d'énormes huîtres incroyablement fraîches à environ 4 $ la douzaine, ainsi que d'autres fruits de mer délicieux. Implantés à quelques pas l'un de l'autre, à proximité du pont qui enjambe le bayou, ils ouvrent tous les deux midi et soir. Dupuy's ferme le mardi, Black's le dimanche et le lundi. De l'autre côté du pont, le nouveau ***Riverfront Restaurant*** *(☎ 337 893 3070, 503 W Port St)* offre lui aussi des huîtres et des fruits de mer, ainsi que des steaks et des pâtes. Les huîtres coûtent 25 ¢ pièce de 17h à 19h du mardi au samedi. L'établissement ferme le lundi. Un peu plus loin dans la même rue, au bout de la Hwy 167, ***Shucks*** *(☎ 337 898 3311, 701 W Port St)* est tenu par les anciens gérants du Black's. On y mange bien sûr des huîtres, ainsi que des sandwiches aux huîtres à moins de 5 $. Un service de *drive-in* existe pour les automobilistes pressés. Shucks ouvre tous les jours sauf le dimanche.

## ST MARTINVILLE ET ENVIRONS

St Martinville fut choisie en 1765 par les premiers Acadiens arrivés en Louisiane, qui s'étaient primitivement réfugiées à St Domingue (l'actuelle Haïti). Le long du bayou Teche, ils parcoururent quelque 180 km pour rejoindre St Martinville de Plaquemine, sur le Mississippi. La ville était à l'époque investie par de riches Créoles de La Nouvelle-Orléans, auxquels se joignirent ultérieurement des aristocrates français fuyant la Révolution. Peu d'Acadiens s'établirent durablement, mais la ville n'en reste pas moins le centre spirituel de l'Acadiana. L'une des principales attractions est le chêne d'Évangéline, immortalisé par le poème de Longfellow (1847), dans lequel ce dernier évoque la longue séparation d'Évangéline et de son amant Gabriel durant le Grand Dérangement.

La paisible petite localité possède tout le charme qui sied à une telle légende. Au croisement de la Hwy 31 (qui relie New Iberia à Breaux Bridge) et de la Hwy 96 (qui rejoint vers l'ouest la Hwy 182 et la I-49), le centre historique, avec ses magasins dotés de devantures de bois et de grands balcons à l'étage, s'organise autour de l'élégante place qui entoure la **St Martin de Tours Church**, sur Main St (Hwy 31). La congrégation s'est établie dans la ville dès 1765, mais l'église a été construite vers 1844. Elle est ouverte tous les jours. Pour une visite guidée, téléphonez au ☎ 337 394 7334. Sur le côté s'élève une statue d'Évangéline. Derrière, au bord du bayou, l'**Acadian Memorial** renferme une fresque murale représentant les premiers colons, des explications historiques et une flamme du souvenir. L'entrée coûte 3 $.

En face de l'église, sur Evangeline Blvd, l'**Acadian Arts & Crafts Gallery** propose des objets d'art et des cadeaux variés à des prix raisonnables (ouverte tous les jours). Un peu plus loin, juste à côté du célèbre chêne, l'***Old Castillo Hotel*** *(☎ 337 394 4010, 800 621 3017, 220 Evangeline Blvd)* est un bâtiment de briques à trois niveaux qui occupe le site du premier comptoir de la ville. Plus vieil édifice de St Martinville, il fut ensuite transformé en hôtel, puis en école pour jeunes filles. Il est redevenu de nos jours un B&B et comporte 5 chambres confortables proposées entre 50 et 80 $, petit déjeuner

## L'*Evangeline* de Longfellow

Les vers qui suivent sont extraits de la deuxième partie du poème épique *Evangeline*, composé en 1847 par Henry Wadsworth Longfellow. Il met en scène deux amants acadiens séparés pendant le Grand Dérangement.

> Le matin, quand le jour vint sourire à la terre,
> Ils poursuivaient encore leur course solitaire.
> Ils voguaient sur les lacs de l'Atchafalaya.
> Un souffle chaud courut, et le soleil brilla.
> Les nénuphars berçaient leurs corolles mignonnes,
> Les lotus aux proscrits apportaient leurs couronnes.
> L'air était embaumé des suaves senteurs
> Que les magnolias épanchaient de leurs fleurs,
> Et que l'ardente brise emportait dans l'espace.
> Sous l'actif aviron la nacelle qui passe
> Donne aux eaux qu'elle fend des lueurs de falot.
> Elle s'approche enfin d'un verdoyant îlot,
> Que les oiseaux charmaient de leurs douces sonates,
> Que les rosiers en fleur ornaient de blondes nattes,
> Où la mousse et l'ombrage invitaient au sommeil.
>
> ----
>
> La Teche coule au sud, Saint-Maur est sur la rive ;
> Saint-Maur et Saint-Martin. Notre pirogue arrive,
> Et, c'est là que l'épouse, après un long ennui,
> Retrouvera l'époux et vivra près de lui,
> Que le pasteur pourra, sous son humble houlette,
> Réunir de nouveau le troupeau qu'il regrette !
> Le pays est charmant, féconds sont les guérets,
> Et les arbres fruitiers parfument les forêts.
> Un ciel plein de lumière arrondit sur nos têtes
> Une voûte d'azur, que supportent les crêtes
> D'inaccessibles rocs et de monts éloignés.
> Ces lieux, divinement le ciel les a soignés,
> Et du sol, sans travail, toute richesse émane ;
> Ils sont bien dits : l'Éden de la Louisiane.

compris. La ville compte une demi-douzaine d'autres B&B, ainsi que quelques restaurants (mais Breaux Bridge propose de meilleures possibilités en matière gastronomique). En face de l'église, sur E Bridge St, la **Danna's Bakery** vend de succulentes pâtes de figue et des pâtisseries.

A 1,5 km environ au nord du centre-ville, une plantation de canne à sucre du XIXe siècle a été préservée à la **Longfellow-Evangeline State Commemorative Area** (☎ 337 394 3754), Hwy 31. Son intérêt dépasse celui d'une simple maison-musée : c'est en effet en grande partie le cadre naturel qui confère tout leur charme aux lieux. Sitôt passé les grilles, vous découvrez un superbe paysage typique du pays cajun, avec d'immenses arbres aux branches couvertes de mousse espagnole, et un étroit et paisible bayou. Un cottage rural, des expositions sur l'immigration (dans le petit centre touristique) et quelques reconstitu-

Bayous, marais et marécages – Breaux Bridge 231

tions historiques permettent de se représenter la vie du XIXᵉ siècle. Le parc est ouvert tous les jours de 9h à 17h (2 $).

## Lake Fausse Pointe State Park

A 18 miles (30 km) au sud-est de St Martinville, en bordure de la Levee Rd, cet impressionnant parc d'État et réserve naturelle (☎ 337 229 4764) couvre une superficie de près de 2 500 ha. Il jouit d'une situation exceptionnelle près du lac contigu au bassin de l'Atchafalaya et dispose de trois petits sentiers qui serpentent à travers bois et marais. Un ponton est aménagé pour le départ des bateaux et l'on peut louer une embarcation. Comptez 20 $ l'heure pour un bateau à moteur (40 $ la journée), 5 $ l'heure pour un canoë (25 $ la journée) et 7 $ l'heure pour un kayak. Les week-ends d'été, de nombreuses familles du nord de la Louisiane investissent le parc avec leur hors-bord.

Dix-huit cabins sur pilotis sont par ailleurs disponibles au prix de 65 $. Jolis et spacieux, ils peuvent accueillir 8 personnes et comprennent un grand séjour, 2 chambres, une cuisine américaine équipée, une véranda donnant sur la bayou, le chauffage et la clim. Vaisselle, couverts, ustensiles de cuisine et draps sont fournis, mais vous devrez apportez vos serviettes de toilette. Bref, c'est une affaire ! Réservez car les amateurs sont nombreux en certaines saisons.

Une petite boutique vend sur place des produits de première nécessité (lait, conserves, spaghettis). Mieux vaut cependant faire vos courses ailleurs si vous voulez varier vos menus, les marchés les plus proches proposant un choix des plus restreints.

Le parc se trouve à une demi-heure de route environ de St Martinville, par des petites routes mal signalisées. Prenez la Hwy 96 jusqu'à la Hwy 679 et suivez celle-ci pendant 11 km, puis empruntez la Hwy 3083. Traversez le canal et tournez à droite sur la Henderson Levee Rd. Le parc est alors à 8 km environ. Vous pouvez aussi emprunter la Levee Rd depuis Henderson, à partir de la I-10, mais la plupart du parcours n'est pas goudronné.

## BREAUX BRIDGE

A 9 miles (15 km) à l'est de Lafayette, Breaux Bridge doit son nom à un pont-levis encore visible. A l'entrée de la ville, un panneau souhaite la bienvenue dans "la capitale mondiale des écrevisses", un titre décerné par le Parlement de l'État en 1959. Depuis, cette ville de 7 000 habitants organise le Crawfish Festival (☎ 337 332 6655) le premier week-end de mai. Au programme : concours des meilleures écrevisses à l'étouffée, concours du plus gros mangeur d'écrevisses (le record s'établit à 25 kg en 45 minutes), parade en l'honneur de l'écrevisse et même courses d'écrevisses. Des groupes de musique cajun et zydeco se produisent toute la journée et une bonne partie de la nuit. La participation s'élève à 5 $ par jour (10 $ pour le forfait de trois jours). Le petit Afro-American Crawfish Festival se déroule simultanément aux National Guard Armory Grounds. Il propose du zydeco et du rythm'n blues.

Breaux Bridge est située juste au sud de la sortie 109 de la I-10, mais les voyageurs venant de Lafayette ont tout intérêt à emprunter la Hwy 94, plus tranquille, et à prendre sur leur droite la Hwy 31 en direction de St Martinville pour atteindre le centre-ville. Celui-ci se compose essentiellement d'une rue bordée de boutiques à l'ancienne, le long du bayou Teche, à proximité du pont. En bordure du bayou, un petit parc commémore la fondation de la ville à la fin du XVIIIᵉ siècle. A côté du pont, le Bayou Teche Visitors Center (☎ 337 332 8500, 888 565 5939) distribue des cartes, des brochures sur les B&B et le calendrier des festivals.

## Lake Martin

Au sud de Breaux Bridge, le superbe lake Martin offre une occasion rare de découvrir la faune et la flore des marais à pied, et même en voiture. Incroyablement proche de la ville et de son agitation, ce merveilleux havre de paix constitue la plus grande zone de nidification pour les échassiers en Louisiane. Les cyprès et les tupelos sont investis par les ibis blancs, les hérons, les aigrettes, les chouettes, les aigles et les bal-

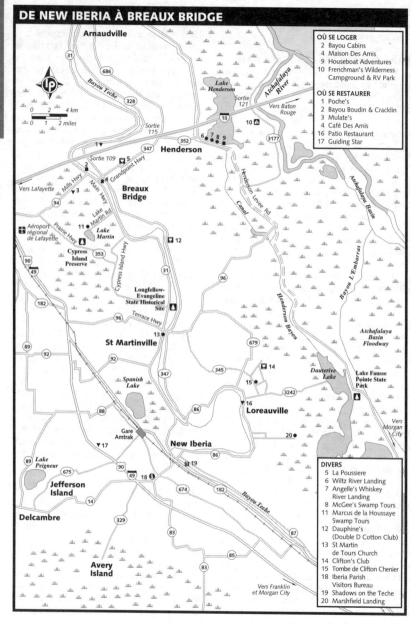

buzards, tandis que les loutres et les alligators pataugent au milieu des lentilles d'eau. Certains cyprès ont plus de 1 000 ans.

La réserve naturelle **Cypress Island Preserve**, sur les côtés sud et ouest du lac, abrite la plus importante colonie d'ibis blancs au monde. La rive nord du lac est bordée par un sentier de 5,5 km, tandis que la moitié sud bénéficie d'une route publique non goudronnée, permettant à tous les visiteurs désireux de rester dans leur voiture d'observer les oiseaux et les alligators dans le plus grand confort. Du fait de leur statut de réserve, les environs du lac ne comportent pas de services, de magasins ni de toilettes.

Marcus de la Houssaye (☎ 337 845 5332, 337 298 2630) propose, sur réservation, des **circuits de découverte du bayou** à bord d'une embarcation en aluminium de 6 m, ainsi que des canoës et des barques à fond plat en location. Les circuits (4 par jour, en semaine) durent 1 heure 30 et coûtent 25 $ par adulte et 5 $ par enfant. Pack & Paddle, à Lafayette, organise des excursions en kayak sur le Lake Martin (voir *Activités sportives* à la rubrique *Lafayette*).

De Breaux Bridge, prenez la Hwy 31 vers le sud puis bifurquez à droite sur Lake Martin Rd. Les circuits démarrent d'un embarcadère situé à droite du plan d'eau. Le lac se trouve à une quinzaine de minutes de Lafayette. Pour vous y rendre, prenez la Hwy 94 vers l'est et tournez à droite sur la Hwy 353. Environ 8 km plus loin, un panneau indique l'entrée sur la gauche. Le sentier de randonnée part sur la gauche, tandis que la route non goudronnée tourne vers la droite. Pour rejoindre le ponton des bateaux, suivez celle-ci sur 3 km.

## Où se loger

Vous vous sentirez merveilleusement isolé dans l'un des 8 confortables cabins de ***Bayou Cabins*** *(☎ 337 332 6158, 100 Mills Hwy/Hwy 94)*, pourtant situés derrière une route très empruntée (l'adresse postale est PO Box 3, 70517). Rocky et Lisa Sonnier ont joliment restauré ces cabins acadiens, qui sont tous dotés d'une véranda donnant parfois sur le bayou. Pour le petit déjeuner, les clients peuvent choisir entre un *lagniappe* (petite portion) d'excellent boudin, des *cracklins* (morceaux de couenne de porc frits), du fromage de tête, ou bien des beignets, des œufs et du jambon. Les tarifs s'élèvent de 50 à 90 $. Les cabins se trouvent à proximité du restaurant Mulate's (voir *Où se restaurer*).

A ***La Maison Des Amis*** *(☎ 337 332 5273, 140 E Bridge St, 70517)*, en plein centre-ville, sur le bayou Teche, la famille Breaux vous accueille dans son charmant cottage créole de 1870. Les chambres sont facturées entre 75 et 95 $, petit déjeuner au Cafe Des Amis (voir ci-après) compris.

## Où se restaurer et sortir

Occupant un immeuble d'angle des années 20, le chaleureux ***Cafe Des Amis*** *(☎ 337 332 5273, 140 E Bridge St)*, dans le centre, prépare de succulents petits déjeuners avec beignets, omelette aux écrevisses, pain perdu et boudin aux œufs. Il offre également le cadre idéal pour un dîner intime. Vous entendrez parler français partout autour. La foule s'y presse le samedi matin à partir de 8h30 pour un petit déjeuner zydeco au son d'une musique "live".

***Bayou Boudin & Cracklin*** *(☎ 337 332 6158, 100 Mills Hwy/Hwy 94)* concocte des plats cajuns traditionnels. Vous pourrez déguster dans la véranda du boudin nature ou aux écrevisses, des cracklins (la spécialité, primée lors d'un concours), du fromage de tête étonnamment léger, et d'autres délices, au déjeuner et au dîner.

Une rue plus loin, ***Mulate's*** *(☎ 337 332 4648, 325 Mills Hwy/Hwy 94)* accueille tous les soirs de talentueux musiciens cajuns qui attirent les foules venant danser dans la salle au parquet usé. La carte du Mulate's (MOU-lotz) comprend une variété de plats cajuns (de 8 à 12 $ au déjeuner, de 12 à 15 $ au dîner) et du poisson-chat, spécialité de la maison. Ouvert tous les jours. Le couvert n'est pas facturé.

Signalée par une enseigne historique, la charcuterie ***Poche's*** *(☎ 337 332 2108, 3015 A Main Hwy/Hwy 31)*, au nord de la I-10, jouit d'une réputation qui remonte à la nuit des temps. Spécialisée dans le boudin et les cracklins, Poche's ouvre tous les jours de 5h30 à 21h et propose des déjeuners cajuns, de 10h30 à 14h, ainsi que des barbecues le week-end. La grande salle à manger, sans prétention, est décorée de têtes de cerf. De la I-10, prenez la Hwy 31 sur 5 km en direction du nord. Vous trouverez la charcuterie sur votre droite.

La salle de bal cajun traditionnelle *La Poussiere* (☎ *337 332 1721, 1301 Grandpoint Hwy/Hwy 347*) s'est rendue tristement célèbre lorsque deux avocats afro-américains à qui l'entrée avait été refusée intentèrent contre elle une action en justice. Elle a depuis changé d'attitude. Le *fais-do-do*, maintenant ouvert à tous, se déroule le samedi soir de 20h à minuit (entrée 3 $). Des concerts ont lieu le dimanche de 16h à 20h (entrée 4 $). Du centre-ville, traversez le pont, prenez la première à droite, puis la première à gauche. Suivez Grandpoint Hwy sur 800 m. La salle est sur votre gauche.

Les amateurs de zydeco fréquentent *Dauphine's* (☎ *337 394 9616*), également connu sous le nom de Double D Cotton Club, situé à l'extérieur de la commune de Parks, au sud de Breaux Bridge, à mi-chemin de St Martinville. Toute de bois, la salle accueille généralement des musiciens le week-end. Pour vous y rendre, prenez la Hwy 31 en direction du sud sur 8 km jusqu'à Parks, bifurquez à gauche sur la Hwy 350, puis prenez à droite dans la Hwy 347. Vous trouverez St Louis Rd 500 m plus loin sur votre gauche.

## HENDERSON

Ville la plus accessible du bassin de l'Atchafalaya, Henderson offre de multiples possibilités de loisirs : pêche et chasse en bateau, circuits dans les marais, location de canoës et de bateaux à moteur. Des maisons flottantes et des restaurants sur pilotis sont établis en ville et le long de la route construite sur la digue. Pour atteindre celle-ci, prenez la sortie 115 de la I-10 et dirigez-vous vers le sud. Bifurquez presque immédiatement à gauche dans la Hwy 352 et parcourez 3 miles (7 km) en traversant la commune. De l'autre côté du pont sur le canal apparaît la digue. Tournez à droite et guettez les panneaux qui signalent les embarcadères ouverts au public. Vous pouvez aussi emprunter la sortie 121 de la I-10 et prendre en direction du sud la Hwy 105 (qui devient la Hwy 3177). Au milieu des marais, elle rejoint la digue à 4 miles (6,5 km) au sud de Henderson.

Construite sur la digue, la **Henderson Levee Rd** constitue une curiosité en soi. Elle serpente en direction du sud sur 80 km jusqu'à Morgan City *via* le Lake Fausse Pointe State Park. Elle n'est pas goudronnée sur la plupart du parcours, mais la chaussée reste correcte (si vous voyagez dans une voiture de tourisme, vous serez tout de même plus à l'aise par temps sec). Le bassin de l'Atchafalaya lui-même reste hors de vue, à moins de vous approcher jusqu'aux embarcadères publics. Vous verrez néanmoins les maisons, les cabanes et les caravanes qui bordent le bassin. Vous pouvez louer des bateaux auprès de **Wiltz River Landing** (☎ 337 228 2430), en retrait de la Levee Rd, au sud du pont de la Hwy 352. Les bateaux à moteur sont facturés 38 $ la journée, les canoës 15 $ la journée (pagaies et gilets de sauvetage en supplément).

La société familiale **Mc Gee's Swamp Tours** (☎ 337 228 2384), 1337 Henderson Levee Rd, organise des circuits de découverte du marais à bord de bateaux pouvant accueillir jusqu'à 50 passagers (4 départs quotidiens, sauf en janvier, au prix de 12/6 $ pour les adultes/enfants) Les tours d'1 heure 30 sont commentés au micro par des Cajuns de l'ancienne génération, qui n'hésitent pas à nourrir les alligators. Il est recommandé de réserver. Le restaurant de Mc Gee's offre une vue superbe sur le bayou (po-boys de poisson-chat à 5 $).

Non loin de là, **Angelle's Whiskey River Landing** (☎ 337 228 8567) propose des circuits très similaires (mêmes embarcations, mêmes tarifs) avec des commentaires en français. Le dimanche de 16h à 20h, l'embarcadère accueille les musiciens cajuns et se transforme en piste de danse. Voilà une occasion unique de vous essayer au *two-step*.

Les adeptes du camping pourront se rendre au *Frenchman's Wilderness Campground & RV Park* (☎ *337 228 2616*), accessible de la sortie 121 de la I-10 (Butte

## L'écrevisse sacrée

Appelée *crayfish* dans le reste des États-Unis, l'écrevisse, quand elle n'a pas gardé son nom français, s'appelle *crawfish* ou *mudbug* (littéralement "bête de boue") dans le sud de la Louisiane.

On constate partout des symptômes de l'actuelle passion pour ce sympathique crustacée. Sur les T-shirts et sur les tasses à café ou dans les menus, sous la forme d'étouffée, de bisque ou de boulettes, l'écrevisse est omniprésente. On la surnommait jadis la "langouste du pauvre". Désormais, les Louisianais peuvent à juste titre désigner sa grande cousine du Maine comme l'"écrevisse du riche".

Un voyage en pays cajun comprend obligatoirement la dégustation de ces petits crustacées. Si vous arrivez au printemps, commencez par chercher un *boiling point* (endroit ou l'on se réunit pour faire cuire les écrevisses dans une grande marmite d'eau) et décortiquez sans plus tarder les carapaces rouges. Si la technique vous manque, demandez humblement l'aide d'un expert.

Dans leur mythologie, les Indiens Chitimacha, originaires de la région, attribuent la création de l'univers à l'écrevisse, crustacé d'eau douce natif des marais du sud de la Louisiane qui représentait jadis une part importante de leur alimentation. Ce sont eux qui enseignèrent les techniques de pêche et de dégustation aux Acadiens qui s'établirent dans la région au milieu du XVIII$^e$ siècle. Dans les années 30, on servait des écrevisses gratuitement dans les pubs pour pousser les clients à la consommation de bière. Après la Seconde Guerre mondiale, une pêcherie s'installa dans le bassin de l'Atchafalaya, près de Henderson.

La pêche d'écrevisses sauvages ne suffisant pas toujours à satisfaire la demande (la production annuelle est soumise à la fluctuation du niveau des eaux, et donc variable), des chercheurs se penchèrent sur l'astaciculture dans les années 60. Ils découvrirent ainsi que l'écrevisse peut grandir dans des mares artificielles peu profondes, ce qui en fait le complément idéal de la riziculture. Aujourd'hui, les terres drainées en été sont immergées à l'automne par des mares dont les dimensions s'échelonnent de moins de 1 ha à 40 ha. La récolte commence dès novembre et atteint son apogée en avril et mai. Selon le centre de recherches sur l'agriculture de la LSU (Louisiana State University), la production annuelle globale (écrevisses d'élevage et sauvages) s'élève entre 33 975 tonnes et 47 565 tonnes, soit 125 millions de $. Près de 7 000 personnes, essentiellement en pays cajun, vivent, directement ou indirectement, de l'écrevisse.

Environ 85% de la production d'écrevisses est consommée sur place. C'est la chair de la queue que l'on déguste (elle se trouve, souvent congelée, toute l'année). La véritable tradition de dégustation est le *crawfish boil*, au cours duquel les Cajuns se réunissent en famille ou entre voisins. Lavés, les crustacés sont jetés vivants dans une immense marmite remplie d'eau bouillante et d'épices (certains préfèrent cependant faire bouillir d'abord les crustacées et ajouter les épices après), parfois avec des pommes de terre et du maïs. Les écrevisses, qui prennent leur couleur rouge en cours de cuisson, sont servies sur de grands plateaux en aluminium qui, une fois vides, reçoivent les déchets. Les dégustateurs avertis détachent la tête et en aspirent le "beurre", avant de déchirer la fine carapace inférieure et d'extraire la chair blanche de la queue en appuyant. Ne quittez pas le pays cajun sans vous être prêté à ce rituel souvent accompagné de musique et de danse.

La Rose). Vous paierez 13/15 $ pour les emplacements de tente/camping-car, plus 1 $ pour nager dans la piscine (4 $ si vous ne séjournez pas au camping).

## Location de bateaux

Le Cypress Cove Landing, le troisième embarcadère que vous rencontrerez, est celui où Doug et Diane Sebatier tiennent Houseboat Adventures (☎ 337 228 7484, 800 491 4662), 1399 Hendersen Levee Rd, société de location de maisons flottantes. Amarrés dans une crique protégée, leurs bateaux modernes et confortables sont équipés de bruyants générateurs qui assurent l'électricité nécessaire à la TV, à la vidéo et à la clim. Vous pouvez néanmoins rompre avec la vie moderne et vous éclairer à la bougie en vous laissant bercer par le souffle de la brise et le chant des oiseaux, des insectes et des grenouilles (vous entendrez même le grondement des alligators à la saison des amours). Les bateaux comportent tous une balançoire, un réchaud à deux feux et, pour certains, un miniréfrigérateur.

Prévoyez vos provisions, de l'eau potable et une glacière (à en juger par les commentaires laissés par les clients sur le registre, vous apprécierez la possibilité de vous désaltérer fréquemment). Une lampe de poche et des produits contre les insectes vous seront également d'une grande utilité et, bien sûr, n'oubliez pas votre matériel de pêche. Les Sebatier fournissent le linge de maison, la vaisselle, les bougies et les allumettes. Ils vous montreront comment faire fonctionner le générateur et mettront à votre disposition une pirogue ou une embarcation à moteur pour vous permettre de rejoindre la rive et les restaurants établis à proximité.

Vous devez réserver à l'avance pour séjourner dans l'une de ces maisons flottantes. En haute saison (de mars à octobre), comptez 145 $ la nuit pour un bateau pouvant accueillir de 4 à 6 personnes et 175 $ pour une embarcation de 8 passagers (2 jours minimum le week-end) plus 25 $ de frais de remorquage. Des réductions sont appliquées en basse saison et sur les séjours de plus de 2 nuits. Une navette dessert l'aéroport de Lafayette.

# Lafayette

La "capitale de la Louisiane française" compte 112 000 habitants. Bien que la plupart de ses quartiers manquent de charme, Lafayette est animée et ses habitants saisissent toutes les opportunités de participer aux multiples manifestations musicales qui s'y déroulent. Les 17 000 Ragin' Cajuns de la UL (University of Louisiana) de Lafayette lui valent la réputation d'une ville universitaire animée. Les visiteurs apprécieront cette cité accueillante, ses festivals, ses nombreux restaurants et hébergements et sa situation stratégique, à proximité du reste de l'Acadiana. Les vieux quartiers du centre viennent d'être réhabilités et les magasins qui bordent Evangeline Thruway (I-49), l'axe central à quatre voies, se sont étendus aux autres grandes artères.

Trois principaux centres sont dédiés à la culture acadienne et constituent une bonne introduction pour les voyageurs qui prévoient de s'enfoncer en pays cajun : l'Acadian Cultural Center, géré par le NPS (National Park Service) ; Vermilionville, juste à côté ; et l'Acadian Village, à l'autre extrémité de la ville. Les enfants apprécieront le Children's Museum, dans le centre, le Natural History Museum, ainsi qu'un certain nombre de festivals.

Lafayette ne manque pas de distractions, mais ne doit pas constituer le but de votre voyage en pays cajun. Après 1 jour ou 2, prenez la route et enfoncez-vous dans la campagne pour approcher d'un peu plus près le mode de vie traditionnel cajun.

## Histoire

L'histoire de la ville débute en 1821 avec l'édification d'une église – transformée en 1918 en l'imposante cathédrale St John the Evangelist – en bordure du bayou Vermilion. Autour de celle-ci s'établirent quelques colons. En 1823, la législature de Louisiane créa une paroisse dont Vermilionville devint le siège après la construction d'un tribunal, sur un terrain adjacent à l'église. En 1844, la ville prit le nom de Lafayette, en hommage au marquis fran-

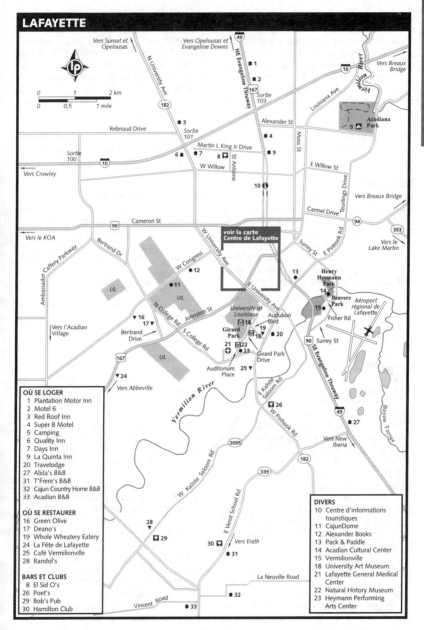

çais. Elle devint le centre commerçant de cette région agricole où l'élevage de bétail et de chevaux se développa rapidement grâce à la richesse du sol. Le boom pétrolier des années 70 favorisa ensuite la croissance économique, et la ville accueillit les bureaux des compagnies gérant les plates-formes off-shore. Elle subit un revers de fortune avec la crise pétrolière des années 80, mais la décennie suivante a vu une conjoncture plus favorable qui, associée à la croissance du tourisme, a favorisé un nouveau développement.

## Orientation

La I-10 passe au nord de la ville. Des chaînes d'hôtels et de restaurants sont implantées aux abords des sorties 101 et 103A. Evangeline Thruway (Hwy 167/Hwy 90/I-49), formée de deux rues parallèles à sens unique, traverse la ville du nord au sud. Jefferson Blvd forme un arc de cercle dans le centre-ville, très restreint. University Ave (Hwy 182) croise la I-10 et part en direction du sud, passant à l'extrémité est de l'université et sur le côté ouest du centre. A l'ouest, Ambassador Caffery Parkway, très fréquentée, est bordée de nombreux centres commerciaux. Aucun des axes principaux et peu de petites rues suivent un parcours rectiligne.

## Renseignements

**Offices du tourisme.** A 1 mile (1,5 km) au sud de la I-10, entre les deux bretelles d'Evangeline Thruway, un centre d'accueil touristique distribue cartes, guides et brochures, tous les jours jusqu'à 17h.

Pour vous renseigner à l'avance, contactez la Lafayette Convention & Visitors Commission (☎ 337 232 3808, 800 346 1958, info@lafayettetravel.com), Box 52066, Lafayette, LA 70505. Du Canada, composez le ☎ 800 534 4340. Leur site (www.lafayettetravel.com) propose des liens intéressants sur le pays cajun.

**Codofil.** Créé en 1968 par l'Assemblée législative de Louisiane afin de "prendre toute initiative nécessaire pour assurer le développement, l'utilisation et la préservation de la langue française" dans l'État, le Codofil (Conseil pour le développement du français en Louisiane, ☎ 337 262 5810, 800 259 5810, fax 337 262 5812) est implanté 217 W Main St. Vous y trouverez profusion de brochures et de renseignements sur les francophones louisianais ainsi que quelques ouvrages en consultation ou en vente. Vous pouvez contacter le centre *via* son site Internet : www.codofil.org.

**Argent.** Toutes les agences de la Whitney National Bank effectuent des opérations de change. Vous en trouverez une 911 Lee Ave (☎ 337 264 6158).

**Poste et communications.** Le bureau de poste principal (☎ 337 232 4910, 101 Jefferson Blvd) est implanté de l'autre côté de la voie ferrée, à l'est du quartier commerçant, à l'angle d'E Cypress St. Mailboxes Etc (☎ 337 233 2139, fax 337 233 3256), près de Kmart, à l'intersection d'E Kalliste Saloom et de W Pinhook Rd, propose des services d'envoi et de réception de courrier, de colis et de fax. Pour les fax, photocopies et services Internet, vous pouvez vous adresser 24h/24 à Kinko's Copies (☎ 337 989 2679 ; fax 337 989 2779), au 3808 Ambassador Caffery Parkway.

**Médias.** Aucun journal ne vaut le petit hebdomadaire gratuit *The Times of Acadiana* – généralement appelé le *Times* – en ce qui concerne la vie locale (informations et manifestations). Il vous aidera à établir votre programme. Vous le trouverez au service d'informations touristiques ou en ligne sur www.timesofacadiana.com ou www.acadiananow.com.

Le français étant ici une langue parlée, vous ne trouverez pas de journaux ou de magazines dans cette langue.

Radio Acadie (KRVS 88.7 FM ; ☎ 337 482 6108), qui émet depuis l'université, diffuse d'excellents programmes de musique sud-louisianaise. Vous entendrez de la musique cajun en semaine de 5h à 7h, samedi de 6h à midi et le dimanche de 16h à 17h. Le samedi soir passe le spectacle *Rendez-vous des Cajuns* du Liberty Center Theater. Certains concerts du Festival Inter-

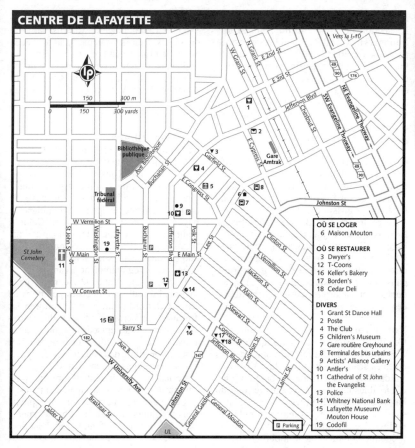

national sont retransmis en direct. Vous pouvez aussi écouter la radio en ligne sur krvs.louisiana.edu. Sur 95.5 FM, vous entendrez du rythm'n blues, du rap et du hip-hop.

**Librairies et bibliothèques.** Alexander Books (☎ 337 234 2096), 2001 W Congress St, près de l'université, vend des livres – neufs, d'occasion, éditions rares – et des revues.

La bibliothèque publique principale (☎ 337 261 5775), 301 W Congress St, dans le centre, dispose d'un accès Internet.

**Services médicaux et d'urgence.** Le Lafayette General Medical Center (☎ 337 289 7991) se trouve 1214 Coolidge Blvd, près de S College Rd. Il gère deux centres de soins qui s'occupent des urgences bénignes : l'un au service des urgences de l'hôpital (ouvert en semaine de midi à 22h, le week-end de 9h à 21h), l'autre dans le centre commercial Southpark, près de Broussard (☎ 337 232 2273 ; ouvert en semaine de 8h à 20h, le week-end de 8h à 16h). Pour joindre le commissariat de police, 731 Jefferson Blvd, composez le ☎ 337 261 8630.

## Acadian Cultural Center

La section de Lafayette du Jean Lafitte National Historical Park and Preserve propose une excellente exposition sur la culture et l'histoire spécifiques des Cajuns des marais et de la prairie. Des panneaux en anglais et en français cajun commentent les objets et les pièces présentés. Un film de 40 minutes, sous-titré en français, reconstitue, avec une mise en scène un peu excessive, le calvaire infligé aux Acadiens par les Anglais au XVIII$^e$ siècle. Le personnel parle français et le centre diffuse des brochures en français. La boutique dispose d'un très bon choix d'ouvrages sur l'histoire et les arts populaires, mais aussi de CD.

Le centre (☎ 337 232 0789), 501 Fisher Rd, ouvre tous les jours de 8h à 17h (entrée libre). D'Evangeline Thruway, rejoignez E Pinhook Rd et suivez les panneaux en direction de l'est. Prenez ensuite à droite dans Surrey St, juste au nord de l'aéroport, puis encore à droite dans Fisher Rd. Le centre jouxte Vermilionville.

## Vermilionville

Ce village historique et folklorique (☎ 337 233 4077), 1600 Surrey St, comporte des édifices acadiens du milieu du XVIII$^e$ à la fin du XIX$^e$ siècle. Dans un parc de 8 ha, d'agréables chemins aménagés le long du bayou et du lac relient les échoppes d'artisans, les cabanes et les maisons traditionnelles. Des conférenciers en costume d'époque commentent le mobilier et l'architecture, ainsi que les traditions populaires. La visite présente d'autant plus d'intérêt que les guides évoquent souvent leur propre expérience, et les habitants de la région, qui se joignent aux groupes, n'hésitent pas à y aller de leur anecdote.

Les visites guidées commencent à 10h15, 12h30 et 15h. Il est également possible d'effectuer la visite seul, à l'aide d'une brochure. Des sculpteurs sur bois, des forgerons, tisserands et autres artisans font la démonstration de leurs talents. Des groupes de musique cajun se produisent dans la grange à 13h30 et 15h30 en semaine, et de 14h à 17h le week-end. Des ateliers cuisine (avec dégustation) ont lieu tous les jours à 11h30 et 13h30. La galerie d'artisanat vend des objets réalisés localement, tandis que la boutique propose un bon choix d'ouvrages régionaux. Le musée ouvre tous les jours de 10h à 17h. L'entrée revient à 8/5 \$ par adulte/étudiant. Vous pourrez déjeuner au café. Profitez de l'occasion pour visiter l'Acadien Cultural Center voisin.

## Acadian Village

Cet autre village historique (☎ 337 981 2364, 200 Greenleaf Dr, à la périphérie ouest de la ville) vous semblera moins soigné, plus petit, plus calme et plus éloigné que Vermilionville. Un chemin pavé de briques serpente le long d'un minuscule bayou jusqu'au village restauré. Celui-ci comprend des maisons, des échoppes d'artisans, une église et des communs, tous authentiques. Des spectacles de musique cajun y sont régulièrement organisés.

Le **Mississippi Valley Museum** mérite la visite à lui seul. D'immenses peintures de Robert Dafford (dont on peut admirer des fresques sur certains édifices du centre-ville) retracent les épisodes qui ont jalonné l'histoire des Amérindiens de la région. Des canoës construits dans des troncs de cyprès et d'autres objets indiens sont exposés. Un historien est généralement présent pour fournir des explications supplémentaires.

Le village et le musée reçoivent le public tous les jours de 10h à 17h moyennant 6,50/2 \$ (adultes/enfants). Les bénéfices sont versés à une association d'aide aux handicapés mentaux. Prenez Ambassador Caffery Parkway, tournez en direction de l'ouest dans Ridge Rd, puis bifurquez vers le sud (à gauche) dans W Broussard Rd (guettez les panneaux).

## Children's Museum

Destiné aux enfants de 2 à 12 ans, ce musée (☎ 337 232 8500), 201 E Congress St, occupe une épicerie de briques du centre historique, la Heymann's Grocery. Les plus jeunes pourront découvrir une salle d'opération, une ambulance grandeur réelle, un ministudio de TV, un atelier d'art et un petit cottage de style acadien habité par une immense poupée anatomique à la chevelure bleue. Il se visite du mardi au samedi, de 10h à 17h. L'entrée coûte 5 $ par enfant de plus de 1 an. Des parkings gratuits sont aménagés aux entrées de Polk St et de Taylor St.

## Natural History Museum
Moderne et élégant, ce musée aux murs de verre (☎ 337 291 5544), 637 Girard Park Dr, présente des expositions temporaires consacrées au milieu naturel louisianais, ainsi que des vitrines et des animations sur les sciences et la nature. D'autres attractions vous attendent au planétarium qui, à certaines heures, met un télescope à votre disposition.

Le musée ouvre en semaine de 9h à 17h (jusqu'à 21h le mardi) et le week-end de 13h à 17h (entrée libre). Il est installé derrière le Heymann Performing Arts Center et accueille les concerts du Bach Lunch (voir *Où sortir* ci-dessous).

## University of Louisiana
Centre intellectuel de la culture acadienne, la UL (anciennement University of Southwestern Louisiana) accueille 17 000 étudiants d'origines très diverses. Elle abrite deux centres de recherches, sur la Louisiane (Center for Louisiana Studies) et les marais (National Wetlands Research Center), ainsi qu'une bibliothèque comportant une section d'archives historiques très fournie. Elle propose également un doctorat d'études francophones et un cycle d'étude sur la culture, la musique et la danse cajuns (☎ 337 482 6371).

Les visiteurs s'intéressent surtout à son **Cypress Lake**, un petit bayou qui paraît bien incongru en plein centre du campus, derrière la Maison des étudiants.

Le **University Art Museum** (☎ 337 482 5326) possède une collection de peintures et de photographies d'artistes louisianais et américains des XVIII$^e$, XIX$^e$ et XX$^e$ siècles, auxquels s'ajoutent des œuvres issues des arts traditionnels du Sud et des estampes japonaises. Les galeries sont réparties dans deux bâtiments : le Fletcher Hall, moderne, à l'angle d'E Lewis et de Girard Park Circle, et une demeure d'inspiration Greek Revival située un peu plus bas (101 Girard Park Dr, au coin de St Mary Blvd). Le musée, gratuit, vous accueille en semaine de 9h à 16h (le Fletcher Hall ouvre également ses portes le samedi de 10h à 16h).

## Acadiana Park
Cogéré par la ville et le Natural History Museum, l'Acadiana Park (☎ 337 291 8448), assez bien préservé, s'étend sur une plaine alluviale couverte de 17 ha de forêts. Un **circuit en boucle** de près de 5 km (en plusieurs sentiers) serpente à l'ombre de l'épaisse frondaison des feuillus, enjambant un ruisseau qui se jette dans la rivière Vermilion. En plein cœur d'une zone urbanisée, le parc est le paradis des oiseaux, des poissons et de certains mammifères (écureuils, opossums, ratons laveurs, tatous, lapins, et même quelques renards). Le printemps est la meilleure époque pour rendre visite aux 157 espèces d'oiseaux du parc. Presque toutes les plantes produisent une seconde floraison en octobre-novembre, en dépit de la sécheresse. De la première averse d'été à l'automne, les moustiques envahissent la plaine inondable.

Perché à une dizaine de mètres de haut mais accessible aux fauteuils roulants, le centre forestier (**nature station**) abrite des expositions sur les habitats du parc. Il organise, sur réservation uniquement, des promenades ornithologiques guidées le premier samedi de chaque mois (départ à 8h) et des sorties la nuit (le dernier samedi du mois). Le centre ouvre en semaine de 9h à 17h et le week-end de 11h à 15h. Prenez la sortie 103 de la I-10 et engagez-vous dans la contre-allée d'Evangeline Thruway (côté est). Poursuivez en direction du nord, passez le motel Super 8 et tournez à droite (vers l'est) dans Alexander St. Suivez les panneaux, le parc se trouve à quelques kilomètres. Vous pourrez également y camper (voir *Où se loger*).

## Autres sites
Érigée en 1918 au cœur du centre historique, dans St John St, la **cathédrale St John the Evangelist** (☎ 337 232 1322) assure une messe quotidienne. Vous pouvez recourir

aux services d'un guide pour visiter ce spectaculaire monument d'architecture néo-romane datant de 1916, dont la tour de 10 étages est surmontée d'une coupole suffisamment vaste pour accueillir 700 fidèles. A côté de l'édifice se dresse un gigantesque chêne vert, vieux de 450 ans. Le cimetière situé derrière l'église mérite également un coup d'œil.

Sur Lafayette St, juste au nord de W Vermilion, le tribunal fédéral est nouvellement installé dans un bâtiment imposant dont la façade est flanquée de têtes de marbre de plus de 2 m amputées de leur calotte crânienne. Une illusion d'optique permet d'imaginer dans cette représentation de la justice aux yeux bandés la persistance d'un cerveau intact.

La demeure du XIX$^e$ siècle du fondateur de la ville et premier gouverneur démocrate a été transformée en musée : le **Lafayette Museum-Mouton House** (☎ 337 234 2208), 1122 Lafayette St. Elle se visite du mardi au samedi de 9h à 17h et le dimanche de 15h à 17h. L'entrée s'élève à 3 $ pour les adultes et à 1 $ pour les étudiants et les enfants. Elle se couvre de décorations somptueuses pour la période de Noël.

L'**Artists' Alliance Gallery** (☎ 337 233 7518), 551 Jefferson Blvd, dans le centre, expose les artistes locaux et accueille des chanteurs le mardi soir. Les œuvres participent au concours Southern Open du Festival international de Louisiane.

## Activités sportives

Pour toutes les activités de plein air, adressez-vous à Pack & Paddle (☎ 337 232 5854, 800 458 4560), 601 E Pinhook, à l'angle d'Evangeline Thruway. Cette société organise des excursions dans toute la région, en kayak, en canoë ou à pied (sur réservation uniquement). Elle distribue des cartes et des guides et publie un magazine gratuit, *Outside Scoop*, qui détaille les activités (disponible au magasin et en ville). Parmi les excursions proposées figurent un "sunset tour" sur le bayou Teche, entre Loreauville et New Iberia, et un circuit sur le Lake Martin effectué pendant les migrations des oiseaux à l'automne et au printemps (comptez 25 $ environ pour le canoë ou le kayak, le guide et le transport). Vous trouverez des cartes et d'autres informations sur le site www.packnpaddle.com.

## Manifestations annuelles

Le deuxième samedi de chaque mois, les galeries, les cafés et les restaurants de Jefferson Blvd restent ouverts jusqu'à 20h30 pour les manifestations de l'Artwalk (rencontres avec des peintres, lectures, dégustations de spécialités et de vins).

En janvier, le Boudin Festival se déroule à Broussard, au sud de la ville. Fin février ou début mars, vous pourrez assister à des parades, à un courir de Mardi gras (à Vermilionville), à un bal public gratuit et à toutes les festivités des 5 jours précédant le Mardi gras (☎ 337 235 2471, 800 346 1958). L'une des parades est organisée par le Krewe des Chiens, qui recueille également lors d'un bal des fonds destinés aux animaux maltraités (☎ 337 984 7611). En avril, l'Acadian Village héberge le Beef, Rice, and Gravy Cookoff (☎ 337 981 2364), un concours de cuisine qui s'accompagne de concerts de musique cajun et zydeco.

Plus de 150 000 personnes assistent gratuitement au Festival international de Louisiane (☎ 337 232 8086) qui présente pendant 6 jours à la fin avril des concerts d'artistes francophones (www.festivalinternational.com, en anglais et en français). Un "bœuf" est organisé au Grant St Dance Hall le dimanche soir à l'issue du dernier spectacle. Un jury récompense les gagnants d'un concours destiné aux artistes de moins de 21 ans lors de l'Art House Jive (les spectateurs doivent également avoir moins de 21 ans ; ☎ 337 233 7518).

Le Cajun French Music Association Festival (☎ 337 232 3737) organise le troisième week-end d'août au Blackham Coliseum des concerts de musique cajun ainsi qu'une cérémonie de récompenses (www.cajunfrenchmusic.org). A la mi-septembre, les Festivals Acadiens (☎ 337 232 3737, 800 346 1958) célèbrent la musique, la gastronomie, l'artisanat et le folklore cajuns. Les festivités de Noël sont nombreuses, et les villages acadiens se parent alors de mille lumières.

## Où se loger

Avec près de 4 000 chambres d'hôtel et 60 chambres en B&B, Lafayette offre le plus grand choix de la région. Les visiteurs doivent malgré tout savoir que la ville et les communes avoisinantes peuvent très bien afficher complet lors des grands festivals ou des week-ends durant lesquels les petites villes des environs organisent des manifestations. Durant ces périodes, les tarifs sont également susceptibles de s'envoler (jusqu'à 50% de plus). N'oubliez pas de réserver si vous ne voulez pas aller jusqu'à Baton Rouge pour trouver une chambre.

Outre quelques B&B cajuns, vous pouvez compter sur les chaînes hôtelières habituelles. Les motels économiques sont relativement récents, bien entretenus et facilement accessibles. La plupart disposent d'une piscine et servent, au minimum, un petit déjeuner continental. Les tarifs économiques évoluent dans une fourchette de 35 à 45 $ pour 1 double. Si vous souhaitez loger dans un cadre plus paisible, pensez aux localités voisines de St Martinville, Breaux Bridge et Sunset.

**Camping.** Géré par la ville, l'*Acadiana Park* (☎ *337 291 8448 pour les réservations, 1201 E Alexander St*) propose 75 emplacements à 9 $ (dont certains réservés aux tentes) dans une forêt de la plaine alluviale (voir *Acadiana Park* ci-dessus). Ce camping pratique dispose de toilettes et de douches.

Installé sur un terrain plus élevé, mais aussi plus exposé, le *KOA Kampground* (☎ *337 235 2739, 800 224 7724*), à Scott, I-10 sortie 97, à 8 km à l'ouest de la ville, comprend 200 emplacements et cabins climatisés. Agrémenté de 2 piscines, d'un minigolf et d'un terrain de sport, il facture 19 $ la nuit. Les cabins de 4 à 6 personnes coûtent 38 $ ; ceux qui comprennent 2 pièces (de 6 à 8 couchages) sont facturés 48 $ (séjour de 2 nuits minimum durant les week-ends d'été).

**B&B.** L'*Acadian Bed and Breakfast* (☎ *337 856 5260, 127 Vincent Rd*), de la famille Lejeune propose 3 chambres agréables à 45/65 $ la simple/double. L'accueil est sympathique et Mme Lejeune, qui est membre d'une association de B&B, pourra vous trouver une chambre si elle affiche complet. Le français est de rigueur et les chambres sont non fumeur. Prévoyez de l'argent liquide.

Non loin, Maxie et Audrey Broussard tiennent le *Cajun Country Home Bed & Breakfast* (☎ *337 856 5271, 1601 La Neuville Rd*). Aucun panneau ne le signalant de la route, vous devrez vous fier aux boîtes aux lettres pour trouver cette maison de 1830 située dans un virage. Ici aussi, vous serez dans une atmosphère familiale et francophone. Les écureuils évoluant dans le parc et les petits déjeuners d'Audrey ajoutent aux attraits de cette adresse. Comptez 40/60 $ la simple/double et prévoyez de l'argent liquide.

L'accueillante *Maison Mouton* (☎ *337 234 4661, fax 337 235 6755, 402 Garfield St*) bénéficie d'une situation exceptionnelle, en plein centre-ville, juste derrière la scène principale du Festival international et à égale distance de la gare routière et du terminal des bus urbains. Récemment rénovée, cette pension centenaire propose des chambres joliment décorées à 59 $ (s.d.b. commune) et 89 $ (s.d.b. privative).

A proximité de l'aéroport, *Alida's* (☎ *337 264 1191, 800 922 5867, info@alidas.com, 2631 SE Evangeline Thruway*) dispose de 4 chambres confortables, toutes avec s.d.b., à des tarifs compris entre 90 et 125 $. Le petit déjeuner ravira les gourmets, et les accueillants propriétaires connaissent bien la région. La demeure à la façade rose, construite en 1902 dans un style classique, se trouve dans Verot School Rd, à 10 minutes environ du centre.

*T'Frere's* (☎/*fax 337 984 9347, 800 984 9347, tfreres@mindspring.com, 1905 E Verot School Rd*) comprend 4 chambres réparties sur les 2 étages d'une coquette maison de 1880 et 2 chambres en rez-de-chaussée dans un édifice adjacent. L'établissement se situe à une distance raisonnable de la route et à proximité du Hamilton Club, recommandé pour le zydeco. Comptez 80/95 $ pour 1 simple/double (toutes sont équipées de s.d.b.), petit déjeuner cajun inclus.

**Motels.** Situé dans une zone d'activités, le ***Super 8 Motel*** *(☎/fax 337 232 8826, 2224 NE Evangeline Thruway)*, au sud de la sortie 103B de la I-10, loue des simples/doubles à 33/43 $ taxes, copieux petit déjeuner continental et accès à la piscine compris. En périphérie de la ville, le ***Motel 6*** *(☎ 337 233 2055, fax 269 9267, 2724 NE Evangeline Thruway)*, au nord de la sortie 103B de la I-10, propose des chambres correctes à 36/40 $. Un peu plus au nord, le ***Plantation Motor Inn*** *(☎/fax 337 232 7285, 800 723 8228, 2810 NE Evangeline Thruway)* dispose de simples/doubles un peu défraîchies à 30/36 $. Toujours à l'extérieur de la ville, juste au nord de la sortie 101 de la I-10, le ***Red Roof Inn*** *(☎ 337 233 3339, 800 843 7663, 1718 N University Ave)* facture ses chambres 40/50 $.

A la sortie 101 de la I-10, le ***Quality Inn*** *(☎ 337 232 6131, fax 337 232 2682, 800 228 5151, 1605 N University Ave)* offre un bon rapport qualité/prix, avec des tarifs qui démarrent à 45 $. Les chambres sont dotées d'un coffre-fort et l'établissement est situé à côté d'un restaurant Cracker Barrel. En face, le ***Days Inn*** *(☎ 337 237 8880, fax 337 235 1386, 1620 N University Ave)* vient d'être rénové. Les animaux domestiques sont admis dans les chambres, qui coûtent 59/62 $. Les deux motels disposent d'une piscine.

Le ***Travelodge*** *(☎ 337 234 7402, fax 337 234 7404, 800 578 7878, 1101 W Pinhook Rd)*, à l'angle d'Audubon Blvd, au sud de l'université, jouit d'une situation centrale, mais calme. Les chambres, correctes, sont facturées 48/52 $.

***La Quinta Inn*** *(☎ 337 233 5610, fax 337 235 2104, 800 531 5900, 2100 NE Evangeline Thruway)* se trouve pour sa part dans un quartier bruyant. Ses chambres confortables sont en revanche parmi les plus agréables de la ville. Elles sont par ailleurs parfaitement isolées et équipées d'une chaise longue. Le tarif (69 $) comprend le copieux petit déjeuner continental, l'accès à la piscine et le transport jusqu'à l'aéroport.

### Où se restaurer

Les habitants de la ville en quête d'un en-cas bon marché se rendent au marché du coin, dans un petit commerce proche ou même dans une station-service. Tous ces établissements semblent tenir des boudins au chaud dans un pot de terre à côté de la caisse, et servent souvent des plats chauds. Le centre d'informations touristiques distribue une brochure utile, en anglais et en français, intitulée "The Boudin Trail" ("la piste du boudin"), dans laquelle vous trouverez des adresses.

Pour achever une longue soirée ou commencer votre journée de bon matin, rendez-vous chez ***Dwyer's*** *(☎ 337 235 9364, 323 Jefferson Blvd)*, dans le centre, qui sert de copieux petits déjeuners à des prix très abordables, des plats du jour au déjeuner (commandez au comptoir du fond) et un vaste choix de fruits de mer et de sandwiches. Les repas se prennent en salle ou dans le patio.

Plus loin, ***T-Coons*** *(☎ 337 232 3803, 740 Jefferson Blvd)* est réputé pour ses petits déjeuners et ses déjeuners zydeco pour lesquels vous pourrez choisir du rice and beans avec des saucisses maison, du poisson-chat frit, du jambalaya de porc et de dinde et des plats du jour. Ouvert en semaine.

Non loin de là, le traiteur syrien ***Cedar Deli*** *(☎ 337 233-5460, 1115 Jefferson Blvd)* vend des falafels, des muffulettas à la viande ou aux légumes, des gyros, du tandoori de poulet et autres en-cas du Moyen-Orient. L'établissement ouvre du lundi au samedi pour le petit déjeuner et le déjeuner.

Un peu plus loin, à l'angle de Johnston St, ***Borden's*** *(1103 Jefferson Blvd)* sert des en-cas, des boissons et des milk-shakes que vous dégusterez dans une salle de style années 60, assis dans des boxes aux sièges de plastique rouge sous le regard d'Elsie the Cow, la vache emblème d'une marque de desserts. Si vous préférez un éclair ou une tartelette aux noix de pecan, rendez-vous à la ***Keller's Bakery*** *(1012 Jefferson Blvd)*, qui ouvre tous les jours.

Plusieurs restaurants permettent de combiner un repas de spécialités régionales et une soirée de musique cajun. Classiques, ils attirent souvent une clientèle familiale. La salle de chez ***Prejean's*** *(☎ 337 896 3247, 3480 Hwy 167 N)* est décorée des prix remportés par les chefs et d'animaux empaillés, notamment un alligator de 2,40 m. Les plats débutent autour de 15 $, mais vous pouvez aussi vous composer un assortiment d'entrées et goûter, par exemple, l'alligator, les boulettes de boudin et le pop-corn d'écrevisses (à partir de 7 $). Les musiciens commencent à jouer à 19h. Le restaurant est visible de la I-49, près d'Evangeline Downs : prenez la sortie 2, puis la Hwy 167 et parcourez environ 1,5 km en direction du nord.

Dans la partie sud de la ville, près d'Ambassador Caffery Parkway, ***Randol's*** *(☎ 337 981 7080, 2320 W Kaliste Saloom Rd)* propose des spécialités cajuns entre 12 et 17 $, ainsi qu'une grande piste de danse très animée. Il attire une clientèle familiale et en général plus âgée que celle de l'établissement précédent. Mulate's, à Breaux Bridge, constitue une troisième option dans cette catégorie (voir *Où se restaurer et où sortir* de la rubrique correspondante).

Près du côté ouest du campus, à trois pâtés de maisons au nord de Johnston St, ***Deano's*** *(☎ 337 233 5446, 305 Bertrand Dr)* est réputé pour ses pizzas cajuns, mais sert également des po-boys, des pâtes et des salades. Ouvert midi et soir du lundi au samedi, au dîner uniquement le dimanche.

Très simple, ***Green Olive*** *(☎ 337 234 0004, 2441 W Congress St)*, après le Cajun-Dome, offre des spécialités libanaises, en particulier des plats végétariens. Pour 6 $, vous pourrez par exemple prendre un assortiment comprenant une feuille de vigne farcie, des falafels, du taboulé, de la mujadara de lentilles et de riz, de l'houmous et des pitas. L'établissement est ouvert en semaine pour le déjeuner.

Les végétariens trouveront leur bonheur au ***Whole Wheatery Eatery*** *(☎ 337 269 0144, 927 Harding St)*, à l'angle de Travis St, près du campus. Le restaurant, qui jouxte un magasin de produits bio, ouvre en semaine pour le petit déjeuner et le déjeuner, et le samedi pour le déjeuner.

***La Fête de Lafayette*** *(☎ 337 981 9979, 4401 Johnston St)*, à l'ouest de College Rd, propose une carte et un buffet de fruits de mer cajuns. Pour 8 $ au déjeuner (de 11h à 14h) et 17 $ au dîner (de 17h à 21h), vous pourrez manger à volonté une incroyable variété de produits bouillis, frits, mijotés ou farcis. L'établissement, fermé le dimanche et le lundi, sert jusqu'à 22h le vendredi et le samedi.

Un peu plus haut de gamme, ***Charley G's*** *(☎ 337 981 0108, 3809 Ambassador Caffery Parkway)* offre des fruits de mer grillés. L'établissement est ouvert pour le déjeuner et le dîner en semaine, et pour le dîner le samedi. Le dimanche est réservé au brunch, avec trio de jazz. Comptez environ 15 $ pour les plats au déjeuner, un peu plus au dîner.

L'élégant ***Café Vermilionville*** *(☎ 337 237 0100, 1304 W Pinhook Rd)*, près de S College Rd, dans le bâtiment de 1818 de la Vermilionville Inn, occupe une place à part. Sous la houlette du chef et propriétaire Ken Veron, les cuisiniers concoctent des plats de fruits de mer parfumés de plantes aromatiques qui ont été récompensés lors de concours. L'établissement ouvre en semaine pour le déjeuner et le dîner, et le samedi pour le dîner. Comptez un minimum de 20 $ au déjeuner et de 30 $ au dîner, sans le vin. Il n'est pas nécessaire de porter une cravate.

### Où sortir

Pour connaître la programmation des concerts en pays cajun, procurez-vous l'hebdomadaire gratuit *Times* ou écoutez Radio Acadie : KRVS 88.7 FM.

Pendant les saisons tempérées, d'avril à juin et de septembre à octobre, une fête de quartier baptisée **Downtown Alive** est organisée le vendredi de 18h à 20h environ dans une zone située entre Polk St, Garfield St, Taylor St and Congress St (vous vous repérerez à l'oreille). Les rues se remplissent alors d'une foule de fêtards venus écouter des groupes locaux de tous styles : rockabilly, country, rythm'n blues, et surtout musique cajun et zydeco. Des stands vendent de la bière et des en-cas, et la fête se poursuit ensuite dans les bars du centre. De mars à mai et de mi-septembre à mi-octobre, les jardins du Natural History Museum accueillent des concerts gratuits le vendredi de midi à 13h dans le cadre du **Bach Lunch**.

Pour écouter du blues et du zydeco, rendez-vous les jeudis, vendredis et samedis soir vers 21h30 à *El Sid O's (☎ 337 237 1959, 1523 Martin Luther King Dr)*, à l'angle de St Antoine St, un grand bâtiment accueillant. Dans la cuisine du fond se concoctent poulet, poisson et côtes de porc. Pour vous y rendre de Willow St, bifurquez vers le nord dans St Antoine St et parcourez 800 m. Vous pourrez également entendre du zydeco au **Hamilton Club** *(☎ 337 991 0783, 1808 Verot School Rd)*, au sud de l'aéroport.

Le sombre ***Grant St Dance Hall*** *(☎ 337 237 2255, 113 W Grant St)*, dans le centre, près de la gare ferroviaire, présente des groupes de styles variés (blues, reggae, rock et beaucoup de zydeco), dont certains de renommée nationale. ***Antler's*** *(☎ 337 233 7518, 555 Jefferson Blvd)* accueille également des groupes, du mercredi au samedi. Le ***Club*** *(425 Jefferson Blvd)* propose une piste de danse à sa clientèle gay. Il ouvre du mercredi au dimanche (vous le repérerez grâce au drapeau arc-en-ciel).

Des groupes de blues se produisent du mercredi au samedi soir au ***Bob's Pub*** *(☎ 337 984 9540, 104 Republic St)*. Ce confortable établissement se situe dans le

## Le seigneur préhistorique du pays cajun

La Louisiane compte une population particulièrement élevée d'alligators américains (*Alligator mississipiensis*), qui vivent dans les marais côtiers s'étendant de la Caroline du Nord au Texas. Dans les années 30, des chasseurs et des biologistes ont constaté une chute sévère du nombre d'individus, chassés pour leur peau depuis le milieu du XIX$^e$ siècle. Dans les années 60, on ne recensait plus que 40 000 alligators sauvages en Louisiane. Une série de mesures visant à limiter la saison de la chasse et à promouvoir la recherche et la protection (notamment grâce au Rockefeller Wildlife Refuge), associées à la multiplication d'élevages à but commercial, ont permis une nouvelle croissance de la population d'alligators, qui s'élèverait à 670 000 têtes environ de nos jours. Placé sur la liste des animaux en voie de disparition en 1967, l'alligator américain en a été retiré en 1975.

Les revenus touristiques liés à l'alligator (circuits et logement dans les marais, gastronomie) sont considérables. Selon un article paru dans le *Wall Street Journal*, les revenus du tourisme dans le sud de la Louisiane sont passé de 10,9 à 54,3 millions de dollars entre 1987 à 1994, essentiellement grâce aux "gator dollars". Au-delà du folklore, l'apparition de l'un de ces reptiles d'aspect préhistorique ouvrant une gueule immense en rampant dans la boue constitue sans nul doute le clou d'un circuit dans les marais. Pour calculer la taille d'une bête, évaluez en centimètres la distance depuis le bout de son museau jusqu'à ses yeux, et multipliez par 12 (pour 25 cm, l'animal fera 3 m).

L'alligator doit son nom aux marins espagnols, qui l'appelaient *el lagarto* (le lézard). Appartenant à l'ordre des crocodiliens, il se distingue de ses cousins par la forme de sa gueule, arrondie et non pointue, et par l'avancée de sa mâchoire supérieure, dénuée de la dent plus longue caractéristique des crocodiles. Il atteint la maturité sexuelle à l'âge de 10 ans. Il mesure alors environ 1,80 m et n'est plus menacé que par l'homme ou par des alligators plus grands. D'une longueur moyenne de 2 m, il peut atteindre exceptionnellement 6 m. Il vit une quarantaine d'années en captivité, mais son espérance de vie s'allonge considérablement dans la nature, pouvant atteindre plus d'un siècle.

centre commercial faisant face à Randol's, sur W Kaliste Saloom Rd.

Très fréquenté par les étudiants de bonne famille, *Poet's (☎ 337 235 2355, 119 James Comeaux Rd)*, dans le centre commercial derrière Pinhook Rd et Kaliste Saloom Rd, à côté de Kmart, fera le bonheur de ceux qui aiment danser. On y écoute du rock'n blues, de la swamp pop et du zydeco.

## Manifestations sportives

Les matchs disputés par les Ragin' Cajuns de la University of Louisiana (dont le cri de guerre est "Geaux Cajuns !") ont lieu au **CajunDome**, sur W Congress St, à quelques kilomètres à l'ouest du centre de Lafayette. On y organise également des concerts, des représentations théâtrales, des foires et des festivals. La solide équipe de softball des Lady Cajuns, qui décroche régulièrement des titres régionaux et nationaux, joue au printemps au Lady Cajun Field. Pour vous procurer des places pour les manifestations sportives, contactez le ☎ 337 482 2586.

Les courses hippiques se déroulent à **Evangeline Downs** (☎ 337 896 7223), Hwy 49, à 1 mile (1,5 km) au nord de la I-10. Le champ de courses constitue également un point de repère pour s'orienter dans l'agglomération. Suite à la décision de ses propriétaires d'installer dans son enceinte des machines à sous et un vidéo poker – qui a déclenché un tollé dans la paroisse de Lafayette –, un nouveau terrain de courses devrait se construire en bordure de la I-49, sur la paroisse de St Landry.

---

### Le seigneur préhistorique du pays cajun

Les alligators évoluent essentiellement dans l'eau, où ils nagent comme des serpents. Sur la terre ferme, ils foncent droit devant eux avec une rapidité parfois surprenante. Ils mangent tout ce qui se présente, avec une prédilection particulière pour les loutres et les rats musqués. Pendant l'hiver, leur métabolisme se ralentit et ils se retirent dans leur antre sous-marine, faisant surface de temps à autre pour respirer un peu d'air frais. Au printemps, le réchauffement des températures les pousse vers l'extérieur.

C'est l'époque où les mâles se mettent à gronder. On compare leur grondement au rugissement du lion. S'il retentit toute l'année, menaçant, du fond de leurs territoires, il se charge fin avril, début mai, d'une signification particulière. C'est en effet, avec l'odeur musquée qu'il sécrète, l'un des moyens mis en œuvre par le mâle pour inviter la femelle aux amours. Il doit également faire étalage de sa force en éliminant ses rivaux. Ces gigantesques reptiles s'affrontent alors avec force claquements de mâchoire et coups de queue, jusqu'à ce que l'un d'eux se retire, épuisé. Le vainqueur se lance alors dans des ébats tout aussi tumultueux avec la femelle. Les alligators construisent leur nid fin mai, début juin.

Ovipare comme tous les crocodiliens, la femelle dépose sur le rivage entre 20 et 80 œufs, qu'elle recouvre de végétaux en décomposition pour conserver la chaleur. La température du nid entre le quatorzième et le trente-cinquième jour détermine le sexe des rejetons : les nids au-dessous de 30°C donnent des femelles ; ceux au-dessus de 35°C donnent des mâles ; ceux dont la température est comprise entre les deux donnent des alligators des deux sexes. Après une période d'incubation de 60 à 90 jours, de petits gazouillements avertissent la mère qu'il est temps de découvrir le nid. Longs d'une vingtaine de centimètres à la naissance, les petits alligators passent plusieurs mois avec leur mère, avec laquelle ils entretiennent une relation exceptionnelle pour des reptiles (ce qui n'empêche pas les adultes de dévorer leurs petits en période de disette). Les jeunes alligators quittent leur mère lorsqu'ils atteignent la taille de 1 m environ.

## Comment s'y rendre
Même s'il existe des transports desservant la ville, il vaut mieux disposer d'une voiture pour se rendre à Lafayette.

**Avion.** L'aéroport régional de Lafayette (☎ 337 266 4400) est desservi par 4 grandes compagnies et leurs filiales : American Airlines/American Eagle (8 vols quotidiens de Dallas) ; Delta/Atlantic Southeast (3 vols quotidiens de Dallas et Atlanta) ; Continental Express (6 vols quotidiens de Houston) ; Northwest Airlines/KLM/Northwest Airlink (3 vols quotidiens de Memphis). US Airways et United assurent également des vols. Le bureau d'information (☎ 337 266 4414) se trouve au 1$^{er}$ étage du terminal. L'aéroport est situé à côté d'Evangeline Thruway (Hwy 90/I-49), au sud de la ville. Les compagnies de location de véhicules Avis, Hertz et National disposent de bureaux à l'aéroport. La navette Airport Shuttle (☎ 337 993 8511), qui fonctionne 24h/24 (environ 12 $), permet de rejoindre la ville. Téléphonez 15 minutes à l'avance.

**Bus.** Le terminal Greyhound (☎ 337 235 1541) se trouve à l'angle de Clinton St et de Lee St, près du centre-ville. Il est situé à proximité du terminal des bus urbains, que vous trouverez au coin de Lee St et de Garfield St. Un poste de police et quelques commerces sont implantés dans ce quartier un peu éloigné de la plupart des hôtels. Chaque jour, 11 bus effectuent la liaison depuis/vers La Nouvelle-Orléans (17,50 $ aller), 11 depuis/vers Baton Rouge (12,50 $) et 6 depuis/vers Lake Charles (11,50 $).

**Train.** La gare de Lafayette, bien que vétuste, jouit d'une bonne situation, à proximité d'un important poste de police et à quelques pas de la gare Greyhound et du terminal des bus de la ville.

**Voiture.** Lafayette se situe à 52 miles (83 km) à l'est de Baton Rouge, à 130 miles (209 km) à l'est de La Nouvelle-Orléans, à 89 miles (143 km) au sud d'Alexandria et à 71 miles (114 km) à l'ouest de Lake Charles.

Sur un axe est/ouest, la I-10 relie Lafayette à Baton Rouge et à Lake Charles. Au sud, sa parallèle, la Hwy 90, rejoint Rayne et Crowley, à l'ouest.

La I-49 (Hwy 90) permet de rejoindre Opelousas (au nord), New Iberia, Morgan City et Houma (au sud). La principale artère du centre se nomme Evangeline Thruway. Sa parallèle, la belle Hwy 182, traverse Sunset, Opelousas et Washington, au nord, et rejoint New Iberia, au sud.

La Hwy 94 part vers le nord-est en direction de Breaux Bridge. La Hwy 167 va jusqu'à Abbeville, au sud-ouest.

**Bicyclette.** Spécialiste des activités de plein air, Pack & Paddle (☎ 337 232 5854), 601 E Pinhook Rd, au croisement d'Evangeline Thruway, près de l'aéroport, fournit des cartes et des guides couvrant près de 100 km de circuits à bicyclette dans la région. Il n'existe cependant pas de magasin de location de vélo en ville.

## Comment circuler
Une voiture s'avère indispensable pour voir les nombreux sites disséminés dans la région.

Vous pouvez louer une voiture auprès de Thrifty Car Rental (☎ 337 237 1282), 401 E Pinhook Rd, d'Enterprise (☎ 337 237 2864), 1800 W Pinhook Rd, et de Budget (☎ 337 233 8888), 1711 Jefferson Blvd, dans le centre. Cette dernière agence peut vous déposer et venir vous chercher en ville.

Lafayette s'étend plus vite que son réseau routier, ce qui ne simplifie pas la conduite en ville. Les voitures circulent à très grande vitesse sur les grandes artères qui, de plus, ne sont pas dotées de sorties suffisantes. Il est parfois difficile d'accéder aux voies parallèles, le long desquelles sont installés les commerces, et lorsque vous manquez la sortie, cela peut prendre un certain temps de revenir en arrière.

Le terminal (☎ 337 237 7945) du réseau de bus urbains (City of Lafayette Transit, ou COLT, ☎ 337 291 8570) est très bien situé, entre la gare routière Greyhound et la gare ferroviaire Amtrak. Les bus circulent de 6h30 à 18h30 du lundi au samedi, à l'exception des principaux jours fériés. Le tarif s'élève à 45 ¢ (adultes) ou à 30 ¢ (enfants de 5 à 12 ans), et vous devrez faire l'appoint. Aucun supplément n'est demandé pour les correspondances. Rares sont les lignes à être adaptées aux visiteurs de passage. Le n°15 traverse le centre-ville et va jusqu'au CajunDome. Le n°25 se rend à l'université. Vous pouvez vous procurer un plan des bus au 1515 E University Ave, à l'angle de Pinhook Rd.

Pour un taxi, adressez-vous à Affordable Cabs of Acadiana (☎ 337 234 2111) ou à Yellow Checker Cab (☎ 337 237 5701).

# La prairie

Si elle reste partout très modeste, l'altitude n'a de cesse de s'élever en direction du nord. La terre s'assèche un peu, les tombes des cimetières ne surplombent plus le sol que de quelques centimètres, et le réseau routier devient plus simple que dans la zone des marais. Les silos à grains qui parsèment le paysage rappellent ceux du Middle West, et l'on retrouvait auparavant dans les deux régions la même prairie et les mêmes espèces de fleurs des champs. Des fermiers du Middle West ont figuré parmi les premiers riziculteurs de la prairie cajun.

La région est le centre le plus actif en matière de création musicale cajun et zydeco. Toute la vie semble se dérouler au rythme des cuillers sur les *frottoirs*, dans les rizières et les lieux de pêche, lors des *courir* et des banquets. Vous pourrez entendre de la musique locale à la radio, par exemple sur KBON 101.1 FM.

La Central Acadiana Gateway diffuse des programmes sur la région (www.lsue.edu/acadgate).

## DE LAFAYETTE A OPELOUSAS
### Sunset

Au nord de Lafayette et juste à la sortie de Sunset, **Chretien Point Plantation** (☎ 337 662 5876, 800 880 7050), une ancienne plantation de coton de 4 000 ha dotée d'une demeure de 1831, peut faire l'objet d'une visite guidée ou d'un séjour en B&B. De nombreuses histoires entourent le domaine.

La plus célèbre relate comment le jeune Hypolite Chretien, futur propriétaire de la plantation, sauva la vie du pirate Jean Lafitte, engagé comme soldat pendant la guerre anglo-américaine de 1812. Des années plus tard, Lafitte demanda à Chretien, devenu un riche planteur, de l'aider à récupérer son butin volé. A la mort de Chretien, des pirates attaquèrent le domaine, dirigé par sa veuve, laquelle tua l'un des voleurs (des traces de sang sont restées dans l'escalier, sous le tapis). Lors de la période moins glorieuse qui suivit la guerre de Sécession, la maison servit de hangar à foin et d'étable pour le bétail.

Aujourd'hui restaurée, la demeure, de style Greek Revival à l'extérieur, mais agencée à la française à l'intérieur, se visite tous les jours (6,50 $). Les chambres en B&B débutent à 110 $ au rez-de-chaussée. Celle de l'étage, dotée d'un jacuzzi, est facturée 225 $. Les enfants sont les bienvenus. Pour vous y rendre, prenez la sortie 11 de la I-49, puis la Hwy 93 vers le sud, jusqu'à la Hwy 182. Bifurquez à droite et traversez Sunset, puis prenez la Hwy 93 sur votre gauche, la Hwy 356 à droite et encore à droite sur Chretien Point Rd.

Si les chemins de fer vous passionnent plus que les plantations, essayez ***La Caboose B&B*** (☎ *337 662 5401, 145 S Budd St, 70584*), juste à côté de la Hwy 182 et à quelques minutes de la I-49. Les Brinkhause ont aménagé, pour le plus grand confort de leurs hôtes, un wagon et une ancienne gare au milieu de 1 ha de beaux jardins. Les tarifs s'échelonnent entre 75 et 95 $.

### Grand Coteau

La minuscule bourgade de Grand Coteau se dresse sur une ancienne digue du Mississippi, entre Lafayette et Opelousas. Elle renferme les actuels locaux de la célèbre **Academy of the Sacred Heart** (☎ 337 662 5275), en retrait de Church St. Fondée en 1821 afin de donner aux enfants de la paroisse une éducation catholique, cette institution devait connaître une destinée peu commune. En 1866, Sacred Heart fut en effet le théâtre d'une sainte apparition : une jeune fille mourante vit l'image de John

Berchmans, un jésuite flamand, canonisé après s'être manifesté plusieurs fois.

Les lieux comprennent également une école, une chapelle et un lieu de retraite jésuite édifié vers 1850 dans le style des missions espagnoles.

Des visites guidées sont organisées en semaine (5 $). Mieux vaut téléphoner à l'avance pour s'assurer des horaires. Le quartier avoisinant compte plusieurs maisons anciennes intéressantes.

Juste en face de Sacred Heart, sur la Hwy 93, *Catahoula's* (☎ *337 662 2275)* est installé dans un ancien magasin. Ce restaurant propose des plats cajuns raffinés à prix modérés. Il vous accueille pour le dîner du mardi au samedi, et le dimanche pour le brunch.

Grand Coteau se trouve sur la Hwy 93, juste à l'est de la I-49.

## Church Point

A l'ouest de Sunset (sur la Hwy 178) et à 25 km au nord de la I-10 (sur la Hwy 5), la petite commune de Church Point (4 500 habitants) s'est rendue célèbre par ses traditions

### Le roi du zydeco

Considéré par beaucoup comme le vulgarisateur du zydeco, Clifton Chenier (1923-1987) est né dans la paroisse de St Landry. Surnommé le "roi du zydeco", il portait fréquemment une couronne lors de ses tournées avec son Red Hot Louisiana Band, qui les menèrent jusqu'en Europe. L'emblème aurait paru ridicule sur la tête d'un musicien de moindre talent, mais Chenier l'arborait avec fierté et dignité.

Musique traditionnelle des Créoles noirs du sud de la Louisiane, le zydeco s'est développé parallèlement à la musique cajun, dont il reprend la base instrumentale : accordéon, frottoir et chant en français. Surnommé musique "la la", il donna naissance à la danse du même nom, ou two-step. La plus célèbre complainte de Chenier, *Zydeco sont pas salé*, s'inspire d'un air de danse issu des traditions créole et cajun, *Les haricots sont pas salés*, qui fait référence aux temps difficiles où l'on n'a pas de quoi ajouter un morceau de porc salé dans les haricots. Certains voient dans cette déformation de "haricots" en "zydeco" l'origine du terme musical. D'autres pensent qu'il faut en rechercher la racine dans les langues d'Afrique de l'Ouest. Le terme "zydeco" s'applique aussi à la fête durant laquelle on joue cette musique.

Chenier a mâtiné son zydeco de rythmes de blues et de guitares électriques. Récompensé par un Grammy Award et par un National Endowment for the Arts Heritage Award, il a fortement influencé les musiciens créoles d'hier et d'aujourd'hui. A côté de Beausoleil, Queen Ida et Buckwheat Zydeco, qui jouissent d'une renommée nationale, le zydeco compte d'éminents représentants dans le sud de la Louisiane, notamment Boozoo Chavis, Geno Delafose, Keith Frank, Walter Mouton, Chris Ardoin, Ann Goodly, C. J. Chenier (le fils de Chenier) et Nathan and the Zydeco Cha Chas. Mêlant des sons du hip hop et du rap au zydeco traditionnel, Rosie Ledet et Lil' Pookie proposent un "nouveau zydeco". Ces artistes déchaînent les foules dans les clubs, les salles de bal et les festivals de la région. Beaucoup vont aussi au Texas et en Californie pour se produire devant des Louisianais nostalgiques. Malgré leur talent, aucun n'a cependant rencontré la notoriété dont jouissait Clifton Chenier.

franco-acadiennes, musique cajun en tête. Elle s'enorgueillit notamment de compter plus de musiciens que n'importe quelle autre ville d'Acadiana, dont le "père de la musique cajun", Iry Lejeaune.

De la fin du printemps au début de l'automne, vous pourrez assister gratuitement à des concerts de musique cajun le mercredi soir au Parc du Vieux Depot. Les amateurs d'instruments de musique fabriqués à la main peuvent se rendre au Vieux Moulin (☎ 337 684 1200), 402 W Canal St.

Un courir (voir l'encadré) se déroule le dimanche qui précède Mardi gras. Tôt le matin, les cavaliers se rassemblent au Saddle's Tramp Riding Club (☎ 337 684 2739), 1036 E Ebey St, où débutent les festivités. L'après-midi, la parade défile dans Main St pendant que les cavaliers rentrent pour le *fais-do-do*. La fête s'achève à 18h pour marquer le début du carême.

Le premier week-end de juin, le Buggy Festival (☎ 337 684 2739) rappelle les années 20, quand les fidèles venaient en buggy de tous les environs pour assister à la messe dominicale. Parmi les autres fêtes locales, citons la Saint-Joseph, en mars, et une *boucherie* (fête où l'on tue le cochon en communauté) en novembre.

## OPELOUSAS
• 19 000 habitants

Troisième ville de Louisiane par son ancienneté, Opelousas est le siège de la paroisse de St Landry et compte la plus importante population des villes de la prairie. Située au croisement de la I-49, de la Hwy 182 et de la Hwy 190, elle est le point de passage obligé pour se rendre à certains sites originaux des prairies, parmi lesquels des clubs, des fabriques d'accordéons et des marchés au boudin.

Berceau du zydeco, Opelousas est également la ville natale de Clifton Chenier, du chef Paul Prudhomme et de Rodney Milburn, médaillé d'or aux Jeux olympiques de Munich en 1972 et recordman du monde du 110 m haies.

En ville, la Hwy 190 prend le nom de Landry St (vers l'ouest) et de Vine St (vers l'est). Le centre historique s'organise autour de la place formée par Market St, Court St, Landry St et Bellevue St, bordée de boutiques du XIX$^e$ siècle et de bureaux. De fin mars à début juin, des concerts de rues ont lieu dans ce périmètre le vendredi à partir de 17h30.

Trois rues plus loin, à proximité de l'hôtel de ville, l'**Opelousas Museum & Interpretive Center** (☎ 337 948 2589), 329 N Main St (Hwy 182), retrace l'histoire des Amérindiens, des Acadiens et des Créoles de la ville. Les visiteurs peuvent visionner les vidéos de concerts de zydeco de ses archives et admirer de superbes photos de la Louisiane des années 40, issues du Standard Oil Project. Entouré de plusieurs maisons restaurées, l'Opelousas Tourist Information Center (☎ 337 948 6263, 800 424 5442), 941 E Vine St (Hwy 190), propose des cartes et fournit des renseignements sur les manifestations. Vous pouvez également consulter le site Internet de la ville (www.lsue.edu/acadgate/opelous.htm) et celui de la paroisse de St Landry (www.cajuntravel.com). L'arrêt de bus Greyhound se trouve 238 W Landry St.

En avril, la ville accueille des humoristes qui participent à un concours d'histoires cajuns, l'International Cajun Joke Telling Contest (☎ 337 948 4731). Le festival de musique de la Cajun French Music Association, qui avait lieu précédemment à Eunice, se tient désormais à Opelousas début mai. La culture afro-américaine est à l'honneur la veille de la fête des pères, en juin (☎ 337 826 3934). Début septembre, le week-end du Labor Day est marqué par le Southwest Louisiana Zydeco Music Festival (☎ 337 942 2392, www.zydeco. org). Organisé dans la ville voisine de Plaisance, il présente notamment un concert de 15 heures. Un concert a généralement lieu le soir précédent dans l'un des clubs de la région afin de lancer le festival. Depuis plus de 50 ans, Opelousas célèbre la patate douce le dernier week-end d'octobre, avec le Yambilee. Vous pouvez entendre de la musique cajun les mercredis, jeudis et samedis soir sur KSLO 1230 AM.

### Où se loger
Les chambres propres et simples du *Town House Motel (☎ 337 948 4488, 343 W Lan-*

*dry St)* vous reviendront à 30/40 $. A ***Best Western*** *(☎ 337 942 5540, 888 942 5540),* dans Frontage Rd, à côté de la I-49, les simples/doubles sont facturées 61/66 $.

Le luxueux ***Estorage House B&B*** *(☎ 337 942 8151, 417 N Market St)* comporte de grandes chambres meublées d'antiquités, aménagées dans une opulente demeure de 1827. Le tarif de 125 $ comprend le petit déjeuner.

## Où se restaurer

Sur la place principale, le ***Palace Café*** *(☎ 337 942 2142)* attire depuis 1954 une clientèle variée qui vient y déguster à bon prix des petits déjeuners traditionnels, des plats du jour (le midi) et du poulet frit (le soir). L'établissement ferme à 15h le dimanche.

Au sud du centre, ***Kelly's Country Meat Block & Diner*** *(☎ 337 942 7466, 1531 S Vine St)* sert du porc et des fruits de mer savoureux, ainsi que du poulet frit, pour 6 $ environ. Kelly's propose également un barbecue, les jeudis et dimanches. Ouvert du lundi au samedi pour le déjeuner et le dîner, et le dimanche jusqu'à 14h.

## Où sortir

Deux célèbres cabarets de zydeco se situent aux environs d'Opelousas. Au nord de la ville, sur la Hwy 182, à quelques kilomètres de la place, ***Slim's Y-Ki-Ki*** *(☎ 337 942 9980)* est installé en face de Piggly Wiggly. Quant à ***Richard's*** *(☎ 337 543 8233),* vous le trouverez à Lawtel, dans une zone rurale traversée par la Hwy 190, à 8 miles (13 km) à l'ouest d'Opelousas. Les deux établissements se repèrent aisément le week-end, car de nombreuses voitures sont garées aux alentours. Les foules accourent en effet de toute la région pour entendre Chris Ardoin, Keith Frank, Boozoo Chavis ou T-Mamou

### Le courir de Mardi Gras

Les villes de la région des prairies, au nord et à l'ouest de Lafayette, se distinguent par leur courir de Mardi gras. Il s'agit d'une chevauchée à travers la campagne, qui trouve son origine dans la tradition médiévale de l'aumône. Elle s'apparente aux pratiques de Noël, selon lesquelles les enfants, en Europe et aux Antilles, vont chanter devant les maisons. De la même façon, les hommes des prairies, masqués et costumés, se rendent d'une demeure à l'autre sur leurs chevaux, chantant, dansant et exécutant des numéros de clown durant la période de Mardi gras. En échange, ils récupèrent des ingrédients pour préparer un gigantesque gumbo. Ils chantent à cette occasion une chanson en français qui rappelle la musique folklorique médiévale.

Les costumes et les personnages du courir n'ont rien de commun avec ceux, extravagants et raffinés, qui défilent dans les rues de La Nouvelle-Orléans, ou même de Lafayette. Ainsi, la *paillasse* – l'homme de paille –, qui fait le clown ou le bouffon, porte un habit de toile à sac et de paille, sur lequel on coud des boutons, des morceaux de tissu, des objets de métal ou tout ce qui tombe sous la main. Les masques sont de simples morceaux de carton, peints et décorés. Les autres personnages portent un *capuchon* pointu, pour tourner en dérision les membres de la haute société. La *mêlée*, selon l'expression consacrée, est dirigée par un *capitaine*. Les communautés créoles s'adonnent elles aussi à cette tradition, mais de façon moins bruyante que les Cajuns. Dans les villes célèbres pour leur courir, telles que Church Point, Eunice, Mamou, Ville Platte et Elton, le courir fait office de rite initiatique pour les jeunes hommes.

Pendant que les cavaliers sillonnent la campagne, le reste de la population se rassemble en ville pour les attendre. Lorsqu'ils reviennent au galop, triomphants, on prépare un gigantesque banquet bien arrosé, et tout le monde se met à danser. Les visiteurs sont les bienvenus, qu'ils se contentent de regarder de loin ou qu'ils participent à la fête.

## WASHINGTON

A 6 miles (10 km) au nord d'Opelousas par la Hwy 182 ou la I-49 (sortie 25), cette ville installée depuis 1720 sur une falaise a gagné en intérêt depuis qu'un vaste quartier ancien, qui renferme plusieurs B&B et magasins d'antiquités, a été restauré. Grâce à sa situation au début de la voie navigable du bayou Courtableau, elle devint un centre très actif au début du XIX$^e$ siècle. Plus grand port de bateaux à vapeur entre La Nouvelle-Orléans et St Louis, elle exportait alors coton, bois, sucre et bétail. Les demeures bâties avant la guerre de Sécession par d'opulents commerçants, courtiers et capitaines de navires agrémentent encore le centre historique de la ville, où 80% des édifices sont classés au National Register of Historic Places.

Pour découvrir la ville, partez du **Washington Museum & Tourist Center** (☎ 337 826 3627), devant l'unique feu rouge de la ville, à l'angle de Main St et de Dejean St. Le musée retrace l'histoire de Washington et fournit une carte proposant un itinéraire à pied. Il vous accueille tous les jours (fermeture entre 12h et 13h). Le Festival du Courtableau se tient le troisième week-end de mars, et le Heritage Festival en mai.

La **Hinckley House** (☎ 337 826 3906), 405 E Dejean St, appartient aux membres de la même famille depuis le XVIII$^e$ siècle. Elle conserve sa structure de bois de cyprès et son plâtre d'origine, lié avec des poils de chevreuil et d'animaux de bétail. D'autres propriétaires de demeures historiques ouvrent leurs portes aux visiteurs sur réservation (en général par l'intermédiaire du musée).

La plantation de **Magnolia Ridge** se dresse dans Dejean St, quelques rues à l'est du musée. La demeure de 1830 ne se visite pas, mais les propriétaires ouvrent au public près de 2,5 ha de jardins paysagers et quelques kilomètres de chemins, qui vous permettront d'admirer les milliers de lis, de profiter d'un petit marais et d'observer les oiseaux. Vous pouvez vous garer sur Prescott St.

Main St (Hwy 182) regorge de magasins d'antiquités. Plus de 100 boutiques ouvrent le week-end dans l'**Antique School Mall** installé dans l'ancien lycée de la ville, sur Vine St, à 6 rues à l'est de Main St.

Parmi les coquets B&B proposés dans des demeures historiques meublées d'antiquités, *Camellia Cove* (☎ *337 826 7362, 211 W Hill St)*, à l'angle de St John St, derrière Main St, loue 3 grandes chambres dans une maison édifiée en 1823 sur un terrain de 8 000 m$^2$. L'une possède sa propre s.d.b., les deux autres partagent les sanitaires. Comptez entre 75 et 85 $.

Au coin de Sittig, *De la Morandiere (☎ 337 826 3510, 509 St John St)* propose 2 chambres avec s.d.b. dans une maison construite vers 1830 (entre 75 et 95 $ par nuit).

Dans un ancien entrepôt de steamers construit en 1830 sur le bayou, la *Jack Womack's Steamboat Warehouse (☎ 337 826 7227)*, sur Main St, offre un cadre agréable pour prendre un verre ou un bol de gumbo (8 $ le plus grand). Elle ouvre du mardi au samedi au dîner et le dimanche au déjeuner. Juste à côté du restaurant, Frankie Elder loue deux *cottages* modernes pouvant accueillir jusqu'à 4 personnes pour 88 $ (☎ 337 826 7227).

## VILLE PLATTE ET ENVIRONS
• **10 000 habitants**

A environ 30 km au nord-ouest d'Opelousas par la Hwy 167, Ville Platte doit son nom à son emplacement sur la dernière bande de terre plate des prairies. La région qui s'étend plus au nord s'élève en effet jusqu'à présenter d'agréables ondulations. Le siège de la paroisse d'Evangeline est également la "capitale mondiale de la viande fumée", une spécialité qu'elle célèbre le dernier week-end de juin avec le Festival de Viande Boucanée. Le deuxième week-end de septembre, le Cotton Festival donne lieu à un tournoi chevaleresque, durant lequel les cavaliers doivent recueillir 7 anneaux de fer à l'aide d'une lance (les joutes comportaient jadis de véritables combats). La ville organise également un festival du gumbo le premier samedi de novembre. La chambre de commerce (☎ 337 363 1878), 306 W Main St, vous fournira les dates exactes et un plan de la ville. Les bus Greyhound s'arrêtent sur W Main St (Hwy 167) devant Mikey's Donuts, à 800 m du centre-ville.

Les amateurs de musique locale trouveront leur bonheur au **Floyd's Record Shop** (☎ 337 363 2138), 434 E Main St, qui possède la plus riche collection de musique sud-louisianaise de la région (fermé le dimanche). Les bacs de ce magasin ouvert depuis 1956 proposent zydeco, musique cajun et swamp pop, ainsi que de vieux 45 tours. Le gérant Cecil Fontenot sait de quoi il parle et pousse son amour de la musique jusqu'à fabriquer lui-même des accordéons "pour le plaisir". Le propriétaire, Floyd Soileau, l'un des principaux ambassadeurs de la musique locale, possède également un studio d'enregistrement où il grave les disques des musiciens de la région sous divers labels. Pour écouter la musique cajun locale, branchez-vous sur la station de radio de la ville : KVPI 1050 AM/92.5 FM.

A 1,5 km environ à l'ouest de l'arrêt de bus Greyhound, le *Platte Motel (☎ 337 363 2148, 1636 W Main St)* propose des chambres sans prétention entre 30 et 40 $ (simples ou doubles). A l'est du centre, sur la Hwy 167, *Best Western (☎ 337 360 9961)* loue des simples/doubles à 61/68 $.

Non loin de la boutique de Floyd, *Pig Stand (☎ 337 363 2883, 318 E Main St)* figure parmi les meilleurs endroits où déguster un barbecue. Outre la classique viande de porc, vous pourrez déguster des saucisses grillées et des ragoûts assaisonnés d'une sauce à l'ail et à l'oignon maison. Les copieux plats coûtent 5 $. L'établissement sert des petits déjeuners, des déjeuners et des dîners, et reste souvent ouvert tard le soir.

Dans Lasalle, au niveau de la voie ferrée, *Whistle Stop* sert l'un des meilleurs boudins de la ville. Le *Kernie's Restaurant*, dont la popularité ne cesse de croître, prépare du sébaste poêlé et des spécialités originales, comme le filet mignon farci aux écrevisses. Pour vous y rendre, sortez de la ville en direction du nord par la Hwy 29 et bifurquez à gauche dans Tate Cove Rd. Le restaurant se trouve à 5 km environ sur votre gauche. A l'ouest de la ville, le populaire *Jungle Dinner Club (☎ 337 363 9103, 1636 W Main St)* propose de délicieux po-boys au déjeuner.

Fruits de mer et steaks figurent à la carte du dîner. Fermé le dimanche.

## Chicot State Park et Louisiana State Arboretum

Dans cette partie centrale du sud de la Louisiane débute une zone plus accidentée, couverte de forêts, qui contraste fortement avec les terres plates des prairies situées plus au sud. Le Chicot State Park (☎ 337 363 2403, 888 226 7652) couvre 2 600 ha le long de la Hwy 3042, à 6 miles (10 km) au nord de Ville Platte. Vous trouverez des embarcadères, des jetées pour la pêche et une piscine (ouverte en été) autour des 800 m du Lake Chicot. Les 35 km de sentier à travers les forêts de feuillus de la plaine alluviale sont pour leur part parfaits pour la randonnée, le camping et le VTT.

Sur les berges du lac, 27 cabins climatisés et entièrement équipés, pouvant accueillir 4/6 personnes, sont proposés au prix de 45/60 $. Les chambres du lodge sont destinées aux groupes de 9 ou 12 personnes (90 $) et comportent parfois des lits jumeaux. Prévoyez vos serviettes de toilette. Le parc dispose par ailleurs de plus de 200 emplacements de camping répartis dans 2 zones, l'une boisée et pratique mais un peu bruyante lorsque le parc est plein (au sud), l'autre plus calme (au nord). Vous paierez 12 $ pour un emplacement aménagé pour camping-car ou 10 $ pour un emplacement standard. L'entrée au parc coûte 2 $ par véhicule.

Sur 120 ha, le Louisiana State Arboretum (☎ 337 363 6289) abrite une forêt parvenue à maturité, peuplée surtout de hêtres et de magnolias. Le long des quelques kilomètres de chemin qui serpentent à travers bois, des panneaux signalent les espèces originaires de Louisiane. L'arboretum se trouve à 8 miles (12 km) au nord de Ville Platte, en retrait de la Hwy 3042, au nord de l'entrée principale du parc.

## Crooked Creek Recreation Area

Au nord-ouest de Ville Platte, la paroisse gère un parc (☎ 337 599 2661) installé autour du réservoir de Crooked Creek, qui dispose d'un camping et propose plusieurs activités (petite plage, pêche, bateau, ski nautique). Le tarif s'élève à 12 $ pour un camping-car. Les emplacements pour tente (10 $) se situent à part, à proximité du lac mais un peu loin des sanitaires. L'entrée coûte 2 $ par véhicule dans la journée. Pour vous rendre au parc depuis Ville Platte, prenez la Hwy 167 vers le nord pendant 10 miles (16 km) jusqu'au bayou Chicot, puis bifurquez vers la gauche dans la Hwy 106, qui donne dans la Hwy 3197 après avoir croisé la Hwy 13. Suivez les panneaux jusqu'au parc, qui se situe environ 10 km plus loin.

## MAMOU

La petite ville de Mamou est située à environ 25 km à l'ouest de Ville Platte (par la Hwy 10 en direction de l'ouest, puis la Hwy 13 vers le sud) et à 16 km au nord d'Eunice (par la Hwy 13). D'une tranquillité absolue 6 jours par semaine (on a même parfois du mal à dénicher un endroit où dîner), elle s'anime furieusement le samedi matin, lorsque les habitants rejoignent les foules qui arrivent du Texas, du Mississippi, du Tennessee et du reste du monde pour se rendre au **Fred's Lounge**, où, durant 6 heures, la fête bat son plein (voir l'encadré *Il est interdit de grimper sur le juke-box*).

Mamou fut l'une des premières villes à remettre à l'honneur le courir de Mardi gras. Celui qu'organise la ville compte encore parmi les plus animés et les plus réputés de la région. La fête commence le lundi dans la rue, se poursuit le lendemain dans la journée lorsque la foule attend le retour des cavaliers, et redouble quand ceux-ci rentrent enfin. Mamou accueille également un festival de musique cajun, en mai.

Certes un peu ancien, l'***Hotel Cazan*** (☎ *337 468 7187, 6th St*), dans le centre, en face de chez Fred's, loue des chambres défraîchies et sommairement meublées. L'établissement, qui affiche cependant complet le vendredi soir et pendant les festivals, a récemment fermé pour rénovation. Téléphonez pour tout renseignement et pour les tarifs.

Après avoir dansé toute la matinée, vous apprécierez le délicieux boudin légèrement épicé de l'***Ortego's Meat Market*** (☎ *337 468 3746*), un peu au-delà de chez Fred's, au coin de South St. L'établissement est également réputé pour son *tasso* (viande de

## Il est interdit de grimper sur le juke-box

Tante Sue, une habituée aux cheveux gris bouclés, avale une lampée de schnaps à la cannelle directement à la flasque, tout en pressant sa poitrine au rythme de la musique, comme si elle jouait sur un accordéon anatomique. De vieux gentlemen élégamment vêtus conduisent des femmes de tous âges vers la minuscule piste de danse, tandis que plusieurs couples d'âge moyen valsent avec aisance autour de l'orchestre. Médusés, des étudiants de Baton Rouge et quelques Australiens ne quittent pas la scène des yeux, serrant entre leurs mains leur cannette de Bud. Il est 9h30 du matin en ce samedi, et la fête bat son plein au **Fred's Lounge** (☎ 337 468 5411, 337 360 8390).

Depuis 1950, des foules entières se pressent le samedi matin dans ce bar inénarrable de 6th St, qui constitue sans conteste la plus grande attraction de Mamou. Ceux qui réussiront à passer la porte d'entrée assisteront probablement au meilleur spectacle gratuit de toute la Louisiane. Les portes ouvrent à 8h tous les samedis et, de 9h à 13h, un excellent groupe cajun sort ses accordéons et ses percussions et enchaîne les valses endiablées. Le tout, entrecoupé de commentaires en français et en anglais, est retransmis sur KVPI 92.5 FM. Quand le Fred's ferme ses portes, aux alentours de 14h, la fête continue dans l'un des 5 autres bars du centre de Mamou. Si la bière du petit déjeuner vous a mis en appétit, poursuivez la journée en allant manger un morceau à Eunice ou à Ville Platte.

porc ou de bœuf fumée et épicée). Si vous voulez vraiment vous faire des amis chez Fred's, apportez quelques kilos de ce boudin que vous partagerez sur place. Enfin, la *station Shell* ouverte 24h/24, au nord de la ville, propose des petits déjeuners et des plats à emporter (plat créole avec poulet frit, rice and beans), pour 2 $ environ. Quelques bancs sont disposés à l'intérieur.

Autre bar singulier, le *Holiday Lounge* se repère dans un champ à l'ouest de la Hwy 13, au niveau de la bifurcation vers Mamou (un néon brille la nuit). Cette ancienne maison de jeu a conservé son mobilier en skaï et ses plantes tropicales artificielles.

## EUNICE
- 12 000 habitants

Avec ses concerts, ses musées et ses festivals culturels, cette accueillante ville agricole fondée en 1895 est la destination idéale dans la prairie pour les visiteurs accompagnés d'enfants. La plupart des sites, accessibles à pied, sont répartis dans le petit centre-ville compris entre S 1st St (Hwy 13), Laurel St (Hwy 190), 4th St et Park Ave. Eunice se trouve à 20 miles (32 km) à l'ouest d'Opelousas par la Hwy 190, et à 20 miles au nord de la sortie 80 de la I-10, à Crowley. La ville est desservie par les bus Greyhound (Baton Rouge 14,50 $ aller, La Nouvelle-Orléans 26 $).

Eunice organise un concours d'écrevisses à l'étouffée lors de son World Championship Crawfish Étouffée Cook-Off (le dernier dimanche de mars, sauf si Pâques tombe ce jour-là), un courir avec parade pour Mardi gras (du dimanche soir au mardi), et le Cajun Prairie Folklife Festival à la mi-octobre. La chambre de commerce (☎ 337 457 2565, 800 222 2342) gère un centre d'informations touristiques en centre-ville, sur la Hwy 13. Vous y trouverez des cartes et le calendrier des manifestations. Le secrétariat du maire, à l'hôtel de ville (☎ 337 457 7389), fournit également des renseignements.

### Prairie Acadian Cultural Center
Ce centre culturel (☎ 337 457 8490) qui jouxte le Liberty Theatre dans le centre d'Eunice, au coin de Third St et de Park Ave, est intégré au Jean Lafitte National Historical Park and Preserve. Il se consacre à l'héritage acadien de la région des prairies. Les expositions révèlent notamment que les prairies accueillirent plus d'immigrants des Caraïbes que le reste du pays cajun, d'où l'héritage créole plus prononcé, encore aujourd'hui, dans la culture locale. D'autres objets se rapportent aux ranchs et aux rizières, ou au courir de Mardi gras. Le centre participe activement à la vie du Liberty Theatre (pour connaître les programmes, appelez le ☎ 337 457 7389) et organise des ateliers d'artisanat le samedi de 15h à 18h. Le dimanche, de 14h à 16h30, il accueille un "bœuf" de musique cajun. La boutique de cadeaux vend un bon choix d'ouvrages. Le centre ouvre tous les jours de 8h à 17h (18h le samedi). L'entrée est libre.

### Liberty Center Theatre
Installé dans un bâtiment de 1924 restauré, ce théâtre (☎ 337 457 7389), à l'angle de S Second St et de Park Ave, doit sa réputation au *Rendez-vous des Cajuns*. Ce spectacle de musiques et de danses traditionnelles cajun et zydeco a lieu tous les samedis soir. Le maître de cérémonies, Bergen Angeley, anime la soirée dans un savoureux "franglais" cajun. Des tables, occupées par des couples d'un certain âge et des familles, entourent la piste de danse. Les billets (3 $, gratuits pour les enfants de moins de 12 ans) sont en vente à partir de 16h. Le spectacle a lieu de 18h à 20h.

### Autres sites du centre-ville
Petit mais intéressant, le **Cajun Music Hall of Fame** (☎ 337 457 6534), 240 First St, au bout de Park Ave, expose les photographies des artistes primés et des nominés de l'année, ainsi que des instruments de musique et des objets anciens. Les conservateurs sont de parfaits connaisseurs de la musique et de la culture cajuns. Le musée se visite du mardi au samedi de 9h à 17h (de 8h30 à 16h30 en hiver).

Installé non loin, dans l'antique gare de chemin de fer qui valut à Eunice d'apparaître sur les cartes, l'**Eunice Museum**

(☎ 337 457 6540), 220 S 1st St, à l'angle de Park Ave, regorge d'objets donnés par les habitants. Les costumes du courir de Mardi gras méritent d'être admirés de près, et le bâtiment lui-même ne manque pas d'intérêt. Le musée, gratuit, ouvre du mardi au samedi de 8h à 17h (fermé entre 12h et 13h).

**Music Machine** (☎ 337 457 4846), 235 W Walnut Ave, vend exclusivement de la musique louisianaise. Les vendeurs sont très compétents, et le magasin diffuse par correspondance des centaines de titres de musique cajun, zydeco et swamp pop, ainsi que des compilations et des enregistrements réalisés lors de festivals. Ouvert tous les jours.

Juste à l'extérieur du centre, le **Cajun Prairie Restoration Project** (☎ 337 457 2016), au coin de Martin Luther King Dr et de Magnolia St, protège une petite portion de la prairie.

### Savoy Music Center

C'est de ces ateliers (☎ 337 457 9563) situés sur la Hwy 190, à 5 km environ à l'est du centre, que sortent les accordéons du célèbre Marc Savoy. Ce musicien joua un grand rôle dans l'évolution et la vulgarisation de la musique cajun. Deux films de Les Blank lui rendent hommage : *Laissez les Bons Temps Rouler* et *Marc and Ann*. Presque tous les samedis matin, de 10h environ à midi, des musiciens viennent faire un "bœuf" auquel prend souvent part la guitariste Ann Savoy (les amateurs éclairés doivent lire son livre *Cajun Music: A Reflection of a People*). Le reste de la semaine, vous pourrez admirer les accordéons de toutes sortes exposés dans la boutique, qui vend également des CD et des cassettes. L'établissement ouvre du mardi au samedi. Repérez le gigantesque panneau "Savoy Music Co" à 3 miles (5 km) à l'est du centre-ville (on le manque aisément si on se dirige vers l'est). Le centre se situe à l'ouest du Cajun Campground.

### Où se loger

Bien entretenu, le *Cajun Campground* (☎ 337 457 5753), sur la Hwy 190, à 5 miles (8 km) à l'est du centre, propose des emplacements aménagés pour camping-car à 16 $, des emplacements pour tente à 10 $ et 7 cabins équipés de kitchenettes (45 et 55 $). Situé au milieu des bois, il comprend un petit magasin, un terrain de jeux, un petit lac et une piscine ouverte aux gens de l'extérieur moyennant 2 $.

Récemment rénové, *L'Acadie Inn* (☎ 337 457 5211, dLpitre@cyber-designs.net), en retrait de la Hwy 190 à 6 km environ à l'est de la ville, loue d'agréables simples/doubles à 40/45 $. Un peu plus près de la ville, le *Howard's Inn* (☎ 337 457 2066, 3789 Hwy 190), un motel de briques de 2 étages, offre des chambres propres à 36/46 $. A *Best Western* (☎ 337 457 2800, 800 962 8423, 1531 W Laurel Ave), à l'ouest du centre, les confortables chambres sont facturées 64/70 $, petit déjeuner continental et accès à la piscine compris.

Installée dans un domaine boisé de 24 ha à 2 miles (3 km) au sud de la ville sur la Hwy 13, la *Seale Guesthouse* (☎/fax 337 457 3753, 123 Seale Lane, 70535) dispose d'agréables chambres et suites en B&B. Les tarifs s'échelonnent entre 75 et 150 $, petit déjeuner compris.

### Où se restaurer

Au *Ruby's Cafe (221 W Walnut Ave)*, on sert depuis 1958 des petits déjeuners et des déjeuners aussi savoureux que bon marché. L'établissement est ouvert en semaine.

Jouxtant Best Western, le *Pelican Restaurant* (☎ 337 457 2323, 1501 W Laurel Ave) propose tous les jours de copieux petits déjeuners et déjeuners. Le restaurant ouvre également pour le dîner du jeudi au samedi. Goûtez la salade aux crevettes grillées.

Si vous voyez de la fumée s'élever de chez *Allison's Hickory Pit* (☎ 337 457 9218, 501 W Laurel), vous comprendrez que le barbecue vous attend. Réputée pour son boudin, la *Johnson's Grocery* (☎ 337 457 9314, 700 E Maple Ave) vend également du tasso.

*Mama's* (☎ 337 457 9978, 1640 W Laurel/Hwy 190) propose du poulet frit (acheté tout frais chez le volailler d'à côté) et d'autres bons plats, notamment de succulentes écrevisses à l'étouffée.

En plein milieu des champs consacrés à la culture du riz et à l'élevage d'écrevisses, à 20 minutes d'Eunice, le *DI's Cajun Restaurant* (☎ *337 432 5141*) attire les foules midi et soir. La carte propose essentiellement des fruits de mer et des steaks (de 7 à 13 $). La grande salle comporte une scène et une piste de danse où virevoltent des familles entières les mardis, vendredis et samedis soir. Le mercredi accueille un "bœuf" de musique cajun. Pour vous y rendre d'Eunice, prenez la Hwy 190 en direction de l'ouest jusqu'à Basile. Tournez à gauche (vers le sud) dans la Hwy 97 et roulez pendant 8 km environ. Vous trouverez DI's sur votre gauche (si vous débouchez sur la Hwy 98, vous avez été trop loin).

## RIVIÈRE WHISKEY CHITTO

La Whiskey Chitto Creek, qui prend sa source dans la Kisatchie National Forest, serpente vers le sud sur une centaine de kilomètres à travers des forêts de pins et de feuillus couvrant de petites collines. Une douzaine de sites archéologiques amérindiens qui remontent à la période comprise en 1 500 et 400 av. J.-C. bordent les rives du cours d'eau, lequel s'avère idéal pour le canoë. Vous pourrez en louer sans problème dans la petite ville de **Mittie**, installée dans l'une des plus belles portions des rives du cours d'eau, à environ 80 km au nord-ouest d'Eunice et 110 km au nord de Jennings.

Arrowhead Canoe Rentals (☎ 337 639 2086, 800 637 2086) propose des excursions de 1 ou 2 journées. Les circuits de 1 journée, de 16 à 22 km, coûtent 22 $ par canoë (un peu plus le week-end). Les circuits de 2 jours, de presque 40 km, sont facturés entre 40 et 45 $. Les week-ends étant souvent très fréquentés, il est prudent de réserver le plus tôt possible. L'Allen Parish Tourist Commission (☎ 337 639 4868, 888 639 4868) fournit tous renseignements sur les loueurs de canoës et les hébergements de la région.

## RÉGION DES RIZIÈRES

Entre Lafayette et Lake Charles s'étend une zone dédiée à la riziculture : la Rice Belt. Au début du XIX$^e$ siècle, un émissaire de compagnies britanniques possédant des intérêts dans la région découvrit que la zone se prêtait parfaitement à la riziculture. On s'empressa donc d'envoyer sur place des fermiers du Middle West et, 20 ans plus tard, la moitié du riz produit aux États-Unis provenait de la région. Les petites villes fondées au XIX$^e$ et au XX$^e$ siècle, à mesure qu'avançait la construction de la voie ferrée, restent très marquées par cette activité.

Très en vogue à partir de la fin de la guerre de Sécession, les cuisses de grenouilles devinrent la spécialité de **Rayne**. Bien que la demande ait diminué de nos jours, la ville revendique toujours son statut de "capitale mondiale de la grenouille" par de curieuses fresques représentant le batracien sur les murs des bâtiments et des boutiques du centre-ville. Le premier week-end de septembre, le Frog Festival (☎ 337 334 2332) attire 75 000 personnes grâce à ses multiples manifestations : concours du plus gros mangeur de cuisses de grenouilles, course de grenouilles, concerts de musique cajun et zydeco, concours d'accordéon, parade et l'inévitable fais-do-do. Ne quittez pas les lieux sans avoir goûté les cuisses de grenouilles à l'étouffée.

A 3 miles (5 km) au nord de Rayne par la Hwy 98, le village de **Roberts Cove**, fondé en 1880 par des catholiques allemands, s'organise autour de son église, la St Leo's Church. Le Germanfest (☎ 337 334 8354), organisé le premier week-end d'octobre, est l'occasion de célébrer la musique, la gastronomie et l'artisanat allemands et cajuns.

Le Rice Festival (☎ 337 783 3067) est célébré à **Crowley**, capitale louisianaise du riz, le troisième week-end d'octobre. Dans le centre, le Rice Theater organise un concert de gospel le premier samedi de chaque mois, un concert de musique country le troisième samedi et un concert de musique cajun le dernier samedi (☎ 337 783 0824). Le traitement du riz n'aura plus de secrets pour vous après une visite au Rice Museum (☎ 337 783 6842), sur Airport Rd (Hwy 90), à l'ouest de la ville. Implanté dans un ancien laboratoire de recherches de la LSU (Louisiana State University), il retrace l'évolution des tech-

# Centre de la Louisiane

Aucune ligne Maginot ou équivalent ne sépare la Louisiane du Nord de la Louisiane du Sud. En fait, il s'agit plutôt d'une zone où cohabitent différentes cultures : la Cenla (contraction de Central Louisiana). Elle regroupe aussi bien Natchitoches, fière de son héritage français, que Marksville, patrie de la tribu amérindienne des Tunica, ou Alexandria, qui fut décrite par A. J. Liebling, dans *The Earl of Louisiana,* comme "le nombril politique de la Louisiane où la Louisiane française catholique et bilingue du Sud […] se fond dans la Louisiane américaine WASP". La Cenla regroupe des paroisses qui n'ont véritablement en commun que leur situation géographique.

Natchitoches demeure fidèle à ses ancêtres français qui fondèrent ici, en 1714, la première implantation européenne sur le territoire de l'actuelle Louisiane : Fort St Jean Baptiste. Trois ans plus tard, les Espagnols, poussant plus avant leur migration vers l'ouest, construisirent 25 km plus loin un fort qu'ils appelèrent Los Adaes. Lors de l'achat de la Louisiane en 1803, Natchitoches, indifférente à ses 40 années de domination espagnole, se revendiqua comme résolument française. Les notables de la ville vécurent l'arrivée des Américains comme une invasion d'individus "vulgaires et frustes". Fiers également de leurs origines par rapport aux protestants anglo-saxons qui vivent à leurs côtés, les Franco-Africains, installés en bordure de la rivière Cane, au sud de Natchitoches, sont appelés "Créoles de couleur".

A moins de 60 km au nord-est, Winnfield présente un visage bien différent. Siège du gouvernement local de la paroisse de Winn, la ville est le berceau de la conscience politique la plus forte et la plus originale de l'État. Jadis appelée "État libre de Winn" en raison de sa résistance à la sécession durant la guerre civile, la paroisse demeure un foyer de rancœurs, exploitées par des politiciens qui tablent sur leur force de carac-

## A ne pas manquer

- Les magnolias d'acier et les balcons en fer forgé de Natchitoches
- La visite de Melrose Plantation, autrefois dirigée par des femmes
- Les pinèdes et bayous isolés de la Kisatchie National Forest
- La Lewis House, créée en hommage aux enfants du pays Jerry Lee Lewis, Jimmy Swaggart et Mickey Gilley
- Le "trésor des Tunica" de Marksville : une énorme collection d'objets d'artisanat indien et européen

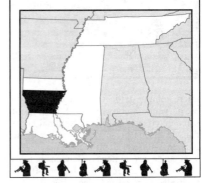

tère, leur charisme et leur charme, et jouent souvent la carte du populisme.

L'influence française n'est plus guère sensible au sud de Winnfield, où les collines s'aplanissent et se transforment en terres souvent marécageuses. Brûlées durant la guerre de Sécession, de nombreuses villes des environs durent attendre le lendemain de la Seconde Guerre mondiale pour retrouver leur animation.

Sauvage, couvert de forêts et peu peuplé, le centre de la Louisiane a attiré des exploitants de bois dès le début du siècle. On travaille aujourd'hui davantage à reboiser, notamment grâce à Caroline Dorman, pre-

## 264 Centre de la Louisiane – Natchitoches

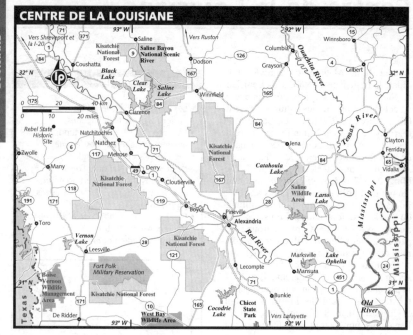

mière femme garde forestier du pays, qui est parvenue à convaincre l'État de Louisiane de créer la Kisatchie National Forest dans le but de préserver la forêt couvrant plus de 2 400 km², soit 7 paroisses.

Forte de ces immenses étendues boisées, encore peu fréquentées, la région offre de multiples possibilités d'activités de plein air. Ses nombreux lacs et rivières permettent de s'essayer au canoë, notamment sur le bayou de Kisatchie.

## NATCHITOCHES
• **17 000 habitants**

Malgré son histoire et sa charmante architecture à la française, Natchitoches (que les habitants prononcent NA-ki-dish ou NAK-eu-teush) demeure une petite ville paisible. Elle n'avait guère connu d'animation touristique avant l'irruption, en 1988, d'une équipe de Hollywood venue tourner un film qui allait connaître un grand succès, *Steel Magnolias*. Tiré de la pièce d'un auteur originaire de la ville, Robert Harling, le film attira des stars du cinéma comme Shirley MacLaine ou Julia Roberts. Là où il était récemment difficile de trouver un hôtel décent, 27 B&B, dans toutes les gammes de prix, s'offrent désormais aux visiteurs.

Installé à proximité d'un village d'Indiens Natchitoches, le plus ancien bourg du Louisiana Purchase Territory fut fondé en 1714 par Juchereau Saint-Denis en tant qu'avant-poste du commerce avec les Espagnols du Mexique. De ce fait, plusieurs routes se rencontraient ici, dont El Camino Real qui allait jusqu'au Mexique. Pôle du transport et des échanges cotonniers, le commerce fluvial de Natchitoches disparut dans les années 1830 à cause d'une modification du cours de la Red River. Aujourd'hui, la section du cours d'eau qui bordait la ville n'est plus qu'un paisible lac, le Cane River Lake, et l'économie dépend des touristes et des étudiants de la Northwestern State University.

Natchitoches est désormais une ville ravissante où se pressent des touristes qui dévalisent les boutiques de souvenirs après avoir admiré le fer forgé des maisons de Front St. N'allez cependant pas croire que l'histoire de la ville est passée au second plan derrière le tout-puissant dollar : 10 minutes de discussion avec un habitant suffiront à vous remplir la tête de dates et de noms illustres, et il ne fait aucun doute que votre interlocuteur vous aura précisé au passage que Natchitoches fut fondée avant La Nouvelle-Orléans...

### Orientation et renseignements

Le vaste quartier historique, le National Historic District, seul quartier à posséder ce statut en Louisiane avec le Vieux Carré de La Nouvelle-Orléans, s'étend au cœur de la ville, le long de la rive ouest du Cane River Lake. Les commerces occupent surtout Front St, Washington St et 2nd St, laissant à Williams Ave (Business Hwy 1) la circulation. Les Hwy 1 et 6 délimitent la ville.

Le convention and visitors bureau (☎ 318 352 8072, 800 259 1714) se trouve 781 Front St, au sein du quartier historique. Il ouvre du lundi au samedi de 9h à 17h et de 10h à 15h le dimanche. Consultez le site sur www.natchitoches.net.

Des distributeurs automatiques de billets sont implantés dans Church St et 2nd St et dans Keyser Ave, plus à l'est. La poste principale (☎ 318 352 2161) est installée

### Les frères Long, grandes figures de la politique louisianaise

Des années durant, on ne put parler politique en Louisiane sans prononcer le nom de Long.

Huey Long, populiste haut en couleur et charismatique, fut gouverneur de 1928 à 1932, date à laquelle il fit son entrée au Sénat des États-Unis. Il possédait alors un pouvoir quasi absolu sur l'État de Louisiane.

Avec la promesse de "montrer aux riches de quel bois se chauffaient les pauvres", il emporta l'adhésion de milliers d'ouvriers. En leur nom, il se lança dans un programme massif de travaux publics incluant la construction d'hôpitaux, d'écoles et de routes dans les paroisses rurales. Ces généreuses entreprises s'accompagnèrent toutefois d'une bonne dose de corruption. Par l'intimidation et le chantage, Huey Long pulvérisa toute contestation de son autorité, jusqu'au jour de septembre 1935 où il fut assassiné par un médecin de Baton Rouge. Il était sur le point de briguer la la Maison Blanche, en concurrence avec Franklin Roosevelt.

Certes moins ambitieux et moins autoritaire que son frère, Earl Long possédait lui aussi une singulière personnalité. Ses trois mandats de gouverneur, qu'il assuma avec une poigne de fer dans les années 40 et 50, donnèrent lieu à quelques épisodes comiques. On le critiqua pour ses frasques, ses liaisons avec des strip-teaseuses et son goût pour les boissons fortes. "Oncle Earl" effectua même, en cours de mandat, un séjour en hôpital psychiatrique... Élu au Congrès en 1960, Earl mourut dix ans plus tard.

Si vous voulez marcher sur les traces de ces deux titans de la politique, visitez Winnfield, à 50 km à l'est de Natchitoches, et le Louisiana Political Museum and Hall of Fame (musée de la Politique, ☎ 318 628 5928), 499 E Main St. Il est ouvert du lundi au vendredi de 9h à 16h30 et le samedi de 10h à midi.

Installé dans un ancien dépôt de chemin de fer, ce petit musée est rempli de souvenirs de la vie politique. Les statues grandeur nature des frères Long occupent beaucoup de place, mais les objets les plus intéressants sont plus communs. On admirera, entre autres, une ancienne machine à enregistrer les votes, ou encore des boutons fabriqués à l'occasion d'une campagne électorale et portant l'inscription "Vote for Uncle Earl. I ain't crazy" (Votez pour l'oncle Earl. J'suis pas fou).

240 Rue St Denis. La plus grande bibliothèque (☎ 318 357 3280) se situe 431 Jefferson St ; elle ouvre en semaine de 9h à 18h et le samedi jusqu'à 17h.

Côté presse, le maigre *Natchitoches Times* paraît tous les jours, et le quotidien de Shreveport bénéficie d'une large diffusion. Si vous avez envie de lire un journal d'informations nationales (en anglais), la librairie Book Merchant (☎ 318 357 8900), 512 Front St, vend l'édition dominicale du *New York Times*. Spécialisée dans l'histoire régionale, elle propose en outre un bon choix de romans du Sud, et le personnel est toujours au courant des spectacles programmés en ville. La librairie est ouverte tous les jours de 10h à 18h.

La blanchisserie Agape Washateria (☎ 318 357 0271), 137 Caspari St, près de l'université, ouvre tous les jours de 8h à 20h.

Enfin, le Natchitoches Parish Hospital (☎ 318 352 1200), 501 Keyser Ave, sur la rive est, dispose d'un service d'urgences.

## A voir et à faire

Quoi qu'en disent les conducteurs du tramway, c'est à pied que l'on découvre le mieux Natchitoches. Commencez votre **promenade** en descendant Front St entre la Rue Touline et la Rue Lafayette. Vous apprécierez ainsi le style créole des maisons et leurs balcons de fer forgé délicatement ouvragés, qui surplombent le lac.

Flânez ensuite dans les ruelles avoisinantes, où vous découvrirez de nombreuses bâtisses de style géorgien et victorien. Rue St Denis, entre Front St et 2nd St, faites un crochet par le **Walk of Honor** (promenade d'honneur), où des fleurs de lis incrustées dans le trottoir rendent hommage à toute personne ayant fait un don important à la ville. Parmi les personnalités figurant sur ce trottoir, on distingue Dolly Parton, John Wayne, les Dixie Debs et les World Series Girls Softball Champions de 1994.

A l'angle de 2nd St et de Church St, l'**Old Courthouse Museum** (musée de l'Ancien Tribunal, ☎ 800 568 6958), magnifique bâtiment de style néoroman datant de 1896, abrite des expositions temporaires qui ne valent guère les 3 $ réclamés à l'entrée. Juste en face s'élève l'église catholique de l'Immaculée Conception (Immaculate Conception Catholic Church), construite en 1856. Une rue plus au sud, à l'angle de la Rue Trudeau et de 2nd St, se dresse la jolie église épiscopale de la Trinité (Trinity Episcopal Church). En continuant vers le sud-ouest, vous vous perdrez avec délice dans les étroites ruelles de la ville.

En dessous du service d'informations touristiques, Rue Beauport, près du lac, s'élève la **Roque House**, bâtiment du XVIII$^e$ siècle autrefois installé dans une plantation et déplacé ici pour servir de musée. La Roque House abrite les œuvres de l'artiste Clementine Hunter (reportez-vous à *Melrose Plantation*, dans *Cane River Country*, plus loin dans ce chapitre). Des expositions temporaires y sont également organisées, généralement axées sur l'architecture et les arts de la région. Les horaires pratiqués défient cependant toute logique : appelez le convention and visitors bureau avant de vous déplacer. L'extérieur de la Roque House est accessible à tout moment.

La **Northwestern State University** se trouve au sud du centre-ville. Cette université des beaux-arts fondée en 1884 compte aujourd'hui près de 10 000 étudiants et abrite un nouveau National Center for Preservation Technology (Centre national des technologies de préservation, ☎ 318 357 6464). Ce centre a pour mission la préservation des sites architecturaux les plus importants du pays. Situé dans le South Hall, il est ouvert aux visiteurs de 8h à 17h tous les jours de la semaine. Si l'archéologie relative aux Amérindiens vous intéresse, visitez le **Williamson Museum** (☎ 318 357 4364), 210 Keyser Hall. Cet entrepôt compte plus de 500 000 objets et est ouvert du lundi au vendredi de 9h à 16h. Le **Folklife Center**, quant à lui, permet de mieux connaître les arts et traditions populaires de la région. Le campus accueille de nombreux conférenciers et orchestres tout au long de l'année universitaire. Pour obtenir le programme, téléphonez au ☎ 318 357 6361.

A côté de Jefferson St et de l'université, au 130 Moreau St, sur le Cane River Lake,

# Centre de la Louisiane – Natchitoches

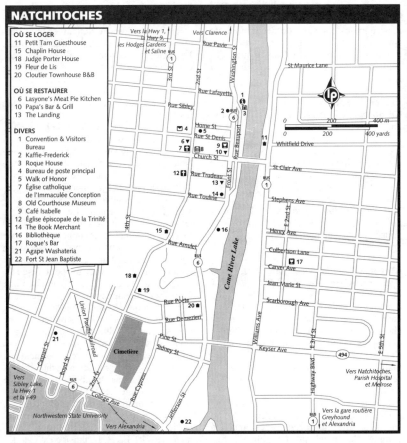

## NATCHITOCHES

**OÙ SE LOGER**
- 11 Petit Tarn Guesthouse
- 15 Chaplin House
- 18 Judge Porter House
- 19 Fleur de Lis
- 20 Cloutier Townhouse B&B

**OÙ SE RESTAURER**
- 6 Lasyone's Meat Pie Kitchen
- 10 Papa's Bar & Grill
- 13 The Landing

**DIVERS**
- 1 Convention & Visitors Bureau
- 2 Kaffie-Frederick
- 3 Roque House
- 4 Bureau de poste principal
- 5 Walk of Honor
- 7 Église catholique de l'Immaculée Conception
- 8 Old Courthouse Museum
- 9 Café Isabelle
- 12 Église épiscopale de la Trinité
- 14 The Book Merchant
- 16 Bibliothèque
- 17 Roque's Bar
- 21 Agape Washateria
- 22 Fort St Jean Baptiste

---

s'élève le **Fort St Jean Baptiste** (☎ 318 357 3101, 888 677 7853). Une fois à l'intérieur du fort, qui est l'exacte réplique du fort colonial français, tout ce qui rappelle le XXᵉ siècle disparaît. Reconstruit en 1979 à l'aide de plans réalisés par l'architecte Ignace Francois Broutin en 1733, ce complexe architectural de 2 ha comprend 8 bâtiments de terre et de boue ceints d'une barrière de bois aux pointes dissuasives. Avec un peu de chance, vous assisterez à l'une des nombreuses reconstitutions historiques mises en scène avec des acteurs vêtus de peau de daim et portant des chapeaux en peau de raton laveur. Le fort ouvre tous les jours de 9h à 17h.

### Manifestations annuelles

Renseignez-vous auprès du visitors bureau (☎ 318 352 8072) pour connaître les manifestations prévues pendant votre séjour.

La ville organise tous les ans au mois d'octobre une fête, assez quelconque, au cours de laquelle les habitants s'habillent à la mode coloniale et ouvrent leurs maisons aux visiteurs.

Le premier week-end de décembre, le Cane River Lake s'illumine à l'occasion du

Festival of Lights (fête des lumières). Des parades de bateaux sont alors organisées, ainsi que des concours de décorations de Noël. Un feu d'artifice vient couronner le tout à la nuit tombée. Le festival attire des centaines de visiteurs venus de toute la région.

## Où se loger

**Camping.** A 56 km au sud-ouest de la ville par la Hwy 171 (*via* la Hwy 6 au sud de Natchitoches), entre Many et Leesville, *Hodges Gardens* (☎ *318 586 3523*) est sans doute le meilleur endroit pour camper (voir *Environs de Natchitoches*). L'emplacement coûte 10 $. Vous pouvez sinon opter pour l'un des nombreux campings de la *Kisatchie National Forest* (voir *Kisatchie National Forest*, plus loin dans ce chapitre), que vous atteindrez en prenant vers le nord puis vers l'est.

**Motels.** Le *Lakeview Inn Motel and Apartments* (☎ *318 352 9561, 800 535 5672, 1316 Washington St)*, à l'extrémité nord de Natchitoches, près de la Hwy 1, compte parmi les établissements les moins chers de la ville. Les chambres sont simples et propres – certaines donnent même sur le Cane River Lake –, et le personnel est serviable. La nuit vaut 40 $. La réception ouvre en semaine de 8h à 17h et le samedi de 8h à midi.

Encore meilleur marché, le *Louisiane Motel* (☎ *318 352 6401, 340 Hwy 1 S)*, au sud de la ville, sur la rive est, est annoncé comme "le motel du travailleur". Les chambres sont facturées 32 $ en simple ou double. Vous le repérerez facilement : il se trouve en face de l'arrêt Greyhound.

Les motels des grandes chaînes, regroupés dans la partie ouest de la ville, près du croisement entre la Hwy 6 et la I-49, proposent des chambres à partir de 45 $. A ce tarif, mieux vaut séjourner dans l'un des B&B de Natchitoches, d'autant qu'avec un peu de chance vous pourrez négocier les prix.

**B&B.** Lorsqu'une chose existe en quantité, une expression du Sud dit que l'"on ne peut lancer un chat mort sans frapper un avocat, une épave, un pin..." (le nom est choisi selon la situation). A Natchitoches, le chat en question tapera certainement un B&B. La ville en compte 27, d'où une rude concurrence au profit du client qui bénéficie de chambres agréables à des tarifs raisonnables. Prévoyez toutefois 25% de plus durant le Festival of Lights (au mois de décembre).

Ouvert depuis 1983, *Fleur de Lis* (☎ *318 352 6621, 800 489 6621, 336 2nd St)*, au niveau de Rue Poete, fut le premier B&B de Natchitoches. Les 5 chambres de cette bâtisse victorienne varient de 65 $ à 80 $ la nuit. Vous pouvez également louer une pension appelée Abigail's Cottage, où 8 personnes logent aisément. Les propriétaires laissent aux clients le loisir de profiter de toute la maison et les invitent à se servir de vin ou des boissons fraîches, à disposition dans le réfrigérateur. Le matin, tout le monde s'attable devant un petit déjeuner commun avant de quitter l'établissement. Consultez leur site : www.virtualcities.com.

La *Chaplin House* (☎ *318 352 2324, 434 2nd St)*, près de Rue Amulet, occupe une maison de 1892 dotée d'une magnifique véranda (appelé galerie dans ces contrées) qui se prête merveilleusement à la lecture et à la consommation de thé glacé. A l'étage, une longue chambre a été aménagée sous l'avant-toit. Le tarif va de 55 $ à 100 $ la nuit, en fonction du nombre d'occupants. Si vous êtes les seuls hôtes, vous bénéficierez ici d'une intimité que l'on trouve rarement dans les B&B. La cuisine est équipée d'un micro-ondes et d'un réfrigérateur.

La *Judge Porter House* (☎ *318 352 9206, 800 441 8343, 321 2nd St)* est une imposante bâtisse de 1912 récemment restaurée. Propre et aérée, elle abrite des suites de 1 ou 2 chambres équipées de cafetières et... de peignoirs (entre 95 $ et 160 $). Celle de l'étage comporte 2 chambres et une immense s.d.b., ainsi que de grandes baies vitrées qui donnent accès à la galerie encerclant la maison. Il existe un site : www.judgeporterhouse.com.

Les amateurs de paranormal opteront pour la *Breazeale House* (☎ *318 352 5630, 800*

352 5631, 926 Washington St), qui apparaît dans *Steel Magnolias*. On dit que cette maison, construite à la fin du XIXᵉ siècle pour le membre du Congrès Phanor Breazeale, est hantée. D'après les propriétaires Willa et Jack, certains hôtes auraient vécu des phénomènes inexpliqués. Si vous voulez faire partie du nombre, comptez 60 $ à 85 $ la nuit. L'établissement dispose de 8 chambres, de 11 cheminées et d'une piscine.

Si ce genre de compagnie ne vous attire pas, préférez la ***Petit Tarn Guesthouse*** (☎ *318 352 5242, 877 699 8471, 612 Williams Ave)*, de l'autre côté du Cane River Lake par rapport au quartier historique. Sa gérante, Conna Cloutier, tient aussi le ***Cloutier Townhouse Bed & Breakfast*** *(même ☎ , 416 Jefferson St)*. Petit Tarn propose 3 options idéales : la Treehouse occupe l'étage, au milieu des branches ; la Library Suite présente une admirable collection d'ouvrages d'histoire, d'art et de littérature ; et la River Room dispose de son propre patio sur la rivière. Chaque appartement possède une entrée privée, un balcon, un jacuzzi et une kitchenette. Les prix vont de 95 $ à 110 $ la nuit, en double. Vous trouverez le site sur www.cloutierbandb.com.

## Où se restaurer

Chaque restaurant de la ville dit servir les "authentiques" *meat pies* (petits chaussons en forme de croissant fourrés d'un mélange frit à base de bœuf, de porc et d'oignons hachés). Jadis commercialisés par les marchands ambulants, ces savoureuses spécialités allaient disparaître lorsque, en 1967, James Lasyone ouvrit la ***Lasyone's Meat Pie Kitchen*** *(☎ 318 352 3353, 622 2nd St)*. On y prépare encore les meilleurs pies de la région. Commandez un meat pie platter, et l'on vous apportera un chausson fourré accompagné de riz, du légume de votre choix (goûtez le chou) et de salades variées, le tout pour 7 $. L'assiette déjeuner de 4 légumes, servi avec du pain complet, vous reviendra à 4 $. Le vendredi, vous pouvez choisir l'option poisson-chat à volonté moyennant 9 $. Lasyone's est ouvert du lundi au samedi de 7h à 19h. Les cartes de crédit ne sont pas acceptées.

Les habitants de la ville ne jurent que par l'***Almost Home*** *(☎ 318 352 2431)*, sur la Hwy 1 près du Sibley Lake, où petits déjeuners et déjeuners sont servis sous forme de buffet d'excellentes spécialités maison, du dimanche au vendredi, entre 6h et 14h30. Le buffet de poisson-chat à volonté (moins de 10 $) est dressé le vendredi soir entre 17h et 20h.

A quelques kilomètres de la ville, au nord de la Hwy 84 à Clarence, le ***Grayson's Bar-b-q*** *(☎ 318 357 0166, 5849 Hwy 71)* ne vous décevra pas. Les non-initiés devraient commander l'assiette de dégustation (7 $), (sur)chargée de travers de porc, de jambon, de bœuf, de salade de pommes de terre, de haricots et de pain. Les moins affamés se contenteront d'un sandwich au jambon servi dans un petit pain français tout frais, le *frog bun* comme l'appellent les locaux. Si vous le demandez gentiment, on vous laissera peut-être jeter un œil là où le jambon est stocké pendant 48 heures avant d'être dégusté. En repartant, goûtez au passage les biscuits au chocolat et au gingembre, offerts par la maison. Grayson ouvre du mardi au dimanche de 8h à 21h.

Au ***Papa's Bar & Grill*** *(☎ 318 356 5850, 604 Front St)*, ce sont les côtes de porc farcies de chair à saucisse (9 $), ou encore les spécialités de poisson proposées le soir qui sont à l'honneur. Sautez sur l'occasion si la serveuse fait allusion à un reste de court-bouillon de poisson-chat ! Leur recette est adoucie à la tomate et constitue l'une des meilleures que vous savourerez au nord de La Nouvelle-Orléans. Ce petit restaurant chaleureux ouvre du lundi au samedi de 11h à 22h.

Une envie de pizza ? Foncez au ***Beaudions's Pizza Pub*** *(☎ 318 356 9200, 302 Hwy 1 S)*, au niveau de Magnolia St, en bordure de la ville. Vous pourrez emporter votre pizza de 11h à 2h du matin en semaine et de 16h à 2h le week-end. Le bâtiment de parpaing n'est guère engageant, mais les pizzas font partie des meilleures de la région.

Les Louisianais affirment que la viande d'alligator fait une très bonne pâtée pour chien, mais qu'eux-mêmes n'y toucheraient pas. Évitez donc les restaurants proposant de l'alligator sauvage et réservez-vous pour ***The Landing*** (*☎ 318 352 1579, 530 Front St*). Le chef (et propriétaire) Kent Gresham ne jure que par l'alligator d'élevage, ses expériences avec les sauvages s'étant avérées peu concluantes. Il cuisine un délicieux alligator noirci, mais aussi de succulents plats de poisson et de fruits de mer, dont une étouffée d'écrevisses. N'oubliez pas de commencer par une assiette de tomates vertes frites. Les plats de résistance commencent autour de 9 $. Cet établissement élégant ouvre du mardi au vendredi de 11h à 14h puis de 17h à 22h, le samedi de 11h à 22h et le dimanche de 11h à 21h. Ce jour-là, il propose un brunch au champagne jusqu'à 14h.

Pensez enfin à faire un tour au ***Monjuni's Italian Café & Grocery*** (*☎ 318 352 0401, 5909 Hwy 1 Bypass*), non loin de Dean St juste à l'est du Sibley Lake. L'établissement n'a certes pas le niveau de l'original, situé à Shreveport, mais ses po-boys, pâtes et salades ne manquent pas de finesse et coûtent entre 4 $ et 7 $. Vous pouvez venir déjeuner du lundi au samedi entre 11h et 14h ou dîner (prévoyez 7 $ à 12 $ par plat le soir) entre 16h30 et 21h en semaine, la fermeture ayant lieu à 22h le week-end.

### Où sortir

Avec son air bohème, le ***Café Isabelle*** (*☎ 318 357 1555, 624 Front St*) est l'endroit idéal pour venir écouter des lectures de poésie et de la musique acoustique. Le café ouvre en semaine de 10h à 18h et de 11h ou midi à 20h le week-end si aucune animation n'est proposée. Téléphonez pour avoir le programme.

Pour boire un verre, poussez la porte du ***Cove Bar and Grill*** (*☎ 318 357 1223*), situé dans le Mariner's Restaurant du Sibley Lake, près de la Hwy 1 Bypass en allant vers le nord. On vient y danser au son des orchestres le vendredi et le samedi soir.

Avec un peu de chance, vous serez en ville le dernier vendredi du mois, lorsque le ***Roque's Bar*** (*☎ 318 352 6586, 235 Carver Ave*) se met à vibrer au son du blues. Quasiment tous les autres soirs, un groupe de gentlemen d'un certain âge, fiers Créoles de couleur, se retrouvent dans ce bar où ils ont élu domicile. La bière est bon marché, et les novices ne devraient pas s'étonner de voir leur voisin leur offrir les consommations.

### Achats

Kaffie-Frederick (*☎ 318 352 2525*), 758 Front St, qui existe depuis 1863, est une véritable caverne d'Ali Baba regorgeant d'objets rares et de meubles. Le magasin ouvre en semaine de 7h à 17h et le samedi de 7h à 16h.

Pour les produits de tous les jours, vous trouverez un WalMart (*☎ 318 352 5607*) au 925 Keyser Ave, près de Williams Ave, à l'est du Cane River Lake, ainsi que des épiceries tout le long de cet axe.

### Comment s'y rendre

Ni trains ni avions ne desservent Natchitoches.

Les bus arrivent et repartent de la gare Greyhound (*☎ 318 352 8341, 800 231 2222*) située au 331 Cane River Shopping Center tout près de la Business Hwy 1 S. La gare ouvre de 8h à 11h, puis de midi à 16h en semaine. Il faut donc vous y prendre à l'avance pour les bus du samedi. La gare est également fermée le dimanche et les jours fériés. Chaque jour, 3 bus effectuent la liaison avec Shreveport (2 heures, 31 $ l'aller-retour), et 3 autres desservent Alexandria (1 heure, 25 $), où il est facile de trouver une correspondance vers d'autres villes de la région.

Il est inutile d'être motorisé pour découvrir la ville, mais un véhicule se révélera nécessaire pour explorer la Cane River Country et les Hodges Gardens, situés au sud de la ville, ou encore la réserve naturelle de Briarwood, au nord.

## ENVIRONS DE NATCHITOCHES
### Hodges Gardens

Dans les années 40, A. J. Hodges défricha 1 880 ha de terre qu'il planta de forêts, afin d'en faire un arboretum expérimental. Au début du siècle, après que les ouvriers eurent déserté l'ancienne carrière parsemée de roches, cet homme à la main verte avait déjà aménagé des jardins et un lac de 90 ha.

Aujourd'hui, les Hodges Gardens (☎ 318 586 3525) sont entourés d'une route sinueuse de 15 km qui donne accès à des chemins de randonnée à travers la forêt, ainsi qu'à 24 ha de jardins en terrasses particulièrement soignés. Quelques cerfs surgissent parfois dans ce dédale de chemins pavés bordés de ruisseaux.

Des bateaux de pêche de location sont disponibles à partir de 50 $ (75 $ la journée). Si vous avez apporté votre canne à pêche, vous pourrez attraper poissons-chats, perches et brèmes.

L'emplacement de camping coûte 10 $ auxquels il faut ajouter 6,50 $ par adulte et 3 $ par enfant pour l'entrée. Quittez Natchitoches par la Hwy 1 et parcourez 40 km en direction de l'ouest, puis tournez vers le sud dans la Hwy 171 ; vous la suivrez sur 16 km pour atteindre les Hodges Gardens.

De l'autre côté de la route, l'**Emerald Hills Golf Resort** (☎ 318 586 4661) est un motel de 100 jolies chambres louées 70/75 $ en simple/double. Il dispose d'un parcours de golf (26 $ du lundi au jeudi, 39 $ les autres jours).

### Briarwood Nature Preserve

Également appelé la Caroline Dormon Nature Preserve, Briarwood (☎ 318 576 3379) est aussi isolé et rustique que les Hodges Gardens sont accessibles et bien entretenus. Ses 48 ha de bois et de fleurs sauvages encerclent la cabane de Caroline Dormon, une spécialiste de l'environnement venue s'installer ici pour étudier l'horticulture. La réserve ouvre en avril, mai, août et novembre, uniquement le samedi de 9h à 17h et le dimanche de 12h à 17h. Elle s'étend à 59 km au nord de Natchitoches par la Hwy 84 vers l'est et la Hwy 71 vers le nord, et à 5 km au sud de Saline par la Hwy 9. L'entrée coûte 5 $.

### Rebel State Historic Site

Ce site remonte à la guerre de Sécession ; ici, un soldat "rebel" perdu s'arrêta pour s'abreuver à une source et fut abattu par un cavalier de l'Union. La mort du Soldat confédéré inconnu est aujourd'hui commémorée chaque année sur sa tombe. Dans un registre plus gai, Rebel attire aussi le visiteur qui vient faire le plein de musique country et de gospels lors de concerts en plein air. Non content d'accueillir des vedettes locales, le lieu attire aussi des artistes de renommée nationale. Le reste de l'année, c'est la folk qui est à l'honneur. En outre, le premier week-end d'avril se tient l'Annual Fiddling Championship (concours annuel de violon country). Si aucun concert n'est prévu, visitez le **Louisiana Country Music Museum** (☎ 318 472 6255), qui explique l'évolution des différents styles musicaux de la région, dont le gospel et les formations à cordes. Gardez du temps pour la salle d'écoute. Rebel State se trouve à 40 km environ à l'ouest de Natchitoches par la Hwy 1221. Le musée est ouvert chaque jour de 9h à 17h, et l'entrée coûte 2 $ par adulte (gratuite pour les enfants de moins de 12 ans et les seniors).

## CANE RIVER COUNTRY

Si belles soient-elles, les demeures *antebellum* et leurs guides vêtues de jupes à cerceaux abreuvant les visiteurs de récits de belles du Sud tenant tête à de méchants pillards yankees finissent parfois par lasser les plus enthousiastes. La Cane River Country, officiellement connue sous le nom de Cane River National Heritage Area, débute au sud de Natchitoches et parviendra peut-être à raviver votre intérêt pour ces demeures à colonnades, qui s'alignent le long des 50 km que couvre la Hwy 119 jusqu'à Cloutierville. Deux lieux, notamment, méritent le détour : Melrose Plantation, résidence de l'artiste Clementine Hunter et de la douairière créole Marie Thérèse Coincoin, et le Bayou Folk Museum, où demeura Kate Chopin, auteur de *L'Éveil* (1899), roman féministe avant l'heure.

Le long de la rive ouest du lac, quatre plantations sans grande originalité se succèdent : Oak Lawn (qui a été restaurée par Robert Harling, l'auteur de *Steel Magnolias*), Cherokee, Beau Fort et Oakland. En poursuivant votre route, vous constaterez que la région n'est pas aussi riche qu'elle n'y paraît : certains vivent ici dans la misère, dans des maisons de fortune ou dans des caravanes branlantes. Pour plus

## Les Créoles de Cane River Country

Quiconque utilise le mot "créole" sans discernement en Louisiane court au-devant d'ennuis. Demandez à deux habitants de l'État qui est créole et à quoi correspond ce terme, et il y a fort à parier qu'ils ne s'entendront que sur un point : selon que l'on parle de peuple, d'architecture ou de cuisine, les termes "cajun" et "créole" ne sont pas synonymes.

Lorsque le terme de "créole" commença à se répandre au XVIIIe siècle, il désignait les descendants d'Européens nés dans les colonies. Au XIXe, l'usage en avait élargi le sens et englobait tout ce qui (hommes et objets) était originaire de Louisiane. Par la suite, les personnes nées de mélanges entre Européens et Africains se mirent également à revendiquer ce qualificatif, à la grande consternation des aristocrates, nés sur le sol américain mais fiers de leurs origines purement françaises. Pour ajouter à la confusion ainsi créée, les habitants se mirent à qualifier de "créoles" l'architecture et la cuisine de La Nouvelle-Orléans...

Aujourd'hui encore, le combat fait rage. Il n'y a que du côté de Natchitoches et de la Cane River Country que vous serez susceptible de trouver un consensus parmi les habitants. Dans cette région, le terme s'applique aux *gens de couleur libres*, expression utilisée telle quelle. Ces "Créoles de couleur" font remonter leur lignée à l'union d'une esclave, Marie Thérèse Coincoin, avec le descendant d'une famille française noble, Claude Thomas Pierre Metoyer, dont les 10 enfants auraient donné non moins de 10 000 descendants. Autrefois aisés (avant la guerre de Sécession, ils étaient nombreux à posséder des plantations et des esclaves qui y travaillaient), ces Créoles ne se considèrent ni blancs ni noirs, mais estiment qu'ils forment un groupe distinct, les *gens de couleur libres*. Ils constituent aujourd'hui une communauté insulaire installée sur la Brevelle Isle, près de Melrose Plantation, cette microculture est l'une des plus originales que vous rencontrerez dans le Vieux Sud.

Pendant que vous êtes dans la région, ne manquez pas la St Augustine Church et son cimetière, fondés en 1803 par Augustin, le fils aîné de Marie Thérèse et de Pierre Metoyer.

---

d'informations sur cette curieuse partie de la Louisiane, contactez le Cane River National Heritage Area (☎ 318 356 5555).

## Melrose Plantation

Melrose Plantation (☎ 318 379 0055) se trouve juste au nord du croisement de la Hwy 119 et de la Hwy 493. Cet imposant complexe de trois bâtiments principaux et de plusieurs maisonnettes indépendantes date de 1790. La plantation est ouverte tous les jours de 13h à 16h. Les visites guidées (obligatoires) durent une demi-heure. L'entrée coûte 6/4/3 $ pour les adultes/étudiants/enfants.

La **Yucca House**, construite vers 1796, fut la première maison d'habitation de la plantation. Elle doit sa célébrité au fait que sa propriétaire, Cammie Henry, y offrit l'hospitalité à des artistes et écrivains tels William Faulkner et John Steinbeck durant la première moitié du siècle. Lyle Saxon y habitait quand elle rédigea ses récits consacrés à la Louisiane (*Children of Strangers* se passe dans la Cane River Country), et l'artiste François Mignon, invité pour 6 mois, y séjourna 32 ans !

L'**African House**, construction inspirée de l'architecture congolaise, est sans doute le bâtiment le plus "africain" qu'il vous sera donné de voir aux États-Unis. Ses deux étages, surmontés d'un immense toit, ressemblent à un champignon de briques. Construit en 1800, le rez-de-chaussée servait jadis de prison d'esclaves, et l'étage supérieur fut habité par l'artiste locale Clementine Hunter. Longtemps employée de la plantation, elle y peignit une fresque murale de 15 m de long retraçant la vie de la plantation telle qu'elle la voyait. Cette œuvre est la pièce maîtresse de cette artiste prolifique (elle mourut en 1988 à l'âge de 101 ans) dont les peintures sont disséminées dans différents musées de Louisiane.

De Cammie Henry et Clementine Hunter à Marie Thérèse Coincoin, Melrose Plantation porte la marque d'une longue lignée de femmes, artistes déterminées et entreprenantes. Parmi elles, la personnalité la plus remarquable est sans doute celle de Marie Thérèse Coincoin.

Née en 1742, cette esclave devint la maîtresse d'un Français nommé Metoyer, à qui elle donna dix enfants. En 1778, Metoyer lui accorda sa liberté, ainsi qu'une parcelle de terrain incluant la Melrose Plantation d'aujourd'hui. Des années durant, Marie Thérèse Coincoin fit donc exploiter la terre par ses propres esclaves. Elle finit ainsi par gagner de quoi racheter la liberté de ses enfants, que Metoyer n'avait pas émancipés. A sa mort en 1816, sa famille possédait 480 ha de terres et près d'une centaine d'esclaves. Bien que la plantation, criblée de dettes, fut par la suite revendue, les descendants de Marie Thérèse et de Metoyer vivent encore aujourd'hui dans la Cane River Country.

## Magnolia Plantation

Une petite route de 13 km environ relie Melrose à **Cloutierville**. En chemin, vous apercevrez l'admirable Magnolia Plantation (☎ 318 379 2221), 5487 Hwy 119. Avec ses 27 pièces, dont une chapelle catholique, c'est l'une des plus vastes maisons de planteur de la région. La concession fut obtenue à la fin du XVIIIe siècle, et la demeure bâtie en 1835. A l'ouest du Mississippi, seule deux plantations ont obtenu le statut de National Bicentennial Farms (donné aux exploitations agricoles ayant appartenu à la même famille pendant plus de 200 ans), dont celle-ci. De plus, elle abrite l'unique presse à coton restée à son emplacement d'origine. Magnolia ouvre du lundi au samedi entre 13h et 16h. Prévoyez 5/4/2 $ par adulte/étudiant/enfant.

## Bayou Folk Museum

Le Bayou Folk Museum (☎ 318 379 2233), près de la Hwy 1, du côté est de Cloutierville, est une authentique maison de plantation restaurée, que dirigeait autrefois l'écrivain Kate Chopin (1851-1904). Les admirateurs de Kate Chopin connaissent

Clementine Hunter, peintre créole

probablement davantage *L'Éveil*, roman écrit en 1899 qui dépeint les premiers émois d'une femme, que son pittoresque ouvrage intitulé *Bayou Folk*, dont le musée tire son nom.

En flânant de salle en salle, vous découvrirez une savoureuse collection de babioles et objets insolites.

Construite vers 1806, la demeure principale n'a rien d'exceptionnel. Elle est cependant entourée d'une série de maisons annexes qui méritent le coup d'œil. Parmi elles, ne manquez pas celle qui est dédiée à la première femme médecin de la région, où vous pourrez admirer du matériel médical d'époque. Le musée est ouvert du lundi au samedi de 10h à 17h, le dimanche de 13h à 17h. L'entrée coûte 5 $ pour les adultes, 3 $ pour les étudiants, 2 $ pour les enfants de 6 à 12 ans.

## KISATCHIE NATIONAL FOREST

Si les tentatives des années 20 visant à préserver les forêts de la région ont globalement échoué, il reste tout de même de grandes étendues d'espaces boisés. Vous aurez plus de chances de croiser un ours, un opossum ou un cerf au cours de vos flâneries sous les immenses pins qu'un autre groupe de randonneurs.

S'étendant sur 2 400 km² en Louisiane du Nord et du Centre, la Kisatchie National Forest (seule forêt nationale de Louisiane) est constituée de deux districts principaux : **Kisatchie**, dont l'administration se trouve à Natchitoches (☎ 318 352 2568), et **Winn**, dont les bureaux sont installés dans la ville de Winnfield (☎ 318 628 4664). Les quatre autres districts, non abordés dans cet ouvrage, sont **Catahoula** (dont l'administration se trouve à Bentley, ☎ 318 765 3554), **Evangeline** (Alexandria, ☎ 318 445 9396), **Caney** (Homer, ☎ 318 927 2061) et **Vernon** (Leesville, ☎ 318 239 6576).

La forêt propose des campings, des visites en voiture, du canoë et des sentiers de randonnée couvrant plusieurs centaines de kilomètres. Sauf indication contraire exceptionnelle, le camping sauvage est autorisé tout au long de l'année. Seule restriction : durant la saison de la chasse, d'octobre à avril, les districts de Catahoula et de Kisatchie n'autorisent le camping que dans les zones prévues à cet effet. Certaines installations sont payantes, mais les prix restent toujours raisonnables.

Nous vous proposons ci-dessous quelques-unes des activités de loisirs praticables dans les deux principaux districts. Pour plus de détails, ou pour obtenir des cartes, contactez le Kisatchie Supervisor (☎ 318 473 7160), 2500 Shreveport Hwy, Pineville, LA 71360.

### Longleaf Scenic Byway

Situé entre les villes de Natchitoches et d'Alexandria, le district de Kisatchie Ranger est célèbre pour sa route de 29 km appelée Longleaf Scenic Byway, qui part de la Hwy 119 (près de l'intersection avec la I-49), à l'ouest de la ville de Derry, au croisement avec la Hwy 117.

Neuf terrains de camping, du plus rustique au plus confortable, sont installés le long de cette route bitumée. L'un des plus beaux est le *Kisatchie Bayou Campground*, qui propose des emplacements sablonneux alignés au bord de l'eau. Pour y parvenir, quittez la Hwy 117 en direction de Middle Branch Overlook, sur la route de service appelée Forest Service Rd 321, parcourez une dizaine de kilomètres, puis tournez à gauche dans la Forest Service Rd 366. L'emplacement coûte 2 $ par nuit.

Vous remarquerez au passage les arbres criblés de trous, juste à l'est de l'embranchement pour Middle Branch Overlook. Ces pins, atteints de pourrissement du fait de l'exploitation forestière passée, sont la cible privilégiée d'une espèce de pic en voie de disparition.

Du terrain de camping, prenez le **Caroline Dormon Hiking and Horse Trail**, un sentier de 20,5 km qui traverse la route principale et mène au camping de Kisatchie Hills Wilderness. Dédié à Caroline Dormon, le chemin serpente doucement au milieu des champs de fleurs sauvages et des pins. Plus corsés, les 3 840 ha de **Kisatchie Hills Wilderness** sont parfois appelés le "Little Grand Canyon" du fait des pentes raides, des affleurements et autres caractéristiques topographiques. En outre, le paysage diffère des forêts de pins qui prédominent dans la région. Kisatchie Hills Wilderness longe les premiers kilomètres de la Longleaf Scenic Byway, au niveau de la Hwy 119, en direction du nord.

A 8,5 km au sud de la Hwy 117 s'élève le **Kisatchie Country Store** (☎ 337 239 0119), où toute la population du globe semble se retrouver pour acheter appâts et victuailles ou pour demander son chemin. Le magasin sert également de bureau à Kisatchie Cajun Expedition, qui propose toute une gamme de circuits (sans guide) en canoë sur le Kisatchie Bayou, aussi bien pour les débutants que pour les experts. Ils n'ont lieu qu'à certaines périodes de l'année, généralement de début janvier à la fin de la saison des pluies. Outre les canoës en location (20 $ par jour, transfert compris) et les navettes qui emmènent les amateurs de sensations fortes en amont du Kisatchie Bayou (7,50 à 10 $ pour le transport seulement), on y trouve aussi des douches chaudes (2,50 $). L'établissement est ouvert tous les jours de 6h30 à 20h.

## Dogwood Trail

Situé entre les villes de Natchitoches et de Winnfield, le district de Winn Ranger comporte une boucle courte, mais spectaculaire, appelée **Dogwood Trail**, située en bordure de la Hwy 84, près de Natchitoches (à environ 1,5 km à l'ouest de la Hwy 477) ; c'est un sentier de randonnée d'un peu plus de 2 km qu'il est agréable d'emprunter au printemps, lorsque les cornouillers sont en fleurs.

## Gum Springs Horse Trail

Plus au cœur du Winn District de Kisatchie, sur la Hwy 84, Gum Springs propose deux sentiers pour randonnées pédestres ou équestres. Le Blue Loop Trail fait un peu plus de 8 km. Il est souvent emprunté par des chariots couverts et traverse des forêts de cèdres et de pins. Le Yellow Loop longe des mares et des campements rustiques sur 29 km. Vous pourrez admirer de magnifiques fleurs sauvages et camper dans des sites fort agréables en bordure des deux sentiers.

## Saline Bayou National Scenic River

La Saline Bayou National Scenic River prend sa source près de la ville de Saline et couvre environ 35 km en direction du sud pour se jeter dans le lac de Saline. Cette petite rivière, paisible mais encore sauvage, bordée de cyprès, est le lieu idéal pour une promenade en canoë. Méfiez-vous car il arrive que les eaux s'animent violemment. Vérifiez le niveau de l'eau : s'il est élevé, il peut y avoir danger et s'il est trop bas, il vous faudra parfois porter le matériel. De plus, les courants peuvent s'avérer forts, et la rivière est habitée par des serpents d'eau, des nids de guêpes et des alligators. Néanmoins, la diversité des espèces et des écosystèmes préservés justifie pleinement cette promenade. Des terrains de camping aménagés vous attendent en bordure de la Forest Service Rd 513 au niveau de la zone de loisirs de Cloud Crossing. C'est aussi de là que part le Saline Bayou Trail, un chemin boisé qui longe l'eau. La meilleure période pour la randonnée s'étend de décembre à janvier. Le reste de l'année, armez vous d'antimoustiques et préparez-vous à subir des inondations par endroits. Pour tous renseignements et pour connaître le niveau de l'eau, appelez le Winn Ranger District (☎ 318 628 4664).

## ALEXANDRIA ET ENVIRONS
• 46 000 habitants

Pour nombre de représentants de commerce, Alexandria est le carrefour de la Louisiane. Après avoir visité cette ville compacte installée sur les rives de Red River, vous serez sans doute d'accord avec eux. A quelques notoires exceptions près, Alexandria n'est en effet qu'un lieu de passage.

Créée (tout comme sa voisine Pineville, de l'autre côté du fleuve) pour devenir un centre de commerce au milieu du XVIII$^e$ siècle, Alexandria a commencé par prospérer jusqu'à devenir le siège du gouvernement de la paroisse de Rapides. La guerre de Sécession eut raison de sa prospérité : le 13 mai 1864, la majorité des bâtiments de la ville fut incendiée sur ordre du général des forces de l'Union Nathaniel Banks.

Alexandria renaquit au début du XX$^e$ siècle pour devenir un centre d'exploitation du bois. Aussitôt, des milliers d'hommes y affluèrent, cherchant à se faire embaucher dans les scieries et les centres d'abattage.

En 1941, Rapides et les paroisses voisines servirent de cadre aux plus importantes manœuvres militaires jamais entreprises en temps de paix sur le sol américain : plus de 500 000 soldats placés sous le commandement du général George Patton et du colonel Dwight Eisenhower (entre autres) affluèrent ici préparer la guerre qu'ils allaient mener (et gagner) en Europe.

En 1992, le plus gros employeur de la région, l'England Air Force Base, a dû fermer ses portes. Malgré les prédictions des pessimistes, les chefs d'entreprise locaux et la municipalité ont depuis joint leurs efforts pour sortir la ville du marasme.

## Orientation et renseignements

Alexandria est entourée d'un grand réseau routier aux multiples ramifications : MacArthur Dr. Également appelée Hwy 71, cette autoroute à 4 voies (6 par endroits) se trouve au centre de l'activité urbaine et constitue une voie bien plus utile que la I-49, qui traverse du nord au sud la partie est du centre-ville. Lorsque MacArthur Dr n'aura plus de secret pour vous, vous aurez Alexandria dans votre poche.

Le centre d'informations touristiques d'Alexandria et de Pineville (☎ 318 443 7049) se trouve dans Alexandria Mall, au 3437 Masonic Dr.

Des distributeurs automatiques de billets sont installés dans les contre-allées de MacArthur Dr, en particulier près de l'Alexandria Mall, à l'est du grand carrefour. Vous en trouverez également dans la 3rd St et vers le 3700 de Jackson Ave.

La poste principale (☎ 318 487 9402) se situe 515 Murray St, en centre-ville.

La meilleure librairie de la région est Books-A-Million (☎ 318 448 5116), 3660 North Blvd. Ce vaste magasin bien approvisionné abrite aussi un salon de thé. Il ouvre tous les jours de 9h à 23h. La Rapides Parish Library (☎ 318 445 2411) est une bibliothèque également installée en centre-ville, 411 Washington St, à l'angle de la 4th St. L'Alexandria Historical and Genealogical Library (☎ 318 487 8556) se trouve quelques portes plus bas, au 503 Washington St.

En cas d'urgence médicale, vous avez le choix entre le Huey P. Long Medical Center (☎ 318 473 6280), 352 Hospital Blvd, Pineville ; le Rapides Regional Medical Center (☎ 318 473 3000), 211 4th St ; et le St Frances Cabrini Hospital (☎ 318 487 1122), 3330 Masonic Dr.

## Kent House

Sans doute en raison de sa situation au cœur d'un quartier résidentiel, non loin de MacArthur Dr, Kent House (☎ 318 487 5998), 3601 Bayou Rapides Rd, a de quoi surprendre. On raconte que cette maison, construite en 1800, échappa à la destruction durant la guerre de Sécession par déférence pour son propriétaire qui, tout comme Sherman, le général de l'Union, faisait partie de l'ordre maçonnique. C'est, paraît-il, la plus ancienne demeure encore debout dans tout le centre de la Louisiane.

Parfait exemple de l'architecture coloniale française, cette imposante bâtisse doit surtout son intérêt à ses bâtiments annexes, en particulier une échoppe de maréchal-ferrant, deux cases d'esclaves et une cuisine, où des cours de cuisine sont donnés le mercredi, d'octobre à avril. Les guides se font un plaisir de répondre à toutes les questions sur le matériel ancien exposé. Ils aiment attirer l'attention des visiteurs sur la baratte. Le moulin à sucre, massif, est encore utilisé chaque année en novembre pour fabriquer du sirop. Kent House est ouverte du lundi au samedi de 9h à 17h et le dimanche sur rendez-vous. Le droit d'entrée est de 5 $ (réductions pour les étudiants et les enfants).

## Hotel Bentley

L'Hotel Bentley (☎ 318 448 9600), 200 Desoto St, mérite le détour même si on ne compte pas y passer la nuit. Depuis son ouverture en 1908, cet établissement a acquis un statut quasi mythique à Alexandria. Il appartient aujourd'hui à la chaîne Radisson. Les employés de la réception prennent plaisir à raconter l'histoire (non authentifiée) du magnat du bois Joseph Bentley qui, s'étant vu refuser une chambre au Rapides Hotel en raison de la saleté de ses vêtements, fit construire le Bentley et proclama haut et fort que personne (et l'on suppose que les hommes et femmes de couleur étaient inclus) n'en serait jamais renvoyé.

Le Bentley est un édifice néoclassique massif doté de larges colonnes qui ne semble guère à sa place dans cette rue étroite d'une petite ville du Sud.

A l'intérieur, un bassin de marbre et une fontaine occupent le centre du hall, sous un dôme orné de vitraux. L'endroit est aussi parfait pour se rafraîchir par une torride journée d'été que pour se réchauffer les jours de grand froid. S'il impressionne encore, l'hôtel a cependant cessé d'être au centre de la vie sociale d'Alexandria :

## Centre de la Louisiane – Alexandria et environs 277

l'époque où Earl Long, gouverneur de la Louisiane, s'y faisait garder une suite est aussi révolue que celle où de grands décisionnaires, comme le général George Patton, utilisaient l'hôtel comme quartier général pour mettre au point les offensives militaires de la Seconde Guerre mondiale !

### Wild Azalea National Recreation Trail
Facilement accessible d'Alexandria, le sentier du Wild Azalea est le plus long de Louisiane. Niché dans le district d'Evangeline de Kisatchie (☎ 318 445 9396), le chemin forme un lacet de 50 km, au milieu de paysages variés : pins, cours d'eau marécageux, azalées roses et cornouillers qui blanchissent au printemps. Il existe cinq entrées pour cette route mais, d'Alexandria, le moyen le plus facile consiste à prendre la Hwy 165 vers le sud jusqu'à la jonction avec la Hwy 287 (25 km plus loin) et de continuer vers l'est sur cette dernière jusqu'au point de départ du sentier qui se trouve à droite. Le camp Evangeline, équipé en eau courante et en toilettes, vous accueillera pour une halte.

### Autres curiosités
Fondé en 1906, le **Louisiana College**, 1140 College Dr à Pineville, est un institut libre de beaux-arts subventionné par l'Église baptiste et installé dans un parc planté de pins, de chênes et de cornouillers. Au centre du campus s'élève l'intéressante façade de l'Alexandria Hall. Fréquentée par un millier d'étudiants seulement, l'université accueille néanmoins un nombre surprenant de spectacles et de conférences. Contactez le ☎ 318 487 7011 pour connaître le programme.

L'**Alexandria Museum of Art** (☎ 318 443 3458), 900 Main St, occupe une bâtisse impressionnante et mérite un coup d'œil. Il abrite une importante collection d'objets d'artisanat et d'œuvres exécutées par des artistes de Louisiane. Vos enfants pourront visiter la galerie d'art interactive et, d'une des galeries supérieures, il est possible d'apercevoir les quais en réhabilitation. Le musée ouvre du mardi au vendredi de 10h à 17h et les week-ends de 11h à 17h. L'entrée coûte 4 $ pour les adultes et 2 $ pour les enfants.

Pas moins de 500 animaux vous attendent à l'**Alexandria Zoological Park** (☎ 318 473 1143), 3016 Masonic Dr (dans Bringhurst Park). Même si ce petit parc n'est pas comparable aux zoos que l'on trouve dans les grandes villes, il vient d'être rénové et se prête à une jolie promenade. Le prix modique (2 $ pour les adultes, 1 $ pour les enfants) plaide aussi en sa faveur. Il abrite également une exposition, Louisiana Habitat Exibit, qui à elle seule vaut la visite (alligators et serpents). Le zoo est ouvert tous les jours de 9h à 17h.

L'enseigne lumineuse de **Hokuś Pokus Liquors**, 2130 Lee St, près de l'Alexandria Zoo, est extraordinaire : un ange-fantôme qui bat de ses ailes de néon ! Vous ne serez pas le premier à faire un détour pour lui. Le gouverneur Earl Long lui-même avait l'habitude de passer par Hokus Pokus Liquors avant de rentrer à l'hôtel Bentley. Si la légende dit vrai, il se peut aussi qu'il en ait profité, à chaque fois, pour rapporter une ou deux bouteilles...

### Manifestations annuelles
Le Louisiana Nursery Festival (Festival des Pépinières de Louisiane, ☎ 318 748 6832) attire les passionnés de jardinage près de Forest Hill, la capitale des pépinières de Louisiane, le troisième week-end de mars.

La Cenlabration (☎ 318 473 1127) annuelle se déroule au bord de la Red River, à Alexandria, durant le premier week-end de septembre. Courses de bateaux, reconstitutions historiques, nourriture et boissons constituent alors les principales activités de la ville.

Le Louisiane Pecan Festival, qui comprend l'élection de sa reine, se tient le premier week-end de novembre près de Colfax. Pour de plus amples renseignements, contactez la chambre de commerce (☎ 318 627 3711).

### Où se loger
Les motels bon marché bordent l'incontournable MacArthur Dr. Trois hôtels avec piscine se distinguent du lot. L'*Alexandria*

*Inn (☎ 318 473 2302, 1212 MacArthur Dr)* propose des chambres ordinaires à 39/34 $ en simple/double. Tout près, en remontant la rue, l'*Economy Inn (☎ 318 448 3401, 3801 Halsey St)* vient d'être rénové. Ses chambres valent 34/46 $. Les chambres du **Motel 6** *(☎ 318 445 2336, 546 MacArthur Dr)* commencent à 34 $.

Le **Holiday Inn** *(☎ 318 442 9000)*, installé en centre-ville, 701 4th St, est comparativement plus confortable (entre 60 $ et 70 $ la nuit). Doté d'un centre de séminaires et d'un service de navettes gratuites, cet établissement est le préféré des hommes d'affaires.

Malgré son faste, le **Radisson Hotel Bentley** *(☎ 318 448 9600, 200 Desoto St)* pratique des tarifs abordables : 79/89 $ la chambre. Si les parties communes étincellent, certaines chambres perdent un peu de leur charme. Cela dit, l'expérience peut se révéler intéressante.

Plus original, **Matt's Cabin** *(☎ 318 487 8340, susan@inglewoodplantation.com)* vaut réellement le détour. Il s'agit d'une habitation de métayer réaménagée, située sur Inglewood Plantation, une exploitation toujours en activité qui se trouve au sud de la ville près de la Hwy 71/167. Chaque fenêtre donne sur des rangées de maïs vert et de magnolias. Équipée d'une cuisine aménagée, d'un barbecue extérieur, d'une cheminée et d'une galerie à l'ancienne avec fauteuil à bascule, cette maison est plus qu'un hébergement : elle vous fera remonter le temps. Durant votre séjour, les propriétaires proposent l'usage de la piscine et des terrains de tennis de la résidence principale, mais aussi de vous faire visiter les terres. La nuit revient à 125 $ les vendredi et samedi et à 90 $ du dimanche au jeudi.

### Où se restaurer

Le meilleur restaurant d'Alexandria se trouve à 24 km de la ville, au nord de Lecompte par la Hwy 71 S. Ouvert depuis 1928, **Lea's** *(☎ 318 776 5178, 1810 Hwy 71 S)* propose une cuisine du Sud assez simple à une clientèle d'habitués qui viennent jusqu'ici pour déguster les meilleurs pies du Sud (14 $ le pie entier, 2 $ à 3 $ la part) déclinés selon 8 versions, ou un savoureux jambon cuit (8 $). Lea's ouvre de 7h à 18h du mardi au jeudi et de 7h à 19 du vendredi au dimanche.

De l'autre côté du pont Jackson Street, à Pineville, **Lee J's on the Levee** *(☎ 318 487 4628, 208 Main St)* propose un déjeuner buffet (5 $) avec une viande au choix (le poulet frit est chaudement recommandé), trois légumes et du pain complet. Le restaurant, installé dans un joli petit bâtiment, est ouvert en semaine de 11h à 14h.

Créé en 1956, le **Jim's Westside Bar-b-que** *(☎ 318 443 9607, 3336 Monroe St)* est, comme tout barbecue qui se respecte, propre, fonctionnel et enfumé. On y sert du bœuf fumé de qualité, du jambon et des saucisses, accompagnés d'une salade de pommes de terre qui approche de la perfection, de haricots ou de riz. Le cuisinier, en place depuis la date de création, commence son service à 4h30. Les sandwiches coûtent moins de 3 $, un poulet entier revient à 6,95 $. Le restaurant ouvre du mardi au vendredi entre 10h30 et 18h, jusqu'à 15h le lundi et le samedi.

L'humeur est à la nostalgie au **Sentry Grill** *(☎ 318 445 0952, 1002 3rd St)*. Installé dans un ancien drugstore du centre-ville, cet authentique restaurant sert de bons petits déjeuners très riches et des assiettes déjeuner (plus digestes) entre 4 $ et 5 $. Il ouvre en semaine de 7h30 à 15h et le samedi de 7h30 à 13h. Toujours dans la série des établissements bon marché du centre-ville, **Critic's Choice** *(☎ 318 442 3333, 415 Murray St)* propose un grand choix de sandwiches "à la mode de Philadelphie", c'est-à-dire fourrés de viande coupée en tranches fines et recouverte de fromage, d'oignons et de poivrons. L'établissement ouvre du lundi au mercredi de 10h30 à 15h, le jeudi et le vendredi de 10h30 à 21h et le samedi de 17h à 21h.

Pour goûter aux meilleurs fruits de mer de la ville, poussez la porte du **Tunk's Cypress Inn** *(☎ 318 487 4014, 888 350 2158, 9507 Hwy 28 W)*. Ce restaurant-bar à huîtres occupe la rive du Kincaid Lake, à une quinzaine de kilomètres de la ville, un emplacement très agréable. Tout le monde vous dira que rien n'est plus succulent que les écrevisses (14 $), les huîtres (4,50 $ la demi-douzaine) et autres fruits de mer qui y sont servis. L'établissement ne manque pas de place avec sa salle de restaurant classique à l'étage, son bar à huîtres au rez-de-chaussée et son quai extérieur qui accueille des groupes de country chaque soir excepté le lundi. Tunk's ouvre de lundi au samedi de 17h à 22h.

A la fois japonais, thaïlandais et chinois, le *Bangkok Restaurant (☎ 318 449 1950, 3648 North Blvd)* sert des nouilles et des soupes bon marché (5 $) ainsi que des plats de poisson plus sophistiqués chaque jour de 11h à 22h. Choisissez plutôt les spécialités thaïlandaises.

L'*El Reparo Mexican Restaurant & Grill (☎ 318 487 0207, 550 MacArthur Dr)* est le meilleur restaurant mexicain de la région. Géré de main de maître par la famille Melendez, l'établissement pratique des tarifs très abordables (les plats valent généralement moins de 10 $). Vous pourrez vous y rendre du dimanche au jeudi entre 11h et 22h30.

Durant la canicule estivale, il est agréable de venir se rafraîchir au bar carrelé de noir et jaune de *Giamanco's Suburban Gardens (☎ 318 442 6974, 3322 Jackson St)*. En effet, même quand il fait plus de 40°C, le bar reste froid au toucher. Mais la véritable raison de la popularité de cet établissement amusant est son excellente cuisine italienne. Parmi les spécialités, citons les huîtres (6 $), les spaghettis au foie de volaille (5 $) et le poulet à la Michelle, roulé dans des épices italiennes puis frit (10 $). En service depuis 1951, ce restaurant est ouvert du mardi au samedi de 16h à 22h.

## Où sortir

Trouver un endroit où sortir le soir n'est pas chose aisée à Alexandria. De temps à autres, le *Café Au Lait (☎ 318 448 1802, 2312 MacArthur Dr)* propose des lectures de poésie ou des spectacles de musique acoustique. La plupart des clients semblent toutefois plus intéressés par la dégustation de leur café et par les ordinateurs mis à leur disposition pour surfer sur Internet.

Installé dans le centre commercial d'Emerald Square, *Mojos (☎ 318 448 4890, 3425 Jackson St)* plaira aux amateurs de sport. Un grand écran diffuse des matches de 11h à 3h du matin, et il est possible de commander un plat jusqu'à 22h30.

Même si vous n'y dînez pas, les concerts de country du *Tunk's Cypress Inn* (voir *Où se restaurer* plus haut) pourront animer votre soirée.

## Manifestations sportives

Si vous êtes à Alexandria entre mai et septembre, prévoyez une escapade à Bringhurst Field (☎ 318 473 2237), 1 Babe Ruth Drive, où jouent les Alexandria Aces, équipe de base-ball de la ligue de Texas-Louisiane. Vous ne pourrez pas prétendre connaître le base-ball tant que vous n'aurez pas goûté l'ambiance d'un petit terrain comme celui-ci.

Si vous préférez le hockey, sachez que les Alexandria Warthogs (☎ 318 449 4647) jouent deux ou trois fois par semaine au Rapides Parish Coliseum entre octobre et mars. Les billets coûtent de 7 $ à 20 $.

## Achats

Si vous voulez rapporter un souvenir, demandez le T-shirt du restaurant Lea's (voir *Où se restaurer* plus haut) à Lecompte. De coton épais, il est illustré d'un des fameux pies de l'établissement. A 12,50 $, il serait dommage de s'en priver.

L'Alexandria Mall (☎ 318 448 0227), 3437 Masonic Drive, est un centre commercial où vous devriez trouver tout ce dont vous rêvez. Il est ouvert du lundi au samedi de 10h à 21h et le dimanche de 12h30 à 17h30.

## Comment s'y rendre

Même s'il est qualifié d'"international", l'aéroport d'Alexandria n'accueille que des avions militaires et les vols régionaux des compagnies Delta, American, Continental et Northwest, qui desservent de grandes villes comme Houston, Dallas, Memphis ou Atlanta. L'Alexandria International Airport est situé 1303 Billy Mitchell Blvd, près d'England Dr.

Ouverte 24h/24, la gare Greyhound (☎ 318 445 4524), 403 Bolton St, assure des liaisons avec les grandes villes de la région, dont Shreveport (6 bus par jour, 2 à 3 heures) et Natchitoches (3 bus par jour, 1 heure), mais il est préférable de posséder un véhicule, que ce soit pour circuler en ville ou pour visiter les alentours.

## MARKSVILLE
• 6 000 habitants

Plus vous vous approcherez du sud et de l'ouest de la Louisiane, plus vous prendrez conscience de ce qu'est l'Acadiana et la culture cajun. Une fois parvenu au sud d'Alexandria, la meilleure façon de vérifier si vous vous trouvez en pays cajun consiste à chercher les fameux pots de terre. Si vous entrez dans un magasin d'alimentation, par exemple, et repérez une jarre pleine de boudins près de la caisse, c'est que vous êtes en pays cajun.

Marksville, siège du gouvernement de la paroisse d'Avoyelles, se trouve à l'extrémité du territoire des pots de terre. Fondée en 1783, elle fut d'abord un avant-poste français. Depuis, la ville est resté fièrement attachée à cet héritage français. Tout aussi importante, la culture amérindienne marque la région de son empreinte.

Marksville offre une magnifique introduction à la culture amérindienne ancienne et moderne. La ville est l'occasion de découvrir d'anciennes buttes funéraires, d'admirer le "trésor des Tunica" ou encore de tenter sa chance au casino local, propriété des Indiens Tunica-Biloxi.

### Orientation et renseignements

Marksville offre un tissu urbain assez dense. La Hwy 1 (appelée Tunica Dr et

### Ferriday : quelle hérédité !

Juste en face de Natchez, au-delà du Mississippi, s'étend Ferriday, ville de conflits par excellence. Ici, bars et églises se disputent une même clientèle. Or, dans une agglomération si réduite, cette clientèle forme presque une grande famille...

Jerry Lee Lewis (rocker des Firebrand), Mickey Gilley (chanteur de country) et Jimmy Swaggart (télévangéliste adultère) sont tous trois originaires de Ferriday. Certes, ils ont suivi des chemins différents pour accéder à la célébrité, mais chacun présente le même étrange amalgame de laïcité et de sacré, hésitant entre la fièvre du samedi soir et la messe du dimanche matin. Ferriday a dédié un musée à ses trois "fils prodigues" sur la Hwy 65, à 2 miles (3 km environ) au nord de la ville. Pour être franc, l'endroit n'a guère d'intérêt.

La **Lewis House** (☎ 318 757 4422, 318 757 2563), 712 Louisiana Ave, ainsi que son voisin, le **Lewis Terrell's Drive Thru**, négoce d'alcools, sont plus intéressants. Propriété de Frankie Jean, la première sœur de Jerry Lee, est le lieu le plus farfelu et le plus extraordinaire que vous pourrez voir au nord de La Nouvelle-Orléans.

On y pénètre en traversant ce qui servait autrefois de garage à une sorte de ranch en briques. Dès que vous tenez en main votre billet d'entrée (6,50 $), Frankie Jean se lance dans l'histoire de sa famille, qu'elle débite à toute allure, parlant sans la moindre gêne de la contrebande d'alcool à laquelle se livrait son père, des bouffonneries de son frère et des infidélités de son cousin Jimmy.

Accordez-vous une bonne heure pour tout voir, puis remontez en voiture et allez vous placer dans la file d'attente du Terrell's Drive Thru, qui appartient également à Frankie Jean. Même si vous ne buvez jamais une goutte d'alcool et que vous ne supportez rien de plus fort que le Coca-Cola, cette cabane très kitsch, imbibée de vapeurs d'alcool, mérite le coup d'œil. Terrell's propose plus de 40 alcools différents ainsi qu'une grande variété de cocktails, de bières et de vins, à consommer dans l'intimité de votre voiture. D'après Frankie Jean, les seules personnes de la ville à ne pas venir s'approvisionner dans son magasin sont les baptistes.

Le musée (interdit aux moins de 12 ans) ouvre tous les jours de 13h à 20h, et le magasin d'alcool de 9h à 24h.

limitée à la ville elle-même) la parcourt de l'angle nord-est à l'angle sud-est, où se trouvent le casino et la réserve tunica. Preston St rejoint pour sa part Tunica Dr, à l'extrémité sud de la ville, aux banlieues nord. Le centre-ville occupe un territoire délimité par ces deux artères.

L'office du tourisme (☎ 318 253 0585) se trouve 208 S Main St. Il vous mettra en contact avec Steve's Bayou Tours (☎ 318 253 9585) qui organise des tours de 1 heure en bateau pour petits groupes sur le Spring Bayou voisin (20 $ par personne environ).

Des distributeurs automatiques de billets sont installés dans Tunica Dr et Main St. Vous trouverez le bureau de poste (☎ 318 253 9502) au 207 N Monroe St.

L'Avoyelles Parish Library (☎ 318 253 7559), 104 N Washington St, est une bibliothèque qui ouvre en semaine de 8h à 17h, sauf le mercredi où elle ouvre entre 9h et 18h, et le samedi de 9h à 13h.

En cas d'urgence, adressez-vous à l'Avoyelles Hospital (☎ 318 253 8611), un peu en dehors de la ville vers le nord, sur la Hwy 1192.

## Marksville State Commemorative Area

Côté subventions, ce site commémoratif (☎ 318 253 8954), 700 Martin Luther King Dr, ne peut guère rivaliser avec son homologue Poverty Point, à l'angle nord-est de l'État (voir la rubrique *Poverty Point*, dans le chapitre *Nord de la Louisiane*). Il tire son épingle du jeu en organisant tant bien que mal des expositions d'objets dont certains proviennent de greniers. Cela dit, le lieu n'en dégage pas moins un certain charme.

Baptisée "culture de Marksville" par les archéologues qui découvrirent le site dans les années 20, une société complexe est née en ce lieu il y a quelque 2 000 ans. Comme les guides aiment à le dire, "lorsque Christophe Colomb foula le sol du Nouveau Monde, ça faisait déjà 1 000 ans que la culture de Marksville existait". Selon les chercheurs, il semble que les buttes qui subsistent étaient utilisées lors des cérémonies funéraires plutôt qu'à des fins de défense.

Le long du lit d'une ancienne rivière, dans ce qui constitue aujourd'hui un quartier populaire, se trouvent 5 monts de hauteurs différentes bordés par un ouvrage de terre plus bas en forme de demi-lune. Le site couvre plus de 17 ha, mais quelques heures de marche suffisent pour voir la majeure partie des buttes.

Certains samedis, le musée organise des cours de poterie inspirée du style des Indiens de Marksville. L'endroit est ouvert tous les jours de 9h à 17h. L'entrée coûte 2 $ pour les visiteurs de 12 à 62 ans.

## Tunica-Biloxi Museum

De l'autre côté de la ville par rapport à la Marksville State Commemorative Area s'élève une butte funéraire bien plus récente. Là, est installé le Tunica-Biloxi Museum (☎ 318 253 8174, 800 488 6674), dans la Tunica-Biloxi Reservation, sur la Hwy 1 à la limite sud de la ville. Ce mont fut construit à la fin des années 80 pour y entreposer symboliquement les 200 000 objets prélevés dans les tombes du cimetière tunica de Trudeau. La plupart de ces objets datent du XVIII$^e$ siècle, époque où les Tunica commerçaient avec les colons français installés dans la région. On raconte même que les pièces de monnaie et de porcelaine que l'on peut voir ici furent offertes aux Indiens par Louis XV, en remerciement pour les services rendus aux explorateurs français.

Fiers de leur musée, les Tunica le présentent comme la plus importante collection d'objets indiens et européens de la période coloniale dans la vallée du Mississippi. L'histoire de leur découverte et le retour sur le devant de la scène des Indiens Tunica qu'elle a déclenché sont tout aussi passionnants.

Jusqu'à la fin des années 60, ce que l'on appelle le "trésor des Tunica" était enterré dans le sous-sol de Trudeau Plantation, près de St Francisville. L'été 1968, un certain Leonard Carrier, venu de Bunkie, découvrit l'endroit où ce trésor avait été dissimulé des siècles plus tôt. Il consacra les deux années suivantes aux fouilles avant de vendre en 1974 à un consortium de musées l'ensemble de la collection.

Carrier ne profita cependant guère de cette transaction. En 1976, il fut traîné devant les tribunaux par les Tunica, qui réclamaient la restitution des objets, dérobés, disaient-ils, aux sépultures de leurs ancêtres. Le procès traîna en longueur pendant 9 ans. En 1985, une cour fédérale finit par décréter que les objets appartenaient bel et bien aux Tunica et devaient leur être restitués.

Depuis, les Tunica travaillent à la restauration des objets, détériorés pour la plupart après leur exhumation. Cette tâche est déjà bien avancée, et le public peut admirer ces pièces dans un espace d'exposition où est également proposé un diorama décrivant les relations franco-amérindiennes au début de la période coloniale. Le musée ouvre en semaine de 8h à 16h30. L'entrée coûte 2 $.

## Manifestations annuelles

La ville de Bunkie, toute proche, organise un Corn Festival (fête du blé, ☎ 318 346 2575) chaque deuxième week-end de juin. Le bourg de Mansura sponsorise un festival du cochon de lait. Il se tient le deuxième week-end de mai et est l'occasion de faire rôtir des cochons entiers. Contactez la chambre de commerce de Mansura (☎ 318 964 2887) pour plus de détails.

## Où se loger

Contrairement à beaucoup de villes dotées d'un casino, Marksville propose des hébergements relativement bon marché. Les tarifs augmentent toutefois de 20% environ le week-end et à certaines périodes d'affluence, lorsque le casino est bondé.

Le meilleur rapport qualité/prix de la ville est le ***Terrace Inn*** *(☎ 318 253 5274, 915 W Tunica Dr)*, petit motel engageant agrémenté d'une piscine et proposant des navettes gratuites pour le casino. La simple/double est à 40/50 $. S'il est complet, tentez le ***Deluxe Inn*** *(☎ 318 253 7595, 221 S Preston St)*, dont les prix sont similaires (vous disposerez, là encore, d'une navette vers le casino).

Accolé au casino, près de la Hwy 1, le ***Grand Hotel Avoyelles*** *(☎ 318 253 0777, 800 642 7777, 709 Grand Blvd)* occupe un bâtiment relativement récent et luxueux. Il dispose d'une grande piscine extérieure, d'un jacuzzi et de plus de 200 chambres (entre 50 $ et 99 $ en semaine). Prévoyez un minimum de 100 $ le week-end. Les adhérents à l'AAA obtiennent une réduction de 10% quelle que soit la période de leur séjour.

## Où se restaurer

Un minimum de prévoyance s'impose pour faire un bon repas à Marksville. Votre effort sera néanmoins récompensé lorsque vous mordrez le fameux pain aux écrevisses et au fromage de John Ed LaBorde. ***Panaroma Foods*** *(☎ 318 253 6403, 815 W Tunica Dr)* jouit désormais d'une réputation nationale grâce au stand qu'il tient chaque printemps au New Orleans Jazz and Heritage Festival. Des dizaines de milliers de gourmands s'y rendent pour goûter ses différents pains fourrés. Le reste de l'année, il faut venir à la boutique (et patienter). Appelez 20 minutes à l'avance et votre sandwich, croustillant et chaud, vous attendra à votre arrivée. Quasiment tous les matins, l'établissement propose aussi de petits pains chauds à la cannelle et aux noix de pécan. Toutes les spécialités sont à emporter. Panorama ouvre en semaine de 6h30 à 17h et le samedi de 7h30 à 11h.

Les habitants de la ville ne jurent que par ***Nanny's*** *(☎ 318 253 6058, 333 W Tunica Dr)*, au niveau de Center St, qui propose de généreuses portions de spécialités à la vapeur, accompagnées de légumes et de viande panée (5 $ environ). Nanny's ouvre en semaine de 5h30 à 22h, le samedi de 7h à 23h, et le dimanche de 8h à 14h. Ignorez les fast-foods et entrez dans le ***Big Boys Drive In*** *(☎ 318 253 5219)*, Hwy 1, pour vivre l'expérience d'un vrai *drive-in* américain. L'établissement fait partie d'une espèce en voie de disparition : une serveuse vous tendra un plateau où s'empilent hamburgers, milk-shakes et frites, sans que vous sortiez de votre voiture. Essayez le hamburger au crabe (2 $) pour changer un peu et oubliez votre ligne en dégustant un milkshake frais à la fraise (99 ¢) ou une limonade à la cerise (90 ¢) élaborée avec de vrais citrons verts.

## Où sortir

A en croire les habitants, le ***Grand Casino Avoyelles*** (☎ *318 253 1946, 711 E Tunica Dr*) est l'unique endroit où sortir. Situé au sud du Tunica-Biloxi Museum sur la Hwy 1, ce paradis du jeu semble flotter sur une mer noire lorsque les vapeurs de chaleur s'échappent du macadam. A l'intérieur, une nuée de touristes évoluent de machine en machine et de piste en piste, tenant à la main leur gobelet de pièces de 25 cents. En guise de consolation, sachez que les bénéfices de ce casino sont versés aux Indiens Tunica-Biloxi. Les voyageurs en mal de spectacles musicaux seront ravis de savoir que le casino programme régulièrement des artistes célèbres (Supremes, Waylon Jennings, KC & The Sunshine Band...) ainsi que des talents locaux dans son complexe de 9 000 m². Un espace surveillé est destiné aux enfants de moins de 12 ans, et il existe également une immense galerie pour les enfants de tous les âges.

## Comment s'y rendre

Malgré le succès du nouveau casino, Marksville reste difficilement accessible aux voyageurs non motorisés. Alexandria, située à 30 miles (50 km) par la route, ou Lafayette, à 90 miles (150 km) au sud, sont nettement mieux desservies par les avions et les bus.

# Nord de la Louisiane

S'étendant entre les riches terres alluviales du delta du Mississippi à l'est, pays du coton, et les régions de l'ouest plus arides, mais riches en matières premières, le nord de la Louisiane est en lutte perpétuelle contre l'enfermement. Même si les références aux termes "cajun" ou "New Orleans" y sont fréquentes, la région est culturellement et historiquement très éloignée de La Nouvelle-Orléans et du pays cajun.

Il s'agit également d'une région en déclin ; de nombreux centres-villes ont été désertés par tous ceux qui ont pu partir. Jadis installés au cœur des agglomérations, les commerces et les administrations ont souvent suivi les classes moyennes au-delà des *interstates*. La mutation n'est pas seulement économique, mais aussi sociologique. Ainsi, les classes moyennes ont laissé derrière elles les minorités ethniques pauvres qui demeurent dans ces zones sinistrées.

Les municipalités, les chambres de commerce, les chefs d'entreprise et les habitants s'efforcent de redonner vie aux anciens quartiers commerçants, prospères et intéressants sur le plan architectural. Créé il y a vingt ans par le National Trust for Historic Preservation, le programme de restauration des petites villes américaines (Main Street Program) concerne les communes de moins de 50 000 habitants. La Louisiane en compte beaucoup, qui bénéficient donc de subventions, d'études d'urbanisme pour les quartiers historiques et d'incitations fiscales afin de rénover les commerces. L'avenir dira si ces efforts vont réussir à ranimer les centres moribonds.

### A ne pas manquer

- Poverty Point, l'un des sites amérindiens les plus importants des États-Unis
- A Monroe, la rivière Ouachita, le musée de la Bible et les jardins à la française de l'Emy-Lou Biedenharn Foundation
- Shreveport, ancienne ville frontière, à la croisée du Sud et de l'Ouest, aujourd'hui en pleine renaissance

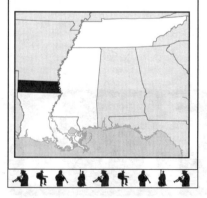

## Histoire

L'histoire de la région débute 1 500 ans avant notre ère, époque où les premiers Amérindiens s'installèrent aux alentours de ce qu'on appelle désormais Poverty Point. A son apogée, cette culture se trouvait au centre d'un réseau regroupant plus de 100 communautés disséminées dans la Louisiane, le Mississippi et l'Arkansas actuels. Les ouvrages de terre qui subsistent aujourd'hui donnent une idée de cette culture qui s'épanouit bien avant Rome et Athènes, avant même les Mayas, mais qui s'effondra inexplicablement aux environs de 750 av. J.-C.

La partie orientale de la région attirait déjà, depuis une cinquantaine d'années, bon nombre de chasseurs et de trappeurs français, lorsque certains de leurs compatriotes fondèrent, au début des années 1790, le comptoir de Fort Miro, la future Monroe.

L'expansion vers l'ouest fut longtemps empêchée par un gigantesque amas de troncs d'arbres bloqués sur la Red River, entre autres à cause de résidus naturels. Ce n'est qu'en 1838 que le capitaine Henry Shreve réussit à se frayer un passage à tra-

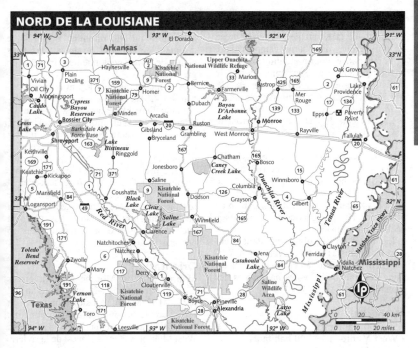

vers cette barrière flottante longue de 265 km, ouvrant cette zone au commerce avec La Nouvelle-Orléans. En 1863, Shreveport, baptisée du nom de son initiateur, devenait la capitale louisianaise des États confédérés d'Amérique.

La Louisiane du Nord demeura en marge des combats au début de la guerre de Sécession. Cette position conduisit à l'un des actes les plus étonnants de la guerre : résolu à contourner la position stratégique des confédérés de Vicksburg (Mississippi), le général Grant entreprit de creuser un canal du côté louisianais. Il entendait ainsi relier le lac Providence à la partie du Mississippi située au sud de Vicksburg, en tirant parti des nombreux lacs du secteur. Mais les soldats, en nombre insuffisant, durent affronter des conditions météorologiques difficiles, une épidémie de grippe et des éléments naturels récalcitrants (les bayous étaient obstrués par des souches d'arbres). Le projet se solda par un échec, mais les troupes de l'Union prirent la ville de Vicksburg peu après.

Les fluctuations économiques liées au coton ont rythmé la vie de la Louisiane du Nord jusqu'au début du XX$^e$ siècle. La découverte de gaz naturel en 1916, puis de pétrole en 1920, renversa la vapeur. De nos jours, le déclin du mode de vie agricole, la perte de vitesse de l'économie pétrolière et la désertion des centres-villes affaiblissent la région et se traduisent au quotidien par une ségrégation persistante entre Blancs et Noirs d'une part, riches et pauvres d'autre part.

## Activités

Le nord de la Louisiane est réputé comme le "paradis des sportifs" et comme un lieu exceptionnel pour les activités de plein air, qu'il s'agisse de camping, de pêche à la mouche ou d'observation de la faune. Au-dessus de Homer, le nord-ouest de l'État abrite le district Caney, le plus vaste des 6 districts de la Kisatchie National Forest. Là, loin de tout, vous pourrez camper et faire de la randonnée. Pour toute information sur la forêt nationale de Kisatchie, appelez le bureau du responsable à Pineville (☎ 318 473 7160). Reportez-vous au chapitre *Centre de la Louisiane* pour les autres districts.

Les amateurs de pêche se précipiteront au Lake Claiborne (☎ 318 927 2976), un parc d'État situé au sud de Homer, à 30 minutes seulement de Ruston, au Lake Bistineau (☎ 318 745 3503), sur la Hwy 163 au sud-est de Shreveport, et au Caney Creek Lake (☎ 318 249 2595), à Chatham, en bordure de la Hwy 4 au sud-est de Ruston, où l'on a pris 9 des 10 plus grosses perches jamais pêchées en Louisiane.

Les pistes du Lincoln Parish Park attendent les vététistes de tout niveau (voir *Ruston et environs*). Plus à l'est, la Ouachita est l'une des plus belles voies navigables des États-Unis.

## MONROE
- **53 000 habitants**
- **West Monroe : 13 000 habitants**

Si West Monroe (jadis appelée Trenton) est une ville relativement récente – elle fut créée en 1880 sur le trajet du chemin de fer –, Monroe elle-même a des origines coloniales : don Juan Filhiol, un soldat français qui reçut du roi d'Espagne un lopin de terre en 1785, fit construire Fort Miro qui, dès 1805, devint le siège du gouvernement de la paroisse de Ouachita. Les premiers colons s'établirent aussi bien à West Monroe qu'à Monroe, et les habitants considèrent que les deux villes n'en font qu'une.

Sa situation sur le cours d'eau fit de Fort Miro un grand centre de commerce au début du XIX$^e$ siècle. A l'arrivée du premier bateau à vapeur, le *James Monroe*, en 1819, les habitants furent si impressionnés par la majesté de l'embarcation qu'ils décidèrent de débaptiser leur ville pour lui donner le nom de Monroe.

Les premières années du XX$^e$ siècle furent de bon augure pour la ville et sa région. En 1916, si l'on en croit la légende locale, Louis Lock lança en l'air une pièce d'un demi-dollar et creusa son premier puits à l'endroit où elle retomba. En 1924, le gisement de Monroe produisait les trois quarts de l'approvisionnement mondial en gaz naturel.

A la même époque, le ministère américain de l'Agriculture entreprit un programme d'épandage agricole à Tallulah. Le projet entraîna la création de Delta Airlines, qui devait devenir l'une des plus importantes compagnies aériennes commerciales du monde.

Cette période de vaches grasses semble révolue. Sur Grand St, où se succédaient jadis les magnifiques demeures de l'élite fortunée de Monroe, il ne reste aujourd'hui que de misérables maisons qui alternent avec d'anciennes écoles transformées en prisons.

### Orientation
Monroe et West Monroe sont traversées d'est en ouest par la I-20 et du nord au sud par la I-165. Monroe est située sur un coude formé par le bayou DeSiard (prononcez : "dès-IRD") au nord et la Ouachita à l'ouest. West Monroe s'étend à l'ouest de la rivière.

Le centre commerçant de Monroe s'organise autour de Louisville Ave, mais un nombre grandissant de grandes surfaces, comme WalMart, se sont installées en bordure des interstates. A West Monroe, vous trouverez le long du fleuve des magasins d'antiquités et des restaurants sur Trenton St, entre Louisville Ave et Coleman Ave, et un peu plus à l'ouest vers Cypress St (Hwy 80).

### Renseignements
Le service d'informations touristiques de Monroe et West Monroe (☎ 318 387 5691, 800 843 1872) se situe 1333 State Farm Drive, en bordure de la I-165, juste au sud de la I-20. Il vous accueille du lundi au vendredi de 8h à 17h. Son site www.bayou.com/visitors fournit des renseignements sur les activités, les manifestations et les possibilités d'hébergement.

Les distributeurs automatiques de billets ne manquent pas dans N 18th St et dans

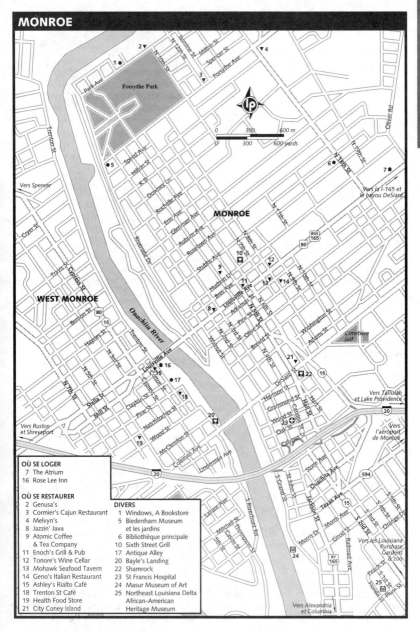

Louisville Ave, à Monroe. A West Monroe, tentez votre chance du côté de Cypress St et de Thomas Rd.

La poste principale se trouve 501 Sterlington Rd, au niveau de Desoto St.

Le St Francis Hospital (☎ 318 327 4171), 309 Jackson St, au niveau de St John St ; le Columbia Hospital (☎ 318 388 7875), 3421 Medical Park Dr, à hauteur de la Hwy 165 N ; et Glenwood (☎ 318 329 4760), 503 Mcmillan Rd, au niveau de Thomas Rd, à West Monroe, disposent de services d'urgences.

## Le Biedenharn Museum et les jardins

Atlanta n'est pas la seule ville des États-Unis à devoir son essor à Coca-Cola. Après avoir fait fortune comme propriétaire de la première société d'embouteillage de la célèbre boisson en 1894, Joseph Biedenharn quitta Vicksburg pour venir s'installer à Monroe avec sa famille. Malgré sa réussite commerciale, son prestige fut éclipsé par les talents artistiques de sa fille Emy-Lou, qui fut à l'origine du singulier complexe qui comprend aujourd'hui l'Elsong Garden & Conservatory, le Biedenharn Home et le musée de la Bible, tous trois gérés par l'Emy-Lou Biedenharn Foundation (☎ 318 387 5281, 800 362 0983), 2006 Riverside Dr.

En 1939, tandis que la guerre ravageait l'Europe, miss Emy-Lou rentra aux États-Unis et abandonna sa carrière internationale de danseuse classique. De son séjour en Europe, elle conserva l'amour des jardins classiques et des objets bibliques que possédait l'élite de la société ; elle décida de reproduire cet environnement à Monroe. En 1947, sa vision des jardins à l'européenne commença à prendre forme à l'arrière de la maison familiale.

Aujourd'hui, les visiteurs flânent dans ces superbes jardins et s'étonnent devant la fosse d'orchestre entourée de fer forgé, au milieu d'une débauche de fleurs aux couleurs vives. Après avoir admiré la serre, le jardin où ne poussent que des plantes mentionnées dans la Bible et le pavillon japonais, vous aurez oublié que vous vous

Tatou

trouvez à l'arrière d'une vaste maison bourgeoise, dans un quartier certes joli, mais assez banal, en plein cœur de la Louisiane.

Si la visite guidée de 45 minutes se révèle un peu surfaite, le musée et les jardins méritent qu'on leur consacre une heure ou deux. Attardez-vous sur l'exposition de bibles faites à la main par des artistes de renom. Le complexe ouvre du lundi au samedi de 10h à 17h et le dimanche de 14h à 17h (entrée libre). Pour tous renseignements, notamment sur les dates des concerts gratuits en été, consultez le site www.bmuseum.org. En partant, vous pouvez mettre une pièce de 5 ¢ dans le distributeur, qui vous délivrera une bouteille miniature de Coca-Cola glacé.

## Autres curiosités et activités

De l'autre côté de la ville, dans une zone résidentielle réduite, le **Northeast Louisiana Delta African-American Heritage Museum** (☎ 318 323 1167), 503 Plum St, est un modèle d'austérité comparé au complexe Biedenharn. Aménagé dans une maison de chasse reconvertie, ce musée propose des programmes auprès des populations défavorisées, ainsi que des cours de peinture et de danse et des ateliers d'arts plastiques. Une petite exposition consacrée aux Afro-Américains de Louisiane renferme de l'artisanat, des œuvres d'art et des outils africains ou ayant appartenu à des esclaves. Tous les mois, les œuvres d'un artiste local sont exposées. Le musée accueille également des expositions tournantes et temporaires, artistiques ou relatives à son domaine d'études. Il ouvre du mardi au samedi de 9h à 17h.

Le **Masur Museum of Art** (☎ 318 329 2237), 1400 S Grand St, à l'angle de Morris Dr, mérite aussi une visite. Les petites pièces de la demeure principale abritent une collection d'œuvres contemporaines d'artistes du Sud. Construite par un important exploitant forestier, la maison fut rachetée au début des années 30 par Sigmund Masur, un riche propriétaire immobilier (il possédait notamment le grand magasin Palace), qui y fit installer – une innovation à Monroe – la climatisation et un ascenseur. En hommage à leurs parents décédés, les enfants Masur firent don de la maison à la municipalité en 1963 en demandant que l'on y aménage un musée des Beaux-Arts. Il se visite du mardi au jeudi de 9h à 17h et du vendredi au dimanche de 14h à 17h (entrée libre).

Les **Louisiana Purchase Gardens & Zoo** (☎ 318 329 2400), sur Bernstein Dr, deux pâtés de maisons à l'ouest de la Hwy 165 et au sud-est du centre, présentent une belle variété d'espèces de la flore et de la faune locales, ainsi que quelques spécimens plus exotiques, comme des léopards et des zèbres. Les jardins et le zoo ouvrent tous les jours de 10h à 17h. L'entrée coûte 3,25 $ pour les adultes et 2 $ pour les enfants et les seniors. La promenade en bateau Bayou Safari (1 $) permet de découvrir agréablement le parc.

Pour vous retrouver en pleine nature, rendez-vous au **Black Bayou National Wildlife Refuge** (☎ 318 726 4400), situé en retrait de la Hwy 165, à proximité et au nord de la ville. Le camping n'est pas autorisé, mais vous pourrez pêcher, faire du canoë et de la randonnée. Les 800 ha de marécages hébergent des alligators.

Juste au nord de Riverside Dr, dans Forsythe Ave, le **Forsythe Park** (☎ 318 329 2440), parfaitement entretenu, dispose de courts de tennis, d'une piscine, d'un golf et d'un bateau de plaisance accessible au public.

## Manifestations annuelles

La deuxième semaine de septembre, Monroe accueille l'un des événements les plus appréciés de Louisiane : le Louisiana Folklife Festival. Les meilleurs artistes de l'État viennent interpréter violon cajun, zydeco, ou encore swamp pop (pop des marais). C'est aussi l'occasion pour le visiteur de s'abreuver de culture locale... et de bière fraîche ! Contactez le bureau du festival (☎ 318 329 2375) pour plus de renseignements ou consultez le site www.louisianafolklifefest.org.

Chaque année, la Black Heritage Parade (☎ 318 387 5691) donne la vedette aux chanteurs de gospel et aux fanfares. Elle se déroule le quatrième samedi de février.

## Où se loger

*Shilo RV and Travel Resort* (☎ *318 343 6098, 7300 Frontage Rd)*, près de la I-20, à l'est de Monroe, propose des emplacements pour tente avec eau courante à 19,95 $ et des cabins entre 19 et 29 $. Vous y trouverez en outre un petit lac poissonneux, une piscine, un jacuzzi et un minigolf.

De nombreux motels sont groupés près des sorties 114, 117 et 118 de la I-20.

Le lit le moins cher de la ville – 22 $ la nuit – se trouve dans les faubourgs de West Monroe, au *Canary Motel* (☎ *318 325 7383, 3002 Cypress St)*. Les chambres sont franchement sommaires, mais l'établissement est bien entretenu et le parking éclairé.

*The Atrium* (☎ *318 325 0641, 800 428 7486, 2001 Louisville Ave)* fait figure d'hôtel de luxe dans la région. Les simples/doubles s'élèvent à 73/78 $. Parmi les prestations figurent jacuzzi, piscine, restaurant et navette gratuite pour le centre-ville. On peut réserver en ligne sur le site de Holiday Inn, www.bass-hotels.com/holiday-inn.

A West Monroe, à la *Rose Lee Inn* (☎ *318 322 1990, 318 Trenton St)*, les Chandler, qui tiennent également le magasin d'antiquités du rez-de-chaussée, proposent 5 chambres propres et tranquilles, toutes avec s.d.b. La nuit et le petit déjeuner dans ce B&B coûtent 82 $. On peut aussi louer à la semaine.

## Où se restaurer

Le bien nommé *Health Food Store* (☎ *318 325 2423, 801 Natchitoches St)*, à l'angle de 4th St à West Monroe, vend des produits diététiques. Si vous avez envie d'une bonne bouteille de vin et de fromage, rendez-vous au *Tonore's Wine Cellar* (☎ *318 325 4100, 801 Louisville Ave*).

La meilleure adresse de la ville est également l'une des moins chères. Le *Hollywood Snack Bar* (☎ *318 322 7984, 1810 Bernstein Park Dr*), à quelques rues à l'est du zoo, sert de copieux petits déjeuners et plats du jour (de 5 à 6 $), notamment de la queue de bœuf, des chitlins, des graines de moutarde, des doliques (sorte de haricots noirs) et du pain de maïs. Il ouvre du lundi au vendredi de 8h environ à 16h.

La population branchée de Monroe se retrouve autour d'un café et de pâtisseries à l'*Atomic Coffee & Tea Company* (☎ *318 388 4202, 1012 N 4th St*). L'établissement ouvre du mercredi au vendredi de 11h à 20h et le week-end de midi à 20h.

*Jazzin' Java* (☎ *318 324 9864, 819 N 3rd St*) prépare de la bonne cuisine dans une ambiance animée (on peut parfois assister au numéro d'un imitateur local d'Elvis Presley). Le jeudi soir, il propose du teriyaki à volonté et du poulet sauté (3,95 $). Les autres jours, goûtez les tapas à la louisianaise ou les chips maison avec leur sauce.

De nombreux habitants de Monroe déjeunent d'un bol de sauce à la viande dans lequel ils trempent des frites, à *Melvyn's* (☎ *601 325 2055, 200 18th St*), à l'angle de Forsythe Ave. L'établissement, ouvert du lundi au samedi de 11h à 22h, sert également des burgers (de 5 à 7 $) qui figurent parmi les meilleurs de la Louisiane.

Pour dépenser le moins possible, allez à *City Coney Island* (☎ *318 322 9159, 519 DeSiard St*) avaler un chili dog, bon mais un peu gras (de 2 à 3 $).

A West Monroe, goûtez les po-boys préparés dans du "pain français" frais et les plats du jour (5 $) du *Trenton St Café* (☎ *318 322 1444, 232 Trenton St*). L'*Ashley's Rialto Café* (☎ *318 323 5004, 319 Trenton Ave*) est idéal pour déguster un petit déjeuner classique (entre 4 et 5 $).

*Hob Nob* (☎ *318 396 9101*) se trouve à la limite ouest de West Monroe, 5076 Cypress St, non loin du croisement avec Thomas Rd. Une clientèle fidèle vient s'entasser dans ce relais routier vieillot pour déguster huîtres, gumbo et autres spécialités locales du lundi au jeudi de 11h à 22h ou le vendredi et le samedi jusqu'à minuit. La bière est toujours fraîche et en saison, le mercredi soir, les écrevisses sont vraiment bon marché.

Mieux encore, trouvez une place au bar ou dans l'un des boxes le long du mur au fond de la *Mohawk Seafood Tavern* (☎ *318 322 9275, 704 Louisville Ave*), près de N 8th St. Entre les animaux empaillés et les publicités de bière des années 50, vous savourerez un bol de gumbo d'un beau brun et bien épicé, avec des crevettes toutes craquantes (8 $). Le restaurant fabrique sa propre sauce de crevettes, que l'on peut aussi acheter en ville. Ouvert du mardi au jeudi de 11h à 21h, le samedi jusqu'à 22h.

Tout aussi populaire et économique, le *Cormier's Cajun Restaurant* (☎ *318 322 0414, 1205 Forsythe Ave*) sert de fameuses écrevisses bouillies, ainsi qu'un excellent boudin et du red beans and rice (de 6 à 9 $). Des tables de pique-nique sont installées devant le bâtiment, une espèce de hangar situé près du Forsythe Park.

Restaurant italien le plus réputé de la ville, *Genusa's* (☎ *318 387 3083, 815 Park Ave*) possède en outre la meilleure carte des vins. Goûtez les champignons Portabella, la salade de tomates au basilic et les poissons grillés. Le dîner (entre 10 et 20 $) est servi de 17h à 22h du lundi au samedi, mais l'établissement ouvre également du lundi au vendredi de 11h à 14h. Vous pouvez aussi déjeuner et dîner dans un autre restaurant italien très fréquenté, le *Geno's Italian Restaurant* (☎ *318 325 5098, 705 N 8th St*), à côté de Louisville Ave.

A l'*Enoch's Grill & Pub* (☎ *318 388 3662, 507 Louisville Ave*), vous pourrez commander les plats que l'on trouve traditionnellement dans les pubs, du mardi au vendredi de 11 à 14h, puis à partir de 16h30, ainsi que le samedi pour le dîner. Des concerts sont programmés le vendredi et le samedi soir.

## Où sortir

On ne peut pas dire que Monroe soit la capitale de la musique "live", même si le *Sixth Street Grill* (☎ *318 323 0010, 1026 N*

*6th St)* engage des orchestres d'étudiants et des artistes sans prétention presque tous les week-ends. Pour sa part, ***Shamrock*** *(☎ 318 325 8923, 500 DeSiard St)* accueille des spectacles comiques la plupart des jeudis soir et des concerts le week-end.

***Bayle's Landing*** *(☎ 318 322 8278, 113 S Riverfront Rd)*, est un restaurant de poisson très populaire à West Monroe où l'on vient plus pour l'ambiance que pour la cuisine. C'est le lieu idéal où siroter une bière en profitant de la magnifique vue sur la rivière Ouachita.

Mieux vaut encore prendre sa voiture et longer le bayou DeSiard jusqu'à la ***Cypress Inn*** *(☎ 318 345 0202, 7805 DeSiard St)*, pour boire un verre en nourrissant les tortues des restes de *hushpuppies* (sortes de beignets) que l'on met à votre disposition. La vue sur les cyprès recouverts de mousse est splendide.

Enfin, si vous voulez partager les distractions de la population locale, rendez-vous à la ***Twin City Drag Race*** *(☎ 318 387 8563, 3695 Prairie Rd)*, une piste de 400 m agréée par la National Hot Rod Association où se déroulent des courses de dragsters tous les samedis de mars à octobre. L'enceinte ouvre à midi, les essais démarrent à 15h et les courses à 19h.

## Comment s'y rendre

L'aéroport régional de Monroe (☎ 318 329 2461), à 4 miles (6 km) à l'est de Monroe par la Hwy 80, bénéficie d'un peu plus de liaisons aériennes avec l'extérieur que les aéroports de la région en raison des liens étroits de la ville avec la compagnie Delta Airlines. Delta propose 6 départs quotidiens pour Dallas (180 $) et Atlanta (300 $). Continental, Northwest, AmericaWest et US Airways desservent 3 fois par jour Shreveport, Jackson (Mississippi) et Houston (Texas), à des tarifs compris entre 200 et 300 $. Les billets pour La Nouvelle-Orléans et Memphis coûtent environ 300 $.

Des bus Greyhound (☎ 318 322 5181) circulent 4 fois par jour depuis/vers Jackson (24/47 $ aller simple/aller-retour) et 5 fois par jour depuis/vers La Nouvelle-Orléans (47/84 $). Un ou deux bus quittent également la ville chaque jour vers Chicago, Dallas et Atlanta. Des bus Trailways desservent Baton Rouge 2 fois par jour.

La gare routière de Monroe se situe 830 Martin Luther King Dr (Hwy 165), à l'est de la ville, près de Roberta Dr. Elle est ouverte tous les jours de 4h à 22h. Si vous arrivez à Monroe par le bus, sachez que vous aurez besoin d'un véhicule pour circuler.

## ENVIRONS DE MONROE

Plus on s'éloigne de Monroe en direction de l'est et plus le paysage devient plat... et morne. Vous voilà à présent dans le delta du Mississippi, ancien marais asséché par des esclaves au XVIII$^e$ siècle. Avec leurs demeures aux majestueuses colonnes d'un blanc étincelant, les quelques plantations qui subsistent semblent les vestiges d'un passé depuis longtemps révolu, évanoui dans les brumes des champs de coton désormais labourés par de monstrueuses machines agricoles.

## Lake Providence et ses alentours

A 85 km au nord-est de Monroe, sur la Hwy 65 (que l'on atteint *via* la Hwy 165 N et la Hwy 2 E), la ville de Lake Providence offre un visage assez déplorable. Cette ville, florissante avant la création de Shreveport et de Monroe, est la plus ancienne agglomération de Louisiane au nord de Natchitoches. Il ne reste plus grand-chose de sa prospérité, fondée sur le coton, si ce n'est le canal de Grant et le musée du Coton de Louisiane.

La tentative de construction du **canal de Grant** (voir plus haut la rubrique *Histoire*) est rappelée dans la **Byerley House** (☎ 318 559 5125), juste en face du centre d'informations touristiques, en retrait de la Hwy 65, à l'extrémité nord de la ville. Avec sa façade en parfait état, cette demeure est l'un des rares spécimens du style Queen Anne Revival que l'on peut encore admirer à Lake Providence, la plupart des autres beaux édifices de la ville ayant été détruits lors de deux crues du Mississippi. Une passerelle serpentant à travers un bras asséché permet de voir ce qu'il reste du canal. Un mile (1,5 km) plus au nord par la Hwy 65, le

**Louisiana Cotton Museum** (☎ 318 559 2041) ouvre du mardi au vendredi de 9h à 16h. Les habitants de la ville ont placé beaucoup d'espoirs dans ce musée installé actuellement dans une ferme du début du XX$^e$ siècle, mais qui devrait déménager dans un bâtiment de 330 m$^2$ construit sur place. Le site abrite également une église, l'intendance d'une plantation ainsi que la première égreneuse de coton électrique de l'État ; elle date des années 20 et fonctionne encore. Entrée libre.

Huit miles (13 km) plus loin vers le nord, sur la Hwy 65, la **Panola Pepper Sauce Co** (☎ 318 559 1774) fabrique des sauces moins connues – mais bien meilleures, paraît-il – que le Tabasco d'Avery Island, près de New Iberia. L'entreprise produit diverses variétés de sauces épicées, dont une Worcestershire très relevée et une habañero renversante. Des visites de l'usine sont possibles ; arrêtez-vous au visitor center du lundi au vendredi de 8h à 16h.

## Columbia

A 30 miles (50 km) au sud de Monroe, le hameau de Columbia constituait jadis une escale importante sur le parcours du bateau à vapeur de la Ouachita. Aujourd'hui, Main St est plutôt endormie. Arrêtez-vous au **Schepis Museum** (☎ 318 649 2138), 107 Main St, et jetez un coup d'œil à la construction taillée dans la roche datant de 1916. Le musée, ouvert du mardi au samedi de 10h à 16h, abrite des expositions d'œuvres modernes et anciennes, qui mettent en valeur des artistes locaux.

Non loin, le ***Watermark Saloon*** *(☎ 318 649 0999, 101 Main St)* tire son nom d'une trace laissée sur l'un de ses murs par la crue de 1927. Ce saloon, le plus ancien en bordure de la Ouachita, est un établissement confortable, avec de hauts plafonds, un plancher de bois et un billard. Des musiciens s'y produisent le samedi soir. Un peu plus bas sur la route, la ***Bayou Tavern*** *(☎ 318 649 7922)* retiendra votre attention. Établie en 1927 comme poste de distribution de la Standard Oil, cette étincelante boîte de conserve géante perchée sur la rive d'un petit cours d'eau est aujourd'hui un bar-restaurant qui sert de bons gumbos et des plats du jour (de 5 $ à 8 $). Située 415 Kentucky St, la Bayou Tavern est ouverte du lundi au samedi de 10h à 24h.

## POVERTY POINT

La communauté de Poverty Point formait autrefois le noyau d'un réseau de plus de 100 communautés amérindiennes disséminées dans une région englobant la Louisiane, le Mississippi et l'Arkansas actuels.

L'existence de plusieurs petits regroupements de communautés laisse supposer que la population de Poverty Point se composait d'Indiens appartenant à des tribus différentes.

Entre 1500 et 750 av. J.-C., les habitants avaient un style de vie particulièrement raffiné, comparé à d'autres groupes indiens de la même époque. Des anthropologues ont mis en évidence que dans la plupart des tribus, les Indiens, chasseurs-cueilleurs nomades, ne s'établissaient durablement en aucun lieu et ne créaient pas de structures à vocation religieuse. Les habitants de Poverty Point trouvèrent, eux, suffisamment de temps et d'énergie pour construire de gigantesques monticules de terre et pour s'installer dans ce que l'on considère comme une ébauche de village. On s'interroge encore sur la manière dont ils repoussaient leurs ennemis et sur la question de l'approvisionnement. Certains chercheurs concluent que les habitants de Poverty Point ont été les tout premiers cultivateurs sédentaires. D'autres pensent que l'édification à grande échelle de villages et de lieux de culte fut possible grâce à l'existence d'un réseau commercial qui s'étendait jusqu'à l'actuel Minnesota.

Aujourd'hui, les archéologues considèrent la "culture de Poverty Point" comme la première civilisation précolombienne du Sud-Est des États-Unis.

Archéologues et touristes viennent ici surtout pour admirer la remarquable série d'ouvrages de terre et de monticules disposés le long de ce qui appartenait autrefois au Mississippi et que l'on appelle aujourd'hui Bayou Macon. Même si l'érosion a accompli son œuvre, les six crêtes concentriques qui définissent les limites du village sont impressionnantes lorsqu'on les découvre du haut de la tour d'observation. S'étendant sur plus de 1 km de diamètre, ces crêtes, qui devaient autrefois atteindre 2,5 m à 3 m de hauteur, servaient sans doute de fondations aux habitations du village.

Six buttes de terre, situées pour la plupart à l'extérieur des crêtes, sont également disséminées sur les 600 ha du site. Bien que l'on n'ait jamais rien retrouvé à l'intérieur, ces tertres servaient probablement de tombes.

A votre arrivée, commencez par consacrer 30 minutes au film, qui constitue une bonne introduction. L'espace d'exposition présente des ustensiles de cuisine en argile, des hiboux, des oiseaux sculptés et des bustes féminins très travaillés, façonnés dans le même matériau. Les chouettes et autres oiseaux seraient des représentations religieuses et/ou tribales.

Après cette entrée en matière, prenez une navette (6 personnes minimum) pour faire le tour des buttes, ou allez à pied vers la plus fascinante : un monticule en forme de tête d'oiseau mesurant 210 m sur 192 m à la base et haut d'une vingtaine de mètres ! Cette exploration à pied vous prendra de 30 à 45 minutes.

Pour vous rendre à Poverty Point (☎ 318 926 5492), parcourez 50 miles (80 km) au nord-est de Monroe, sur la Hwy 577. Le site se situe à 1 mile (1,5 km) au nord de la Hwy 134, près de la ville d'Epps. Il est ouvert tous les jours de 9h à 17h. L'entrée coûte 2 $. Consultez le site du ministère de la Culture et du Tourisme : www.crt.state.la.us.

## RUSTON ET ENVIRONS
• **19 000 habitants**

Ruston abrite le siège du gouvernement de la région vallonnée de la paroisse de Lincoln.

La ville de Ruston fut fondée en 1884 lorsque l'entrepreneur Robert Russ réussit à convaincre une société de chemin de fer de construire une voie ferrée sur un terrain de 260 ha qu'il possédait. Russ's Town, bientôt renommée Ruston, naquit du jour au lendemain avec l'arrivée en masse de colons.

Aujourd'hui, l'université d'État de Gambling et l'université de technologie de Louisiane jouent un grand rôle dans la vie économique, sociale et éducative de la paroisse de Lincoln. Ne venez pas chercher à Ruston un cadre bucolique et de beaux paysages : on ne trouve pas ici de jolies pelouses sur lesquelles de vieux chênes étendent leur ombre… Mais Ruston constitue une bonne base pour les amoureux du grand air désireux de se rendre au Lincoln Parish Park, la Mecque du VTT.

### Renseignements
Le service d'informations touristiques (☎ 318 255 2031), 900 N Trenton St, est ouvert du lundi au vendredi de 8h30 à 17h.

### Bonnie and Clyde

Les amateurs d'histoire criminelle ne manqueront surtout pas le Bonnie & Clyde Museum (☎ 318 843 6141) installé à Gibsland, la ville où Bonnie Parker et Clyde Barrow trouvèrent la mort en 1934 après une série de crimes et de délits qui dura deux ans. Bonnie, Clyde et leurs comparses se rendaient à Acadia, Louisiane, pour se réfugier dans un cabin isolé appartenant au père de l'un des membres du gang. Préoccupé par son avenir, un autre membre du groupe, l'escroc en cavale Henry Methvin, négocia en secret un accord avec la police : sa peine serait réduite s'il attirait Bonnie et Clyde dans une embuscade. La police se servit comme appât de la voiture du père de Methvin. On la plaça au bord de la route, et l'on positionna en face 6 tireurs d'élite appartenant aux rangers du Texas et à la police d'État de Louisiane. Le couple tomba sous plus de 167 balles. Une pierre posée en bordure de la Hwy 154 à l'endroit où ils furent abattus rappelle l'événement. Chaque année, le week-end le plus proche du 23 mai, jour de leur mort, l'Authentic Bonnie & Clyde Festival met en scène une reconstitution de l'embuscade ainsi que de fausses attaques de banques. Gibsland se trouve juste au sud de la I-20, à mi-chemin environ entre Ruston et Shreveport.

Les distributeurs automatiques de billets sont nombreux en centre-ville, soit dans Trenton St, soit dans les rues avoisinantes. La poste principale (☎ 318 255 3791) se trouve 501 Trenton St.

## A voir et à faire
Pour les amateurs d'activités de plein-air, le **Lincoln Parish Park** (☎ 318 251 5156), au nord par la Hwy 33, est réputé comme l'un des meilleurs sites pour pratiquer le VTT. Le parc offre un circuit de 16 km accessibles aux débutants autant qu'aux confirmés. Vous pourrez également pêcher, pique-niquer et camper (voir *Où se loger*).

A environ 20 km au nord de Ruston par la Hwy 167, au croisement avec la Hwy 151 et la Hwy 152, près du village de Dubach, s'élève l'**Autrey House Museum** (☎ 318 251 0018). Téléphonez pour prendre rendez-vous afin de visiter cette maison construite en 1849 et restaurée. Caractéristique des habitations de planteurs de cette région vallonnée, elle possède un hall central conçu pour entretenir une brise rafraîchissante. Il ne reste guère de meubles d'époque, mais la maison est un bel exemple de ce type d'architecture.

## Où se loger
Des emplacements rudimentaires (6 $) ou plus confortables (12 $) sont disponibles au ***Lincoln Parish Park*** *(☎ 318 251 5156)*, au nord de la ville par la Hwy 33 (voir plus haut).

L'établissement le moins cher de la ville, le ***Lincoln Motel*** *(☎ 318 255 4512, 1104 Georgia Ave)*, propose des chambres toutes simples, mais propres, à 22/28 $ les simples/doubles. Moins bien situé, mais également bon marché, le ***Pines Motel*** *(☎ 318 255 3268, 1705 California Ave)* facture 25/35 $.

Si vous voulez vous faire plaisir, choisissez plutôt le ***Melody Hills Bed & Breakfast*** *(☎ 318 255 7127, 804 N Trenton St)*. Comptez entre 75 et 95 $ pour l'une des deux chambres douillettes (s.d.b. commune).

## Où se restaurer
Le ***Bee's Café*** *(☎ 318 255 5610, 805 Larson St)* sert de bons plats au déjeuner dans un cadre plutôt banal. C'est surtout le petit déjeuner qui vaut le détour : pour 3 $ environ, vous vous régalerez d'une énorme portion d'œufs, de grits et de biscuits faits maison. Le Bee's est ouvert du lundi au vendredi de 6h à 9h et de 11h à 14h.

Le paisible ***Trenton Street Café*** *(☎ 318 251 2103, 201 N Trenton St)* sert tous les jours au déjeuner et au dîner une cuisine de pub traditionnelle (moins de 10 $ le plat).

La ***Ponchatoula's New Orleans Cuisine*** *(☎ 318 254 8683, 109 E Park Ave)* ressemble plus à un bar qu'à un restaurant, mais sert néanmoins à une clientèle d'étudiants des écrevisses bouillies (en saison) fameuses, un bon gumbo et des po-boys au rôti de bœuf savoureux. Ouvert de 11h à minuit du lundi au samedi et de 11h à 14h le dimanche.

La population locale se presse au ***Boiling Point*** *(☎ 318 255 8506, 2017 Farmerville Hwy)*, pour déguster dans un cadre plutôt classique des écrevisses bouillies très épicées et de la bière fraîche. Situé à 1 mile (1,5 km) au nord de la I-20, l'établissement ouvre du lundi au vendredi de 11h à 21h.

Si vous cherchez un restaurant avec un peu plus de caractère, essayez le ***Monjunis Italian Café & Grocery*** *(☎ 318 251 2222, 101 N Trenton St)*. Les raviolis aux fromages italiens servis avec une sauce tomate-basilic ou une sauce Alfredo, et le pain à l'ail (4,95 $, à emporter), sont succulents.

## Où sortir
La ***Ponchatoula's*** (voir *Où se restaurer*) programme des concerts de temps à autre. Si vous voulez un peu de couleur locale, allez prendre une bière au ***Stow's Bar*** *(☎ 318 255 9949, 210 W Park Ave)*, installé dans un élégant bâtiment qui faisait office d'hôtel et d'hôpital jusqu'en 1975. De nos jours, les hommes aux chapeaux de cow-boys côtoient devant le vieux zinc usé des étudiants de bonne famille de sortie pour la soirée.

Pendant l'année universitaire, l'université de technologie de Louisiane organise des conférences, des récitals, des compétitions sportives et des pièces de théâtre. Pour tous renseignements, appelez le ☎ 318 257

4427. Et si vous souhaitez assister à un spectacle typique du Sud, prenez la Hwy 146 en direction du sud pendant 28 miles (45 km). Des courses de stock-cars ont lieu tous les samedis à 20h à la ***Super Bee Speedway*** *(☎ 318 249 4595)*, au sud-est de Chatham sur la Hwy 4.

## Achats
Pour les produits de base, les magasins situés le long des contre-allées de la route nationale devraient suffire. Dans California Ave, Louisiana Tech Farm Sales (☎ 318 257 3550) propose lait frais de la ferme, fromage, poulets, fleurs et autres produits à des prix raisonnables. Il ouvre du lundi au vendredi de 9h à 17h30.

## Comment s'y rendre
Shreveport (à 72 km à l'ouest) et Monroe (à 48 km à l'est) possèdent chacune un aéroport régional relativement important.

Greyhound (☎ 318 255 3505), 118 W Louisiana Ave, assure 4 liaisons quotidiennes vers Jackson, Mississippi (33/65 $ aller simple/aller-retour) et 3 autres vers Shreveport (15/29 $). Greyhound dessert également quotidiennement Monroe (9,50/19 $) et Alexandria (18,50/37 $), tout comme Dallas, Texas (55/110 $), La Nouvelle-Orléans (60/120 $) et Baton Rouge.

La Hwy 20 constitue l'axe principal. Monroe ne se trouve qu'à 1 heure de route. Il faut entre 1 heure et 1 heure 30 pour rejoindre Shreveport.

## SHREVEPORT
- **188 000 habitants**
- **Bossier City : 56 000 habitants**

Doit-on classer Shreveport parmi les villes du Sud ou de l'Ouest ? Les réponses sont diverses. Shreveport peut être considérée comme une ville du Sud dans la mesure où elle fut capitale de la Louisiane durant la

### La Louisiana Hayride

Si vous passez près de la salle de spectacle de la ville, retenez votre souffle : les fantômes de célèbres musiciens vous entourent. C'est ici, en 1948, que le producteur de radio Hoss Logan lança un spectacle radiodiffusé hebdomadaire mettant en scène les nouveaux talents musicaux de la région. La *Louisiana Hayride* accueillait des artistes inconnus qui se produisaient devant 1 600 personnes. Rien que de très classique, penserez-vous, mais le tout prend une certaine ampleur lorsque l'on sait que l'ensemble du pays pouvait recevoir ce programme par l'intermédiaire de 200 stations CBS (un accord similaire passé avec NBC permit à une émission du même type, le *Grand Ole Opry*, d'être elle aussi diffusée sur l'ensemble du territoire). Parmi les inconnus qui se sont produits figurent Hank Williams, Elvis Presley, Johnny Cash et Willie Nelson. L'émission révéla tant de talents qu'on finit par la surnommer le "berceau des stars". Jerry Lee Lewis, lui, a seulement failli commencer sa carrière ici. En 1952, il se présenta devant Logan et demanda une place de pianiste. Logan le renvoya poliment en lui expliquant que le poste était pourvu. Quelques années plus tard, les disques de Jerry Lee Lewis figuraient parmi les meilleures ventes des États-Unis, et chaque fois que l'artiste rencontrait Logan, il ne manquait pas de lui dire : "Espèce de salaud, tu n'as pas voulu m'engager !", ce à quoi le producteur répondait invariablement : "Espèce de salaud, tu ne m'as jamais dit que tu savais chanter !"

La *Louisiana Hayride* a également servi de tremplin à des musiciens cajuns réputés dans la région, mais inconnus sur le plan national.

L'émission a cessé en 1969 et n'a jamais repris, malgré deux tentatives. Vous trouverez des albums et des T-shirts sur le site officiel de la *Louisiana Hayride* : www.talentondisplay.com/hayride.html.

guerre de Sécession et où ses habitants manifestèrent une loyauté remarquable vis-à-vis de la Confédération : près de sept semaines après la reddition de Lee à Appomattox, ils tenaient encore tête aux forces fédérales !

Shreveport, toutefois, est également une ville de l'Ouest. Elle fut en effet créée par les conquérants de l'Ouest en 1839, soit quatre ans après l'"achat" de ce territoire aux Indiens Caddo, moyennant 80 000 $, et un an après que le capitaine Henry Shreve fut parvenu à franchir les 265 km de bois qui bloquaient la Red River. On peut aussi mentionner la tentative de Texans zélés d'annexer, en 1873, Shreveport et les terres s'étendant à l'ouest du fleuve.

L'histoire récente de la ville est un peu moins litigieuse. L'économie de la ville se fondait sur l'agriculture, le bois et les transports jusqu'à la découverte de pétrole dans les environs. Vers 1905, Shreveport et quelques villages voisins connurent ainsi une expansion à laquelle ne manquaient ni les saloons, ni les maisons closes, ni les ouvriers du pétrole. Même si le forage du pétrole s'est ensuite déplacé vers les sites off-shore du golfe du Mexique, la zone qui entoure Shreveport comporte encore une multitude de petits puits.

Le boom pétrolier a apporté à la ville et à sa région bien plus qu'une expansion économique. Il fut un temps où Shreveport se vantait d'avoir une forte immigration et d'abriter d'importantes communautés afro-américaines.

Après avoir fait office de centre de transports pendant des décennies, le port fluvial de Shreveport commença à décliner au lendemain de la Seconde Guerre mondiale. De nombreuses entreprises du centre-ville fermèrent, tandis que les entrepôts se vidaient. Ceux qui le pouvaient quittèrent la ville pour Dallas ou New York. Le centre connaît aujourd'hui une certaine renaissance. Mettant en avant l'ouverture de plusieurs casinos, le réaménagement des anciens entrepôts situés en bordure du fleuve et la construction d'un palais des congrès, les promoteurs de cette résurrection n'hésitent guère à crier victoire. Le nouveau venu, pour sa part, se demandera s'il n'est pas encore un peu tôt pour juger. Shreveport fait quand même de son mieux pour retrouver la prospérité grâce à ses infrastructures touristiques, à ses casinos et à ses services médicaux. Elle cherche aussi à favoriser l'implantation dans la région d'entreprises de biotechnologie et de centres de recherches.

Bossier City, qui fait face à Shreveport de l'autre côté du fleuve, fut créée dans les années 1840. D'abord comptoir commercial, la ville accueillit en 1933 une base aérienne, baptisée Barksdale Airforce Base, qui lui donna bientôt l'aspect et l'atmosphère d'une ville de garnison. Si vous n'avez pas l'intention de miser dans l'un de ses deux casinos ou au champ de courses, vous n'avez aucune raison de franchir le pont.

## Orientation

La ville fait partie de la grande région nommée "Ark-La-Tex", qui comprend le nord-ouest de la Louisiane, le sud-ouest de l'Arkansas et le nord-est du Texas.

Shreveport est implantée sur la rive ouest de la Red River. Son centre-ville est assez dense, mais ses banlieues forment des enclaves plus agréables, qui s'étendent de chaque côté de Line Ave, la rue commerçante de la ville. L'agglomération est coupée en deux par la I-49, orientée nord-sud, et par la I-20, orientée est-ouest. Elle est encerclée par une autoroute périphérique appelée I-220 au nord et "Inner Loop" au sud.

A l'est de la Red River, Bossier City s'étend le long de deux grands axes, la Hwy 80 et la I-20. La Barksdale Airforce Base est accessible par la I-20 *via* North Gate Dr.

## Renseignements

**Offices du tourisme.** Le service d'informations touristiques de Shreveport (☎ 318 222 9391) se trouve en centre-ville, 629 Spring St ; celui de Bossier City (☎ 318 226 8884) est situé 100 John Wesley Blvd. Ils ouvrent en semaine de 9h à 17h.

**Argent.** A Shreveport, les distributeurs automatiques de billets sont regroupés au centre-ville, du côté de Texas Ave, ou

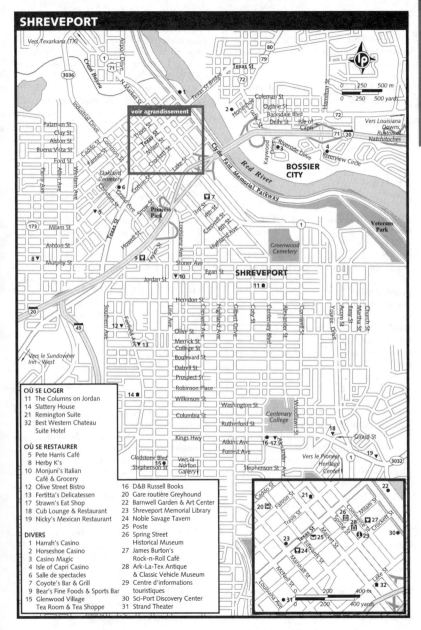

encore le long de Line Ave et d'Ellerbee Rd. A Bossier City, vous les trouverez sur la Hwy 80. Les casinos n'ont pas perdu de vue le fait que leurs clients ont besoin de distributeurs.

**Poste.** La poste principale est implantée 2400 Texas St.

**Blanchissage/nettoyage.** Vous trouverez 3 Soap Opera Washaterias en ville : 1915 Creswell Ave (☎ 318 424 8048), 3103 N Market St (☎ 318 222 6317) et 8150 Jewella Ave (☎ 318 688 6873). Super Suds (☎ 318 865 6873) est installée 400 E Kings Hwy.

**En cas d'urgence.** Le Bossier Medical Center (☎ 318 741 6000), le Highland Hospital (☎ 318 798 4343) et le Willis-Knighton Health Center (☎ 318 752 7500) disposent tous trois de services d'urgences.

## A voir et à faire dans le centre-ville

Les fleurs sont le thème central du **Barnwell Garden & Art Center** (☎ 318 673 7703), 601 Clyde Fant Parkway, en bordure du fleuve. Si l'intérieur n'a guère d'intérêt, le parc mitoyen se prête aux promenades ou au jogging.

En face se dresse le nouveau **Sci-Port Discovery Center** (☎ 318 424 3466), un gigantesque musée interactif où les enfants peuvent s'initier à la science. Les expositions expliquent par exemple le rôle du vent dans la formation des dunes et des amoncellements de sable dans le désert. Le complexe abrite également une salle de projection IMAX. Situé 820 Clyde Fant Parkway, le musée vous accueille du lundi au samedi de 10h à 18h et le dimanche de 13h à 18h. L'entrée coûte 6 $ pour les adultes et 4,50 $ pour les enfants. On vous demandera 6/4,50 $ supplémentaires pour une séance à l'IMAX (un billet combiné revient un peu moins cher).

L'**Ark-La-Tex Antique & Classic Vehicle Museum** (☎ 318 222 0227), à trois pâtés de maisons au nord du fleuve, 601 Spring St, est un musée de l'Automobile installé dans une construction de 1921 de style mauresque, avec de vastes étendues carrelées et des boiseries délicates. Il ouvre du mardi au samedi de 10h à 17h et le dimanche de 13h à 17h. L'entrée coûte 5 $ pour les adultes, 4 $ pour les étudiants et les seniors.

Un peu plus bas dans la rue, le **Spring Street Historical Museum** (☎ 318 424 0964), 525 Spring St, occupe une ancienne banque datant de 1865. Il abrite une multitude de trésors semblant sortir d'un grenier de grand-mère, ainsi que des expositions. L'entrée coûte 2 $ pour les adultes, 1 $ pour les étudiants et les enfants. Appelez au préalable pour connaître les horaires.

Deux salles de spectacle valent qu'on s'y arrête, ne serait-ce que pour le décor. Le **Municipal Auditorium** (☎ 318 673 5100), 705 Grand Ave, est décoré dans le style Art déco. Il abrita jadis la radio diffusant l'émission *Louisiana Hayride*, où Elvis Presley fit ses débuts. Quant à l'opulent **Strand Theatre** (☎ 318 226 1481), 619 Louisiana Ave, il fut construit en 1925 pour promouvoir la création d'une chaîne de théâtres nationaux. Ces deux salles proposent parfois des spectacles.

## Centenary College

Créé en 1825, le Centenary College est une école libre de beaux-arts. Le petit campus, coincé entre Kings Hwy et Centenary Blvd, abrite une population étudiante restreinte, mais active. Le président confédéré Jefferson Davis figure parmi les anciens élèves. Située à l'origine à Jackson (Louisiane), l'école dut fermer, pendant la guerre de Sécession, faute d'élèves. Elle rouvrit ses portes à Shreveport en 1906. Son principal centre d'intérêt, le **Meadows Museum of Art** (☎ 318 869 5169), 2911 Centenary Blvd, présente une remarquable collection de peintures de Haïti et d'Indochine, ainsi que des expositions temporaires. Il ouvre du mardi au vendredi de 12h à 16h et le week-end de 13h à 16h, le musée est gratuit. Durant l'année universitaire, le campus accueille en outre des spectacles et des conférenciers. Consultez le site www.centenary.edu pour connaître le programme.

## Norton Art Gallery

Après avoir quitté Line Ave pour vous engager dans une petite rue de banlieue sinueuse, vous vous demanderez si vous ne vous êtes pas trompé de route. Ne rebroussez pas chemin : vous vous dirigez bel et bien vers la Norton Art Gallery, installée dans un cul-de-sac, à l'extrémité d'une ruelle peu engageante. Construit en 1966, ce bâtiment d'architecture contemporaine doté de colonnes abrite 20 salles dans lesquelles sont exposées des sculptures de Rodin et des illustrations naturalistes de John James Audubon. Les plus petites salles, presque des alcôves, présentent un échantillonnage d'objets du XIX$^e$ siècle. Bien plus intéressante, la salle appelée Frederic Remington Gallery regroupe un nombre impressionnant d'œuvres du grand artiste américain Remington : peintures et sculptures inspirées de l'Ouest, mais aussi lettres et illustrations personnelles.

Cette galerie (☎ 318 865 4201), 4747 Creswell Ave, est ouverte du mardi au vendredi de 10h à 17h, le samedi et le dimanche à partir de 13h. L'entrée est gratuite.

## Où se loger

**Camping.** Vous ne trouverez pas de terrains de camping propres et confortables aux environs immédiats de Shreveport. Néanmoins, si vous êtes prêt à parcourir 15 miles (24 km) vers le nord, le ***Cypress Black Bayou Park*** (☎ *318 965 0007, 135 Cypress Park Dr*), à côté d'Airline Dr, propose des emplacements pour tente et camping-car en bordure de lac à 7,50 $ la nuit, des cabanes à 15 $, des cabins rustiques (avec cuisine, s.d.b. et clim.) pouvant accueillir 4 personnes à 45 $ et quelques cottages pour 6 personnes à 60 $. Vous trouverez de plus amples informations sur le site www.cypressblackbayou.com.

**Hôtels, Motels et B&B.** Le regroupement traditionnel de motels se trouve à la sortie Airline Dr de Bossier City et à la sortie Monkhouse Dr de Shreveport ouest. En dehors de ce type d'établissement, le choix est maigre pour le voyageur en quête d'un toit bon marché.

La meilleure adresse dans cette catégorie est peut-être le ***Sundowner Inn - West*** (☎ *318 425 7467, 2134 Greenwood Rd*), commodément situé en retrait de Texas St, à proximité du centre-ville et de l'interstate. Ne vous attendez pas au grand luxe en échange des 35/46 $ réclamés pour les simples/doubles le week-end (28/30 $ en semaine).

Idéalement situé en centre-ville, à quelques rues des berges du fleuve, le ***Best Western Chateau Suite Hotel*** (☎ *318 222 7620, 800 845 9334, 201 Lake St*) vient d'être réaménagé. Il dispose d'une piscine extérieure, d'un centre de remise en forme et d'un service gratuit de navettes pour l'aéroport et la gare routière. Les chambres standards démarrent à 80 $, les suites valent 109 $. Ajoutez 10 $ par occupant supplémentaire.

Dans le quartier historique de Highland, situé entre Murphy St au nord et Kings Hwy au sud, les élégantes maisons anciennes abritent quelques B&B qui méritent d'être mentionnés. ***The Columns on Jordan*** (☎ *318 222 5912, 615 Jordan St*), qui se trouve à la limite du quartier, pratique des tarifs un peu plus raisonnables que ses concurrents. La nuit à 85 $ comprend le petit déjeuner préparé à la demande et servi dans la véranda aux imposantes colonnes doriques blanches.

Vous serez tenté de passer l'après-midi à sommeiller dans une confortable chaise longue sur la merveilleuse terrasse à l'arrière de la ***Slattery House*** (☎ *318 222 6577, 2401 Fairfield Ave*), une maison victorienne de 1903. Les chambres coûtent entre 99 et 195 $, un petit déjeuner raffiné compris. Vous pouvez réserver en ligne sur www.shreveportbedandbreakfast.com.

Si vous êtes en voyage d'affaires, vous apprécierez le ***Remington Suite*** (☎ *318 425 5000, 220 Travis St*), un hôtel luxueux proposant toutes les prestations attendues d'un tel établissement (jacuzzi dans la chambre, minibar, prises pour les ordinateurs portables, etc.). Les chambres démarrent à 95 $ en semaine et à 110 $ le week-end.

## Où se restaurer

Parfait pour le petit déjeuner, le ***Strawn's Eat Shop*** (☎ *318 868 0634, 125 Kings*

*Hwy)*, à l'est de Centenary Blvd, existe depuis 1944. Vous pouvez commander un petit déjeuner complet, ou bien simplement une part des excellentes tartes aux fraises, à la banane ou au chocolat (2 $), surmontée d'une meringue qui défie les lois de l'apesanteur. Le Strawn's ouvre du lundi au samedi de 6h à 20h, et à partir de 7h le dimanche.

Pour un repas rapide et bon marché, allez à ***Fertitta's Delicatessen*** *(☎ 318 424 5508, 1124 Fairfield Ave)*, l'une des meilleures adresses de la ville pour le déjeuner (de 5 à 8 $). Ouvert depuis 1925, ce magasin à l'ancienne est réputé pour son Muffy, un sandwich inspiré de la muffuletta garni de sauce bolognaise, de jambon, de salade de fromage et d'olives. Ouvert en semaine de 9h30 à 17h30. Ce sont les mêmes personnes qui tiennent le ***Fertitta's 6301 Restaurant*** *(☎ 318 865 6301, 6301 Line Ave)*, à l'angle d'E 72nd St, où la cuisine et l'ambiance animée par un piano-bar sont très raffinées. L'établissement a été primé par la revue *Wine Spectator*. Comptez entre 10 et 25 $ pour un plat. C'est ouvert du mardi au samedi à partir de 17h et jusque tard dans la soirée. Fermé les deux premières semaines de juillet.

Le ***Pete Harris Café*** *(☎ 318 425 4277, 1335 Milam St)* sert à une clientèle fidèle une cuisine familiale et serait, selon ses propriétaires, le plus ancien restaurant du pays tenu par des Afro-Américains. Dans un décor plutôt sinistre (moquette grise et murs aveugles), vous savourerez des foies de volailles cuits à l'étouffée et des crevettes farcies "célèbres dans le monde entier" (entre 5 et 7 $). Ouvert tous les jours de 8h à minuit, jusqu'à 3h le vendredi et le samedi.

Pour un repas que vous n'oublierez pas de sitôt, attablez-vous à ***Herby K's*** *(☎ 318 424 2724, 1833 Pierre Ave)*. Cette institution de Shreveport perdure dans un quartier où la plupart des autres commerces ont été brûlés ou désaffectés depuis longtemps. Célèbre depuis 1936 pour son Shrimp Buster (4 crevettes posées sur du "pain français" beurré et accompagné d'une sauce spéciale, le tout à 9 $), Herby K's est autant apprécié pour les excentricités un peu grivoises du personnel que pour sa bière glacée servie dans des verres énormes et ses crabes mous frits. Asseyez-vous à l'ombre de l'une des tables de pique-nique du jardin ou dans l'un des 4 boxes à l'intérieur et détendez-vous : vous allez déguster les meilleurs fruits de mer de Shreveport. Le restaurant ouvre de 11h à 21h du lundi au jeudi et de 11h à 22h le vendredi et le samedi.

Des centaines de grappes de raisin en plastique pendent au plafond du ***Monjuni's Italian Café & Grocery*** *(☎ 318 227 0847, 1315 Louisiana Ave)*, lieu étrange entre la grotte italienne sombre et le débit de bière des années 50. L'établissement est ouvert du lundi au samedi de 10h30 à 21h et jusqu'à 22h le week-end. Un brunch est servi le dimanche de 11h à 14h. Vous vous régalerez de lasagnes à la viande (7 $) ou de fettucine fraîches aux crevettes et à la crème (10 $). Les muffulettas et les po-boys sont tout aussi excellents. Autre bonne adresse pour un repas italien ou méditerranéen, l'***Olive Street Bistro*** *(☎ 318 221 4517, 1027 Olive St)* se trouve dans le quartier historique de Highland. La terrasse est idéale pour siroter un verre de vin ou un cappuccino et déguster le pain maison. Goûtez l'osso-buco (11 $) ou les penne amalfi (9 $), des pâtes à l'ail et aux crevettes fraîchement pêchées dans le golfe. Le Bistro ouvre du lundi au jeudi de 11h à 22h et le vendredi et le samedi de 11h à 23h.

Si le contenu de l'assiette vous intéresse plus que le faste du service, dirigez-vous vers le ***Cub Lounge & Restaurant*** *(☎ 318 861 6517, 3002 Girard St)*. Cette annexe d'un bar très populaire prépare une cuisine soignée. Les steaks sont débités à la demande et servis avec une pomme de terre au four et de la salade, à des prix allant de 13 $ pour une côte de bœuf à 20 $ pour un aloyau. Les formules spéciales du soir, comprenant par exemple un steak avec une caille, ou un steak avec du crabe mou, sont parfaites. Le restaurant ouvre du lundi au jeudi de 18h à 22h et le vendredi et samedi jusqu'à 23h (soirs où il est préférable de réserver).

Si un repas mexicain vous tente, le ***Nicky's Mexican Restaurant*** *(☎ 318 868 7630, 701 E Kings Hwy)* prépare des fajitas et burritos authentiques, mais aussi du beans and rice tout simple, autant de spécialités difficiles à trouver dans la région. Juste à côté, le bar *El Coco Loco* (☎ *318 868 1116)* sert de la tequila au rythme de la salsa.

## Où sortir

La *Centenary College Film Society* (☎ *318 869 5184)* programme d'excellents films d'art et d'essai, des documentaires et des films étrangers.

N'attendez pas trop des casinos en matière de musique "live" : ils accueillent généralement de mauvais groupes qui se contentent de jouer des reprises. Dirigez-vous plutôt vers l'ouest du fleuve jusqu'à la *Noble Savage Tavern* (☎ *318 221 1781, 417 Texas St)*, en face de la bibliothèque publique. Du mardi au samedi soir de 20h à minuit, on y écoute du bluegrass, du blues et de la world music dans une salle étroite aux murs de briques et haute de plafond. Comptez entre 3 et 5 $ pour l'entrée.

Un peu plus loin, dans le quartier branché – ou en passe de le devenir – près des berges du fleuve, le *James Burton's Rock-n-Roll Café* (☎ *318 424 5000, 616 Commerce St)*, entre Crockett St et Milam St, figure parmi les clubs de qualité. Les meilleurs concerts se déroulent les vendredis et samedis soir, grâce à James Burton lui-même : première guitare d'Elvis Presley de 1971 jusqu'à la mort du King, en 1977, Burton a également joué avec Merle Haggard, Buffalo Springfield et d'autres artistes.

Installé dans un grand entrepôt, le *Coyote's Bar & Grill* (☎ *318 424 0650, 1818 Market St)* dispose de jeux de fléchettes et de tables de billard. Il organise des soirées karaoke le mercredi, le vendredi et le samedi.

Les énormes ours empaillés du *Bear's Fine Foods & Sports Bar* (☎ *318 425 2327, 1401 Fairfield Ave)* sont assis devant un piano mécanique qui débite des airs connus. La carte réduite comporte des entrées cajuns, des sandwiches variés et des salades à 5 $ au plus.

Le *Cub Lounge* (☎ *318 861 6517, 3002 Girard St)* fut ainsi baptisé par un groupe d'habitués peu après son ouverture, en 1939. On raconte qu'avant de sortir pour aller passer la soirée à boire avec ses copains un homme racontait à sa vertueuse femme qu'il se rendait au Christian Union Building (centre chrétien). Peu à peu, les clients commencèrent à faire référence à leur lieu de rendez-vous favori par ces trois initiales. Ce bar confortable et chaleureux partage ses locaux (et son propriétaire) avec le Cub Lounge & Restaurant (voir *Où se restaurer)*. Ouvert du lundi au samedi de 7h à 2h.

Si le démon du jeu vous prend, vous avez le choix entre plusieurs casinos : le *Harrah's Casino* (☎ *318 424 7777)*, installé sur un bateau amarré au quai, le *Horseshoe Casino & Hotel* (☎ *318 742 0711, 711 Horseshoe Blvd)*, l'*Isle of Capri Casino & Hotel* (☎ *318 678 7777, 711 Isle of Capri Dr)* et le *Casino Magic* (☎ *318 746 0711, 300 Riverside Dr)* se trouvent tous trois à Bossier City. Ces établissements se ressemblent assez (le Horseshoe est toutefois le plus luxueux) et attirent les foules, notamment en provenance du Texas. Juste à côté du Harrah's, on vient d'achever la construction, pour 285 millions de dollars, du *Hollywood Casino*.

## Achats

Du vin aux vêtements à la mode, vous trouverez tout dans Line Ave, la rue commerçante de Shreveport. Vers les numéros 4 800, les centres commerciaux Pierremont Mall et Uptown Shopping Center abritent de jolies boutiques. Parmi elles, la Glenwood Village Tea Room & Tea Shoppe (☎ 318 868 3651), 3310 Line Ave, mérite une mention spéciale pour son singulier mélange de magasin d'antiquités, de boutique de cadeaux et de salon de thé à l'anglaise. Ouvert du jeudi au samedi de 10h à 17h. Le salon de thé sert de 11h à 15h.

Pour rêver un peu, arrêtez-vous à The Big Toy Store, connu également sous le nom d'ArkLaTex Cycle & Auto (☎ 318 524 1957), 1030 E Bert Kouns Ind Loop. Vous resterez médusé devant la collection de voitures anciennes et de motos de course en parfait état. Les visiteurs s'extasient devant la Chrysler de 1948 avec ses portières arrière qui s'ouvrent vers l'avant, ainsi que devant la vieille Dodge (en vente à 18 500 $).

## Comment s'y rendre

L'aéroport régional de Greater Shreveport propose des liaisons aériennes régulières avec les grandes villes. Delta propose 7 vols par jour à destination et en provenance d'Atlanta, tandis que Continental en assure 8 depuis/vers Houston. American Airline relie 10 fois par jour Dallas et Shreveport. Toutes les grandes sociétés de location de voiture sont présentes sur place. Mieux vaut prendre un taxi pour se rendre de l'aéroport au centre-ville. La course peut coûter jusqu'à 25 $.

Greyhound (☎ 318 221 4205), 408 Fannin St, près de Texas St, assure 20 départs par bus le matin et l'après-midi pour La Nouvelle-Orléans (8 heures), Dallas (Texas ; 4 heures) et Jackson (Mississippi ; 5 heures), ainsi que plusieurs bus vers des villes plus proches comme Ruston, Natchitoches et Alexandria.

Sportran, réseau d'autobus de l'agglomération, n'est pas d'une grande utilité pour qui veut découvrir la ville, dont les centres d'intérêt sont très dispersés. Une fois encore, mieux vaut être motorisé.

# Mississippi

Traînant un lourd passé en matière de droits civiques et une position nationale peu enviable sur le plan de l'économie et de l'éducation, le Mississippi a été longtemps méprisé et continue à être dénigré par ceux qui ne le connaissent pas. La réalité est pourtant bien plus complexe et captivante.

Avec ses champs de coton à perte de vue et ses cabanes de chasseur, le Delta, dans le nord-ouest de l'État, correspond à l'image traditionnelle du Mississippi, même si des casinos gigantesques font désormais partie du paysage. La plupart des visiteurs empruntent la Hwy 61 pour découvrir les *juke joints* et les autres lieux légendaires qui ont fait du Delta la patrie du blues. Les amateurs pourront excursionner autour de l'un des nombreux festivals qui se déroulent dans la région.

Le cœur du Mississippi abrite la capitale de l'État, Jackson, dont l'ancien centre, abandonné au profit de banlieues tentaculaires s'étalant le long des autoroutes, fait figure de ville fantôme, avec ses clubs et ses motels figés dans un passé vieux de plusieurs dizaines d'années. Vers l'est, à Philadelphia, des monuments célèbrent le souvenir des trois militants des droits civiques tués par le Ku Klux Klan en 1964. Non loin de là, les Indiens Choctaw vivent toujours sur leurs terres ancestrales.

Le littoral du golfe du Mexique constitue peut-être la région la plus surprenante du Mississippi. Vous y trouverez des îles sauvages abritant des forêts de chênes, des lagons et des plages désertes s'étendant le long des eaux du Gulf Stream. On peut se rendre en ferry dans l'une des îles, mais les voyageurs plus intrépides emprunteront un kayak des mers pour aller faire du camping sauvage dans les autres, plus à l'écart de la civilisation. Une petite colonie d'artistes s'est installée dans les villes côtières du continent, où l'on trouve aussi des marchés vietnamiens… et toujours des casinos.

Dans le sud-ouest du Mississippi, la Natchez Trace Parkway conduit les voyageurs

## A ne pas manquer

- La Hwy 61, le Delta Blues Museum, les juke joints et les célèbres carrefours le long de la route
- La ville universitaire d'Oxford, immortalisée par l'enfant du pays, William Faulkner
- La capitale de l'État, Jackson, incendiée par le général Sherman, touchée par le Civil Rights Movement, aujourd'hui maintenue en vie par quelques établissements nocturnes originaux

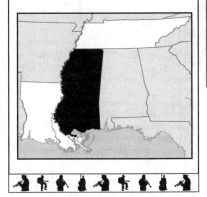

vers une contrée riche en histoire et en paysages spectaculaires. Les demeures *antebellum* raffinées de Natchez, qui datent d'avant la guerre de Sécession, et les tertres culturels indiens figurent parmi les curiosités de la région, qui se prête idéalement à une découverte à bicyclette.

Le nord-est du Mississippi abrite Tupelo, lieu de pèlerinage incontournable pour les amateurs de rock'n roll : c'est là que naquit Elvis Presley en 1935, et l'on peut imaginer quelles furent ses premières années en visitant sa maison natale et le musée qui lui est dédié. Siège de l'université du Mississippi, Oxford, où vécut Faulkner, fait figure de capitale littéraire de l'État. La Missis-

# 304 Mississippi

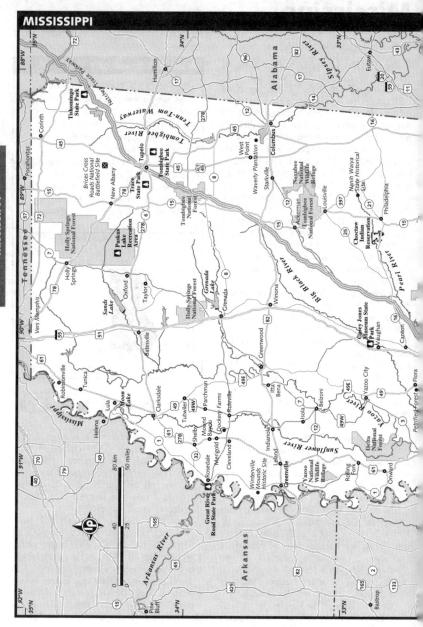

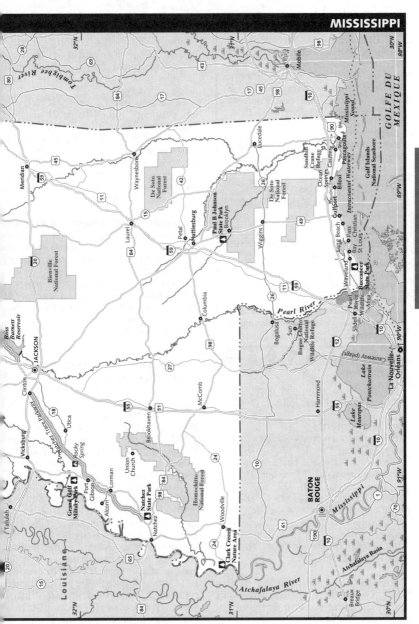

## Les fréquences du Mississippi

Si vous voulez effectuer un pèlerinage sur les traces du blues, emportez vos disques ou vos cassettes, car on ne peut pas compter sur les radios du Mississippi pour en entendre. Vous trouverez peut-être ces quelques perles au milieu des discours virulents, des tubes et du prosélytisme biblique :

**Delta**
KFFA 1360 AM (Helena, Arkansas) – concert de blues en semaine à 12h15

**Jackson**
WMPR 90.1 FM – blues
WQJQ 105.1 FM – Motown et rythm'n blues

**Oxford**
WUMS 92.1 FM – musique variée, émission de blues le samedi soir

**Starkville**
WMSV 91.1 FM – musique variée

Dans le nord-ouest de l'État, on reçoit des radios de Memphis (voir le chapitre *Tennessee*).

**Code de la route et législation sur l'alcool.** La législation fixe à 15 ans l'âge minimal pour conduire. Le port de la ceinture de sécurité en voiture et du casque en moto est obligatoire. La vitesse est limitée à 70 miles/heure (112 km/h) sur les nationales, parfois moins.

La consommation d'alcool est réservée aux personnes ayant plus de 21 ans. La vente d'alcool est interdite dans environ un tiers des comtés ; dans certains autres, la vente de bière et d'alcool est limitée le dimanche. Vin et alcool sont vendus dans les magasins de spiritueux, tandis que la bière se trouve dans les magasins d'alimentation et les stations-service.

**Désagréments et dangers.** La région du Delta est très pauvre. Vous éviterez bien des ennuis en n'affichant pas d'objets de valeur et en fermant toujours à clé votre voiture et votre chambre.

Les couples mixtes sont rares et ouvertement désapprouvés. Ils devront faire face à un accueil froid et à des commentaires chuchotés sur leur passage. Toutefois, chacun connaît la loi, et le harcèlement n'est plus toléré…

## HIGHWAY 61 : DE MEMPHIS A CLARKSDALE

Venant de Memphis par la Hwy 61, on aperçoit, dès que l'on passe la frontière de l'État, des champs de coton s'étendant à perte de vue avec, ici et là, une égreneuse abandonnée, des machines agricoles, des marais couverts de cyprès et une nouvelle culture lucrative : les casinos rutilants du comté de Tunica.

On en compte dix gigantesques à l'ouest et au nord de Robinsonville, dans ce qui est devenu la troisième place de jeu des États-Unis, après Las Vegas et Atlantic City. Ces établissements sont ouverts 24h/24 et proposent des hébergements et des buffets copieux ; ils programment aussi parfois de bons spectacles (dans le genre de ceux de Bill Cosby). Pour connaître le programme, contactez le Tunica Convention & Visitors Bureau (☎ 888 488 6422) ou consultez leur site Internet sur www.tunicamiss.org. A

sippi State University, plus décontractée, fait de Starkville l'autre ville universitaire.

## Renseignements

**Offices du tourisme.** Vous trouverez des centres d'accueil sur les principales autoroutes. Vous obtiendrez également de l'information auprès de la Mississippi Division of Tourism (☎ 800 927 6378), PO Box 1705, Ocean Springs, MS 39566-1705, ou en consultant le site officiel de l'État : www.visitmississippi.org. En France, vous pouvez contacter l'office du tourisme du Mississippi, à Garches (☎ 01 47 41 35 34, fax 01 47 01 22 45).

**Taxes.** La taxe à l'achat s'élève à 7% dans l'État. Les hôtels et autres hébergements facturent souvent une taxe de séjour, qui varie selon la ville.

Robinsonville, au Horseshoe Casino, ***Bluesville*** *(☎ 800 303 7463, 1020 Casino Center Dr)* propose de bons concerts et héberge un musée du blues. Toujours à Robinsonville, ***Sam's Town*** *(☎ 800 456 0711, 1477 Casino Strip Blvd)* est équipé d'une salle de concerts de 1 600 places qui accueille parfois des têtes d'affiche. En temps normal, vous pourrez dénicher une chambre pour environ 20 $, mais comptez au minimum 50 $ si le spectacle est intéressant.

Au carrefour de la ville morte à **Ronbinsonville**, ***Hollywood*** *(☎ 662 363 1126)*, un ancien relais routier avec du parquet et de hauts plafonds, programme de temps en temps des concerts (Mark Cohn en parle dans sa chanson de 1977, *Blues Walking*). Son propriétaire, "Big Man", propose de copieux burgers, des pickles frits (on finit par aimer ça) et des bières à 3 $ servies dans une chope souvenir.

Vous pourrez vous restaurer agréablement dans la ville de **Tunica**. Juste derrière les anciennes pompes à essence, ***Blue & White*** *(☎ 662 363 1371, 1355 Highway 61 N)*, une cafétéria accueillante, sert des repas à partir de 5h du matin. Un peu plus loin, ***Campbell's Barbecue*** propose aussi des plats et de bons petits déjeuners dès l'aube. Pour vous loger, essayez l'***Hotel Marie*** *(☎ 662 357 0055, 1301 Main St)*, un agréable établissement à l'ancienne rénové situé en plein milieu de l'ancien centre de Tunica. Les tarifs démarrent à 50 $ la double, petit déjeuner compris.

Vous atteindrez **Lula** en quittant la Hwy 61 vers l'ouest, par la Hwy 49. Au milieu des quelques devantures de magasins du "centre-ville" se dresse le Wash Bucket et sa fresque murale représentant les grands noms du blues en hommage à la chanson de Charley Patton *Dry Well Blues* (qui parle de Lula). Le carrefour avec Moon Lake Rd se situe quelques centaines de mètres plus loin.

Suivez Moon Lake Rd en direction du sud jusqu'à un paisible vallon planté d'arbres bordant le **Moon Lake** recouvert de brume. Les familles du Delta venaient autrefois se détendre ici et l'on peut toujours faire des promenades en barque, pêcher ou laisser paresseusement s'écouler l'après-midi après le déjeuner du dimanche. Le dramaturge Tennessee Williams, qui fréquentait l'endroit lorsqu'il était enfant, a mis en scène à plusieurs reprises le Moon Lake Club. De nos jours, ***Uncle Henry's Place*** *(☎ 662 337 2757, 5860 Moon Lake Rd)* propose toujours des chambres d'hôtes (70 $ la double, petit déjeuner compris) et sert du mercredi au dimanche des repas traditionnels du Sud dans l'ancien bâtiment principal du club. Le casino décrit par Williams est désormais fermé au jeu et ressemble plutôt à une salle de détente pour adolescents.

A Lula, sur la Hwy 49 au niveau du pont sur le Mississippi, le casino ***Lady Luck Rhythm & Blues*** *(☎ 800 789 5825, 777 Lady Luck Parkway)* organise souvent des concerts avec les musiciens de la région.

Sur l'autre rive du fleuve, dans l'Arkansas, Helena accueille chaque premier weekend d'octobre l'important festival régional **King Biscuit Blues Festival**. Son nom vient de l'émission de radio "King Biscuit Time", dans laquelle se produisait jadis Sonny Boy Williamson. Aujourd'hui l'émission est diffusée sur KFFA 1360 AM à 12h15 en semaine. Pour d'autres renseignements, consultez le site du festival sur www.kingbiscuitfest.org ou téléphonez au ☎ 870 338 8798. Installé dans la gare ferroviaire en centre-ville, le **Delta Cultural Center** (☎ 800 358 0972, 141 Cherry St, Helena) est ouvert tous les jours jusqu'à 17h (entrée libre). Pour tout savoir sur le monde du blues, lisez le *King Biscuit Times* (abonnement et souvenirs au ☎ 800 637 8097).

## CLARKSDALE

Située au cœur du Delta, Clarksdale abrite le Delta Blues Museum, étape essentielle du pèlerinage pour les amateurs de blues. C'est ici que sont nés quelques grands noms de la musique : Jackie ("Rocket 88") Brenston, Sam Cooke, "Son" House et "Little Junior" Parker. Située sur la célèbre Hwy 61, Clarksdale constitue également une base pratique pour explorer le Delta. On y retrouve l'atmosphère brute, dénuée de charme, qui rend la région si fascinante.

## 308 Mississippi – Clarksdale

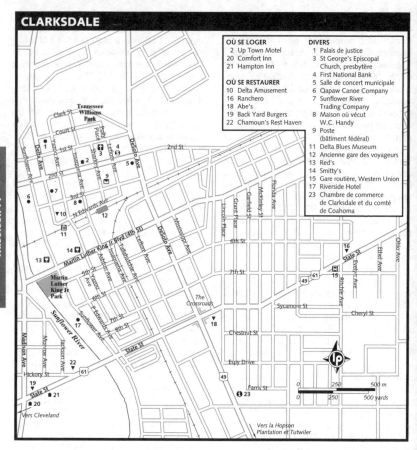

## Orientation

La Hwy 61 (State St) contourne l'ancien centre-ville. Le quartier des affaires occupe plusieurs pâtés de maisons au nord de la voie ferrée et à l'est de la rivière Sunflower.

Peu engageant avec ses magasins fermés et ses portes condamnées, le quartier autour de Martin Luther King Jr Blvd (anciennement 4th St), de l'autre côté de la voie ferrée, abrite cependant encore plusieurs restaurants et des juke joints, et attire pas mal des gens alentour.

## Renseignements

La chambre de commerce (☎ 662 627 7337), 1540 DeSoto Ave/Hwy 49, peut vous orienter vers des établissements qui lui sont affiliés. En revanche, elle fournit rarement de renseignements touristiques, qui touchent généralement à ce qui est considéré comme un aspect peu reluisant de la vie sociale.

Vous pouvez encaisser des chèques de voyage à la First National Bank (☎ 662 627 3261), 402 E 2nd St, au coin de Leflore Ave. Vous trouverez un bureau de la Western

Union dans la gare routière, 1604 State St.

La poste principale (☎ 662 627 7834) se trouve dans le bâtiment fédéral, sur Sharkey Ave, entre 2nd et 3rd St.

Le Northwest Mississippi Regional Medical Center (centre de soins, ☎ 662 627 3211) est situé au 1970 Hospital Drive.

Vous pouvez joindre la police locale au ☎ 662 621 8151 et la caserne de pompiers au ☎ 662 627 8444.

## Delta Blues Museum

Le musée (☎ 662 627 6820), 1 Blues Alley, a ouvert ses portes en 1979 en hommage aux artistes qui ont façonné cette musique populaire. C'est en 1999 qu'il s'est installé dans ses locaux actuels, dans l'ancienne gare de marchandises. La modeste collection d'objets, parmi lesquels une effigie de Muddy Waters, des photos de juke joints et la guitare "Muddy Wood" de ZZ Top, est agrémentée d'explications historiques détaillées et d'expositions temporaires d'œuvres inspirées du blues. La bibliothèque contient des ouvrages spécialisés qui raviront les chercheurs, et les amateurs trouveront des livres, des cassettes, des CD et des souvenirs. Le musée est ouvert du lundi au samedi (entrée libre).

Vous pourrez également acheter au Delta Blues Museum quelques publications sur la région et sur le blues, notamment le magazine *Living Blues* et les ouvrages *Blues from the Delta*, de William Ferris, *Lost Highway*, de Peter Guralnick, et *The Land Where Blues Began*, d'Alan Lomax.

Le Delta Blues Education Project vise à perpétuer la présence du blues. Il intervient en milieu scolaire et organise des ateliers.

## Autres endroits liés au blues

C'est au **Riverside Hotel** (☎ 662 624 9163), 615 Sunflower Ave, que Bessie Smith est décédée en 1937, à la suite d'un accident de voiture sur la Hwy 61 (voir l'encadré *L'impératrice du blues*), et c'est là aussi qu'en 1951 James Cotton composa *Rocket 88*, que l'on s'accorde à considérer comme la première chanson de rock'n roll. L'établissement n'est plus de nos jours qu'une pension délabrée, gérée par un personnage très "blues" et appartenant vraiment au passé, le vénérable "Rat".

C'est de l'**ancienne gare des voyageurs**, sur Issaquena Ave, que W. C. Handy partit pour Memphis avec le projet du Beale St Blues en poche. L'édifice, aujourd'hui un bar où sont rediffusées les manifestations sportives, accueille à l'occasion des concerts. A l'angle de 3rd St et d'Issaquena Ave, la maison où vécut Handy entre 1903 et 1905 porte une plaque commémorative.

## Endroits liés à Tennessee Williams

Né à Columbus, le célèbre dramaturge du Mississippi vécut la majeure partie de son enfance à Clarksdale, dans le presbytère de la St George's Episcopal Church, à l'angle de 1st St et de Sharkey Ave, où son grand-père fut pasteur pendant seize ans. Un petit parc situé dans la zone résidentielle autour de John St et de Court St porte le nom de l'écrivain.

En octobre, Clarksdale accueille le Tennessee Williams Festival (voir *Manifestations annuelles* ci-dessous).

### L'impératrice du blues

La carrière de la chanteuse de jazz Bessie Smith (1894-1937) se termina brutalement le 26 septembre 1937 au Riverside Hotel de Clarksdale. Alors qu'elle arrivait de Memphis pour se produire à Clarksdale, elle eut un accident de voiture au nord de la ville et fut transportée à la clinique noire, l'actuel Riverside Hotel. La légende, à laquelle on n'accorde désormais que peu de crédit, veut qu'on l'ait emmenée là après que l'hôpital réservé aux Blancs eut refusé de l'admettre.

Née à Chattanooga, dans le Tennessee, Bessie Smith connut son heure de gloire dans les années 20 (elle était à l'époque l'artiste noire la mieux payée). Elle enregistra 156 chansons, parmi lesquelles *T'aint Nobody's Bizness If I Do*, *St Louis Blues* et *Nobody Knows You When You're Down and Out*. Son style a influencé Billie Holiday, Mahalia Jackson et Janis Joplin.

## 310 Mississippi – Clarksdale

### Activités sportives
La Qapaw Canoe Company (☎ 662 627 4070, john@island63.com), 291 Sunflower Ave, et son gérant expérimenté, John Ruskey, proposent des voyages en canoë sur le majestueux Mississippi. Ceux-ci peuvent être organisés à la demande et sur mesure, depuis l'excursion de 1 journée jusqu'à l'expédition de 1 mois qui vous mènera de Memphis à La Nouvelle-Orléans. Les tarifs démarrent autour de 75 $ la journée.

### Circuits organisés
Robert Birdsong (☎ 662 624 6051, mississippimojo@yahoo.com), pompier de son état et authentique passionné de blues, vous élaborera un circuit sur le thème du blues en fonction de vos intérêts spécifiques et de votre budget. American Dream Safari (☎ 901 527 8870, tad@americandreamsafari.com) propose à partir de Memphis une excursion à la journée dans le Delta, qui comprend Clarksdale et ses alentours (voir *Circuits organisés* dans la rubrique *Memphis* du chapitre *Tennessee*).

### Manifestations annuelles
Clarksdale accueille le festival de musique Delta Jubilee à la fin mai, le Sunflower River Blues and Gospel Festival le deuxième week-end d'août et le Tennessee Williams Festival le deuxième week-end d'octobre. Conférences de spécialistes et d'amis, représentations théâtrales, visites de la maison du dramaturge et dîner d'ouverture à l'ancien casino du Moon Lake, à 30 km au nord (voir *De Memphis à Clarksdale*), sont au programme. Contactez la chambre de commerce pour de plus amples renseignements.

### Où se loger
Le meilleur endroit de la région est la *Shack Up Inn* (☎ 662 624 8329, shackup@schackupinn.com), dans Hopson Plantation, à 3 km au sud de la ville, à l'ouest de la Hwy 49. Ce B&B (bed&beer…), dans une cabane de métayer rénovée et confortable, propose des doubles entre 35 et 50 $. Bien différentes des B&B traditionnels, ces logements ont une atmosphère très particulière et des plus agréables.

Dans la catégorie des établissements modestes, l'*Up Town Motel* (☎ 662 627 3251, 305 E 2nd St), à l'angle d'Issaquena Ave, est correct et bien situé en plein centre-ville, avec des chambres à partir de 30 $ environ. Loin du caractère impersonnel auquel on s'attend dans un motel appartenant à une chaîne, le *Confort Inn* (☎ 662 627 5122, 818 S State St) est géré par des ambassadeurs enthousiastes de Clarksdale qui préparent des gaufres fraîches tous les matins. Les chambres coûtent environ 60 $, mais il y a fréquemment des offres promotionnelles. Vous apprécierez le salon confortable et la piscine (avec bassins extérieur et intérieur) du *Hampton Inn* (☎ 662 627 9292, 710 State St).

Aujourd'hui hôtel meublé, le célèbre Riverside Hotel (voir le paragraphe *Autres endroits liés au blues*) accepte cependant les clients pour une nuit (25/40 $, s.d.b. commune : vous n'irez pas pour l'agrément, mais plutôt en pèlerinage).

### Où se restaurer
Depuis 75 ans qu'il fait des barbecues, *Abe's* (☎ 662 624 9947, 616 State St) est devenu maître dans cet art. *Chamoun's Rest Haven* (☎ 662 624 8601, 419 State St) propose des spécialités libanaises succulentes comme le "stuffed kibbie" (sorte de pâté de viande fourrée de pignons grillés), du chou et des feuilles de vigne farcis (8 $ le plat avec ces deux spécialités), ainsi que de la tarte aux épinards, du taboulé et du houmous. *Back Yard Burgers* (☎ 662 624 9292, 849 State St) sert du chili à moins de 3 $. Très fréquenté, *Ranchero* (☎ 662 624 9768, 1907 N State St) offre des plats typiquement américains dans un décor dédié aux héros du football américain.

Dans le centre, *Delta Amusement* (☎ 662 627 1467, 348 Delta Ave) propose des petits déjeuners, des plats du jour et des chili cheeseburgers renommés dans toute la ville. Les hommes qui sont là jouent aux cartes et murmurent à travers la fumée de leur cigarette, ce qui confère à cet établissement un peu délabré une atmosphère qui ne manque pas de caractère. Renseignez-vous pour savoir où se trouve désormais la *Hick's Superette* et ses tamales (spécialité mexicaine) dont raffolait l'ancien président Bill Clinton.

## Où sortir

En dehors des quelques importants festivals organisés longtemps à l'avance, les concerts ont souvent lieu de façon spontanée, annoncés seulement par le bouche à oreille (demandez autour de vous) et par des affiches collées le jour même.

Quel que soit le jour, il est très possible que vous ne trouviez qu'un juke joint proposant un concert, qu'il s'agisse de *Red's* (☎ 662 627 3166, *395 Sunflower Ave)*, au coin de Martin Luther King Jr Blvd, de *Smitty's (*☎ *662 627 1525, 377 Yazoo Ave)*, ou d'autres boîtes de noctambules. Vous pourrez parfois écouter de la musique à *Commissary (*☎ *662 624 5756)*, dans Hopson Plantation, à 3 km au sud de la ville par la Hwy 49. Des concerts gratuits ont lieu en plein air à côté du Delta Blues Museum les vendredis soir de mai, tandis que la salle de concert municipale accueille des spectacles de plus grande ampleur.

## Achats

A la fois galerie d'art et magasin, la Sunflower River Trading Company (☎ 662 624 9389), 252 Delta Ave, défend également le commerce local et fait office de centre d'accueil touristique. Les propriétaires donnent volontiers des conseils, recommandent des restaurants et des hébergements et vous mettent au courant de ce qui se passe.

## Comment s'y rendre

**Bus.** Greyhound (☎ 662 627 7893), 1604 State St, assure des liaisons vers plusieurs villes de la région. La petite gare routière de Clarksdale, propre, moderne et bien éclairée, est située sur la Hwy 61. Quotidiennement, 4 bus se rendent à Memphis (2 heures, 17,50 $), et 2 rejoignent La Nouvelle-Orléans (5 heures 30, 65 $). D'autres services existent vers Greenwood (1 heure 30, 13,50 $) et Jackson (3 heures 45, 32 $).

Un bureau de la Western Union est installé dans la gare.

**Voiture.** Immortalisée par le blues, la Hwy 61 a été empruntée par les musiciens du Delta qui partaient pour Chicago (vers le nord) ou La Nouvelle-Orléans (vers le sud). L'actuelle route conserve des traces de la "Old Hwy 61", qui existait encore il y a soixante ans. La nouvelle highway, une route moderne à quatre voies, contourne le centre-ville.

La Great River Road (Hwy 1), qui longe le Mississippi, évite Clarksdale. Fascinante elle aussi, cette route traverse les paysages typiques du Delta, avec ses champs de coton et ses bidonvilles. Le fleuve est caché par des digues.

## Comment circuler

Vous pouvez obtenir un taxi auprès de Jerry's Cab Co (☎ 662 624 9288).

## VICKSBURG
• **27 500 habitants**

Cible stratégique durant la guerre de Sécession en raison de sa position sur une haute

---

### Les juke joints

La plupart des juke joints sont des clubs afro-américains fréquentés presque uniquement par une clientèle de quartier. On ne rencontre que des hommes dans nombre d'entre eux, des hommes et des couples dans quelques autres. Il n'existe que très peu d'établissements où les femmes auraient l'idée de se rendre, seules ou même à plusieurs, sans être chaperonnées d'un homme. Cela dit, les femmes ne courent pas d'énormes risques de se faire agresser, mais elles doivent s'attendre à des regards appuyés et suggestifs. Homme ou femme, le touriste passera une bien meilleure soirée s'il a la chance d'être accompagné par quelqu'un du coin. Vous pouvez aussi passer un coup de fil avant pour prendre la température et prévenir de votre arrivée. Si vous venez seul et sans vous être annoncé, entamez la conversation pour rompre la glace. Les femmes, cependant, préféreront peut-être se faire discrètes.

falaise dominant un méandre du Mississippi, Vicksburg a été le dernier bastion des confédérés, dont les positions tombèrent les unes après les autres aux mains des troupes de l'Union, alors que celles-ci s'approchaient de la ville, venant du golfe du Mexique d'une part et de l'Illinois d'autre part. Vicksburg représentait la clé de la victoire aux yeux du président Lincoln, qui déclara que la guerre ne prendrait fin que lorsque "cette clé" serait dans "notre poche". Le prix à payer fut l'un des plus longs sièges de l'histoire militaire américaine.

Après plusieurs assauts infructueux, le général unioniste Ulysse Grant décida d'assiéger la ville en encerclant les lignes confédérées et en plaçant des canonnières sur le fleuve au nord et au sud, coupant ainsi toute possibilité de communication et de ravitaillement. Vicksburg résista 47 jours, avant sa capitulation le 4 juillet 1863. Pendant le siège, les habitants mangèrent des rats et imprimèrent le journal sur du papier peint. Ces événements et la défaite qui s'ensuivit restent douloureux dans la mémoire collective. Ainsi Vicksburg a-t-elle attendu les années 40 pour célébrer la fête nationale du 4 juillet.

Le National Military Park témoigne de l'histoire de la campagne, et son cimetière rassemble les tombes de 17 000 soldats. Les demeures *antebelllum* qui ont survécu aux combats se visitent, en particulier lors des périodes spéciales au printemps et à l'automne. Plusieurs sont ouvertes toute l'année, et l'une d'entre elles a été aménagée en un luxueux B&B.

### Orientation et renseignements

Situées juste à côté de la I-20, les principales curiosités de Vicksburg sont facilement accessibles par la sortie 4B (Clay St). Le National Military Park se trouve à 1,5 kilomètre de l'autoroute.

Paisible, dominant le fleuve, le vieux centre-ville s'étend sur plusieurs pâtés de maisons le long de Washington St. Ouverts 24h/24, quelques casinos somptueux sont installés au bord de l'eau, l'un au niveau de Clay St et les autres plus au sud.

Un visitor center est situé en face de l'entrée du National Military Park. Le convention and visitors bureau local (☎ 601 636 9421, 800 221 3536, Box 110, Vicksburg, MS 39181) se trouve à l'angle de Clay St et de Washington St, dans le centre, à côté du fleuve.

### National Military Park & Cemetery

Le parc de plus de 700 ha (☎ 601 636 0583) est situé à l'endroit où les forces de l'Union assiégèrent Vicksburg. Par un circuit de 25 km partant du visitor center, on découvre, à travers les collines boisées, les lieux et les événements clés de la campagne. On peut louer des audio guides qui rendent vie au paysage pour 4,50 $ et visionner un film au visitor center.

Le cimetière où reposent quelque 17 000 soldats unionistes se trouve à l'extrémité nord du parc. A proximité, un musée présente les restes d'un cuirassé détruit par une mine à détonateur électrique et la canonnière de l'Union *USS Cairo*, qui coula dans la rivière Yazoo. Ce fut le premier bateau à sombrer de la sorte.

Le visitor center et le musée sont ouverts tous les jours sauf le 25 décembre. L'entrée coûte 4 $ par voiture. Renseignez-vous sur les visites guidées (aux tarifs très raisonnables) et sur les manifestations particulières, comme les reconstitutions historiques qui se déroulent en mai et en juin.

### Musées et maisons historiques

Une douzaine de maisons historiques sont rassemblées dans le Garden District, sur Oak St au sud de Clay St, ainsi que dans un agréable quartier résidentiel entre 1st St E et Clay St (suivez les panneaux). L'entrée coûte environ 5 $. Durant deux périodes de quinze jours, fin mars-début avril et en octobre, on peut se procurer des billets spéciaux permettant de visiter l'ensemble des maisons. Renseignez-vous auprès du visitor center pour connaître les prix et les dates précises de ces "pèlerinages", très courus par les amateurs de décoration intérieure.

Quartier général de l'Union pendant le siège, **McRaven House** (☎ 601 636 1663), 1445 Harrison St, abrite, selon la légende, le fantôme du général McPherson. En 1991 encore, on appela un prêtre de l'Église épis-

## Robert Johnson au carrefour

Légende parmi les légendes, le musicien de blues Robert Johnson naquit à Hazelhurst en 1911. On raconte qu'il obtint son talent en vendant son âme au diable qu'il avait rencontré à un carrefour (les gens du Delta se demandent lequel...). Nombreux sont les récits légendaires évoquant un pacte avec le diable. En voici un, extrait de *Folk Beliefs of the Southern Negro*, de Newbell Niles Puckett (Patterson Smith, 1968) :

Si vous voulez passer un contrat avec le diable [...] Prenez un os de chat noir et une guitare et rendez-vous à un carrefour sur une route isolée à minuit. Asseyez-vous et jouez votre meilleur morceau, en ne cessant de penser au diable et de souhaiter sa venue. Vous entendrez bientôt de la musique, faiblement d'abord, puis de plus en plus fort au fur et à mesure qu'elle s'approche [...] Au bout d'un moment, vous sentirez quelque chose tirer votre instrument [...] Laissez le diable s'en emparer et continuez à bouger vos doigts comme si vous aviez toujours une guitare entre les mains. Le diable vous tendra alors son instrument pour que vous jouiez et il vous accompagnera sur le vôtre. Après un certain temps, il saisira vos doigts et vous coupera les ongles si ras qu'ils saigneront, puis reprendra sa guitare et vous rendra la vôtre. Continuez à jouer, ne regardez pas autour de vous. Sa musique s'éteindra peu à peu, au fur et à mesure qu'il s'éloignera [...] Vous serez désormais capable de jouer n'importe quel morceau avec votre guitare et vous pourrez faire tout ce que vous voulez, mais vous aurez vendu votre âme au diable et vous lui appartiendrez dans l'autre monde.

Johnson ne nous a laissé que 29 chansons, notamment *Sweet Home Chicago*, *Me and the Devil Blues* et *Crossroads Blues* ("Le Blues du carrefour"). Il mourut devant un bar de Greenwood en 1938. On raconte qu'il fut empoisonné par un mari jaloux, et que juste avant de rendre l'âme il se tenait à quatre pattes et "hurlait comme un chien en enfer". Personne ne sait exactement où il est enterré, mais il existe deux monuments à sa mémoire.

copale pour pratiquer un exorcisme, sans succès apparemment. McPherson aurait disparu alors qu'il effectuait sa tournée nocturne pour réapparaître régulièrement dès la nuit suivante sous la forme d'un fantôme mutilé, racontant que des partisans des confédérés l'avaient assassiné et jeté dans le fleuve. La maison est fermée de décembre à fin février et ouverte tous les jours le reste de l'année.

Le **Museum of Coca-Cola Memorabilia** (☎ 601 638 6514), 1107 Washington St, est installé dans le bâtiment construit en 1890 d'où sortirent les premières bouteilles de Coca-Cola. Une "soda fountain" (sorte de buvette où la boisson était vendue au début de son existence) de 1900 et une confiserie de 1890 restaurée font notamment partie de la collection. "Le Coca-Cola est l'essence sublimée de tout ce que l'Amérique représente [...] un produit convenable fabriqué par des gens honnêtes", peut-on lire sur l'un des panneaux affichant des citations d'époque... L'entrée coûte 2,25 $ pour les adultes et 1,75 $ pour les enfants. Le musée est ouvert tous les jours.

En face, le **Gray & Blue Naval Museum** (☎ 601 638 6500), 1102 Washington St, présente un diorama du champ de bataille de Vicksburg ainsi que des modèles réduits de bateaux, parmi lesquels un ferry tiré par des chevaux. Le tarif est de 2,50 $ pour les adultes et 1,50 $ pour les enfants (fermé le dimanche).

### Autres curiosités et activités

A l'angle de Washington St et China St, les étagères bourrées de médicaments du **Corner Drug Store** (☎ 601 662 1123) côtoient tout un attirail d'objets de la guerre de

## Mississippi – Vicksburg

> ### Black and Blue
>
> Quand on chante le blues depuis aussi longtemps que moi, c'est comme si l'on était deux fois noir.
>
> **Riley (B. B.) King**

Sécession (boulets de canon, fusils, flacons d'alcool de contrebande, etc.).

Toujours sur Washington St, mais à 5 km environ au nord du centre, la **Margaret's Grocery** est annoncée par un panneau : "All is Welcome – Jews and Gentiles – Here at Margaret's Gro & Mkt and Bible Class" (Bienvenue à tous – juifs et gentils – dans le magasin et le cours d'instruction religieuse de Margaret). Lorsqu'ils s'installèrent dans ce magasin d'alimentation, le révérend Dennis promit à sa femme Margaret de lui bâtir un château. Il s'y est employé depuis lors, bloc de béton après bloc de béton, morceau de bois après morceau de bois, et désormais le bâtiment ne ressemble plus guère à une épicerie. Si vous vous arrêtez, vous serez peut-être gratifié des divagations oratoires de Dennis.

A Bovina, à 13 km à l'est, l'**Earl's Art Shop** (☎ 601 636 5264), où l'on trouve par exemple un paquet de cigarettes Kool d'1,50 m de haut ou des juke-boxes en carton aux couleurs vives, constitue un hommage à la publicité populaire. Pour vous y rendre, prenez la sortie vers Bovina, passez la station-service, traversez la voie ferrée et suivez le virage. L'entrée coûte 2 $. Si vous ne pouvez aller à Bovina, vous trouverez quelques spécimens de la production d'Earl à Vicksburg, à l'Attic Gallery (☎ 601 638 9221), sur Washington St au sud de Clay St.

### Activités sportives

De mars à mi-novembre, Mississippi River Adventures (☎ 601 638 5443) propose des promenades en bateau de 1 heure. Le départ a lieu au pied de Clay St (16/8 $ pour les adultes/enfants).

### Où se loger

Il est prudent de réserver durant les périodes de pèlerinage. Vous profiterez des tarifs les plus avantageux entre novembre et février.

Plusieurs camping privés proposent des terrains spécifiques pour les camping-cars. Sur les berges du fleuve, l'*Isle of Capri RV Park* (☎ *601 631 0402, 720 Lucy Bryson St*) jouxte le casino du même nom. Le *Magnolia RV Park* (☎ *601 631 0388, 211 Miller St*) n'offre que des emplacements sans herbe (12 $), mais l'endroit est propre et bien équipé. Pour vous y rendre, quittez la Hwy 61 en direction de l'ouest, au sud de la I-20.

Dans la catégorie petits budgets, le *Hillcrest Inn* (☎ *601 638 1491, 40 Hwy 80*) dispose de chambres à 23/27 $ les simples/doubles. Motel au luxe étonnant et incongru, le *Battlefield Inn* (☎ *601 638 5811, 800 359 9363*), le long de la I-20, à la sortie 4B, propose des chambres entre 40 et 75 $, petit déjeuner buffet compris.

*Cedar Grove* (☎ *601 636 1000, 800 862 1300, 2300 Washington St ; on y accède par Oak St*) est un superbe B&B installé dans une belle demeure de 1840 de style Greek Revival entourée de 16 000 m$^2$ de jardins paysagers surplombant le fleuve. On peut encore voir un boulet de canon unioniste encastré dans mur du hall, et la maison a conservé beaucoup de meubles d'époque ainsi que des lustres à pétrole. La nuit dans l'une des 24 chambres, toutes avec s.d.b., coûte entre 90 et 175 $, petit déjeuner compris.

### Où se restaurer

*Walnut Hills* (☎ *601 638 4910, 1214 Adams St*), à l'angle de Clay St, sert une délicieuse cuisine traditionnelle du Sud (filet de porc, okras frits, tarte aux noix de pécan par exemple). Tous les jours sauf le samedi, vous pouvez déjeuner "in the round", c'est-à-dire partager le même plat avec d'autres clients autour d'une grande table ronde. Tout en bas de Clay St et à droite, vous découvrirez la devanture jaune

> ### Jet d'eau
>
> Lorsqu'il est en crue, le Mississippi passe à Vicksburg au rythme de 39 200 m$^3$ à la seconde, ce qui correspond au débit de 60 millions de tuyaux d'arrosage.

de la *LD'S Kitchen* (☎ *601 638 9838, 1111 Mulberry St)*, qui cuisine des spécialités afro-américaines. Vous pourrez manger un plat du jour pour 5,25 $ ou boire un verre au bar ouvert tard la nuit. Pour petit-déjeuner (à n'importe quelle heure du jour) ou avaler un burger ailleurs que sur l'autoroute, essayez dans le centre *Burger Village* (☎ *601 638 0202, 1220 Washington St)*, à l'angle de Clay St. Sur les rives du fleuve, de nombreux casinos servent des repas 24h/24 et dressent des buffets copieux pour le déjeuner et le dîner.

### Comment s'y rendre
Greyhound (☎ 601 638 8389) assure un service régional à partir de sa gare située 1295 S Frontage Rd. Les bus desservent La Nouvelle-Orléans (7 heures, 48,50 $), Memphis (6 heures 30, 43 $) et Jackson (1 heure, 13,50 $).

Les croisières sur le Mississippi organisées par la Delta Queen Steamboat Company, généralement au départ de La Nouvelle-Orléans, font escale à Vicksburg.

### Comment circuler
Les noms des rues sont indiqués sur des bornes de pierre difficiles à repérer, même en conduisant lentement. La municipalité essaie d'y remédier en accrochant les numéros des intersections aux panneaux de signalisation des carrefours.

# Le centre du Mississippi

Les paysages vallonnés du centre du Mississippi s'étendent entre les collines du nord et la plaine côtière. La région abrite la ville tentaculaire de Jackson, capitale de l'État, mais reste toutefois essentiellement agricole, avec ses champs cultivés, ses bois, ses petites villes et ses forêts nationales.

La meilleure façon de découvrir la région consiste à emprunter la Natchez Trace Parkway, dont le tronçon le plus agréable relie Jackson à Tupelo. Accessible par la Hwy 15 et la Hwy 16, Philadelphia est située dans une contrée passionnante en raison de son passé choctaw et des événements qui s'y sont déroulés lors de la lutte pour les droits civiques.

La plupart des voyageurs ne connaissent Meridian que de la I-20, mais la ville peut constituer une halte bienvenue dans la monotonie des trajets sur autoroute. Très peu visitée, la région située au sud de Meridian abrite cependant le Chacker Hall of Fame, près de Hattiesburg.

## JACKSON
• 395 000 habitants

L'ancienne LeFleur's Bluff fut rebaptisée en l'honneur du héros américain de l'époque, le général Andrew Jackson. Construit en 1832, le capitole de style Greek Revival a été transformé en musée historique. Les parlementaires se sont installés dans un bâtiment tout aussi somptueux édifié sur le modèle de celui de Washington en 1903.

Pendant la guerre de Sécession, Jackson fut incendiée à trois reprises par les troupes de l'Union. Seuls édifices publics ayant survécu aux événements, le capitole, la demeure du gouverneur et l'hôtel de ville représentent de précieux témoignages du passé.

Jackson abrite la Jackson State University, la plus grande université afro-américaine de l'État, .

De loin la plus grande ville du Mississippi (la deuxième ville, Biloxi, est huit fois plus petite), Jackson a abandonné le centre historique pour se déployer vers le nord dans des banlieues tentaculaires où vit la majeure partie de la population et qui n'offrent aucun attrait pour le voyageur.

Ce qui reste du centre-ville présente en revanche un intérêt. Ce quartier fantôme n'est plus animé que par la présence de bâtiments officiels, de quelques musées qui méritent une visite, d'un night-club légendaire et d'un motel qui semble directement issu des années 50.

### Orientation
Le centre-ville couvre quelques pâtés de maisons seulement autour du tronçon de Capitol St qui va de la gare Amtrak à l'ancien capitole. Capitol St donne dans

State St, une artère qui permet d'accéder à d'autres sites intéressants à proximité.

L'Agriculture & Forestry Museum et le Museum of Natural Science, les deux principales curiosités de la ville, sont regroupés au nord-est du centre-ville. Non loin de là, le LeFleur's Bluff State Park jouit d'une situation agréable autour d'un lac boisé. La sortie 2 de la I-220 permet d'accéder aux Mynelle Gardens et à un petit zoo très sympathique.

Les banlieues s'étendent au nord en direction de Ridgeland, sur la route du Ross Barnett Reservoir où vous pourrez vous détendre.

### Renseignements

Le Jackson Convention and Visitors Bureau (☎ 601 960 1891, 800 354 7695), 921 N President St, dispose également d'un comptoir d'information (☎ 601 960 1800) à l'Agriculture & Forestry Museum. Vous pouvez aussi demander des renseignements par écrit au PO Box 1450, Jackson, MS 39215-1450.

Parmi la demi-douzaine de banques installées en centre-ville, AmSouth (☎ 601 354 8211), 200 E Capitol St, change les devises étrangères et dispose d'un distributeur automatique ainsi que d'un comptoir de la Delta Airlines. Sur l'autoroute, vous trouverez des distributeurs automatiques dans le Northpark Mall au bord de la I-55, juste au sud de l'embranchement avec la I-220 (prenez la sortie County Line Rd vers l'est).

La poste (☎ 601 968 0520) se trouve 401 E South St.

L'hôpital universitaire, le University of Mississippi Medical Center (☎ 601 984 1000) se situe 2500 N State St, au nord de Woodrow Wilson Ave.

Composez le ☎ 601 960 0311 pour joindre la police, le ☎ 601 960 1392 pour les pompiers.

### Agriculture & Forestry Museum

Les expositions, extérieures et intérieures, de l'"Ag Museum" (☎ 601 713 3365, 800 844 8687, 1150 Lakeland Drive, à 400 m à l'est de la sortie 98B sur l'I-55), sont très bien conçues. Elles expliquent comment l'agriculture et la forêt sont intimement liées à la population et à l'environnement du Mississippi, ainsi que l'histoire culturelle et écologique de l'État. La visite plaira aux enfants.

Passez le magasin d'artisanat et traversez le pont pour pénétrer dans le bâtiment principal, un hangar de plus de 3 000 m$^2$ abritant des machines agricoles, notamment des avions utilisés pour pulvériser les cultures et des égreneuses de coton d'époque. Vous verrez également des tours d'observation des feux ainsi que des objets indiens. A l'extérieur, une ville du Mississippi des années 20 a été reconstituée : le magasin général (où l'on peut acheter boissons, bonbons et souvenirs), la station-service, l'église, l'école, le bureau du journal, le cabinet de médecin et des jardins sont disposés le long d'une allée de gravier poussiéreuse. Vous découvrirez aussi une ferme des années 1860, avec ses bâtiments, ses animaux et sa scierie, et vous pourrez offrir un tour de manège à vos enfants.

L'entrée coûte 4 $ pour les adultes, 2 $ pour les enfants âgés de 6 à 18 ans et 50 ¢ pour les enfants de moins de 6 ans, éventuellement plus à l'occasion d'événements particuliers (barbecue, fête de la moisson, etc.). Le musée se visite du lundi au samedi de 9h à 17h et le dimanche de 13h à 17h. Il est fermé le dimanche de septembre à fin mai.

### Sports Hall of Fame

Installé à côté de l'Agricultural & Forestry Museum, le Mississippi Sports Hall of Fame (☎ 601 982 8264) rend hommage aux athlètes originaires de l'État, comme Jerry Rice, Brett Favre, Archie Manning et Dizzi Dean. L'exposition présente des statistiques, des notices biographiques, des films vidéo et des témoignages. On peut aussi s'essayer virtuellement au golf, au base-ball et au football américain. Le billet s'élève à 5 $ pour les adultes et à 3,50 $ pour les enfants et les seniors (fermeture le dimanche).

### State Historical Museum

Le State Historical Museum (☎ 601 359 6920) est aménagé dans le bâtiment superbement rénové du capitole de 1833, situé sur State St au bout de Capitol St (l'actuel capitole, un élégant édifice à coupole, se trouve

# Le centre du Mississippi – Jackson 317

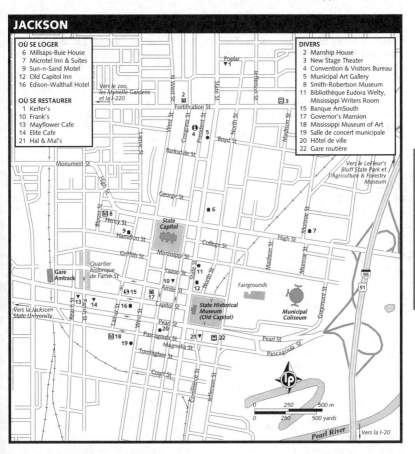

quelques pâtés de maisons à l'ouest). A moins que vous n'appréciiez particulièrement les portraits d'hommes politiques, les statues militaires et les salles de séance restaurées, vous pouvez très bien consacrer tout votre temps à l'exposition sur l'histoire du XX$^e$ siècle, située dans une salle exiguë du premier étage. Elle revient de façon nuancée sur l'histoire entachée de honte du Mississippi et diffuse en boucle des séquences de films en noir et blanc sur les manifestations en faveur des droits civiques.

La boutique de cadeaux propose une sélection intéressante de livres sur l'histoire locale ainsi que des souvenirs autour du thème du magnolia. Le musée se visite du lundi au vendredi de 8h à 17h, le samedi de 9h30 à 16h30 et le dimanche de 12h30 à 16h30 (entrée libre). Il est fermé la plupart des jours fériés. Vous pouvez vous garer derrière le bâtiment (contournez la colline et prenez Amite St).

## Mississippi Museum of Art

Le musée (☎ 601 960 1515), 201 E Pascagoula St, détient une petite collection d'œuvres d'artistes contemporains, parmi lesquels des surréalistes de La Nouvelle-

Orléans, Georgia O'Keeffe et Andy Wharol. Il accueille également des expositions temporaires, de l'art populaire, de la photographie et des sculptures en plein air, et dispose d'une boutique de cadeaux et d'un café charmant. L'entrée coûte 3 $ pour les adultes (fermeture le lundi).

Le musée fait partie d'un complexe moderne abritant un planétarium (renseignez-vous sur les horaires au ☎ 601 960 1550), des associations culturelles et la salle de concerts de la ville. Reportez-vous au paragraphe *Où sortir* ci-dessous.

### Mississippi Museum of Natural Science

Les groupes scolaires sont enthousiasmés par les dinosaures présentés dans ce nouveau et impressionnant musée (☎ 601 354 7303), 2148 Riverside Dr, juste à côté du LeFleur's Bluff State Park (suivez les panneaux à partir de la I-55). Mais la partie concernant les animaux et les plantes de la région est encore plus intéressante. Un gigantesque réseau d'aquariums abrite 200 espèces de poissons, de salamandres, de petits alligators et de tortues. A l'extérieur, plusieurs kilomètres de chemins parcourent des milieux différents (marais, fleuve, falaise). Le musée est ouvert du lundi au vendredi de 8h à 17h, le samedi de 9h à 17h et le dimanche de 13h à 17h. Les tarifs s'élèvent à 4/3/2 $ pour les adultes/seniors/enfants.

### Endroits liés à la culture afro-américaine

A la fois centre culturel et musée de la communauté afro-américaine de Jackson, le **Smith Robertson Museum** (☎ 601 960 1457), 528 Bloom St, tient son nom d'un important conseiller municipal. C'est dans ce bâtiment construit en 1894 que s'ouvrit la première école pour les enfants afro-américains de la ville. La collection permanente propose une passionnante section sur l'architecture locale, qui rappelle que parmi les habitations *antebellum* il y avait certes de belles demeures, mais aussi beaucoup de cabanes appartenant aux Noirs. Le musée accueille également des expositions itinérantes d'art contemporain.

Il ouvre en semaine de 9h à 17h, ainsi que le samedi matin et le dimanche après-midi. Le billet coûte 1 $ pour les adultes et 50 ¢ pour les moins de 18 ans. Vous aurez peut-être du mal à trouver le bâtiment, situé à quelques pâtés de maisons du nouveau capitole. Suivez les panneaux à partir de High St et cherchez un édifice de deux étages avec un parking derrière de hautes barrières.

Au nord de Capitol St, sur **Farish St**, le quartier de la communauté afro-américaine a connu ses heures de gloire au début du siècle lorsqu'il se tenait au centre du développement politique, économique, social, religieux et culturel des Noirs. Il s'est depuis dégradé et a perdu son activité commerçante, mais a conservé quelques éléments d'architecture victorienne. La récente transformation de l'ancien Alamo Theater (☎ 601 352 3365), 333 N Farish St, en complexe culturel et de loisirs accélérera peut-être sa renaissance. Tous les ans, le premier week-end de septembre, le Farish St Festival rappelle l'importance historique du quartier. L'hebdomadaire *Jackson Advocate* (☎ 601 948 4122), dont les locaux se trouvent 438 Mill St, une rue à l'ouest de Farish St, diffuse des informations sur la communauté locale.

Les voyageurs intéressés par le patrimoine afro-américain ne manqueront pas l'exposition consacrée aux droits civiques dans le **State Historical Museum** (voir plus haut), ni la **Jackson State University**. Fondée en 1877, l'université (☎ 601 968 2272, 800 848 6817), 1400 John R Lynch St, est traditionnellement un établissement afro-américain. Elle accueille aujourd'hui plus de 6 000 étudiants et doit sa réputation aux disciplines suivantes : sciences de la mer, études de la petite enfance, sciences de l'environnement et météorologie.

### Édifices historiques

Presque aussi somptueusement décoré que son illustre modèle de Washington DC, le nouveau capitole abrite le gouvernement de l'État depuis son achèvement en 1903. A l'entrée située sur High St, vous remarquerez la statue monumentale dédiée aux femmes de la Confédération.

**Governor's Mansion** (☎ 601 359 6421), 300 E Capitol St, la résidence du gouverneur Ronnie Musgrove construite en 1842 dans le style Greek Revival, fait l'objet de visites guidées qui démarrent chaque demi-heure de 9h30 à 11h du mardi au vendredi.

Édifiée en 1857, **Manship House** (☎ 601 961 4724), 420 E Fortification St, appartenait au peintre et maire de la ville Charles Manship. Ce charmant cottage gothique, l'une des rares maisons *antebellum* de la ville, est modeste en comparaison des demeures des plantations. Il est fermé le dimanche et le lundi.

Installée dans une maison des années 1860, la **Municipal Art Gallery** (☎ 601 960 1582), 839 N State St, expose et vend des œuvres contemporaines d'artistes du Mississippi. Les vernissages, ouverts au public, se tiennent le premier dimanche du mois. La galerie ferme le lundi.

### Mississippi Writers Room

La bibliothèque Eudora Welty (☎ 601 968 5811), 300 N State St, consacre une petite salle aux allures de lieu saint aux écrivains et poètes nés dans le Mississippi. Les grands noms (William Faulkner, Tennessee Williams, Welty elle-même et Richard Wright) côtoient des centaines d'auteurs moins connus, notamment Shelby Foote (*The Civil War : A Narrative*) et Larry Brown (*Big Bad Love*). Les notices biographiques et bibliographiques des auteurs sont rassemblées dans des classeurs, et l'on peut se procurer des enregistrements audio et vidéo (entrée libre).

### Jackson Zoo

Ce petit zoo (☎ 601 352 2580) situé sur Capitol St à l'angle de Ellis Ave, au nord-ouest du centre, permet une approche réelle d'espèces locales et exotiques évoluant dans un milieu boisé bien reconstitué où s'épanouit également la flore de la région. Très bien entretenue, la structure comprend une grange imposante ainsi qu'un terrain de jeux. L'entrée coûte 4 $ pour les adultes et 2 $ pour les enfants de 3 à 12 ans. Le zoo est ouvert tous les jours, de 9h à 18h en été, jusqu'à 17h le reste de l'année. Prenez la sortie 2 de la I-220 et continuez sur 3 km vers l'est. De l'autre côté de l'autoroute, vous verrez les Mynelle Gardens.

### Mynelle Gardens

Havre de paix au milieu du trafic autoroutier, les Mynelle Gardens (☎ 601 960 1894), 4736 Clinton Blvd, se trouvent à 800 m à l'ouest de la sortie 2 de la I-220. Vous tomberez immédiatement sous le charme de ces jardins joliment dessinés. Baigné dans des senteurs de magnolia et de glycine, vous profiterez du chant des oiseaux, du murmure des fontaines, des grenouilles et des poissons glissant dans l'eau. Ne manquez pas les balançoires ombragées, le petit jardin bouddhiste et les ponts arqués couverts de végétation. L'entrée coûte 2 $ pour les adultes et 50 ¢ pour les enfants de moins de 12 ans. Les jardins sont accessibles aux personnes en fauteuil roulant.

### Activités de plein air

Au nord-est du centre-ville, à côté de la I-55, LeFleur's Bluff State Park (☎ 601 987 3923) abrite un bois à proximité du cœur de la ville, ainsi que de nombreuses infrastructures modernes, notamment une piscine, des courts de tennis et un parcours de golf de 9 trous. Vous pouvez aussi camper et faire de la randonnée sur les sentiers à travers bois. Vous devrez en principe vous acquitter d'un droit d'entrée de 2 $ par voiture, mais on ne l'exigera peut-être pas en saison creuse.

Au Ross Barnett Reservoir (☎ 601 354 3448), au nord de la ville le long de la Natchez Trace Parkway, il est agréable de **pêcher**, de faire du **canot** et de profiter des marinas, des pontons et des aires de pique-nique aménagées autour du plan d'eau de plus de 130 km$^2$. A 1,5 km à l'est du déversoir, sur Spillway Rd, Rapids, un parc aquatique propose un toboggan à virages de 65 m, une piscine à vagues et d'autres attractions. L'entrée (☎ 601 992 0500) coûte 16 $ pour toutes les personnes mesurant plus d'1,20 m. Des stands de restauration et des tables de pique-nique sont à disposition.

## Manifestations annuelles

Il est prudent de réserver un hôtel à l'avance si vous désirez visiter la ville à la Saint-Patrick ou pour le Jubilee Jam, les deux plus grandes fêtes de Jackson.

### Janvier
Le Martin Luther King Jr Day est célébré aux alentours du 15 du mois.

### Février
Le Dixie National Rodeo & Livestock Show se tient la dernière semaine de janvier et les deux premières de février.

### Mars
La Mal's St Patrick Day Festival & Parade se déroule aux alentours du 17. Personnalité locale, Mal – de Hal & Mal's (voir *Où sortir*), anime cette grande fête.

### Avril
Le deuxième week-end du mois accueille le Zoo Blues et l'International Red Beans & Rice Festival.

### Mai
Le Jubilee Jam Arts & Music Festival dure cinq jours, à partir du troisième samedi du mois. Concerts (dans six lieux différents) art et artisanat sont au programme.

### Juin
Le Crawfish Festival se déroule vers le 15 du mois.

### Juillet
Le concours de cuisine Behold the Hog Wild a lieu le deuxième week-end du mois.

### Août
A la fin du mois, vous pourrez assister au Scottish Heritage Festival.

### Septembre
Le Farish St African-American Festival se tient à la fin du mois.

### Octobre
Au début du mois, vous ne manquerez pas de vous amuser à la Mississippi State Fair, qui dure dix jours.

### Novembre
Le centre d'artisanat situé à Ridgeland sur la Natchez Trace accueille le Pioneer & Indian Festival à la fin du mois.

### Décembre
Le Chimneyville Crafts Festival se tient le premier week-end, puis le Starry Safari (au zoo) et Noël (à l'ancien capitole) sont célébrés tout au long du mois.

## Où se loger

**Camping.** Le *LeFleur's Bluff State Park* (☎ *601 987 3985*), 2140 Riverside Drive, abrite un terrain de camping agréablement situé au bord du lac et dans les bois. Le camping se trouve tout près de la ville, juste à côté de la I-55 (sortie 98B), à 1,5 km de l'Agriculture & Forestry Museum et derrière le Museum of Natural Science. Les emplacements, confortables, coûtent 12 $ pour une tente ou un camping-car (il y a 30 emplacements pour camping-car, avec branchement électrique). On peut aussi louer des cabins (50 $ en simple).

**Hôtels et motels.** Nous vous recommandons spécialement le *Sun-n-Sand Motel* (☎ *601 354 2501, 401 N Lamar St*), à une rue du capitole. Vestige des années 50, ce motel orange et turquoise aux allures polynésiennes possède une grande piscine en forme de trapèze et une véranda. Reportez-vous au paragraphe *Où sortir* pour de plus amples détails sur le salon. Les chambres valent 35/40 $ la simple/double. Proche du centre-ville, le motel *Microtel Inn & Suites (601 352 8282, 888 771 7171, 614 Monroe St)* est d'un bon rapport qualité/prix. Propres et accueillantes, les chambres sont équipées d'un micro-onde et d'une TV pivotante. Elles coûtent 45 $ la simple (ajoutez 5 $ par personne supplémentaire).

A l'autre extrémité de la gamme, l'*Edison-Walthall Hotel (☎ 601 948 6161, 800 932 6161, 225 E Capitol St)* est l'établissement de luxe de la ville, avec son élégant hall de bois sombre, son bar, son restaurant et sa piscine installée dans une cour intérieure. Moins élégantes, mais confortables, certaines des chambres donnent sur la piscine. Les prix démarrent à 69/79 $. Des navettes gratuites vous emmènent à l'aéroport ou à n'importe quel endroit dans un rayon de 5 km.

Il est probable que 95% des gens qui séjournent à Jackson ne s'aventurent jamais en centre-ville et passent la nuit dans l'un des multiples motels franchisés qui bordent les sorties d'autoroutes. Toutes les chaînes sont présentes y compris le *Motel 6 (☎ 601 956 8848)*, au nord de la ville en bordure de la I-55, 6145 I-55 N : comptez environ 36 $ pour une simple.

**B&B.** Près du capitole, la *Millsaps-Buie House* (☎ *601 352 0221, 628 N State St)* dispose de 11 chambres avec s.d.b., à 90/105 $ les simples/doubles. Construite en 1888, l'élégante demeure de style victorien est décorée de meubles anciens. Plus moderne, la *Old Capitol Inn* (☎ *601 359 9000, 888 359 9001, 226 N State St)* pratique des tarifs similaires.

### Où se restaurer
**Centre-ville.** Annoncé par un énorme panneau lumineux, le *Mayflower Cafe* (☎ *601 355 4122, 123 E Capitol St)*, véritable institution locale gérée par Mike, un Grec plus tout jeune qui arpente les lieux en mâchonnant un cigare éteint, propose une carte de fruits de mer très alléchante, mais aussi des plats du jour à 5,50 $ le midi en semaine, de la salade grecque et des baklavas. Vous trouverez un établissement du même genre un peu plus bas dans la rue, au n° 141, l'*Elite Cafe* (☎ *601 352 5606)*.

Dans les locaux du Mississippi Museum of Art, un élégant petit café en plein air, le *Palette Restaurant* (☎ *601 960 2003)*, sert en semaine des déjeuners raffinés accompagnés de bons vins. L'*Edison-Walthall Hotel* (voir *Où se loger*) propose des buffets appétissants à sa clientèle d'affaires. Pour déguster une cuisine du Sud bonne et nourrissante, vous devrez faire la queue chez *Frank's* (☎ *601 354 5357, 219 N President St)*, qui ouvre dès 6h du matin pour le petit déjeuner (fermé le dimanche).

**Près de l'Interstate.** Plusieurs établissements agréables facilement accessibles de l'Interstate permettent d'éviter la restauration autoroutière. *Hal & Mal's* (☎ *601 948 0888, 200 S Commerce St)* offre à sa clientèle variée une carte comprenant notamment des burgers, des salades, du poisson-chat du Mississippi, de la quiche et une sélection de bières.

Vous pouvez aussi essayer **Keifers** (☎ *601 355 6825, 705 Poplar St)*, qui propose des souvlakis, des falafels et des salades bon marché à une foule bariolée qui se presse dans le patio ou dans la salle décorée de plantes vertes. A la sortie de Fortification St sur la I-55, montez en direction de l'ouest (centre-ville) jusqu'au panneau de State St. Tournez à droite et passez une rue ou deux, jusqu'à Poplar St, que vous prendrez sur la droite.

### Où sortir
Le supplément loisirs du week-end du *Clarion-Ledger* est distribué avec l'édition du jeudi. Vous pouvez vous tenir au courant des fêtes et des spectacles à venir en écoutant les radios de blues WMPR 90.1 FM et WQJQ 105.1 FM, qui diffusent toutes deux du motown et du rythm'n blues.

Malcolm White, le propriétaire (et grand promoteur de la musique) de *Hal & Mal's* (voir *Où se restaurer*), a recouvert les murs de son établissement de photos dédicacées de stars de la musique et autres clients célèbres. Caché au-dessus du passage souterrain de Pascagoula St, cet endroit idéal pour écouter de la musique est un peu difficile à trouver, bien que très proche de l'ancien capitole et accessible de la sortie Pearl St de l'autoroute. Laissez le capitole derrière vous et descendez State St, dépassez lentement le passage souterrain de Pascagoula St et tournez immédiatement à gauche dans Magnolia St. Au bout de l'allée, vous apercevrez Hal & Mal's sur votre gauche.

---

### Les "rednecks"

En 1902 émergea un groupe d'hommes politiques du Mississippi qui entendaient défendre les intérêts des petits fermiers et des travailleurs. Ils portaient des cravates ("neckties") rouges, et c'est de là que serait né le terme de "redneck", qui désigna d'abord ces petits fermiers. Il est de nos jours connoté très péjorativement et les "rednecks" que l'on voit dans les productions hollywoodiennes sont des "ploucs" du Sud aux idées réactionnaires.

Vous pouvez aussi choisir l'atmosphère étrange du salon en sous-sol du *Sun-n-Sand* (voir *Où se loger*), avec ses tabourets de bar en plastique et sa clientèle tout aussi rétro (ouvert en semaine seulement).

A la sortie de la ville en direction de Jackson State University, le ***Subway Lounge*** *(619 W Pearl St)* accueille des concerts de blues authentique dans une petite cave de l'ancien Summers Hotel. Le spectacle commence à minuit le week-end. Le Subway, a déclaré un batteur au magazine *Living Blues*, "est à peu près le seul endroit de la ville où des Blancs des classes moyennes et des Noirs déshérités peuvent se rencontrer et partager quelque chose".

Le Mississippi compte une seule compagnie professionnelle de théâtre classique, le ***New Stage Theater*** *(☎ 601 948 3531, 1100 Carlisle St)*. Le complexe du Museum of Art héberge d'autres troupes ou orchestres, notamment la ***Black Arts Music Society*** *(☎ 601 960 2383)*, le ***Mississippi Symphony Orchestra*** *(☎ 601 960 1565)*, le ***Mississippi Opera*** *(☎ 601 960 1528)* et le ***Ballet Mississippi*** *(☎ 601 960 1560)*.

## Achats

L'organisation à but non lucratif Craftmen's Guild of Mississippi gère deux magasins dans l'agglomération, où vous pourrez acheter des couvertures, des bijoux, des objets en bois et toutes sortes de produits artisanaux. Il y a notamment un choix remarquable d'objets d'art et d'artisanat choctaw : paniers d'osier, de chêne blanc ou d'aiguilles de pins, objets en perles, poupées et vêtements (pour adultes et enfants). A l'automne et à Noël, l'association organise un marché de l'artisanat, avec des animations autour de la culture choctaw. On peut également se rendre au Chimneyville Crafts Center (☎ 601 981 2499), installé dans le complexe de l'Agriculture & Forestry Museum (il n'est pas nécessaire de prendre un billet pour le musée pour accéder au magasin, qui est fermé le dimanche, sauf en été où il ouvre le dimanche après-midi). Le Mississippi Crafts Center (☎ 601 856 7546) se trouve sur la Natchez Trace Parkway, à Ridgeland, au nord de Jackson (ouvert tous les jours).

Les boutiques de cadeaux du State Historical Museum et du Museum of Art proposent chacune un petit choix d'objets artisanaux.

Vous trouverez des magasins en tous genres et des distributeurs automatiques au Northpark Mall, au nord de la ville en bordure de la I-55, juste au sud de l'embranchement de la I-220.

## Comment s'y rendre

Jackson est facilement accessible en voiture, en bus, en train ou en avion, mais reste plutôt une ville de passage qu'une destination à part entière pour les touristes.

**Avion.** A 15 km du centre-ville par la I-20, l'aéroport (☎ 601 939 5631) est desservi par Delta Airlines, American Airlines, Northwest Airlink et United Airlines. Les tarifs tournent autour de 500 $ pour New York, 200 $ pour Chicago, 400 $ pour Los Angeles et 350 $ pour Miami. La plupart des vols transitent par Memphis ou La Nouvelle-Orléans, et vous obtiendrez probablement de meilleurs prix à partir de ces plus grands aéroports.

**Bus.** La gare routière est moderne et bien située, 201 S Jefferson St, à l'angle de Pearl St, au pied de l'ancien capitole et en face du stade. Greyhound (☎ 601 353 6342) devrait cependant déménager dans la gare Amtrak lorsque celle-ci sera rénovée.

La compagnie dessert de nombreuses villes, en particulier Memphis et La Nouvelle-Orléans (plusieurs liaisons quotidiennes, certaines directes qui ne sont pas forcément plus chères). Comptez 4 heures et environ 25 $ (aller) pour La Nouvelle-Orléans, 5 heures et 29 $ pour Memphis.

**Train.** Le *City of New Orleans*, qui relie Chicago à La Nouvelle-Orléans, s'arrête en plein centre de Jackson (ainsi, notamment, qu'à Memphis et à Greenwood, dans le delta du Mississippi). Pour un aller simple, les tarifs sont comparables à ceux du bus, mais Amtrak pratique des réductions sur les billets aller-retour.

A l'angle de Capitol St et de Mill St, la gare (☎ 601 355 6350) est en cours de

## Que justice soit rendue

"Un lâche passe par mille morts, un homme courageux ne meurt qu'une fois."  **Medgar Evers**

En 1963, alors qu'il était secrétaire de la section du Mississippi de la National Association for the Advancement of Colored People (NAACP), Medgar Evers organisa des boycotts de commerces de Blancs qui pratiquaient la ségrégation et collecta de l'information sur le Citizens Council, un groupe ségrégationniste suspecté de coordonner des actions de répression à l'encontre de Noirs dans tout l'État. Peu après minuit, le 12 juin 1963, Evers fut abattu d'un coup de fusil de gros calibre alors qu'il sortait de sa voiture devant chez lui, au 2332 Margaret Walker Alexander Dr, au nord-ouest de Jackson. Hospitalisé d'urgence, il mourut dans l'heure qui suivit. Il avait 36 ans. On lui rendit les honneurs militaires lors des obsèques à l'Arlington National Cemetery, près de Washington DC.

Byron de la Beckwith, un ségrégationniste convaincu de Greenwood, comparut en 1964 à deux reprises devant la justice pour le meurtre d'Evers, mais les jurés se heurtèrent chaque fois à une impasse. En 1975, Beckwith fut condamné à cinq ans de prison pour sa participation à la tentative d'attentat contre les locaux de la Jewish Anti-Defamation League (Ligue contre l'antisémitisme) à La Nouvelle-Orléans. Il se vanta en prison d'avoir tué Evers.

A la fin des années 80, la famille d'Evers fit pression pour que le dossier soit rouvert, et en 1991 on exhuma son corps afin de procéder à la recherche de nouveaux éléments. Beckwith fut finalement reconnu coupable du meurtre de Medgar Evers en 1994. Le livre de Maryanne Vollers, *Ghosts of Mississippi*, dont un film a été tiré, relate l'histoire de cet assassinat.

Veuve d'un martyr de la cause des droits civiques, Myrlie Evers se place aux côtés de Coretta Scott King et de Betty Shabbazz (la veuve de Malcom X, maintenant décédée).

Une statue de bronze grandeur nature de Medgar Evers est installée devant la bibliothèque de quartier qui a été rebaptisée en son honneur sur Medgar Evers Blvd (Hwy 49), à l'angle de Sunset Dr (au sud de Northside Drive, par la I-220 ou la I-55). La maison qu'il habitait appartient à un propriétaire privé, mais on peut la visiter sur rendez-vous (appelez le ☎ 601 977 7839).

---

rénovation (mais personne n'est capable de dire quand les travaux seront achevés). Ce vieux bâtiment est entouré d'immeubles délabrés, mais se trouve à proximité du quartier commerçant (descendez Capitol St en laissant derrière vous le pont de chemin de fer).

**Voiture.** Au sud de Jackson, la I-55 vous emmène directement à La Nouvelle-Orléans. L'autoroute compte nombre de stations-service, de restaurants et de motels. Si vous cherchez un peu de couleur locale, prenez plutôt la Hwy 51, route parallèle à deux voies que l'on emprunta pendant des années pour faire le trajet entre Memphis et La Nouvelle-Orléans.

La Natchez Trace Parkway s'interrompt au nord de la ville, entre Ridgeland et Clinton (à l'ouest de Jackson). Suivez les panneaux qui vous permettront de la retrouver, par la I-55, la I-220 et la I-20. Au nord de Ridgeland, la route longe le Ross Barnett Reservoir (magnifique), avant de se diriger tranquillement vers Tupelo. Le tronçon situé au sud de Clinton est certainement l'un des plus intéressants.

**Bicyclette.** A Ridgeland, l'Indian Cycle Shop (☎ 601 956 8383), 1060 E County

Line Rd, pourra dépanner les cyclotouristes empruntant la Natchez Trace, mais, hélas !, ne loue pas de matériel.

**Comment circuler**
Si vous arrivez en train ou en bus, vous pourrez circuler à pied dans le centre, mais un certain nombre des sites indiqués dans ce guide ne sont accessibles qu'en voiture. Ne comptez pas sur le réseau de bus urbains, peu développé. Pour obtenir un taxi, appelez le ☎ 601 355 2222.

# Le sud-ouest du Mississippi

La région aux terres fertiles et vallonnées de Natchez doit son nom à la civilisation indienne qui se développa ici. Elle s'étend de la frontière avec la Louisiane jusqu'à Vicksburg. Distincte de la culture prédominante dans le Mississippi, la civilisation natchez, qui avait son centre sur les rives de l'actuelle St Catherine's Creek, au sud de la ville de Natchez, atteignit son apogée au milieu du XV$^e$ siècle. Le Grand Village des Natchez, restauré, témoigne de leur culture originale, qui n'est pas sans rappeler fortement la civilisation des Incas, florissante au Pérou à peu près à la même époque. La nation natchez fut vaincue en 1730 par les Français lors du massacre du Grand Village, mené en représailles à une attaque surprise.

Après la côte, la région fut l'une des premières que les Européens colonisèrent. La ville portuaire de Natchez s'enrichit grâce à l'exportation du coton, et de vastes plantations prospérèrent autour des falaises du Mississippi. Le long de la Hwy 61 s'égrènent des porches ouvrant sur les allées qui mènent aux demeures *antebellum* (ouvertes, pour la plupart, à la visite ou à l'hébergement). La ville de Natchez elle-même regorge de maisons historiques. Elle constitue une destination agréable, avec son petit centre-ville et sa population habituée aux visiteurs de passage.

Au nord de la ville démarre la Natchez Trace, une ancienne piste indienne qui fut par la suite empruntée par les commerçants du fleuve Mississippi et par la poste. C'est aujourd'hui une route touristique, très fréquentée par les cyclotouristes, qui relie Natchez à Nashville à travers forêts, prairies, tertres indiens et villes fantômes. Dès que l'on s'en écarte un peu, on trouve des petites villes, des plantations en ruine, la plus ancienne université afro-américaine du pays et des sites de batailles de la guerre de Sécession.

Pendant celle-ci, Natchez n'aurait jamais arboré le drapeau confédéré et s'est rendue sans combattre, ce qui explique en grande partie la présence de nombreux édifices *antebellum*. La campagne du général Grant contre le port stratégique de Vicksburg, au nord, amena néanmoins les troupes de l'Union dans le Natchez District.

La région fit également parler d'elle pendant la période de la lutte en faveur des droits civiques lorsque des habitants afro-américains de Port Gibson organisèrent un boycott des commerçants qui pratiquaient la discrimination.

A l'est des falaises surplombant le Mississippi, le paysage autour de la I-55 se modifie. Ici, le sol n'est pas assez profond pour la culture du coton, et l'on produit traditionnellement des fruits, des légumes et des noix de pécan. La Hwy 55 permet de rallier La Nouvelle-Orléans, et vous trouverez en bordure tout ce dont vous pouvez avoir besoin. Mais la route est réputée monotone et si vous n'êtes pas pressé, vous pouvez emprunter la parallèle, la Hwy 51. Aléas de la route à deux voies, vous risquez de rester bloqué derrière un camion transportant des choux, mais vous pourrez toujours dans ce cas rattraper l'autoroute qui n'est jamais très loin. La Hwy 51 était jadis la seule route entre le nord et le sud et, pour les gens de la région, elle est à ce titre devenue aussi légendaire que la Hwy 61 plus à l'ouest. Vous passerez par des petites villes typiques du Sud, encore animées pour la plupart.

## NATCHEZ
• 20 000 habitants

La première capitale de l'État du Mississippi est une charmante ville *antebellum* installée sur une haute falaise dominant le fleuve.

Sous son apparence paisible, elle cache l'un des plus hauts taux de meurtre des États-Unis et une ségrégation persistante.

Elle abritait l'un des plus gros marchés d'esclaves de la région, et ces esclaves qui travaillaient par milliers dans les plantations alentour lui ont permis de devenir l'une des villes les plus riches du pays dans la période d'avant la guerre de Sécession. On vient à Natchez surtout pour admirer l'imposante architecture *antebellum* et la décoration intérieure des demeures, en particulier durant les périodes de "pèlerinage" lorsque des dizaines de maisons sont ouvertes au public. Une seule plantation, Melrose, gérée par le National Park Service (NPS), a recréé des quartiers d'esclaves, rappelant ainsi l'existence de ceux qui furent à l'origine de sa prospérité.

## Orientation

Le petit centre-ville (qui a le label de quartier historique national) occupe la falaise dominant le fleuve au nord du pont. Les demeures historiques (musées ou pensions), les restaurants, les magasins et une boutique de location de bicyclette se trouvent tous dans cet agréable quartier, à la limite duquel est situé le visitor center. On peut visiter d'autres demeures un peu à l'extérieur.

## Renseignements

L'impressionnant Natchez Visitor Reception Center (☎ 601 446 6345, 800 647 6724) installé au pied du Mississippi Bridge, à l'angle de S Canal St et de la Hwy 84, dispense des informations complètes sur Natchez. Il fait également office de centre d'accueil touristique pour l'État du Mississippi et d'antenne du National Park Service. Il est équipé d'un distributeur automatique de billets et propose également un accès Internet. L'ancienne gare située sur Canal St, à l'angle de State St, abrite le bureau du Natchez Pilgrimage Tour (☎ 601 446 6631, 800 647 6742, pour les pèlerinages dans les demeures historiques).

Pour changer de l'argent et encaisser des chèques voyages, rendez-vous chez AmSouth (☎ 601 445 2600, 800 748 8501), à l'angle de Franklin St et de Pearl St.

La poste principale (☎ 601 442 4361) se trouve dans le centre, 214 N Canal St.

Installé dans une maison victorienne à proximité de la gare, Cover to Cover (☎ 601 445 5752, 800 398 5656), 208 Washington St, dispose d'un impressionnant stock de livres, notamment des ouvrages sur l'histoire locale, des guides spécialisés, des biographies et des livres de cuisine.

Le Natchez Community Hospital (☎ 601 445 6200) est situé 129 Jefferson Davis Blvd.

Pour joindre les pompiers, composez le ☎ 601 442 3684. Pour la police, appelez le ☎ 601 445 5565.

## Demeures *antebellum*

"Ici doivent venir les habitants du Mississippi pour contempler le berceau de leur État. Ici viendront les pèlerins pour visiter les hauts lieux de notre histoire et boire à la source de notre glorieux passé." L'historien de Natchez Gerard Brandon ne croyait pas si bien dire en 1899. De nos jours, les touristes peuvent admirer des maisons *antebellum* dont Margaret Mitchell serait fière : elles sont superbement conservées, en grande partie grâce aux efforts du Natchez Garden Club (dont les locaux se trouvent dans la House on Ellicot's Hill) et du Pilgrimage Garden Club (à Stanton Hall) et grâce aux revenus du pétrole, qui ont permis de financer nombre de restaurations d'envergure. Avec 450 000 visiteurs par an, le tourisme local pèse 35 millions de dollars.

Une trentaine de maisons ouvrent au public pendant trois semaines durant les pèlerinages. Postés dans chaque pièce, des guides en costume d'époque fournissent des explications détaillées à propos de l'ameublement, de la décoration, de l'architecture et des occupants. Les pèlerinages sont aussi l'occasion de manifestations spéciales, notamment de spectacles nocturnes.

Ils se tiennent au printemps (en général de mi-mars à mi-avril) et en octobre. Les maisons se visitent tous les jours de 8h à 17h30.

Il faut se procurer un pass à l'avance (on ne les vend pas dans les maisons), soit par téléphone (☎ 601 446 6631, 800 647 6742), soit au bureau du pèlerinage au coin de Canal St et de State St, dans l'ancienne gare. Le billet pour la demi-journée (qui permet de visiter toutes les maisons ouvertes ce jour-là) coûte 24 $.

Natchez compte plus d'une douzaine de maisons d'époque ouvertes au public durant toute l'année. Si vous n'avez pas beaucoup de temps, choisissez les plus remarquables : House on Ellicott's Hill, Longwood, Melrose, Rosalie et Stanton Hall. L'entrée s'élève à 6 $. La plupart ne ferment jamais et beaucoup sont reconverties en hôtels de luxe.

**Auburn** (☎ 601 442 5981), 400 Duncan Ave, à l'angle d'Auburn Ave, date de 1812. Gérée par la ville, elle est installée au milieu d'un parc de 80 ha, le Duncan Park (☎ 601 442 5958), où l'on peut se baigner, faire du golf, jouer au tennis ou se promener.

**The Burn** (☎ 601 442 1344), 712 N Union St, demeure de style Greek Revival de trois étages édifiée en 1836, possède de beaux jardins remarquables pour leurs variétés de camélias rares. C'est également une pension.

**D'Evereux**, 60 D'Evereux Dr, de style Greek Revival, fut construite vers 1840.

**Dunleith** (☎ 601 446 8500), 84 Homochitto St, véritable "temple" Greek Revival de 1856, est entouré de galeries à colonnes. Installée dans un parc de 16 ha où l'on peut découvrir de nombreux bâtiments d'époque, la demeure fait également office de pension. Avant de devenir un homme politique influent dans la période de l'après-guerre de Sécession (au sein de son État et à la Chambre des représentants), John R. Lynch servit ici comme esclave, chargé notamment d'éventer les convives de la salle à manger.

**Governor Holmes House** (☎ 601 442 2366), 207 S Wall St, dans le centre, fut la résidence du dernier gouverneur du Territoire du Mississippi et du premier de l'État du Mississippi (1817). On peut y séjourner.

**House on Ellicot's Hill** (☎ 601 442 2011), N Canal St, à l'angle de Jefferson St, est la propriété ouverte au public la plus ancienne ; elle a été restaurée par le Natchez Garden Club. Défiant les Espagnols, Andrew Ellicott hissa le drapeau américain sur cette colline en 1798. La petite maison de deux étages y fut édifiée l'année suivante.

**Linden** (☎ 601 445 5472), 1 Linden Place, à côté de Melrose Ave : la demeure de style fédéral, qui fut transformée, appartient à la famille Conner depuis 1849. Elle est désormais ouverte au public (pour les visites et pour l'hébergement).

**Longwood** (☎ 601 442 5193), 140 Lower Woodville Rd, imposante demeure de forme octogonale avec une touche orientale, n'a jamais été achevée : la guerre de Sécession interrompit sa construction, commencée en 1860.

**Magnolia Hall** (☎ 601 442 6672), 215 S Pearl St, à l'angle de Washington St, est une maison de style Greek Revival construite en 1858.

**Melrose Estate** (☎ 601 446 5790), 1 Melrose Ave, est une grande plantation gérée par le National Park Service. L'intérieur du bâtiment principal ne se visite qu'avec un guide (6 $), mais l'on peut se promener dans la propriété et découvrir en particulier les quartiers réservés aux esclaves où se tient une exposition sur l'histoire de l'esclavage.

**Monmouth** (☎ 601 442 5852), John A. Quitman Parkway, demeure monumentale ouverte à la visite, propose aussi des chambres et un restaurant.

**Rosalie** (☎ 601 445 4555), S Broadway St, à l'angle de Canal St, sur la falaise surplombant le fleuve, tient son nom du Fort Rosalie qui se trouvait tout près. La superbe demeure de brique abrita le quartier général des troupes de l'Union durant la guerre de Sécession.

**Stanton Hall** (☎ 601 442 6282), à l'angle de High St et de Pearl St : ce véritable palais construit en 1857 héberge le Pilgrimage Garden Club. Son restaurant, le Cottage, propose des repas raffinés et accueille des représentations de théâtre.

**Weymouth Hall** (☎ 601 445 2304), 1 Cemetery Rd, surplombe le fleuve. Cette demeure de style Greek Revival construite en 1855 est aussi une pension.

## Natchez-Under-the-Hill

C'est dans cette curieuse anse au bord du Mississippi que s'établit à l'origine le centre marchand de la ville. Le commerce légal s'installa bientôt sur la falaise, et l'endroit abrita alors tripots et maisons closes. Le quartier a été restauré et ressemble plutôt à un décor de western. Curieusement, même les gens qui y vivent semblent issus de cette période. De pittoresques cafés, bars et petits restaurants surplombent le fleuve, le pont et le bateau-casino.

## Museum of African-American History & Culture

Le musée (☎ 601 445 0728), 301 Main St, relate de manière originale l'histoire de la

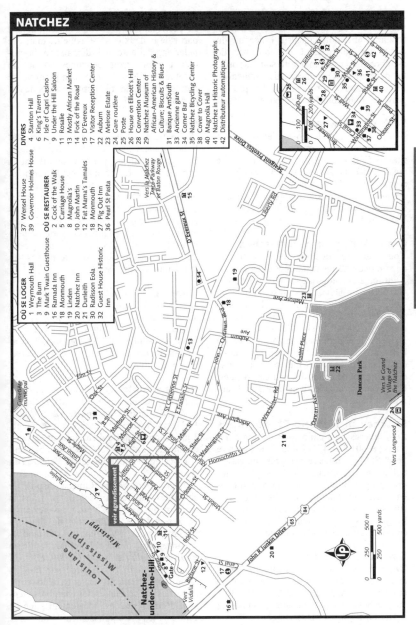

communauté afro-américaine dans la région, des années 1880 aux années 50. Cuisines, costumes et témoignages sur l'incendie du night-club où périrent des dizaines de membres de la communauté sont exposés. Le musée se visite du mercredi au samedi de 13h à 17h (les horaires peuvent être prolongés). Les dons sont les bienvenus.

### Fork of the Road

Il n'y a pas grand chose d'autre à voir aujourd'hui que le carrefour entre St Catherine St, D'Evereux Dr et Liberty Rd où se tenait le marché aux esclaves de la ville. La plupart des esclaves vendus ici étaient amenés des États de la côte atlantique et vendus aux propriétaires de plantations de coton du Vieux Sud.

### Grand Village of the Natchez

Vous trouverez quelques petits tertres et une ou deux huttes restaurées dans ce parc et musée archéologique (☎ 601 446 6502), 400 Jefferson Davis Blvd, installé dans un vallon ombragé au sud de la ville, au bord de la Hwy 61 (des pavillons de banlieue ont été construits sur le site d'origine). Administré par le département des Archives et de l'Histoire de l'État, le musée explique en quoi les traditions des Indiens Natchez se distinguaient de celles des nations voisines. Une piste traverse les bois contigus. L'entrée est libre.

### Natchez in Historic Photographs

Cette intéressante exposition de photographies (☎ 601 442 4741), 405 State St (entre Pearl St et Commerce St), présente essentiellement des clichés de l'époque victorienne figurant des gens de la région dans leurs activités quotidiennes, en ville, chez eux, sur le fleuve. L'endroit est ouvert tous les jours sauf le dimanche matin. Une contribution de 3 $ est demandée.

### Circuits organisés

Ozelle Fisher propose des circuits sur le thème de la culture noire, sur réservation uniquement. Appelez le ☎ 601 445 8309, ou téléphonez au visitor center et demandez le Heritage Tourism Department.

### Manifestations annuelles

Le pèlerinage de printemps dure un mois à partir de la deuxième semaine de mars ; le pèlerinage d'automne démarre à la mi-octobre pour trois semaines. A la fin octobre se déroule une compétition de montgolfières, dont le départ est donné des jardins de Rosalie.

### Où se loger

En matière d'hébergement, Natchez est l'endroit idéal pour faire des folies. Dans le Sud, peu de villes de cette taille offrent un choix aussi varié de maisons historiques, meublées avec soin, et transformées en hôtels. Attention cependant, certains de ces établissements n'acceptent pas les jeunes enfants, voire pas d'enfants du tout. Sachez aussi que les prix augmentent sérieusement pendant les périodes de pèlerinage, pour lesquelles les chambres sont réservées très longtemps à l'avance.

**Camping.** Le *Natchez State Park* (☎ *601 442 2658)*, à 15 km au nord de la ville, tout au début de la Natchez Trace, propose des emplacements ombragés sur un terrain boisé et vallonné (13 $). Les installations sont correctes, et le raccordement à l'électricité possible.

**Hotels et motels.** Non loin du centre, sur la partie peu aménagée des bords du fleuve, le *Mark Twain Guesthouse* (☎ *601 446 8023, 33 Silver St*) possède au 2$^e$ étage, 3 chambres de taille différente, avec s.d.b. commune : entre 55 et 75 $ (avec balcon).

En catégorie petit budget, le *Natchez Inn* (☎ *601 442 0221, 218 John R Junkin Dr*), juste en dessous de la Ramada, dispose de chambres rudimentaires à 35 $. Dans la même gamme de prix, vous trouverez aussi deux motels de l'autre côté du fleuve à 1,5 km du pont, à Vidalia, en Louisiane.

Autrefois le plus bel hôtel de la ville, le *Radisson Eola* (☎ *601 445 6000, 800 333 3333, 110 Pearl St*) a gardé son élégant salon, un restaurant et une belle cour. Réparties sur six étages, les chambres viennent d'être rénovées. Idéalement situé en centre-ville, l'établissement accueille volontiers les enfants. Les chambres standards coûtent 99 $, les doubles (dotées d'un balcon peu plaisant) 125 $.

Plusieurs motels sont installés le long des autoroutes au nord et au sud de la ville. Parmi eux, le *Ramada Inn* (☎ 601 446 6311, 103 John R Junkin Dr), juste à l'est du Mississippi Bridge, sur la Hwy 84, donne sur le fleuve et dispose d'une piscine plutôt attrayante. Les tarifs démarrent à 80 $ pour une double.

**Pensions et B&B historiques.** Natchez offre un grand choix d'hébergements dans de superbes demeures historiques joliment restaurées. Architecture, cadre et prestations peuvent différer de l'une à l'autre, mais toutes sont d'excellents établissements de catégorie supérieure (à partir de 90 $ pour une simple ou une double, généralement avec un petit déjeuner raffiné) décorés de meubles anciens et s'attachant à mettre en pratique la bienveillante hospitalité du Sud. Très peu sont dotés de piscines.

L'office du tourisme recense plus de 40 pensions et B&B dans la ville et vous aidera dans les réservations.

Agréablement située dans le centre, entre le quartier commerçant et le quartier résidentiel, la *Guest House Historic Inn* (☎ 601 442 1054, 201 N Pearl St) dispose de 16 chambres dans une maison de deux étages de 1840. Les prix démarrent à 95 $, petit déjeuner compris.

Plusieurs pensions sont installées dans des demeures-musées (voir *Demeures* antebellum plus haut). *The Burn* (☎ 601 442 1344, 712 N Union St) a 7 chambres et une piscine ; *Dunleith* (☎ 601 446 8500, 84 Homochitto St), 11 chambres. Dans le centre, *Governor Holmes House* (☎ 601 442 2366, 207 S Wall St), une maison qui rappelle celles de Georgetown, est équipée de 4 chambres. A côté de Melrose Ave, le propriétaire de *Linden* (☎ 601 445 5472, 1 Linden Place), qui est de la famille des occupants d'origine, vous accueille chaleureusement dans un cadre champêtre. Il propose 7 chambres. Probablement le plus grand établissement de cette catégorie (30 chambres), *Monmouth* (☎ 601 442 5852, 36 Melrose Ave) est également réputé pour son restaurant (qui sert aussi les non-pensionnaires). *Weymouth Hall* (☎ 601 445 2304, 1 Cemetery Rd) offre 5 chambres.

Dans le centre-ville, *Wensel House* (☎ 601 445 8577, 206 Washington St) est une option moins chère. Les tarifs des chambres aménagées dans cette demeure victorienne de 1888 démarrent à 85 $ la double. Un joli cottage accueille 5 personnes pour 100 $.

### Où se restaurer

Dans le quartier de la gare, plusieurs endroits accueillants proposent une cuisine familiale à des prix raisonnables. *Pulley Bones*, aménagé dans l'ancienne gare, a des tables à l'extérieur. Installé dans un chalet, *Fat Mama's Tamales* (☎ 601 442 4548, 500 Canal St) sert d'excellent tamales (6 $ la douzaine) dans son patio. La *Pig Out Inn* (☎ 601 442 8050, 116 N Canal St) propose des viandes au barbecue.

Sur la falaise, *Cock of the Walk* (☎ 601 446 8920, 200 N Broadway), établissement décontracté, prépare de la cuisine traditionnelle du Sud, par exemple du poisson-chat frit et du "skillet cornbread" (pain de maïs contenant des petits morceaux de bacon cuit dans un poêlon). Vous pourrez déguster dans le centre des pâtes fraîches et des légumes sur la terrasse au deuxième étage de *Pearl St Pasta* (☎ 601 442 9284, 105 S Pearl St). Coincé au pied de la colline, *Magnolia's* (☎ 601 446 7670, 49 Silver St) sert viandes et poissons dans son joli patio avec vue sur le fleuve.

Si votre budget est trop serré pour vous permettre de passer la nuit dans une pension *antebellum*, offrez-vous le dîner à 35 $ (5 plats) de *Monmouth* (voir plus haut le paragraphe *Pensions et B&B historiques* dans la rubrique *Où se loger*), au coin de Melrose Ave et de John A. Quitman Blvd. Ambiance raffinée des plantations garantie. Le restaurant *Carriage House* (☎ 601 445 5151) se trouve dans les jardins de Stanton Hall, 401 High St.

*John Martin* (☎ 601 445 0605, 21 Silver St) est un établissement chic très couru du public élégant des pèlerinages. Moins guindé, le buffet du casino vous permettra de vous restaurer jusque tard dans la nuit.

## Où sortir

*Biscuit & Blues* (☎ *601 446 9922, 315 Main St)*, vous pouvez écouter du blues le week-end et grignoter des travers de porc ou des ailes de poulet en buvant une bière à tout moment. Le juke-box du ***Corner Bar*** *(☎ 601 442 2546)*, à l'angle de Canal St et de State St, a un choix excellent. L'***Under The Hill Saloon*** *(☎ 601 446 8023, 25 Silver St)* programme des concerts le week-end. On peut aussi écouter de la musique dans la discrète ***King's Tavern*** *(☎ 601 446 8845)*, au coin de Jefferson St et de Rankin St. Ouvert 24h/24, l'***Isle of Capri Casino*** *(☎ 800 722 5825)* est aménagé dans un bateau amarré au bout of Silver St, au pied de la ville.

## Achats

Vous pourrez acheter des objets artisanaux au Mostly African Market (☎ 601 442 5448), 125 St Catherine St, ouvert l'après-midi du mercredi au samedi. Les bénéfices financent un camp d'été pour les enfants.

Les grandes demeures historiques disposent de boutiques de cadeaux où vous trouverez des guirlandes de graines de coton, des poupées en balle de maïs, et d'autres objets du même genre.

## Comment s'y rendre

Les grands aéroports les plus proches se trouvent à Jackson, à 115 miles (184 km) au nord, et à Baton Rouge en Louisiane, à 100 miles (160 km) au sud par la Hwy 61, mais mieux vaut atterrir à La Nouvelle-Orléans et se rendre à Natchez en voiture. La route qui traverse la région des plantations est magnifique. La location de voiture vous reviendra sans doute moins cher qu'un billet d'avion et vous ne mettrez pas plus de temps si vous effectuez le trajet d'une traite. Par ailleurs, la Natchez Trace Parkway offre d'autres possibilités d'excursion en voiture.

La gare routière se trouve 103 Lower Woodville Rd. Greyhound (☎ 601 445 5291) assure une liaison quotidienne avec Jackson, *via* Vicksburg. Comptez 3 heures et 22 $ (aller simple) entre Jackson et Natchez.

Les croisières sur le Mississippi organisées par la Delta Queen Steamboat Company et la RiverBarge Excursion Lines (☎ 888 282 1945) font escale à Natchez. Voir *Bateau* dans le chapitre *Comment circuler* pour de plus amples renseignements.

Si vous vous rendez à Jackson en voiture de Natchez, prenez la Hwy 61 jusqu'à Vicksburg, puis la I-20 (1 heure 30). Si vous empruntez la Natchez Trace Parkway, la vitesse est limitée à 50 miles/h (80 km/h). Le trajet vous prendra 2 heures. De Natchez, il vous faudra entre 2 heures 30 et 3 heures de route pour rejoindre La Nouvelle-Orléans par la Hwy 61.

## Comment circuler

Le centre-ville se visite volontiers à pied. Les sites qui se trouvent en dehors ne sont pas très éloignés et sont facilement accessibles en voiture ou même à bicyclette, si le temps le permet. Vous pouvez louer un vélo au Natchez Bicycle Center (☎ 601 446 7794), 334 Main St (fermé le dimanche et le lundi, mais peut ouvrir sur demande) ; le personnel, disponible et extrêmement compétent, fournit des cartes où figurent plusieurs itinéraires de randonnée dans la région. La location coûte 15 $ la demi-journée, 20 $ la journée entière, et n'est possible que pour les personnes de plus de 15 ans.

Un tramway relie le visitor center au centre-ville et à Natchez-Under-the-Hill. Vous pouvez faire le tour de la ville en 45 minutes dans un bus touristique (☎ 601 446 6345), ou préférer une promenade en calèche à partir de la gare (8 $ pour les adultes, 4 $ pour les enfants). Les réservations s'effectuent au visitor center.

Pour obtenir un taxi, composez le ☎ 601 442 7500.

# Le nord-est du Mississippi

Le nord-est fait partie des régions traditionnellement les moins développées de l'État. Il abrite l'extrémité ouest de la forêt des Appalaches du Sud. Une toute petite partie du territoire, à l'ouest, fait partie de la "Black Belt", ce croissant de terre fertile qui traverse tout le Sud. Au nord, terres cultivées et forêts très verdoyantes se succèdent dans un terrain agréablement vallonné, formant ainsi l'un des paysages les plus beaux du Mississippi. Capitale littéraire et intellectuelle de l'État, Oxford abrite l'université du Mississippi.

Les amoureux de la nature apprécieront particulièrement la région, notamment ses forêts nationales et ses parcs d'État. Des plages et des chemins de randonnée ont été aménagés au bord des lacs et des réservoirs. Non loin de Tupelo, juste à la frontière de l'Alabama, le Tishomingo State Park entoure de part et d'autre la Natchez Trace Parkway. Encore moins fréquentés, les forêts paisibles et les petits lacs du Noxubee National Wildlife Refuge, au sud de Starkville, composant un paysage charmant et irrésistible, sont parcourus par des chemins de randonnée ; on y voit encore des pistes recouvertes de planches, qui permettaient jadis de traverser les zones marécageuses. Vous ne croiserez dans ces parcs que les petits mammifères communs du Sud (opossums, tatous, écureuils, ratons laveurs et chauves-souris), mais des rumeurs circulent toujours sur la présence d'insaisissables panthères en liberté.

La région a été le théâtre de multiples batailles. En 1763, pendant la guerre de Sept Ans, les Anglais alliés aux Chicasaw combattirent les Français aidés des Choctaw près de Tupelo, lors de la bataille d'Ackia, remportée par les Chicasaw. Durant la guerre de Sécession, des combats eurent également lieu pour le contrôle des lignes de chemin fer qui desservaient Atlanta. Le général unioniste William T. Sherman exigea la défaite de son adversaire confédéré le général Nathan B. Forrest, fût-ce "au prix de 10 000 vies et d'une faillite du Trésor". Les deux armées s'affrontèrent le 15 juillet 1864 à Tupelo, mais aucune n'obtint la victoire totale, même si les troupes de l'Union parvinrent à repousser les attaques confédérées et à s'assurer le contrôle temporaire des chemins de fer. Un monument commémoratif est érigé dans le centre de Tupelo, sur W Main St.

Les seules invasions que dut subir le nord-est du Mississippi ultérieurement furent celles des agences fédérales durant la première moitié du XX$^e$ siècle, notamment le corps des ingénieurs de l'armée pour la construction de la Tennessee-Tombigbee Waterway (ou "Tenn-Tom"), voie navigable qui canalise les eaux de ces deux fleuves depuis l'État du Tennessee jusqu'au golfe du Mexique. D'autres agences fédérales, dont la Tennessee Valley Authority (TVA), se sont impliquées dans le développement économique de la région.

## TUPELO
• **30 685 habitants**

Fondée en 1870 et baptisée du nom de l'arbre gommier que l'on trouve ici, Tupelo s'enorgueillit d'avoir été la première ville de la nation à fournir de l'électricité à ses habitants, grâce à la Tennessee Valley Authority. Elle fut par ailleurs un centre ferroviaire important. De nos jours, elle vit de l'industrie, essentiellement de la manufacture de fauteuils et de canapés, qui a son centre mondial dans le comté de Lee. Cependant, Tupelo la modeste est surtout connue dans le monde entier comme la ville natale du King, Elvis Presley, dont les humbles origines ont largement contribué à la légende bâtie autour de lui.

La famille d'Elvis quitta Tupelo lorsqu'il avait 13 ans. Il y retourna en 1956 pour se produire devant une foule en délire qui dut être maîtrisée par les forces de l'ordre. L'année suivante, il donna un concert dont les bénéfices servirent à l'acquisition et à la restauration de sa maison natale. Celle-ci attire aujourd'hui presque 100 000 visiteurs par an.

En soi, Tupelo ne mérite pas vraiment de détour (sauf, bien sûr, si vous avez envie de présenter vos hommages à la cité natale du King). Mais la plus grande agglomération de la région est située stratégiquement au carrefour de plusieurs routes importantes, et vous aurez peut-être à y recourir.

## Orientation
La Natchez Trace Parkway et la Hwy 78 se croisent au nord-est du centre de Tupelo. La maison natale d'Elvis Presley se trouve à l'est de la Hwy 78 (suivez les panneaux).

Pour une ville de cette taille, il peut s'avérer curieusement compliqué de circuler dans le centre, en raison de la présence d'une sorte d'autoroute qui relie la Hwy 78 à la Hwy 45. Gloster St rassemble la plupart des motels, des restaurants et des autres services en particulier dans le secteur proche du croisement avec McCullough St. A environ 1,5 km à l'est de cette intersection se trouve l'ancien centre-ville, au carrefour de Gloster St et de Main St (connu sous le nom de Crosstown).

## Renseignements

Le visitor center (☎ 662 841 6521, 800 533 0611) se trouve 399 E Main St, en face du grand Bancorp South Coliseum. Le musée Elvis Presley fournit aussi des renseignements touristiques. Le visitor center de la Natchez Trace Parkway (☎ 662 680 4025, 800 305 7417), sur la route au nord de la Hwy 78, distribue des cartes et affiche de la documentation historique.

Vous trouverez la poste principale (☎ 662 841 1286) à l'angle de Main St et de Church St.

Présent en ville depuis 1907, Reed's (☎ 662 844 1355, 111 Spring St) accueille régulièrement des écrivains du Sud. Vous trouverez des livres des auteurs du Mississippi et des ouvrages épuisés à la librairie d'occasion The Cottage Bookshop (☎ 662 844 1553, 214 N Madison St).

Vous pouvez joindre le service des urgences du Northeast Mississippi Medical Center au ☎ 662 841 4157.

## Maison natale d'Elvis Presley

A côté de Veterans Blvd, dans ce qui était à l'époque les faubourgs de la ville, la modeste maison où naquit Elvis Presley est désormais un véritable lieu de culte. Le complexe de 6 ha (☎ 662 841 1245), 306 Elvis Presley Blvd, comporte un musée et une chapelle. On n'entend jamais de musique du King en ces lieux, trop saints pour accueillir des sons aussi terrestres !

Vernon Presley dut emprunter 180 $ pour construire avec son frère la **baraque** de 42 m². C'est dans la pièce principale que naquirent Elvis et son frère jumeau Jesse (qui mourut à la naissance) le 8 janvier 1935 à 4h35. La famille vécut là jusqu'à la saisie de la maison. Elvis avait 3 ans. Un guide est à la disposition des visiteurs (1 $ par adulte, 50 ¢ pour les enfants de moins de 12 ans).

On trouvera dans le **musée** une collection très personnelle d'objets donnée par Elvis Presley à Janelle McComb, une vieille amie de la famille Presley. Outre ses tenues d'équitation et les photos de Lisa Marie bébé, l'exposition comporte des cadeaux offerts par McComb à Elvis, notamment un poème écrit par celle-ci et maculé des larmes du chanteur (on peut se procurer une reproduction, avec taches, à la boutique de cadeaux). L'entrée coûte 4 $ pour les adultes et 2 $ pour les enfants.

Donnant sur la maison, une petite chapelle renferme la propre bible d'Elvis, remise par son père (entrée libre).

La maison et le musée se visitent du lundi au samedi de 9h à 17h (17h30 de mai à septembre) et le dimanche de 13h à 17h.

## Autres endroits liés à Elvis Presley

Elvis est immortalisé partout en ville, et chacun y va de son anecdote (sur qui lui a coupé les cheveux ou qui lui a fait jouer son premier accord de guitare).

C'est chez **Tupelo Hardware** (☎ 662 842 4637), 114 W Mains St, dans le centre-ville de l'autre côté de la voie de chemin de fer, qu'Elvis acheta sa première guitare en 1946, pour 12 $. Il aurait préféré un fusil, mais sa mère n'était pas d'accord. Il fréquenta l'école primaire **Lawhon School**, sur Elvis Presley Dr, non loin de sa maison natale. C'est une institutrice de cette école qui l'inscrivit à un concours d'amateurs qui se tenait sur les **fairgrounds**, à l'ouest de la ville (derrière W Main St, au niveau de Mulberry Alley), où le futur King gagna le deuxième prix pour son interprétation de *Old Shep*. A la **Milan Junior High School**, au coin de Gloster St et de Jefferson St, Elvis était toujours premier en musique. La famille Presley allait à la messe à l'église de la **First Assembly of God**, 909 Berry St, à l'angle d'Adam St.

Le seul lieu de culte dédié à Elvis qui sert des hamburgers est le **McDonald's** (☎ 662

844 5505), 372 S Gloster St, en face du centre commercial Gloster Creek Village, où vous verrez des collages de photos et des explications sur la vie d'Elvis, ainsi qu'une petite collection de souvenirs.

## Tupelo Museum

Le musée de Tupelo (☎ 662 841 6438) vous accueille avec une exposition intitulée "Le crocodile fossilisé trouvé dans le Mississippi est-il le chaînon manquant ?". Pour le reste, il rassemble une collection pour le moins disparate comprenant des dioramas indiens, des photos sépia de la tornade de 1936 qui provoqua la mort de 210 habitants, une Ford T, un mannequin dans un poumon d'acier, un cabinet de massage suédois et des cartes postales peu engageantes prise de la Lune. Si vous venez d'arrivez dans le Mississippi, mettez-vous un peu dans l'ambiance avant d'effectuer la visite. Le musée se trouve à quelques centaines de mètres à l'ouest de la Natchez Trace Parkway, en retrait de la Hwy 6, à côté d'un parc. L'entrée coûte 1 $. Il ouvre en semaine de 8h à 16h, le week-end de 13h à 17h, mais est fermé le matin de mai à septembre.

## Où se loger

Les deux parcs d'État situés de chaque côté de la ville, *Tombigbee* (☎ 662 842 7669), au sud-est, et *Trace* (☎ 662 489 2958), à l'ouest, offrent des emplacements de camping à 13 $ (10 $ pour les seniors) la nuit, avec la possibilité de se baigner et de pêcher. Trace est agrémenté d'un lac de 2,5 km$^2$ que l'on dit très poissonneux, et aussi de vastes espaces naturels parcourus de sentiers parsemés de vestiges du passé. On peut passer à cheval ou à bicyclette sur certains de ces chemins.

Les emplacements de l'*Elvis Presley Lake & Campground* (☎ 662 841 1304), à côté de l'Elvis Presley Lake, sont agréables. La nuit coûte 8 $ (13 $ avec un branchement électrique). Quittez la Hwy 78 en direction du nord (entre les deux stations-service) et suivez la route sur 3 km environ.

Vous trouverez plusieurs motels en bordure de l'autopont au croisement de Gloster St et de McCullough St.

> ### L'Oxford du Mississippi
>
> J'ai découvert que je pouvais écrire sur ce minuscule endroit qui constitue ma terre natale, et que je ne vivrais jamais assez longtemps pour épuiser le sujet. J'ai créé mon propre monde avec cette véritable mine de gens.
>
> **William Faulkner**

Un rien sordide, le *Commodore Motel* (☎ *662 840 0285, 1800 Main St*), sur la Hwy 78, à environ 800 m à l'est de la maison natale d'Elvis, est l'établissement le moins cher de la ville : les chambres sont à 30 $ (payables en liquide uniquement). Tout simple, le *Scottish Inn* (☎ *662 842 1961, 401 N Gloster St*) propose des chambres petites mais confortables à 35 $ (simple ou double). On peut demander une chambre non-fumeur.

## Où se restaurer

Institution locale, *Jefferson Place* (☎ *662 844 8696, 823 Jefferson*), est installé dans une grande et vieille maison d'une rue donnant sur Gloster St. On peut y commander de la viande et des sandwiches de 11h à minuit (fermeture le dimanche).

## Où sortir

On ne peut que regretter qu'il n'y ait pas un endroit dans la ville natale d'Elvis Presley où écouter du bon rockabilly. Tupelo organise cependant un festival en hommage à Elvis Presley au mois d'août. Renseignez-vous auprès du visitor center.

Avec ses 10 000 places, le **Coliseum** accueille de grandes manifestations, notamment des concerts d'artistes dont la réputation dépasse les frontières de l'État, des rodéos, les Harlem Globetrotters et Disney on Ice.

## Achats

Le musée Elvis Presley vend quelques objets estampillés Elvis (étuis isothermes pour canettes de soda, porte-clés, et autres objets du même acabit, les plus chers – 35 $ – étant des horloges en forme de guitare faites à la main). "De Tupelo à Graceland !", proclament les cartes postales qui racontent l'histoire du King.

Deux centres commerciaux (le plus récent se trouve à Barnes Crossing, au nord de la ville, en bordure de la Hwy 78, l'autre, Gloster Creek Village, est installé sur Gloster St, au sud de Crosstown) rassemblent de nombreux grands magasins et boutiques en tous genres, ainsi que des banques, des endroits où se restaurer et des cinémas.

## Comment s'y rendre et comment circuler

La gare routière, convenable, se trouve 201 Commerce St, juste en face du Tupelo Coliseum. Greyhound (☎ 662 842 4557, 800 231 2222) assure 4 liaisons quotidiennes depuis/vers Memphis. Le voyage dure environ 3 heures et coûte 24/22 $ le week-end/en semaine. Un bus relie chaque jour Oxford à Tupelo (1 heure 30, 12 $).

Tupelo se trouve près de l'embranchement entre la Natchez Trace Parkway et la Hwy 78. La ville est à 1 heure de route d'Oxford (47 miles, 75 km) et à 2 heures 30 de Memphis (104 miles, 166 km).

Vous pouvez obtenir un taxi auprès de Taxicab (☎ 662 842 5277) ou de Tupelo Cab Co (☎ 662 842 1133).

## OXFORD
• 10 000 habitants

Oxford ne ressemble pas au reste du Mississippi. On ne rencontre dans cette ville prospère et animée ni richesse ni pauvreté excessives. La vie de la population continue de s'organiser autour de l'imposante place du Palais-de-Justice (Courthouse Square) et la ville est restée à taille humaine (on se déplace à pied ou à bicyclette). Les galeries, les librairies et les cafés témoignent de l'intérêt local pour la littérature.

Ville universitaire (avec l'université du Mississippi, surnommée "Ole Miss"), Oxford abrite une communauté intellectuelle très vivante. Reconnu de tous, son Center for the Study of Southern Culture étudie les différents aspects de la civilisation du Sud, depuis le pain de maïs et le culte d'Elvis jusqu'à la culture proprement dite.

Le fonds d'archives sur le blues renferme la plus grande collection au monde d'enregistrements et de publications sur le sujet.

Le tableau n'a pas toujours été aussi idyllique. En 1962, l'inscription de James Meredith, le premier étudiant noir autorisé à intégrer ce "bastion du Vieux Sud", déclencha des émeutes sanglantes qui nécessitèrent l'intervention de l'armée et se soldèrent par la mort d'un journaliste français, Paul Guihard, et d'un étudiant d'Oxford, Ray Gunter. Les initiatives visant à la construction d'un monument à la mémoire du combat en faveur des droits civiques n'ont toujours pas abouti, tandis qu'un mémorial des soldats confédérés figure en bonne place sur le campus. Toutefois, c'est un Noir qui a été élu président des étudiants en 2000.

Fondée en 1837, Oxford inaugura son université dix ans plus tard. Pendant la guerre de Sécession, elle tomba aux mains des troupes de l'Union qui la réduisirent presque totalement en cendres. Quelques beaux édifices ont survécu, notamment la Barksdale House, une demeure construite en 1838 et aujourd'hui transformée en B&B. Mais c'est le début du XX$^e$ siècle qui est cher au cœur des habitants : William Faulkner immortalisa la région sous le nom du comté de Yoknapatawpha. La visite de l'élégante demeure de Rowan Oak, édifiée en 1844, permet d'imaginer la vie du "chantre du Mississippi". Une statue de Faulkner a été inaugurée sur la place du tribunal le jour du centenaire de sa naissance, le 25 septembre 1997.

## Orientation et renseignements

Le centre-ville s'organise autour de Courthouse Square, une place traversée par Lamar Blvd. Le campus, qui forme une ville en soi, se trouve à environ 1,5 km à l'ouest de la place, au bout de University Ave. Pratiquement tout est accessible à pied. Le visitor center, sur la place, dans la maison jaune à côté de l'hôtel de ville, n'ouvre que le week-end. En semaine, utilisez les services de l'Oxford Tourism Council (☎ 662 234 4680, 800 758 9177), 111 Courthouse Square, installé dans le bâtiment voisin. Square Books est une excellente librairie (voir *Achats* ci-dessous).

# Le nord-est du Mississippi – Oxford 335

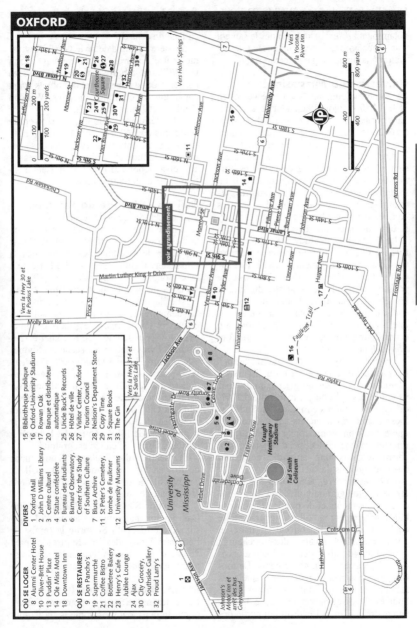

La radio de l'université, WUMS 92.1, diffuse quelques bons programmes de musique, notamment une émission de blues le samedi soir. Vous pouvez obtenir un accès Internet gratuit à la bibliothèque du campus.

## Université du Mississippi

Le nombre d'étudiants est passé de 80 en 1848 à 10 000 aujourd'hui, dont 12% d'Afro-Américains. L'université du Mississippi (☎ 662 915 7211) compte 10 facultés, notamment de lettres, de médecine et de droit.

Plusieurs édifices du XIX$^e$ siècle se dressent à l'ombre des magnolias et des cornouillers sur l'agréable campus de 1 000 ha. Parmi les activités extra-universitaires, les manifestations sportives impliquant les équipes des Ole Miss Rebels et des Lady Rebels sont particulièrement courues.

Le **Center for the Study of Southern Culture** (☎ 662 915 5993) occupe le Barnard Observatory, un bâtiment de 1857 situé sur Grove Loop. Créé en 1977, le centre se consacre à l'étude de la culture du Sud, et les enseignants, tous d'éminents spécialistes, dispensent des cours sanctionnés par une licence. Parmi les publications du centre figurent deux revues, *Living Blues* et *Mississippi Folklife*.

Le centre organise des manifestations liées à son domaine d'étude (voir ci-dessous *Manifestations annuelles*), comme par exemple des colloques sur le culte d'Elvis ou sur les traditions culinaires du Sud. Les locaux sont très avenants ; il y a souvent une exposition, et on trouve même au premier étage une collection d'objets kitsch, parmi lesquels une ampoule contenant quelques gouttes de sueur du King…

La **blues archive** (☎ 662 915 7753) renferme la plus grande collection au monde d'enregistrements et de publications sur le blues, notamment la collection personnelle de B. B. King. Elle collecte du matériel qu'elle met à la disposition des chercheurs ; mais le grand public peut également accéder sur place aux enregistrements. Le touriste ne verra pas grand-chose – quelques affiches et des rayonnages fermés à clé bourrés de disques vinyles et de bandes enregistrées –, mais l'endroit fait partie des étapes du pèlerinage du blues. Il se trouve dans le bâtiment moderne du Farley Hall, en face du centre.

Derrière l'édifice de style Greek Revival du centre culturel, la bibliothèque **John D. Williams Library** (☎ 662 915 5858) conserve des documents et des objets ayant appartenus aux enfants du pays, William Faulkner et James Meredith.

A l'extérieur du campus, les **University Museums** (☎ 662 915 7073), 5 University Ave, rassemblent plusieurs collections intéressantes (antiquités, arts décoratifs, beaux-arts et arts populaires). Les musées sont fermés le lundi (entrée libre).

## Maison et tombe de Faulkner

Lieu de pèlerinage et de recueillement pour les amateurs de littérature et les écrivains en herbe, Rowan Oak (☎ 662 234 3284), la propriété de Faulkner, est gérée par la romancière Cynthia Shearer. Le lauréat du prix Nobel acquit la maison en 1930 et vécut là jusqu'à sa mort, en 1962. L'université l'acheta à sa fille dix ans plus tard. La demeure de 1840 se dresse sous les chênes et les cèdres. C'est dans cet intérieur, très peu meublé, que Faulkner écrivit les trois livres mettant en scène les Snopes – *Sanctuaire*, *Lumière d'août* et *Un rameau vert* –, ainsi qu'*Absalon ! Absalon !* et *Parabole* (dont on peu voir le plan griffonné sur le mur du bureau de l'écrivain). Rowan Oak, situé sur Old Taylor Rd, est ouvert du mardi au samedi de 10h à 12h et de 14h à 16h, et le dimanche de 14h à 16h (fermé le lundi et les jours fériés). L'entrée est gratuite.

Le sentier du Faulkner Trail mène de Rowan Oak au stade de base-ball de l'université à travers les Bailey Woods (10 minutes de marche environ).

A environ 800 m au nord-est de Rowan Oak, le cimetière situé à l'angle de Jefferson Ave et de 16th St abrite la tombe de l'écrivain. Descendez 16th St jusqu'au pied de la colline. La sépulture de la famille se trouve à quelques pas de l'entrée.

## Manifestations annuelles

Le Center for the Study of Southern Culture organise deux congrès annuels, la Conference for the Book en avril et la Faulkner Conference en août. Le dernier samedi d'avril, la ville accueille le Double Decker Arts Festival, qui propose notamment beaucoup de musique locale. Avant les matches de football, les gens ont l'habitude de partager un pique-nique dans les bois (ambiance du Sud garantie). La saison dure de fin août à fin novembre.

### Où se loger

**Camping.** A 15 km de la ville environ, deux aires de loisirs situées à proximité de lacs disposent de terrains de camping. Les tarifs tournent autour de 5 $ pour des emplacements sommaires. Le camping du *Puskus Lake* (☎ 662 252 2633) se trouve au nord-est de la Hwy 30 et il en existe plusieurs près du *Sardis Lake Reservoir* (☎ 662 487 1345), au nord-ouest de la Hwy 314.

**Motels et hôtels.** En centre-ville, le *Ole Miss Motel* (☎ 662 234 2424, 1517 University Ave), à quelques pâtés de maisons de la place centrale, mais facilement accessible à pied, constitue une option bon marché. Les simples/doubles, modestes, sont facturées 30/35 $. La famille qui tient le motel peut aller chercher les gens à l'arrêt des bus Greyhound. Une voiture est indispensable si vous voulez séjourner au *Johnson's Motor Inn* (☎ 662 234 3611, 2305 W Jackson Ave), établissement accueillant, propre et bon marché (32/35 $). D'autres motels économiques sont installés à proximité des bretelles de sortie de la Hwy 6.

Sur le campus, l'*Alumni Center Hotel* (☎ 662 232 7047, 888 486 7666, hotel@olemiss.edu, 172 Grove Loop) propose des chambres à 55/63 $ les simples/doubles (avec s.d.b.).

**Pensions.** A trois rues de la place, l'*Oliver-Britt House* (☎ 662 234 8043, 512 Van Buren Ave), un peu défraîchie, mais confortable, constitue une option raisonnable. Les tarifs démarrent à 45/55 $. Ajoutez 10 $ le week-end, lorsque le petit déjeuner est servi. Les chambres de *Puddin' Place* (☎ 662 234 1250, 1008 University Ave), un grand B&B avec une belle véranda, sont toutes agrémentées d'une cheminée. Comptez 100 $ par nuit (simple/double), petit déjeuner compris.

### Où se restaurer

De nombreux restaurants ferment pendant les vacances universitaires.

Vous pourrez déguster pâtisseries et expressos dans la salle au décor insolite et un rien prétentieux de la *Bottletree Bakerie* (☎ 662 236 5000, 923 Van Buren Ave), juste derrière la place centrale. Ouvert jusqu'à minuit, le *Coffee Bistro* (☎ 662 281 8188, 107 N 13th St) programme des spectacles certains soirs. Le café de la librairie *Square Books* s'étale sur une terrasse qui surplombe la place.

La *City Grocery* (☎ 662 232 8080, 152 Courthouse Square) prépare une sorte de nouvelle cuisine du Sud, notamment des "shrimp and cheese grits" (maïs concassé avec des crevettes et du fromage) ou des "angels on horseback" (un plat raffiné à base d'huîtres fumées) et propose une carte des vins intéressante. Les tables recouvertes de nappes en papier sont dressées dans une ancienne épicerie aux murs de brique. Comptez entre 9 et 12 $ pour un plat au déjeuner, autour de 20 $ au dîner.

*Don Pancho's* (☎ 662 238 2736, 512 Jackson Ave), minuscule établissement (5 tables), sert des plats de poulet et riz ou de poisson-chat frit succulents, et d'autres spécialités aux saveurs dominicaines. *Proud Larry's* (☎ 662 236 0050, 211 S Lamar Blvd) propose de gros burgers, des pizzas, des pâtes... ainsi que des concerts le week-end.

Chez *Ajax* (☎ 662 232 8880, 118 Courthouse Square), vous pourrez déguster une cuisine du Sud délicieuse... et revisitée : essayez la tourte au tamale (9 $) et son plat de patates douces, si douces que pouvez très bien le réserver pour le dessert. Le *Henry's Café and Jubilee Lounge* (☎ 662 236 3757, 1006 Jackson Ave E), un établissement aux allures new-yorkaises, sert des plats à emporter, des po-boys et des pâtes.

Deux restaurants méritent que l'on prenne la voiture. Essayez la tourte aux écrevisses de la *Yoconna River Inn* (☎ 662 234 2464), à 13 km à l'est de la ville par la

## Les jours sombres de l'été de la liberté

Durant l'été 1964, James Earl Chaney, Andrew Goodman et Michael Schwerner furent sollicités par des églises de Philadelphia pour participer à l'organisation de campagnes d'alphabétisation (il fallait savoir lire et écrire pour pouvoir voter) et de tournées d'inscription sur les listes électorales. Le 21 juin, alors qu'ils circulaient sur une route de campagne, les trois jeunes gens, deux Blancs et un Noir, furent arrêtés pour infraction au Code de la route et incarcérés. Relâchés ultérieurement, ils furent pourchassés à travers la campagne par des adjoints du shérif et des hommes armés appartenant au Ku Klux Klan, qui les rattrapèrent, les abattirent et cachèrent leurs corps dans un barrage à l'extérieur de la ville.

Le FBI mena l'enquête, le président Lyndon Johnson dépêcha des plongeurs pour rechercher les trois disparus, mais c'est sur une dénonciation locale que l'on retrouva les corps. Les hommes inculpés de meurtre furent déclarés non coupables par le tribunal du comté de Neshoba. Poursuivis ultérieurement par la justice fédérale, six d'entre eux furent condamnés à des peines de prison (dix ans maximum) pour violation des droits civiques des trois militants.

Le 21 juin 1989, à l'occasion du 25$^e$ anniversaire des assassinats, l'ancien secrétaire d'État du Mississippi et natif de Philadelphia, Dick Molpus, qui avait 14 ans à l'époque des faits, prononça un discours éloquent lors d'un service œcuménique auquel participaient les familles des victimes :
Nous regrettons profondément ce qui s'est produit il y a 25 ans. Nous aimerions réécrire l'histoire. Nous sommes sincèrement désolés qu'ils soient partis. Nous voudrions les faire revenir. Tels sont les sentiments de tous les honnêtes gens de Philadelphia et du comté de Neshoba […] Nous reconnaissons ces jours sombres de notre passé. Mais nous sommes également fiers de notre présent et pleins d'espoir pour l'avenir […] Si James Chaney, Andy Goodman et Mickey Schwerner devaient revenir aujourd'hui, ils verraient une Philadelphia et un Mississippi qui, loin d'être parfaits, se rapprochent de ce que Dieu aimerait qu'ils soient. Et ils découvri

Hwy 334, ouverte le soir du jeudi au dimanche. Sur Old Taylor Rd (près de la Hwy 6), La *Taylor Grocery* (☎ *662 236 1716*) est spécialisée dans le poisson-chat. Un dîner complet de spécialités, avec des "hush puppies" (sorte de beignets), vous coûtera 8,95 $. L'établissement est ouvert du jeudi au dimanche de 17h30 à 22h et le dimanche midi.

### Où sortir

Beaucoup de concerts sont programmés le jeudi et le vendredi, mais en cherchant bien vous pourrez écouter de la musique le reste de la semaine, pendant les périodes universitaires en tous cas. L'hebdomadaire gratuit *Oxford Town*, distribué à l'office du tourisme et dans d'autres établissements du centre-ville, recense les manifestations prévues. Les meilleurs groupes se produisent généralement à *Proud Larry's* (voir *Où se restaurer*). Au pied de Harrison Ave, près de S 14th St, *The Gin* (☎ *662 234 0024*) accueille des groupes d'étudiants musiciens amateurs dans une ambiance animée. Square Books organise des séances de lecture (voir *Achats*).

### Achats

Cœur de la vie littéraire, Square Books (☎ 662 236 2262, 800 648 4001), 160 Courthouse Square, fait plus office de centre culturel que de simple boutique, tout en étant la meilleure librairie de la ville. Cet ancien drugstore (l'enseigne est restée accrochée) abrite désormais dans ses deux étages au parquet disjoint des piles et des piles de livres. Spécialisé dans les auteurs et les sujets du Sud, Square Books propose des séances de lecture et accueille lecteurs et auteurs dans un café installé dans le patio qui donne sur la place. Un peu plus bas dans la rue, Off Square Books vend des livres d'occasion. Les deux magasins restent

## Les jours sombres de l'été de la liberté

raient, peut-être à leur grande surprise, que les épreuves et les difficultés par lesquelles nous sommes passé ont sensibilisé le Mississippi de façon toute particulière sur le besoin de rédemption et de réconciliation et ont servi de signal d'alarme pour l'ensemble de la nation [...] La peur – de l'inconnu, de l'autre – s'estompe et l'espoir demeure.

Cet hommage fut prononcé à l'**église méthodiste du Mt Zion**, qui avait fait l'objet d'une attaque à la bombe incendiaire en 1964 (c'est d'ailleurs cet événement qui poussa les trois hommes à se rendre à Philadelphia et à visiter l'église, juste avant leur assassinat). Devant l'église, on trouve un monument tout simple en granit et un rappel historique. Un service en mémoire des trois jeunes gens se tient tous les ans dans l'église afin que les enfants connaissent les sacrifices qui ont accompagné la lutte pour l'égalité des droits. Le Mt Zion est situé à 30 km du tribunal. Prenez la Hwy 16 en direction de l'est sur 5,5 km jusqu'à la Hwy 482. Tournez à gauche au panneau "Yesteryear Shack". Continuez pendant 10 km en direction du nord, vers la Hwy 747. Tournez à droite, l'église se trouve à un peu plus de 1 km.

Vous pouvez aussi voir un mémorial avec des photos devant l'**église missionnaire baptiste du Mt Nebo**, celle qui avait invité les trois militants. Bien qu'en centre-ville, elle est un peu difficile à trouver. Au tribunal, prenez vers l'ouest sur la Hwy 16 jusqu'à Lewis Ave (vous verrez Gun 'n' Pawn au coin). Tournez à droite et suivez-la jusqu'à Border St, que vous empruntez (toujours à droite) jusqu'au Martin Luther King Jr Dr. Bifurquez à gauche et continuez pendant 300 m jusqu'à Adam St (Gill's Cafe au coin). Prenez à droite et roulez encore 300 m, jusqu'au Mt Nebo, à l'angle de Adams St et de Carver St.

Dans les traditions africaine et juive, il est d'usage de déposer des petits cailloux en mémoire des morts. Vous pouvez aussi faire un don pour l'entretien du mémorial.

---

généralement ouverts au moins jusqu'à 21h.

Nous vous recommandons en particulier la revue du Center for the Study of Southern Culture, *Living Blues*, le bimensuel *Oxford American*, publié par le célèbre romancier John Grisham, qui entretient une propriété de famille dans la région, et les actes du congrès *In Search of Elvis*.

Toujours sur la place, la Southside Gallery (☎ 662 234 9090), 150 Courthouse Square, expose des œuvres contemporaines, de l'artisanat, de la photographie et de l'art populaire.

Le Neilson's Department Store (☎ 662 234 1161), 119 Courthouse Square, l'un des plus anciens magasins des États-Unis, date de 1839. C'était alors une simple cabane de rondins qui accueillait un comptoir commercial. Le bâtiment dans lequel est aujourd'hui installé le grand magasin date de 1897.

De l'autre côté de la place, Uncle Buck's Records (☎ 662 234 7744) distribue les disques du label local Fat Possum Records (☎ 662 236 3110), notamment de nombreux bluesmen.

### Comment s'y rendre

L'arrêt de bus Greyhound (☎ 662 234 0094, 800 231 2222) se trouve 2625 W Oxford Loop (à côté de W Jackson Ave). Des bus desservent le centre de Memphis (20 $ l'aller), Tupelo (1 heure 30, 13,50 $) et Jackson (9 heures, 59,50 $). A l'arrêt de bus, prenez un taxi pour rejoindre le centre-ville.

Oxford est située à proximité du croisement entre la Hwy 6 et la Hwy 7. Comptez 1 heure 30 pour rejoindre Memphis en voiture (par la Hwy 6 et la I-55 N), 1 heure pour Tupelo (Hwy 6) et 3 heures pour Jackson (Hwy 6 et I-55 S).

### Comment circuler

Il n'existe pas de bus urbain. Vous pouvez obtenir un taxi au ☎ 662 234 2250.

## HOLLY SPRINGS
* **7 261 habitants**

Les citoyens de Holly Springs sont fiers de leurs associations municipales confédérées et du pèlerinage annuel dans les demeures *antebellum*. La ville tire aussi sa célébrité d'un lieu de culte dédié à Elvis tout à fait spécial. Enfin, on y dégusterait, selon *USA Today*, les meilleurs hamburgers du pays, à la Phillips Grocery. Holly Springs se trouve au nord d'Oxford sur la Hwy 7, à proximité de l'embranchement avec la Hwy 78.

La chambre de commerce (☎ 662 252 2943), 150 S Memphis St, derrière la place, vous fournira des renseignements sur les visites des maisons et sur le musée d'histoire locale.

La ***Phillips Grocery*** (☎ *662 252 4671, 541 Van Dorn*) sert de bons burgers et des okras frits. Depuis la place, au centre-ville, suivez Van Dorn vers l'est sur 800 m environ. Au feu près de la station-service, vous devez monter vers la gauche pour rester sur Van Dorn. Phillips est installé un pâté de maisons plus haut sur la droite.

A 15 km à l'ouest de Holly Springs, ***Junior Kimbrough's***, l'un des meilleurs juke joints de l'État, donc du monde, a brûlé en avril 2000. C'est une lourde perte pour la scène du blues. David et Kenny Kimbrough, les fils du propriétaire d'origine (Junior, décédé il y a quelques années), ont juré de le reconstruire. Allez voir où cela en est.

### Graceland Too

Paul MacLeod, à l'évidence le plus grand fan d'Elvis au monde, a consacré sa vie à suivre les traces du King. Il a transformé sa maison en un lieu de culte, rempli de posters, de souvenirs et de portraits. Son fils, Elvis Aaron Presley MacLeod, vivait ici auparavant, mais apparemment il a désormais mieux à faire à New York.

MacLeod ne se fait pas prier pour imiter Elvis, ni pour raconter des anecdotes à propos de la moquette usée qui vient de la "jungle room" de Graceland. Il en vend de petits morceaux dans des cadres fantaisie (10 $ environ) et raconte que des gens ont demandé à être enterrés avec leur bout de moquette d'Elvis.

Ce pseudo-Graceland (☎ 662 252 7954), 200 Gholson Ave, à l'angle de Randolph St, vous ouvrira ses portes à n'importe quelle heure du jour ou de la nuit, ou presque. La visite coûte 5 $, et à la troisième, vous devenez membre à vie et vous pouvez vous faire photographier en blouson de cuir aux côtés de MacLeod (les murs sont tapissés de ces polaroïds). L'endroit est situé deux rues à l'est et une rue au sud de Courthouse Square (suivez la Hwy 4 vers l'est, lorsqu'elle effectue un virage à 90°, devant la Christ Episcopal Church, vous n'êtes qu'à un pâté de maisons).

### Comment s'y rendre

Les bus Greyhound (☎ 662 252 1353) s'arrêtent devant le United Center, 1000 Craft St. Le trajet jusqu'à Oxford dure 40 minutes (9,50 $).

Holly Springs se trouve juste au nord de l'embranchement entre la Hwy 78 et la Hwy 7, à 29 miles (46 km) au nord d'Oxford par la Hwy 7 (environ 30 minutes en voiture).

# Tennessee

Le Tennessee semble regrouper trois États, avec chacun sa capitale non officielle. Memphis domine l'ouest, qui s'étend de la plaine alluviale jusqu'au delta du Mississippi, région caractérisée par l'histoire des plantations de coton, le commerce fluvial et le blues. Nashville, capitale officielle du Tennessee et de la musique country, est située dans le centre de l'État, zone fertile qui fait la transition entre les deux extrémités culturellement distinctes du Tennessee. Quant à l'est, c'est-à-dire la partie des Appalaches qui borde les Great Smoky Mountains, il a pour ville principale Knoxville. L'est et l'ouest se distinguent par la topographie, l'histoire, la composition raciale et la culture. Aujourd'hui, Nashville et Memphis sont des villes aussi différentes que les styles musicaux qui les caractérisent, respectivement la country et le blues.

### A ne pas manquer

- Graceland, l'étonnante propriété d'Elvis Presley
- Les clubs de country de Nashville et leur public cow-boy
- L'ivresse des montagnes russes de Dollywood
- La partie Tennessee de l'Appalachian Trail
- Le parcours olympique de rafting sur l'Ocoee River

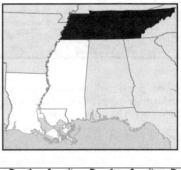

## Renseignements

**Offices du tourisme.** Le Tennessee Department of Tourist Development (☎ 615 741 8299, 800 836 6200 pour des renseignements concernant les vacances, TDD/TTY – pour malentendants équipés – 615 741 0691), Rachel Jackson Bldg, 5th floor, 320 6th Ave N, Nashville, TN 37243, distribue des informations touristiques sur l'ensemble de l'État. Vous pouvez également y avoir accès par le site www.tnvacation.com.

Le responsable du département bicyclette du Tennessee Department of Transportation (☎ 615 741 2848), James K. Polk Bldg, Suite 900, 505 Deaderick St, Nashville, TN 37243-0334, vous fournira des cartes avec les routes officielles de randonnées à vélo.

**Taxes.** Au Tennessee, les taxes sur les ventes s'élèvent à 6% et les taxes de séjour varient entre 3% et 5%. Dans le comté de Shelby (celui de Memphis), il faut compter un supplément de 2,25% (soit un total de 8,25%), et les taxes de séjour sont comptées en sus des taxes à l'achat.

**Code de la route et législation sur l'alcool.** Il faut avoir 15 ans pour conduire. Les enfants de moins de 4 ans doivent voyager dans un siège enfant. Les phares doivent être allumés dès que vous utilisez vos essuie-glaces.

Les jeunes de moins de 21 ans ne sont pas autorisés à consommer de l'alcool et il est interdit d'en vendre le dimanche matin. Les lois en matière de conduite en état d'ivresse sont sévères. Un conducteur saisi en état d'ivresse avec un enfant dans son véhicule peut être accusé de crime.

Sur les 95 comtés du Tennessee, deux sont totalement sobres. Paradoxalement, l'un des deux, Lynchburg, est le lieu de production du whisky Jack Daniel's. Dans les autres com-

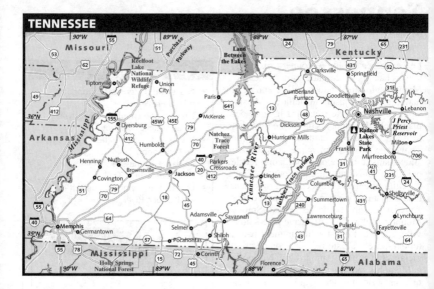

tés, vous pourrez acheter vins et spiritueux dans les magasins spécialisés, et la bière dans les épiceries et les stations-service.

**Parcs d'État et zones protégées.** Le bureau central des Tennessee State Parks (☎ 615 532 0001, 888 867 2757) occupe le 401 Church St, 7th floor, Nashville, TN 37243-0446. La Tennessee Wildlife Resources Agency (☎ 615 781 6500), PO Box 40747, Nashville, TN 37204, vous expliquera la réglementation en matière de pêche.

# MEMPHIS
- 1 100 000 habitants

Baptisée en référence à l'ancienne capitale égyptienne sur le Nil, Memphis se situe sur les rives du Mississippi. La ville est cependant surtout connue pour avoir été le théâtre de l'ascension et de la chute de deux "King", célèbres pour des raisons totalement différentes.

C'est ici que le roi du rock'n roll, Elvis Presley, accéda à la gloire à la fin des années 50. Graceland, sa propriété, accueille plus de 700 000 visiteurs chaque année. Memphis fut également le lieu où le révérend Martin Luther King fut assassiné à un balcon du Lorraine Motel, aujourd'hui devenu le National Civil Rights Museum en son honneur. Le musée dégage une atmosphère très solennelle, comme on peut s'y attendre d'un lieu où il est rendu hommage à un héros mort assassiné. Curieusement, la même solennité se retrouve à Graceland.

La ville doit toutefois son succès à un événement bien antérieur. Au début du XX$^e$ siècle, le Beale Street Blues de W. C. Handy transforma Memphis en patrie du blues. Aujourd'hui, la ville garde de son histoire marquée par le coton, le commerce fluvial et le blues une sentimentalité teintée de dureté. Le blues résonne toujours dans les clubs de la Beale St rénovée et les quelques boîtes dispersées à travers la ville.

Federal Express est le plus grand employeur de la ville avec 30 000 employés. D'autre part, c'est à Memphis que s'ouvrirent le premier supermarché du pays (Piggy Wiggly, en 1916), le premier Holiday Inn et le premier Welcome Wagon (qui date de 1928). En outre, quasiment la moitié du coton produit aux États-Unis traverse encore la ville par voie fluviale.

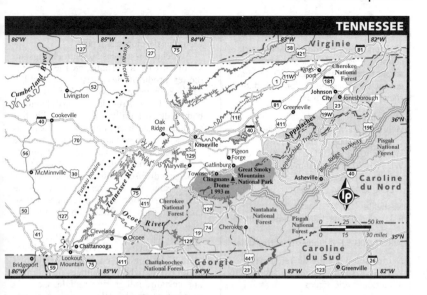

Malgré tout cela, Memphis reste plutôt une ville moyenne : quelques jours suffisent pour en faire le tour, il est facile de s'y repérer et de circuler, et il y a des chances que vous rencontriez les mêmes personnes jour après jour.

## Histoire

Il y a 3 000 ans, les rives du Mississippi étaient occupées par des tribus d'Indiens (voir plus loin la rubrique *Chucalissa Archaeological Site & Museum*). En 1541, les troupes de Hernando de Soto, qui étaient en train d'explorer le grand fleuve, entrèrent en contact avec elles. Peu après, le bourg fut abandonné (Chucalissa signifie "abandonné" dans la langue choctaw) et la région se retrouva sous domination chickasaw.

La première installation européenne, le fort français de l'Assomption, date de 1739. En 1818, un décret américain délogea les Chickasaw de l'ouest du Tennessee. C'est à ce moment qu'Andrew Jackson participa à la fondation d'un camp qu'il nomma Memphis. La ville fut incorporée à l'Union en 1826 et prospéra grâce aux exploitations cotonnières qui n'en finissaient plus de s'étendre dans le delta du Mississippi, juste au sud. Au tout début de la guerre civile, les forces navales de la Confédération furent vaincues par la flotte de l'Union à la bataille de Memphis, ce qui permit aux troupes fédérales d'occuper la ville.

La ville ne subit pas énormément de pertes, mais la reconstitution des forces vives fut entravée par l'épidémie de fièvre jaune de 1878 qui tua plus de 5 000 personnes. On attribua le fait qu'elle touchait majoritairement les Blancs à une prédisposition génétique, et ceux d'entre eux qui survécurent quittèrent massivement la ville. L'année suivante, Memphis fut décrétée en faillite et son statut de ville lui fut retiré en 1893.

La communauté noire prit alors en charge la gestion quotidienne de la ville et réussit à la remettre sur pied. Un ancien esclave, Robert Church, parvint même à devenir propriétaire terrien millionnaire en achetant des propriétés à des prix bradés. Les immigrés en provenance du delta affluèrent et la ville devint le centre du commerce du coton.

Au fur et à mesure que les industries du coton et du bois se développèrent, les Blancs de Memphis, et plus particulière-

## Les fréquences du Tennessee

A moins d'être mordu de variété rock et country, il est préférable d'emporter avec soi ses propres cassettes ou CD. Quoi qu'il en soit, les meilleures stations émettent de Memphis et de Nashville.

**Memphis**
WEVL 89.9 FM : blues, rockabilly, bluegrass, pop et soul
WRBO 103.5 FM : classiques de la soul
WDIA 1070 AM : rhythm'n blues
WAVN 1240 AM : gospel
WLOK 1340 AM : gospel

**Nashville**
Fisk University 88.1 FM : gospel, soul, éclectique
WROT 100.1 FM : indies et autres styles

**Murfreesboro (Centre du Tennessee)**
WMTS 88.3 FM : station d'université aux musiques éclectiques

ment des entrepreneurs, revinrent en ville. Durant les années 1890, Memphis fut le plus grand marché du bois de feuillu au monde.

Le début du XXe siècle marqua l'âge d'or de Memphis, et les activités sociales, administratives et économiques de la forte communauté afro-américaine de la ville, mais aussi d'une partie du Sud, se concentrèrent sur Beale St. La rue acquit rapidement une solide réputation en ce qui concerne la boisson, le jeu et autres affaires louches généralement associées aux ports fluviaux. En 1914, l'industrie du coton du delta fut ravagée par l'anthonome, et beaucoup de gens durent quitter les champs pour monter chercher du travail à Memphis. Certains s'y installèrent, beaucoup d'autres poursuivirent leur route vers le nord jusqu'à Chicago.

Si la Grande Dépression entraîna la fermeture de beaucoup d'entreprises, la Seconde Guerre mondiale permit à l'économie de faire un bon en avant : le cours du coton était élevé, et deux dépôts militaires furent bâtis dans la région. L'après-guerre fut donc prospère et c'est dans ce cadre que le pont à quatre voies qui relie l'Arkansas fut construit et que Memphis développa son port.

Au début des années 50, Sam Phillips, un visionnaire de la musique, créa le Sun Studio et produisit des artistes aujourd'hui célèbres, comme Howlin' Wolf ou Rufus Thomas. Ils ouvrirent la voie aux chanteurs blancs de rockabilly. Le fait que Phillips produisait sans discrimination des musiciens blancs et noirs constituait dans le Sud de l'époque une attitude sans précédent. Seul le fameux disc-jockey de WHBQ, Dewey Phillips, osait diffuser les disques produits par le Sun. Néanmoins, d'autres studios autour de Memphis suivirent l'exemple du Sun et se lancèrent dans la production de musique soul, de rhythm'n blues et de rock, ce dernier culminant dans les années 60 et 70.

L'émergence du Civil Rights Movement (Mouvement en faveur des droits civiques) au début des années 60 entraîna une certaine intégration raciale. Ce phénomène poussa les Blancs aisés à quitter le centre-ville pour s'installer dans des banlieues à l'est. En 1968, les travailleurs de la santé se mirent en grève et Martin Luther King se rendit à Memphis pour les soutenir. Le 4 avril, il sera assassiné (voir l'encadré *King : meurtre isolé ou conspiration ?* plus loin).

Dès les années 70, le centre-ville historique ne comptait plus beaucoup d'occupants, et Beale St était dans un tel état de délabrement que les urbanistes envisagèrent tout bonnement de la raser. Les opposants au projet se montrèrent suffisamment persuasifs pour que la ville consacre 500 millions de dollars à la restauration complète de la rue, au lieu d'envoyer les bulldozers. Aujourd'hui, quantité de magasins et d'hôtels apparaissent dans le quartier, ainsi que vers le stade de base-ball, et les projets de développement des quais témoignent des aménagements en cours dans le centre-ville.

## Orientation

Le centre de Memphis occupe la berge est du Mississippi. Sous le promontoire, Riverside Dr et une promenade forment des parallèles au fleuve, offrant une belle vue sur le trafic fluvial et les ponts, en particulier la nuit lorsque les lumières du pont de la I-40 forment un "M". L'activité administrative et financière est concentrée dans un quartier, délimité par la I-40 et Patterson St. Un monorail relie le Mud Island River Park au Civic Center, au niveau de Front St.

Union Ave et Poplar Ave constituent les principaux axes est-ouest de la ville. Toutes deux partent du fleuve, prennent la direction de l'est, traversent Midtown et continuent dans East Memphis où Union Ave devient Walnut Grove. En ville, les avenues vont généralement d'est en ouest et les rues du nord au sud.

Dans la partie nord-est du centre-ville, vers N Main St et North Parkway, Pinch District, le quartier à la mode, abrite quelques curiosités historiques.

Une petite marche ou une promenade en tramway vous mènera vers le sud dans le quartier touristique, dominé par le Peabody Hotel et concentré principalement sur Beale St, entre 2nd St et 4th St. En logeant autour du Peabody Hotel, vous aurez l'avantage d'être à deux pas de la gare routière Greyhound en allant vers l'est, en face de 3rd St.

Plus à l'est, vous pénétrerez dans un quartier d'entrepôts et d'armuriers qui ne présente aucun intérêt et même s'avère peu rassurant, mais vous y trouverez quelques cafés et surtout le fameux Sun Studio. Un immense centre médical marque la frontière est du centre-ville.

Midtown part du centre médical pour atteindre East Parkway et inclut Overton Square, Overton Park (où se trouve le zoo) et le quartier Cooper-Young. C'est ici que commencent East Memphis et des kilomètres ininterrompus de banlieue résidentielle.

**Cartes.** Il est facile de se déplacer en suivant les axes principaux, mais une carte est indispensable pour s'y retrouver dans les échangeurs d'autoroute (voir *Comment circuler* plus loin). Les adhérents des clubs automobiles peuvent se procurer des cartes à l'AAA (☎ 901 761 5371), 5138 Park Ave (dans East Memphis, à 1,5 km environ de la I-240). Les stations-service vendent des cartes, et les sociétés de location de voiture, les hôtels et les bureaux touristiques les fournissent gratuitement.

### Renseignements
**Offices du tourisme.** Le Tennessee State Visitor Center (☎ 901 543 5333, TDD/TTY – pour malentendants équipés – 901 521 6833) sur Riverside Dr constitue un premier arrêt panoramique et bien pratique pour faire le plein de cartes, de programmes et de renseignements. Il ouvre 24h/24.

Les touristes peuvent également téléphoner ou écrire au Memphis Convention and Visitors Bureau (☎ 901 543 5300, 800 863 6744), 47 Union Ave, Memphis, TN 38103, pour recevoir des informations.

Des renseignements sont disponibles 24h/24 en composant le ☎ 901 753 5847, ou le ☎ 901 372 7373 si vous désirez une traduction.

Deux sites, www.memphistravel.com et www.memphismojo.com, sont consacrés à Memphis.

**Argent.** Vous n'aurez aucun mal à trouver un distributeur en ville. Pour changer des devises, adressez-vous à l'aéroport international ou au siège de la First Tennessee Bank (☎ 901 523 4444), au 165 Madison Ave.

**Poste.** Le bureau de poste principal (☎ 901 521 2187) occupe le 555 S 3rd St, mais la poste du 1 N Front St (☎ 901 576 2013), au pied de Madison Ave dans le centre-ville, s'avère plus pratique. Sinon, un autre bureau se trouve à l'angle de Watkins St et de Union Ave.

Vous pourrez envoyer des paquets *via* UPS ou FedEx par le Mail Center (☎ 901 725 9173), 1910 Madison Ave dans Midtown. Dans le centre-ville, tentez Mailboxes Etc, 99 S 2nd St (à côté du Music Hall of Fame).

**Médias.** Le journal quotidien de Memphis s'appelle *The Commercial Appeal*. Le vendredi et le dimanche est publiée une liste des animations et des sorties.

Hebdomadaire gratuit, le *Memphis Flyer* traite d'informations et de sorties en ville dans la mouvance alternative. Les mensuels

## 346 Tennessee – Memphis

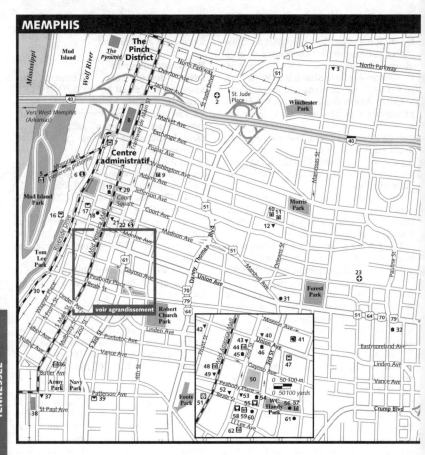

*Triangle Journal News* et *Family & Friends* abordent les mêmes sujets mais intéresseront plus particulièrement la communauté homosexuelle. Vous les trouverez gratuitement dans les bibliothèques et dans certains restaurants et théâtres. Consultez aussi le site : www.gaymemphis.com. Quant à *Dateline Memphis*, il s'agit d'un hebdomadaire gratuit dans la lignée du *Flyer* (également consultable sur www.datelinememphis.com).

Une grande variété de musiques locales, notamment du blues, du rockabilly, de la bluegrass, de la pop et des classiques de la musique soul passe sur les différentes fréquences de Memphis (voir l'encadré *Les fréquences du Tennessee*). La radio publique est diffusée sur 91.1 FM.

**Agences de voyages.** L'American Express Travel Service (☎ 901 543 2410), 80 Monroe St, dans le centre-ville, assure les services habituels d'une agence de voyages, mais ne change pas les chèques de voyage. Vous trouverez aussi une agence Northwest/KLM dans le Peabody Hotel, 149 Union Ave.

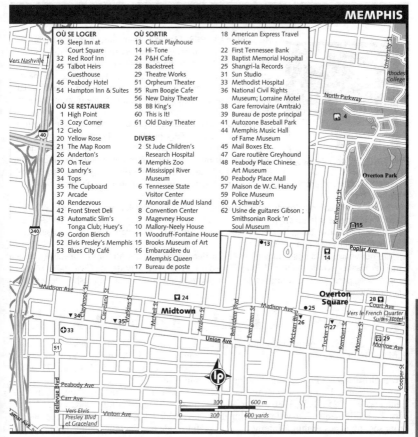

L'AAA fournit aussi le même type de services (voir la rubrique *Cartes* pour les coordonnées).

**Librairies.** Memphis compte plusieurs excellentes librairies. Davis-Kidd Booksellers (☎ 901 683 9801), 387 Perkins Rd Extended, au niveau de Poplar Ave, près du Oak Court Mall, propose une sélection d'ouvrages abordables, des périodiques et des journaux d'autres parties des États-Unis. La boutique abrite aussi un café et elle accueille des événements littéraires.

Fondée en 1875, Burke's Bookstore (☎ 901 278 7484), 1719 Poplar Ave, cache quelques livres rares parmi ses ouvrages neufs ou d'occasion. Il est également possible d'assister à des lectures et à des séances de signature.

Xanadu Music & Books (☎ 901 274 9885), 2200 Central Ave, vend des livres d'auteurs de la région ainsi que des ouvrages épuisés ; si la littérature ne vous intéresse pas, vous pouvez toujours tester une guitare.

Les périodiques sont en vente dans le kiosque à journaux situé à l'angle de 2nd St

## Martin Luther King : meurtre isolé ou conspiration ?

Au printemps 1968, Martin Luther King se rend à Memphis pour mener une marche de soutien au personnel de la santé en grève. Le 4 avril, en fin d'après-midi, une balle le tue alors qu'il se tient au balcon du Lorraine Motel. Dans tout le pays, émeutes et violences sporadiques succèdent au meurtre. La guérison sera longue et pénible pour la ville (comme pour la nation).

James Earl Ray, un petit cambrioleur de 40 ans, est accusé de l'assassinat. En 1969, il plaide coupable mais revient sur ses aveux trois jours plus tard. Il est néanmoins condamné à 99 ans de prison, sans même être passé devant une cour de justice. Jusqu'à sa mort en avril 1998, Ray clame son innocence. D'après son propre père, il ne pouvait avoir commis le meurtre car il n'était pas suffisamment malin.

En 1978, une commission du Congrès met en doute l'aspect solitaire de l'acte de Ray, et ses avocats intensifient la pression pour obtenir un procès, désir partagé par la famille King. Le fils de Martin Luther King, Dexter, rencontre Ray en 1997, et déclare que Ray n'est selon lui qu'un pion dans une conspiration.

De nouveaux tests balistiques n'apportent rien à l'enquête, et au fur et à mesure que la maladie de Ray évolue s'éloigne la possibilité d'un procès. Les activistes du Civil Rights Movement et les personnes convaincues de la conspiration ont vu s'envoler leur espoir de vérité à la mort de Ray.

---

et de Monroe Ave, à un pâté de maisons au nord de Union Ave.

**Bibliothèques.** Le Memphis/Shelby County Public Library and Information Center (☎ 901 725 8895), 3030 Poplar Ave, gère 22 bibliothèques en ville. La plupart proposent un accès gratuit à Internet.

**Services médicaux et urgences.** En cas d'urgence, composez le ☎ 911. Pour toute affaire concernant la police, faites le ☎ 901 545 2677. Reconnu dans tout le pays pour son efficacité, le Sexual Assault Resource Center (centre traitant des agressions sexuelles) est joignable au ☎ 901 272 2020.

Les grands hôpitaux de la ville occupent Union Ave, non loin de la I-240. Le Baptist Memorial Hospital (☎ 901 227 2727), 899 Madison Ave (Lisa Marie Presley est née au 4e étage dans une chambre identifiable par ses stores verts), et le Methodist Hospital (☎ 901 726 7000), 1265 Union Ave, comptent parmi les plus grands employeurs de Memphis. Vous trouverez The MED (☎ 901 545 7100) au 877 Jefferson Ave.

Centre pédiatrique de renommée internationale, St Jude Children's Research Hospital (☎ 901 495 3300), 332 N Lauderdale St, fut fondé par l'acteur Danny Thomas.

Le Memphis Center for Reproductive Health (☎ 901 274 3550), 1462 Poplar Ave, au niveau de McNeil, est accessible 24h/24 pour répondre à toute question médicale.

## Peabody Hotel

Outre son statut de grand hôtel, le Peabody, situé à deux pas de Union Ave, entre 2nd St et 3rd St, constitue le noyau social de Memphis, doté de ses propres (et étranges) coutumes. Chaque jour à 11h, les fameux canards du Peabody quittent leur somptueux appartement, prennent l'ascenseur et défilent sur le tapis rouge pour aller patauger dans la fontaine de marbre du hall. Ils regagnent leur appartement à 17h précises, mais soyez là 15 minutes avant pour profiter pleinement du spectacle. Il paraît que c'est un manager qui, dans les années 30, a inauguré cette tradition, sous la forme d'une farce. Le bâtiment abrite un office du tourisme, des restaurants coûteux et chics, des cafés, des boutiques et une agence de voyage. Les tour-opérateurs du centre-ville se garent devant l'hôtel. Reportez-vous aux rubriques *Circuits organisés*, *Où se loger* et *Où sortir* plus loin.

## Beale Street

Il ne reste malheureusement qu'une boutique datant des beaux jours de Beale St, c'est-à-dire au début du siècle, mais les façades de briques, les pavés et, bien sûr, le fameux blues vous aideront à revivre cette époque.

Aujourd'hui, les deux pâtés de maisons entre 2nd St et 4th St regroupent les principaux lieux où sortir. Certains critiques qualifient ce quartier de parc d'attractions du blues à la sauce Disney, à cause des bars tape-à-l'œil, des restaurants et des boutiques de souvenirs aux enseignes en néon. Le jugement est sévère. Ces endroits sont gérés et détenus en toute indépendance, ils sont sûrs et confortables, et on y entend de la musique de très bonne qualité.

A l'angle de Beale St et de Main St, l'**Orpheum Theater** a été restauré selon ses caractéristiques de 1928. L'opéra construit en 1895 qui occupait ces lieux auparavant fut détruit par les flammes.

La statue d'Elvis, au croisement avec 2nd St, se dresse à l'entrée d'**Elvis Presley's Memphis**, un restaurant-discothèque. Elle provient de la fameuse boutique de vêtements Lansky's, où le King acheta son costume de scène pour sa mémorable performance au *Ed Sullivan Show*. De l'autre côté de la rue, vous trouverez **BB King's**. Cet ancien bâtiment du Colored Business Exchange présente occasionnellement l'artiste du même nom, mais aussi d'autres musiciens talentueux.

Entre 2nd St et 3rd St, le **Walk of Fame** est un trottoir où sont incrustées des notes de musique aux côtés des noms de célèbres bluesmen. Toujours dans la même rue, le **Police Museum** (☎ 901 525 9800) expose des objets de délit tels qu'une machine magnétique destinée à truquer les jeux de foire ou l'attirail lié à la drogue.

**A Schwab's**, un magasin détenu depuis 1876 par la même famille, est la dernière boutique d'origine de Beale St. Ses trois étages sont encombrés de poudres vaudoues, de menottes, de cols de prêtres, de casseroles et de la plus belle collection de chapeaux de la ville. Le reste du pâté de maisons est truffé de restaurants, de magasins, de clubs et de bars. Une façade lugubre, retenue par des poutres métalliques, est l'unique vestige du Gallina Hotel.

Entre 3rd St et 4th St, la statue de W. C. Handy domine le **W. C. Handy Park**, dont l'amphithéâtre accueille des concerts en plein air (c'est ici que l'on sonne les cloches pour la nouvelle année). Tout au bout du pâté de maisons (prenez 4th St à gauche), vous apercevrez la cabane de chasseur où Handy éleva six enfants.

La toile de fond Art déco du **New Daisy Theater** dépeint l'âge d'or du quartier. Il propose toujours des concerts de vedettes et des spectacles. De l'autre côté de la rue, **Old Daisy** attend que quelqu'un daigne la remettre en état.

Nichée derrière Beale St, au niveau de 3rd St, se trouve l'**usine des guitares Gibson**, où sont fabriqués de nombreux modèles rendus célèbres par des musiciens locaux. Dans l'usine même, le Rock'n Soul Museum (qui dépend de la Smithsonian Institution) présente l'histoire sociale et culturelle qui a produit la musique du delta du Mississippi. L'entrée coûte 6 $ par adulte et 4 $ par enfant entre 5 et 17 ans.

## Memphis Music Hall of Fame Museum

Musée à but non lucratif, le Hall of Fame (☎ 901 525 4007), 97 S 2nd St, se veut une illustration des musiques populaires (rythmes africains, chants des esclaves, blues, gospel, rhythm'n blues, soul et rock'n roll) sur plus de 2 000 m². Les salles présentent des objets divers (la boîte de cirage de Furry Lewis par exemple), des instruments,

## Le roi Elvis

Né à Tupelo, Mississippi, Elvis Presley (1935-1977) grava en 1954 un disque à 3 $ au Sun Studio de Memphis. Garçon sans le sous, battu à l'école, il ne se doutait pas que cet acte allait soudainement faire de lui une star internationale.

Chanteur, incarnation de l'homme-objet, soldat et acteur, Elvis ne cherchait pas seulement à jouer au crooner et à parader, il rêvait aussi de velours pourpre, de moquette verte à poils longs, de téléphones plaqués or et de repas médicamenteux. Il épousa Priscilla Beaulieu, une écolière catholique, avec laquelle il eut Lisa Marie. Un détail : il vendit plus d'un milliard de disques, un record jamais battu à ce jour.

Depuis sa mort due à une attaque cardiaque à l'âge de 42 ans (la légende veut qu'il soit décédé dans les toilettes alors qu'il lisait un article scientifique sur le physique de Jésus), Elvis est devenu un mythe et une icône culturelle. Au point que certains assurent avoir été guéris après une visite sur sa tombe à Graceland ou après l'invocation de l'esprit du King.

des costumes (dont le kimono de karaté d'Elvis et les chaussures d'Isaac Hayes, montées sur des talons de 25 cm). Les enceintes diffusent des enregistrements d'époque et les téléviseurs passent des films noir et blanc rares, ainsi que des séquences télévisées, parmi lesquels *St Louis Blues*, l'unique film dans lequel Bessie Smith est apparue.

La conception et l'entretien des collections justifient l'entrée quelque peu élevée (7,50 $ par adulte). La boutique propose des livres sur la musique et des souvenirs. Le musée ouvre du lundi au jeudi de 10h à 18h, jusqu'à 21h le vendredi et le samedi, et de midi à 18h le dimanche.

### National Civil Rights Museum

Il ne faut surtout pas manquer ce musée (☎ 901 521 9699, 450 Mulberry St) qui occupe le Lorraine Motel, à cinq pâtés de maisons au sud de Beale St. C'est ici que Martin Luther King fut assassiné le 4 avril 1968. La façade turquoise de cet hôtel bâti dans les années 50 est restée à peu près identique malgré le temps, et les Cadillac qui sont garées sous le balcon se trouvaient déjà là ce jour fatal.

Des photos et des textes relatent les événements clés de l'histoire du Civil Rights Movement. En déambulant dans le motel, on est saisi par une atmosphère pénétrante et accablante, qui atteint son point culminant dans la chambre de King laissée telle qu'elle était lorsqu'il l'a quittée avant d'être tué.

L'entrée coûte 6 $ par adulte, 5 $ pour les étudiants et les seniors, 4 $ pour les enfants entre 6 et 12 ans. Le musée ouvre de 10h à 17h les lundi, mercredi, vendredi et samedi, de 9h à 20h le jeudi, et de 13h à 17h le dimanche (fermé le mardi). En été, ces horaires sont prolongés.

### Mud Island Parc

Au-dessus du Tennessee State Welcome Center, traversez la Wolf River par le monorail (celui-ci part de Front St, entre Poplar Ave et Adams Ave) ou la passerelle piétonne pour atteindre les 21 ha du Mud Island Park (☎ 901 576 7241, 800 507 6507). Une reproduction à l'échelle du bas Mississippi débouche sur un bassin représentant le golfe du Mexique. Vous pouvez patauger dans le fleuve miniature (un pas représente environ 1 500 m) et vous baigner dans le golfe. Vous découvrirez également dans le parc le musée du Mississippi, qui expose des répliques de bateaux à vapeur et de canonnières ; les passionnés de musique y trouveront aussi leur compte. Il règne en ces lieux une atmosphère de train fantôme. Le site abrite également un bombardier de la Seconde Guerre mondiale, un amphithéâtre et des restaurants.

Ouvert de mi-avril à octobre, le parc est fermé le lundi au printemps et à l'automne, mais est ouvert tous les jours de 10h à 19h en été. Comptez 8 $ par adulte, 6 $ pour les enfants entre 4 et 11 ans, les seniors et les personnes à mobilité réduite (ces prix incluent toutes les activités).

## Sun Studio

C'est au Sun Studio (☎ 901 521 0664), 706 Union Ave près de Marshall Ave, à cheval sur le centre-ville et Midtown, que naquit le rock'n roll. C'est certainement le studio d'enregistrement le plus célèbre du monde. A ses débuts, dans les années 50, Sam Phillips, le propriétaire, enregistra des musiciens de blues tels que Howlin' Wolf, B. B. King ou encore Ike Turner. Suivit la dynastie des rois du rockabilly avec Jerry Lee Lewis, Carl Perkins, Johnny Cash, Roy Orbison et, bien sûr, Elvis Presley. En 1952, le Sun produisit *Rocket 88*, interprété par Jackie Brenston et considéré comme le premier disque de rock'n roll. Quant au premier tube d'Elvis enregistré au Sun, *Don't be Cruel*, il date de 1955.

La petite pièce est toujours en activité : U2, Def Leppard, Tom Petty ou Beck, par exemple, ont choisit le Sun. A la demie de chaque heure démarre une "visite" d'une demi-heure, pendant laquelle vous écoutez des extraits des meilleurs disques d'origine (8,50 $ par personne, gratuite pour les moins de 12 ans). Le Sun est ouvert tous les jours de 10h à 18h (horaires prolongés en été).

## Graceland

La propriété de Graceland fut la demeure d'Elvis Presley pendant 20 ans. Il y est décédé et a été enterré près de la maison. Avant d'appartenir au King, ce domaine faisait partie d'une exploitation agricole de 200 ha. Elle fut baptisée Graceland en l'honneur d'une femme de la famille des propriétaires. Elvis l'acquit en 1957, à l'âge de 22 ans, pour la somme de 100 000 $. A sa mort en 1977, la propriété revint à son père et à sa grand-mère, puis à sa fille, Lisa Marie Presley. Priscilla Presley, l'ex-femme du chanteur, ouvrit Graceland au public en 1982.

Les drapés bleu roi aux franges dorées, les vitraux figurant des paons, les meubles de cuisine vert cru, le canapé de 4,5 m de long, la peinture jaune, la cascade de pierre et la moquette à poils longs du plafond font de Graceland un musée de la mode des années 70.

Pour la visite de Graceland (☎ 901 332 3322, 800 238 2000, TDD/TTY– pour malentendants équipés – 901 344 3146, www.elvis-presley.com), sur Elvis Presley Blvd (Hwy 51), commencez par l'accueil, de l'autre côté du boulevard. Vous y trouverez des expositions annexes, un café, des souvenirs et même une poste où vous pourrez envoyer du courrier portant le cachet de Graceland. Chaque demi-heure, un film de 22 minutes est diffusé gratuitement.

Durant la saison touristique, on vous attribue un horaire pour pouvoir visiter la propriété, mais il est également possible de faire une réservation par téléphone. Depuis l'accueil, des camionnettes conduisent les visiteurs jusqu'au bâtiment de l'autre côté du boulevard. La visite inclut un audioguide (disponible en 7 langues) comprenant des commentaires de Priscilla Presley.

La visite de la propriété seule coûte 12 $, l'entrée du musée des Voitures 6 $, celle du "Sincerely Elvis" (une collection de souvenirs à la gloire du King) 5 $, tout comme la visite des avions personnels du chanteur. Les seniors et les enfants bénéficient de réductions. Si vous désirez faire le tour complet, comptez 22 $ par adulte, 20 $ pour les seniors et 11 $ pour les enfants entre 7 et 12 ans. Cette formule peut paraître interminable, et les non-initiés peuvent se contenter de la visite de la maison (même si les voitures et les avions valent le détour).

Le parking vaut 2 $ mais il est gratuit pour les personnes à mobilité réduite. En tournant à droite juste après le Heartbreak Hotel, vous trouverez à vous garer sans avoir à payer.

Le complexe ouvre chaque jour de 8h à 18h entre le dernier lundi de mai et le premier lundi de septembre, et de 9h à 17h le reste de l'année. Il ferme durant les principaux jours fériés. La demeure elle-même est fermée le mardi, de novembre à février.

Lors de la veillée aux chandelles qui a lieu chaque année pour l'anniversaire de la mort d'Elvis (le 15 août), adorateurs et imitateurs font des heures de queue afin de participer au défilé qui remonte l'allée et contourne la tombe du King dans le Meditation Garden. Le 8 janvier, anniversaire de sa naissance, a été officiellement proclamé Jour d'Elvis à Memphis. Autour de cette date ont lieu divers événements. Pendant la période de Noël, la propriété est spécialement décorée.

Graceland est rapidement accessible en taxi de l'aéroport (8 $), vous pouvez donc y faire une courte halte en hiver quand il y a moins de monde (n'oubliez pas que le mardi est jour de fermeture). Sinon, une navette vous conduira gratuitement entre 11h et 18h environ d'Elvis Presley's Memphis, sur Beale St, jusqu'à Graceland, *via* le Sun Studio. Renseignez-vous dans l'un de ces lieux pour les horaires. Ceux qui optent pour le taxi au départ du centre-ville devront prévoir entre 18 $ et 20 $.

### Maisons historiques

**Slavehaven/Burkle House** (☎ 901 527 3427), 826 N 2nd St au niveau de Chelsea Ave, au nord du centre-ville, est une demeure fascinante, avec ses portes cachées et ses tunnels, qui présente l'histoire de l'esclavage. Il semblerait qu'elle ait servi d'escale aux esclaves évadés qui cherchaient à rejoindre l'Underground Railroad (filière clandestine). Il est possible de suivre la visite guidée du lundi au samedi entre 10h et 16h. L'entrée revient à 5 $ par adulte et à 3 $ par enfant.

La quartier du **Victorian Village** abrite deux superbes maisons de la fin du XIX$^e$ siècle. **Woodruff-Fontaine House** (☎ 901 526 1469), 680 Adams Ave, est ouverte de 10h à 15h30 du lundi au samedi (fermée le mardi), et de 13h à 15h30 le dimanche. Quant à **Mallory-Neely House** (☎ 901 523 1484), 652 Adams Ave, vous pourrez la visiter entre 10h et 15h30 du mardi au samedi et entre 13h et 15h30 le dimanche. Chaque entrée s'élève à 5 $ par personne mais il est possible d'acheter un billet pour les deux maisons à 9 $.

**Magevney House** (☎ 901 526 4464), 198 Adams Ave, est plus petite. Elle fut occupée par un immigrant irlandais de *middle class*. L'intérieur reflète le style de vie de sa famille durant le milieu du XIX$^e$ siècle. Elle ouvre de 10h à 14h du mardi au vendredi et de 10h à 16h le samedi (horaires prolongés en été). L'entrée est gratuite.

### Pink Palace Museum & Planetarium

A l'origine, en 1923, le Pink Palace (☎ 901 320 6320), 3050 Central Ave, était la résidence de Clarence Saunders, le fondateur des supermarchés Piggly Wiggly. Il réouvrit en 1996, transformé en musée d'Histoire naturelle et culturelle. Parmi les objets hétéroclites présentés dans cette sympathique exposition, on compte des fossiles, des témoignages de la guerre de Sécession, des fresques restaurées et une réplique exacte du Piggly Wiggly d'origine, première épicerie en self-service au monde. Le musée ouvre tous les jours, avec nocturne du mardi au samedi (ouvert à partir de midi le dimanche). L'entrée revient à 6/5,50/ 4,50 $ par adulte/senior/enfant.

Le planétarium propose régulièrement des attractions (3,50 $) dont un spectacle laser sur Elvis en août. L'admission à la salle IMAX est de 9 $ (6 $ pour les enfants).

### Brooks Museum of Art

Au sein d'Overton Park (un espace vert encerclé de belles demeures), le musée des Beaux-Arts de Memphis (☎ 901 544 6200), à deux pas de Poplar, près de Kenilworth St, se déploie sur trois étages à partir d'une rotonde centrale particulièrement élégante. Ses jolies galeries présentent, entre autres, des vaisseaux péruviens de 250 av. J.-C., un superbe poncho inca fabriqué à partir de plumes d'ara et de perroquet, une table à manger de Duncan Phyfe, une cruche de Picasso et des tableaux exécutés à la peinture en bombe.

Comptez 5/4/2 $ par adulte/senior/étudiant (gratuit le mercredi). Le musée ouvre tous les jours sauf le lundi, et jusqu'à 20h le premier mercredi du mois. Le magasin de souvenirs est bien approvisionné et le restaurant agréablement situé dans le parc.

## Peabody Place Chinese Art Museum

Qui aurait cru que vous viendriez dans le Tennessee pour admirer les arts chinois ? Cette collection privée (☎ 901 523 2787), dans Pembroke Square, au niveau du 119 Main St, mérite un petit tour. Vous admirerez des sculptures chinoises d'une finesse exceptionnelle, mais aussi des pièces japonaises, des verreries contemporaines d'Europe de l'Est et de l'artisanat juif. Le jour de fermeture est le lundi, et l'entrée coûte 5 $.

## Dixon Gallery & Gardens

La Dixon Gallery (☎ 901 761 5250), 4339 Park Ave (entre Getwell et Perkins), abrite une collection très intéressante de tableaux impressionnistes et postimpressionnistes de Monet, Degas, Renoir et Cézanne. Le bâtiment se dresse au milieu de 7 ha de bois, de pelouses verdoyantes et de jardins paysagers. Le musée est ouvert du mardi au dimanche, et l'entrée coûte 5 $ pour les adultes, 4 $ pour les seniors, 3 $ pour les étudiants et 1 $ pour les enfants de moins de 12 ans. Le lundi, seuls les jardins sont ouverts, le prix d'entrée est donc réduit de moitié.

## Memphis Botanic Gardens

Plat et sans intérêt au premier abord, ce Jardin botanique (☎ 901 685 1566), 750 Cherry Rd (en face de la Dixon Gallery), dévoile son charme dès que l'on s'en approche. Il inclut le Sensory Garden (jardin des Sens), le Garden of Tranquility (de style japonais) et l'Iris Garden. Il ouvre tous les jours de mars à octobre, pour la somme de 4/3/2 $ par adulte/senior/enfant (gratuit le mardi après-midi).

## Chucalissa Archaeological Site & Museum

Le département d'anthropologie de l'université de Memphis a reconstitué un village indien du XV$^e$ siècle sur le site archéologique de Chucalissa (☎ 901 785 3160), qui se trouve sur un promontoire isolé au sud du centre-ville (près de Mitchell Rd, à l'ouest de la Hwy 61, mais vous pouvez aussi prendre la sortie Mallory sur la I-55). Les cérémonies, les danses et les jeux avaient lieu sur la place centrale du village. Les maisons en toit de chaume qui la bordent appartenaient au chef, au chaman et à des artisans talentueux. Elles sont bâties sur des terrassements surélevés, qui servaient également à enterrer les morts.

Les expositions du musée, les démonstrations de travail artisanal et le personnel (compétent) aident à comprendre cette civilisation complexe du Mississippi, qui dominait autrefois le sud-est des États-Unis. Les mannequins en diorama illuminés et le sol en béton rouge qui attirent le regard ne nuisent pas trop à ce site authentique du Mississippi. Les passionnés d'archéologie ne manqueront pas la tranchée qui révèle les couches successives d'un ancien monticule. L'entrée coûte 5 $ par adulte, 3 $ par senior et par enfant. Le site est fermé le lundi.

Vous pourrez admirer, durant le week-end de la fête des Mères, un powwow de printemps (assemblée), et le premier week-end d'août un festival choctaw comprenant des danses et des présentations d'artisanat et de nourriture.

## Autres curiosités

**Overton Park**, dans Midtown, constitue l'un des plus grands parcs urbains du pays. Il abrite un petit musée d'Art et un amphithéâtre où se tiennent des concerts. De grandes portes égyptiennes décorées de hiéroglyphes colorés annoncent l'entrée du **Memphis Zoo** (☎ 901 276 9453), niché dans l'angle nord-ouest du parc. Il n'a rien d'exceptionnel, mais si vous ne savez que faire avec vos enfants... Comptez 8,50 $ par adulte, 7,50 $ par senior, 5,50 $ par enfant entre 2 et 11 ans, et 3 $ pour garer votre voiture. Vous pouvez demander une poussette. Le zoo ouvre tous les jours.

Un rien tape-à-l'œil, le **Children's Museum** (☎ 901 320 3170), 2525 Central Ave, au niveau de Hollywood (dans les Mid-South Fairgrounds) divertira vos enfants avec sa cabane dans un arbre, une boutique et une banque miniatures, un camion de pompiers et des animations. Les adultes payent 5 $, les seniors et les enfants 4 $.

Toujours au même endroit, **Libertyland** est un parc d'attractions à l'ancienne avec une vieille montagne russe en bois gigantesque et quantité d'autres manèges. Il n'ouvre qu'en été et l'entrée coûte 7 $ (4 $ après 16h).

Le jardin du **National Ornamental Metal Museum** (☎ 901 774 6380) présente des sculptures qui dominent le fleuve Mississippi. D'autres pièces d'art métalliques, allant de bijoux à des constructions architecturales, sont exposées à l'intérieur, au côté de forgerons au travail. Comptez 4/3/2 $ par adulte/senior/étudiant ou enfant. Le musée est fermé le lundi. Pour y accéder, suivez la I-55 depuis le centre-ville et prenez Metal Museum Dr.

Les deux parcs d'État proposent de nombreuses activités, ainsi que des campings. Au sud de la ville, le **TO Fuller State Park** (☎ 901 543 7581), sur un monticule isolé près de Mitchell Rd, à l'ouest de la Hwy 61, possède un terrain de golf de 18 trous et une piscine. C'est également ici que vous trouverez le site archéologique de Chucalissa (voir plus haut).

A 20 km au nord de la ville s'étendent les 5 800 ha du **Meeman-Shelby State Park** (☎ 901 876 5215). Quelque 32 km de pistes sont aménagés pour faire du cheval ou du vélo. Il est possible de louer chevaux et bateaux. Il y a aussi une piscine olympique.

## Circuits organisés
Tad Pierson's American Dreams Safari (☎ 901 527 8870, tad@americandreamsafari.com) offre le meilleur tour de la ville. A bord de la Cadillac 1955 de Tad, vous parcourrez pendant trois heures (50 $ par personne) le vrai Memphis, en passant par les sites phares ("greatest hits") de la ville : le Sun Studio et de nombreuses attractions liées à Elvis. Les plus courageux préféreront le tour To Hell with Elvis qui sillonne les petites rues. Hors des sentiers battus, vous aurez droit à toutes les anecdotes et à une fabuleuse course en voiture. Le circuit d'une journée intitulé "Delta Blues" revient à 175 $ par personne, petit déjeuner et déjeuner compris.

Les croisières à bord du *Memphis Queen* (☎ 901 527 5694) partent de Monroe Ave, au niveau de Riverside Dr. Les premiers prix pour une promenade touristique d'une heure et demie s'élèvent à 12 $ par adulte (c'est plus cher pour un dîner au coucher du soleil, une soirée musicale au clair de lune ou un brunch le dimanche matin).

Gray Line (☎ 901 384 3474, 800 948 8680) est le spécialiste des tours en bus en langue étrangère. Il propose une douzaine de circuits variant entre 3 et 8 heures. Il est possible d'être pris et déposé dans la plupart des hôtels.

Des calèches (☎ 901 527 7542) stationnent devant le Peabody Hotel sur Union Ave. Un tour d'une demi-heure revient à 30 $ pour deux personnes (gratuit pour les enfants).

Pour les sports de plein air comme le canoë, le kayak ou encore la randonnée, adressez-vous à Outdoors Inc (☎ 901 722 8988), 1710 Union Ave.

## Manifestations annuelles
Consultez le programme du supplément du vendredi et du dimanche du *Commercial Appeal*, ou celui du *Memphis Flyer*, un hebdomadaire gratuit.

### Janvier
Le 8 janvier a été décrété "Elvis Presley Day" par proclamation municipale, et l'anniversaire du King est célébré dans sa maison de Graceland. Vers le 15 janvier (généralement le troisième lundi du mois), on célèbre un autre anniversaire, celui de Martin Luther King, par une journée fériée et un hommage de la ville.

**Février**
Beale St accueille un festival zydeco, et les animations sont programmées de manière à coïncider avec le Black History Month (Mois de l'histoire noire).

**Mars**
Les habitants chahuteurs de Pinch District fêtent la Saint-Patrick le 17 mars.

**Avril**
La mort de Martin Luther King est commémorée par un défilé le 4 avril. Plus joyeux, Africa in April est un festival important. Quant à Beale St, elle organise une fête de quartier en avril pour célébrer l'arrivée du printemps.

**Mai**
Memphis in May est la principale fête de la ville. Elle comprend un barbecue géant et le Beale St Music Festival. Pour la fête des Mères (fin mai ou début juin), Chucalissa organise le Spring Powwow.

**Juin**
On fête Juneteenth autour du 19 juin à la Slavehaven/Burkle House et au Freedom Festival de Douglas Park.

**Juillet**
Du Mud Island Park, admirez les feux d'artifice illuminer le Mississippi pour le Jour de l'indépendance le 4 juillet.

**Août**
Le 15 août, anniversaire de la mort d'Elvis Presley, donne lieu à des animations dans toute la ville. On compte parmi les événements officiels la veillée aux chandelles autour de la tombe du King. Sinon, le P&H Cafe (voir *Où sortir* plus loin) accueille le Dead Elvis Ball. Le Memphis College of Art parraine chaque année le show White Trash/Black Velvet durant lequel 30 artistes présentent leur interprétation du Black Velvet. Ceux qui semblent se rapprocher le plus des goûts d'Elvis remportent des prix.

**Septembre**
La Mid-South Fair apporte son lot de manèges et une atmosphère de carnaval au champ de foire durant 10 jours. Le Cooper-Young Festival est une fête de rue.

**Octobre**
Arts in the Park se tient à la fin du mois. Pendant 3 jours, le Jardin botanique rassemble des œuvres de créateurs et des représentations. A Chucalissa, Native American Day propose des activités pour les enfants.

**Novembre**
Vers le 15 du mois, le W. C. Handy Birthday Celebration rend hommage au bluesman de Beale St. Starry Night, qui a lieu à la fin du mois, consiste en un spectacle populaire de lumières colorées à traverser en voiture. Les bénéfices reviennent à la Metropolitan Inter-Faith Association. Graceland se pare pour les vacances et reste ainsi jusqu'à l'Épiphanie environ. Le Victorian Village est également spécialement décoré.

**Décembre**
Célébrations et décorations de Noël colorent Memphis (voir ci-dessus). Traditionnellement, la nouvelle année transforme Beale St en une fête de rue géante et le Peabody donne un bal.

## Où se loger

**Camping.** Le *KOA Kampground* (☎ *901 396 7125, 800 562 9386, 3691 Elvis Presley Blvd*) se trouve quasiment en face de Graceland et il ouvre toute l'année ; les emplacements coûtent 21 $ (comptez plus pour un branchement électrique), et les cabins 36 $.

Le *TO Fuller State Park* (☎ *901 543 7581*), au sud de la ville, non loin de Mitchell Rd, à l'est de la Hwy 61, comprend un camping, une piscine et un terrain de golf. Comptez 13 $ la nuit. Il est possible de se raccorder au secteur.

A une vingtaine de kilomètres au nord de Memphis, le *Meeman-Shelby State Park* (☎ *901 876 5215*) propose des sentiers de randonnée, une piscine et des locations de bateau. Les emplacements équipés d'un branchement électrique coûtent 13 $. Six cabins de deux chambres (ils peuvent accueillir 6 personnes) totalement équipés bordent le lac et reviennent à 60 $, draps compris (70 $ le week-end).

**Motels.** A quelques pas de Graceland est installé le *Days Inn* (☎ *901 346 5500, 800 329 7466, 3839 Elvis Presley Blvd*). Hormis les films d'Elvis diffusés 24h/24 et la piscine en forme de guitare, cet établissement n'a rien d'exceptionnel. Les prix débutent à 70 $.

Le *Red Roof Inn* (☎ *901 528 0650, 800 843 7664, 210 S Pauline St*) est un motel ordinaire situé dans le quartier des hôpitaux et appartenant à la chaîne Jane. Comptez 50 $ environ pour une chambre.

Les meilleurs motels bon marché sont les établissements modernes situés de l'autre côté de la rivière, dans West Memphis, Arkansas. Il en existe près d'une douzaine au niveau d'un ravin marquant une aire sur la sortie 279 de la I-40, dont le *Motel 6* (☎ *501 735 0100, 800 466 8356)*. Pour 37/43 $ la nuit, vous profiterez de la piscine.

Le *Skyport Inn* (☎ *901 345 3220)* est un petit motel propret situé au terminal A de l'aéroport international de Memphis. Ses tarifs (à partir de 35 $) et son emplacement sont extrêmement séduisants pour les personnes en transit. Le motel se vante de posséder 44 chambres insonorisées. Un parking gratuit est à la disposition de la clientèle.

**Hôtels.** Le *Peabody Hotel* (☎ *901 529 4000, 800 732 2639, 149 Union Ave)* constitue un point de repère mais surtout l'hôtel le plus huppé de Memphis (voir *Peabody Hotel* plus haut). Les prix débutent à 180/210 $ la simple/double, pour atteindre 725 $ dans la suite Romeo and Juliet. Pour toute information, consultez le site www.peabodymemphis.com.

Le *Heartbreak Hotel* (☎ *877 777 0606, 3677 Elvis Presley Blvd)* ne se contente pas de diffuser des films d'Elvis et d'imiter la fausse élégance de Graceland ; il propose des suites fabuleuses à l'image du King. Ainsi, la Hollywood Suite est pourvue d'une TV à écran géant et de chaises inclinables démesurées, une bonne option pour les groupes d'amis ; la Burning Love est placardée de photos d'Elvis embrassant une horde de filles ; une des pièces de la Graceland Suite représente une jungle avec une fontaine en fonctionnement. Les chambres ordinaires valent 89 $, les demi-suites 310 $, et les suites 470 $.

Tournant le dos à Main St, le *Sleep Inn at Court Square* (☎ *901 522 9700, 800 753 3746, 40 N Front St)* bénéficie d'un emplacement de choix, non loin du fleuve. Les prix démarrent à 80 $ environ, petit déjeuner compris. Certaines chambres du *Hampton Inn & Suites* (☎ *901 260 4000, 175 Peabody Pl)* possèdent des balcons donnant sur Beale St. Prévoyez au moins 115 $ pour une chambre, avec accès au buffet du petit déjeuner. Situé dans le quartier piétonnier d'Overton Square, le *French Quarter Suites Hotel* (☎ *901 728 4000, 800 843 0353, 2144 Madison Ave)* propose des suites (en simple ou double) à partir de 110 $. Le prix inclut le petit déjeuner buffet, l'accès à la piscine extérieure et un service de navette avec l'aéroport.

Hôtel-appartements à la mode, la *Talbot Heirs Guesthouse* (☎ *901 527 9772, 99 S 2nd St)* possède 9 studios, chacun décoré de manière personnalisée, variant entre 150 $ et 250 $.

## Où se restaurer

Memphis est célèbre pour ses grillades : le porc est succulent, en particulier l'épaule hachée que l'on vous sert souvent en sandwich. Ne quittez pas la ville sans faire une halte à Rendezvous ou à Cozy Corner.

Reportez-vous à la rubrique *Où sortir* pour d'autres adresses. N'oubliez pas que la plupart des établissements ferment le dimanche (excepté sur Beale St).

**Centre-ville.** *Arcade* (☎ *901 526 5757, 540 S Main St)* existe depuis 1919, et sert aujourd'hui des pizzas dans un cadre moderne. Il est possible d'y petit-déjeuner, tout comme au *Cafe Expresso* du Peabody Hotel (qui propose des pâtisseries et des sandwiches onéreux), ou à *Yellow Rose* (☎ *901 527 5692, 56 N Main St)*, un café sans prétention qui prépare des petits déjeuners et des déjeuners typiques du Sud très abordables.

Pour atteindre *Rendezvous* (☎ *901 523 2746, 52 S 2nd St)*, prenez l'allée qui part de Union Ave, près du Holiday Inn. Ouvert depuis 50 ans, ce restaurant vend 5 tonnes de côtes grillées chaque semaine, bien qu'il soit fermé le dimanche et le lundi (un menu complet revient à 13,50 $). Le *Blues City Café* (☎ *901 526 3637, 138 Beale St)* est un choix idéal pour prendre un déjeuner simple ou un dîner sur le pouce et, bien que l'endroit soit souvent bondé, il n'est pas désagréable d'y manger seul. Trois tamales servis avec un bol de chili coûtent 4,50 $.

Vous reconnaîtrez peut-être *Front Street Deli* (☎ *901 522 8943, 77 S Front St)*, au niveau de Union Ave, qui a fait une apparition dans le film *The Firm*, de Sydney Pollack. Vous pourrez manger votre sandwich sur place ou l'emporter. Très populaire, ***Huey's*** *(☎ 901 527 2700, 77 S 2nd St)*, au niveau de Union Ave, est un pub décontracté proposant d'excellents hamburgers, de la bière et des concerts. L'établissement d'origine se trouve dans Midtown.

Dans le cadre bohème de l'*Automatic Slim's Tonga Club* *(☎ 901 525 7948, 83 S 2nd St)*, vous pourrez déguster des plats de thon, de canard et toutes sortes de ragoûts étranges, poêlés, lentement rôtis ou encore agrémentés d'un filet d'huile. L'addition devrait tourner autour de 15 $ par plat. Le dîner est servi du lundi au samedi, et le déjeuner, en semaine, ne coûte que la moitié du prix du repas du soir.

*Elvis Presley's Memphis* *(☎ 901 527 6900, 126 Beale St)* détient l'exclusivité de la vente de sandwiches frits au beurre de cacahouète et banane ! Artères fragiles s'abstenir. Brasserie de charme, la salle de ***Gordon Biersch*** *(☎ 901 543 3330, 145 S Main St)* est confortable, pour qui aime regarder du sport à la TV ou prendre un repas copieux. Les serveurs vous feront goûter gratuitement leur bière à l'allemande.

*The Map Room* *(☎ 901 579 9924, 2 S Main St)*, au niveau de Madison, est certainement l'établissement le plus douillet du centre-ville. Café, servi très tôt le matin, sandwiches et bières composent principalement le menu. L'établissement accueille des groupes de musique du mercredi au samedi. A la fois restaurant et bar, ***Landry's*** *(☎ 901 526 1966, 263 Wagner Place)*, à l'angle de Front St et de Beale St, possède un pont extérieur qui surplombe le Mississippi.

Au sud du centre-ville, les compartiments rouges d'*Ellen's* *(☎ 901 942 4888, 601 S Parkway E)*, près de Macmillan, un établissement rien désuet, vous accueilleront pour déguster du poulet frit, du porc, d'excellents légumes, des plats traditionnels du Sud et des grillades.

*Cielo* *(☎ 901 524 1886, 679 Adams Ave)* est complètement différent, avec sa "new food" créative servie dans une maison victorienne restaurée. Comptez 20 $ environ pour un plat. Il y a un bar à l'étage.

Au nord du centre-ville, dans le Pinch District, ***High Point*** *(☎ 901 525 4444, 111 Jackson St)* prépare des steaks, du poisson-chat, des grillades, des hamburgers et des saucisses maison à des prix modestes. La carte des bières locales ou importées est impressionnante. Cet établissement constitue une halte amusante.

**Midtown.** La carte de *The Cupboard* *(☎ 901 276 8015, 1400 Union Ave)*, vers Cleveland St dans une portion de rue commerçante, affiche des filets de poisson-chat grillés, du pain de viande aux feuilles de navets, ou encore des tomates vertes frites, du pudding de maïs et de la tarte aux prunes. Les prix tournent autour de 7 $. Le restaurant ouvre de 11h à 20h en semaine et de 11h à 15h le week-end. En face du Methodist Hospital, *Tops* *(☎ 901 725 7527, 1286 Union Ave)*, au niveau de Claybrook St, fait partie d'une chaîne locale de barbecues corrects et bon marché.

La plupart des établissements d'Overton Square sont concentrés sur Madison Ave. Installé à Memphis depuis 1945, *Anderton's* *(☎ 901 726 4010, 1901 Madison Ave)*, au niveau de McLean Blvd, est spécialisé en produits de la mer. Au bar, en forme de bateau, on peut déguster des cocktails.

Il est possible de prendre son repas à l'intérieur comme à l'extérieur à *On Teur* *(☎ 901 725 6059, 2015 Madison Ave)*, établissement réputé pour ses plats végétariens, ses saucisses aux noix de pecan fumées et son jimbolaya. Le *Huey's* d'origine *(☎ 901 726 4372, 1927 Madison Ave)* est désormais un pub de quartier où l'on mange de délicieux hamburgers accompagnés de frites. Occasionnellement, des concerts s'y tiennent.

A 7 km du centre-ville, dans le petit quartier de Cooper-Young, vous trouverez plusieurs restaurants, des cafés et une épicerie regroupés sur deux pâtés de maisons à l'angle de S Cooper St et de Young Ave. ***Java Cabana*** *(☎ 901 272 7210, 2170 Young Ave)* sert du café ordinaire, du café frappé et des tartes maison. Ouvert tous les jours entre 9h et 22h (plus tard durant les weekends), l'établissement accueille différentes animations, dont des lectures de poésie et la diffusion de films en 16 mm. A la fois café et boutique de cadeaux, *Otherlands (☎ 901 278 4994, 641 S Cooper St)* sert aussi des petits déjeuners et prépare des sandwiches 7j/7. Le patio rafraîchissant situé à l'arrière attire la jeunesse. Le *Cafe Olé (☎ 901 274 1504, 959 S Cooper St)*, vers Young, est un Tex-Mex aux prix alléchants (un burrito grande coûte 8,25 $). En week-end, vous pourrez savourer votre brunch jusqu'à 15h. On pourrait définir *Tsunami (☎ 901 274 2556, 928 S Cooper St)* par un mélange des cultures qui bordent le Pacifique. Les plats valent environ 18 $, et le restaurant ouvre le soir du lundi au samedi.

Le fameux *Cozy Corner (☎ 901 527 9158, 745 North Parkway)*, non loin du Danny Thomas Blvd (Hwy 51), occupe une rue piétonne. Sous un éclairage fluorescent, vous essayerez le célèbre porc mariné ou le gibier à plume préparé en barbecue à la cornouaillaise, tout en écoutant un bon disque de jazz. Cozy Corner est fermé le dimanche et le lundi.

## Où sortir

Le *Memphis Flyer* est distribué gratuitement dans de nombreux endroits (restaurants, clubs, boutiques) de la ville. Tout comme le supplément du vendredi et du samedi du *Commercial Appeal*, il fournit une liste des endroits où sortir. De nombreux établissements cités dans la rubrique précédente, tels que Huey's, sont également réputés pour leurs spectacles.

Beale St propose des concerts de blues quasiment tous les soirs ; l'animation est à son comble pendant les week-ends alors que la rue, fermée à la circulation, prend l'allure d'une immense fête. Comme il est possible d'emporter sa bière achetée dans l'un des nombreux stands, la tournée des bars est une activité coutumière, mais méfiez-vous, la modique somme exigée à chaque entrée peut rapidement vider votre portefeuille. Le week-end, vous pouvez acheter un pass (entre 10 $ et 15 $) qui permet d'entrer dans la plupart des lieux. Les festivals annuels (voir *Manifestations annuelles*) proposent des concerts en plein air gratuits dans le W. C. Handy Park.

*Elvis Presley's Memphis* (voir *Où se restaurer*) attire sa clientèle chic grâce aux vêtements de la boutique préférée d'Elvis, Lansky's. Deux ou trois fois par an, le *BB King's (☎ 901 524 5464, 800 443 8959, 143 Beale St)* accueille la star elle-même pour des concerts. Ces deux établissements cherchent à créer une atmosphère de club-restaurant tape-à-l'œil, mais sont finalement un peu ternes. Téléphonez pour savoir quel artiste est au programme et pour acheter les billets. Elvis Presley's propose aussi des brunchs le dimanche. Autrement, tentez *This is It! (☎ 901 527 8200, 167 Beale St)* ou le *Rum Boogie Cafe (☎ 901 528 0150, 182 Beale St)*.

Au *P&H Cafe (☎ 901 726 0906, 1532 Madison Ave)*, Wanda Wilson, personnage haut en couleur célèbre pour ses tenues et son caractère, accueille chaque mois d'août le Dead Elvis Ball (fermé le dimanche). Le minuscule *Backstreet (☎ 901 276 5522, 2018 Court Ave)*, au nord de Madison, vers Morrison St, attire principalement une clientèle homosexuelle masculine.

*Wild Bill's (☎ 901 726 5473, 1580 Vollintine Ave)* est une boîte aux allures de club qui propose des concerts du vendredi au dimanche. Vous y danserez à coup sûr (surtout après 1h quand les musiciens de Beale St arrêtent de jouer).

*Hi-Tone (☎ 901 278 8663, 1913 Poplar Ave)* propose de la musique alternative qui plaît surtout à un public d'artistes.

En été, chaque jeudi soir, il est d'usage de venir se pavaner au Sunset Serenade du *Skyway* (au Peabody Hotel). Prévoyez une tenue habillée et 6 $ pour entrer. Le mercredi soir, en été également, River Rendez-vous sur Mud Island (près du pont du monorail) offre le même type de sortie.

Bâti en 1928 pour accueillir des vaudevilles, l'*Orpheum Theatre (☎ 901 525 3000, 203 S Main St)*, vers Beale St, fut restauré grâce à une enveloppe de 5 millions de dollars. Il programme des pièces de théâtre et des concerts importants. Les autres pièces se jouent généralement au *Circuit Play-*

house (☎ 901 726 4656, 1705 Poplar Ave), à Overton Square, ou au **Theatre Works** (☎ 901 274 7139, 2085 Monroe), derrière Overton Square. Le **Playhouse on the Square** (☎ 901 726 4656, 51 S Cooper St) héberge sa propre compagnie et vise un public plutôt familial.

Le **Ballet Memphis** (☎ 901 737 7322), le **Memphis Symphony Orchestra** (☎ 901 324 3627) et l'**Opera Memphis** (☎ 901 678 2706) ciblent les habitants aisés d'East Memphis, avec des tarifs et le décorum en conséquence.

## Manifestations sportives

Formée en 1998, l'équipe de base-ball, les Memphis Redbirds (☎ 901 721 6000), joue dans l'Autozone Park, à l'angle de Union St et de 3rd St, stade d'une capacité de 15 000 spectateurs. Chose rare, elle est gérée de manière non lucrative.

Les Memphis RiverKings (☎ 901 278 9009) jouent au hockey sur glace au Mid-South Coliseum de Libertyland. L'équipe de basket-ball University of Memphis Tigers (☎ 901 678 2331), classée au niveau national, joue à la Pyramide, dans le centre-ville, près de Mud Island.

Chaque année, en décembre, le stade de Libertyland organise le St Jude Liberty Bowl Football Classic. Le Kroger-St Jude Tennis Tournament se tient en février, et le FedEx-St Jude Golf Tournament en juin.

## Achats

Graceland offre exclusivement des souvenirs à l'effigie du King (dont certains savoureux : un téléphone en forme de Cadillac rose et une carte postale d'Elvis rencontrant Nixon). Vous pouvez également y acquérir des cassettes et des vidéos sur la star. Un magasin de souvenirs indépendant, plus au nord, vend des stylos kitsch, des coupe-ongles fantaisie et des réveils Elvis reproduisant le jeu de hanches légendaire.

Le Sun Studio possède une petite collection bien choisie de souvenirs, de livres et d'enregistrements. Les mordus de musique apprécieront.

Chez A Schwab's (☎ 901 523 9782), 163 Beale St, vous trouverez un extraordinaire assortiment d'articles de maison, de vêtements et de quincaillerie. La mezzanine est un véritable musée exposant l'attirail d'un ancien magasin général. La boutique ferme le dimanche.

Flashback (☎ 901 272 2304), 2304 Central Ave, ramène à la vie l'Art déco et les années 50 avec sa collection de vêtements et d'objets colorés. Il s'agit à la fois d'une boutique d'articles d'occasion et d'un musée. Non seulement Shangri-la Records (☎ 901 274 1916, www.shangri.com), 1916 Madison Ave, distribue son *Lowlife Guide to Memphis*, mais il entretient également un petit musée kitsch sur les années 70 et propose une sélection intéressante de CD neufs ou d'occasion.

Chez Memphis Comics (☎ 901 452 1304), 665 S Highland, vous aurez tout loisir de feuilleter *R. Crumb Draws the Blues* et d'autres classiques de la bande dessinée.

Parmi les centres commerciaux, Wolfchase Galleria (☎ 901 372 9409), 2760 N Germantown Parkway, à 30 minutes du centre-ville,

---

### Le gospel de Rev' Green

La plus belle musique soul de Memphis ne s'écoute pas dans les clubs de Beale St ni nulle part ailleurs en ville, mais au Full Gospel Tabernacle présidé par Rev Al Green. La puissante voix de Rev Green est soutenue par une guitare électrique et des chœurs formidables. Les visiteurs sont les bienvenus à la messe de 11h le dimanche, qui dure 2 heures 30.

Les non-initiés apprécieront un rappel des règles de conduite : habillez-vous correctement, donnez au moins 1 $ par adulte lors de la quête et ne quittez pas les lieux avant la fin. Évitez d'être accompagné d'enfants peu habitués aux services longs.

Pour accéder à l'église (☎ 901 396 9192), dans Whitehaven, prenez Elvis Presley Blvd vers le sud. Au quatrième feu après Graceland, tournez à droite dans Hale Rd et continuez sur 800 m vers l'ouest jusqu'au 787 Hale Rd.

est le plus agréable. Plus tape-à-l'œil, le Peabody Place, dans le centre-ville, renferme des boutiques et des espaces de loisirs.

## Comment s'y rendre

Memphis constitue un carrefour aérien et ferroviaire. La ville est également facilement accessible par les autoroutes et vous pouvez même opter pour le bateau en provenance de La Nouvelle-Orléans. Reportez-vous au chapitre *Comment s'y rendre* pour davantage de renseignements sur les vols et leurs tarifs.

**Avion.** L'aéroport international de Memphis (☎ 901 922 8000) se trouve à 20 minutes du centre-ville par la I-55, vers le sud-est. Il est desservi par Northwest Airlines, American Airlines, Delta, TWA, United Airlines, US Airways et 25 compagnies régionales.

Reportez-vous à *Comment circuler* plus bas pour d'autres détails.

**Bus.** Chaque jour, 8 bus Greyhound (☎ 901 523 1184) relient Memphis à Nashville (4 heures, 29 $ l'aller). Il existe en outre 4 bus quotidiens pour La Nouvelle-Orléans (entre 8 heures et 10 heures, 39 $ l'aller).

La gare routière est située au 203 Union Ave, dans le centre-ville, à côté du Radisson Hotel et à quelques mètres du Peabody Hotel.

**Train.** La restauration (fort nécessaire) des 57 300 m$^2$ de la Central Station (S Main St) lui a rendu sa splendeur d'antan (1914). La connexion avec le tramway de Main St est facile (voir *Comment circuler* plus loin).

Amtrak (☎ 901 526 0052 pour les renseignements, ☎ 800 872 7245 pour les réservations) relie Memphis à Chicago grâce au *City of New Orleans*. Reportez-vous au chapitre *Comment s'y rendre* pour les détails.

**Voiture.** Un centre téléphonique (gratuit), situé à côté de la livraison de bagages à l'aéroport, représente toutes les agences de location de voiture habituelles. Vous pouvez appeler pour connaître les disponibilités et les prix, et toutes les agences (Alamo, Avis, Budget, Dollar, etc.) vous enverront une navette pour vous conduire de l'aéroport à leurs bureaux. Pensez à réserver si vous arrivez pendant un événement particulier.

**Bateau.** Les bateaux de la Delta Queen Steamboat Compagny (☎ 800 513 5028) remontent le Mississippi au départ de La Nouvelle-Orléans avec plusieurs haltes, dont une à Memphis. Reportez-vous au chapitre *Comment circuler* pour en savoir plus.

## Comment circuler

**Desserte de l'aéroport.** L'aéroport se trouve à une trentaine de kilomètres du centre-ville, et les transports en commun sont limités. Les taxis demandent 22 $ environ pour vous mener en ville, 8 $ pour Graceland. De nombreux hôtels prévoient toutefois un service de navette gratuite pour leur clientèle.

Les transports en commun sont bon marché mais extrêmement peu pratiques. Attrapez le bus n°32 au niveau de la livraison des bagages (après les taxis et les navettes). Il se dirige d'abord vers l'est avant de s'arrêter dans Midtown, où il faut changer pour atteindre le centre-ville. Méfiez-vous, les bus sont peu fréquents. Le tarif est de 1,10 $ et de 10 ¢ pour le transfert.

La plupart des touristes louent des voitures. Le chemin le plus court consiste à prendre la I-55 – sachez que pour aller vers l'ouest de l'aéroport, il faut suivre les indications pour la I-55 nord.

**Bus.** Une navette gratuite dessert le Heartbreak Hotel, Graceland, le Sun Studio et Elvis Presley's Memphis toutes les heures entre 11h et 18h. Renseignez-vous auprès des lieux cités pour les horaires.

C'est la Memphis Area Transit Authority (MATA ; ☎ 901 722 7100) qui gère les bus de Memphis. Ils suivent un réseau et des horaires peu utiles aux touristes. Les quelques abris ou bancs (l'attente est longue surtout sous le soleil) sont inconfortables. Cela dit, vous pourrez avoir à prendre le n°32 depuis/vers l'aéroport ou le n°2 qui circule entre le centre-ville et le quartier de Cooper-Young *via* la partie commerçante de Madison Ave dans Overton Square. Le ticket coûte 1,10 $, et le transfert 10 ¢.

**Tramway.** Les tramways de Main St (☎ 901 274 6282) sont des véhicules anciens qui partent de la gare ferroviaire, remontent la partie piétonne de Main St, puis contournent la pyramide pour longer le fleuve. Ils constituent donc un moyen de transport très pratique pour les destinations du centre-ville. Le billet vaut 1 $ (50 ¢ le midi), et il faut faire l'appoint.

**Voiture et moto.** La I-40 et la I-55 se rencontrent à Memphis, par des jonctions complexes *via* la I-240. Dans la ville, la I-40 part vers le nord (même si les pancartes vous dirigent vers l'est), la I-55 dessert le centre-ville et la I-240 traverse Midtown.

Il est agréable de se promener en ville en moto (allez visiter la collection de voitures et de motos d'Elvis à Graceland pour vous rendre compte de l'amour local pour les deux-roues).

**Taxi.** Bien qu'ils soient chers et peu répandus en dehors du centre-ville, les taxis peuvent s'avérer moins onéreux que la location d'une voiture, à condition de les emprunter pour des courses courtes et bien précises. Entre Graceland et le centre-ville, les tarifs varient entre 18 $ et 20 $. Autrement, vous payerez 2,90 $ pour le premier mile (1,6 km) et 1,40 $ pour les suivants.

Pour appeler un taxi, adressez-vous à Checker Cab (☎ 901 577 7777) ou à City Wide Cab (☎ 901 324 4202), mais vous en trouverez certainement vers le Peabody Hotel.

**Bicyclette.** Memphis est une ville où il est relativement facile de se déplacer à vélo. Hormis la chaleur estivale, les conditions sont plutôt favorables à ce mode de transport : ville de taille moyenne, rues larges et bien entretenues. Cette pratique n'entre toutefois pas dans la culture locale, aussi il n'existe ni piste cyclable ni équipement spécial pour les amateurs, ni location de vélo.

## NASHVILLE
• 1 170 000 habitants

Nashville est une ville très plaisante : les habitants sont accueillants, la nourriture bon marché, il y a des clubs de country où écouter de la musique de qualité pour une misère, et on trouve un assortiment inégalable de souvenirs ringards. L'économie est en plein essor, le taux de chômage est faible et les rues sont propres. Que le Nord se déplace vers le Sud ou que le Sud se rapproche du Nord, en tout cas, Nashville ressemble plus que jamais à une ville américaine, et l'honnêteté est de mise comme rarement ailleurs dans le pays.

En tant que capitale mondiale de la country, Nashville exerce une fascination désuète. Les affichages en tout genre annoncent les nouvelles stars et les récents enregistrements, et les rues sont baptisées du nom des célébrités de la country comme Roy Acuff ou Chet Atkins. Les habitants portent des chapeaux de cow-boy et lisent *Billboard*, le magazine de l'industrie musicale, en prenant une pause au Pancake Pantry.

Si la country a rendu Nashville célèbre, elle ne représente pas à elle seule toute la production de la scène musicale locale. Il y en a pour tous les goûts.

Au nord-ouest de la ville, près du Briley Parkway, l'immense complexe Opryland abrite le Grand Ole Opry, d'une capacité de 4 400 places, le génial Opryland Hotel et l'immense Opryland Mills, venu remplacer en 2000 un parc à thème. Sur place, le quartier de Music Valley accueille motels, fast-foods, un KOA Kampground et des night-clubs peu engageants. Des bateaux circulent entre Opryland et le centre-ville, qui s'accroche à son côté populaire malgré les tentatives de Planet Hollywood et du Hard Rock Cafe.

## Histoire

Les anciens bâtisseurs de tumulus et les Shawanee Algonquins errants occupaient il y a quelques siècles les bords de la rivière Cumberland. Les Européens fondèrent en 1779 Fort Nashborough, devenu Nashville cinq ans plus tard. Le célèbre Daniel Boone n'était pas étranger à l'affaire, et sa Wilderness Road incita des immigrés de Virginie, de Caroline et des États du Nord-Est à franchir les Appalaches. Nashville devint rapidement un centre commercial et manufacturier. Elle obtint le statut de ville en 1806 et fut décrétée capitale du Tennessee en 1843.

Sa position sur la rivière Cumberland (reliée au système de navigation du Mississippi) et sur la jonction de plusieurs lignes de chemin de fer fit de Nashville un point stratégique durant la guerre de Sécession. Lorsque les troupes fédérales s'approchèrent de la ville, le corps législatif (lié à la Confédération) partit pour Memphis et Nashville capitula en une semaine. Les troupes de l'Union occupèrent la ville et lui imposèrent la loi martiale entre 1862 et 1865. En 1864, dans une ultime tentative pour récupérer Nashville et couper les lignes ferroviaires alimentant la campagne de l'unioniste Sherman contre Atlanta, la Confédération attaqua la ville. La bataille de Nashville fut sanglante et les troupes sudistes du Général Thomas Hood furent anéanties. En réalité, l'occupation de la ville permit de sauver quelques édifices historiques, dont certains sont aujourd'hui ouverts au public.

Alors que Nashville se remettait de la guerre, deux grandes épidémies de choléra tuèrent un millier de personnes, et poussèrent plusieurs milliers d'autres à quitter la ville. La Centennial Exposition (exposition du centenaire) de 1897, pour laquelle fut bâtie une reproduction du Parthénon, marqua la guérison effective de Nashville.

A cette époque, la famille Maxwell établit la célèbre entreprise de café. Teddy Roosevelt lui-même décréta la boisson "bonne jusqu'à la dernière goutte". La propriété des Maxwell abrite aujourd'hui un musée des Beaux-Arts et un Jardin botanique ouverts au public.

Par la suite, Nashville devint mondialement connue pour sa fameuse émission de radio "Barn Dance" (surnommée plus tard "Grand Ole Opry") qui fut programmée dès 1925. La ville fut rapidement proclamée capitale mondiale de la musique country, ce qui incita les studios d'enregistrement et les maisons de production à s'installer sur Music Row, à l'ouest du centre-ville.

Établie en 1885, la Fisk University joua un rôle fondamental dans l'histoire afro-américaine de Nashville. Cette institution noire fut partiellement financée par les bénéfices des tournées des Fisk Jubilee Singers qui initièrent les États-Unis et l'Europe aux negro spirituals dans les années 1870. Aujourd'hui, le campus peut se vanter de posséder le Jubilee Hall, premier bâtiment permanent du pays destiné à l'enseignement supérieur des Noirs. Durant les années 60, les étudiants occupèrent des restaurants, encouragèrent un boycott économique total et organisèrent des marches pour demander des aménagements favorisant la non-discrimination. Le succès de ces protestations non violentes servit de modèle aux manifestations du Civil Rights Movement dans l'ensemble du Sud.

Dans les années 70, le patron des entreprises Gaylord, de Nashville, créa l'empire Opryandia et traça les grandes lignes du tourisme musical en déplaçant le Grand Ole Opry, en rénovant le Ryman Auditorium, en organisant un service de bateaux sur la rivière et en contribuant au financement du projet de développement des quais. Hormis les spectacles et le tourisme (qui rapportent des milliards), Nashville vit aussi de son industrie médicale et d'une usine Nissan.

## Orientation

Nashville occupe une élévation sur les bords de la rivière Cumberland, dont le capitole est le point culminant. En descendant vers le sud-est, on traverse les rues étroites et les hauts immeubles qui forment le centre-ville, avant d'atteindre Broadway, l'artère centrale de la ville. Les drapeaux en cercle de Riverfront Park indiquent le début de Broadway, et la direction attribuée aux avenues change à partir de là. La rénovation des immeubles anciens le long de 2nd Ave et de Broadway a conduit à la création d'une zone touristique, le District, ce qui ne semble guère déranger les habitants de la ville qui continuent à fréquenter assidûment ces lieux.

Le quartier commerçant de Music Row se trouve au sud de la I-40, à moins de 2 km du centre-ville.

Il est plutôt difficile de définir les autres quartiers de cette ville tentaculaire. On distingue quand même l'étroite bande d'Elliston Place, à environ 1,5 km à l'ouest du centre et au nord de West End Ave, à l'am-

# Tennessee – Nashville

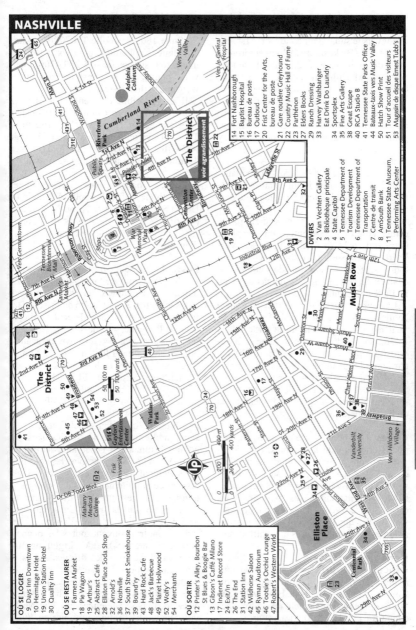

## NASHVILLE

### OÙ SE LOGER
- 9 Days Inn Downtown
- 10 Hermitage Hotel
- 19 Union Station Hotel
- 30 Quality Inn

### OÙ SE RESTAURER
- 1 Farmers Market
- 18 Pie Wagon
- 19 Arthur's
- 25 Abstract Café
- 28 Elliston Place Soda Shop
- 32 Arnold's
- 36 Nashville
- 37 South Street Smokehouse
- 39 Bound'ry
- 43 Hard Rock Cafe
- 48 Jack's Barbecue
- 49 Planet Hollywood
- 52 Wolfy's
- 54 Merchants

### OÙ SORTIR
- 12 Printer's Alley, Bourbon St Blues & Boogie Bar
- 13 Gibson's Caffé Milano
- 17 Indienet Record Store
- 24 Exit/In
- 26 The End
- 31 Station Inn
- 42 Wildhorse Saloon
- 45 Ryman Auditorium
- 46 Tootsie's Orchid Lounge
- 47 Robert's Western World

### DIVERS
- 2 Van Vechten Gallery
- 3 Bibliothèque principale
- 4 State Capitol
- 5 Tennessee Department of Tourism Development
- 6 Tennessee Department of Transportation
- 7 Centre de transit
- 8 AmSouth Bank
- 11 Tennessee State Museum, Performing Arts Center
- 14 Fort Nashborough
- 15 Baptist Hospital
- 16 Bureau de poste
- 17 Outloud
- 20 Frist Center for the Arts, bureau de poste
- 21 Gare routière Greyhound
- 22 Country Music Hall of Fame
- 23 Parthénon
- 27 Elders Books
- 29 Ranch Dressing
- 33 Harvey Washbanger Eat Drink Do Laundry
- 34 Sportsplex
- 35 Fine Arts Gallery
- 38 Great Escape
- 40 RCA Studio B
- 41 Tennessee State Parks Office
- 44 Bateaux-taxis vers Music Valley
- 50 Hatch Show Print
- 51 Tour d'accueil des visiteurs
- 53 Magasin de disque Ernest Tubb's

biance bohème. Au sud de West End Ave s'étend le campus Vanderbilt. En continuant vers le sud, on rencontre sur 21st Ave S, au sud de Blakesmore (à 3 km environ au nord de la I-440 et à 2,5 km au sud du centre-ville), Hillsboro Village, une sorte de banlieue dans la ville. Ensuite, les distinctions de quartier deviennent plus floues.

On désigne par "West End" ou plus simplement par "around Vanderbilt" le regroupement de restaurants le long de Broadway et de West End Ave de chaque côté de l'université.

De l'autre côté de la rivière Cumberland, dans East Nashville, le joli quartier historique d'Edgefield comprend une petite partie commerçante.

De nombreux touristes ne visitent pas le centre-ville et se contentent du complexe Opryland, près de Briley Parkway, vers l'aéroport. Music Valley abrite ici un ghetto touristique avec son lot de motels, de chaînes de restaurants, de magasins et un KOA Kampground.

La plupart des gens habitent la grande banlieue. La banlieue sud de Green Hills, facilement accessible depuis la sortie 3 de la I-440, permet d'atteindre le fameux Bluebird Cafe par le sud, ou Hillsboro Village par le nord. Les musées de la ville, aménagés dans des maisons anciennes – Hermitage, Cheekwood et Belle Meade –, se trouvent plus vers les pointes des tentacules de l'agglomération.

**Cartes.** Une bonne carte est indispensable pour s'orienter dans la complexité des jonctions. Si vous louez une voiture, demandez-en une. L'AAA (à 500 m au nord de la sortie 3 de la I-440, sur le 21st Ave) en distribue gratuitement à ses membres. Des cartes sont en vente dans les stations-service. Celles que distribuent les centres touristiques sont moins claires mais suffisantes.

## Renseignements

**Offices du tourisme.** L'office du tourisme central occupe la tour futuriste voisine de l'Arena, à l'angle de Broadway et de 5th Ave. Il existe également un centre d'accueil (☎ 615 741 2158) à l'aéroport.

Le Nashville Convention & Visitors Bureau (☎ 615 259 4730), 211 Commerce St, Suite 100, Nashville TN 37201, assure une ligne téléphonique pour les renseignements touristiques (☎ 615 259 4700), mais vous pouvez aussi consulter son site : www.nashville.citysearch.com.

Il est possible d'obtenir *The African American Guide to Cultural & Historical Sites* auprès du Tennessee Department of Tourist Development (☎ 615 741 2159) de Nashville (voir *Offices du tourisme* en début de chapitre pour l'adresse postale).

**Argent.** Changez vos devises chez AmSouth (☎ 615 748 2000), à l'angle de Union St et de 4th Ave N, ou à l'aéroport (☎ 615 275 2660). American Express (☎ 615 385 3535) est installé au 4400 Harding Rd.

**Poste.** Le bureau de poste principal (☎ 800 275 8777) se trouve 525 Royal Parkway. Le bureau de Broadway au 901 Broadway (dans le renfoncement à côté du Frist Center for the Visual Arts), dans le centre-ville, et celui de l'Arcade, près de 4th Ave N, s'avèrent plus pratiques. Vous trouverez un autre bureau non loin d'Elliston Place, à l'angle de Church St et de 18th Ave N.

Mailboxes Etc (☎ 615 846 6269), 1708 21st Ave S, emballe et envoie des paquets *via* US mail, UPS ou FedEx.

**Médias.** Le quotidien local, *The Tennessean*, publie une liste des sorties dans son édition du dimanche. L'hebdomadaire alternatif *Nashville Scene* couvre les informations régionales et les divertissements. Il est disponible gratuitement dans des kiosques à journaux, des restaurants et des boutiques.

La radio de la Fisk University sur 88.1 FM constitue un bol d'air parmi les radios country, souvent toutes les mêmes. NPR diffuse sur 90.3 FM. Lightning 100 (100.1 FM) diffuse des disques indies et d'autres musiques de qualité.

Quatre fois par an, la chaîne câblée nationale de la musique country, The National Network (TNN, anciennement The Nashville Network), filme son émission *Wild-*

*horse Saloon* dans la salle du même nom, sur 2nd Ave, au niveau de Broadway. Composez le ☎ 615 883 7000 pour vous renseigner sur cet événement et sur d'autres enregistrements en studio.

**Agences de voyages.** L'AAA (☎ 615 297 7700), 2501 Hillsboro Pike, organise des voyages, tout comme American Express (voir la rubrique *Argent*, plus haut).

**Librairies.** Spécialisé en histoire du Sud, Elders Books (☎ 615 327 1867), 2115 Elliston Place, est l'endroit idéal pour feuilleter des livres anciens ou récents. La Vanderbilt University Bookstore (☎ 615 322 2994), dans le Rand Hall de l'université, est fort bien approvisionnée. Parmi les mégastores, citons Davis-Kidd Booksellers (☎ 615 385 2645), 4007 Hillsboro Pike, dans le centre commercial Green Hills (à 1,5 km environ de la sortie 3 de la I-440, sur la droite), et Barnes & Noble à l'Opry Mills.

**Bibliothèques.** La bibliothèque principale (☎ 615 862 5800), 225 Polk Ave, gère 19 antennes dispersées dans la ville et dans le comté de Davidson.

**Universités.** A l'ouest du centre-ville s'étend l'immense campus de la Vanderbilt University, comprenant le grand centre médical de la ville. Le campus de la Fisk University, au nord-ouest du centre-ville, est plus réduit. Ces deux facultés exposent des collections d'œuvres d'art tout à fait intéressantes. Tennessee State University, George Peabody College et Belmont College se trouvent également à Nashville.

**Communauté homosexuelle.** Le Center for Lesbian and Gay Community Services (☎ 615 297 0008) occupe le 703 Berry Rd. Outloud (☎ 615 340 0034) est une librairie homosexuelle située 1709 Church St. Elle ouvre tous les jours jusqu'à 22h.

**Blanchissage/nettoyage.** Harvey Washbanger Eat Drink Do Laundry (☎ 615 322 9274), au 106 29th Ave N, tout près de West End Ave, fait office à la fois de laverie et de pub. D'autres laveries automatiques sont disséminées sur 21st Ave S, à 1,5 km environ au nord de la sortie 33 de la I-440, non loin de Hillsboro Village.

**Services médicaux et urgences.** En cas d'urgence, composez le ☎ 911. La police est joignable au ☎ 615 862 8600, et la Tennessee Highway Patrol (police des routes) au ☎ 615 741 3181.

La santé constitue un apport économique considérable à Nashville. Outre le General Hospital (☎ 615 341 4000), 72 Hermitage Ave, qui est géré par le comté, des centres médicaux importants sont tenus par le Baptist Hospital (Church St, au niveau de 20th Ave N) et la Vanderbilt University.

Planned Parenthood (☎ 615 321 7216), centre de contrôle des naissances, se trouve 412 Dr DB Todd Blvd (relié à 18th Ave N), au nord de Charlotte Ave et au sud de la Fisk University.

**Désagréments et dangers.** Les non-fumeurs noteront que Nashville est une ville très tolérante envers les fumeurs.

### Centre-ville

**Promenade à pied.** Il est agréable de se promener dans le centre-ville dense de Nashville. Des immeubles de bureau élevés et des bâtiments modernes dominent la ville sans écraser les édifices historiques. Vous trouverez facilement à vous garer dans les parkings payants au sud de Broadway (pensez à toujours avoir des pièces sur vous).

Principal repère de la ville, le **capitole**, une version 1845 du monument grec, culmine à la pointe ouest du centre-ville, au-dessus de Charlotte Ave. L'architecte, William Strickland, est enterré dans l'angle nord-est du bâtiment, et le Président James K. Polk repose à côté de sa femme, à l'extérieur, sur **Capitol Hill**. Des marches descendant à pic sur le flanc nord mènent au **Farmers Market** (marché des agriculteurs) et au **Tennessee Bicentennial Mall**, qui marquent la frontière avec le centre-ville. Une visite du Mall débute par une impressionnante carte du Tennessee, gravée à l'eau-forte dans la pierre, et continue par un court résumé de l'histoire de l'État, un monument aux morts et des documents sur les cours d'eau de la région. Tout cela donne un aperçu assez intéressant de l'histoire et de la géographie de ce 16e État. Au-delà, vous accédez à Germantown (voir *Où se restaurer* plus loin)

En direction de Charlotte Ave, le capitole fait face aux bâtiments administratifs qui encerclent **War Memorial Plaza**, admirable au printemps quand les cerisiers sont en fleur. Couvrant la superficie d'un pâté de maisons, le **Performing Arts Center**, à l'est de la colline, abrite également le **Tennessee State Museum**. Ce musée aménagé en sous-sol déborde largement sur Union St, près de laquelle se trouve le quartier des banques et des hôtels. Notez plus particulièrement **Hermitage Hotel**, 6th Ave N, qui date de 1910.

En direction de l'est, Union St mène à 1st Ave N et à la pointe ouest du **Riverfront Park** sur les bords de la rivière Cumberland. Le parc s'étend entre deux ponts, au niveau de Woodland St et de Shelby Ave. Vous pourrez le parcourir en calèches (qui stationnent le long de 1st Ave). Toujours dans le jardin, juste au sud de Church St, une palissade enferme Fort Nashborough, une réplique 1930 de l'avant-poste d'origine de la ville. Au niveau de Broadway, des bateaux-taxis vous feront faire une agréable balade d'une heure entre le quai et Opryland (reportez-vous à la rubrique *Comment circuler* plus loin).

L'ancien quartier des affaires de 2nd Ave constituait le centre du commerce du coton durant les années 1870 et 1880, période pendant laquelle furent construits la plupart des entrepôts victoriens. Remarquez la fonte et la maçonnerie des façades. Cette zone constitue aujourd'hui le cœur du quartier appelé le District. Les immeubles ont été restaurés et abritent des magasins, des restaurants, et, en sous-sol, des bars et des clubs, dont le Wildhorse Saloon (voir *Où sortir* plus loin). De 2nd Ave N, prenez Commerce St et parcourez deux pâtés de maisons vers l'ouest jusqu'à **Printers Alley**, une allée étroite et pavée réputée depuis les années 40 pour son animation nocturne. Le Bourbon St Blues & Boogie Bar est le clou des différentes festivités, mais on trouve dans le même secteur un spectacle de danseuses, un karaoke et une discothèque.

Délimitée par 4th Ave, 5th Ave, Church St et Union St, l'**Arcade** est une agréable galerie commerciale dotée d'un bureau de poste et de cafés. Ses restaurants ont été occupés dans le cadre de la lutte menée par le Civil Right Movement.

En descendant Broadway depuis Riverfront Park, vous rencontrerez un vieux magasin de graines et d'aliments pour animaux (à l'angle de 1st Ave), un Hard Rock Cafe, une boutique de disques Ernest Tubb, un Planet Hollywood et le merveilleux **Hatch Show Print** qui vend des cartes postales et des affiches superbes. Le Ryman Auditorium, sur 5th Ave N (il existe aussi une entrée sur 4th Ave N) est de nouveau ouvert et accueille des spectacles. Entre 4th Ave et 5th Ave, le long de "Lower Broad", s'étend un quartier délabré mais pittoresque où les "cow-boys" locaux se retrouvent dans les bars country pour écouter leur musique dès 10h du matin. L'endroit le plus connu s'appelle Tootsie's Orchid Lounge et se trouve au nord de cette zone. Si vous êtes enthousiaste à l'idée de rejoindre les rangs des cow-boys, vous pouvez acheter des bottes en peau de lézard et du tabac à mâcher au Robert's Western World, juste à côté.

Une tour conique dotée d'un centre d'accueil vous permettra de repérer le **Convention Center** et le **Gaylord Entertainment Center** depuis Broadway (situés à l'ouest de 5th Ave). L'incontournable Country Music Hall of Fame se trouve à un pâté de maisons vers le sud, sur Demonbreun.

**Country Music Hall of Fame.** Le somptueux Hall of Fame (☎ 615 416 2001), temple des adorateurs de country, constitue une excellente approche de Nashville et de l'évolution de la musique country. Il regorge d'objets en tout genre, dont le fameux chapeau de Garth Brooks, la cravate-lacet de Gene Autry et le manuscrit original des paroles de *Mamas Don't Let Your Babies Grow Up to be Cowboys*. Le clou de l'exposition est sans conteste la

Cadillac spécialement fabriquée pour Elvis Presley, dont la capote se relève par simple pression sur un bouton pour révéler l'intérieur plaqué or. Ne manquez pas non plus la pièce Hank Williams Jr, les magnifiques guitares Gibson, les extraits de films d'époque ainsi que les enregistrements.

En déménageant dans un lieu plus spacieux en 2001, le Hall of Fame a introduit l'interactivité dans ses salles. Outre la musique live et les leçons de danse country, les visiteurs peuvent piocher ce qui les intéresse dans les appareils automatiques qui parsèment le hall et récupérer un CD personnalisé en sortant.

Le Hall se trouve au croisement de 5th Ave S et Demonbreun St, à la limite du centre-ville. Il ouvre tous les jours de 9h à 17h (de 8h à 18h en été), et l'entrée coûte 15 $ environ.

Renseignez-vous au Hall of Fame sur les possibilités de visite du **RCA Studio B**, 27 Music Square W. Dans le milieu de la musique, ce studio de style années 50 fait référence en matière de "Nashville Sound". Ce lieu aurait produit plus de tubes que n'importe quel autre studio du pays. Dans la canicule estivale, Elvis vint ici enregistrer un album de Noël. Afin qu'il soit plus dans l'ambiance, on fit venir un arbre enguirlandé et on força un peu sur la clim.

**Ryman Auditorium.** Surnommé "the Mother Church of Country Music" (le temple de la country, en quelque sorte), le Ryman Auditorium (☎ 615 254 1445), 116 5th Ave N, a hébergé le Grand Ole Opry pendant 31 ans. Le capitaine Thomas Ryman bâtit cet immeuble démesuré en 1890 et le dédia à la musique spirituelle après avoir "entendu l'appel". A sa mort en 1904, l'auditorium fut baptisé du nom de son concepteur et s'ouvrit à des spectacles variés, le plus connu étant le Grand Ole Opry, qui doit son nom à une émission de radio.

En 1974, l'Opry fut transféré au complexe Opryland sur Hwy 155. Après des rénovations s'élevant à 8,5 millions de dollars, le Ryman ouvrit à nouveau en 1994 en tant que salle de spectacle.

Il est préférable de voir le Ryman lors de spectacles, ceux-ci variant du théâtre musical vieillot aux concerts de musique classique. L'intérieur est certes évocateur, mais le prix d'entrée est assez corsé pour la visite non guidée d'un théâtre vide : 6 $ par adulte et 2,50 $ par enfant entre 4 et 11 ans. Il ouvre de 8h30 à 16h tous les jours.

**Tennessee State Museum.** Occupant trois étages du Performing Arts Center dans le centre-ville, à l'angle de 5th Ave N et de Union St, ce musée (☎ 615 741 2692) retrace l'histoire de l'État par le biais d'amphores et de gorgets (pièces d'armure destinées à protéger la gorge) provenant d'anciennes tribus, de piloris, de daguerréotypes, de sabres et de dollars de la Confédération. L'exposition évoque aussi le mouvement abolitionniste du Tennessee, qui apparut en 1797, ainsi que sur le Ku Klux Klan. Le musée est ouvert de 10h à 17h du mardi au samedi et de 13h à 17h le dimanche (gratuit).

Le **Musée militaire** d'État occupe le War Memorial Building de l'autre côté de 6th Ave et retrace les différents conflits de la guerre américano-espagnole à la Seconde Guerre mondiale.

### Hillsboro Village

Occupant plusieurs pâtés de maisons le long de 21th Ave S, entre S. Blakemore Ave et Acklen Ave, Hillsboro Village a tout d'un quartier. C'est ici qu'est implanté le fameux Pancake Pantry (voir *Où se restaurer* plus loin), un établissement sans prétention qui sert des petits déjeuners et attire les foules ; il a même servi de décor à plusieurs clips. Le quartier compte également des restaurants haut de gamme près de Belcourt, le Belcourt Theater (aujourd'hui une salle de concert), l'élégant Provence Café (☎ 615 386 0363) au n°1705, une boutique sensationnelle de livres d'occasion, Bookman (☎ 615 383 6555) au n°1713, le Fido Cafe et Honky Tonk Hardware (☎ 615 383 2840) au n°1818, qui vend des disques des livres, des souvenirs et tout un assortiment d'objets étranges, dont de la quincaillerie. Au 1805 21st Ave S, une brasserie, Bosco's,

## Résumé de la musique country

La musique country est une affaire qui tourne : avec environ 2 600 stations spécialisées, elle constitue le thème favori des radios du pays. Dans les années 90, les ventes de disques furent multipliées par quatre et rapportèrent 2,1 milliards de dollars. Toutefois, la country pop qui prédomine sur les radios ne reflète en rien la diversité du genre et surtout n'en constitue pas la meilleure partie. A Nashville, vous pourrez entendre des avant-premières et goûter à différents styles. Voici quelques indications sur l'évolution et les sous-genres de la musique country et western.

**Bluegrass.** Cette country acoustique trouve ses origines dans les formations à cordes du Sud-Est, tout droit venues des Appalaches. La bluegrass (qui doit son nom aux collines Bluegrass du Kentucky) implique l'utilisation d'un violon, d'une guitare, d'une mandoline, d'un banjo à cinq cordes, d'une basse et d'une guitare dobro. Les pionniers du genre, comme Bill Monroe et les Blue Grass Boys, définirent le style au milieu des années 40, ouvrant la voie aux Stanley Brothers et à Flatt & Scruggs dans les années 50. Cette musique n'atteignit une audience nationale que la décennie suivante, alors que la mode du "retour à la terre" battait son plein. Aujourd'hui, la bluegrass est perpétuée grâce aux festivals qui se tiennent non seulement partout dans le Sud mais aussi dans l'ensemble du pays. A Nashville, vous l'écouterez lors des concerts de Station Inn.

**Cow-boy.** La partie "western" de la musique country provient des musiques de cow-boys nées dans l'Ouest américain. Les premières chansons de cow-boys étaient traditionnellement liées à la profession de leurs interprètes qui fredonnaient ces airs sur les grands pâturages de l'Ouest, à la fin de XIX$^e$ siècle et au début du XX$^e$ siècle. Dans les années 20, d'authentiques cow-boys, comme Jules Verne Allen et Carl T. Sprague, enregistrèrent les premiers disques du genre. Le style toucha un large public avec la vogue des films westerns dans les années 30, dont le *Singing Cow-boy*, de Gene Autry sorti en 1936. Si aujourd'hui sa popularité s'est estompée, la lamentation du cow-boy revit grâce à des enregistrement rétros.

**Cajun.** Les Acadiens, ou Cajuns, immigrèrent du Canada en Louisiane du Sud à la fin de XVIII$^e$ siècle, accompagnés de leur musique traditionnelle française (voir le chapitre *Pays*

sert à manger jusqu'à 3h du matin. Pour accéder à Hillsboro Village depuis le centre-ville, prenez à gauche de la fourche sur Broadway, de manière à rester dans cette rue, et continuez tout droit. Autrement, vous pouvez emprunter la sortie 3 de la I-440 et suivre 21st Ave vers le nord sur 2 km environ.

### Centennial Park

La reproduction en plâtre et fil de fer du Parthénon grec constituait le clou de la Centennial Exposition qui s'est tenue à Nashville en 1897. Aujourd'hui, une version en béton offre à la ville le privilège de posséder de la seule copie au monde de ce monument en taille réelle. Ses murs enferment une statue de 12 m de haut de la déesse Athéna. L'entrée coûte 2,50 $ pour les adultes, 1,25 $ pour les seniors et les enfants. Le Parthénon est fermé le lundi, mais aussi le dimanche entre octobre et mars.

Le Centennial Park, près de West End Ave, est le lieu de détente favori des habitants de Nashville.

### Galeries des universités

Sise entre Hillsboro Village et Elliston Place, la Vanderbilt University héberge une

## Résumé de la musique country

cajun). La musique cajun subit une transformation avec l'ajout du violon, de la guitare et de l'accordéon allemand. Dès les années 20, ses interprètes commencèrent à enregistrer, mais le style resta confidentiel jusqu'en 1946 lorsque le *Jole Bon* de Harry Choate rencontra un vif succès. Le zydeco, musique cajun plus rythmée, se répandit dans les années 80.

**Western swing.** Né dans les années 30 grâce au violoniste texan Bob Wills et au chef d'orchestre Milton Brown, le western swing se caractérisait par l'omniprésence du violon, les guitares, la mandoline électrique et les instruments de grand orchestre. Cette musique dansée est un mélange de fiddle music (dominée par le violon) du Sud-Ouest, de big band swing, de country et de blues. Elle eut beaucoup de succès dans les années 40 et 50, et fit un retour dans les années 70 avec Asleep at the Wheel et Merle Haggard.

**Honky-tonk.** Juste avant la Seconde Guerre mondiale, Ernest Tubb et Hank Williams puisèrent dans les bars et les bals du Sud leur inspiration pour composer des ballades à boire sur les amours malheureux et la dureté de la vie. Éclipsé temporairement par le rock'n roll dans les années 50, le honky-tonk jouit d'une nouvelle vie depuis les années 60, grâce à des artistes comme George Jones and Buck Owens.

**Rockabilly.** Elvis Presley fut à l'avant-garde de ce nouveau style lorsqu'il enregistra ses premiers disques, qui alliaient la country et le gospel qui avaient bercé son enfance au blues entendu sur Beale St à Memphis. Carl Perkins et Roy Orbison sont deux autres piliers du rockabilly classique.

**Contemporaine.** Influencée par le mouvement de Willie Nelson, par Loretta Lyn et par le côté urbain de la cow-boy des années 80, la country dominante est aujourd'hui représentée par des imitateurs de Garth Brooks, qui plaisent à la génération blanche issue du baby-boom et lassée du rock'n roll. Il existe par ailleurs un courant novateur de country-punk rétro, apporté par les BR5-49 of Nashville et les artistes du label Dead Reckoning. Ces musiciens se trouvent actuellement à la pointe du nouveau "Nashville Sound". Pour vous initier au style, écoutez le CD *Nashville: the Other Side of the Alley* (Bloodshot Records).

---

galerie des beaux-arts (☎ 615 322 0605), à l'angle de 23rd Ave et de West End Ave.

La petite **Van Vechten Gallery** (☎ 615 329 8720), au croisement entre Dr DB Todd Blvd et Jackson St dans la Fisk University, expose une centaine de tableaux collectionnés par Alfred Stieglitz et légués par sa femme, Georgia O'Keeffe, elle-même peintre. Ses peintures côtoient celles de Picasso, de Renoir ou de Cézanne. L'entrée est gratuite, mais les dons sont les bienvenus. La galerie est fermée le lundi et durant les vacances universitaires.

Tant que vous êtes sur place, visitez la collection d'art africain de l'université dans l'**Aaron Douglas Gallery**. Certains apprécieront aussi une visite au Jubilee Hall sur Meharry Blvd.

## Music Valley

Également appelé Opryland, le **Grand Ole Opry House** (☎ 619 889 3060) est la vedette de ce palais situé à 16 km du centre-ville, près de Hwy 155 (Briley Parkway), sortie 11. Il peut recevoir jusqu'à 4 400 spectateurs lors du show Grand Ole Opry, établi ici depuis 1974. Des animations ont lieu tous les vendredi et samedi soir (voir plus loin *Où sortir*). La visite des coulisses a lieu une fois par jour (réservation obligatoire, 9 $).

En face du Grand Old Opry House, de l'autre côté de la place, se trouve un musée racontant l'histoire Opry avec des personnages de cire aux costumes colorés. Ne manquez pas le diorama représentant le studio d'enregistrement des années 50 de Patsy Cline.

Juste à côté du théâtre, l'**Opry Mills** (☎ 615 514 1100), 2820 Opryland Dr, compte une salle IMAX, des salles de projection ordinaires, des restaurants à thème et des magasins. Jusqu'en 2000, il existait un parc d'attractions sur le site, l'Opryland USA, mais les manèges devaient rapporter moins que le commerce. L'Opry Mills ouvre de 10h à 21h30 du lundi au samedi et de 11h à 20h le dimanche.

Ne manquez pas de jeter un coup d'œil sur l'**Opryland Hotel** (voir *Où se loger* plus loin).

En face de l'Opryland Hotel, le long de McGavock Pike, se cachent trois petits musées derrière les magasins de souvenirs. Le **Music Valley Car Museum** (☎ 615 885 7400), 2611 McGavock Pike, expose la DeLorean 1981 ayant appartenu à George Jones, la limousine d'Elvis et une Cadillac de Dolly Parton. Un musée de cire, le **Music City Wax Museum** (☎ 615 883 3612), 2515 McGavock Pike, met en scène une cinquantaine de stars de country, vêtues de leurs vrais costumes. Son Sidewalk of the Stars porte les empreintes ainsi que la signature de 250 vedettes. Le **Willie Nelson Museum** (☎ 615 885 1515), 2613A McGavock Pike, est assez amusant : outre les disques d'or et de platine de l'artiste, vous verrez des découpages grandeur nature de Willie et ses nattes à tous les coins. Dans les boutiques de ces musées, vous avez le choix entre des tapettes à mouches en forme de guitare, des porte cure-dents kitsch, des livres de cuisine d'Elvis et des jeux de cartes où figurent les portraits des stars de la country. L'entrée pour chacun de ces trois musées s'élève à 3,50 $ par adulte et à 1,50 $ par enfant entre 6 et 12 ans.

Des bateaux-taxis circulent sur la rivière Cumberland, entre le centre-ville de Nashville et le quai d'Opryland sur 16 km environ (voir *Comment circuler* plus bas). Il est possible de faire un tour en bateau à cubes à bord du *General Jackson* (☎ 615 871 6100), un bâtiment de quatre étages. Les prix varient entre 22 $ et 52 $, selon que vous prenez l'option déjeuner ou dîner.

En voiture, empruntez la Hwy 155 (Briley Parkway) jusqu'à la sortie 12B. Comptez 6 $ pour garer votre véhicule à l'hôtel, il vaut donc mieux opter pour le parking d'Opry Mills, mais il est possible qu'il soit lui aussi devenu payant. En vous garant le long de Music Valley Dr, il vous restera 10 minutes à pied pour atteindre l'hôtel et 20 minutes pour l'Opry Mills.

Des navettes circulent entre l'hôtel, le Grand Ole Opry, l'Opry Mills et le KOA Kampground à l'extrémité de Music Valley Dr. Les conducteurs des bus vous laisseront généralement descendre entre ces arrêts. L'aller-retour revient à 3 $ par adulte, et les bus partent toutes les 15 à 20 minutes, mais les horaires ne sont pas très fiables. Si dans Music Valley vous voulez attraper un bateau au quai de l'Opry, il est certainement préférable de rebrousser chemin à pied que d'attendre une navette. L'allée pavée bien éclairée qui mène de l'Opryland Hotel au quai est praticable par tous et fait moins d'1,5 km.

### L'Hermitage

L'Hermitage (☎ 615 889 2941), près de Lebanon Pike au nord-est de la ville, sur Old Hickory Blvd, fut la demeure d'Andrew Jackson. Cette élégante maison sert à la fois de musée et de monument en hommage au personnage politique le plus connu de l'État. Andrew Jackson débuta sa carrière politique en tant qu'unique représentant du Tennessee, avant même que la région n'obtienne le statut d'État. Il devint par la suite le septième président des États-Unis. A l'accueil, vous pourrez visionner un petit film sur sa vie.

Bâtie en 1821 dans le style fédéral, la maison, entourée de jardins, fut agrémentée de colonnes grecques dans les années 1830. Elle constituait autrefois le centre d'une plantation de coton prospère de 600 ha où travaillaient 150 esclaves.

L'entrée coûte 9,50 $ pour les adultes, 8 $ pour les seniors et 4,50 $ pour les enfants entre 6 et 12 ans (gratuite pour les moins de 6 ans). Une cafétéria sert un buffet alléchant pour 6 $ environ.

### Autres maisons *antebellum*

Outre L'Hermitage, trois autres maisons datant d'avant la guerre de Sécession sont ouvertes au public.

**Belle Meade Plantation** (☎ 615 356 0501), 5025 Harding Place, est une demeure de 1853 d'inspiration grecque. C'était autrefois une plantation de 2 120 ha avec un haras de pur-sang. L'entrée est de 10 $, 4 $ pour les enfants entre 6 et 12 ans (gratuite pour les plus jeunes), mais il est possible de se promener dans les jardins gratuitement.

Ancienne résidence d'été d'Adelicia Acklen, l'une des femmes les plus riches des États-Unis à l'époque, **Belmont Mansion** (☎ 615 460 5459), 1900 Belmont Blvd, fut construite en 1850. Prévoyez 6 $ l'entrée, 2 $ pour les enfants entre 6 et 12 ans (les moins de 6 ans ne payent pas).

**Travelers Rest** (☎ 615 832 8197), 636 Farrell Parkway (I-65, sortie Harding Place), est constituée d'une demeure et de ses annexes entièrement rénovées. Elle fut édifiée en 1799 par le directeur de campagne présidentielle d'Andrew Jackson. La visite coûte 7 $ ou 3 $ pour les enfants entre 6 et 11 ans. La propriété est fermée le lundi.

### Frist Center for the Visual Arts

L'ancien superbe bureau de poste, à l'angle de Broadway et de 10th Ave S, a été rénové et agrandi afin d'accueillir cette nouvelle galerie qui cherche principalement à faire venir à Nashville les œuvres modernes et contemporaines des plus grands musées américains.

### Cheekwood Museum of Art and Botanical Gardens

Cette belle propriété des années 20, appartenant à la famille Cheek, héritière de la fortune de la maison Maxwell, est aujourd'hui ouverte au public en tant que musée des Beaux-Arts et Jardin botanique. La maison de trois étages de style néogéorgien mérite à elle seule une visite, la cheminée en lapis-lazuli étant la pièce la plus étonnante. Les expositions incluent une collection de 600 flacons et des porcelaines de Worcester. La galerie d'art contemporain voisine abrite quelques Warhol et des expositions temporaires de qualité.

En été, vous pourrez écouter des concerts de musique classique donnés par les musiciens de Vanderbilt dans les 22 ha du délicieux jardin. Parcourir le sentier boisé semé de sculptures demande 1 heure environ ; le *Blue Pesher* de James Turell constitue la pièce maîtresse.

Cheekwood (☎ 615 356 8000) se trouve au 1200 Forest Park Dr, à 13 km du centre-ville. Pour y accéder, dirigez-vous vers le sud le long de West End Ave et suivez les indications. L'entrée revient à 9 $ par adulte, à 7 $ par senior ou étudiant et à 5 $ par enfant de plus de 6 ans. Le musée ouvre tous les jours jusqu'à 16h30. Le restaurant raffiné Pineapple Rooms donne sur les bois. Vous pouvez commander un pique-nique si vous désirez déjeuner à l'extérieur.

### Nashville Zoo à Grassmere

Le Nashville Zoo (☎ 615 833 1534), 3777 Nolensville Rd, est situé à 1,5 km de la I-65 et à 3 km de la I-24 sur la vieille propriété de Grassmere. Les animaux y sont en liberté. On peut faire une promenade à dos d'éléphant et visiter une exposition intitulée "the unseen world" (le monde invisible) qui montre serpents et araignées. Au niveau de la Grassmere Home (la demeure), vous verrez des animaux de ferme et un potager. L'entrée revient à 6/4 $ par adulte/senior ou enfant entre 3 et 12 ans et le parking à 2 $. Le zoo ouvre tous les jours du 1er avril au 31 octobre entre 9h et 18h (de 9h à 16h en hiver).

### Parcs et activités

Une dizaine de kilomètres de sentiers d'un niveau facile à modéré parcourent les 400 ha de la **Radnor Lake State Natural Area** (☎ 615 373 3467). Nichée dans les collines abruptes d'Overton Hills, elle ne se trouve qu'à 10 km au sud du centre-ville. La belle réserve qui entoure le lac (34 ha) est appelée Nashville's Walden Pond.

A 16 km à l'est du centre-ville, le **J. Percy Priest Reservoir** occupe un immense parc. Sur la rive nord à l'ouest du barrage, sur Bell Rd (facilement accessible par la sortie 221 de la I-40, Old Hickory Blvd), le bureau du directeur régional (☎ 615 889 1975) distribue des cartes couvrant une douzaine de lieux de détente autour du lac. Vous trouverez sur place des terrains de camping, et les eaux du lac se prêtent merveilleusement à la baignade et à la pêche (un permis est requis pour toute personne de plus de 12 ans).

Le **Nashville Shores** (☎ 615 889 7050), autour du barrage, est un parc aquatique avec des toboggans, une plage, des bateaux à cubes et un minigolf. Comptez 14 $ par adulte, 11 $ pour les enfants entre 3 et 12 ans. Il est possible de louer des bateaux à voile et des parachutes ascensionnels (☎ 615 884 8778). Pour le camping et les cabins, reportez-vous à la rubrique *Où se loger* plus loin.

Accolés à la Hwy 100, vers le sud, les **Edwin & Percy Warner Parks** (☎ 615 370 8051) proposent des sentiers, du golf et des randonnées à vélo dans les collines boisées voisines du fameux Loveless Cafe et de l'extrémité nord de la Natchez Trace Parkway. La Natchez Trace est l'un des circuits préférés des cyclistes américains.

Le golf est une activité prisée et la région compte plusieurs parcours, dont le Hermitage Golf Course (☎ 615 847 4001), 3939 Old Hickory Blvd.

A 1,5 km au sud d'Opryland et à l'est de la Hwy 155, le **Wave Country** (☎ 615 885 1052) est un parc aquatique doté d'une piscine à vagues, de toboggans et de flotteurs. Prévoyez 6 $ par adulte, 5 $ par enfant (les moins de 4 ans ne payent pas). Il n'ouvre qu'en été.

En ville, le Centennial Park Sportsplex (☎ 615 862 8490), près de West End Ave, propose une piscine, des courts de tennis et une patinoire.

Chez Cumberland Transit (☎ 615 327 2453), 2807 West End Ave, vous pouvez louer des VTT moyennant 25 $ la journée (140 $ la semaine) et des patins à roulettes pour 7,50 $ la journée.

## Circuits organisés

Les Jugg Sisters organisent le Nash Trash Tour (☎ 800 342 2132), un circuit foutraque en musique et en chansons à bord de leur bus rose. Vous apprendrez tout sur les derniers potins de la country. Les départs se font du jeudi au dimanche au farmers market (voir *Où se restaurer* plus loin) et le tour revient à 22 $ (réservez à l'avance).

Des circuits personnalisés ciblés sur l'héritage noir peuvent être mis sur pied par Bill Daniel (☎ 615 890 8173).

## Manifestations annuelles

### Janvier
Une commémoration de la bataille de La Nouvelle-Orléans se tient chaque 8 janvier à L'Hermitage, avec une cérémonie sur la tombe d'Andrew Jackson.

### Février
Au milieu du mois, le Nashville Entertainment Association Extravaganza présente des talents en herbe dans différentes salles de la ville.

### Mars
Trail of Tears (voir l'encadré) est commémoré en début de mois à Red Nations Remembering.

### Avril
Le festival de musique Tin Pan South accueille au milieu du mois des compositeurs au Ryman mais aussi dans d'autres salles. Le dernier week-end d'avril se déroule le Country Music Marathon, une course à pied dont le parcours est animé par 28 plates-formes dédiées à la country.

### Mai
Au début du mois, le Tennessee Crafts Fair attire plus de 150 artisans à Centennial Park. Les férus de chevaux apprécieront l'Iroquois Steeplechase à la mi-mai, qui comprend des courses et des pique-niques et se déroule au Percy Warner Park. Le week-end du Memorial Day, le Gospel Jubilee remplit Opryland de groupes de gospels et de chœurs.

### Juin
Un Independent Film Festival (festival du film indépendant) se tient début juin dans les cinémas du centre commercial de Green Hills. Un peu plus tard, l'American Artisan Festival de Centennial Park accueille des artisans de 35 États. Le Celtic Music & Summer Solstice Celebration permet de vulgariser la musique, la danse et la culture écossaises et irlandaises à Travelers Rest (voir *Autres maisons antebellum* plus haut), généralement le jour de la fête

des Pères. A la mi-juin, l'International Country Music Fan Fair se tient sur le champ de foire et dans Opryland. Ce festival country convie plus de 20 000 fans à 35 heures de spectacles donnés par une centaine d'artistes.

**Juillet**
Le 4 juillet, la ville fête l'Independence Day dans Riverfront Park. Il s'agit d'un événement familial avec des feux d'artifice et de la nourriture (pas d'alcool).

**Août**
En milieu de mois se tient à Lebanon la Wilson County Fair, à une cinquantaine de kilomètres de Nashville par la I-40, sortie 239. Il s'agit de la plus grande fête foraine du Tennessee et elle compte de nombreuses activités gratuites.

**Septembre**
Les pâtes sont de rigueur durant l'Italian Street Fair, dans Centennial Park. Le week-end du Labor Day, le premier lundi de septembre, le gospel résonne dans Opryland pour le Gospel Jubilee. Le champ de foire accueille le Tennessee State Fair avec son bétail, ses manèges et son artisanat. Au milieu du mois, l'African Street Festival, sur le campus de la Tennessee State University, présente poésie, rap, reggae, blues, jazz et gospel. Vous pouvez également acheter de quoi vous restaurer et des articles de mode.

**Octobre**
Fin septembre ou début octobre, vous pourrez assister à l'Oktoberfest qui a lieu dans le petit quartier pittoresque de Germantown. Le powwow de fin octobre au Hermitage Landing Recreation Area attire les Indiens de différents pays pour ses danses traditionnelles et ses arts.

**Novembre**
Dès fin novembre, des célébrations de Noël sont programmées à l'Opryland Hotel, au zoo, à Belle Meade et à Belmont Mansion – la plupart durent jusqu'en janvier.

**Décembre**
Début décembre, la Christmas Parade anime le centre-ville, et le Nashville Ballet joue *Casse-Noisette* au Tennessee Performing Arts Center.

## Où se loger

Les établissements les plus exceptionnels entrent dans la catégorie supérieure, avec l'Opryland Hotel et quelques hôtels historiques du centre-ville. Vous trouverez également une poignée d'hôtels de luxe en ville et vers West End.

**Camping.** L'*Opryland KOA Kampground* (☎ *615 889 0282, 800 562 7789, 2626 Music Valley Dr*) occupe 11 ha au bout de la partie commerciale, entre la rivière et la route, au nord d'Opryland (la navette coûte 3 $). Le terrain comporte une partie boisée, ce qui garantit des emplacements spacieux et ombragés. Il propose également 25 cabins, des spectacles de country, une piscine et une messe hebdomadaire. L'emplacement revient à 22 $ par tente, comptez 35 $ pour être entièrement équipé (branchements électriques et TV).

L'Army Corps of Engineers gère plusieurs campings autour du J. Percy Priest Reservoir à une vingtaine de kilomètres à l'est du centre-ville. On peut se baigner à *Seven Points* (☎ *615 889 5198, 877 444 6777*), près de la I-40, sortie 221, Old Hickory Blvd ; les emplacements coûtent entre 17 $ et 21 $ avec branchement électrique (un supplément est requis pour donner sur le lac). Le camping ouvre d'avril à novembre.

L'impressionnante zone de loisirs de *Nashville Shores* (☎ *615 889 7050*), à la même sortie de route que le précédent camping, abrite 150 emplacements. Comptez 10 $ pour planter votre tente, 30 $ pour être entièrement branché, à partir de 45 $ par cabin équipé, et 96 $ pour des cabins de 6 lits avec s.d.b. (125 $ en week-end ; 2 nuits minimum). Tout est fermé entre décembre et mars.

**Motels.** Des motels bon marché et des fast-foods sont regroupés au nord du centre-ville, à l'ouest de la I-65, sortie 87 B. Notez toutefois que la I-65 entre ce secteur et le centre-ville est généralement encombrée.

Les 150 chambres du *Knights Inn* (☎ *615 226 4500, 800 843 5644, 1360 Brick Church Pike*), à 25/32 $ la simple/double, et celles du *Hallmark Inn* (☎ *615 228 2624, 309 W Trinity Lane*), à 38/48 $ la nuit, pour les petits budgets, sont bien tenues, mais le petit déjeuner continental est sommaire.

Près du capitole, le *Days Inn Downtown* (☎ *615 329 7466, 711 Union St*) loue ses chambres 80/88 $. Sa situation permet de parcourir à pied tout le centre-ville.

Comptez 49/59 $ la chambre au *Quality Inn* (☎ *615 242 1631, 1407 Division St*) sur

Music Row. Bien que le Country Music Hall of Fame ne se trouve plus à côté, l'établissement reste agréable, et des concerts de country ont lieu dans le salon quasiment tous les soirs.

Opryland concentre de nombreux motels dont le **Fiddlers Inn North** (☎ *615 885 1440, 2410 Music Valley Dr*) avec des chambres à 39/44 $, et le **Holiday Inn Express** (☎ *615 889 0086, 2516 Music Valley Dr*) où la nuitée commence à 60 $ environ.

**Hôtels.** L'*Opryland Hotel* (☎ *615 889 1000, 2800 Opryland Dr*) est un ensemble gigantesque qui ressemble à un "carrefour entre une serre victorienne et un centre commercial", explique l'écrivain Bill Bryson. Sur les 3,6 ha de ce complexe indépendant sont aménagés des cascades, des magnolias géants et une forêt tropicale sur la voûte de laquelle on peut se promener. On peut aussi faire des tours en bateau. Bref, un paradis pour les clients. Les tarifs débutent à 200 $ (6 $ en sus pour le parking). L'ensemble se trouve à 1,5 km du quai des bateaux-taxis et il existe des navettes (3 $ l'aller-retour).

Bâti en 1900, le **Union Station Hotel** (☎ *615 726 1001, 800 331 2123, 1001 Broadway*) a été magnifiquement restauré en 1986. Cette forteresse de chaux aux allures de château abrite l'un des meilleurs restaurants de la ville. Bien que l'hôtel soit situé dans le centre, il est trop isolé pour y aller à pied. Le prix des chambres commence à 129 $.

L'élégant **Hermitage Hotel** (☎ *615 244 3121, 888 888 9414, 231 6th Ave N*) accueille depuis les années 20 les éminences grises venues faire des affaires au pied du capitole. Prévoyez au moins 109 $ pour une suite. Si vous ne désirez pas y loger, laissez-vous tout de même tenter par un verre au bar du hall. Cet établissement est assez bien situé pour parcourir le centre-ville à pied.

### Où se restaurer

Le farmers market (marché des agriculteurs), sur 8th Ave N, au niveau de Jefferson St, derrière Capitol Hill, offre une variété infinie de préparations bon marché. Bien qu'il date d'une trentaine d'années, il occupe aujourd'hui un bâtiment moderne et clinquant mais bien aéré et lumineux, situé non loin des grandes pelouses du Bicentennial Mall. Le marché propose des denrées exotiques : jacques, curies, tomatillos et gombos macérés dans du vinaigre, mais aussi des produits frais plus classiques. Les stands vendent gyros, empanadas, muffulettas, Reubens, etc. La cafétéria *Swett's* possède ici une annexe, très prisée, où l'on peut manger des plats de viande avec trois accompagnements (*meat-and-three-plates*).

*Mad Platter* (☎ *615 242 2563, 1239 6th Ave N*), au niveau de Monroe St, deux pâtés de maisons au nord du farmers market, est niché dans Germantown, un minuscule quartier ancien où vous admirerez des maisons victoriennes en longeant des allées de briques. L'établissement est vraiment agréable et propose une carte variée de plats haut de gamme. La truite à la coriandre servie avec un chutney de rhubarbe et de pomme vaut 21,50 $, mais vous pouvez déjeuner pour moins de 10 $.

Si vous cherchez un établissement de catégorie supérieure dans le centre-ville, nous vous conseillons **Merchants** (☎ *615 254 1892, 401 Broadway*), duquel vous observerez Broadway, assis au bar de bois sombre ou à une des tables près des fenêtres. Non loin de l'Arena, *Wolfy's* (☎ *615 251 1621, 425 Broadway*) prépare de bons hamburgers et un excellent Reuben de légumes, que vous dégusterez tout en écoutant jouer les musiciens. Spécialisé dans la cuisine du Sud, *Arthur's* (☎ *615 255 1494, 1001 Broadway*), dans le Union Station Hotel, prévoit des dîners fixes à 60 $.

On retrouve le véritable goût de Nashville dans les cabanes de parpaing qui parsèment la zone industrielle au sud de Broadway. Les cantines servent de copieux meat-and-three plates : le rôti de bœuf, le poisson-chat entier frit, le pain de viande ou encore les huîtres chaudes sont accompagnés de purée au jus de viande, de feuilles de navets et de pains de maïs. Tout cela pour seulement 5 $. Repérez la file d'attente d'*Arnold's* (☎ *615 256 4455, 605 8th Ave S*), vers Division, ou de **Pie Wagon**

(☎ *615 256 5893, 118 12th Ave S)*, près de Demonbreun. Tous deux ouvrent en semaine pour le petit déjeuner et le déjeuner uniquement. ***Jack's Barbecue*** *(☎ 615 254 5715, 416A Broadway)* est un petit établissement où la dinde cuite au barbecue est particulièrement succulente.

À l'***Elliston Place Soda Shop*** *(☎ 615 327 1090, 2111 Elliston Place)*, on y sert des glaces dans du soda et des meat-and-three plates. Il ouvre tous les jours de 6h à 19h45 excepté le dimanche. L'***Abstract Café*** *(☎ 615 321 9033, 205 22nd Ave N)*, s'est autoproclamé "lieu branché où se rafraîchir". Vous dégusterez salades et paninis au milieu d'œuvres d'artistes locaux et, le week-end, des musiciens de la région viennent jouer "tout sauf de la country".

Plus vers l'ouest, le quartier de Sylvan Park abrite le ***Sylvan Park Restaurant*** *(☎ 615 292 9275, 4502 Murphy Rd)*, spécialiste de la cuisine du Sud et des tartes maison.

Au-delà de West End, sur Broadway, on trouve tout un tas de restaurants dont ***Bound'ry*** *(☎ 615 321 3043, 911 20th Ave S)* qui accueille une clientèle à la page avec des plats fantaisistes. Plus rock'n roll, le ***South Street Smokehouse*** *(☎ 615 320 5555, 907 20th Ave S)* propose du crabe, des enchiladas, des po-boys, des assiettes végétariennes et des en-cas pour les noctambules. Ouvert pour les trois repas, ***Noshville*** *(☎ 615 329 6675, 1918 Broadway)* est spécialisé dans le delicatessen new-yorkais comme le saumon fumé, le borscht ou les pickles, à manger dans l'intérieur chromé ou à emporter.

Hillsboro Village doit en partie sa réputation en matière de cuisine à ***Pancake Pantry*** *(☎ 615 383 9333, 1796 21st Ave S)*. Repérez-le grâce à la file d'attente le long de Belcourt Ave. Parmi les douzaines de variétés servies encore chaudes et délicatement saupoudrées de sucre, goûtez les silver dollars, les tartes à la pêche façon géorgienne et les blintzes. L'établissement ouvre tous les jours entre 6h et 15h ou 16h.

Appartenant à la chaîne Bongo Java, ***Fido's*** *(☎ 615 385 7959, 1812 21st Ave S)* occupe l'ancien Jones Pet Shop (un magasin d'animaux). De renommée mondiale, le NunBun de ***Bongo Java*** *(☎ 615 385 5282, 2007 Belcourt Blvd)* – un petit pain à la cannelle très apprécié de Mère Theresa – est délicieux.

Non loin de là, le ***Sunset Grill*** *(☎ 615 486 3663, 2001 Belcourt Ave)* prépare une cuisine californienne. Vous choisirez votre vin à l'aide d'une carte commentée. La clientèle vient surtout pour observer ses voisins de table en dégustant un teriyaki sauté.

Continuez vers le sud le long de 21st Ave. 800 m après Hillsboro Village, vous atteindrez ***Brown's Diner*** *(☎ 615 269 5509, 2102 Blair Blvd)*, au niveau de 21st Ave S. Les hamburgers sont servis dans ce qui semble être un wagon abandonné depuis des années.

### Où sortir

Pour subvenir à leurs besoins, de nombreux musiciens et compositeurs talentueux de country, de folk, de bluegrass, de rock du Sud et de blues jouent dans des bastringues, des bars à blues, des magasins, etc. Nashville compte également des salles haut de gamme telles que le Ryman Auditorium. Pour les informations concernant les sorties en ville, consultez l'édition du vendredi et du dimanche du *Tennessean* ou l'hebdomadaire alternatif *Nashville Scene*, distribué gratuitement.

Tous les vendredis et samedis soirs de l'année, vous pouvez assister à l'émission ***Grand Ole Opry*** *(☎ 615 889 3060)* à Opryland (20,50 $ à 22,50 $ la place). Le ***Wildhorse Saloon*** *(☎ 615 902 8200, 120 2nd Ave N)*, propose des leçons de danse gratuites, chaque jour entre 16h et 21h. Il accueille aussi des animations le soir et une émission trimestrielle, diffusée sur TNN.

Dans le quartier des cow-boys de Broadway, entre 4th Ave et 5th Ave, toute une ribambelle de clubs commencent dès 10h à mettre de la musique. Si vous ne deviez en voir qu'un seul, ce serait ***Robert's Western World*** *(☎ 615 248 4818, 416 Broadway)*, qui occupe une ancienne boutique de vêtements de cow-boys : les murs sont placardés de bottes en cuir exotiques vivement colorées.

Au ***Tootsie's Orchid Lounge*** (☎ *615 726 0463, 422 Broadway*), le club le plus vénéré du coin, les musiciens jouent à l'étage, au rez-de-chaussée et parfois même dans la rue. Tenez bien vos verres quand le groupe joue *Rocky Top, Tennessee*.

Club-restaurant nettement plus chic, ***Gibson's Caffé Milano*** (☎ *615 255 0073, 174 3rd Ave N*) attire surtout les grands noms de la musique en quête d'intimité. Non seulement Chet Atkins est un habitué des lieux, mais aussi Peter Frampton, Mary Chapin Carpenter, Yo-Yo Ma, Johnny Cash et Emmylou Harris. Des spectacles sont prévus du jeudi au samedi soir.

Bistrot de quartier sans prétention, le ***Bluebird Cafe*** (☎ *615 383 1461, 4104 Hillsboro Pike*) attire dans le centre commercial de Green Hills (4 km au sud de la sortie 3 de la I-440) les meilleurs talents de la ville. Chanteurs et compositeurs, qui vendent leur tubes aux grands noms de la musique, gardent pour l'endroit leurs morceaux les plus intimes et les plus profonds. Le week-end, deux spectacles sont généralement organisés, et le premier est gratuit. Au ***Douglas Corner Café*** (☎ *615 298 1688, 2106 8th Ave S*), encore plus discret, on peut prendre le micro.

A 3 km environ à l'est du centre-ville et à 2 km de la bretelle de la I-65, le ***Radio Cafe*** (☎ *615 262 1766, 1313 Woodland St*), au niveau de 14th St N, organise des concerts d'une qualité étonnante tous les jours sauf le dimanche.

Si vous êtes plutôt rock et alternatif, préférez *Exit/In* (☎ *615 321 4400*) sur Elliston Place ou ***12th & Porter*** (☎ *615 254 7236, 114 12 Ave N*), de l'autre côté de la rivière. Les artistes moyennement connus passent souvent par le ***328 Performance Hall*** (☎ *615 259 3288, 328 4th Ave S*). *The End* (☎ *615 321 4400, 2219 Elliston Pl*), derrière les magasins, accueille les groupes locaux qui viennent exorciser les démons de la country à coup de speed métal.

Les amateurs de bluegrass apprécieront la ***Station Inn*** (☎ *615 255 3307, 402 12th Ave S*), tandis que, dans un autre genre, l'***Indienet Record Store*** (☎ *615 321 0882, 1707 Church St*) convie les spectateurs de tous âges à assister à des concerts punk dans l'arrière-boutique.

Le ***Bourbon St Blues & Boogie Bar*** (☎ *615 242 5837, 220 Printers Alley*) reste incontournable en matière de blues avec des concerts quasiment tous les jours et une nourriture cajun. L'entrée coûte 5 $ environ en semaine et monte à 7 $ le week-end.

Le ***Nashville Opera*** (☎ *615 292 5710*) et le ***Nashville Symphony Orchestra*** (☎ *615 255 2787*) se produisent au Tennessee Performing Arts Center. L'orchestre donne également des concerts gratuits dans le Centennial Park. Si vous êtes en ville l'été, ne manquez surtout pas les concerts en plein air des Fisk Jubilee Singers (☎ *615 329 9528*), le groupe de gospel de la Fisk University.

Les concerts de la ***Blair School of Music*** (☎ *615 322 7651*) de la Vanderbilt University sont également très réputés.

## Manifestations sportives

Les étonnants Tennessee Titans (☎ 615 565 4000) se qualifièrent pour le Super Bowl (football américain) dès 1999, leur première saison. Ils jouent à l'Adelphia Coliseum, de l'autre côté de la rivière par rapport au centre-ville.

Les Nashville Predators (☎ 615 770 2300), équipe professionnelle de hockey, jouent au Gaylord Entertainment Center, de même que les footballeurs en salle des Nashville Kats (☎ 615 254 5287), entre mi-avril et mi-juillet. Équipe AAA de base-ball associée aux Pittsburgh Pirates, les Nashville Sounds (☎ 615 242 2371) jouent au Greer Stadium, 534 Chestnut St.

Les courses automobiles de la Nashville Speedway USA (☎ 615 726 1818) ont lieu sur les Tennessee State Fairgrounds.

## Achats

La ville ne manque pas de vestes en jean pailletées, de cravates arborant le drapeau américain et de jarretelles agrémentées de logos Jack Daniel's. Pour les bottes, adressez-vous au night-club Robert's Western World. Des vêtements western d'origine sont vendus au Ranch Dressing (☎ 615 259 4163), 113 17th Ave S, au niveau de Broadway.

Très riche en country et bluegrass, Ernest Tubb's (☎ 615 255 7503), 417 Broadway, possède aussi une boutique dans Music Valley. Si vous êtes à la recherche de n'importe quel style musical, en CD neufs ou d'occasion, de bandes dessinées ou de vidéos, optez pour Great Escape (☎ 615 327 0646), 1925 Broadway, au niveau de Division St.

Fusion (☎ 615 297 7977), 2108 8th Ave S, est une boutique de décoration étrange mais bien organisée.

Vous trouverez tout un tas d'articles – chaussettes à 2 $ la paire, montres, lunettes de soleil, vêtements bon marché de mauvaise qualité et linge de maison – au farmers market, 8th Ave N, vers Jefferson.

Le plus tape-à-l'œil des centres commerciaux, l'Opry Mills, avoisine les magasins de Music Valley, qui sont pour certains touristes la chose la plus cool de Nashville.

## Comment s'y rendre

**Avion.** L'aéroport international de Nashville (13 km à l'est du centre-ville par la I-40) est desservi par 9 grandes compagnies aériennes. Le trafic aérien étant limité, il est parfois plus économique de voler jusqu'à Memphis.

Les tarifs aller/retour pour La Nouvelle-Orléans peuvent descendre à 100 $ avec Continental, Northwest et Delta, mais le prix moyen reste 250 $.

**Bus.** Greyhound (☎ 615 255 3556) gère une gare routière active au 200 8th Ave S, entre Demonbreun St et Clark Place (à deux pâtés de maisons de Broadway). La compagnie propose 8 bus quotidiens pour Memphis (4 heures, 29 $ l'aller, 50 $ l'aller-retour), 9 pour Atlanta (6 heures, 37/73 $) et 6 pour Birmingham (4 heures, 28/54 $) et La Nouvelle-Orléans (entre 12 et 15 heures, 42/84 $).

**Voiture.** Les principales sociétés de location de voitures sont présentes à l'aéroport. Vous pouvez les contacter grâce aux téléphones gratuits mis à votre disposition près de la livraison des bagages.

Pour profiter au maximum du paysage en pénétrant dans Nashville, empruntez la Natchez Trace Parkway, qui commence à Natchez (Mississippi), et se termine au sud de Nashville, près de la Hwy 100.

## Comment circuler

Le centre-ville se parcourt facilement à pied, et les bateaux-taxis constituent le meilleur moyen pour rejoindre Opryland. Mais pour la plupart des autres curiosités, il est préférable d'avoir une voiture. Le cyclisme est envisageable – les rues sont larges et plates et les conducteurs respectueux –, mais n'a finalement que peu d'adeptes. Reportez-vous à la rubrique *Parcs et activités* plus haut pour louer des vélos et des patins à roulettes.

**Desserte de l'aéroport.** Le bus n°18 de MTA relie l'aéroport et le centre de transit (abri C) en ville moyennant 1,45 $. En semaine, il passe toutes les heures environ, mais n'assure que 4 départs quotidiens le week-end. Composez le ☎ 615 862 5950 pour les horaires exacts.

La plupart des hôtels assurent un service de navettes pour l'aéroport. Utilisez les téléphones gratuits à côté de la livraison des bagages pour les contacter (et patientez).

Gray Line (☎ 615 883 5555) circule entre l'aéroport et les grands hôtels du centre-ville et de West End. Comptez 9 $ l'aller, 15 $ l'aller-retour, entre 6h et 23h. Les billets s'achètent au comptoir Gray Line, un étage au-dessous de la livraison de bagages.

Un taxi jusqu'au centre-ville revient à 17 $ environ (la prise en charge à l'aéroport s'élève à 2,70 $).

Il est possible de louer des voitures à l'aéroport. Reportez-vous à la rubrique *Comment s'y rendre* plus haut.

**Bus.** C'est la Metropolitan Transit Authority (MTA ; ☎ 615 862 5950) qui gère les bus de la ville. Outre le n°18 qui dessert l'aéroport, l'itinéraire du n°3 West End est assez intéressant : il part du centre-ville pour se rendre à Cheekwood et au Percy Warner Park. Pour se rendre à Opryland et Opry Mills, empruntez le n°34, le Music Valley Express, ou le n°27 vers l'Opryland Hotel. Le ticket revient à 1,45 $ et il faut faire l'appoint à moins que votre trajet ne se limite au centre-ville (c'est-à-dire la zone limitée par la rivière Cumberland, Franklin St, la I-40 et Jackson St). Vous payerez alors seulement 25 ¢.

Tous les départs et arrivées se font au centre de transit du centre-ville, à l'angle de Deaderick et de 4th Ave N, à un pâté de maisons et demi du capitole.

**Tramway.** MTA gère également la navette tramway qui dessert les principaux lieux touristiques des quais et Music Row. Le ticket coûte 1 $ (faire l'appoint). En été, ces tramways passent toutes les 13 minutes.

**Voiture.** En ville, les rues sont larges, et les conducteurs plutôt respectueux. Le centre-ville s'avère plus difficile avec ses nombreuses rues étroites à sens unique. Mieux vaut se garer dans un parking au sud ou au nord de Broadway et continuer à pied. La sortie Broadway de la I-40 constitue l'accès le plus direct au centre-ville. De la I-65, prenez la sortie Woodland St.

Les 3 autoroutes autour de Nashville – la I-40, la I-65 et la I-24 – sont reliées par les bretelles I-440, I-265 et Briley Parkway, créant un réseau compliqué d'intersections. Les nouveaux arrivants ont toutes les chances de se perdre. Les directions indiquées mentionnent souvent des villes inconnues ou qui ne vous renseignent pas sur votre itinéraire, les autoroutes se dédoublent soudainement et il y beaucoup de poids lourds.

**Taxi.** Tentez Allied Taxi (☎ 615 244 7433) ou Music City Taxi (☎ 615 262 0451). Les tarifs débutent à 1,50 $, auxquels il faut ajouter 1,50 $ par mile supplémentaire.

**Bateau-taxi.** Les bateaux-taxis Opryland (☎ 615 883 2211) circulent sur la rivière Cumberland entre le centre-ville et Opryland. Dans Nashville, ils se prennent dans le Riverfront Park, au sud de Fort Nashborough. En été, le service est assuré quotidiennement (le week-end seulement le reste de l'année), avec un départ d'Opryland toutes les heures paires entre 10h et 22h, et un départ du centre-ville toutes les heures impaires entre 11h et 21h. Le billet vaut 9 $ l'aller ou 13 $ l'aller-retour par adulte, 7 $ et 10 $ pour les enfants entre 4 et 11 ans. Il est possible de réserver à l'avance.

Ces bateaux-taxis offrent l'occasion de découvrir l'une de ces rivières qui ont été vitales pour le développement des villes du Sud. De plus, ils permettent d'éviter la circulation stressante.

## SHELBYVILLE

Située à 80 km au sud de Nashville, sur Hwy 41A et Hwy 231, Shelbyville est la capitale du cheval de marche (voir l'encadré *Les chevaux de marche du Tennessee*). Chaque année à la fin du mois d'août, un festival de 10 jours attire 200 000 éleveurs, entraîneurs et amateurs à la Calsonic Arena, à la limite de la ville, au 721 Whitthorne St. Il existe également un **Walking Horse Museum** dans la Calsonic Arena (☎ 931 684 0314). Pour y accéder, dirigez-vous vers le nord depuis la place et tournez à droite dans Madison St, puis à gauche après le deuxième feu, dans Celebration Dr. La Calsonic Arena se trouve au bout de la rue et le musée occupe le bâtiment de gauche. Téléphonez avant pour être sûr qu'il est ouvert.

Pour un bon repas du Sud, des tartes ou un café, allez au *Popes Cafe* (☎ *931 684 9901, 120 East Side Square*).

Un train Diesel relie en 1 heure Shelbyville à Wartrace, autre bourg spécialisé dans le cheval, vers le nord-est. Composez le ☎ 931 695 5066 pour tous renseignements ou une réservation.

## KNOXVILLE
• **168 000 habitants**

Ancienne capitale territoriale du Tennessee, Knoxville est aujourd'hui le siège de l'université d'État et de deux équipes de haut niveau, l'équipe de football américain les Tennessee Volunteers (Vols) et celle de basket-ball les Lady Vols. Principale ville de l'est du Tennessee, Knoxville est un point de départ pratique pour explorer la région. Ses attractions urbaines sont limitées, mais vous n'y penserez guère en sirotant votre bière au bord de la rivière.

## Orientation et renseignements

Le centre touristique de Gateway (☎ 865 971 4440, 800 727 8045) occupe Volunteer Landing sur les quais. Outre des renseignements sur la ville, vous y trouverez un affichage concernant les parcs nationaux de la région.

Une courte marche le long des quais vous conduira à quelques restaurants, à une marina (où l'on peut louer des pédalos) et à une minuscule voie pour locomotives. Le quartier des entrepôts, appelé Old City, a été rénové et abrite désormais de nombreux magasins, restaurants, cafés et lieux où sortir. Il part de Jackson Ave et de Central St.

## A voir et à faire

Le **Knoxville Museum of Art** (☎ 865 525 6101) sur 10th St, propose une exposition permanente de gravures, de dessins et de photos ainsi que des expositions temporaires intéressantes. L'entrée revient à 7/6/5 $ pour les adultes/seniors/enfants (gratuite pour les moins de 12 ans). Le musée ouvre de 10h à 17h du mardi au samedi (jusqu'à 21h le vendredi). Le dimanche, il n'ouvre ses portes qu'à midi. Le principal attrait de la ville est le **Sunsphere**, principal souvenir de l'Exposition internationale de 1982, mais malheureusement fermé jusqu'en 2002.

En bordure du centre-ville, vous trouverez deux édifices intéressants. **Blount Mansion** (☎ 865 525 2375), une demeure de 1792 au croisement de W Hill Ave et de S Gay St, servait de résidence au gouverneur du temps où Knoxville possédait le statut de capitale de tous les États au sud de la rivière Ohio. Elle ouvre de 9h30 à 16h30 du mardi au vendredi (entrée : 5/2,50 $ par adulte/enfant). En remontant W Hill Ave, vous trouverez une réplique de **James White's Fort** (☎ 865 525 6514). L'original, bâti en 1786, était la première maison de la ville (4/2 $ ; fermé le dimanche).

La ville arbore avec fierté son **Women's Basketball Hall of Fame** (☎ 865 633 9000) sur Hall of Fame Dr (impossible de rater l'immense ballon orange). Il est bien conçu mais cher (8 $ par adulte, 6 $ par senior et enfant). Vous pouvez utiliser le terrain de basket-ball de l'Athletic Playground à l'étage inférieur aussi longtemps que vous le désirez.

Six fois par an, le Neyland Coliseum accueille 100 000 supporters venus applaudir l'équipe **universitaire de football américain** lorsqu'elle joue contre les autres équipes de la Southeastern Conference. Appelez le département des sports de l'université pour tous renseignements (☎ 865 974 1212).

## Où se loger

Pour camper près de la ville, choisissez le *KOA* (☎ *865 933 6393*) à la sortie 374 de la I-40/I-75. Vous trouverez également de nombreux terrains pour camping-car à une heure environ de la ville en allant vers le sud en direction de Pigeon Forge et de Gatlinburg.

---

### Les chevaux de marche du Tennessee

Pour ceux qui ne savent pas qu'ils sont extrêmement entraînés, les chevaux de marche du Tennessee semblent s'amuser, avec leurs pas relevés et le flottement de leur tête, à imiter les pigeons piétinant des braises. Si la démarche de ces chevaux à quelque chose d'étrange, les professionnels assurent que rien n'est plus confortable pour voyager, pas même une Cadillac sur route fraîchement goudronnée.

Durant la guerre de Sécession, les ambleurs de la Confédération se reproduisirent clandestinement avec les trotteurs de l'Union, ce qui donna naissance à un cheval aux grandes foulées souples. Par la suite, cette "espèce" fut croisée avec des pur-sang, des chevaux ordinaires, des Morgans et des chevaux de selle pour devenir le cheval de marche du Tennessee à la fin du XIX$^e$ siècle.

Lors de la fête annuelle de Shelbyville, les juges observent la qualité de trois allures : pas avec sabots à plat (comme le pigeon sur les braises), pas accéléré (le pigeon chassé par le chat) et petit galop balancé (le fauteuil à bascule qui avance).

Il n'existe pas de motel bon marché dans le centre-ville, ceux-ci occupant plutôt l'est et l'ouest de la ville au niveau des sorties 378 et 398 de la I-40. A la sortie 378, essayez le *Budget Inn of America (☎ 800 272 6232, 323 Cedar Bluff Rd)*. Un *Super 8 (☎ 865 524 0855, 7585 Crosswood Blvd)* occupe la sortie 398. Attention, les week-ends d'automne, quand l'équipe universitaire de football joue, la ville se remplit et les motels augmentent leurs tarifs.

### Où se restaurer

Très populaire, *Tomato Head (☎ 865 637 4067)*, sur Market Square, propose des sandwiches géants à 5 $ ; il y a parfois de la musique live. La chaîne *Calhoun's (☎ 865 673 3355)*, spécialiste des barbecues, possède trois restaurants dans la région de Knoxville. Celui des quais, entre le centre-ville et l'université, attire les foules. Donnant aussi sur la rivière, la *Riverside Tavern by Regas (☎ 865 637 0303)* fait à la fois bar et restaurant. Dans un des quatre patios, vous dégusterez une salade (la liste est longue), une pizza cuite au feu de bois ou un steak. Le *11th Street Expresso House (☎ 865 546 3003)*, situé dans le petit groupe de maisons victoriennes en face du musée d'Art, est un endroit agréable pour prendre un café ou un en-cas.

Établissement spacieux, *Cup A Joe (☎ 865 525 0012, 132 W Jackson St)*, dans Old City, sert un bon café, des sandwiches et des pâtisseries. Le *Patrick Sullivan's Saloon (☎ 865 637 4255, 100 N Central Ave)*, installé dans le même quartier dans un beau bâtiment ancien, prépare une cuisine américaine classique.

### Comment s'y rendre

Knoxville est l'une des destinations les plus petites de Greyhound (gare routière : ☎ 865 522 5144, 100 Magnolia Ave). Il y a 5 bus quotidiens pour Chattanooga (2 heures, 13 $), qui continuent sur Atlanta (4 heures 30, 24 $), 7 départs pour Memphis (8 heures, 41 $) *via* Nashville (3 heures 30, 22 $), 3 directs pour Washington DC (12 heures, 55 $) ainsi que pour Chicago (12 heures 30, 60 $).

## ENVIRONS DE KNOXVILLE

A seulement une trentaine de kilomètres au nord-ouest de Knoxville se trouve **Oak Ridge**, ville créée en 1942 lorsque les familles rurales furent délogées et remplacées par l'industrie naissante des armes nucléaires, dans le cadre du Manhattan Project de Roosevelt. Durant 5 ans, elle ne figura sur aucune carte et malgré ses 75 000 travailleurs et leurs familles, quasiment personne ne connaissait l'existence de cette ville grillagée.

L'activité reposait sur deux usines d'uranium enrichi et un réacteur nucléaire producteur de plutonium. Le plutonium partait ensuite vers le Nouveau-Mexique pour entrer dans la fabrication d'armes nucléaires, parmi lesquelles les bombes larguées sur Hiroshima et Nagasaki.

Loin de devenir une ville fantôme radioactive, Oak Ridge développa au lendemain de la guerre un centre de recherches sur les énergies dont le nucléaire, sur la robotique, l'intelligence artificielle et les machines.

L'**American Museum of Science and Energy** (☎ 865 576 3200), 300 S Tulane Ave, raconte l'histoire d'Oak Ridge. Il ouvre tous les jours et l'entrée est gratuite. Prenez-y une carte pour vous rendre au réacteur de graphite (désactivé mais hautement évocateur) et vers d'autres sites. Toutes les expositions insistent sur l'importance accordée à l'environnement dans le passé et le présent, mais les panneaux des lacs voisins informent que les poissons-chats pêchés sur place peuvent provoquer le cancer.

## GREAT SMOKY MOUNTAINS
### Région du parc national

L'est du Tennessee doit principalement son succès à ses montagnes, concentrées dans le Great Smoky Mountains National Park, parc le plus fréquenté des États-Unis (10 millions de visiteurs chaque année). Il fut créé en 1934 et s'étend sur 208 000 ha, dont une partie appartient à la Caroline du Nord. Son altitude varie entre 252 m et 2 000 m environ. Sa forte dénivellation, alliée au fait que ces montagnes marquent la rencontre entre le Nord et le Sud en matière de végétation et de climat, explique l'incroyable diversité de la flore et de la faune. Il existe plus de 1 500 espèces de plantes à fleurs et 125 espèces d'arbres. Sur l'ensemble de l'année, environ 200 types d'oiseaux séjournent dans le parc et l'on dénombre 60 sortes de mammifères, dont les ours qui font la renommée du lieu.

Les sites les plus connus comprennent le point culminant de **Clingmans Dome**, à 1 993 m (d'où l'on peut voir 7 États par temps clair) et les impressionnants sommets jumeaux de **Chimney Tops**. Ces randonnées, tout comme celles de la région du Mt LeConte, rencontrent un grand succès. Elles se trouvent relativement près de Gatlinburg (Tennessee). Moins visitée, la zone de **Cades Cove,** près de la petite ville de Townsend, propose une boucle à sens unique de 17,5 km qui attire plutôt les cyclistes. Les visiteurs sont nombreux surtout en été et de mi-mai à fin septembre.

Côté Tennessee, le Sugarlands Visitor Center (☎ 865 436 1291) est situé sur la route principale qui relie le parc à Gatlinburg. Cette route, la US 441, traverse ensuite le parc sur 56 km de superbes paysages avant d'atteindre Cherokee, en Caroline du Nord, où il existe un autre centre d'accueil des visiteurs à Oconaluftee. L'entrée du parc est gratuite.

Afin d'éviter autant que possible la foule, nous vous conseillons de marcher dans les zones reculées et de faire du camping sauvage. Reportez-vous à la rubrique *Où se loger* plus bas.

## Gatlinburg

Plusieurs bourgs permettent un accès au parc ; Gatlinburg est le plus connu, et donc le plus fréquenté. Du fait de la proximité de l'**Ober Gatlinburg Ski Area** (☎ 865 436 5423, fun@obergatlinburg.com), vous trouverez ici plus de services en hiver qu'ailleurs, où les magasins, les restaurants et les motels doivent fermer. Le domaine skiable est assez restreint (3 remonte-pentes, 8 pistes), et la saison courte. En été, un télésiège vous conduit vers le sommet de la montagne et vous pouvez essayer la simulation de bobsleigh.

Un centre d'accueil des visiteurs (☎ 865 436 2392, 800 267 7088) se trouve sur la US 441, au niveau du troisième feu. Il ouvre de 8h à 18h chaque jour en hiver (jusqu'à 20h le vendredi et samedi) et jusqu'à 22h en été.

## Pigeon Forge

A une dizaine de kilomètres au nord de Gatlinburg, Pigeon Forge présente un visage peu attrayant : motels, minigolfs, centres commerciaux et cafés-concerts spécialisés en country, attirés par **Dollywood** (☎ 865 428 9488), le parc à thème personnel de Dolly Parton, ont enlaidi le bourg.

Curieusement, le parc est agréable. Certains manèges sont excellents (tentez le Tennessee Tornado), vous pouvez assister à des démonstrations d'artisanat et visiter une réserve d'aigles. De plus, le cadre est magnifique. L'entrée revient à 30 $ pour toute personne de plus de 12 ans et à 21 $ pour les plus jeunes. Le parc n'est ouvert qu'entre la mi-avril et décembre (téléphonez pour les horaires exacts).

## Où se loger

Le parc compte plus de 1 000 emplacements de camping, mais il peut être difficile de trouver une place en été. Trois des dix terrains aménagés prennent des réservations jusqu'à cinq mois à l'avance (☎ 800 365 2267). Sinon, le premier arrivé est le premier servi. La nuit coûte entre 12 $ et 20 $. Sur l'ensemble des terrains de camping du parc, seuls ceux de Cades Cove et de Smokemont ouvrent toute l'année. Les autres ne sont en activité qu'entre le printemps (généralement avril) et octobre. Un permis est nécessaire pour faire du camping sauvage, renseignez-vous en composant le ☎ 865 436 1297 ou en vous arrêtant au Sugarlands Visitor Center de Gatlinburg (voir *Région du parc national*, plus haut).

Il existe aussi des possibilités de camping en dehors du parc, par exemple au *KOA* (*☎ 865 453 7903, 2849 Middle Creek Rd*) de Pigeon Forge, ouvert entre avril et novembre. Autrement, des cottages sont à louer au ***Wa-Floy's Mountain Village*** (*☎ 865 436 5575, 3610 E Parkway*), à 13 km à l'est de Gatlinburg. Comptez 35 $ minimum.

Le prix de l'hébergement dans les bourgs qui bordent le parc varie grandement d'une

## L'Appalachian Trail

L'Appalachian Trail est un sentier pédestre qui longe les crêtes des Appalaches sur 3 448 km et traverse 14 États entre le Maine et la Géorgie. Dans le Tennessee, la route passe par la Cherokee National Forest (48 km) et le Great Smoky Mountains National Park, en suivant la frontière avec la Caroline du Nord (112 km). Cette section est la plus sauvage et la plus élevée du sentier puisqu'elle inclut le Clingman's Dome (1 993 m).

Les marcheurs des Appalaches doivent prévoir leurs propres provisions, y compris l'eau. Un permis est nécessaire pour faire du camping sauvage dans le parc national (voir *Où se loger* dans la section *Great Smoky Mountain*).

Si vous lisez l'anglais, cette partie du sentier est abordée en détail dans *The Appalachian Trail Guide to Tennessee-North Carolina*, disponible à la Maison des gardes forestiers de Greeneville (☎ 423 638 4109), 124 Austin St. Si vous désirez des conseils pour un périple plus étendu, contactez l'Appalachian Trail Conference (☎ 304 535 6331, info@atconf.org), PO Box 807, Harpers Ferry, WV 25425-0807.

saison à l'autre. Au printemps, on trouve facilement des chambres de motel à moins de 30 $. Parmi les motels les moins chers (environ 20 $ la nuit), citons le *Tennessee Mountain Lodge* (☎ 865 453 4784, 800 446 1674, *3571 Parkway*) qui possède même des matelas d'eau. En été et en automne, il arrive que les prix grimpent à 100 $ la chambre. Du fait de la proximité de la station de ski, les prix à Gatlinburg sont élevés même en hiver, contrairement à Townsend ou à Cherokee (Caroline du Nord).

### Où se restaurer

Installé dans la plus ancienne bâtisse de Pigeon Forge (elle aurait environ 170 ans), *Old Mill* (☎ 865 429 3463, *160 Old Mill Ave*) est semble-t-il le seul établissement agréable des environs. *Mel's Diner* (☎ 865 429 2184) imite un restaurant de gare des années 50, la cuisine est bonne et le restaurant ouvre 24h/24. Tournez vers le sud au niveau de Wears Valley Rd (troisième feu) et vous le trouverez sur la gauche.

## CHATTANOOGA
• **155 000 habitants**

Chattanooga naquit du déplacement forcé des Cherokees au début de l'existence des États-Unis. La route qu'ils empruntèrent fut nommée par la suite Trail of Tears (la piste des Larmes ; voir l'encadré). Ross's Landing, le centre-ville actuel de Chattanooga, constituait l'un des points de départ de cette route.

Une fois les Indiens délogés, la ville se développa rapidement. Elle devint un point stratégique durant la guerre de Sécession et plusieurs batailles importantes (celles de Lookout Mountain et Chickamauga, par exemple) se déroulèrent dans ses environs.

Les années 60 furent difficiles : l'économie stagnait et Chattanooga était si sale que les travailleurs se changeaient pour travailler. Durant la dernière décennie, la ville semble avoir ressuscité grâce au redéveloppement de l'industrie, à l'aquarium et à l'aménagement des berges. Petite ville tranquille, en tant que patrie de la Moon Pie, Chattanooga devrait plaire aux gourmands.

### Orientation et renseignements

Le centre-ville occupe une zone relativement petite, limitée par la rivière Tennessee et le Martin Luther King Jr Blvd. L'activité se concentre sur trois axes parallèles : Chestnut St, Broad St et Market St. Lookout Mountain, site clé de la guerre de Sécession et emplacement de certaines attractions touristiques, se trouve à quelques kilomètres au sud-ouest du centre-ville.

La plupart des attraits de Chattanooga sont proches du bureau touristique (☎ 423 756 8687, 800 322 3344), situé à l'angle entre 2nd St et Broad St, où l'on peut acheter des tickets pour la plupart des sites à voir (ouvert chaque jour entre 8h30 et 17h30).

### A voir et à faire

Principal monument du centre-ville, le **Tennessee Aquarium** (☎ 800 262 0695) est conçu de manière à imiter le système fluvial qui part des Appalaches pour rejoindre le golfe du Mexique. Les groupes scolaires affluent en masse de toute la région. L'entrée coûte 12/6,50 $ par adulte/enfant, et l'aquarium ouvre de 10h à 18h tous les jours (jusqu'à 20h du vendredi au dimanche en été).

Non loin de là, Ross's Landing constitue un excellent point de départ pour une promenade le long de la rivière, que l'on peut traverser grâce à la passerelle réservée aux piétons, Walnut Street Bridge. De l'autre côté s'étend Coolidge Park où vous trouverez un mur d'escalade.

De retour sur la rive sud, mais vers l'est, le Bluff View Art District regroupe des magasins, des restaurants et des galeries plutôt chics. Ne manquez pas le **Hunter Museum of American Art** (☎ 423 267 0968), qui expose des œuvres d'Ansel Adams et de Willem De Kooning ainsi que d'admirables sculptures de verre. Comptez 5/3/2,50 $ par adulte/étudiant/enfant. Les horaires sont les suivants : de 10h à 16h30 du mardi au samedi et de 13h à 16h30 le dimanche.

Le **Chattanooga Regional History Museum** (☎ 423 265 3247), 400 Chestnut St, jouit d'une bonne réputation. Son accès revient à 4/3,50 $ par adulte/enfant et se fait entre 10h et 16h30 (à partir de 11h le weekend). Le **Chattanooga African-American Museum** (☎ 423 266 8658), 200 Martin Luther King Jr Blvd, n'est pas non plus à négliger, en particulier pour sa section sur l'enfant du pays, Bessie Smith. Prévoyez 5/3 $ (fermé le dimanche).

Plus surprenant, l'**International Towing & Recovery Hall of Fame and Museum** (☎ 423 267 3132), 401 Broad St, est dédié à la dépanneuse, une invention locale. Vous devrez débourser 3,50 $ pour satisfaire votre curiosité. Quant au **National Knife Museum** (☎ 800 548 3907), 7201 Shallowford Rd, il cible les amateurs de couteaux et autres objets de coutellerie. Il se situe en dehors de la ville, près du Hamilton Place Mall, non loin de la sortie 5 de la I-75.

## Lookout Mountain

Les principaux attraits de Chattanooga sont en réalité situés à l'extérieur de la ville, à la Lookout Mountain. Parmi eux, citons l'Incline Railway (☎ 423 629 1411), une série de grottes souterraines – les Ruby Falls (☎ 423 821 2544)–, et Rock City, un jardin comprenant une colline dont le magnifique belvédère se trouve en Géorgie. Chaque site revient à 10 $, mais il est possible d'acheter des billets combinés pour deux ou plus d'entre eux. Au sommet de la montagne, **Point Park** appartient au Chickamauga-Chattanooga National Military Park du National Park Service, installé juste de l'autre côté de la frontière avec la Géorgie. Le centre touristique (☎ 706 866 9241) ouvre chaque jour jusqu'à 17h45 en été. Il est gratuit mais l'accès au parc est facturé 2 $.

A deux pas de là, **The Battles for Chattanooga Electric Map & Museum** (☎ 423 821 2812) est un musée privé commémorant le rôle de Chattanooga durant la guerre de Sécession. L'entrée revient à 5 $. Un historien habite au **Tennessee Civil War Museum** (☎ 423 821 4954) et peut donc vous le commenter. Le musée se trouve en face de l'Incline Railway, et son accès coûte 6/5 $ par adulte/enfant.

## Où se loger

Vous n'aurez aucun mal à trouvez un camping dans la région de Chattanooga. Le *KOA Chattanooga North* (☎ 423 472 8928) se trouve à 24 km de la ville en allant vers le nord, à la sortie 20 de la I-75. A l'ouest de la ville, essayez le *Raccoon Mountain RV Park & Campground* (☎ 423 821 9403) à la sortie 174 de la I-24. Comptez 12 $ pour planter votre tente, et 20 $ pour tous les branchements.

Il existe des milliers de chambres d'hôtel à proximité de la Hwy I-24 et de la Hwy I-75 en dehors de la ville. Dans la catégorie petits budgets, les adresses les plus proches du centre-ville correspondent au quartier peu reluisant proche de la sortie 178 de la I-24. La meilleure option reste le *Comfort Suites* (☎ 423 265 0008) et ses simples/doubles à 69/79 $, même si le *Motel 6* (☎ 423 265 7300) est l'établissement le moins cher à 35/40 $ la nuit. Un peu plus loin, à la sortie 174, vous n'aurez que l'embarras du choix : en plus du camping mentionné plus

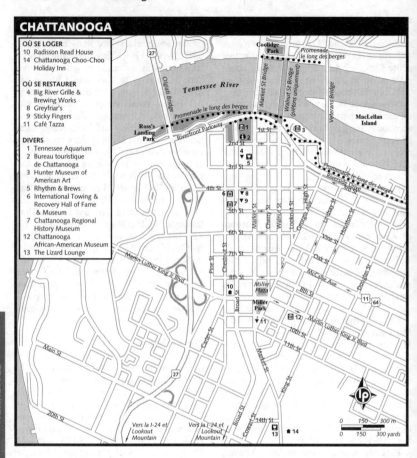

# CHATTANOOGA

**OÙ SE LOGER**
10 Radisson Read House
14 Chattanooga Choo-Choo Holiday Inn

**OÙ SE RESTAURER**
4 Big River Grille & Brewing Works
8 Greyfriar's
9 Sticky Fingers
11 Café Tazza

**DIVERS**
1 Tennessee Aquarium
2 Bureau touristique de Chattanooga
3 Hunter Museum of American Art
5 Rhythm & Brews
6 International Towing & Recovery Hall of Fame & Museum
7 Chattanooga Regional History Museum
12 Chattanooga African-American Museum
13 The Lizard Lounge

---

haut, vous trouverez dans ce secteur 8 ou 9 motels. Avec des chambres à 59 $ en hiver et à 99 $ en été, le *Hampton Inn* (☎ *423 821 0595*) a probablement le meilleur rapport qualité/prix. Le *Royal Inn* (☎ *423 821 6840*) fait partie des nombreux motels bon marché du district (45 $ la chambre).

Dans la catégorie supérieure, il n'existe que deux possibilités. Le *Chattanooga Choo-Choo Holiday Inn* (☎ *423 266 5000, 1400 Market St*) occupe l'ancienne gare ferroviaire. De nombreuses chambres sont des wagons reconvertis. On peut trouver des chambres ordinaires, sans grand intérêt, à 99 $, mais il faut compter 125 $ pour loger dans un wagon. Dans le centre-ville, la *Radisson Read House* (☎ *423 266 4121, 827 Broad St*) est un hôtel du début du XX$^e$ siècle (certaines parties remontent à la guerre de Sécession), méticuleusement restauré. Demandez une chambre dans l'ancienne aile. La nuit vaut entre 110 $ et 120 $, mais il y a souvent des offres promotionnelles.

## Où se restaurer

Dans le centre-ville, vous aurez du mal à trouver mieux que *Sticky Fingers* (☎ *423 265 7427, 420 Broad St*). Il est réputé pour servir les meilleures côtelettes de la ville. Un repas de viande revient entre 10 $ et 15 $. Autre bonne adresse, ***Big River Grille & Brewing Works*** est une brasserie de Broad St entre 2nd St et 3rd St. Sa carte va des salades aux pâtes en passant par les steaks et les côtelettes. Pour un petit déjeuner ou une tasse de café au calme, rendez-vous à ***Greyfriar's*** *(406B Broad St)*. Le ***Café Tazza*** *(☎ 423 265 3032, 1010 Market St)* concilie café, nourriture et poésie.

## Où sortir

Pour écouter de la musique live, poussez la porte de ***Rhythm & Brews*** *(☎ 423 267 4644, 221 Market St)*, ouvert du mercredi au samedi, ou du ***Lizard Lounge*** *(☎ 423 756 9899, 1407 Market St)*.

## Comment s'y rendre

Le modeste aéroport de Chattanooga se trouve juste à l'est de la ville, et la gare routière Greyhound (☎ 423 892 1277) non loin, 960 Airport Rd vers Shepherd St. Huit bus quotidiens desservent Atlanta (2 heures, 15 $) et 3 partent pour Nashville (3 heures, 17 $) d'où vous pourrez changer pour Memphis (37 $). Il existe aussi 4 départs par jour pour Knoxville (2 heures, 12 $) d'où il est possible de prendre une correspondance pour Washington, DC ou Chicago.

Comme preuve de son manque de nostalgie, Chattanooga n'est pas desservie par Amtrak. Seule la Tennessee Valley Railroad (☎ 423 894 8028) fait circuler un train à vapeur le long des premières lignes de chemin de fer de la ville.

Pour accéder à la plupart des sites en ville, prenez le bus électrique gratuit qui sillonne le centre. Le centre touristique vous fournira une carte de son itinéraire.

## ENVIRONS DE CHATTANOOGA

Ocoee Outdoors (☎ 800 533 7767) organise un circuit de 2 heures de rafting sur 8 km comprenant 20 rapides sur la Ocoee. Il s'agit d'une portion de l'épreuve installée pour les Jeux olympiques d'Atlanta de 1996. Les rapides ne sont utilisables que si la Tennessee Valley Authority lâche suffisamment d'eau, c'est-à-dire chaque jour entre le dernier lundi de mai et le premier lundi de septembre et durant les week-ends le reste de l'année. Du lundi au mercredi, vous payerez 33 $, mais il faudra compter 39 $ du jeudi au dimanche. Il est conseillé de réserver deux ou trois semaines à l'avance. Il existe un circuit plus long, comprenant l'Upper Ocoee (le véritable tracé olympique), mais il ne conviendra qu'aux rafteurs expérimentés.

Pour accéder au site, quittez la I-75 à la sortie 20 ou 25 et continuez jusqu'à Cleveland, à 48 km à l'est de Chattanooga.

### Trail of Tears

En octobre 1838, 18 000 Cherokees furent délogés de Caroline du Nord, de Géorgie et du Tennessee et entassés dans des wagons sous la menace des baïonnettes. Les trains entreprirent alors un long voyage de 6 mois en direction de l'ouest, *via* Chattanooga et Nashville, dans le Tennessee, puis à travers le Kentucky, l'Illinois, le Missouri et l'Arkansas avant de s'arrêter dans l'Oklahoma.

La motivation première de cet acte était de faire "place nette" pour les Blancs qui voulaient fouiller les collines de la région des Smoky Mountains à la recherche de pépites d'or. En effet, des rumeurs circulaient depuis longtemps sur la présence du précieux métal ; aussi, lorsqu'un jeune Indien vendit une pépite à un commerçant blanc, les terres cherokees furent instantanément envahies par des chercheurs d'or, certains n'hésitant pas à tuer pour se frayer un chemin.

Le président Andrew Jackson et son successeur, Van Buren, donnèrent l'ordre d'évacuer les Cherokees vers l'ouest, laissant les Blancs saccager les terres indiennes en toute impunité.

Parmi les Cherokees qui firent le pénible trajet, nombreux étaient pieds nus, sans couverture ni vêtements chauds. Quatre mille d'entre eux périrent, souvent suite à des insolations, à des maladies et à des violences perpétrées en chemin.

# Glossaire

**AAA** – American Automobile Association.
*Antebellum* – expression latine qui désigne l'époque d'avant la guerre de Sécession.
**Arpent** – unité de mesure française employée parfois en pays cajun. Dans le système anglo-américain, l'arpent correspond à 0,84 acres (environ 3 400 m$^2$).
**Acadiana** – Apparu dans les années 70, ce terme désigne les 22 paroisses "francophones" de Louisiane.
**Acadie** – région du Canada oriental, située entre le fleuve Saint-Laurent et l'océan Atlantique, qui englobe le Nouveau-Brunswick et une partie du Maine. Elle fut colonisée par la France entre 1632 et 1713.
**Andouille** – La recette créole consiste en du porc haché, glissé dans un morceau de gros intestin fumé.
**Art & Crafts** – signifie "arts et artisanat". Cette expression désigne un courant qui s'est développé dans l'architecture et le design dès le début du XX$^e$ siècle. Il met l'accent sur le travail artisanal et la fonctionnalité. On utilise aussi l'expression "American Craftsman".

**Banquette** – appliqué à l'origine aux promenades de bois, ce terme s'emploie parfois aujourd'hui pour désigner les trottoirs à La Nouvelle-Orléans.
**Batture** – sédiments qui se déposent sur les parois intérieures d'un méandre de rivière, ou dans toute autre partie de rivière à faible courant. Il y pousse généralement un enchevêtrement d'arbres et d'arbustes.
**Bayou** – dans un marais, voie d'eau naturelle qui correspond à un bras secondaire de rivière (vient du choctaw "bayuk").
**Beignet** – terme employé à La Nouvelle-Orléans, où les beignets se dégustent couverts de sucre ou, plus rarement, parfumés à la chair de crabe et aux herbes.
**Boudin** – saucisse cajun constituée d'un mélange de viande et de foie de porc additionné de riz.
**Bousillage** – mélange de boue et de mousse espagnole parfois employé comme matériau de remplissage dans les murs à colombage.

**Briquette entre poteaux** – procédé de construction utilisant des briques pour remplir l'espace entre des poteaux de bois. Typique de l'architecture du Vieux Carré de La Nouvelle-Orléans.

**Café au lait** – l'expression est employée en français au pays cajun.
**Cajun** – déformation du terme "Acadien", qui désigne les descendants louisianais des communautés francophones exilées d'Acadie au XVIII$^e$ siècle.
**Carnaval** – festival célébré juste avant le carême. A La Nouvelle-Orléans, le terme est souvent synonyme de Mardi gras.
**Carpetbagger** – terme péjoratif appliqué aux opportunistes de la politique ou de la finance, généralement venus des États du Nord, qui sillonnaient le Vieux Sud après la guerre de Sécession, portant leurs affaires dans des sacs de tapisserie. Leurs comparses originaires du Sud étaient appelés "scalawags".
**Chêne vert** – variété de chêne à feuilles persistantes originaire du Mexique et des États-Unis.
**Chenier** – dérivé de "chêne", ce terme désigne, dans une zone de marais, un banc de sédiments couvert de chênes verts.
**Chicken-fried** – morceau de viande – steak ou côtelette de porc, en général – enrobé de chapelure et plongé dans la friture, servi avec une sauce.
**Chitlin** – saucisse de tripes.
**Code noir** – code adopté par l'administration française en 1724, qui régissait le traitement et les droits des esclaves et des "hommes de couleur libres". Ces derniers bénéficiaient apparemment des mêmes droits que les citoyens à part entière, hormis le droit de vote, de gestion d'un lieu public et de mariage avec les Blancs.
**Colombage** – procédé de construction utilisant de solides poutres – disposées à la verticale, à l'horizontale et en diagonale – assemblées par des tenons, les espaces vides étant remplis de mortier.

**Confédération** – regroupait les onze États du Sud qui firent sécession des États-Unis en 1860 et en 1861.
**Corvée** – travail non payé imposé aux esclaves ou par la loi. Les planteurs devaient la corvée d'entretien des digues (levées) et des routes adjacentes à leur domaine.
**Courir de Mardi gras** – chevauchée organisée pour Mardi gras dans les prairies cajuns. Des groupes d'hommes, costumés et masqués, vont chanter et danser devant les maisons, en échange de quoi chacun leur donne des ingrédients pour préparer un gumbo pour la communauté.
**Crabe mou** – crabe consommé juste après sa "mue", au moment où sa nouvelle carapace est encore molle.
**Cracklins** – lamelles de couenne de porc grillées, dégustées en-cas.
**Créole** – forgé au début du XVIII$^e$ siècle, le terme désignait à l'origine les enfants nés en Louisiane de colons français ou espagnols. On l'appliqua ensuite aux enfants des esclaves de ces colons. Après la guerre de Sécession, ce terme engloba les hommes de couleur libres. Aujourd'hui, il se réfère davantage à une culture. La Nouvelle-Orléans est une ville créole par excellence.
**CSA** – États confédérés (Confederate States of America).

**Dirty rice** – riz blanc cuit avec des abats de poulet ou de viande de porc hachée, assaisonné avec des oignons, des piments, du céleri, des herbes aromatiques et des épices (littéralement "riz sale").
**Dixies** – nom donné aux billets de 10 dollars.
**Dogtrot** – aération aménagée dans le toit, entre les pièces à vivre et la cuisine.
**Dressed** – un po-boy est "dressed" lorsqu'il est accompagné de salade verte, de tomate et de mayonnaise.

**Entrée** – plat principal d'un repas.
**Entresol** – série de pièces situées entre le rez-de-chaussée et le premier étage, à la manière d'une mezzanine. Dans le Vieux Carré, les entresols servaient généralement au stockage.
**Étouffée** – ragoût épicé à base de tomates et servi avec du riz blanc. Il s'agit généralement d'écrevisses ou de crevettes.

**Fais-do-do** – salle de bal cajun. Désigne également le bal lui-même.
**Feed-and-seed** – magasin qui vend des aliments pour bétail et des semences.
**Filé** – feuilles de sassafras réduites en poudre et employées pour épaissir les sauces.
**Frottoir** – planche métallique utilisée comme instrument de percussion, notamment dans le zydeco.

**Gallery** – balcon.
**Go-cup** – récipient de plastique distribué aux habitués des bars pour qu'ils puissent emporter leurs boissons alcoolisées avec eux. A La Nouvelle-Orléans, on peut en effet légalement boire dans les rues, mais le transport de boissons alcoolisées dans un récipient de verre ouvert reste interdit.
**Grand Dérangement** – Exode des Acadiens suite aux guerres coloniales franco-anglaises du XVIII$^e$ siècle en Nouvelle-France (actuel Canada). En 1755, 10 000 d'entre eux furent déportés de Nova Scotia (Nouvelle-Écosse) par les Anglais.
**Gris-gris** – objets magiques auxquels on attribue des vertus de guérison ou de protection, ou des propriétés maléfiques. Ils entrent dans les pratiques religieuses vaudoues des Yoroubas.
**Grits** – grains de maïs grossièrement concassés et arrosés de beurre ou de sauce, qui leur donne du goût. Cette bouillie est servie pour le petit déjeuner dans le Sud.
**Gumbo** – soupe traditionnelle de Louisiane, qui contient du poulet ou des fruits de mer, et qui est épaissie avec de l'okra chez les Créoles et du *roux* chez les Cajuns.

**Hominy** – grains de maïs secs bouillis et habituellement préparés en *grits*.
**Hommes de couleur libres** – désigne les Noirs affranchis dans la Louisiane *antebellum*. Après la guerre de Sécession, les Hommes de couleur libres furent appelés Créoles de couleur.
**Hookup** – ensemble d'installations aménagées sur les emplacements pour camping-car : arrivées d'eau et d'électricité, tuyaux d'évacuation et TV câblée.
**Hushpuppy** – substitut de pain qui accompagne les repas dans le Sud. Il se compose

de boulettes frites à base de farine de maïs et d'oignons.

**Jambalaya** – plat de riz préparé avec des oignons, des piments, du céleri, du jambon, de la saucisse. Proche de la paella espagnole.

**Krewe** – groupe dont les membres participent aux parades de Mardi gras.
**Ku Klux Klan** – organisation fondée en 1866, qui prône la suprématie des Blancs. Bien qu'interdite par le gouvernement fédéral en 1870, elle mena une campagne de violences contre les Noirs, les juifs, et tous ceux qu'elle accusait de trahison envers la "race" blanche (selon les termes de ses adeptes). On rencontre fréquemment l'abréviation KKK.

**Lagniappe** – petit cadeau offert par un ami ou le propriétaire d'une boutique (littéralement "petit extra").
**Laisser les bons temps rouler** – expression typique cajun. Signifie "s'amuser" et "prendre du bon temps".
**Levée** – rive surélevée (digue) qui retient les eaux d'une rivière.
**Lundi gras** – veille du Mardi gras.

**Making groceries** – signifie "faire ses courses d'alimentation générale".
**Mardi gras** – jour précédant le mercredi des Cendres. La période de carnaval, juste avant le jeûne du carême, est marquée par des bals masqués et des parades costumées.
**Marsh** – zone de marais couverte essentiellement d'herbes plutôt que d'arbres.
**Meat-and-three** – formule de repas à prix fixe comprenant une viande et trois légumes au choix.
**Meunière** – façon d'accommoder les aliments. En général, il s'agit de poisson assaisonné, enrobé d'une fine couche de farine et revenu au beurre, servi avec une sauce au beurre citronné.
**Mirliton** – légume en forme de poire à l'écorce très dure que l'on cuit comme une courge. Il est appelé "christophine" aux Antilles françaises, "chou-chou" à l'île de la Réunion ou encore "cholo" au Brésil, dont il est originaire. En Louisiane, où on l'appelle aussi "chayote", il est farci de jambon ou de crevettes et relevé d'une sauce épicée.
**Mojo** – charme vaudou.
**Moon Pie** – sucrerie à base de guimauve enrobée de chocolat très populaire dans le Sud.
**Muffuletta** – énorme tranche de pain italien garnie de jambon, de salami, de fromage provolone et de tapenade d'olives, le tout copieusement arrosé d'huile d'olive et de vinaigre.

**NPR** – National Public Radio. Société de diffusion non commerciale, soutenue par les auditeurs, qui produit et distribue des informations et des programmes culturels par l'intermédiaire de stations de radio qui entretiennent avec elle des relations plus ou moins lâches. La NPR couvre tous les États-Unis.
**NPS** – National Park Service.

**Okra** – légume mucilagineux allongé, appelé gombo aux Antilles et en Guyane.

**Paroisse** – subdivision administrative. Les États autres que la Louisiane sont divisés en comtés.
**Picayune** – chose de peu d'importance.
**Pirogue** – canoë creusé dans un tronc d'arbre par brûlage de l'intérieur et grattage des braises. Les pirogues d'aujourd'hui sont des embarcations à faible tirant d'eau, souvent fabriquées en contreplaqué.
**Po-boy** – sandwich fait de baguette française. Les po-boys sont souvent fourrés d'huîtres frites, de crevettes, de poisson-chat ou de charcuterie.
**Praline** – dessert à base de noix et de sucre caramélisé.

**Quarteron** – personne dont l'un des grands-parents est Noir.

**R&B** – abréviation de rythm'n blues. Style musical créé par les Afro-Américains qui mêle le blues et le jazz.
**Reconstruction** – période suivant la guerre de Sécession (1865-1877), durant laquelle les États de la Confédération furent placés sous le contrôle du gouvernement fédéral,

en attendant d'être de nouveau admis dans l'Union.
**Red beans and rice** – ragoût épicé à base de haricots, cuits avec des piments et un morceau de petit salé ou du tasso, généralement servi avec un morceau d'andouille (littéralement : haricots rouges et riz).
**Rémoulade** – sauce à base de mayonnaise mêlée à divers ingrédients : légumes au vinaigre, plantes aromatiques, câpres et moutarde. La rémoulade d'écrevisses et de crevettes consiste souvent en une salade de pâtes froides.
**Réveillon** – veillée de Noël créole.
**Roux** – mélange de farine et de graisse animale ou végétale chauffé à feu très doux, puis utilisé pour épaissir les sauces et les soupes.
**RV** – camping-car (recreational vehicle).

**Second line** – groupe suivant les musiciens dans les parades.
**Swamp** – zone de marais inondée en permanence, où croissent souvent des arbres.

**Tasso** – pièce de bœuf ou de porc fortement épicée et fumée pendant deux jours, dont on accommode de nombreux plats créoles et cajuns.

**Union** – ensemble des États favorables aux États-Unis pendant la guerre de Sécession.
**USFS** – United States Forest Service.

**Vieux Carré** – autre nom pour le Quartier français de La Nouvelle-Orléans.

**WPA** – Works Progress Administration (puis Works Project Administration) ; programme mis en œuvre à l'époque de la grande dépression visant à réduire le chômage en finançant des travaux publics, comme la construction de routes et l'embellissement de bâtiments.

**Y'at** – expression utilisée par les personnes qui s'expriment avec un fort accent de La Nouvelle-Orléans, qui se saluent ainsi : "Where y'at ?".

**Zydeco** – musique de danse au rythme rapide et syncopé, qui mêle des influences cajuns, afro-américaines et caraïbo-africaines. Il s'agit souvent d'un mélange de rythm'n blues et de musique cajun, accompagné de paroles en français. La base instrumentale se compose d'une guitare, d'un accordéon et d'un frottoir.

# Langue

Nombreux sont les visiteurs francophones qui sont surpris – et déçus – de ne pas davantage entendre parler français à leur arrivée en Louisiane. Et pour cause : la majorité aborde l'État par La Nouvelle-Orléans, ville créole, qui n'a à offrir aux oreilles francophones que son "French Quarter" (le Vieux Carré), quelques "french antiques" et un peu de "french bread"… Américain depuis 1812, l'État a eu aussi le temps d'apprendre l'anglais. Minoritaire, le français est cependant parlé en pays cajun et dans l'Acadiana en général. Forte du renouveau de la culture cajun, la francophonie louisianaise se porte même plutôt bien. La langue dominante, cela dit, est de loin l'anglais. Il n'existe pas de communautés francophones au Mississippi et au Tennessee.

## FRANÇAIS CAJUN

La francophonie louisianaise doit bien plus aux Cajuns qu'aux premiers colons français. Rurale, elle est concentrée dans les 22 paroisses (sur la soixantaine que compte la Louisiane) qui forment l'Acadiana et se porte même plutôt bien : répondant à une étude menée en 1990 par le Codofil (Conseil pour le développement du français en Louisiane), plus de 40% des 700 000 habitants de ces paroisses ont en effet déclaré parler français (contre moins de 30% dix ans plus tôt). Certes, la population francophone du pays cajun vieillit (plus de 40% d'entre eux ont plus de 45 ans). Des signes témoignent néanmoins d'un vif renouveau, et 25% des actuels francophones de Louisiane auraient moins de 19 ans.

Ces chiffres, cependant, méritent d'être nuancés. Une certaine proportion de Cajuns, immergés de longue date dans une culture anglo-saxonne, ne parlent en effet que quelques mots de français. De plus, le français ne perdure en Louisiane qu'en tant que langue parlée, rares étant ceux qui le lisent ou l'écrivent. Mais ne boudons pas notre plaisir : la langue de Molière, qui prend ici de savoureux accents, est une réalité en terre cajun.

Trois siècles après la création de la Louisiane française, cette constance linguistique relève presque du miracle. En raison de l'analphabétisme et du faible niveau de scolarisation de générations d'Acadiens, l'emploi de la langue française fut en effet synonyme d'infériorité culturelle durant de nombreuses années. En 1916 débuta même "l'Heure de la Honte" : pendant quarante ans, le Board of Education de l'État interdit strictement de pratiquer le français dans toute l'enceinte des écoles, sous peine de sanctions. Un ancien rapport qu'il valait mieux jurer que de prononcer un mot dans sa langue maternelle. La Seconde Guerre mondiale vint bouleverser la tendance. Les soldats, notamment ceux qui n'avaient jamais quitté le pays cajun et les Créoles noirs, découvrirent l'utilité de cette langue et de cette culture qu'on avait voulu effacer de leur mémoire. Certains travaillèrent en tant qu'interprètes en France puis revinrent aux sources de leur propre culture de retour en Louisiane. Le renouveau était en marche…

En 1955, l'homme politique Dudley Le Blanc, rappelant aux Acadiens leur douloureux passé à l'occasion du bicentenaire de l'expulsion de Nova Scotia, les invita à se rallier à sa bannière pour défendre leur héritage culturel. Les premiers groupes qui participèrent, en 1964, au Newport Folk Festival, firent connaître la musique et la culture cajun à toute l'Amérique.

En 1968, l'État de Louisiane reconnut officiellement la culture cajun en créant le Codofil (☎ 337 262 5810, 800 259 5810, fax 337 262 5812, 217 W Main St, Lafayette, LA 70501) afin de promouvoir la langue française en Louisiane. On fit venir de France, de Belgique et du Canada, des professeurs auxquels on confia la mission d'enseigner le français et de restaurer la fierté d'appartenance à cette culture. Loin de se cantonner au domaine éducatif, le

Codofil encouragea également le renouveau musical en organisant un festival de musique cajun. En 1999, la FrancoFête viendra saluer 300 ans de francophonie en Louisiane.

"Capitale" de l'Acadiana, Lafayette est le centre de la francophonie louisianaise. Chaque année au mois d'avril, la ville rend hommage aux cultures francophones du monde grâce au Festival international de Louisiane. Sa University of Southwestern Louisiana abrite un centre de recherches francophones très actif.

L'écrasante majorité des francophones de Louisiane est bilingue. Ils mêlent donc souvent des mots anglais à leur français riche de savoureuses expressions. Si l'accent cajun – qui n'est pas sans rappeler l'accent québécois – pourra demander à votre oreille un certain temps d'accoutumance, vous n'aurez aucune difficulté à communiquer avec les Cajuns.

## Petit lexique cajun

*Aster* : maintenant
*Barbue* : poisson-chat
*Bougue* : individu
*Brème* : aubergine
*Cadien, cadienne* : cajun
*Chaoui* : raton laveur
*Char* : automobile
*Chaudière* : casserole
*Chevrette* : crevette
*Cipre* : cyprès
*Cocodril* : alligator
*Crabe (féminin)* : un crabe
*Écrivisse* : écrevisse
*Espérer* : attendre
*Frêmer* : fermer
*Fromille* : fourmi
*Giraumont* : potiron
*Icitte* : ici
*Jongler* : penser
*Lapin farouche* : lièvre
*Linge* : vêtement
*Maringouin* : moustique
*Mouiller* : pleuvoir
*Musique à bouche* : harmonica
*Ouaouaron* : grenouille
*Pacane* : pécan
*Piastre (piass')* : dollar
*Portrait* : photographie
*Tac-tac* : pop-corn
*Zarico* : zydeco

## ANGLAIS DU SUD

Les parlers des États du Sud présentent, par rapport à l'anglais standard, une foule de variantes répertoriées par les linguistes. Même d'un dialecte à l'autre, on remarque d'importantes différences tant dans la prononciation, le rythme et le débit que dans le lexique. Ces variations tiennent non seulement au facteur géographique – l'accent n'est pas le même à La Nouvelle-Orléans que dans le delta du Mississippi –, mais aussi à des critères ethniques et sociaux.

Par exemple, Louisiana se prononce "LOOZ-si-AN-a" et New Orleans, "New OR-lins". La distinction entre les deuxièmes personnes du singulier et du pluriel, absente de l'anglais standard, se retrouve également dans la langue. Le terme *y'all* désigne ainsi la deuxième personne du pluriel.

Les termes et expressions suivants vous aideront sur place :

## Salutations et formules de politesse

| | |
|---|---|
| oui | *yes* |
| non | *no* |
| s'il vous plaît | *please* |
| merci | *thank you* |
| je vous en prie | *you're welcome* |
| salut | *hello* |
| comment ça va ? | *how are you ?* |
| ça va bien | *I'm fine* |
| pardon | *excuse me* |
| bienvenue | *welcome* |

## Termes et expressions utiles

| | |
|---|---|
| grand | *big* |
| petit | *small* |
| bon marché | *cheap* |
| cher | *expensive* |
| ici | *here* |
| là | *there* |
| beaucoup | *much, many* |
| avant | *before* |
| après | *after* |
| demain | *tomorrow* |

# 392 Langue – Anglais du Sud

| | |
|---|---|
| hier | *yesterday* |
| toilettes | *toilet* |
| banque | *bank* |
| chèque de voyage | *travellers' cheque* |
| addition, reçu | *bill* |
| magasin | *store* |
| musée | *museum* |
| gaz | *gas* |
| sans plomb (essence) | *lead-free/unleaded* |
| libre-service | *self-service* |

## Questions

| | |
|---|---|
| où/où est… ? | *where/where is…?* |
| comment ? | *what ?* |
| quoi ? (argot) | *huh ? (slang)* |
| combien ? | *how much ?* |

## Panneaux de signalisation

| | |
|---|---|
| entrée | *entrance* |
| sortie | *exit* |
| quai | *platform* |
| renseignements | *information* |
| interdiction de camper | *no camping* |
| stationnement interdit | *no parking* |

## Quelques phrases utiles

| | |
|---|---|
| Je suis touriste | *I am a tourist* |
| Parlez-vous français ? | *Do you speak French ?* |
| Je ne parle pas anglais | *I don't speak English* |
| Je comprends | *I understand* |
| Je ne comprends pas | *I don't understand* |

## Hébergement

| | |
|---|---|
| hôtel | *hotel* |
| auberge de jeunesse | *youth hostel* |
| chambre | *room* |

## Alimentation

| | |
|---|---|
| restaurant | *restaurant* |
| casse-croûte | *snack* |
| œufs | *eggs* |
| pommes de terre | *potatoes* |
| frites | *french fries (chips)* |
| pain | *bread* |
| fromage | *cheese* |
| légume | *vegetable* |
| fruit | *fruit* |

## Boissons

| | |
|---|---|
| eau | *water* |
| lait | *milk* |
| bière | *beer* |
| vin | *wine* |

## Transports

| | |
|---|---|
| autobus | *bus* |
| train | *train* |
| billet | *ticket* |
| avion | *plane* |
| aller et retour | *return ticket* |
| aller simple | *one-way ticket* |
| gare ferroviaire | *train station* |
| gare routière | *bus station* |

## Directions

| | |
|---|---|
| à gauche | *left* |
| à droite | *right* |
| tout droit | *straight ahead* |

## Nombres

| | |
|---|---|
| 1 | *one* |
| 2 | *two* |
| 3 | *three* |
| 4 | *four* |
| 5 | *five* |
| 6 | *six* |
| 7 | *seven* |
| 8 | *eight* |
| 9 | *nine* |
| 10 | *ten* |
| 11 | *eleven* |
| 12 | *twelve* |
| 13 | *thirteen* |
| 14 | *fourteen* |
| 15 | *fifteen* |
| 16 | *sixteen* |
| 17 | *seventeen* |
| 18 | *eighteen* |
| 19 | *nineteen* |
| 20 | *twenty* |
| 21 | *twenty-one* |
| 22 | *twenty-two* |
| 25 | *twenty-five* |
| 30 | *thirty* |
| 40 | *forty* |
| 50 | *fifty* |
| 60 | *sixty* |
| 70 | *seventy* |
| 80 | *eighty* |

| | |
|---|---|
| 90 | *ninety* |
| 100 | *a/one hundred* |
| 500 | *five hundred* |
| 1 000 | *a/one thousand* |

## AFRO-AMÉRICAIN

Les parlers des esclaves venus d'Afrique appartenaient à deux groupes linguistiques principaux : celui des dialectes du Soudan occidental, et le bantou d'Afrique centrale et orientale. Chacun de ces groupes se divise en de très nombreux dialectes, qui présentent néanmoins une structure de base très proche. Le parler des Afro-Américains d'aujourd'hui en a conservé quelques traits syntaxiques.

Il incorpore également des caractéristiques d'origine britannique. Au XVIIe siècle en effet, la langue anglaise était employée en Afrique lors des transactions avec les négriers britanniques. Par la suite, elle s'est diffusée en Jamaïque, puis en Amérique du Nord, où les pratiques coloniales de dispersion des membres d'un même groupe ethnique ont contraint les esclaves, issus de différentes régions d'Afrique, à l'adopter.

Dans son ouvrage intitulé *African Linguistic and Mythological Structures in the New World*, Ivan Vansertima précise les principales caractéristiques de l'anglais parlé par les Noirs, à savoir l'absence du phonème *th* et l'effacement de tout lien de prédication apparent (ainsi, *he is black* se dit *he black*, et *who is he* se contracte en *who he*). En outre, les marqueurs de pluriel ne sont pas obligatoires – *one dollar, two dollar...* –, non plus que la marque du possessif (*teacher's book* devient *teacher-book*).

# LONELY PLANET

## GUIDES DE VOYAGE EN FRANÇAIS

Le catalogue de nos guides en français s'étoffe d'année en année : aux traductions de destinations lointaines comme l'Inde ou la Chine, s'ajoutent aujourd'hui des créations françaises avec des guides sur Tahiti, Madagascar, la Corse, Marseille ou encore le Restoguide Paris. Nos guides sont disponibles dans le monde entier et vous pouvez les commander en librairie. Pour toute information complémentaire, vous pouvez consulter notre site lonelyplanet.fr, nous contacter par email à bip@lonelyplanet.fr ou par courrier au 1 rue du Dahomey, 75011 Paris.

- Afrique du Sud
- Amsterdam
- Andalousie
- Athènes et les îles grecques
- Australie
- Barcelone
- Brésil
- Cambodge
- Chine
- Corse
- Cuba
- Égypte
- Guadeloupe et Dominique
- Guatemala et Belize
- Inde
- Indonésie
- Laos
- Lisbonne
- Londres
- Louisiane
- Madagascar
- Malaisie et Singapour
- Maroc
- Marseille et sa région
- Martinique, Dominique et Sainte-Lucie
- Mexique le Sud
- Myanmar (Birmanie)
- Namibie
- Népal
- New York
- Ouest américain
- Pérou
- Pologne
- Prague
- Québec
- Restoguide Paris 2000
- Réunion et Maurice
- Rome
- Sénégal
- Sri Lanka
- Tahiti et la Polynésie française
- Thaïlande
- Turquie
- Vietnam
- Yémen
- Zimbabwe et Botswana

## LES GUIDES DE PLONGÉE LONELY PLANET

Nos guides de plongée tout en couleur explorent les plus beaux sites de plongée du monde. La description de chaque site comprend des informations sur le niveau conseillé, la profondeur, la visibilité et également sur la faune marine. D'autres sites exceptionnels à travers le monde sont couverts par nos guides en anglais.

**En vente en librairie en français :**

**Guide de plongée Tahiti et la Polynésie française**
22,71 E - 149 FF - $C 39.95 – L19.99- US$ 31.99

**Guide de plongée Mer rouge**
24,24 E - 159 FF - $C 39,95 – L20.99- US$ 33.99

# LONELY PLANET

## WWW.LONELYPLANET.FR

Notre site web, constamment actualisé, offre de plus en plus d'informations pour préparer et réussir ses voyages : plus d'une centaine de destinations passées au crible (cartes et photos), des conseils pratiques, des dépêches d'actualité, notre catalogue et des mises à jour en ligne de guides sur certains pays. Il permet également à la communauté des voyageurs d'échanger, de débattre grâce aux forums, à la rubrique controverse et au courrier des lecteurs.

## LE JOURNAL

Afin de partager notre passion du voyage et les impressions ou renseignements que vous nous envoyez quotidiennement, nous publions Le Journal, un trimestriel gratuit.
Vous y trouverez des conseils de lecteurs, des informations pratiques liées à la santé comme aux habitudes culturelles à respecter, des articles sur des destinations ou événements à découvrir dans le monde entier ou encore sur des sujets d'actualité avec la volonté de promouvoir toujours davantage un tourisme responsable.
Pour vous abonner, écrivez-nous au 1 rue du Dahomey, 75011 Paris, France

## RESTOGUIDE PARIS 2001 : 500 restaurants et bars sélectionnés par des auteurs de Lonely Planet

Du brunch au dîner en terrasse, cette deuxième édition de notre guide sur les restaurants, bars et cafés à Paris vous donne encore davantage le choix. Chaque endroit a été sélectionné pour une cuisine ou un service de qualité, à des prix abordables et également pour l'ambiance, le décor ou le petit plus qui font de chaque endroit une adresse à retenir et surtout à partager.

- 20 plans des arrondissements de Paris
- un index original par critères : sortir avec des enfants, dîner en terrasse, manger seul(e), ouvert tard, ouvert le dimanche, où jouer au billard, les meilleurs bars à bières, où se séparer ou se réconcilier !
- une sélection de bars et cafés par arrondissement
- un large choix d'adresses, du bistrot aux cuisines du monde
- des adresses de cafés pour se donner rendez-vous à la sortie du métro

**En vente en librairie**
**79,00 FF - $C 21,95 – UKL 10,99 – US$ 16,99**

# Index

## Texte

### A

AAA, *voir* American Automobile Association
Abbeville 228
Abita Springs 179
Acadian Village 240
Acadiana *voir* Acadie et Pays cajun
Acadie 212, 386
Acadiens *voir* Cajuns
Achats 95
Afro-Américains 35, 143, 151, 318, 326
Alexandria 275
Alliance française 113
Alligator 246
Ambassades 60
American Automobile Association (AAA) 78, 386
Amérindiens 13, 16, 36, 225, 263, 266, 281, 385
Amistad Research Center 143
Antebellum 148, 325, 371, 386
Appalachian Trail 382
Architecture 148
Argent 61
    Cartes de crédit 62
    Chèques de voyage 61
    Distributeurs automatiques 61
    Dollar 61
    Taxes 64
    Virements internationaux 62
Arts 40
Audubon, John James 29, 142
Avery Island 227

### B

Baton Rouge 190, **197, 200**
Bayou 217, 228, 386
Bayou St John 143
Beale Street 349
Bogue Chitto River 183
Boissons 87, 172
Bonfires 186
Bonnie & Clyde 293
Boudin 225, 386
Bourbon St 128, 148
Breaux Bridge 231, **232**

### C

Cabildo 129
Cabins 84
Cajuns 14, 17, 22, 35, 212, 386
Canal Street 137
Cane River Country 271
Cartes 57
Casinos 94
Cavelier de la Salle 14, 16
Chapel of Our Lady of Perpetual Help 141
Chattanooga 382, **384**
Chêne vert 386
Chenier 260, 386
Chenier, Clifton 250
Chevaux 379
Chitimacha 225
Church Point 250
Cimetières 182
Cinéma 41, 88
Circuits organisés 106
Clarksdale 307, **308**
Climat 26
Cocktail 172
Code noir 386
Codofil 238, 390
Columbia 292
Confédération 387
Consulats 60
Côte cajun 260
Courir de Mardi gras 252, 387
Covington 179
Creole nature trail 261
Créoles 17, 35, 108, 215, 263, 272, 387
Criminalité 78
Crystal Rice Plantation 259
CSA 387
Cuisine 86

### D

Davis, Jimmie 33
Destrehan Plantation 185
Détaxe 63
Dixie 61, 387
Dogwood Trail 275
Dollar 61
Donaldsonville 187
Donner 224
Douane 60
Droits civiques 55, 323, 350
Dueling Oaks 147
Duke, David 33

### E

Écologie 26
Économie 34
Écrevisse 235
Edwards, Edwin 33
Électricité 71
Enfants 78
Environnement 26, 263, 274
Erath 228
Esclavage 17, 21, 23, 107
Espagnols 16, 263
Esplanade Ridge 143
Eunice 256

### F

Fais-do-do 387
Faubourg Marigny 135
Faulkner, William 39, 336
Faune 29
Fax 65
Femmes seules 75
Ferriday 280
Festivals, *voir* Manifestations annuelles
Filé 387
Flore 28
Fork of the Road 328
Formalités 58
Fort St Jean Baptiste 267
Français 107, 390
FrancoFête 22, 391
French Quarter, *voir* Vieux Carré 126

### G

Gaines, Ernest J. 40
Gallier Hall 137
Gallon 71
Gatlinburg 381
Géographie 22
Go-cup 387
Graceland 351
Graceland Too 340

Grand Coteau 249
Grand Dérangement 214, 387
Grand Isle 221
Grand Village of the Natchez 328
Grassmere 371
Great Smoky Mountains 380
Greek Revival 149
Gris-gris 387
Grits 387
Gum Springs Horse Trail 275
Gumbo 387

### H

Handicapés 77
Harrah's Casino 138
Henderson 234
Hébergement 83
 Auberges de jeunesse 84
 Bed & breakfast 85
 Cabins 84
 Campings 83
 Hôtels 85
 Motels 84
 Pensions 85
Heure locale 70
Highway 61 306
Hillsboro Village 367
Histoire 13, 214, 236, 284, 343, 361
Hogan Jazz Archive 143
Holly Springs 340
Hominy 387
Homosexualité 76
Honey Island Swamp 183
Hookup 388
Horaires d'ouverture 79
Houma 217, **220**
Houmas House Plantation 186
Hushpuppy 388

### I

Institutions politiques 32
Internet 65
Iota 259
Isleños 37
Itinéraires 54

### J

Jackson 315, **317**

Les références des cartes sont indiquées en **gras**.

Jackson, Andrew 370
Jambalaya 388
Jardins 288
Jazz, *voir* Musique
Johnson, Robert 49, 313
Journaux 69

### K

Kent House 276
King, Martin Luther 348
Knoxville 378
Krewe 388
Ku Klux Klan 20, 388

### L

La Nouvelle-Orléans 107, **115, 116, 118, 120, 122, 124, 176**
Lafayette 236, **237, 239**
Lafitte 177
Lafitte, Jean 177
Lagniappe 388
Lake Charles 259
Lake Martin 231
Lake Providence 291
Langues 390
 Anglais du Sud 391
 Afro-américain 393
 Cajun 390
 Codofil 238, 390
 Francophonie 390
Laura Plantation 187
Laurel Valley Village 222
Le Moyne, frères 15
Lee Circle 139
Levée 388
Lewis, Jerry Lee 280
Libertyland 354
Librairies 67
Littérature 39, 68
Livres 68
Long, frères 33, 265
Longleaf Scenic Byway 274
Lookout Mountain 383
Loreauville 227
Louisiana Hayride 295
Louisiana State Capitol 192
Lundi gras 388

### M

Magazines 69
Magevney House 352
Magnolia Bridge 146
Magnolia Plantation 273
Making groceries 388

Mamou 255
Manifestations annuelles 242, 320, 372
 Black Heritage Parade 289
 Cenlabration 277
 Delta Jubilee 310
 Festival international de Louisiane 242
 Festival of Lights 268
 FrancoFête 22, 391
 Jubilee Jam Arts & Music Festival 320
 Louisiana Folklife Festival 289
 Louisiana Nursery Festival 277
 Louisiane Pecan Festival 277
 Mal's St Patrick Day Festival & Parade 320
 Sunflower River Blues and Gospel Festival 310
Mardi gras 80, 136, 144, 242, 252, 387
Marksville 280
Marsh 388
Marsh Trail 262
Meat-and-three 388
Melrose Plantation 272
Memphis 342, **346**
Meridian 315
Merieult History Tour 131
Mesures 71
Metairie Cemetery 147
Meunière 388
Mirliton 388
Mississippi (fleuve) 28
Mississippi 303, **304**
Mojo 388
Monroe 286, **287**
Mortuary Chapel 135
Muffuletta 388
Mullen House 146
Musées 129, 131, 132, 133, 134, 138, 139, 143, 146, 185, 193, 205, 217, 240, 254, 256, 266, 273, 277, 281, 288, 293, 299, 309, 313, 316, 317, 318, 319, 326, 333, 349, 350, 352, 353, 354, 366, 367, 370, 371, 380
Musgrove, Ronnie 33
Musique 20, 42, 55, **43**
 Bluegrass 50
 Blues 48, 309, 313
 Cajun 45, 257
 Country 50, 368
 Fais-do-do 387

Gospel 49, 359
Jazz 42, 109, 143, 161
Rythm'n blues 52, 389
Zydeco 45, 250
Music Valley 369
Mynelle Gardens 319

# N

Nashville 361, **363**
Nashville Shores 372
Natchez 324, **327**
Natchez-Under-the-Hill 326
Natchitoches 264, **267**
New Iberia 226, **232**
Night-clubs 94
Nottoway Plantation 188
NPR 388
NPS 388

# O

Oak Alley Plantation 187
Oak Ridge 380
Oakley Plantation 202
Office du tourisme 58
Okra 388
Old State Capitol 193
Opelousas 251
Our Lady of the Rosary Rectory 146
Ouragans 27
Overton Park 353
Oxford 334, **335**

# P

Palourde, lac 225
Parc et jardins botaniques
   Botanical Garden 147
   Carousel Gardens 147
   Centennial Park 368
   Cheekwood Botanical Garden 371
   City Park 146
   Crooked Creek Recreation Area 254
   Edwin & Percy Warner Parks 372
   Hodges Gardens 270
   Lakeshore Park 147
   Louisiana Purchase Gardens 289
   Memphis Botanic Gardens 353
Parcs d'État et réserves naturelles 31, 178, 183, 204, 260, 262, 271, 354, 380, **30**

Acadiana Park 241
Barataria Preserve 175
Black Bayou National Wildlife Refuge 289
Bayou Segnette State Park 178
Briarwood Nature Preserve 271
Cameron Prairie National Wildlife Refuge 262
Chicot State Park 254
Cypremort Point State Park 225
Fleur's Bluff State Park 319
Fontainebleau State Park 179
Forsythe Park 289
Grand Isle State Park 221
Kisatchie National Forest 274
Lake Fausse Pointe State Park 231
Mud Island Parc 350
Pearl River State Wildlife Management Area 183
Radnor Lake State Natural Area 371
Rockfeller Wildlife Refuge 262
Sabine National Wildlife Refuge 261
Sam Houston Jones State Park 260
Tunica Hills Wildlife Management Area 204
White Kitchen Eagle Preserve 183
Paroisse 388
Passeports 58
Pays cajun 212, **213**
Peabody Hotel 348
Pénitencier 205
Pétrole 21
Photo 70
Pigeon Forge 381
Plantations 149, 179, **186**
Po-boy 388
Poids 71
Pontchartrain, lac 179
Population 34
Poste 64
Pourboire 63
Poverty Point 292
Prairie cajun 249
Praline 388
Presbytère 130
Presley, Elvis 332, 340, 350
Prévost, abbé 18
Prison Angola 205
Prostitution 109

# Q

Quarteron 388

# R

Racisme, *voir aussi* Droits civiques 76, 323
Radio 70
Rafting 385
Randonnée 82, 262, 382
Rebel State Historic Site 271
Reconstruction 389
Red beans and rice 389
Rednecks 321
Règles de conduite 41
Religion 37
Rémoulade 389
Réserves naturelles *voir* Parcs d'États
River Road 181, **188**
Rizières 258
Roque House 266
Ross Barnett Reservoir 319
Ruston 293
RV 389
Ryman Auditorium 367

# S

Saint Louis Cathedral 129
Saline Bayou National Scenic River 275
San Francisco Plantation 185
Santé 71
Savoy Music Center 257
Sécession, guerre de 19, 21
Second line 389
Sécurité 62
Shelbyville 378
Shreveport 295, **297**
Slidell 181
Smith, Bessie 309
Sports 95
St Francisville 201
St Martinville 229
St Vincent's Infant Asylum 140
Steamer 105
Storyland 147
Sun Studio 351
Sunset 249
Système éducatif 37

# T

Tammany Trace 179
Tasso 389

Taxes 64
Téléphone 64
Télévision 70
Tennessee 341, **342**
Tennessee Williams Festival 310
Tezcuco Plantation 185
Thibodaux 221
Toilettes 71
Top of the Mart 138
Trail of Tears 385
Transports
  Auto-stop 104
  Avion 96, 101
  Bateau 104
  Bicyclette 104
  Bus 99, 101
  Moto 100, 102
  Train 101
  Voiture 79, 100, 102, 103
Travail 82
Tremé district 134
Tulane University 142
Tunica 263, 281

Tupelo 331
Twain, Mark 39

## U

Uptown 142
Urgences 79
Ursulines, couvent des 130
USFS 389

## V

Vanderbilt University 368
Vaudou 39, 157
Vermilionville 240
Vicksburg 312
Victorian Village 352
Vidéo 70
Vieux Carré 126, 148, 389
VIH 59
Ville Platte 253
Visas 58
Voiture 79, 100, 102, 103
Voodoo Spiritual Temple 132

VTT 82

## W

Washington 253
Westwego 178
Wetlands Acadian Cultural Center 222
Whiskey Chitto 258
Wild Azalea National Recreation Trail 277
Williams, Tennessee 40, 309
Woldenberg Park 137
WPA 389

## Y

Y'at 389
Yard 71

## Z

Zoo 137, 142, 277, 319

## Encadrés

**Histoire et société**
Cavelier de La Salle 16
Chronologie historique 14-15
Des femmes pour la Louisiane ! 18
Dixie 61
Jean Lafitte, prince de Barataria 177
John James Audubon 29
L'Oxford du Mississippi 333
La grande époque de la vapeur 105
La guerre de Sécession 21
La longue marche vers l'égalité 23
Le Code noir 20
Le Festival of the Bonfires 192
Le racisme en Louisiane 76
Le vaudou 157
Les "rednecks" 321
Les Créoles de Cane River Country 272
Bonnie and Clyde 293
Les frères Long, grandes figures de la politique louisianaise 265
Les jours sombres de l'été de la liberté 338
Martin Luther King : meurtre isolé ou conspiration ? 348

Pour bons et loyaux services 199
Que justice soit rendue 323
Storyville 109
Traditions cajuns 36
Trail of Tears 385

**Nature et environnement**
Les chevaux de marche du Tennessee 379
La saison des ouragans 27
Le seigneur préhistorique du pays cajun 246
Le tout-puissant Mississippi 28

**Culture et gastronomie**
De l'origine du cocktail 172
L'écrevisse sacrée 235
L'*Evangeline* de Longfellow 230
La Louisiane au cinéma 94
La Louisiane sur Internet 66
Le Boudin : rouge et blanc 225
Le courir de Mardi Gras 252
Le monde selon Alvin 194
Le Vieux Sud en toutes lettres 68
Les Indiens de Mardi gras 136
Mardi gras 144

**Musique**
L'impératrice du blues 309

La Louisiana Hayride 295
Le gospel de Rev' Green 359
Le jazz selon Gershwin 42
Le New Orleans Jazz & Heritage Festival 161
Le retour des cuivres 51
Le roi du zydeco 250
Le roi Elvis 350
Les fréquences du Tennessee 344
Les juke joints 311
Résumé de la musique country 368
Robert Johnson au carrefour 313
Savoureuses chansons cajuns 46

**Vie pratique**
L'Appalachian Trail 382
Découverte des bayous 218
Détaxe 63
Ferriday : quelle hérédité ! 280
Il est interdit de grimper sur le juke-box 255
Le VIH et l'entrée aux États-Unis 59
Les cimetières de La Nouvelle-Orléans 182
Que peut faire votre consulat ? 60
Rêve et réalité 190

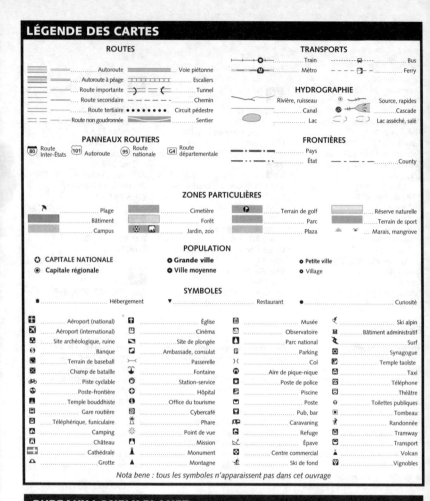

# BUREAUX LONELY PLANET

**Australie**
Locked Bag 1, Footscray, Victoria 3011
☎ (03) 8379 8000 ; Fax (03) 8379 8111
e-mail : talk2us@lonelyplanet.com.au

**États-Unis**
150 Linden Street, Oakland, CA 94607
☎ (510) 893 8555 ; Fax (510) 893 85 72
N° Vert : 800 275-8555
e-mail : info@lonelyplanet.com

**Royaume-Uni et Irlande**
10 A Spring Place, London NW5 3BH
☎ (020) 7428 4800 ; Fax (020) 7428 4828
e-mail : go@lonelyplanet.co.uk

**France**
1, rue du Dahomey,
75011 Paris
☎ 01 55 25 33 00 ; Fax 01 55 25 33 01
e-mail : bip@lonelyplanet.fr

World Wide Web : http://www.lonelyplanet.fr et http://www.lonelyplanet.com
Lonely Planet Images : lpi@lonelyplanet.com.au